Alicudi
Filicudi
Salina
Lipari
Vulcano
Liparische/Äolische Inseln
Messina
Villa S. Giovanni
Straße von
Milazzo
Capo d' Orlando
IEN
Patti
Réggio Calábria
Messina
S. Stefano di Camastra
Randazzo
Taormina
Gangi
Ätna 3323
Giarre
Nicosia
Adrano
Enna
Paterno
Acireale
9
Catania
Enna
issetta
Catania
Ionisches Meer
Riesi
Palagonia
Piazza Armerina
Lentini
Augusta
Caltagirone
Syrakus
Syrakus
Gela
Palazzolo
Ragusa
Ragusa
Vittoria
Comiso
Noto
Modica
Pachino
Kap Passero

Alexander Stille

DIE RICHTER

DER TOD, DIE MAFIA UND DIE ITALIENISCHE REPUBLIK

Alexander Stille

DIE RICHTER

DER TOD, DIE MAFIA UND DIE ITALIENISCHE REPUBLIK

Deutsch von Karl-Heinz Siber

Verlag C. H. Beck

Titel der amerikanischen Originalausgabe:
«Excellent Cadavers. The Mafia and the Death of the First Italian Republic»

Die Deutsche Bibliothek – CIP-Einheitsaufnahme
Stille, Alexander:
Die Richter : der Tod, die Mafia und die italienische Republik / Alexander Stille. Dt. von Karl-Heinz Siber. – München : Beck, 1997
Einheissacht.: Excellent cadavers <dt.>
ISBN 3-406-42303-5

ISBN 3 406 42303 5
Für die deutsche Ausgabe:

Gesamtherstellung: Ebner Ulm
Gedruckt auf säurefreiem, alterungsbeständigem Papier
(hergestellt aus chlorfrei gebleichtem Zellstoff)
Printed in Germany

Für Sarah, Vittorio und Sesa
und dem Andenken an
Giovanni Falcone und Paolo Borsellino
sowie an die vielen anderen mutigen Beamten,
die ihr Leben beim Einsatz in Sizilien verloren

1 Salvatore Inzerillo, Rosario Spatola
2 Francesco Madonia und Söhne
3 Rosario Riccobono
4 La Kalsa - Tommaso Spadaro
5 Filippo Marchese (Totenkammer an der Piazza Sant'Erasmo)
6 Francesco Mafara
7 Stefano Bontate
8 Pippo Calò, Tommaso Buscetta
9 Salvatore Inzerillo, Di Maggio Brüder
Grenzen der Mafia-Familien
PALERMO
PARTANNA
Viale Regina Margherita
Monte Pellegrino
Pallavicino
Vergine Maria
Parco della Favorita
Viale
Viale della Regione Siciliana
Castello Utveggio
RESUTTANA
Arenella
Strasburgo
Acquasanta
Via della Libertà
Viale Michelangelo
UDITORE
Noce
Via dei Cantieri Navali
Hafen
Viale Leonardo da Vinci
PASSO DI RIGANO
Via Dante
Teatro Massiomo
Sant Agostino
Santa Maria la Nuova
LA KALSA
Palazzo Chiaramonte
PORTA NUOVA
Altarello
Via Guiseppe Pitrè
Chiesa del Gesu
Via Roma
Via Lincoln
Santa Maria dell' Spasimo
Statione Cantrale FS
Romagnolo
Corso Calatafimi
S. MARIA DI GESU
CORSO DEI MILLE
Oreto
BRANCACCIO
Viale della Regione Siciliana

Inhalt

Prolog
9

Erstes bis Dreiundzwanzigstes Kapitel
21

Epilog
423

Danksagung
431

Anmerkungen
433

Ausgewählte Literatur
456

Register
461

Jugendfreunde, Richterkollegen, Schicksalsgenossen:
Giovanni Falcone und Paolo Borsellino

PROLOG

Ein junger Parlamentsabgeordneter aus der Toskana, Leopoldo Franchetti, bereiste 1876 Sizilien, um einen Bericht über die fremdartige Insel anzufertigen, die sich rasch zum problematischsten und widerspenstigsten Bestandteil des neu geschaffenen italienischen Nationalstaats entwickelt hatte. Franchetti war entzückt von der Schönheit Palermos, der Pracht seiner barocken Palazzi, der ausgesuchten Höflichkeit und Gastfreundlichkeit der Menschen, vom schwülen, sonnigen Klima, von der Exotik der Palmen und vom betäubenden Duft der Orangen- und Zitronenblüten in den fruchtbaren Zitrusplantagen der Conca d'Oro.

Der Neuankömmling kann leicht den Eindruck gewinnen, ... Sizilien sei der gemütlichste und angenehmste Ort auf der ganzen Welt. Wenn (der Reisende) jedoch eine Zeitlang dableibt, die Zeitungen zu lesen beginnt und aufmerksam zuhört, bekommt alles um ihn herum peu à peu *ein neues Antlitz ... Er erfährt, daß der Hüter dieses oder jenes Obstgartens durch einen Gewehrschuß ... getötet wurde, weil er und nicht ein anderer diesen Posten bekommen hatte ... Oder daß dieser andere Besitzer, der seine Zitrushaine an eine Person seiner Wahl verpachten wollte, eine Kugel dicht an seinem Kopf vorbeischwirren hörte, als freundliche Warnung, woraufhin er sich eines anderen besann. Anderswo wurde auf einen jungen Mann geschossen, der sich in den Kopf gesetzt hatte, in den Vororten von Palermo Kinderkrippen einzurichten, ... weil gewisse Leute, denen die einfachen Menschen in diesen Vierteln Gefolgschaft leisten, fürchteten, der Mann könne dadurch, daß er den armen Leuten Gutes tue, auf die Menschen ein Stück von dem Einfluß gewinnen, den sie gerne ganz für sich reservieren würden. Die mörderische Gewalttätigkeit treibt die seltsamsten Blüten ... So wird eine Geschichte erzählt von einem ehemaligen Priester, der sich in einer Stadt unweit von Palermo zum Chef des Verbrechens aufschwang und einigen seiner Opfer selbst die letzten Sakramente verabreichte. Nach einer gewissen Anzahl solcher Geschichten beginnen die Orangen- und Zitronenblüten nach verwesenden Leichen zu duften.*[1]

Für mich begann diese Verwandlung des Blütendufts in Verwesungsgeruch bereits auf einer meiner ersten Reisen nach Palermo. Ich besuchte Domenico Signorino, einen der Ankläger im sogenannten Maxi-Prozeß in Palermo, dem größten Mafiaprozeß aller Zeiten. Signorino machte einen offeneren und herzlicheren Eindruck als die meisten anderen Staatsanwälte, namentlich die sizilianischen. Im Verlauf eines langen, angenehmen Interviews kam er mit großer Wehmut und Zuneigung auf diejenigen seiner Kollegen zu sprechen, die im Krieg gegen die Mafia den Tod gefunden hatten. Wenige Tage später erblickte ich ein Foto Signorinos auf der Titelseite der Palermoer Zeitung *Giornale di Sicilia*, darüber die Schlagzeile: «Palermoer Richter unter Verdacht der Komplizenschaft mit Mafia.» Zwei Tage danach erschoß sich Richter Signorino mit einer Pistole.[2]

Ob Richter Signorino sich wirklich etwas hat zuschulden kommen lassen, steht bis heute nicht fest. Der Mafioso, der ihn belastete, hat sich mittlerweile als zuverlässiger Zeuge bewährt, und man mag kaum glauben, daß jemand, der ein gutes Gewissen hatte, in dieser Situation Selbstmord begangen hätte. Andererseits schwören die Ankläger, die mit Signorino zusammengearbeitet haben, jeden Eid auf seine Unschuld; sie attestieren ihm eine zerbrechliche Psyche und weisen darauf hin, daß für einen Menschen, der es gewöhnt ist, allgemeine Hochachtung und Anerkennung zu genießen, das Trauma einer öffentlichen Demütigung unerträglich sein kann. Manche fanden es auch höchst verdächtig, daß zwar fünf Richter der Zusammenarbeit mit der Mafia beschuldigt wurden, doch nur der Name eines einzigen, nämlich Signorinos, an die Presse durchgesickert war. Konnte es nicht sein, daß Signorino das Opfer einer geschickt eingefädelten Intrige war?[3]

Die Menschen in Sizilien taten sich schwer zu entscheiden, welches der beiden denkbaren Szenarien das schlimmere war: daß ein mit der Anklage in heikelsten Mafia-Fällen betrauter Richter sich an den Verein verkauft hatte oder daß ein ehrlicher Mann durch böse Machenschaften in den Tod getrieben worden war. Einige stellten eine dritte Möglichkeit zur Diskussion: daß Signorino sich nicht einer regelrechten Komplizenschaft mit der Mafia schuldig gemacht, sondern lediglich eine kleine Verfehlung begangen, eine Gefälligkeit angenommen oder sich mit bestimmten Personen von zweifelhaftem Ruf getroffen oder eingelassen hatte, wodurch unweigerlich ein Anschein schuldhafter Verstrickung entstanden wäre, mit dem er nicht hätte weiterleben können. Wir werden es wahrscheinlich nie erfahren. Mit dem Tod des Verdächtigten wurde der Fall zu den Akten gelegt und hat seinen Platz im Kreis der zahllosen ungelösten Rätsel Palermos gefunden.

Sizilien ist ein Land, in dem fast nichts so ist, wie es zu sein scheint. Ein paar Tage nach meiner Begegnung mit Signorino führte ich ein Interview mit dem neuen Polizeichef von Palermo, der kurz zuvor die Konten von einer der mächtigsten Mafiasippen der Stadt beschlagnahmt und sich damit das Image eines tatkräftigen Verbrechensbekämpfers verschafft hatte. Auch er geriet einige Monate später ins Zwielicht, als der Vorwurf laut wurde, er habe während seiner Amtszeit in Neapel Schmiergelder angenommen. Man weiß nicht, was man glauben soll.[5]

Die Sizilianer, die eine 2500jährige Geschichte der Eroberungen, Fremdherrschaften und zahlloser gewalttätiger und korrupter Tyrannen hinter sich haben, sind ein Volk von Skeptikern. Als ich einen sizilianischen Freund fragte, woher sein Mißtrauen gegen einen Lokalpolitiker rühre, der im Ruf stand, ein unerschrockener Kämpfer gegen die Mafia zu sein, erhielt ich die Antwort: «Er ist am Leben, nicht wahr? Hätte er wirklich etwas gegen die Mafia getan, dann wäre er tot.»

Der Tod ist das einzig Sichere. Er lüftet, wenn auch nur für kurze Zeit, den Schleier, der ansonsten über der Pirandelloschen Welt der sizilianischen Politik liegt, in der Schein und Wirklichkeit so leicht zu verwechseln sind und wo die Fratze der Mafia sich hinter der ehrenwerten Maske des Richters, des Anwalts, des Geschäftsmannes, Priesters oder Politikers verbergen kann.

Eine Leiche, die am Straßenrand gefunden wird, kann etwas über unsichtbare Allianzen oder Konflikte, über wirtschaftliche Interessen oder strategische Kehrtwendungen verraten. Die Vorstellung, nur die besten Ermittler würden ermordet, ist eine brutale und gegenüber den am Leben gebliebenen oft unfaire Vereinfachung: Als einmal ein Polizeibeamter aus Palermo einen Anschlag, bei dem zwei Kollegen starben, auf wundersame Weise überlebte, geriet er sogleich in den Verdacht der Mafia-Protektion, ein Gerücht, das erst verstummte, als die Mafia ihn einige Jahre später doch noch liquidierte. Welche Bedeutung einer als Ankläger oder Politiker hatte, wird manchmal erst deutlich, wenn er tot ist.

Für Richter Giovanni Falcone kam der Augenblick der Gewißheit am 23. Mai 1992, als er zusammen mit seiner Frau und drei Leibwächtern von einer mächtigen Bombe zerrissen wurde, deren Detonation die Autostraße zwischen dem Flughafen Punta Raisi und Palermo aufriß.

Er kam zwei Monate später, am 19. Juli, auch für Falcones engen Freund und Justizkollegen Paolo Borsellino und fünf seiner Leibwächter – bei der Anfahrt zu einem sonntäglichen Besuch im Hause von Borsellinos Mutter in der Innenstadt von Palermo wurden sie von einer Bombe zerfetzt.

Bei Massendemonstrationen, in feierlichen Grabreden und bei Kerzenlicht-Prozessionen wurden die beiden Ermittler einstimmig als Nationalhelden gefeiert, als die unversöhnlichsten und gefährlichsten Feinde der Cosa Nostra – als Herz und Seele der «Anti-Mafia-Front» von Palermo, einer kleinen Gruppe von Untersuchungsrichtern, die im Krieg gegen die Mafia weiter vorgeprescht war, als irgendjemand es vor ihnen gewagt hatte.[5]

Falcone und Borsellino fanden ihren Platz in der Reihe der Märtyrer von Palermo. Viele Bewohner der Stadt können die Jahrestage wichtiger Mordanschläge ebenso mühelos hersagen wie die Feiertage der Schutzheiligen von Sizilien: 25. September 1979 Richter Cesare Terranova; 6. Januar 1980 Piersanti Mattarella, Präsident der Region Sizilien; 6. August 1980 Richter Gaetano Costa; 30. April 1982 Pio La Torre, Vorsitzender der Kommunistischen Partei Siziliens; 3. September 1982 General Alberto Dalla Chiesa, Präfekt von Palermo; 29. Juli 1983 Rocco Chinnici, Chefankläger; 6. August 1985 Antonino Cassarà, stellvertretender Polizeichef.[6]

Dies ist eine Auswahl aus den «cadaveri eccellenti» der Stadt; dieser Begriff wird in Sizilien verwendet, um die prominenten Mafia-Opfer aus dem Justizdienst von den Hunderten gewöhnlicher Krimineller und Normalbürger abzuheben, die im alltäglichen Mafiageschäft zu Tode gekommen sind.

Im Frühjahr und Sommer 1992 schien es, als habe die Mafia mit einer neuen Strategie des politischen Terrors einen Quantensprung nach vorne gemacht. Im März stoppte die Cosa Nostra die Wahl eines neuen Parlaments, indem sie einen wichtigen politischen Funktionsträger liquidierte. Im Mai ermordete sie Falcone, gerade als das Land sich auf die Wahl eines neuen Präsidenten vorbereitete. Schließlich folgte im Juli, als die kurz zuvor neu formierte Regierung sich gerade anschickte, neue strenge Anti-Mafia-Gesetze in Kraft zu setzen und einen sich zusammenbrauenden Skandal von staatlicher Korruption zu überleben, die Ermordung Borsellinos.

Mit der Ermordung der beiden berühmtesten Mafiaverfolger Italiens, der Initatoren des Maxi-Prozesses von Palermo – des wahrscheinlich größten Mafiaverfahrens aller Zeiten –, schien die Mafia der Regierung eine Botschaft übermitteln zu wollen. Morde werden nicht nur begangen, um sich eines gefährlichen Gegners zu entledigen, sondern auch um ein klares, unmißverständliches Zeichen zu setzen, wenn zuvor weniger drastische Mitteilungen ignoriert worden sind. «Alles enthält eine Botschaft, alles ist voller Bedeutung in der Welt der Cosa Nostra, kein Detail ist zu winzig, um der Beachtung zu entgehen», schrieb Falcone in einem Band mit autobiographischen Notizen, der ein Jahr vor seinem Tod veröffentlicht wurde. Weil ihr strenger Codex es absolut nicht zuläßt, daß über die Cosa Nostra gesprochen oder auch nur deren Existenz zugegeben wird, kommunizieren Mafiosi indirekt, indem sie Taten oder Gesten sprechen lassen oder auch bewußt schweigen. «Die Deutung von Zeichen», schrieb Falcone, «gehört zu den wichtigsten Aktivitäten eines ‹ehrenwerten Mannes› – und damit auch des Mafia-Anklägers.»[7]

Doch die Bedeutung der spektakulären Morde an Falcone und Borsellino war nicht unmittelbar ersichtlich.

Auf den ersten Blick erschienen diese Morde wie eine Demonstration der totalen Unbesiegbarkeit. Die Mafia zeigte, daß sie bereit und in der Lage war, jeden zu töten – mochte er noch so wichtig und gut geschützt sein –, den der Staat gegen sie ins Feld schickte. Indem sie Falcone in Palermo töteten und nicht in Rom, wo er während seines ganzen letzten Lebensjahres gearbeitet hatte, ließen seine Mörder die Welt wissen, daß sie und niemand sonst die Herren Siziliens waren. Es wäre für sie leichter gewesen, Falcone in Rom zu erwischen, wo er sich oft ohne Leibwächter bewegte. Indem die Mafia sich dafür entschied, auf einer der am dichtesten befahrenen Straßen Siziliens gleich einen ganzen Konvoi kugelsicherer Limousinen in die Luft zu jagen, lieferte sie eine spektakuläre Demonstration ihrer unumschränkten Herrschaft in diesem Territorium. Allein, unter der Oberfläche dieser leicht entschlüsselbaren Botschaft glaubten tieferblickende Mafia-Deuter etwas ganz anderes zu entdecken: «Die Mafia pfeift aus dem letzten Loch», erklärte Tommaso Buscetta in einem Interview, das er in einem Versteck in den USA gab, das ihm im Rahmen eines Zeugenschutzprogrammes zur Verfügung stand. «Solche großen öffentlichen Mordanschläge sind bei der Mafia nicht üblich. Sie mordet gewöhnlich im stillen. Ich glaube, sie kämpft ums Überleben.» Es war Buscetta gewesen, der – in seiner Eigenschaft als Zeuge – Falcone in die Kunst der Deutung von Mafia-Zeichen eingeweiht hatte. Seine Deutung der Morde an Falcone und Borsellino wurde seinerzeit skeptisch aufgenommen, hat sich aber als bemerkenswert hellsichtig erwiesen.[8]

Diese Morde schreckten den italienischen Staat auf und provozierten ihn zu seiner entschlossensten Anti-Mafia-Kampagne seit Jahrzehnten. Eilig verabschiedete das Parlament in Rom nun viele der konsequenten Anti-Mafia-Gesetze, um die Falcone und Borsellino jahrelang gerungen hatten: höhere Anreize und besseren Schutz für Mafia-Belastungszeugen, strengere Haftbedingungen für Mafia-Angeklagte, ein rationelles Prozedere in Mafia-Verfahren. Damit nicht genug, tat die Regierung den außerordentlichen Schritt, 7000 reguläre Soldaten nach Sizilien zu entsenden, mit dem Auftrag, Straßenkontrollen durchzuführen und Ermittler und Politiker zu schützen, damit die von diesen Aufgaben befreite Polizei sich auf die Aufklärung der Morde konzentrieren konnte.[9] Die Früchte, die dies innerhalb der nächsten zwei Jahre trug, können eigentlich nur als revolutionär bezeichnet werden: Mehrere hundert Mafiosi stellten sich gegen die Cosa Nostra und boten der Polizei ihre Zusammenarbeit an. Die Strafverfolger zerschlugen über Nacht ganze organisierte Strukturen und brachten mehr als 300 langgesuchte flüchtige Mafiosi zur Strecke, darunter etliche der mächtigsten Bosse, vor allem aber den «capo di tutti i capi», Salvatore (Totò) Riina, der sich 23 Jahre lang der Verhaftung entzogen hatte.[10]

Eines der Indizien, die Tommaso Buscetta zu der Überzeugung gebracht hatten, daß die Mafia mit dem Rücken zur Wand stand, war ein rätselhafter Mordanschlag im Jahr 1992. Im März 1992 – das Land befand sich gerade in einem nationalen Wahlkampf – töteten Mafiakiller in Palermo Salvatore Lima, den zu der Zeit wahrscheinlich mächtigsten christdemokratischen Politiker Siziliens, der ein enger Freund und politischer Gefährte von Premierminister Giulio Andreotti war. Es war ein zunächst völlig unverständlicher Mord, weil Lima zu den Politikern gehörte, denen eine besonders enge freundschaftliche Verbundenheit mit der Mafia nachgesagt wurde.[11]

Wie Buscetta richtig diagnostizierte, waren die Morde an Falcone und Borsellino Symptome einer tiefgehenden Krise innerhalb der Mafia. Die Liquidierung Limas markierte das Ende einer langjährigen Allianz zwischen der Mafia und Teilen der Christdemokratischen Partei. Die Cosa Nostra suchte sich ein Opfer aus den höchsten Etagen des italienischen Staates, weil die politische Welt, in der die Mafia bisher gediehen war, aus den Fugen geriet und ihre Vertreter nicht mehr bereit oder fähig waren, weiterhin eine schützende Hand über die Mafia zu halten.

Man muß die neue, terroristische Strategie der Cosa Nostra in einen breiteren geschichtlichen Kontext stellen, um sie zu verstehen. Die politische Klasse Italiens, die bis dahin die Macht der Mafia im Süden des Landes «toleriert» hatte, wurde durch zwei parallel ablaufende Skandale durcheinandergewirbelt: die Aufdeckung massiver staatlicher Korruption unter dem Schlagwort «Operation saubere Hände» und die durch die Ermordung Salvatore Limas ausgelösten Enthüllungen über die politischen Verbindungen der Mafia. Beide Vorgänge liefen getrennt voneinander, doch bestanden Zusammenhänge. Dasselbe System der Begünstigung von Parteifreunden, das in Norditalien massiven Bestechungen Vorschub leistete, erwies sich im Süden als äußerst anfällig für mafiose Infiltration.

Die aufeinanderfolgenden Morde an Falcone und Borsellino markierten einen entscheidenden Wendepunkt im Niedergang der politischen Klasse, die Italien zwischen dem Ende des Zweiten Weltkrieges und 1994 regierte. Im Strudel der ausufernden Skandale um Korruption und Mafia-Verstrickung gerieten ein Drittel aller Abgeordneten des nationalen Parlaments und die Hälfte aller sizilianischen Mandatsträger in den Verdacht strafbarer Handlungen. Die beiden mächtigsten Figuren der italienischen Politik, der Christdemokrat Andreotti und der Sozialist Bettino Craxi, traten unter Druck von der politischen Bühne ab, Craxi wegen überwältigender Beweise für seine maßgebliche Mitwirkung an einer hochgradig organisierten Korruption, Andreotti wegen zunehmend massiverer Vorwürfe einer Komplizenschaft mit der Mafia.

«Mehr als vierzig Jahre lang galt in Italien das ungeschriebene Gesetz, daß korrupte Politiker nicht ins Gefängnis gingen, daß Mafiosi nicht redeten und daß es keine Regierung ohne Giulio Andreotti geben konnte», sagt Vittorio Foa, der dem ersten Nachkriegsparlament Italiens angehörte und sich 1992 aus dem Senat zurückzog. «Heute haben wir eine Regierung ohne Andreotti, korrupte Politiker gehen ins Gefängnis und Mafiosi reden.»[12]

Dieser radikale Klimawechsel in der italienischen Politik hatte seine Ursache vor allem auch in bestimmten internationalen Entwicklungen. Italien war, vielleicht mehr als jedes andere Land des westlichen Europa, von der Politik des kalten Krieges geprägt. Konfrontiert mit einer Kommunistischen Partei, die hier stärker war als in irgendeinem anderen demokratischen Land, reagierte das politische Italien mit einer extremen Polarisierung zwischen den widerstreitenden Kräften der Christlichen Demokratie und der Kommunisten. «Dank der Existenz einer starken Kommunistischen Partei blieb die Christlich-Demokratische Partei 47 Jahre lang an der Regierung», konstatiert Pietro Scoppola, Professor der Politikwissenschaften an der Universität von Rom und als katholischer Gelehrter den Christdemokraten nahestehend. «Das normale Wechselspiel zwischen Regierung und Opposition war in Italien unmöglich. Die DC (Democrazia Cristiana) sah sich gezwungen, ihre Macht zur Festigung ihrer Wahlchancen auf dem Weg über politische Patronage zu festigen. Und der Übergang von der Patronage zur Korruption und von der Korruption zur Mafia ist ein fließender.»[13]

Bis vor kurzer Zeit neigten italienische Wähler dazu, in Korruption und Mafianähe das kleinere Übel zu sehen, verglichen mit einer Machtübernahme der Kommunisten. «Haltet die Nasen zu und wählt christdemokratisch», beschwor der konservative Journalist Indro Montanelli seine Leser um die Mitte der 70er Jahre, als die Kommunisten drauf und dran schienen, die DC als größte Partei Italiens abzulösen.[14] Doch in dem Augenblick, als sich die kommunistische Drohung in Luft auflöste, wurde der Gestank der Korruption plötzlich unerträglich. Fast über Nacht begann eine Gesellschaft, die es bis dahin vorgezogen hatte, die Korruption zu ignorieren, dieselbe mit dem Eifer des frisch Bekehrten zu verfolgen. Jubelnde Menschenmengen schauten zu, wie einst unantastbare Parteichefs in Handschellen abgeführt wurden. Den etablierten Parteien liefen die Wähler davon, so daß sie um ihr Überleben kämpfen mußten. «Entweder wir verändern uns, oder wir sterben», sagte der ranghohe christdemokratische Parteimann Vincenzo Scotti. Daß die politische Vorherrschaft der Christdemokraten vom Vorhandensein einer kommunistischen Gefahr abhing, wurde darin deutlich, daß die Partei mit nur zweijährigem Abstand dem Beispiel der italienischen KP folgte: 1993 sah sie sich gezwungen, sich aufzulösen und sich unter anderem Namen neu zu konstituieren.[15]

Bis zum Fall der Berliner Mauer hatte auch die US-Regierung ein hohes Interesse daran gehabt, daß die Christdemokraten an der Macht und die Kommunisten von ihr verbannt blieben. In den 40er und 50er Jahren erhielten die Christdemokraten Zuschüsse von der CIA, ebenso wie die italienische KP von den Russen. Und in den späten 70er Jahren äußerte die US-Regierung offen ihre ablehnende Haltung zu einer Regierungsbeteiligung der italienischen Kommunisten. Die Amerikaner betrieben eine schizophrene Politik: Ihre Aufklärungs- und Polizeibehörden arbeiteten eng und effektiv mit Strafverfolgern wie Giovanni Falcone und Paolo Borsellino zusammen und schufen ein beispielhaftes Modell internationaler Kooperation. Gleichzeitig jedoch hielten sich die USA als ihre engsten politischen Verbündeten viele der Politiker, die im Verdacht standen, mit der Mafia im Bunde zu sein. Es gehört zu den bedauerlichsten Zufällen der Geschichte, daß viele, die vor Ort zu den unversöhnlichsten Gegnern der Mafia zählten, international dem falschen Lager angehörten. Pio La Torre (der sizilianische KP-Chef, den die Mafia 1982 liquidierte) kämpfte an vorderster Front sowohl für schärfere Anti-Mafia-Gesetze als auch gegen die Stationierung von NATO-Marschflugkörpern in Comiso auf Sizilien. Die Installierung dieses Waffensystems auf der Insel war das wichtigste politische Anliegen der Regierung Reagan in Italien, und manche sind der Meinung, dies sei der entscheidende Schritt gewesen, der die Sowjets dazu gebracht habe, den Rüstungswettlauf abzubrechen und auf Glasnost zu setzen. Wo ein solcher Preis winkte, waren die USA natürlich mehr als willens, über unappetitliche Verbindungen einiger ihrer engsten Freunde hinwegzusehen.

Trotz eines erstaunlichen Ausmaßes an Korruption hat Italien in den vergangenen 45 Jahren die längste Friedens- und Wohlstandsperiode seit den Zeiten des Römischen Reiches erlebt. Nie zuvor sind so viele Italiener in den Genuß eines so breitgestreuten Wohlstandes gekommen. Sogar im Süden des Landes gehören Probleme wie Hunger, Malaria oder Analphabetentum weitgehend der Vergangenheit an. Doch hat dieser Fortschritt einen hohen Preis gekostet: Der Süden ist unter die fast totale Kontrolle der Mafia geraten.

Wie stark diese Mafia-Herrschaft selbst den Alltag der Menschen in Sizilien prägt, davon vermögen sich Nicht-Italiener nur schwer ein Bild zu machen. In Amerika ist die Mafia eine parasitäre, an den Rändern der Gesellschaft gedeihende Erscheinung. Im südlichen Italien spielt sie eine zentrale Rolle in fast jedem Bereich des wirtschaftlichen und politischen Lebens. Noch heute gibt es viele Orte in Sizilien, in denen die Menschen gezwungen sind, ihr Wasser gegen Bezahlung aus privaten Brunnen zu beziehen, die der Mafia gehören – ein fast feudaler Zustand.

Viele Jahre lang haben die meisten Leute die Macht der Mafia unterschätzt und sie als eine primitive, archaische Organisation betrachtet, die in dem Maß, wie in Italien die Modernisierung voranschritte und die Wirtschaftskraft Siziliens sich der des restlichen Landes annäherte, verschwinden würde. In Wahrheit hat sich die Mafia als ein lebensfähiges und wandelbares Virus entpuppt, das sich angepaßt hat und eine fast perfekte Symbiose mit dem modernen italienischen Wohlfahrtsstaat eingegangen ist. Italien ist ein Land, in dem politische Parteien fast jeden Aspekt des Wirtschaftslebens kontrollieren – sie beherrschen ganze Industriebranchen und entscheiden über die Vergabe von Hunderttausenden von Arbeitsplätzen, vom mächtigsten Bankdirektor bis hinunter zum einfachsten Straßenkehrer. In dem Maß, wie die Parteien ihre Einflußsphären erweiterten, kletterte die Staatsquote allmählich bis auf 52 Prozent des Bruttosozialprodukts. Im südlichen Italien, wo die Staatsquote bei unfaßbaren 70 Prozent liegt, ist politischer Einfluß der Schlüssel zu Wohlstand und Macht.[16] «In Sizilien kontrolliert die Mafia alle öffentlichen Auftragsvergaben», heißt es in einem vor kurzem vorgelegten Bericht der parlamentarischen Anti-Mafia-Kommission. «In meiner Gegend kannst du ohne die Cosa Nostra nicht einmal einen Nagel einschlagen», erklärte unlängst Leonardo Messina, ein Exmafioso aus dem sizilianischen San Cataldo, der Kommission, und es fiel ihm dabei schwer, einen gewissen Rest an Stolz auf diese Situation zu verbergen.[17] Um in Wahlkämpfen für gute Stimmung zu sorgen, finanzierte die Regierung pharaonische und oft nutzlose Bauvorhaben – mehrspurige Autobahnen, die im Nichts enden, Dämme ohne Wasser, Seehäfen ohne Schiffe, Fabriken, die nie eröffnet wurden. Diese Projekte schufen Arbeitsplätze, machten eine Reihe skrupelloser Unternehmer reich und lieferten perfekte Einstiegsluken für Mafia-Infiltratoren.

Die 45 Jahre, in denen das südliche Italien von mafiahörigen Politikern regiert worden ist, sind an der Landschaft und den Städten nicht spurlos vorübergegangen. Die Städte weisen fast alle physiognomische Ähnlichkeiten auf: Ansammlungen willkürlich hingeklotzter, billiger Betonbauten, die die Stadtsilhouetten verschandeln, Abfall und Dreck auf den Straßen, die Abwesenheit grundlegender staatlicher Dienstleistungen. Systematische Günstlingswirtschaft hat Italien zum Land mit dem höchsten Betonverbrauch pro Kopf der Bevölkerung gemacht, und doch leidet das südliche Italien in weiten Teilen an unterentwikkelten Infrastrukturen. Während viele der schönsten Strände Siziliens zubetoniert worden sind, ist die Autobahn zwischen Palermo und Messina, von der seit dreißig Jahren geredet wird, noch immer nicht fertig.

Künstlerisch und archäologisch wertvolle Stätten, die zu den wichtigsten und schönsten Plätzen Europas gehören, sind fast bis zur Unkenntlichkeit verschandelt worden. Um die 600 illegal errichtete Bauten zieren das archäologische Grabungsgebiet um die herrlichen griechischen Tempel von Agrigent – zum Wohle höchst zwielichtiger wirtschaftlicher Interessen.[18] Obwohl sie einen krassen Verstoß gegen gesetzliche Bebauungsvorschriften darstellen, hatte bisher niemand den Mut, ihren Abriß anzuordnen. In jedem anderen europäischen Land wären die herrlichen Adelsschlösser und Parks von Bagheria (nahe Palermo) ein Mekka für Touristen aus aller Welt. Hier jedoch hat eine korrupte, von der Mafia infiltrierte Stadtverwaltung es zugelassen, daß um die Schlößchen herum illegal errichtete Betonquader aus dem Boden geschossen sind, während viele der kostbaren Baudenkmäler der Plünderung und dem Verfall preisgegeben wurden.[19]

In vielen Orten steht die Demokratie, wie wir sie kennen, nur auf dem Papier. In den Jahre 1992 und 1993 löste das italienische Innenministerium in mehr als siebzig Städten die gewählten Amtsträger ab, weil sich herausgestellt hatte, daß die Kommunalparlamente und Verwaltungen durch und durch mafiaverseucht waren. Die Stadt Plati in Kalabrien hatte mehrere Jahre lang überhaupt keinen Gemeinderat, weil die Menschen Angst hatten, zu kandidieren oder auch nur zu wählen. Anderswo war und ist es üblich, daß Politiker in Verhandlungen mit Bossen des organisierten Verbrechens Wählerstimmen im Paket kaufen.[20]

Zur Aufrechterhaltung dieses außerordentlichen Maßes an gesellschaftlicher und wirtschaftlicher Kontrollgewalt muß die Mafia mit einer ständig präsenten, latenten Gewaltdrohung arbeiten. Nach Schätzungen fielen dem organisierten Verbrechen im südlichen Italien allein in den 80er Jahren des 20. Jahrhunderts 10.000 Personen zum Opfer – dreimal so viele, wie der bewaffnete Konflikt in Nordirland in 25 Jahren gefordert hat.[21]

Sizilien sei eine Metapher, hat der große Romancier Leonardo Sciascia einmal gesagt.[22]

Mit seiner Tradition der Gewalttätigkeit und des Extremismus birgt Sizilien im kleinen ein hochkonzentriertes und dramatisiertes Abbild der Tugenden und Laster Italiens. Ehre, Freundschaft und Familie können sich zu großer Würde, Wärme und Gastfreundschaft entfalten, können aber auch durch die Kultur der Mafia pervertiert werden. Die mafiatypische Loyalität zu Familie und Sippe ist die übersteigerte Variante einer italienischen Nationalkrankheit, die von Soziologen als «amoralischer Familialismus» bezeichnet worden ist. Weil Italien jahrhundertelang in Kleinstaaten und Fürstentümer aufgesplittert war, identifizieren sich die meisten Italiener stärker mit ihrer Region, ihrer Stadt, ihrem Wohnviertel und ihrer Familie als mit Staat, Nation und Regierung. Als Nation ist Italien äußerst jung, gerade einmal 120 Jahre alt; abstrakte Konzepte wie Staat, Recht oder Gemeinwohl haben hier nur langsam Wurzeln geschlagen. Persönliche Beziehungen sind in der italienischen Gesellschaft entscheidend. Es ist erstaunlich, was viele Italiener auf sich nehmen, um etwas für Freunde oder Verwandte zu tun. Die Bereitschaft vieler Italiener, rechtliche und bürokratische Grundsätze zu ignorieren und in jeder Situation vor allem menschliche Maßstäbe anzulegen, hat oft etwas sehr Anrührendes, doch sie leistet auch dem gegenwärtig vorherrschenden System der Patronage Vorschub. Eine komplizierte bürokratische Prozedur, die auf dem normalen Amtsweg vielleicht viele Monate dauern würde, kann von einem guten Freund, der am rechten Platz sitzt, in Minutenschnelle zum Abschluß gebracht werden. Wenn es darauf ankommt, in kurzer Frist etwa einen Telefonanschluß oder ein Bett im Krankenhaus zu bekommen, läßt sich das oft nur mit den richtigen Beziehungen erreichen. Viele Arbeitsplätze werden ausschließlich an *raccomandati* («Empfohlene») vergeben. Öffentliche Ämter jeglicher Art – vom Museums- oder Theaterdirektor bis zum lokalen Konzessionär für die Müllabfuhr – werden von den politischen Parteien Italiens wie private Lehen verwaltet. Weil so vieles durch Beziehungen geregelt wird, versuchen die meisten Italiener, sich die Protektion irgendeiner «Sippe», einer politischen Partei oder einer Fraktion derselben, einer religiösen Gemeinschaft, eines Vereins oder einer Geheimgesellschaft wie der Freimaurer oder der Mafia zu sichern. Der Kampf gegen die Mafia in Sizilien ist nicht ein lokales polizeiliches Problem, sondern, wie Leopoldo Franchetti schon 1876 begriff, gleichbedeutend mit dem Kampf um nationale Einheit und Demokratie in Italien.

ERSTES KAPITEL

Die Geschichte der Mafia und die des modernen italienischen Staates beginnen gleichzeitig. Nachdem Garibaldi und seine Kämpfer aus der norditalienischen Region Piemont 1860 Sizilien eingenommen und es mit den übrigen Teilen des neuen italienischen Nationalstaats vereinigt hatten, wurden sie bald auf ein Problem aufmerksam: eine ausufernde Kriminalität. In dem Chaos, das nach den Einigungskriegen herrschte, terrorisierten Banditen das Land und verübten Anschläge auf Regierungssoldaten, während andere kriminelle Banden versuchten, die Kontrolle über Verkauf und Verpachtung von Grund und Boden an sich zu reißen, und eigene Leute für die Bewachung der üppigen Gärten und Haine in und um Palermo abstellten. Die Norditaliener waren konsterniert über die Weigerung der Sizilianer, mit dem neuen Regime zusammenzuarbeiten, über das hartnäckige Schweigen, das sogar unschuldige Verbrechensopfer an den Tag legten, und über die sizilianische Vorliebe für Selbstjustiz. Das Wort «Mafia» fand um diese Zeit Eingang in den italienischen Wortschatz, als Bezeichnung für die eigentümlich zählebige Art des organisierten Verbrechens, die die Norditaliener in Sizilien als tief in der Seele der Gesellschaft verankerte Charakteristik vorfanden.[1]

Anders als Banditen oder gewöhnliche Diebe, die außerhalb der wohlanständigen Gesellschaft leben, übten die meisten Mafiosi weiterhin einen regulären Beruf aus; gleichzeitig preßten sie ihren Mitmenschen durch Gewalt oder deren Androhung, und geschützt durch die Macht der Organisation, Leistungen ab. Unter den ersten Mafiosi waren viele, die als bewaffnete Feldhüter oder Verwalter eine der zahlreichen sizilianischen Latifundien kontrollierten, deren Besitzer abwesend waren. Der Mafioso spielte traditionell die Rolle eines Mittlers; er brachte die Bauern auf Trab und zeichnete verantwortlich dafür, daß die Ernte eingebracht wurde; seinen Einfluß vor Ort nutzte er dafür, sich vom Grundbesitzer Vergünstigungen zu verschaffen. In einem Land, in dem es seit jeher kein gut funktionierendes oder gar geachtetes Staatswesen gegeben hatte, rissen Mafiagruppen viele sonst dem Staat vorbehaltene Aufgaben an sich – Rechtsprechung, Schlichtung von Streitigkeiten, Zuteilung von Ressourcen. Während die Mafiosi von sich selbst häufig ein heroisches Bild zeichneten, das sie als moderne Robin Hoods zeigte, die von den Reichen nahmen und den Armen gaben, widmeten sie sich in Wirklichkeit stets dem Ziel der Selbstbereicherung und trugen nie Bedenken, zur Durchsetzung ihrer Interessen die Mittel der Gewalt und des Mordes einzusetzen.

Die von fremden Eroberern errichteten korrupten und brutalen Regime, die die Sizilianer jahrhundertelang ertragen mußten, lehrten die meisten Bewohner der Insel Mißtrauen und Feindseligkeit gegenüber jeder staatlichen Gewalt. Die Justiz funktionierte oft nicht nach rechtsstaatlichen Prinzipien, sondern nach dem Gutdünken privater Ordnungskräfte, die im Sold der sizilianischen Feudalherren standen. Die Mafia stützt sich auf einen Verhaltenskodex – dazu gehört die Weigerung, mit Polizeibehörden zusammenzuarbeiten, der Primat der privaten gegenüber der öffentlichen Rechtsprechung, Erpressung als tägliche Realität –, der sich über Jahrhunderte zurückverfolgen läßt. Doch sosehr die Mafia ihre kulturellen Wurzeln im sizilianischen Feudalsystem hat, als Spielart des organisierten Verbrechens scheint sie ein Produkt der Neuzeit zu sein, der neuen Freiheiten und Chancen, die sich im italienischen Einheitsstaat auftaten. In der ausgesprochen statischen Welt des Feudalismus war wenig Raum für organisierte Kriminalität gewesen, hatten doch die Grundbesitzer ein weitgehendes Monopol auf die wirtschaftlichen Ressourcen wie auch auf die Anwendung von Gewalt. Erst das Zerbrechen der großen Feudalherrschaften und die wirtschaftliche Expansion eröffnete auch Angehörigen der unteren Klassen die Möglichkeit, sich an dem Gerangel um Hab und Gut, das nach der Vereinigung einsetzte, zu beteiligen. Wo es keine Tradition der Rechtsstaatlichkeit oder der staatlichen Verwaltung gab, an die man anknüpfen hätte können, wurde die Anwendung oder Androhung von Gewalt zum einfachsten Mittel, um den Rivalen ein Schnippchen zu schlagen. Wie Paolo Borsellino einmal geschrieben hat: «Das Bestreben, die Konkurrenten auszustechen, kann, wenn es mit dem Fehlen eines glaubwürdigen Staatswesens zusammenfällt, keinen normalen Marktmechanismus hervorbringen; das Ziel des Handelns heißt dann nicht, es besser zu machen als die Rivalen, sondern sie auszuschalten.»[2]

Als die Kriminalität in Sizilien epidemische Ausmaße erreichte, wurde sie 1874 zum Thema einer alles beherrschenden landesweiten

Debatte. Die konservative Regierung legte den Plan vor, polizeiliche Notstandsmaßnahmen zu ergreifen, um die Herrschaft über die Insel wiederzugewinnen; die Sizilienreise Leopoldo Franchettis zwei Jahre später war eine Frucht dieser Initiative. Am Ende stürzte die Regierung über dieses Problem und mußte einem linken Kabinett Platz machen, dem ersten in der Geschichte Italiens. Die öffentliche Ordnung auf Sizilien wurde mittels eines typisch italienischen Kompromisses zwischen Mafia und Regierung wiederhergestellt, der ein Präzedenzmodell für die Zukunft setzte. Die Mafia half der Polizei, diejenigen Banditen aufzuspüren und zu verhaften, die es am dreistesten getrieben hatten, und im Gegenzug ließ die Regierung zu, daß die Mafia ihre eigene, subtilere Form wirtschaftlicher Kriminalität fortsetzen konnte. Diese Fähigkeit, Repräsentanten der Staatsgewalt ins eigene Boot zu ziehen und zu korrumpieren, zeichnete die Mafia von Anfang an aus und hat ihr über 130 Jahre hinweg Straflosigkeit garantiert. Die Errichtung der Demokratie und die Einführung des allgemeinen Wahlrechts eröffneten dem organisierten Verbrechen neue Möglichkeiten der Gewinnung politischen Einflusses. In dem Maß, wie mafiose Gruppen wachsende Kontingente von Wählerstimmen zu kontrollieren vermochten, konnten sie Politikern helfen, Wahlen zu gewinnen, und sich damit deren Gegenleistungen erkaufen.

Welche katastrophalen Folgen dieser Kompromiß hatte, war schon zu Franchettis Zeiten absehbar. «Mit der Einverleibung Siziliens hat Italien sich eine schwere Verantwortung auferlegt», schrieb er. «Die italienische Regierung hat die Pflicht, dieser Bevölkerung Frieden zu geben und sie über die Bedeutung des Rechts aufzuklären, und sie muß diesem Ziel jegliches private oder politische Interesse opfern. Was wir statt dessen zu sehen bekommen, ist, daß italienische Minister aller Parteien ein Exempel statuieren, indem sie sich just auf jene ‹interessierten Transaktionen› einlassen, die der Untergang Siziliens sind, indem sie jene lokalen Mächte, die sie zu beseitigen versuchen sollten, anerkennen und mit ihnen verhandeln, um im Wahlkampf ihre Unterstützung zu erhalten. Der Polizeichef, der gehalten ist, seinem Vorgesetzten zu gehorchen, tut es ihnen schließlich gleich und vergißt damit den Zweck seiner Sendung ... Während Carabinieri (italienische Militärpolizisten) und Soldaten im Regen und Schnee Berg und Tal durchstapfen, verbringt der Oberganove den Winter friedlich in Palermo – und nicht immer in einem Versteck ... Personen, die zur Verhaftung vorgesehen sind, werden gewarnt, noch bevor der Haftbefehl unterschrieben ist, und die Einsatzkräfte, die anrücken, um sie zu verhaften, stellen fest, daß sie schon seit drei oder vier Tagen verschwunden sind.»[3]

Erst unter dem faschistischen Mussolini-Regime wurde ein erster ernsthafter, allerdings auch blutiger Anlauf zur Ausschaltung der Mafia unternommen. Zwischen 1924 und 1929 ließ Mussolinis «Eiserner Präfekt», Cesare Mori, Massenverhaftungen durchführen, ganze Städte abriegeln und belagern, Geiseln nehmen sowie Vermögenswerte und Vieh vernichten, um vermutete Mafia-Straftäter zur Strecke zu bringen. Dem Feldzug war ein gewisser Erfolg beschieden: Nach amtlichen Statistiken sank die Zahl der Bluttaten mit Todesfolge in der Provinz Palermo von 278 auf nur noch 25 im Jahr 1928. Dankbare Grundbesitzer berichteten in Briefen an Mori, wie nach der «Befreiung» von der Mafia der Wert ihres Grund und Bodens in die Höhe geschossen war und ihre Pachterlöse sich verdoppelten, verdreifachten, ja in manchen Fällen auf das 15fache anstiegen.[4] Allein, so wirkungsvoll das Vorgehen Moris gegen die Kriminalität zu sein schien, so wenig unternahm er, um die gesellschaftlichen Wurzeln der Mafia zu kappen. Mit seinen staatsterroristischen Methoden und der willkürlichen Verhaftung von Hunderten unschuldiger Menschen zusammen mit den Schuldigen, die mit brutalen und illegalen Übergriffen einherging, machte er aus kriminellen Mafiosi Verfolgungsopfer, die sich breiter Sympathie erfreuten. Der Umstand, daß das Regime die Gelegenheit nutzte, sich gleich einiger politischer Gegenspieler zu entledigen, untergrub die Glaubwürdigkeit der Kampagne noch weiter. Dazu kam, daß, wie die Entwicklung der Pachterträge zeigte, offenbar die Grundbesitzer Hauptnutznießer der Kampagne waren. Die Taglöhne in der Landwirtschaft sanken hingegen im Lauf der späten 20er und frühen 30er Jahre um rund 28 Prozent. Es hat den Anschein, als hätten die Faschisten nicht so sehr das Mafiasystem abgeschafft als vielmehr ihre eigenen Leute als die neuen «Vögte» der sizilianischen Großgrundbesitzer an die Stelle der Mafiosi gesetzt. Nachdem Mussolini Mori 1929 zurückberufen hatte, mit der Begründung, seine Aufgabe sei erfüllt, mußte das Regime so tun, als gebe es keine Mafia mehr; die Anzeichen dafür, daß die Mafiosi vorsichtig wieder aus dem Gebüsch gekrochen kamen, wurden geflissentlich übersehen.[5]

Nach dem Untergang des Faschismus und der Befreiung Siziliens durch alliierte Truppen gegen Ende des Zweiten Weltkrieges stand die Mafia Gewehr bei Fuß. Nach in Italien weitverbreiteter Überzeugung stützten sich die Alliierten bei ihrer Landung auf Helfer aus den Reihen der Mafia, die dafür mit wichtigen Machtpositionen belohnt wurde. Nach der bekanntesten Version der Geschichte nahm die amerikanische Regierung Kontakt mit dem sizilianisch-amerikanischen Gangster Lucky Luciano auf, der daraufhin seine Partner in Sizilien rekrutierte, damit sie den alliierten Truppen den Weg für ein rasches Vorrücken ebneten.

Diese Darstellung mag zwar unterhaltsam und politisch nützlich sein, scheint aber wenig mit der Wirklichkeit gemein zu haben. Der

Nachrichtendienst der US-Marine nahm auf der Suche nach deutschen Saboteuren in den Docks von New York Kontakt mit Lucky Luciano auf, doch Luciano selbst, der als Kind aus Italien nach Amerika gekommen war, verneinte später jegliche Mitwirkung an der alliierten Landung auf Sizilien mit den Worten: «In die alte Heimat hatte ich keine Kontakte.»[6] Nach Kriegsende deportierten die USA, sei es um eine Rechnung zu begleichen oder um sich elegant einiger bekannter Kriminellen zu entledigen, Luciano und vierzig weitere US-Mafiosi nach Italien – sie nutzten dort ihre Amerika-Erfahrungen, um die Modernisierung der organisierten Kriminalität voranzutreiben.[7]

Die alliierte Besatzungsherrschaft hauchte der Mafia zweifellos neues Leben ein. In dem Bestreben, nur ja keine Machtpositionen mit Kommunisten oder Faschisten zu besetzen, machten die anglo-amerikanischen Militärbefehlshaber – sei es wissentlich oder unwissentlich – mehrere prominente Mafiosi zu Bürgermeistern ihrer Städte. (Der bekannte italienisch-amerikanische Mafioso Vito Genovese schaffte es, Dolmetscher für den amerikanischen Gouverneur von Sizilien, Oberst Charles Poletti, zu werden.)[8] Überhaupt gelang es kriminellen Elementen, sich in den von den Alliierten eingesetzten Verwaltungen einzunisten, oft mit Hilfe amerikanischer Soldaten italienischer Herkunft. Sie schmuggelten Vorräte aus militärischen Lagerhäusern und zogen einen florierenden Schwarzhandel mit knappen Gütern wie Lebensmitteln, Tabak, Schuhen und Kleidern auf. Auch wenn dieser Schwarzmarkthandel vermutlich die Mitwirkung korrumpierter Funktionsträger der unteren und mittleren Ebene voraussetzte, deutet nichts darauf hin, daß hier eine in Washington ausgeknobelte Strategie umgesetzt wurde. Im Gegenteil, sowohl im Pentagon als auch in den anderen Roosevelt-Ministerien zeigte man sich beunruhigt über die Lage in Sizilien. Wie die Periode nach dem Abschluß des italienischen Einigungskrieges, war auch die Umbruchsphase nach dem Zweiten Weltkrieg eine Zeit chaotischer Freiheiten und wirtschaftlicher Chancen, die die Mafia sich geschickt zunutze machte.

Da die Mafia nicht gewillt war, sich noch einmal einer solchen Verfolgung auszusetzen wie unter dem faschistischen Regime, ging sie mit vereinten Kräften daran, sicherzustellen, daß ihr in der neuen Nachkriegsordnung Protektion zuteil würde. Anfänglich schlossen sich viele Mafiosi der Bewegung für ein selbständiges Sizilien an und halfen mit, deren kleines Guerillaheer zu organisieren. Doch als die separatistische Sache im Sand verlief und andere Parteien, wie die Democrazia Cristiana, zur Macht drängten, flüchteten die Mafia-Bosse unter andere Fittiche. In einer Situation, in der die Linke drauf und dran schien, in Italien die Macht zu übernehmen, begrüßten die anderen Parteien die Unterstützung der Mafia als einen Beitrag zur Abwehr des Kommunismus.

Zwischen 1945 und 1955 wurden in Sizilien 43 Sozialisten bzw. Kommunisten ermordet, viele zu Wahlkampfzeiten. Am 20. April 1947 errang die vereinte Linke (Kommunisten und Sozialisten) auf Sizilien eindrucksvolle 30 Prozent der Wählerstimmen, gegenüber 21 Prozent für die Christdemokraten. Als zehn Tage später kommunistische Bauern aus Bortella della Ginestra zusammenkamen, um den Tag der Arbeit und ihren Wahlerfolg zu feiern, eröffneten die Banditen des Salvatore Giuliano das Feuer auf die Menge und töteten elf Menschen.[9]

Dieses Massaker fiel bereits in die Frostperiode des kalten Krieges. Im selben Jahr verkündeten die Vereinigten Staaten die Truman-Doktrin, Manifest ihrer Entschlossenheit, dem kommunistischen Vormarsch überall auf der Welt entgegenzutreten. Just am Tag des Gemetzels von Bortella della Ginestra schickte der US-Außenminister Georges Marshall ein Telegramm an den amerikanischen Botschafter in Rom, in dem er seine große Beunruhigung über die Erfolge der Kommunisten – vor allem auch in Sizilien – zum Ausdruck brachte und die Notwendigkeit neuer Maßnahmen zur Stärkung antikommunistischer, pro-amerikanischer Elemente betonte. Bis zu diesem Zeitpunkt waren die Kommunisten, wie auch alle anderen antifaschistischen Parteien, als gleichberechtigte Partner der Christdemokraten an der Regierung beteiligt gewesen – eine Konstellation, die die USA, wie das Telegramm Marshalls zeigt, heftig mißbilligten. Als Folge des von Washington ausgeübten Drucks kündigten die Christdemokraten die Regierungsbeteiligung der Kommunisten auf. In einer Situation, da die Zukunft des demokratischen Europa auf dem Spiel zu stehen schien und Stalin sich ganze Länder unter den Nagel riß, erschienen die Verbrechen, die lokale Banditen im ländlichen Sizilien verübten, als zweitrangiges Problem.[10]

Die Entscheidung, auf Sizilien die Hilfe der Mafia in Anspruch zu nehmen, wurde ganz bewußt getroffen, wie Giuseppe Alessi, einer der Gründer der sizilianischen Christdemokraten, mehrere Jahre später offen zugab. Alessi, der selbst gegen diesen lokalen Pakt mit dem Teufel war, wurde von denen überstimmt, die darin eine praktische Notwendigkeit sahen. «Die Kommunisten arbeiten mit ähnlichen gewaltsamen Mitteln gegen uns, verhindern, daß wir öffentliche Kundgebungen abhalten. Wir brauchen den Schutz starker Kräfte, um der Gewalt der Kommunisten Einhalt zu gebieten», zitierte Alessi die Aussage eines seiner Parteifreunde. «Ich war in der Minderheit, und so trat die ‹Gruppe› *en masse* in die Partei ein und übernahm sie.» (Ungeachtet seiner Gegnerschaft hing Alessi jener ziemlich wohlwollenden Einschätzung der «ehrenwerten Gesellschaft» an, wie sie zu jener Zeit vorherrschte. «Das war noch eine andere Mafia, nicht die gewaltbereite organisierte Kriminalität, wie wir sie heute erleben», sagte er.)[11]

«Die DC beschloß, die Unterstützung der Mafia zu akzeptieren, um sich für den Kampf gegen den Kommunismus zu stärken», schrieb der Historiker Francesco Renda. «Wenn man das nicht versteht, kann man unmöglich alles weitere verstehen, das danach geschah. Die Leute, die diese Entscheidung trafen, waren keine Kriminellen, und sie ließen sich auch nicht auf gewöhnliche Ganoven ein. Sie verbündeten sich mit einer Kraft, die historisch in Sizilien diese Rolle gespielt hatte. Alles wurde im Namen des kalten Krieges gerechtfertigt. Die Mafia wurde dadurch geadelt, daß man ihr die Rolle des militärischen Schildes einer maßgeblichen politischen Kraft anvertraute, etwas, das ihr in der Vergangenheit nie widerfahren war. Kein Wunder, daß die Mafia in der Folge die Staatsmacht für ihre Zwecke instrumentalisierte und sich zu einer nicht nur politischen und gesellschaftlichen, sondern auch wirtschaftlichen Kraft mauserte – und da begann das eigentliche Abenteuer.»[12]

Salvatore Giuliano und seine Banditen, die das Blutbad von Bordella della Ginestra angerichtet hatten, zogen noch sieben Jahre lang unbehelligt in Sizilien umher, gaben Zeitungsinterviews und trafen sich mit Politikern, ja sogar mit dem Oberstaatsanwalt von Palermo. «Die einzigen, die nicht in der Lage waren, Giuliano zu finden, waren die Polizeibehörden», hieß es in einem einige Jahre später gefällten Richterspruch. Nachdem das Treiben Giulianos zu einer nationalen Schande geworden war, half die Mafia 1950 mit, seine Bande auszuschalten, und präsentierten der Polizei den Leichnam ihres Anführers. «Banditen, Polizei und Mafia sind ein und dasselbe, wie Vater, Sohn und Heiliger Geist», sagte Gaspare Pisciotta, ein Vetter Giulianos, der mit einem Tip an die Polizei entscheidend zur Gefangennahme und zum Tod des Bandenführers beigetragen hatte. Pisciotta kam 1954, kurz nach seinem eigenen Prozeß, unter ungeklärten Umständen zu Tode, als im Ucciardone-Gefängnis von Palermo jemand Strychnin in seinen Kaffee mischte.[13]

Die wertvollen Dienste, die die Mafia als Zuträgerin bei der Festsetzung Giulianos und anderer Banditen geleistet hatte, wurden von italienischen Richtern damals offen anerkannt. 1955 schrieb Giuseppe Guido Lo Schiavo, Angehöriger des höchsten italienischen Gerichts, ein regelrechtes Verteidigungsplädoyer für die Mafia: «Die Leute sagen, sie habe keinen Respekt vor Polizei und Justiz; das ist nicht wahr. Die Mafia hat die Justiz und ihre Organe immer respektiert, hat sich ihren Urteilen gebeugt und die Arbeit der Ermittler nicht behindert. Bei der Verfolgung von Banditen und Gesetzlosen ... hat sie sogar gemeinsame Sache mit der Polizei gemacht.»[14]

Bekannten Mafiabossen mit umfangreichem Vorstrafenregister wurden Ehrenplätze in der Christlich-Demokratischen Partei angedient. Umgekehrt erschienen nicht selten prominente Politiker als Ehrengäste zu den Tauf-, Hochzeits- und Begräbnisfeierlichkeiten namhafter

Mafiafamilien. Als Freund eines Mafioso bekannt zu sein, war in Sizilien keine Schande, sondern ein Ausweis von Macht.

Da Mafiabosse Wählerstimmen *en bloc* liefern konnten, wandten sich Politiker in Wahlkampfzeiten an sie; ein vielsagendes Beispiel ist ein Brief, den der liberale sizilianische Parlamentsabgeordnete Giovanni Palazzolo 1951 an den Obermafioso von Partinico schrieb. «Teuerster Don Ciccio», hieß es darin,

als wir uns das letzte Mal im Hotel delle Palme (in Palermo) trafen, machten Sie die höchst zutreffende Aussage, wir benötigten einen klugen jungen Kopf aus den Reihen des Regionalparlaments, einen aus Partinico, der ein Freund sei und unseren Freunden zur Verfügung stünde. Mein Freund Totò Motisi erfüllt alle diese Voraussetzungen, und ich habe mich entschlossen, ihm mit all meiner Kraft zu helfen. Wenn Sie mir in Partinico helfen, werden wir ihn zum Parlamentsabgeordneten machen.[15]

Adressat des Briefes war Francesco Coppola, in den USA als Frankie «Dreifinger» Coppola bekannt – mitten im Absitzen einer langjährigen Gefängnisstrafe war er nach Kriegsende, zusammen mit Lucky Luciano, auf freien Fuß gesetzt und nach Italien deportiert worden.

In den 50er Jahren, nachdem eine Bodenreform mitgeholfen hatte, die letzten großen feudalen Latifundien Siziliens zu zerstückeln (ein Vorgang, aus dem die Mafia wiederum für sich Kapital schlug), verlor die Landwirtschaft auf der Insel an Bedeutung, und Hunderttausende stellungslos gewordener Bauern strömten vom Land in die wachsenden Städte. Viele machten sich nach Palermo auf, der neuen Hauptstadt der Provinz Sizilien. Rom hatte der Insel, um der separatistischen Bewegung den Wind aus den Segeln zu nehmen, weitgehende Autonomierechte eingeräumt, darunter das Recht, in Palermo ein eigenes Parlament und eine Regionalverwaltung zu unterhalten. Dies brachte zwar nicht die versprochene größere Selbstbestimmung und Würde für die Menschen Siziliens, führte aber zur Entstehung einer weiteren Ebene in der Verwaltungshierarchie und damit Tausender neuer Stellen, die man unter politischen Busenfreunden verteilen konnte, sowie zur Kontrolle über Millionen von Dollar an staatlichen Mitteln, die scheinbar unerschöpfliche Möglichkeiten für Korruption und Patronage eröffneten. Viele Sizilianer sprachen von ihren regionalen Mandatsträgern einfach als von *i novanta ladroni*, den «90 Dieben» – das Parlament hatte 90 Sitze.[16]

Der Zustrom sowohl von Menschen als auch von Geldern in die neue Provinzhauptstadt bescherte dieser einen nachhaltigen Bauboom, der als «Sacco di Palermo» in die Überlieferung einging. Hemmungslose Grundstücksspekulanten trieben die Erweiterung des Stadtkerns entlang des Viale della Libertà in Richtung des neuen Flughafens bei Punta Raisi voran. Durch hastig verabschiedete Bebauungsrichtlinien gedeckt oder auch unter willkürlichem Verstoß gegen geltendes Recht rissen die Baulöwen zahllose Art-déco-Villen ab, betonierten etliche der herrlichsten Parks der Stadt zu und verwandelten eine der schönsten Städte Europas in eine unansehnliche Wüstenei aus Betonhochhäusern.

Bauunternehmer mit engen Beziehungen zur Mafia scheuten sich nicht, zur Einschüchterung nicht verkaufswilliger Hausbesitzer oder zur Beseitigung anderer Hindernisse für ihre Vorhaben rabiate Mittel einzusetzen. Eines der bedeutendsten Bauwerke des großen sizilianischen Architekten Ernesto Basile wurde mitten in der Nacht dem Erdboden gleichgemacht, wenige Stunden vor dem Inkrafttreten eines Denkmalschutz-Gesetzes, das es vor dem Abriß hätte bewahren sollen. Zwischen 1959 und 1964, als Salvatore Lima und Vito Ciancimino Bürgermeister und Baubevollmächtigter von Palermo waren, wurden von insgesamt 4000 Baugenehmigungen nicht weniger als 2500 drei Männern erteilt, die von der Anti-Mafia-Kommission des italienischen Parlaments wie folgt charakterisiert worden sind: «Pensionäre mit bescheidenen Mitteln, von denen keiner die geringste Erfahrung im Baugewerbe besitzt und die offensichtlich nichts weiter taten, als den wirklichen Bauherren ihre Namen zur Verfügung zu stellen.»[17]

Hand in Hand mit dem Ausbau der neuen Stadt ging die allmähliche Verödung und der Verfall der alten. Das durch Bomben im Zweiten Weltkrieg bereits vorgeschädigte Stadtzentrum Palermos verkam dank einer Politik der bewußten Vernachlässigung zu einem trostlosen Elendsquartier. In der Altstadt war wegen restriktiver Bauvorschriften wenig Geld zu verdienen; billige Wohnblocks hochzuziehen, war weitaus lukrativer, als Gebäude aus dem 17. und 18. Jahrhundert sorgfältig zu restaurieren. Viele Straßenzüge blieben monate- oder jahrelang ohne Gas-, Strom- oder Warmwasserversorgung, so daß ihren Bewohnern nichts übrigblieb, als in die neuen Wohnbezirke umzuziehen. Mit der Zeit sahen manche Viertel, die im Krieg verschont geblieben waren, so aus, als hätten hier ebenfalls Bomben eingeschlagen. Palermo erwarb sich den zweifelhaften Ruhm, eine Stadt zu sein, in der es nicht nur ein Wohnungsamt gab, sondern eine Abteilung für *edilizia pericolante*, «einstürzende Wohngebäude» – ein beschämender Zustand, der bis zum heutigen Tag anhält.

Die Einwohnerzahl der Innenstadt fiel zwischen 1951 und 1981 von 125.481 auf 38.960, und dies in einem Zeitraum, in dem sich die Gesamtbevölkerung Palermos fast verdoppelte.[18] Viele der großen Baudenkmäler der Stadt – die zu christlichen Kirchen umfunktionierten arabischen Moscheen mit ihren Zwiebelkuppeln, die normannischen Burgen, die Renaissancebrunnen und Barockkirchen – sind von ungenutzten, trümmerübersäten Grundstücken oder aufgegebenen Häusern mit zerbrochenen Fensterscheiben umgeben. Die Bewohner, die blieben, gehörten in aller Regel zu den Ärmsten und Hoffnungslosesten der Stadt, Menschen, die bereit waren, sich mit Lebensverhältnissen wie in der dritten Welt abzufinden, in den Wellblechquartieren von Kairo oder Rio de Janeiro.

Die Geschichte der Mafia-Machenschaften in Palermo läßt sich anhand von Grundstücks-Transaktionen erzählen – Häuserblock um Häuserblock, Gebäude um Gebäude; ihre Hinterlassenschaft sind zum einen die billig hingeklotzten Wohnblöcke der «neuen» Stadt mit ihren höllischen Verkehrsbelastungen, zum anderen der völlige Zerfall der Altstadt. Der Umbruch war ein so fundamentaler, daß fast niemand davon unbehelligt blieb. Zu den Betroffenen gehörten auch die Familien Borsellino und Falcone.

Geboren 1939 bzw. 1940, wuchsen Giovanni Falcone und Paolo Borsellino just in dieser Periode der Transformation auf, und zwar nur wenige Straßen voneinander in La Kalsa, einem alten, heruntergekommenen Stadtviertel Palermos, unweit des Hafens. Jahrhundertelang war dies eines der elegantesten Quartiere der Stadt gewesen. Im frühen 18. Jahrhundert schrieb Goethe bewundernd über die atemberaubenden Durchblicke, die die sich kreuzenden Avenuen Palermos boten, auf denen die vornehmen Herrschaften Tag für Tag in ihren offenen Karossen spazierenfuhren, um zu sehen und gesehen zu werden.[19] Die Falcones lebten in der Via Castrofilippo, in einem Haus, in dem einmal ein Bürgermeister von Palermo residiert hatte, Falcones Großonkel. Paolo Borsellino und seine Familie wohnten unweit davon in der Via della Vetriera, gleich neben der familieneigenen Apotheke. Als Knaben spielten Falcone und Borsellino zusammen Fußball auf der Piazza Magione. Das Viertel hatte seit den Zeiten Goethes an Pracht verloren, sich aber einiges von seiner Eleganz bewahrt; es beherbergte eine gesunde Mischung aus Akademikern und Taglöhnern, Aristokraten und Fischern, Geschäftsleuten und Bettlern.[20]

Das Haus der Borsellinos in der Via della Vetriera wurde 1956 für baufällig erklärt und die Familie zum Auszug gezwungen. Die Apotheke, damals von Paolos Mutter geführt, heute von seiner Schwester Rita und ihrem Mann, blieb, während um sie herum alles verfiel. Im alten Haus der Borsellinos nisteten sich Obdachlose ein; mangels Licht und Heizung entzündeten sie offene Feuer, worauf das Haus prompt teilweise abbrannte. Das Haus der Falcones wurde im Zuge des «Sacco di Palermo» zum Abriß bestimmt; es sollte einer Straße Platz machen. Falcone und andere Mitglieder seiner Familie belagerten die Büros diverser städtischer Beamter und versuchten sie anhand von Fotografien der Deckenfresken ihrer Stadtvilla von deren geschichtlicher und künstlerischer Bedeutung zu überzeugen. Vergeblich: 1959 erfolgte der Abriß des Hauses, auch wenn die Straße, für die es Platz hätte machen sollen, nie gebaut wurde – ein Zeugnis für die blindwütige und irrationale Stadtplanung in jener Periode. Beiden Familien blieb kaum eine andere Wahl, als den Exodus in eine der anonymen Schlafstädte in den neuen Außenbezirken der Stadt mitzumachen.

Es ist vermutlich kein Zufall, daß die beiden Strafverfolger, die sich an der vordersten Front des Krieges gegen die Mafia wiedertrafen, der kleinen, aber festgefügten akademischen Mittelschicht Palermos entstammten. Der Vater Falcones war Chemiker, der von Borsellino Apotheker. Die Mittelschicht war – in Sizilien ebenso wie im übrigen Italien – wohl auch der Teil der sizilianischen Gesellschaft, der für die von dem neuen italienischen Staat und mit ganz besonderem Nachdruck vom faschistischen Regime gepredigten Werte des Patriotismus und Nationalismus am empfänglichsten war. «Unsere Familie war sehr fromm und hielt sehr viel von staatsbürgerlicher Verantwortung», sagte Maria Falcone. «Wir wuchsen in einem Klima des Stolzes auf das Vaterland auf. Mamas Bruder fiel mit achtzehn im Ersten Weltkrieg, nachdem er seinen Geburtsschein gefälscht hatte, um sich mit siebzehn freiwillig zum Heer melden zu können. Der Bruder meines Vaters starb mit vierundzwanzig als Luftwaffenoffizier. Was wir als Kinder über diese Angehörigen hörten, ließ in uns, und in Giovanni, eine Liebe zu unserem Land entstehen. ‹Sie dienten der Nation!› pflegte mein Vater voller Hochachtung zu sagen.»

Die Familie besuchte jeden Sonntag den Gottesdienst, und Giovanni amtierte eine Zeitlang als Ministrant. Giovannis Mutter ging mit Liebesbezeigungen sehr sparsam um, vermittelte dem Jungen aber eine höchst sizilianische Vorstellung von Männlichkeit: «Immer wieder schärfte sie ihm ein, daß Knaben nie weinen, denn sie wollte ihn zu einem starken Mann heranwachsen sehen», erzählte Maria. Giovannis Vater zeigte zwar mehr Zuwendung, blieb aber der Rolle des strengen Patriarchen treu, wie sie für Väter in jener Zeit typisch war. «Er lehrte uns zu arbeiten und unsere Pflicht zu tun», sagte Falcone einmal. «Er war ein Mensch mit strengen moralischen Grundsätzen, ernst, aufrichtig, hing sehr an der Familie . . . Nur einmal in meiner Kindheit erhielt ich von ihm eine Ohrfeige. Es war in den Kriegsjahren, da ließ ich eine Flasche mit Öl fallen. Jemand, der diese Zeit nicht erlebt hat, kann das wohl nicht verstehen. Eine Flasche Olivenöl war in dieser Zeit eine Kostbarkeit. Meine Familie war nicht reich, wir lebten von einem bescheidenen Beamtengehalt.» Der Vorstand dieses asketischen, sparsam wirtschaftenden Hausstandes, Falcones Vater, war stolz darauf, daß er sich nie eine Tasse Kaffee außer Haus gegönnt hatte.[21]

Die Eltern Falcones waren nicht politisch aktiv. «Dem Faschismus standen sie ziemlich unkritisch gegenüber; sie waren loyale, gesetzestreue Bürger», erinnerte sich Maria Falcone. Ein Ausspruch des italienischen Patrioten Giuseppe Mazzini wurde zum Lieblingszitat des jungen Giovanni: «Das Leben ist eine Mission, und Pflichterfüllung ist ihr oberstes Gesetz.» Falcone liebäugelte denn auch mit einer militärischen Laufbahn und besuchte ein Jahr lang die italienische Marine-Akademie, ehe er zum Jurastudium an die Universität von Palermo zurückkehrte. An der Universität entfremdete sich Falcone dem katholischen Glauben seiner Familie und begann sich für den Kommunismus zu interessieren. «Unser Studium – das galt besonders für Giovanni und mich – führte uns zu einer entschieden kritischen Einstellung gegenüber dem Faschismus, wie überhaupt gegenüber jeder Form des Absolutismus», erzählte Maria Falcone. Die Kommunistische Partei Italiens hatte sich, obwohl sie den Bruch mit der Sowjetunion vermied, seit langem als die selbständigste und demokratischste aller kommunistischen Parteien der westlichen Welt profiliert. Falcone trat der Partei allerdings nicht bei.

Auch Paolo Borsellino wuchs in einem Klima der Vaterlandsliebe auf. Auch er hatte zwei Onkel, die Kriegsdienst leisteten; beide überlebten den Krieg zwar, gerieten aber in Afrika in Gefangenschaft. Beide hatten unter dem Faschismus jahrelang in den italienischen Afrika-Kolonien gearbeitet, beide waren nach dem Krieg nach Palermo zurückgekehrt. Da Paolo Borsellino im Alter von 22 Jahren seinen Vater verloren hatte, übernahmen diese beiden Onkel eine bedeutsamere Rolle in seinem Leben. Einer von ihnen, Francesco (Zio Ciccio), wohnte viele Jahre bei den Borsellinos. «Wenn diese Onkel von ihren Erfahrungen in Afrika erzählten, geriet er ganz in den Bann ihrer Geschichten», erinnert sich seine Schwester Rita. Bis an sein Lebensende hatte Paolo Borsellino sein Arbeitszimmer in Palermo randvoll mit afrikanischen Masken und Gegenständen aller Art ausstaffiert, die sein Onkel aus Somalia mitgebracht hatte. «Paolo hatte diesen großen Wissensdurst; ganz aus eigenem Antrieb ging er ins Rathaus, um nach der Herkunft unserer Familie zu forschen», erzählt seine Mutter Maria Pia Lepanto Borsellino. Er zeichnete auch einen sehr detailgenauen und mit viel Liebe illustrierten Stammbaum der königlichen Familie Italiens, des Hauses Savoyen. Zwanzig Jahre früher wäre das nichts Besonders gewesen, aber in der Zeit, in der Paolo Borsellino aufwuchs, gab es in Italien keine Monarchie mehr, und die Savoyer hatten als Mitgehangene des faschistischen Regimes ins Exil fliehen müssen. Allein, Paolos zweiter Vorname lautete Emanuele, nach König Vittorio Emanuele, und im Jahr seiner Geburt, 1940, hatte das Haus Savoyen noch den italienischen Königsthron innegehabt. «Er hatte ein leidenschaftliches Interesse an der Geschichte, er wollte gründlich über den Faschismus Bescheid wissen, er bezeichnete sich im Scherz als einen Anhänger der Bourbonen (des spanischen Herrscherhauses, das bis zur Einigung Italiens in Sizilien und Süditalien geherrscht hatte)», erinnert sich seine Schwester Rita.

Als Student an der Universität von Palermo schloß Borsellino sich einer neofaschistischen Gruppe an. Um diesen Umstand wurde später viel Aufsehens gemacht, doch gilt es zu bedenken, daß dem Faschismus unter den Bedingungen Siziliens eine spezielle Bedeutung zukam: Immerhin mußte man dem faschistischem System zugestehen, daß es das einzige in der Geschichte des italienischen Nationalstaates gewesen war, das ernsthafte Anstrengungen unternommen hatte, der Mafia den Garaus zu machen. In einem Land, in dem die Herrschaft des Gesetzes traditionell auf schwachen Beinen gestanden oder überhaupt nicht existiert hatte, träumte Borsellino von einem Staat, der diesen Namen auch verdiente. Von Zeugen aus dem Bereich der Mafia war denn auch wiederholt die Aussage zu hören, es habe nur zwei Parteien gegeben, deren Unterstützung ihnen strengstens verboten war: die Faschistische und die Kommunistische. Somit kann man sagen, daß Falcone und Borsellino zwar von entgegengesetzten Enden des politischen Spektrums ausgingen, daß aber beide sich einer derjenigen politischen Kräfte verbunden fühlte, die als einzige kompromißlos gegen den schlimmsten Auswuchs der sizilianischen Realität Stellung bezogen.

Als Heranwachsende sammelten sowohl Borsellino als auch Falcone eigene Erfahrungen mit der Mafia. Borsellino erinnerte sich später daran, wie neidisch er auf einen Klassenkameraden gewesen war, der damit angab, einen Mafioso zum Onkel zu haben. Jeder der beiden späteren Mafiajäger hatte Schulkameraden, die als Mafiosi endeten. Da La Kalsa ein Hafenviertel war, waren dort sowohl Seeleute als auch Schmuggler unterwegs. Als Junge spielte Falcone oft Tischtennis mit Tommaso Spadaro, der später als «König der Kalsa» bekannt wurde und der seine Karriere auf den Handel mit geschmuggelten Zigaretten, später auch mit Heroin, gründete. «Ich atmete seit meiner Kinderzeit den Hauch der Mafia ein, auch wenn mein Vater zu Hause nie darüber sprach», sagte Falcone. «Es war ein verbotenes Wort.» (Als Falcone später gegen Spadaro vorging, konnte der Mafiaboß es sich nicht verkneifen, seinen Ankläger daran zu erinnern, wie haushoch er ihn im Tischtennis geschlagen hatte.)[22]

Falcone und Borsellino erneuerten ihre Jungendfreundschaft als Studenten an der Universität von Palermo und beschlossen gemeinsam, die Justizlaufbahn einzuschlagen. In den Anfangsjahren ihrer Laufbahn wurden beide auf Posten in den sizilianischen Provinzen versetzt; Borsellino landete in Agrigent und Monreale, Falcone in Lentini und Trapani. Borsellino kehrte zu Beginn der 70er Jahre nach Palermo zurück, Falcone 1978. Während Falcone einen Posten in der Konkursgerichtsbarkeit übernahm, wirkte Borsellino, bereits als Staatsanwalt, in einer der beiden maßgeblichen Strafverfolgungsbehörden, dem Ufficio Istruzione («Ermittlungsamt»). Zu dem Zeitpunkt, als Falcone und Borsellino zu Untersuchungsrichtern ernannt wurden, hatte sich ihr früherer politischer Enthusiasmus ein gutes Stück gemäßigt und wurde zum Thema von Witzen und Neckereien zwischen den beiden. «Camerata Borsellino», pflegte Falcone seinen Freund unter Anspielung auf die zwischen Angehörigen der Faschistischen Partei übliche Anrede zu frotzeln.

Wie Falcone, schloß sich auch Borsellino zu keinem Zeitpunkt einer politischen Partei an; er wollte jeden Anschein einer Parteilichkeit in seiner Tätigkeit als Untersuchungsrichter vermeiden. «Er lehnte zahlreiche Angebote ab, sich als politischer Kandidat den Sozialisten oder dem MSI (Movimento Sociale Italiano, der Neofaschistischen Partei) zur Verfügung zu stellen», sagte Giuseppe Tricoli, MSI-Aktivist und mit Borsellino seit Studententagen befreundet. «‹Niemand soll je irgendeinen Verdacht im Hinblick auf meine Motive hegen, daß ich mit dem, was ich tue, Werbung für mich selbst machen möchte›», erklärte er Tricoli.[23]

Ihre Zugehörigkeit zur Mittelschicht – der Umstand, daß ihre Eltern in Berufen arbeiteten, die für die Mafia nicht besonders interessant waren – trug möglicherweise dazu bei, daß Falcone und Borsellino unbehelligt blieben, als sie sich für eine Laufbahn in der Strafverfolgung entschieden. Mafia-Kronzeugen haben bekundet, daß die Organisation in den 50er und 60er Jahren keine Repressalien gegen kleine Geschäftsleute wie Apotheker ausübte. Für Leute, die in Palermo den Spitzen der Gesellschaft angehörten – wohlhabende Grundbesitzer oder Unternehmer –, bestand eine wesentlich größere Chance, mit der Mafia Bekanntschaft zu schließen, sei es als Opfer oder als Komplizen. Manche zahlten einfach nur Schutzgelder, um in Ruhe gelassen zu werden, andere entschieden sich dafür, einen Mafioso als Partner an einem Geschäftsabschluß, einem Grundstücksverkauf oder einem Bauprojekt zu beteiligen, um so von der Macht der Cosa Nostra profitieren zu können. Viele Adelsfamilien beteiligten sich frohgemut am Sacco di Palermo, begierig, mit dem Verkauf oder der Bebauung von Teilen ihres Grundbesitzes schnelles Geld zu machen. So mancher aus einer der vornehmen Familien Palermos stammende Staatsanwalt sah sich von Freunden und Verwandten bedrängt, die ihm rieten, mit dem Angeklagten X Nachsicht zu üben oder die Verbindungen zwischen gewöhnlichen Kriminellen und angesehenen «legitimen» Geschäftsleuten nicht allzu gründlich zu erforschen. Falcone und Borsellino gehörten keinem der exklusiven Clubs an, in denen einige ihrer Kollegen verkehrten. Selbst wenn ein Untersuchungsrichter nichts anderes vorhatte, als einen Abend lang Bridge zu spielen, konnte es passieren, daß er den Tisch mit jemandem teilte, dessen Name bald darauf in einem Polizeibericht oder in einer Ermittlungsakte auftauchte. (Michele Greco, der unter dem Namen «der Papst» bekannt gewordene Mafiaboß, gehörte einem angesehenen Schützenverein an; als einige von dessen Mitgliedern Anstoß an seiner Zugehörigkeit zum Verein zu nehmen begannen, ereignete sich dort ein Raubüberfall, den viele als Warnung deuteten.) Sowohl Falcone als auch Borsellino beschränkten sich in ihrem gesellschaftlichen Umgang auf einen kleinen Kreis enger Freunde und Kollegen. Sie schlugen Einladungen zu gesellschaftlichen Anlässen meistens aus und erkundigten sich, wenn sie einmal einer Einladung Folge zu leisten gedachten, im vorhinein ganz genau nach den anderen Anwesenden. Der scheinbar unverfänglichste Anlaß mochte der Mafia Gelegenheit geben, einen Staatsanwalt anzubaggern oder ihn zu kompromitieren, indem sie ihn beim Händeschütteln oder Reden mit einer Person von zweifelhaftem Ruf ablichten ließ.

Im Jahr 1978, als Falcone nach Palermo zurückkehrte, machte er eine höchst kritische Phase in seinem Privatleben durch. Seine Frau Rita Bonnici entschied sich, in Trapani zu bleiben, und verkündete ihre Absicht, Falcone einem anderen Mann zuliebe zu verlassen. Noch pikanter wurde die Sache dadurch, daß der andere Mann ein Vorgesetzter Falcones war, der Oberrichter von Trapani; dies machte die Affäre zum Tagesgespräch auf den Gerichtsfluren von Trapani und Palermo. Der Ausdruck *cornuto* («Hahnrei») ist für Sizilianer ein Schmähwort, das die denkbar größte Verachtung gegenüber einem Menschen zum Ausdruck bringt; daher stellte das Zerbrechen seiner Ehe für Falcone eine tiefe Demütigung dar, ganz abgesehen von dem persönlichen Verlust, der ihm jahrelang zu schaffen machte. Er redete mit seinen Freunden nie über seine erste Ehe und sagte seinen beiden Schwestern, er werde nie wieder heiraten. Mit um so größerem Elan stürzte er sich in seine neue Arbeit am Konkursgericht, für die er sich in einen für ihn neuen Bereich des Rechts und in die Geheimnisse des Wirtschaftslebens von Palermo einarbeiten mußte.

Zu jener Zeit herrschte in der Stadt eine allgemeine Pax Mafiosa. Seit einigen Jahren waren keine aufsehenerregenden Mafiamorde mehr geschehen, was einige Leute dazu veranlaßte, in gutem Glauben oder auch wider besseres Wissen zu erklären, die Mafia habe aufgehört zu bestehen. Jahrelang hatte es auch keine nennenswerten Anti-Mafia-Verfahren gegeben. Die Kampagne der frühen 60er Jahre hatte zur Einrichtung der parlamentarischen Anti-Mafia-Kommission und zu einer Serie großer Mafiaprozesse geführt, deren treibende Kraft der Untersuchungsrichter Cesare Terranova aus Palermo gewesen war. Obwohl Terranova sämtliche maßgeblichen Bosse der sizilianischen Mafia korrekt identifiziert hatte, waren die Prozesse allesamt katastrophal in die Binsen gegangen. Die Tradition der *omertà* (des Schweigens) und die Einschüchterung von Zeugen und Richtern funktionierten so gut, daß die Anklagevorwürfe vor Gericht in kaum einem Fall Bestand hatten.

Viele Mafia-Koryphäen vertraten zu dieser Zeit den Standpunkt, die Mafia sei, falls es sie denn gebe, keine Organisation, sondern ein menschlich-gesellschaftliches Phänomen, Ausdruck einer in Sizilien verbreiteten Mischung von Einstellungen und Denkhaltungen.[24] Was an Geschichten über Initiationsriten und komplex strukturierte Mafia-«Familien» mit *capi* (Chefs) und *consiglieri* (Rechtsberatern) erzählt wurde, taten sie als Phantasien von Hollywood-Autoren und Illustrierten-Reportern ab. Aufmerksame Beobachter registrierten indes, daß die relative Ruhe auf etwas ganz anderes hindeutete: ein harmonisches Miteinander der Mafiasippen von Palermo, die ihren Geschäften offenkundig weitgehend ungestört nachgehen konnten.

Und in der Tat waren die Männer, die von der Anti-Mafia-Kommission als die Stützen des Mafiageflechts von Palermo identifiziert worden waren, allesamt noch auf dem Posten. Vito Ciancimino, der frühere Barbier von Corleone, zog nach wie vor die Fäden im Rathaus von Palermo. Alle großen städtischen Bauaufträge gingen weiterhin an Graf Arturo Cassina, von dem es hieß, er beschäftige vorwiegend Mafiafirmen als Subunternehmer. Die Steuererhebung auf der gesamten Insel lag als Privatmonopol in den Händen der Salvo-Sippe, die von der Polizei seit langem als mafios eingestuft wurde. Salvatore Lima, der Bürgermeister, in dessen Amtszeit der «Sacco di Palermo» fiel, war inzwischen zum Parlamentsabgeordneten aufgerückt, und sein politischer Mentor, Giulio Andreotti, war Premierminister, was für Lima den direkten Zugriff auf die politische Machtzentrale in Rom bedeutete.

Eine kleine Gruppe von Polizeibeamten und Staatsanwälten ließ sich von der scheinbaren Ruhe nicht einlullen, sondern ahnte, was hinter den Kulissen vorging. Der stellvertretende Polizeichef Boris Giuliano hatte Wind von Koffern voller Rauschgift bekommen, die zwischen Palermo und New York hin und her geschoben wurden. Die Geschäfte der Mafia waren nicht etwa erlahmt, sondern liefen wie noch nie. Eine Reihe rätselhafter Entführungen, Morde und Vermißtenanzeigen in ländlichen Gegenden Siziliens kündete darüber hinaus von – vorläufig noch unentschlüsselbaren – Reibereien innerhalb der düsteren Welt der Cosa Nostra.

Der Rest des Landes beschäftigte sich derweil mit scheinbar dringlicheren und wichtigeren Problemen – dem Scheidungs- und Abtreibungsrecht, dem Terrorismus, dem Erstarken der Kommunistischen Partei, der Stellung Italiens im internationalen Ost-West-Konflikt. Von Mitte der 70er Jahre an beherrschten Meldungen über terroristische Bombenanschläge, Knieschüsse und Morde die Schlagzeilen der italienischen Tageszeitungen. Die KPI hatte bei den letzten nationalen Wahlen 34,5 Prozent aller Stimmen geholt, nur ein Prozent weniger als die regierenden Christdemokraten, und beide hatten gerade begonnen, den sogenannten «historischen Kompromiß» zu arrangieren, der eine Teilung der Macht vorsah. Im März 1978 entführten die Roten Brigaden den Expremierminister Aldo Moro, einen der Architekten der Zusammenarbeit zwischen Christdemokraten und Kommunisten.[25]

Die italienische Öffentlichkeit war in diesem Frühjahr so sehr mit der Moro-Entführung beschäftigt, daß ein Vorfall kaum Beachtung fand, der den Frieden im Mafialand für kurze Zeit störte: Am Morgen des 30. Mai tötete ein Killerteam Giuseppe Di Cristina, den Mafiaboß von Riesi, einer Stadt im Osten Siziliens. Obwohl das Verbrechen am hellichten Tag auf einer belebten Straße von Palermo geschah, meldeten sich keine Zeugen. Es gab jedoch ein paar hochinteressante Indizien. In der Hosentasche des Opfers fand die Polizei einen Scheck über 6.000 US-Dollar, ausgestellt von Salvatore Inzerillo, dem Mafiaboß, auf dessen Territorium Di Cristina ermordet worden war, dazu die privaten Telefonnummern von Nino und Ignazio Salvo, den beiden steinreichen christdemokratischen Geschäftsleuten, die die Privatkonzession zur Erhebung sämtlicher Steuern auf Sizilien innehatten.[26]

Auch wenn der Fall Di Cristina unbeachtet blieb, hatte das Opfer den Ermittlern doch einen Schatz wertvoller Spuren und Hinweise hinterlassen. Wenige Tage vor seinem Tod hatte er sich in einem verlassenen Bauernhaus mit Polizeivertretern getroffen, ihnen seine bevorstehende Ermordung mitgeteilt, seine voraussichtlichen Mörder identifiziert und einen Ausblick auf die schlimmen Dinge gegeben, die in den nächsten Jahren über die Mafia und über Sizilien hereinbrechen würden. Di Cristina gewährte der Polizei einen jener seltenen Einblicke in die obersten Sphären der geschlossenen Welt der Cosa Nostra. Er berichtete von einer sich öffnenden Kluft zwischen der traditionellen, «gemäßigten» Mafia und den grobschlächtigen, gewalttätigen Emporkömmlingen aus Corleone und ihren Verbündeten. Die Corleoneser Mafia hatte in den 60er Jahren unter Führung von Luciano Leggio durch ihre besonders blutrünstigen Methoden von sich reden gemacht. Leggio, ein ehemaliger Feldhüter ohne jede Ausbildung, hatte sich zum charismatischen Mafiaboß emporgeschwungen, im wesentlichen durch seine ungezügelte Entschlossenheit, jeden zu liquidieren, der ihm im Weg stand, oft sogar mit den eigenen Händen bzw. mit dem langen Messer, das er stets bei sich trug. Nachdem Leggio 1974 verhaftet worden war, traten zwei seiner rechten Hände an seine Stelle, die ihrem Boß an Gewissenlosigkeit in nichts nachstanden. «Salvatore Riina und Bernardo Provenzano, wegen ihrer Blutrünstigkeit auch ‹die Ungeheuer› genannt, sind die gefährlichsten Männer, die Luciano Leggio an seiner Seite hat», erzählte Di Cristina der Polizei. «Jeder von ihnen hat persönlich mindestens vierzig Morde auf dem Gewissen . . .» Der gefährlichere von ihnen, fügte er hinzu, sei Salvatore Riina, weil er «intelligenter» sei als Provenzano. Während die «traditionelle» Mafia, repräsentiert durch Bosse wie Stefano Bontate, Gaetano Badalamenti, Salvatore Inzerillo oder Di Cristina selbst, für einen moderaten Umgang mit öffentlichen Funktionsträgern eintrete, zögen die Corleoneser die Konfrontation und die Einschüchterung mit Waffengewalt vor. Gegen den Willen der obersten Mafia-Instanz, der Kommission, hätten die Corleoneser den pensionierten Polizeioberst Giuseppe Russo ermordet, einen nicht einzuschüchternden Ermittler. Außerdem hätten sie auf Sizilien eine Reihe von Entführungen begangen, ein Mittel, von dem die anderen Mafiasippen nicht viel hielten.[27]

Am Schluß seiner Beichte ließ Di Cristina keinen Zweifel daran, daß sein Leben in akuter Gefahr war: «Nächste Woche erwarte ich ein kugelsicheres Auto, das Freunde mir schicken. Es kostet ungefähr 30 Millionen Lire (nach damaligem Kurs weit über 100.000 Mark). Sie müssen wissen, Capitano, daß ich viele läßliche Sünden auf dem Kerbholz habe und dazu auch ein paar, die unverzeihlich sind.»

Aus keiner der Warnungen Di Cristinas wurden Konsequenzen gezogen. Die Ermittlungen in seinem eigenen Mordfall konzentrierten sich, wie er es vorhergesagt hatte, auf die bekannteren Mitglieder der «traditionellen» Mafia. Die Polizei stellte einen Haftbefehl für Salvatore Inzerillo aus, Di Cristinas Freund und Verbündeten, auf dessen Territorium der Mord begangen worden war, und fiel damit auf das von Riina inszenierte Täuschungsmanöver herein.

Die waffenstarrende Offensive der Corleoneser Mafia, die Di Cristina vorausgesagt hatte, nahm so ihren blutigen Verlauf. Am 21. Juli 1979 durchsiebten Mafiakugeln den Körper von Boris Giuliano, den hellhörigen Polizeibeamten, der so großes Interesse an gewissen, zwischen Palermo und New York hin und her beförderten Koffern gezeigt hatte. Im September machten die Corleoneser ihre Drohung wahr, Cesare Terranova umzubringen, den ehemaligen Angehörigen der Anti-Mafia-Kommission, der nach Sizilien zurückgekehrt war, um im Justizpalast von Palermo die Abteilung für Ermittlungen zu übernehmen. Nur vier Monate später, am 6. Januar 1980, folgte die Ermordung Piersanti Mattarellas, des Präsidenten der Region Sizilien, des ranghöchsten christdemokratischen Politikers auf der Insel – er hatte versucht, Licht ins Dunkel des lukrativen Geschäfts mit Staatsaufträgen zu bringen, das durch langjährige Mafia-Korruption verkrustet war. Die Jagdsaison auf «cadaveri eccellenti» war eröffnet. Die auftrumpfende neue Mafia verbreitete die unmißverständliche Botschaft, daß jeder, der es wagte, sich der Cosa Nostra entgegenzustellen, und sei er auch der Regionspräsident, mit sofortiger Exekutierung rechnen mußte.[28]

Etwa um diese Zeit erhielt Falcone das Angebot, vom Konkursgericht auf einen Posten in der Ermittlungsbehörde seines Freundes Borsellino, dem Ufficio Istruzione di Palermo, zu wechseln. (Es gab damals noch zwei unabhängig voneinander operierende Strafverfolgungsbehörden in der italienischen Justiz: Die Procura della Repubblica leitete strafrechtliche Ermittlungen gegen einen Tatverdächtigen ein und übergab den Fall dann dem Uffico Istruzione zur weiteren Aufklärung und zur Vorbereitung des Gerichtsverfahrens. Danach war es wieder an der Procura della Repubblica, das Belastungsmaterial zu überprüfen und die Anklage vor Gericht vorzutragen.) Leiter des Ufficio war zu der betreffenden Zeit ein ehrgeiziger kommunistischer Staatsanwalt namens Rocco Chinnici, der entschlossen war, den harten Anti-Mafia-Kurs zu halten, den sein Vorgänger im Amt, Cesare Terranova, angekündigt hatte, aber ermordet worden war, ehe er sein Amt überhaupt hatte antreten können. Am Abend des 5. Mai 1980 schossen drei Mafiakiller auf den Polizeihauptmann Emanuele Basile, der die Rauschgiftermittlungen von Boris Giuliano übernommen hatte, und verwundeten ihn tödlich. Am Tag darauf ordnete die Polizei von Palermo Haftbefehle gegen 55 Mitglieder dreier verschiedener Mafiasippen der Hauptstadt an: der Inzerillos, der Spatolas und der Di Maggios; der Vorwurf lautete, sie betrieben gemeinsam mit der New Yorker Gambino-Familie einen großangelegten internationalen Heroinschmuggelring. Es war eine der größten Polizeiaktionen gegen die Mafia seit Jahrzehnten. Doch bald geriet Sand in das Getriebe der Ermittlungen, man verzettelte sich in Kontroversen. Die beiden Hilfsstaatsanwälte der Procura della Rupubblica, denen der Fall zugeteilt worden war, weigerten sich, die Haftbefehle gegen die hauptstädtischen Sippen zu bestätigen. Der Chef der Behörde, Gaetano Costa, räumte zwar ein, daß das Belastungsmaterial gegen einige der Beschuldigten noch provisorisch war, hielt es aber für überragend wichtig, daß seine Behörde demonstrierte, daß sie keine Angst hatte, hochrangige Mafiosi hinter Gitter zu bringen. Die beiden Jungstaatsanwälte, die den Anwälten der Beschuldigten offenbar gesagt hatten, ihre Mandanten würden bald gegen Kaution freikommen, sträubten sich dagegen, wortbrüchig zu werden. Zwischen ihnen und ihrem Vorgesetzten Costa kam es zu hitzigen Diskussionen, während ein Schwarm aus Journalisten und Verteidigern gespannt auf dem Korridor draußen wartete. Am Ende sah Costa sich zu dem kühnen und ungewöhnlichen Schritt gezwungen, die Haftbefehle eigenhändig zu unterschreiben. Nach Ende der Auseinandersetzung soll einer der Hilfsstaatsanwälte zu den draußen wartenden Mafia-Anwälten gesagt haben: «Er hat sie unterschrieben, nicht wir», womit er seinen Chef in eine exponierte, verwundbare Position manövrierte.[29]

Unmittelbar danach wurde der Rauschgiftfall Spatola–Inzerillo, der zu diesem Zeitpunkt bereits eine breite Blutspur hinter sich herzog, an das Ufficio überwiesen und landete dort auf dem Schreibtisch Giovanni Falcones – sein erster großer Mafiafall als Ermittler in Palermo.

ZWEITES KAPITEL

Wenige Tage nachdem Falcone den Drogenfall Spatola übernommen hatte, erhielt er unangekündigten Besuch von den Anwälten der Angeklagten; wie in Palermo üblich, legten sie jene lächelnde Liebenswürdigkeit an den Tag, mit der die Mafia ihre giftigsten Drohungen zu garnieren pflegt. «Wir sind sehr erfreut, daß Sie mit diesem Fall befaßt sind», erklärten sie. «Wir haben Ihren Sinn für Ausgewogenheit und Fairneß immer bewundert . . .»[1]

Anfänglich hatten die Anwälte keinen Grund, sich über Falcone zu beklagen. Nach Überprüfung des dünnen Belastungsmaterials ordnete er die Haftentlassung von achtzehn der achtundzwanzig festgenommenen Männer an. So hartnäckig Falcone als Ermittler war, er blieb während seiner gesamten Laufbahn ein überzeugter Verfechter bürgerlicher Freiheitsrechte und hielt absolut nichts davon, Personen in Haft zu nehmen oder zu behalten, wenn ihm das gegen sie vorliegende Belastungsmaterial nicht triftig erschien.[2]

Doch die Erleichterung der Mafia währte nicht lange. Im stillen plante Falcone revolutionäre Neuerungen in der Abwicklung von Mafia-Verfahren. Er nutzte seine beim Konkursgericht gesammelten Erfahrungen und wandte sie auf die Durchleuchtung des Finanzgebarens der Mafia an. Er nahm sich auch einmal den Scheck vor, den man zwei Jahre vorher in der Tasche des toten Giuseppe Di Cristina gefunden hatte, und ging daran, aus diesem Baustein ein ganzes Geflecht wirtschaftlicher Beziehungen zu rekonstruieren. Außer dem Scheck hatten sich bei dem Toten auch noch zwei Devisenumtauschbelege der Banco di Napoli über jeweils 20 Millionen Lire (damals rund 24.000 Dollar) befunden. Falcone forderte bei sämtlichen Banken Siziliens die Belege über alle seit 1975 vollzogenen Devisentransaktionen an und begann eigenhändig, Tausende von Unterlagen über Scheckeinreichungen und Zahlungsvorgänge zu durchforsten. «Die Ermittlungsmethode, die er einführte, war so neu, daß wir sie nicht verstanden», erinnert sich Richter Francesco Lo Voi, der damals gerade in den Justizdienst eingetreten war und in Falcones Büro seine Lehrzeit absolvierte. «Falcone saß vor diesem Berg von Unterlagen und tat mit ihnen das, was heute üblicherweise Teams aus der Finanzverwaltung tun. Es gab damals noch keine Computer, und so notierte er alles in alphabetischer Ordnung in diese kleinen Kalender, die er hatte, und setzte Verhörtermine mit allen Personen an, deren Namen bei seinen Recherchen wiederholt auftauchten.»

Auf diese Weise fand Falcone heraus, daß derselbe neapoletanische Gangster, der (unter falschem Namen) für Di Cristina zweimal 24.000 Dollar getauscht hatte, am selben Tag für zahlreiche sizilianische Mafiosi insgesamt weitere 360.000 Dollar gewechselt hatte. Die sizilianischen Mafiasippen arbeiteten also nicht nur in Abstimmung miteinander, sondern auch Hand in Hand mit ihren Branchenkollegen in Neapel und Kalabrien, die dort unter dem Namen Camorra bzw. 'Ndrangheta firmierten. Dasselbe Beziehungsgeflecht, mittels dessen die Mafia in den 50er und 60er Jahren den Vertrieb geschmuggelter Zigaretten organisiert hatte, wurde jetzt für den Handel mit Heroin eingesetzt. Die Neapolitaner schmuggelten Morphin aus dem Libanon und der Türkei ins Land, die Sizilianer verfrachteten es in die Vereinigten Staaten und transferierten die Dollarerlöse nach Italien zurück. Falcone fand bei seinen Finanzrecherchen Belege dafür, daß im Laufe eines einzigen Jahres 3 Milliarden Lire (entsprechend 3,6 Millionen US-Dollar) zwischen Palermo und Neapel hin und her geschoben worden waren.

Die Verdächtigen verwickelten sich Falcone gegenüber in hoffnungslose Widersprüche; Leuten, die behaupteten, einander nicht zu kennen, konnte nachgewiesen werden, daß sie einander Hunderttausende von Dollars überwiesen oder zusammen in einem Flugzeug gesessen und einen Herointransport abgewickelt hatten. Die aus der Haft entlassenen Beschuldigten im Spatola-Fall wanderten einer nach dem anderen wieder hinter Gitter.

Um diese Zeit erhielt Falcone eine Polizeieskorte und trat in die kugelsicher abgeschirmte Phase seines Lebens ein, die bis an sein Ende währte.

Die Mafia ergab sich nicht tatenlos in ihr Schicksal. Am Abend des 6. August 1980 wurde Gaetano Costa, der Chef der Procura della Repubblica, der die ersten Haftbefehle in dem Fall unterschrieben hatte, auf einer der belebtesten Geschäftsstraßen Palermos mit Schüssen niedergestreckt und verblutete. Falcone eilte zum Tatort, und noch während er dastand und auf den leblos zusammengekrümmten Körper seines Kollegen starrte, der auf dem Gehweg der Via Cavour lag, trat ein anderer Kollege neben ihn und sagte: «Stell dir vor, ich war mir sicher, du seist es.»[3]

Falcones Mutter und seine beiden Schwestern fürchteten nun um sein Leben. Als sie ihn fragten, weshalb er einen so gefährlichen Fall übernommen habe, sagte er: «Man kann nur einmal sterben.» – «Giovanni hatte eine sehr sizilianische Einstellung zum Tod – nicht daß er nicht am Leben gehangen hätte, aber er betrachtete den Tod als etwas Unausweichliches, das man mit Fatalismus akzeptieren mußte», erklärte seine Schwester Maria Falcone.[4]

Weit davon entfernt, seine Ermittlungen einzustellen, weitete Falcone sie vielmehr aus, indem er an mehreren Fronten zugleich vorpreschte. Im Mai hatte die Polizei auf dem Flughafen von Rom den Belgier Albert Gillet festgenommen, einen Drogenkurier, in dessen Koffer sich 8 Kilo Heroin fanden. Zwei weitere europäische Kuriere, ein Belgier und ein Schweizer, wurden kurz darauf geschnappt. Diese Kuriere, die keine besondere Loyalität gegenüber der Mafia empfanden und in Gefängnissen außerhalb Italiens saßen, begannen bald zu reden. Die Internationalisierung der Mafiageschäfte hatte zur Erschließung reicher neuer Gewinnquellen geführt, aber auch neue Risiken gebracht, indem die Mafia nun gezwungen war, mit Außenseitern zu arbeiten, auf die kein Verlaß war. So konnte Falcone, auch wenn es ihm nach wie vor nicht gelang, die mafiainterne Mauer des Schweigens, die *omertà*, zu durchbrechen, doch wichtige Erkenntnisse aus erster Hand über die Rauschgift- und Geldwäsche-Operationen der Mafia in Europa sammeln und ein scharfes Bild von der Rolle einiger zentraler Mafiafiguren in Sizilien und den USA gewinnen. «Eine von Falcones großartigen Eingebungen war seine Idee, außerhalb der Landesgrenzen nach Beweismaterial zu suchen . . . Es war in Übersee sogar leichter, Dokumente und Zeugen aufzutreiben», sagt Giusto Sciacchitano, der für die Procura della Repubblica den Spatola-Fall bearbeitete.[5] Von Gillet erfuhr Falcone, daß die Cosa Nostra sich nicht auf den Verkauf von Rauschgift beschränkte, sondern auf Sizilien fünf große Heroinlabors eingerichtet hatte. Die Mafia habe, erklärte der belgische Kurier, einen großen Teil der Geschäfte an sich gezogen, die früher von Marseille aus unter der Regie der «French Connection» abgewickelt worden waren, und bediene sich beim Raffinieren des Heroins sogar derselben Gruppe französischer Chemiker, geleitet von einem Mann, den Gillet nur als «André» kannte.

Von der französischen Polizei erhielten die Italiener einen Hinweis auf die Einreise des berüchtigten Chemikers André Bousquet nach Sizilien; es handelte sich zweifellos um jenen «André», den der Kurier erwähnt hatte. Die italienische Polizei spürte ihn und zwei weitere

Franzosen im Luxushotel Riva Smeralda in dem Städtchen Carini bei Palermo auf. Als Kellner getarnte Undercover-Polizisten servierten den Männern Speisen und Getränke und konnten ihre Spur schließlich bis zu einem nahe gelegenen Heroinlabor verfolgen. Am 25. August, zwei Wochen nach dem Mordanschlag auf Costa, schlugen die Ermittler zu. Als die Polizei das Labor stürmte, um die drei französischen Chemiker zu verhaften, machten sie einen unerwarteten Beifang: Zwei sizilianische Mafiosi hielten sich in dem Gebäude auf. Einer von ihnen, Ghirlando Alberti, bekannt als *u paccaré* («der Unerschütterliche»), hatte schon in den Strafprozessen der 60er Jahre eine maßgebliche Rolle gespielt. Somit hatte die italienische Polizei nicht nur erstmals auf Sizilien ein Heroinlabor ausgehoben, sondern auch den Nachweis für eine Verbindung zwischen den französischen Chemikern und einem erstrangigen Mafiaboß geliefert. Noch am gleichen Tag wurde ein zweites, größeres Heroinlabor gefunden; dessen Ausrüstung ließ darauf schließen, daß hier 50 Kilo Heroin pro Woche erzeugt werden konnten – dies entsprach einem Gegenwert von rund 12,5 Millionen Dollar auf dem amerikanischen Markt.

Die Euphorie, die auf den geglückten Schlag folgte, erhielt schon zwei Tage später einen Dämpfer, als zwei junge Männer im Hotel Riva Smeralda einkehrten, zwei Gläser Bier bestellten und bezahlten und anschließend den Eigentümer des Hotels erschossen. Der aufrechte Mann, Carmelo Jannì, war der vierte in der Reihe derjenigen, die dieses Ermittlungsverfahren mit dem Tode bezahlen mußten. Die Mordserie, die mit Polizeikommissar Boris Giuliano ihren Anfang genommen hatte, offenbarte, auf welch schwachen Füßen das Vorgehen der Justiz gegen die Mafia stand; es war das Werk einer Handvoll entschlossener Einzelpersonen, die keine nennenswerten institutionellen Strukturen hinter sich hatten, die beispielsweise in der Lage gewesen wären, Zeugen wirksam zu schützen.[6]

Die magere Erkenntnislage in Palermo kompensierte Falcone immer wieder durch das Anzapfen ergiebigerer Quellen in anderen italienischen Städten sowie in Staaten, die über modernere und besser finanzierte Strafverfolgungsapparate verfügten. Eine Zusammenarbeit zwischen verschiedenen Staatsanwaltschaften war zu dieser Zeit eher die Ausnahme als die Regel; Untersuchungsrichter aus Palermo machten sich nur selten die Mühe, das Gespräch mit Strafverfolgern aus anderen Städten der Insel, ganz zu schweigen vom übrigen Italien, zu suchen. Was Falcone tat – indem er gleichzeitig mit Polizeibehörden in Frankreich, Belgien, der Schweiz, den USA und der Türkei sowie in Mailand und Rom zusammenarbeitete –, hatte es zuvor praktisch nicht gegeben. Viele seiner Kollegen taten seine aufwendige Suche nach Belastungsmaterial als «kriminalpolizeilichen Tourismus» ab.

Im Dezember 1980 begab sich Falcone auf seine erste USA-Reise; auf dieser knüpfte er Verbindungen, die im Verlauf der nächsten zwölf Jahre zu einigen der aufwendigsten internationalen Polizeioperationen aller Zeiten führen sollten. Seine Kontakte in die USA trugen reiche Früchte: Amerikanische Rauschgiftfahnder entdeckten, daß Personen aus den höchsten Etagen der sizilianischen Mafia, darunter auch Salvatore Inzerillo höchstpersönlich, Reisen in die USA unternommen hatten. Inzerillo hatte sich dort mit seinen amerikanischen Vettern John und Joe Gambino getroffen und mit ihnen über Ankunft und Übergabe größerer Heroinlieferungen gesprochen. Indem Falcone die Reisewege auf der italienischen Seite rekonstruierte, konnte er die Erkenntnisse der Amerikaner bestätigen und ergänzen und die Bewegungen der Mafiosi und ihrer Drogenlieferungen nachzeichnen.

Je tiefer Falcone den Fall Spatola durchleuchtete, desto weiter nach außen verschob sich dessen Horizont. «Unter den Papierbergen des Spatola-Falles kam eine enorme neue Realität zum Vorschein, die es zu entziffern galt», erklärte er einige Jahre später.[7] Der Fall implizierte Dinge, die weit über gewöhnliche kriminelle Aktivitäten hinausgingen und bis ins Zentrum der politischen und wirtschaftlichen Macht in Palermo hineinreichten. Der Hauptangeklagte Rosario Spatola war eine milieutypische Figur. In den 50er Jahren war er einmal wegen des Verkaufs verwässerter Milch festgenommen worden – ein Kleinkrimineller der niedrigsten Sorte. Im Zuge des «Sacco di Palermo» hatte er sich zu einem der größten Bauunternehmer in der Stadt, mit Hunderten von Beschäftigten, aufgeschwungen. Im Jahre 1980 war Spatola der größte Steuerzahler Siziliens und der fünftgrößte Italiens. Das Fundament seines Firmenimperiums bildeten die ungeheuren Gewinne aus dem Drogengeschäft, ergänzt durch legale Einkünfte aus bedeutsamen Staatsaufträgen, die er zu ergattern verstand, was beste politische Beziehungen voraussetzte. Spatola richtete einmal ein Wahlkampfbankett für Attilio Ruffino aus, einen aus Palermo stammenden christdemokratischen Parlamentsabgeordneten und Verteidigungsminister, dessen Onkel Erzbischof von Palermo gewesen war. «Und nun geht nach Hause und sagt euren Freunden und den Freunden eurer Freunde, daß sie diesen integeren und ehrenwerten Mann unterstützen müssen», hatte Spatola den Bankettgästen eingeschärft. Der Ausdruck «gli amici degli amici» ist in Sizilien ein allgemein gebräuchliches Deckwort für die Mafia. Zwei Vettern und Geschäftspartner Spatolas gehörten zu den ranghöchsten Mafiabossen, deren Namen bei den Rauschgiftermittlungen zutage kamen: Salvatore Inzerillo aus Palermo und John Gambino aus New York. Falcone konnte im Zuge seiner finanziellen Recherchen zeigen, daß die Baufirmen Spatolas nichts waren als eine Fassade, mit der Gambino und Inzerillo ihre Drogengeschäfte tarnten. Das Gespann Spatola–Inzerillo gehörte auch zu den Verdächtigen im Mordfall Piersanti Mattarella. Einer der dicken Staatsaufträge, die der christdemokratische Reformpolitiker im Zuge seines Versuches, Licht ins Dunkel der staatlichen Auftragsvergabe in Sizilien zu bringen, blockiert hatte, war für Spatola vorgemerkt gewesen.[8]

Der Fall Spatola wies weit über die sizilianische Kirchturmspolitik hinaus, er reichte bis in die Welt der internationalen Hochfinanz und bis in die Zitadellen der politischen Macht in Italien hinein. Nicht lange, und die Spuren, die Falcone aufdeckte, kreuzten sich mit denen, die einige Mailänder Staatsanwälte verfolgten, als sie versuchten, die kriminelle Laufbahn des sizilianischen Bankiers Michele Sindona zu rekonstruieren. Sindona war in den 70er Jahren zu einem der größten international tätigen Bankiers der Welt und zum vertrauten Finanzberater des Vatikans aufgestiegen, hatte eine der größten Banken der USA (die Franklin National Bank) übernommen und war zu einem der bedeutendsten finanziellen Hintermänner der Christdemokratischen Partei geworden. Im Jahr 1974 spendierte er dem ehemaligen (und zukünftigen) christdemokratischen Premierminister Amintore Fanfani 2,5 Millionen Dollar. Während Fanfani auf der Darstellung beharrte, die 2,5 Millionen seien ein Wahlkampfdarlehen gewesen, erklärte Sindona, es habe sich um eine Spende gehandelt; Fanfani konnte keinerlei Beleg dafür vorlegen, daß das «Darlehen» zurückgezahlt worden war. (Das Parlament ergriff gegen Fanfani keine Strafmaßnahmen, ja tadelte ihn nicht einmal für sein Fehlverhalten.) Sindona stand auch dem langjährigen Premierminister Giulio Andreotti nahe, der den sizilianischen Bankier einmal als den «Retter der Lira» feierte.[9] Als Enthüllungen über großangelegte Betrugsmanöver Sindonas Finanzimperium zum Einsturz zu bringen drohten, unternahm er eine Reihe verzweifelter Versuche, durch Druck auf seine politischen Freunde zu erreichen, daß der Staat seine Bankengruppe durch Bürgschaften rettete. Allein, eine Handvoll unbeirrbarer Mitarbeiter der italienischen Bankenaufsicht brachten den Plan zu Fall, indem sie ihre Zustimmung zu dieser durch nichts gerechtfertigten Plünderung der Staatskasse verweigerten. Sindonas unversöhnlichster Gegenspieler war Giorgio Ambrosoli, ein zum Liquidator des Mailänder Bankhauses von Sindona bestellter Anwalt. Nachdem zahllose Versuche, Ambrosoli einzuschüchtern, nichts gefruchtet hatten, setzte Sindona im Juli 1979 von New York aus einen Mafiakiller nach Mailand in Marsch, mit dem Auftrag, den Anwalt zu ermorden. Der Mord verschärfte freilich die rechtlichen Probleme Sindonas weiter, und einen Monat später verschwand er aus seiner Suite im New Yorker Hotel Pierre, wo er unter Hausarrest stand. Mit Hilfe von John Gambino und Mitgliedern des Gambino-Clans der New Yorker Mafia inszenierte Sindona die Räuberpistole seiner Entführung durch eine linksterroristische Gruppe. Unter dem Deckmantel der «Entführung» kehrte der bankrotte Bankier nach Italien zurück und versuchte, brisante Dokumente an sich zu bringen, mit deren Hilfe er seinen Freunden in Regierung und Staat die Hölle heiß machen zu können hoffte. Die Mitteilungen seiner fiktiven Entführer waren kaum verhüllte Drohungen, die deutlich machten, daß Sindona bei seinem angekündigten Prozeß im «Volksgefängnis» alles ausplaudern würde, falls man ihn nicht befreite. In den ersten beiden Monaten nach seinem Verschwinden war die Polizei bereit zu glauben, daß Sindona sich in den Händen von Terroristen befand. Sie war daher überrascht, als sie am 9. Oktober 1979 herausfand, daß die Person, die dem Anwalt Sindonas in Rom eine Lösegeldforderung übergeben hatte, niemand anders als Vincenzo Spatola war, der Neffe des Bau- und Grundstücksmoguls Rosario Spatola aus Palermo. Die «Entführer», die Sindona in Sizilien versteckt hielten, waren dieselben Mafiosi, gegen die bereits Ermittlungen wegen umfangreicher Drogengeschäfte zwischen Palermo und New York liefen. In einem verzweifelten letzten Versuch, die Fiktion einer Entführung durch Terroristen aufrechtzuerhalten, ließ Sindona sich ins Bein schießen, heimlich in die USA zurückbringen und an einer Straßenecke in New York auf «freien Fuß setzen».[10]

Wie die Ermittler vermuteten, versuchte die Mafia Sindona deswegen zu helfen, weil sie durch seinen Konkurs Millionen von Dollars aus Rauschgiftgeschäften zu verlieren drohte, die er durch sein Finanzimperium geschleust hatte, um sie zu waschen. Nur wenn der Zusammenbruch seiner Banken verhindert werden konnte, hätten sie eine Chance, ihr Geld wiederzusehen.

Getreu seiner Politik, alle erdenklichen Quellen anzubohren, aus denen sich Erkenntnisse ergeben konnten, etablierte Falcone eine enge Zusammenarbeit mit den Strafverfolgern in Mailand, die in der Mordsache Giorgio Ambrosoli ermittelten. In Mailand genossen die Strafverfolgungsbehörden traditionell eine relative politische Unabhängigkeit, und ironischerweise hatten die Mailänder im Kampf gegen die sizilianische Mafia schon greifbarere Erfolge erzielt als ihre Kollegen in Palermo: Es waren Ermittler aus Mailand und nicht aus Palermo gewesen, denen es zu guter Letzt gelungen war, den Boß der Corleone-Mafia, Luciano Leggio, aufzuspüren und lebenslänglich hinter Gitter zu bringen.

Als Falcone erstmals in Mailand auftauchte, schlug ihm eine gewisse Skepsis entgegen. «Einer der Richter in Mailand ... fragte mich, welche Garantien ich dafür geben könne, daß der Fall nicht aufs Abstellgleis geschoben würde, wenn er von Palermo aus geführt würde», berichtete Falcone später.[11]

Die Mailänder Justizbehörden hatten nach Aussage Giuliano Turones, eines der Mailänder Richter, die mit Falcone kooperierten, im allgemeinen schlechte Erfahrungen mit ihren sizilianischen Kollegen gemacht. «Sie sahen in der Mafia ein soziologisches Phänomen, eine

Auffassung, die zu Freisprüchen in allen großen Mafiafällen der 60er und 70er Jahre geführt hatte», erläutert Turone. «Ich merkte bald, daß Falcone anders war ... Er benutzte eine weitaus modernere, wissenschaftliche Ermittlungsmethode, indem er nach Belegen für Geldwäsche- und Finanztransaktionen suchte ... Die Verfolgung von Mafiaverbrechen auf Sizilien änderte sich mit Falcone ... Ich hatte den Eindruck, daß er von einer Art sizilianischem Patriotismus beseelt war, dem Wunsch, die Insel von der Geißel der Mafia zu befreien.»[12]

Als Falcone und die Mailänder Strafverfolger sich zur Aufklärung des Falles Sindona zusammentaten, war schon deutlich geworden, daß die angebliche Entführung nur ein Täuschungsmanöver gewesen war, doch viele der Details, die mit dem rätselhaften 90tägigen Sizilien-Aufenthalt Sindonas zusammenhingen, harrten noch der Aufklärung, ebenso die Frage nach dem tieferen Sinn der Übung. «Allgemein wurde vermutet, daß Sindona sich in Sizilien versteckt gehalten hatte, doch niemand konnte es beweisen», erzählt Elio Pizzuti, ein pensionierter General der Guardia di Finanza (Finanzpolizei), der in enger Abstimmung mit Falcone die finanziellen Aspekte des Falles Spatola bearbeitete. «Eine erste Spur fanden wir, als einer meiner Männer entdeckte, daß Sindona im Hotel Excelsior in Catania abgestiegen war.» Es elektrisierte sie, als sie herausfanden, daß die Hotelrechnung für Sindona und seinen Troß aus Dunkelmännern kein anderer bezahlt hatte als Gaetano Graci, einer der angesehensten Geschäftsleute Siziliens und einer der vier «Ritter der Arbeit» Catanias – der Männer, von denen es hieß, sie seien die Herren der Stadt. Im weiteren Verlauf erfuhr Falcone, daß Sindona sich in einer Villa vor den Toren Palermos aufgehalten hatte, die der Familie Rosario Spatolas gehörte, und daß er in einem der vornehmsten Restaurants von Palermo ungeniert mit John Gambino zu Abend gegessen hatte.[13]

Damit nicht genug, offenbarte sich in der Sindona-Ecke des Falles Spatola ein bedenkliches Ausmaß an Zusammenarbeit zwischen Mafia und Freimaurertum. Einer der Drahtzieher der vorgetäuschten Entführung – im Verein mit den Gambinos und Spatolas – war ein prominenter sizilianisch-amerikanischer Freimaurer namens Joseph Miceli Crimi, ein Arzt, der einmal als Chefmediziner für die Polizei von Palermo gearbeitet hatte. Als Falcone ihn zu den Motiven seiner Beteiligung an der Sindona-Affäre befragte, erhielt er aus dem Munde des Doktors eine erstaunliche Antwort. Die Freimaurer hätten Sindona geholfen, einen antikommunistischen Staatsstreich vorzubereiten, mit dem die Abtrennung Siziliens vom Rest Italiens hätte vollzogen werden sollen. Es war Miceli Crimi gewesen, der mit logistischer Hilfe zahlreicher sizilianischer Freimaurer Sindona (der selbst auch Freimaurer war) von einer Stadt zur anderen verfrachtet hatte. Damit nicht genug, war Miceli Crimi in der Zeit, in der sich Sindona in Sizilien aufgehalten hatte, nach Arezzo gereist, um sich dort mit Licio Gelli zu treffen, dem Chef der geheimen Freimaurerloge Propaganda 2 oder «P2», einer legendären Organisation, die viele höchst einflußreiche Angehörige der italienischen Streitkräfte und Geheimdienste als Mitglieder rekrutierte – für Zwecke, die nie zufriedenstellend aufgeklärt worden sind.[14]

Manche haben die P2 als eine reaktionäre Schattenregierung interpretiert, die bereitstand, im Fall eines kommunistischen Wahlsieges zu putschen und die Macht zu übernehmen; dagegen glauben andere, sie sei lediglich ein Kontaktpflegeverein für Leute gewesen, die beruflich vorankommen und dafür möglichst hochkarätige Beziehungen knüpfen wollten. Es ist allerdings kaum zu bezweifeln, daß der Großmeister der Loge P2, Licio Gelli, einen alles durchdringenden, heimlichen Einfluß auf das Geschehen in Italien ausübte. Auf der Liste der 950 bekannten P2-Mitglieder fanden sich die Namen von 52 hochrangigen Offizieren der italienischen Carabinieri, 50 Heeresoffizieren, 37 Spitzenkräften der Finanzpolizei, 29 Marineoffizieren, 11 Polizeichefs, 5 amtierenden und pensionierten Ministern der nationalen Regierung, 38 Parlamentsabgeordneten, 14 Richtern, 10 Bankvorständen und zahlreichen hochrangigen Geheimdienstleuten. P2-Mitglieder waren auch der Haupteigentümer und Herausgeber der größten italienischen Tageszeitung, *Il Corriere della Sera*, und der italienische Fernsehmagnat (und spätere Premierminister) Silvio Berlusconi. Die Informationen aus den Akten der Geheimdienste, auf die Gelli Zugriff hatte, verliehen ihm ein immenses Potential an Druckmitteln. Durch seinen beherrschenden Einfluß auf Roberto Calvi, den Direktor des Banco Ambrosiano, konnte Gelli beträchtliche wirtschaftliche und politische Macht ausüben. Gelli war es, der Schmiergelder Calvis an den Sozialistenführer Bettino Craxi in Höhe von mehreren Millionen Dollar vermittelte (wie Enthüllungen im Zuge der neuesten Korruptionsskandale bestätigt haben). Gelli war auch der Mann, an den sich Giulio Andreotti wandte, um Zugang zum argentischen Diktator Juan Perón zu erhalten. Auch wenn es denkbar ist, daß viele P2-Mitglieder wenig von den Aktivitäten Licio Gellis wußten, wirft die Tatsache, daß so viele hohe Amtsträger des italienischen Staates bereit waren, einer von einem ehemals glühenden Faschisten geführten Geheimorganisation den Treueeid zu schwören, kein gutes Licht auf die Loyalität dieser Männer, zu deren Aufgaben die Verteidigung der italienischen Demokratie gehörte.[15]

Die höchst beunruhigenden Implikationen der Affäre Sindona entgingen den Anklägern nicht. «Der Fall Sindona machte deutlich, daß in Italien die Grenzlinie zwischen der Welt des Gesetzes und der der Gesetzlosigkeit, zwischen dem Ehrenmann und dem Kriminellen, sehr dünn und durchlässig ist», meint Giuliano Turone, der Mailänder

Staatsanwalt, der im Fall Sindona eng mit Falcone zusammenarbeitete.[16] (Der Umstand, daß zwei der mächtigsten Bankiers des Landes, Sindona und Roberto Calvi – beide Mitglieder der P2 –, mit dem Gesetz in Konflikt gerieten und schließlich eines gewaltsamen Todes starben, zeigt, wie porös diese Trennlinie ist.) Sindona verkehrte in den Vorstandsetagen der Wallstreet, der Londoner City und der Mailänder Finanzwelt, in den Palazzi von Ministern und Kardinälen in Rom und in den Restaurants von John Gambino in Brooklyn. Die Zugehörigkeit zu so unterschiedlichen Welten zeitigte praktische Konsequenzen: Mit tatkräftiger Beihilfe der Mafia gelang es Sindona, Italiens mächtigsten Finanzmagnaten (Enrico Cuccia) einzuschüchtern und einen integeren Beamten (Ambrosoli) zu ermorden. Es ist kein Geheimnis, daß Sindona sich gegenüber seinen Unterweltskonsorten seiner politischen Verbindungen rühmte, die jene wiederum für ihre eigenen Zwecke nutzten.[17] Kurz vor der Ermordung Giorgio Ambrosolis erwähnte der Mafiakiller William Arico in einem Drohanruf, den Ambrosoli auf Band aufnahm, den Namen Giulio Andreotti:

Killer: Sie zeigen mit dem Finger auf dich. Ich bin in Rom, und sie deuten auf dich, weil du nicht kooperierst . . .

Ambrosoli: Aber wer sind «sie»?

Killer: Der große Boß.

Ambrosoli: Wer ist der große Boß?

Killer: Du verstehst mich. Der große Boß und der kleine Boß, alle geben sie dir die Schuld . . . Du bist ein netter Kerl, es täte mir leid . . . Der große, verstehst du? Ja oder nein?

Ambrosoli: Ich denke mir, der große ist Sindona.

Killer: Nein, es ist Andreotti!

Ambrosoli: Wer? Andreotti?

Killer: Genau. Er rief an und hat gesagt, er hätte sich um alles gekümmert, aber du seist an allem schuld . . . Also nimm dich in acht.[18]

Es ist zwar möglich, daß der Killer sich dies nur ausgedacht hat, um Ambrosoli einzuschüchtern, doch Tatsache ist, daß einer der engsten Berater Andreottis sich in New York mit Sindona traf, nachdem dieser in Italien unter Anklage gestellt worden war und offiziell als Justizflüchtiger galt. Aus diesem Treffen und den vielen Unterredungen, die Andreotti selbst mit den Sindona-Anwälten in Rom führte, ergibt sich der Eindruck, daß der Premierminister den Plan zur Rettung Sindonas unterstützte, den die staatliche Bankenaufsicht vehement ablehnte.[19]

Es ist von größter Bedeutsamkeit, daß der schwerwiegendste politische Skandal, der Italien in den 80er Jahren erschütterte – die Affäre um die Freimaurerloge P2 –, im Gefolge von Ermittlungen über die sizilianische Mafia ans Licht kam. Falcone weilte sogar bei seinen Kollegen in Mailand an dem Tag im März 1981, als die Polizei die Villa Licio

Gellis in Arezzo durchsuchte und die geheimen Mitgliederlisten fand. Von dort führte eine Spur zurück nach Palermo, weil sich herausstellte, daß der dortige Polizeichef und sein Stellvertreter Mitglieder in Gellis P2-Loge waren. Die Enthüllung der Tatsache, daß so viele einflußreiche Amts- und Würdenträger einer so fragwürdigen Geheimorganisation angehörten, führte zum Sturz der Regierung von Premierminister Arnaldo Forlani.[20] Allein, den Mailänder Strafverfolgern blieb es verwehrt, die Affäre bis in ihre feinsten Verästelungen hinein aufzuklären; der Oberste Gerichtshof Italiens sprach die Zuständigkeit für den Fall der politisch anpassungswilligeren römischen Anklagebehörde zu, und dort starb er eines langwierigen, langsamen Todes. Der Consiglio Superiore della Magistratura, die Aufsichtsbehörde über die (nominell unabhängige) Justiz, beschloß, daß gegen die vierzehn Richter, deren Namen sich in der Mitgliederliste der Loge P2 fanden, keine rechtlichen Schritte eingeleitet werden durften.[21]

Im Verlauf des Jahres 1981 wuchsen sich die Ermittlungen Falcones weiter aus und umfaßten schließlich die Namen von 120 Verdächtigen – das größte Mafiaverfahren seit nahezu 20 Jahren. Doch statt dafür Lob zu ernten, wurde er zur Zielscheibe nervös-sarkastischer Kommentare aus vielen Kammern des Justizpalastes zu Palermo: «Er wird noch in Papier ertrinken», spöttelten einige seiner Kollegen. «Was glaubt er, wer er ist? Ein Sheriff der Anklage? Der Justizminister?»[22] Mit seinem tatkräftigen Vorgehen brachte Falcone Unruhe in die verschlafene Atmosphäre des sizilianischen Justizapparats; er erteilte älteren Kollegen eine Lektion, legte sich mit mächtigen Wirtschaftsinteressen an und brachte Leute in Gefahr. «Die Anklagebehörde hatte sich bis dahin weitgehend darauf beschränkt, den Inhalt von Polizeiberichten und ausgestellte Haftbefehle zu bestätigen», stellt Leonardo Guarnotta fest, ein enger Freund und Mitarbeiter Falcones. «Die Arbeit bestand darin, daß wir die verschiedenen Zeugen hereinriefen und ihnen sagten, sie sollten das bestätigen, was sie der Polizei erzählt hatten.»[23] Man hatte sich mehr oder weniger damit abgefunden, daß es ein vergebliches Unterfangen war, gegen die Mafia zu ermitteln, weil die Beweise und Zeugen niemals standhalten würden. Die großen Mafiaverfahren der 60er Jahre, die Cesare Terranova durchgezogen hatte, waren allesamt grandios gescheitert. Nach diesen demoralisierenden Niederlagen hatten die Justizbehörden von Palermo an der Mafiafront nichts Nennenswertes mehr unternommen. Das Gemisch aus Passivität und Resignation war bequem und garantierte Sicherheit.

Richter Turone spürte bereits das feindselige Klima, das sich um Falcone herum bildete, wann immer er während des Spatola-Falles aus Mailand nach Palermo kam. «Giovanni bekam von den Leuten zu hören: ‹Du machst keine Statistik.› Der Vorwurf bezog sich darauf, daß er so viel Zeit für dieses eine Verfahren aufwendete, anstatt eine große Zahl von Routinefällen abzuspulen, die sich in fünf Minuten erledigen ließen. Dieser bürokratische Maßstab für Produktivität wurde benutzt, um Richter zu demotivieren, die schwierige und komplexe Ermittlungen voranzutreiben suchten.»

Der Norditaliener Turone war immer wieder verwundert über die Eigentümlichkeit und Doppelbödigkeit der sizilianischen Welt, in der der Schein fast immer trog. «Es konnte vorkommen, daß ein anderer Staatsanwalt in Falcones Büro kam und alles eitel Wonne und Schulterklopfen war, aber kaum war der Mann wieder gegangen, flüsterte Giovanni mir zu: ‹Nimm dich vor dem sehr in acht!›»[24]

So groß war das allgemeine Mißtrauen, daß die Chefs der beiden Strafverfolgungsbehörden – Gaetano Costa von der Procura della Repubblica und Rocco Chinnici vom Ufficio Istruzione – es sich angewöhnten, sich zur Besprechung heikler Fälle im Aufzug zu treffen, um nicht zusammen gesehen zu werden.[25]

«Falcone war in diesen Jahren sehr, sehr einsam», sagte Elio Pizzuti von der Finanzpolizei, der von 1981 bis 1983 Tag und Nacht mit Falcone zusammengearbeitet hatte. Sein Argwohn gegen andere war nicht unberechtigt. «Einmal planten wir im Verlauf des Spatola-Falles eine Reihe von Festnahmen mitten in der Nacht. Doch kein einziger der Verdächtigen war zu Hause, als meine Männer ankamen.» Pizzuti ist überzeugt, daß jemand – und sei es nur ein Bürobote oder eine Sekretärin – nach der Registrierung der Haftbefehle tags zuvor in der Procura della Repubblica die Namen der Verdächtigen weitergegeben hatte. «Ich ging zum Procuratore della Repubblica, (Vincenzo) Pajno, und fragte ihn, ob wir nicht beim nächsten Mal mit der Eintragung der Namen ins Register bis nach den Festnahmen warten könnten. Von diesem Tag an hatten wir nie wieder ein Problem.»[26]

Während seiner ganzen Karriere war Falcone eine Persönlichkeit, die die Menschen polarisierte. Anders als Paolo Borsellino, dessen joviale, offene Art bewirkte, daß andere sich in seiner Gegenwart wohl fühlten, wirkte Falcone eher zurückhaltend und scheu. Chic angezogen und den Bart stets sorgsam gepflegt, trug er oft ein dünnes, ironisches Lächeln zur Schau, das schwer zu entschlüsseln war. «Borsellino war weitaus extrovertierter und leicht ansprechbar», sagt Richter Leonardo Guarnotta, der mehrere Jahre lang Seite an Seite mit beiden gearbeitet hatte. «Giovanni war viel reservierter, viel kühler bei einer ersten Begegnung. Viele mißverstanden seine Zurückhaltung als Arroganz oder Mißtrauen. Er war sehr vorsichtig, aber wenn er einen besser kannte, öffnete er sich vollkommen.» Weil Falcone an sich selbst äußerst strenge Maßstäbe anlegte, war er anderen gegenüber ebenso rigoros. Dummheit konnte er schlecht ertragen, und die Leute spürten das und verziehen es ihm nie.

«Als ich in den frühen 80er Jahren in Palermo ankam, war der Justizpalast bereits gespalten in die Freunde und Feinde Falcones, und die Freunde waren entschieden in der Minderzahl», erinnert sich Ignazio De Francisci, der später eng mit Falcone zusammenarbeitete. «Ich würde sagen, ein Drittel war für ihn, ein Drittel gegen ihn und ein Drittel unentschieden.»

Hohe Anforderungen stellend, wie es seine Art war, baute Falcone sich einen Mitarbeiterstab auf, der ihm völlig ergeben war. Giovanni Paparcuri, der Mann, der in den frühen 80er Jahren Falcones Chauffeur war, erinnert sich, daß Falcone, als er sich nach seiner Versetzung auf diesen Posten erstmals bei ihm vorstellte, ihn fragte, ob er über diese Versetzung glücklich sei. «Ich sagte nein, das sei ich nicht. Falcone wurde wütend und sagte mir, ich solle darüber nachdenken, und wenn ich in einer Woche noch das Gefühl hätte, in dieser Position unglücklich zu sein, werde er mich wieder versetzen lassen.» Falcone war klar, wie entscheidend wichtig es war, daß sein Chauffeur, der mit die größte Verantwortung für seine körperliche Unversehrtheit trug, an die neue Aufgabe nicht mit Angst oder Ambivalenz heranging. «In der Woche darauf sagte ich ihm, ich sei mit der Stelle zufrieden. Weil er so hart arbeitete, hatte ich das Gefühl, ihn nicht im Stich lassen zu wollen. Ich achtete immer darauf, daß ich vor der verabredeten Zeit bei ihm zu Hause eintraf, daß ich vorsichtig fuhr und überall pünktlich ankam.» Obwohl Falcone innige Bindungen zu den Mitgliedern seines Teams aufbaute, bedurfte es dazu, in typisch sizilianischer Art, nur weniger Worte. «Wir verständigten uns mit Blicken», sagt Paparcuri, eine Feststellung, die von mehreren anderen Mitarbeitern Falcones bestätigt wurde.

«Wenn du hart arbeitest, hattest du seinen Respekt, und wenn du seinen Respekt hattest, hattest du auch alles andere», sagt Barbara Sanzo, langjährige Sekretärin in Falcones Ermittlungsbehörde. «Er schaffte es, daß man mit seiner Aufgabe wachsen wollte. Ich kann mir nicht vorstellen, daß es auf der Welt einen anderen Menschen gibt, der so hart arbeiten könnte, ohne ein normales Müdigkeitsgefühl zu erleben. Er kam um 7.30 Uhr morgens hierher, arbeitete an einem Stück durch, ohne zum Mittagessen nach Hause zu gehen, und um 7 Uhr abends war er noch vollkommen frisch. Dann sah man ihn am nächsten Morgen wieder, und das Ganze ging von vorn los.»

«Falcone war einzigartig; er verfügte über eine Arbeitsfähigkeit, die einfach von einem anderen Kaliber war als bei allen anderen», sagte Vincenzo Geraci, einer der Untersuchungsrichter der Procura della Repubblica von Palermo, die am meisten mit Mafiafällen zu tun hatten. (In Anbetracht des Konflikts, der sich zwischen den beiden Strafverfolgern später entwickelte, muß man die Aussagen Geracis als höchstes Lob werten.) «Er war so etwas wie ein menschlicher Preßlufthammer.

Bei uns allen gibt es Phasen intensiver Arbeit, aber die gehen zu Ende und werden abgelöst von einer Periode des Lockerlassens, doch bei Falcone ging es Tag für Tag weiter, sechs oder sieben Tage die Woche, und das zehn Jahre lang, eine Zeit, in der er eine bemerkenswerte Arbeitsleistung anhäufte. Gleichzeitig besaß er ein polizeiliches Feingespür, das ihn veranlaßte, Fährten aufzuspüren, an die andere gar nicht gedacht hätten. Hatte er einmal Witterung aufgenommen, dann konnte ihn nichts mehr aufhalten. Giovanni war ein bißchen wie Alexander der Große, der den Gordischen Knoten durchschlug: Alle anderen versuchten vergeblich, den Knoten zu lösen, doch Alexander nahm sein Schwert und schlug ihn mittendurch. Einmal, als Giovanni und ich eine Dienstreise nach Spanien machten, wollten wir an die Unterlagen einer spanischen Bank herankommen, um eine Transaktion von Rauschgiftgeldern nachvollziehen zu können. Anstatt sich auf eine langwierige bürokratische Prozedur einzulassen, die Monate hätte dauern können, ging Giovanni schnurstracks zum Direktor der Bank und bat ihn, ihm die Unterlagen zu geben. Und zu meiner Verblüffung rückte der Mann sie heraus.»[27]

Obwohl viele ihm prophezeiten, er werde scheitern, vollbrachte Falcone im Fall Spatola etwas, das keinem anderen sizilianischen Untersuchungsrichter je zuvor gelungen war: Mit Hilfe eines Geflechts aus triftigen Belastungsmomenten – Bankakten und Reisedaten, beschlagnahmten Heroinlieferungen, Fingerabdrücken und Schriftanalysen, abgehörten Gesprächen und Aussagen unmittelbar Beteiligter – konnte er Verdächtige aus vier Mafiafamilien und zwei Kontinenten aneinanderknüpfen. Er konnte beweisen, daß Frankreich die Rolle der Hauptdrehscheibe für die Raffinierung von Heroin und seine Ausfuhr in die USA an Sizilien abgetreten hatte. Er konnte das enge Kooperationsverhältnis zwischen den sizilianischen Mafiasippen und der New Yorker Gambino-Familie demonstrieren, und dies alles hatte er erreicht, ohne einen einzigen Zeugen aus den inneren Reihen der Mafia zu haben – damit hatte er den Mythos widerlegt, daß wegen der *omertá* ohnehin kein Ankläger jemals erfolgreich gegen die Mafia vorgehen könne.

Als Falcone Ende 1981 die Akten für den Prozeß vorbereitete, traf er eine kluge taktische Entscheidung. «Wir müssen vermeiden, daß wir in dem Verfahren irgendwelche Mordfälle mit abhandeln», sagte er Elio Pizzuti, der damals Oberst der Finanzpolizei war und 1981 mit der Aufklärung von Zahlungsvorgängen für Falcone begann. «Der Grund war folgender: Wenn auch der Anklagepunkt Mord mit dabei wäre, müßte der Prozeß vor dem Corte d'Assise mit den üblichen Geschworenen verhandelt werden. In einem normalen Prozeß würde hingegen ein Gremium aus drei Richtern entscheiden. Falcone wußte, daß es der Mafia weitaus leichter fallen würde, eine aus gewöhnlichen Bürgern bestehende Geschworenenjury einzuschüchtern, und rechnete sich aus, daß wir bei den Richtern eine bessere Chance haben würden.»[28] Die Anklagebehörde erreichte die erstaunliche Zahl von 74 Verurteilungen – nach Jahrzehnten war die Regel, daß man in Palermo gegen die Mafia nicht gewinnen könne, endlich außer Kraft gesetzt.[29]

DRITTES KAPITEL

Monreale, das schöne Städtchen aus normannischer Zeit, das auf einer Hügelkuppe nur drei Kilometer von Palermo thront, war aus dem Häuschen. Seit drei Tagen feierte die Stadt das Fest des heiligen Kruzifixes. Die Stadtmitte war ein einziges Kaleidoskop bunt funkelnder Lichter. Die ganze Einwohnerschaft hatte ihr Leben auf die Straße verlagert, genoß Freiluftvorführungen, gönnte sich Süßigkeiten von den Ständen fahrender Händler und besuchte die Gottesdienste in der gigantischen normannischen Kathedrale, die das Wahrzeichen der Gegend bildet. Ihren Höhepunkt fanden die Feierlichkeiten in einer großen Prozession durch die Straßen der Stadt am Samstagabend, dem Schlußtag des Festes. Danach gab der Bürgermeister eine große Party, die bis nach ein Uhr morgens dauerte. Capitano Emanuele Basile von den Carabinieri, seine Frau Silvana und ihr vierjähriges Töchterchen Barbara besuchten sowohl die Prozession als auch die Party. Auf dem Heimweg durch die hell erleuchteten Straßen, in denen sich noch die Feiernden drängten, trug Capitano Basile seine schlaftrunkene kleine Tochter auf dem Arm. Wenige Schritte vor dem Carabinieri-Revier, wo Basile nicht nur arbeitete, sondern auch wohnte, tauchten hinter ihm drei Männer auf, zogen Pistolen und schossen ihm sechs Kugeln in den Rücken. Basile stürzte zu Boden, vor die Füße seiner Frau, sein Kind – das wie durch ein Wunder nicht getroffen wurde – noch in den Armen.[1]

Für Paolo Borsellino war die Ermordung Emanuele Basiles weitaus mehr als bloß ein neuerlicher Mafia-Anschlag. Als Jungstaatsanwalt hatte er mehrere Jahre in Monreale gearbeitet, und zum Zeitpunkt der Erschießung Basiles hatte er mit ihm intensiv an der Aufklärung einer

Reihe äußerst heikler Mafiafälle gearbeitet. Jetzt, da der Polizeihauptmann ausgeschaltet war, stand Borsellino, ob er wollte oder nicht, an vorderster Front des Kampfes (wie Falcone nach der Ermordung Gaetano Costas). Unmittelbar nach dem Mordanschlag von Monreale wurde Borsellino mit den Ermittlungen zum Tod seines Freundes und Kollegen beauftragt – fast genau um dieselbe Zeit, als Giovanni Falcone mit der Arbeit am Fall Spatola begann.

«Paolo vertiefte sich mit Haut und Haaren in seine Arbeit, sie berührte ihn nicht nur oberflächlich, sondern bis ins tiefste Innere», erinnert sich Borsellinos Mutter Maria Pia Lepanto Borsellino, die zu dieser Zeit bei ihrem Sohn wohnte. «Paolo wurde zutiefst religiös, was ich allerdings nur allmählich bemerkte, und ich glaube, es war wegen der Arbeit, die er machte. Einmal, in der Anfangszeit seiner Laufbahn, sprach er sich bei mir aus über seine Gefühle, wenn er einen Mann vernehmen mußte, der seine Tochter sexuell mißbraucht hatte. ‹Wie kann ich die Worte finden? Ich muß zu verstehen versuchen, was einen Mann so tief sinken lassen kann.› Es quälte ihn.» Seine Tätigkeit brachte es mit sich, daß er mit den denkbar brutalsten und verkommensten Exemplaren der Gattung Mensch zusammenkam. Doch statt sich zu verhärten und sich von ihnen zu distanzieren, versuchte er, um seine Arbeit überhaupt tun zu können, bei ihnen etwas zu finden, das ihn ihr Tun verstehen ließ und ihm einen Zugang zu ihnen eröffnete. Mit dem ermordeten Capitano Basile konnte er sich vollkommen identifizieren. «Er litt ungeheuer», sagte seine Mutter. «Es ist, als wenn sie meinen Bruder ermordet hätten», sagte er seiner Schwester Rita. «Sie standen sich sehr nahe.» Der Tod Basiles sei, meint seine Witwe Agnese Borsellino, ein Schlag gewesen, «der bei ihm einen Hang zur Aufopferung und Selbstverleugnung zum Vorschein brachte, der ihn bis ans Ende seiner Karriere nicht mehr verließ».[2]

Die Aussichten auf eine erfolgreiche Aufklärung schienen im Mordfall Basile größer als sonst üblich zu sein. Endlich einmal gab es einen Augenzeugen: Die Frau eines Polizisten hatte drei Männer vom Tatort wegrennen sehen, und wenige Stunden nach den Schüssen wurden nicht weit außerhalb der Stadt die Schützen verhaftet; Schlammspritzer auf ihren Kleidern und auf ihrem Fluchtfahrzeug stimmten mit dem Straßenschlamm am Tatort überein. Die drei Festgenommenen – Giuseppe Madonia, Armando Bonnano und Vincenzo Puccio – waren Männer mit lupenreinem Mafia-Stammbaum. Madonias Vater, Francesco Madonia, war der Boß einer der bedeutendsten Palermoer Mafiafamilien, und der Junior hatte seine kriminelle Karriere als Teenager mit dem Legen von Dynamitbomben begonnen. Armando Bonnano hatte ein langes und eindrucksvolles Vorstrafenregister: Er war einmal, zusammen mit anderen, als Mitglied eines sich, wie es den Anschein hatte, auf eine Aktion vorbereitenden, bis an die Zähne mit abgesägten

Schrotflinten und fünf Pistolen bewaffneten Mordkommandos verhaftet worden. Der dritte im Bunde, Vincenzo Puccio, galt als der kommende Mann der Mafia von Ciaculli, eines Stadtteils von Palermo.[3]

Es ergab einen Sinn, daß mit dem Mordauftrag so prominente junge Mafiosi betraut worden waren. Bei der Cosa Nostra gilt die Regel: Je bedeutender das Opfer, desto größer der Prestigegewinn für seine Mörder.

Bei ihrer Vernehmung gaben die drei Männer, die aus unterschiedlichen Vierteln Palermos kamen, übereinstimmend an, sich am Abend der Tat wegen romantischer Verabredungen in Monreale aufgehalten zu haben. Aufgefordert, diese Behauptung durch nähere Angaben zu untermauern, erklärten sie, ihre Ehre verbiete es ihnen, Namen zu nennen; sie hätten sich mit verheirateten Frauen getroffen, die einen Ruf zu verlieren hätten.[4]

Abgesehen von der Identifizierung der Schützen, wollte Borsellino herausbekommen, wer die Ermordung Basiles angeordnet hatte und warum. Diese Fragestellung führte ihn zwangsläufig zurück zu den Ermittlungen, die Basile von dem im Juli 1979 ermordeten Polizeihauptmann Boris Giuliano übernommen hatte. Je gründlicher er sich mit der Laufbahn der beiden getöteten Beamten beschäftigte, desto stärker kam ihm ihre bemerkenswerte Tapferkeit und schreckliche Einsamkeit zu Bewußtsein. Giuliano hatte auf dem Flughafen von Palermo einen Koffer mit einer halben Million in Dollarnoten beschlagnahmt und die Landschaft um Palermo nach Heroinlabors durchkämmt. Kurz vor seinem Tod hatte er eine äußerst bedeutsame Entdeckung gemacht: Er hatte herausgefunden, wo Leoluca Bagarella, Schwager von Salvatore Riina und einer der wichtigsten Anführer der Corleone-Mafia, sich in Palermo versteckt hielt. Zwar hatte Bagarella fliehen können, doch Giuliano waren Drogen, Waffen, Fotografien und Dokumente in die Hände gefallen. Dieser Fahndungserfolg könnte der Grund für seine Ermordung gewesen sein.

Die Familie Giulianos war überzeugt, daß die Richter von Palermo zumindest eine Teilschuld am Tod des Polizeibeamten traf: Giuliano hatte die Procura della Repubblica mit Berichten bombardiert, die dort jedoch nur zu Haufen gestapelt wurden, ohne in Ermittlungen zu münden. Borsellino konnte nicht umhin, den Angehörigen recht zu geben. «In den Augen der Mafiafamilien war Giuliano zu jener Zeit der einzige Ermittler, der das Zeug hatte, ihnen ernsthafte Probleme zu bereiten, sowohl wegen seiner unermüdlichen und vielschichtigen Aktivität an zahlreichen Fronten als auch wegen der Hartnäckigkeit, mit der er seine Fälle verfolgte, trotz der nahezu totalen Gleichgültigkeit, mit der sie im Justizpalast behandelt wurden, wo man den Ergebnissen seiner Ermittlungstätigkeit eindeutig zu geringen Wert beimaß», schrieb Borsellino später.[5]

Die Ermittlungen zum Tode Giulianos waren ergebnislos geblieben. Zwar war der Mord am hellichten Tage in einem Palermoer Café verübt worden, doch der Kellner, der die Tat beobachtet hatte, erlitt einen plötzlichen Gedächtnisverlust, nachdem er mehrere Morddrohungen erhalten hatte. Die Arbeit der Palermoer *squadra mobile* war nach dem Tode Giulianos ins Stocken gekommen, die von ihm verfolgten heißen Spuren waren erkaltet. Dann jedoch hatte Capitano Basile, obwohl sein Amtssitz nicht Palermo war, sondern Monreale, die von Giuliano hinterlassenen Fäden aufgegriffen.

Im Zuge der Aufklärung eines Mordfalles, mit dem er befaßt war, begann sich Basile für einen Unterschlupf zu interessieren, den Leoluca Bagarella benutzte. Einige Monate vorher war ein Mafioso namens Melchiorre Sorrentino spurlos verschwunden, höchstwahrscheinlich das Opfer einer *lupara bianca* (einer «weißen Schrotflinte»), womit in der Mafiasprache ein Mord ohne Blutspur gemeint ist, bei dem die Täter die Leiche des Opfers vom Erdboden verschwinden lassen. Basile konnte immerhin den Nachweis dafür führen, daß das Paar Stiefel, das sich in der Palermoer Geheimwohnung von Bagarella fand, Sorrentino gehört hatte; außerdem gab es da einen Zettel, auf dem, in der Handschrift Bagarellas, der Name des Opfers stand – und dann mit wütenden Strichen durchgekreuzt worden war.

Im Februar 1980 erstattete Basile Anzeige gegen Bagarella wegen Drogenhandels, verhaftete mehrere seiner engsten Mitarbeiter und ließ ihre Wohnungen durchsuchen. Indem er Fotos, die im Versteck Bagarellas und in den anderen Wohnungen gefunden wurden, zusammenstellte, konnte Basile eine Verbindung zwischen der Bagarella-Gruppe und Lorenzo Nuvoletta (einem Drogen- und Zigarettenschmugglerboß aus Neapel) sowie zu einem Außenposten der Corleoneser Mafia nachweisen; letzterer hatte seinen Sitz in Bologna und wurde von Giacomo Riina (einem Onkel von Totò Riina) und Giuseppe Leggio (einem Verwandten des im Gefängnis sitzenden Luciano Leggio) geleitet. Am 15. April 1980 fuhren Borsellino und Basile nach Bologna und befragten Riina und Leggio. Die beiden Mafiosi behaupteten, weder Bagarella noch eine der anderen Personen auf den Fotos zu kennen. Daraufhin bezichtigten Basile und Borsellino die beiden des Meineids. Drei Wochen nach der Rückkehr aus Bologna wurde Basile ermordet.

Nach Überzeugung Borsellinos sprach es für sich, daß die drei am Todestag Basiles verhafteten Tatverdächtigen – Madonia, Bonnano und Puccio – Angehörige solcher Mafiasippen waren, auf die die Ermittlungen Basiles zielten und die als enge Bündnispartner der Corleoneser Mafia galten.

Eine der letzten Amtshandlungen, die Basile vor seinem Tod durchführte, war eine Durchsuchung der Wohnung Giacomo Riinas in Bologna; die Schecks und Bankauszüge, die dabei gefunden wurden, belegten Verbindungen Riinas zu mehreren unter dem Verdacht des Drogenhandels festgenommenen Mafiosi. Als Borsellino diese Spuren wiederaufnahm, geriet er unversehens auf dasselbe Terrain, das Falcone in seinem Spatola-Fall bereits beackerte. Die beiden Freunde begannen, Informationen auszutauschen. Obwohl sie es mit unterschiedlichen Beschuldigten aus unterschiedlichen Mafiasippen zu tun hatten, entdeckten sie mit der Zeit überraschende Querverbindungen zwischen den beiden Untersuchungen. Ihr Chef, Rocco Chinnici, forderte denn auch alle Ermittlungsbeamten im Ufficio Istruzione auf, sich mit Falcones Spatola-Akten vertraut zu machen, denn seiner Überzeugung nach barg dieser Fall den Schlüssel zu zahlreichen weiteren Mafiafällen. Chinnici sah intuitiv die Notwendigkeit jener Art von teamübergreifender Zusammenarbeit, die später in Gestalt des Anti-Mafia-Verbunds so reiche Früchte tragen sollte.

Weder Borsellino noch Falcone waren mit dem Vorsatz angetreten, Anti-Mafia-Ermittler zu werden. Sie waren es fast durch Zufall geworden, indem ihnen Fälle zugewiesen worden waren, die immer weitere Kreise gezogen hatten, je tiefer sie in sie eingedrungen waren. Die kriminelle Welt, die sich ihnen dabei erschloß, hatte sie zunehmend in den Bann geschlagen, aber auch verstört. Beide hatten miterleben müssen, wie Kollegen im Vollzug ihrer polizeilichen Pflichten ermordet worden waren, und beide sahen sich außerstande, zurückzuweichen.

Je mehr sich Falcone dem erfolgreichen Abschluß seiner Ermittlungen im Falle Spatola näherte, desto schwankender wurde der Boden unter seinen Füßen. Einer nach dem anderen aus dem Kreis seiner Hauptverdächtigen wurde ermordet oder verschwand spurlos ebenso wie diverse andere Mitglieder der beteiligten Mafiasippen. Der zweite große Mafiakrieg von Palermo hatte begonnen.

Niemand hatte ihn kommen sehen, doch im Rückblick waren einige warnende Vorzeichen zu erkennen, allen voran ein bizarrer Mordfall, der sich mehrere Monate vorher zugetragen hatte. Am 6. September 1980 waren zwei Killer in die Franziskanerkirche Santa Maria di Gesù eingedrungen und hatten einen der Mönche gefragt, wo sie Fra' Giacinto finden konnten. Sie klopften an dessen Tür, und als er öffnete, erschossen sie ihn. Als die Polizei den Fall untersuchte, wurde rasch deutlich, daß Bruder Giacinto kein gewöhnlicher Franziskanermönch gewesen war. Seine «Mönchszelle» war eine ziemlich luxuriöse Sieben-Zimmer-Suite, ausgestattet mit Farbfernseher und einer Bar mit Kühltheke und Vorräten an edelstem Whisky. In den Schränken fanden die Ermittler eine große Auswahl an Anzügen und Schuhen bekannter Modeschöpfer, dazu mehrere Rinderpeitschen, deren Gebrauchszweck nie richtig aufgeklärt werden konnte. Der Schreibtisch des Getöteten barg eine Pistole vom Kaliber 0.38 und mehrere tausend Dollar in Banknoten. In den Tagen nach dem Mord waren die Zeitungen voll von Geschichten und Gerüchten über den ermordeten Mönch: Fra' Giacinto sei, so hieß es, ein Liebling der Frauen gewesen, habe mächtige politische Freunde in Rom und Palermo gehabt und enge Beziehungen zur Mafia unterhalten. Die Vermutung kursierte, der Mönch habe den klostereigenen Friedhof für das Vergraben der Leichen von Mafiaopfern zur Verfügung gestellt. Die Kirche Santa Maria di Gesù befand sich auf dem Territorium eines der mächtigsten Mafiabosse von Palermo, Stefano Bontate, und von Bruder Giacinto hieß es, er sei mit Bontate gut befreundet und dessen Beichtvater gewesen.[6]

Der Mord an dem Mönch schien zunächst nur eine weitere kuriose Episode für die lokale Legendenbildung zu sein; das änderte sich, als einige Monate später Bontate selbst getötet wurde. Unter den Bossen der rund 25 Mafiasippen von Palermo hatte Stefano Bontate eine herausragende Position eingenommen. Unter dem Ehrentitel «Fürst von Villagrazia» bekannt (wegen seines Hauses in der Via Villagrazia), war Bontate reich, gutaussehend, intelligent und der Erbe einer der mächtigsten Mafia-Dynastien Siziliens. Sein Vater Don Paolino («Paulchen») Bontate, wenige Jahre vorher eines natürlichen Todes gestorben, hatte das Image eines politisch höchst einflußreichen Mannes gehabt. Seine Entwicklung war ähnlich verlaufen wie die vieler Mafiosi seiner Generation: Hatte er zunächst die Sache des sizilianischen Separatismus unterstützt, so war er später zu einem unentwegten Förderer der Christdemokraten geworden. Berühmt wurde er dadurch, daß er einmal öffentlich einen Abgeordneten des sizilianischen Parlaments ohrfeigte, der es gewagt hatte, etwas ihm nicht Genehmes zu tun. Eine seiner Angehörigen, Margherita Bontate, gehörte der christdemokratischen Fraktion im italienischen Nationalparlament an. Mit Hilfe seiner Beziehungen hatte Don Paolino erreicht, daß der bedeutende amerikanische Rüstungskonzern Raytheon in seinem Herrschaftsbereich ein Montagewerk errichtet hatte, so daß er Einfluß auf die Personalauswahl der Firma nehmen konnte. Der italienische Geschäftsführer des Werkes merkte schnell, wer sein Boß war, als er, aus Genua kommend, in Palermo Einzelheiten des Projekts vorstellte. «Ende 1962 hielt ich eine Rede auf dem Werksgelände, zu der ich die höchsten Häupter sämtlicher regionalen und lokalen Regierungsstellen eingeladen hatte, um die Ziele der Firma zu erläutern. Irgendwann öffnete sich die Tür, und herein spazierte ein kleiner dicker Mann. Alle drehten sich um und verließen augenblicklich ihre Plätze, um zu dem Neuankömmling hinzurennen und ihn zu umarmen. ‹Wer ist dieser Mensch?› fragte ich und bekam zur Antwort: ‹Don Paolino Bontate.› In dem Augenblick verstand ich, was ‹Mafia› bedeutete.» Trotz seines Unbehagens machte der Raytheon-Direktor später Geschäfte mit dem Mafiaboß, aus Gründen, die er der parlamentarischen Anti-Mafia-Kommission so erläuterte: «Paolo Bontà ist für mich nützlich; er liefert mir das Wasser, das ich brauche, er stellt mir den Grund und Boden zur Verfügung, damit ich das Werk erweitern kann, von ihm bekomme ich die Arbeiter, die ich für den Betrieb des Werkes brauche.» Wie so viele andere ausländische und norditalienische Unternehmen, zog sich Raytheon später aus Sizilien zurück, in der Erkenntnis, daß es nicht möglich war, dort einen funktionierenden Betrieb aufzuziehen.[7]

Wie sein Vater war auch Stefano für seine freundschaftlichen Beziehungen zu mächtigen lokalen Politikern bekannt; er besaß Charisma, und die Mafiasippe, an deren Spitze er stand, galt als die größte von Palermo. Vielleicht um ein symbolisches Zeichen zu setzen, vielleicht auch nur um ihn in einem arglosen Moment zu erwischen, wurde Stefano Bontate am Abend seines 43. Geburtstages, am 23. April 1981, auf dem Heimweg von einem zu seinen Ehren gegebenen Fest ermordet. Als sein hellroter Alfa Romeo an einer roten Ampel hielt, eröffneten mehrere Männer das Feuer und durchsiebten ihn und sein Auto mit Kugeln. Eine der benutzten Waffen war ein russisches Kalaschnikow-Sturmgewehr modernster Bauart. In Erwartung eines wütenden Vergeltungsschlages seitens der Bontate-Fraktion hielt die Stadt den Atem an, doch nichts geschah – außer daß etliche Mitglieder seiner «Familie» spurlos verschwanden. Bei der Polizei von Palermo wurden Ehefrauen und Mütter vorstellig und meldeten ihre Männer bzw. Söhne als vermißt. Es war zunächst noch eine offene Frage, ob sie untergetaucht oder von ihren Gegenspielern eliminiert worden waren.[8]

Falcone interessierte sich schon deshalb für den Mord, weil Stefanos Bruder Giovanni Bontate zu den Angeklagten im Spatola-Fall gehörte. Er war wegen Handelns mit Heroin angeklagt, und eines der von der Polizei im Sommer 1980 ausgehobenen Heroinlabors hatte sich auf einem von der Familie Bontate verwalteten Areal befunden. Einige Journalisten verbreiteten die kuriose Theorie, Stefano Bontate sei ermordet worden, weil er gegen den Einstieg der Mafia (und seines Bruders) in den Heroinhandel opponiert habe. «Es heißt, Don Stefano sei über diese Entwicklung nicht glücklich gewesen», schrieb das italienische Wochenmagazin *L'Espresso.* «Er war der Erbe von Paolino Bontà, verwurzelt in den gesunden Grundsätzen der alten Mafia: Mit Rauschgift zu handeln war schön und gut, aber kein Heroin sollte je die Küsten Siziliens erreichen. Eine prinzipienfeste Haltung, die sich als naiv und gefährlich zugleich erwies und die womöglich den Bruch mit den diversen Spatolas, Di Maggios, Inzerillos und Badalamentis provozierte.»[9]

Es wirkte wie eine Bestätigung dieser Theorie, daß am 11. Mai 1981, nur drei Wochen nach dem Tod Bontates, Salvatore Inzerillo ermordet wurde, einer von Falcones Hauptbeschuldigten im Spatola-Fall. Während die Polizei seit 1978 erfolglos nach Inzerillo gefahndet hatte, fiel es seinen Mördern nicht schwer, ihn ausfindig zu machen. Der Tod ereilte ihn beim Einsteigen in seine nagelneue kugelsichere Limousine nach einem Schäferstündchen bei seiner Geliebten in einem Apartmentkomplex, den die ihm und seinem Vetter Rosario Spatola gehörende Baufirma errichtet hatte. Innerhalb weniger Tage nach diesem Mordanschlag verschwanden nacheinander ein Bruder Inzerillos, sein Sohn und mehrere seiner ranghöchsten Mafialeutnants. Einige Wochen später kam die dritte große Mafiasippe an die Reihe: Antonino Badalamenti, Boß der Mafia von Cinisi (einer Stadt, auf deren Territorium sich unter anderem der Flughafen von Palermo befindet), wurde ermordet, dazu eine Reihe seiner Angehörigen und engen Mitarbeiter.[10] Die Morde und Vermißtenfälle, deren schlagartige Abfolge die Stadt in Atem hielt, deuteten nicht etwa auf einen Krieg zwischen verschiedenen Mafiasippen Palermos hin, die sich über Pro und Kontra des Heroinhandels stritten. Praktisch alle Opfer gehörten etablierten Palermoer Mafiafamilien an, von denen man annahm, daß sie ansonsten enge Verbündete waren; die Erkenntnisse, die Falcone im Fall Spatola gewonnen hatte, zeigten, daß sie im Drogengeschäft in der Tat zusammenarbeiteten. Der Umstand, daß Inzerillo seine kugelsichere Limousine erst wenige Tage vor seinem Tod erhalten hatte, war ein Indiz dafür, daß er nicht hinter der Ermordung Bontates gesteckt hatte – er hätte sicherlich Vorkehrungen für seine Sicherheit getroffen, bevor er einen Mafiakrieg vom Zaun brach. Außerdem stellte sich heraus, daß dasselbe Kalaschnikow-Gewehr bei den Anschlägen sowohl auf Stefano Bontate als auch auf Salvatore Inzerillo eingesetzt worden war. Die einzige Erklärung für die Morde, die einen gewissen Sinn ergab, war die, die Giuseppe Di Cristina in seiner «Beichte» vor seiner Ermordung 1978 angeführt hatte: Die etablierten Mafiasippen, die Palermo jahrzehntelang beherrscht hatten, wurden, eine nach der anderen, systematisch enthauptet. Die große Zahl der Verschwundenen ließ darauf schließen, daß viele der Opfer von Personen, die ihnen gut bekannt gewesen sein mußten, in die Falle gelockt worden waren. Der durchschlagende Erfolg der Anschlagserie und die Tatsache, daß die Corleoneser in dem «Krieg» keine Verluste erlitten hatten, waren weitere Hinweise darauf, daß Täter und Auftraggeber mit Wissen und Zustimmung ranghoher Mitglieder der «Verlierer»-Sippen gehandelt haben mußten.

Die Beschäftigung mit dem ausufernden Mafiakrieg eröffnete Falcone immer tiefere Einblicke in die eigenartige Gedanken- und Gefühlswelt der Mafia. Er führte Gespräche mit den Frauen der Inzerillo-Sippe, die angaben, nichts über das Verschwinden ihrer Söhne und Ehemänner zu wissen, zugleich aber sichtbar von Kummer und Angst gezeichnet waren. Großen Eindruck machten auf ihn die Ausführungen eines Mafiabosses über den Tod, nachdem Falcone ihm eine Frage zur Ermordung Salvatore Inzerillos gestellt hatte. «Ist es nicht schlimm, wenn einer so jung sterben mußte, wo noch so viele Erfahrungen auf ihn warteten?» fragte Falcone und erhielt darauf zur Antwort: «Inzerillo ist mit 37 gestorben, das ist wahr. Aber seine 37 Jahre waren wie 80 Jahre bei einem gewöhnlichen Menschen. Inzerillo hat gut gelebt. Er hatte vieles in seinem Leben. Andere werden nie den hundertsten Teil von diesen Dingen haben. Es ist nicht schlimm, in diesem Alter zu sterben, wenn man all die Dinge getan, gehabt und gesehen hat, die Inzerillo getan, gehabt und gesehen hat. Er starb nicht müde und vom Leben enttäuscht. Er starb als ein vom Leben Gesättigter. Das ist der Unterschied.»[11]

Bei dem toten Salvatore Inzerillo fand die Polizei drei Telefonnummern, die zum Büro und Wohnhaus eines angesehenen Palermoer Geschäftsmannes namens Ignazio Lo Presti gehörten. Von besonderem Interesse war dies deshalb, weil Lo Presti mit der Familie Salvo verschwägert war, an deren wirtschaftliche und politische Macht in Sizilien keine andere Gruppe heranreichte.[12]

In Polizeiberichten aus den frühen 60er Jahren wurden die Vettern Ignazio und Nino Salvo als Mafiosi und Söhne von Mafiosi bezeichnet, doch schon zehn Jahre später hatten sie ein so hohes Maß an Wohlstand, Macht und Achtbarkeit erlangt, daß sie über jeden Verdacht erhaben waren. Die Salvos waren im Besitz der privaten Konzession für die Eintreibung sämtlicher Steuern auf Sizilien – eine primitive, aber unglaublich lukrative Einrichtung, von der allgemein angenommen wird, sie sei ein idealer Nährboden der politischen Korruption. Während im übrigen Italien die Kosten für die Steuererhebung im Durchschnitt 3,3 Prozent des Steueraufkommens ausmachten, durften auf Sizilien die Salvos sage und schreibe 10 Prozent des gesamten Steuerertrages behalten. Damit nicht genug, räumte ihnen das sizilianische Parlament immer wieder Fristverlängerungen für die Ablieferung der Steuererträge bei der Staatskasse ein, was auf die Gewährung zinsloser Darlehen in Milliardenhöhe auf Kosten des italienischen Staates hinauslief. Die Salvos mischten in der christdemokratischen Parteipolitik mit, und man konnte davon ausgehen, daß ein Teil ihrer phantastischen Gewinne in die Taschen einiger der einflußreichsten Politiker der Insel flossen. Die Salvos hatten nicht nur das Steuermonopol inne, sie gehörten auch zu den führenden Weinerzeugern, Hotelbesitzern, Immobilienhändlern und Grundeigentümern Siziliens. Sie galten als die Königsmacher der sizilianischen Politik, als Leute, die Regionalregierungen nach ihrem Belieben zusammenstellen und auflösen konnten. Sogar prominente Christdemokraten vom Reformflügel der Partei beklagten den ungesunden Einfluß der Salvos, die, so behaupteten sie,

Wahlergebnisse «kauften» und Gesetze diktierten. Ein Beweis für die Richtigkeit dieses Vorwurfs war die Tatsache, daß jeder Versuch, das für den Staat äußerst ineffektive Privatmonopol auf die Steuererhebung zu reformieren, am vehementen Widerstand der Regionalversammlung scheiterte. Zugleich galt es als offenes Geheimnis, daß die Salvos das wichtigste Scharnier zwischen Mafia und politischer Macht waren. (Die privaten Telefonummern der Salvo-Vettern fanden sich in den Papieren, die der getötete Giuseppe Di Cristina bei sich getragen hatte, doch war diese Spur nie verfolgt worden.) Zum Kreis ihrer guten Freunde gehörten auf der einen Seite «Paulchen» Bontate und sein Sohn Stefano, auf der anderen Politiker mit Einfluß in Rom wie Salvatore Lima, der ehemalige Bürgermeister von Palermo und damalige Adjutant Giulio Adreottis. «Jedermann war überzeugt, die Salvos seien die ‹*mamma santissima*› (eigentlich ‹die heiligste Mutter›, aber in Sizilien eine Metapher für die höchste Mafia-Instanz), aber sie waren so mächtig, daß man ihren Namen gar nicht erst erwähnte», erklärte Oberst Pizzuti, Falcones wichtigster Ermittler in den Reihen der Finanzpolizei. Trotz wiederholter Mahnungen seitens der Anti-Mafia-Kommission und sogar christdemokratischer Reformpolitiker war gegen die Salvos niemals ermittelt worden.[13]

Die offenkundig bestehende Verbindung zwischen Ignazio Lo Presti und dem ermordeten Mafiaboß Salvatore Inzerillo versprach das Wissen der Ermittler um die Machtverhältnisse innerhalb der Mafia einige Schritte nach vorn zu bringen. Nach dem Auffinden dieser Spur begann die Polizei die Telefonleitungen Lo Prestis abzuhören, ein Schritt, der bald interessante Ergebnisse zutage förderte. Wenige Wochen nach dem Mord an Inzerillo erhielt Lo Presti eine Reihe von Anrufen aus Brasilien, von einem Mann, der sich als Roberto meldete, den die Ermittler aber rasch als Tommaso Buscetta identifizierten, eine legendäre Figur der sizilianischen Mafia. Buscetta, der «Boß zweier Welten» genannt wurde, hatte sich 1963, während des ersten großen Mafiakrieges, aus Palermo in die Vereinigten Staaten abgesetzt und dort, so wird vermutet, am Aufbau eines großen Rauschgiftschmuggelrings mitgewirkt. Die 70er Jahre hatte er zum größeren Teil in italienischen Gefängnissen zugebracht, doch 1980 war er unter Bruch seiner Bewährungsauflagen nach Südamerika geflohen. Die Telefonate zeigten, daß die Leute aus dem Umfeld von Salvatore Inzerillo nicht etwa den Mafiakrieg vom Zaun gebrochen hatten, sondern durch ihn in einen Zustand völliger Ratlosigkeit gestürzt worden waren. Sie wußten nicht, ob ihre eigenen Leute untergetaucht oder aber ermordet worden waren. «Wir werden noch verrückt hier», klagte Lo Presti. Aus seinen Gesprächen mit Buscetta wurde die Machtdynamik zwischen Mafioso und Geschäftsmann deutlich: Lo Presti agierte aus der untergeordneten Position, indem er Buscetta mit dem respektvollen formalen *lei* («Sie») ansprach, während Buscetta ihm gegenüber das informelle, vertraute *tu* («du») gebrauchte, als habe er es mit einem Untergebenen zu tun. Noch wichtiger war die aus den abgehörten Gesprächen gewonnene Erkenntnis, daß Nino Salvo, der mächtige Steuereinnehmer, sehr darum bemüht war, Buscetta zu einem Besuch in Palermo zu bewegen, wo er mithelfen sollte, einen Friedensschluß zwischen den einander bekriegenden Sippen der Stadt zu arrangieren.[14]

Kurze Zeit nach dem Abhören dieser Gespräche nahm die Polizei Lo Presti fest und brachte ihn zum Verhör ins Ucciardone-Gefängnis. Als Falcone eintraf, um die Vernehmung zu leiten, erlebte er den ersten Anschlag der Mafia auf sein Leben. «Ein Gefängnisinsasse, Salvatore Sanfilippo, ein junger Mann aus dem Stadtteil Borgo, schaffte es, sich in den Besitz einer Pistole zu bringen», erzählte Falcone Jahre später. «Er kam bis zur Tür unseres Zimmers. Lo Presti erblickte ihn durchs Fenster und fand gerade noch Zeit, zu sagen, da hätte es einer auf uns abgesehen, bevor er in Ohnmacht fiel. Ich konnte die Tür verriegeln. Daraufhin machte Sanfilippo kehrt und nahm einen anderen Untersuchungsrichter als Geisel, Richter Micciché, der gerade ein Verhör durchführte, und erklärte, es handle sich um einen Fluchtversuch. Am Ende ergab er sich den Wachmannschaften», berichtete Falcone 1985.[15]

Nach seiner Haftentlassung verschwand auch Lo Presti – ein weiteres Opfer der *lupara bianca.* Sein Schwager Nino Salvo, Oberhaupt des mächtigen Salvo-Imperiums, war von den Ereignissen in Palermo offenbar so geschockt, daß er die prunkvolle Hochzeitsfeier, die er für seine Tochter geplant hatte, verschob und unverhofft zu einem verfrühten Kreuzfahrturlaub in Griechenland aufbrach. Falcone führte Verhöre mit Mafiaverdächtigen von nun an nicht mehr im Ucciardone-Gefängnis durch, sondern ließ die Leute zu sich ins Büro bringen.

Falcone machte sich daran, erstmals eine Bestandsaufnahme des Finanzimperiums der Salvos zu erstellen. Seit Jahrzehnten an politische Protektion gewöhnt, waren die Salvos schockiert, als Oberst Pizzuti mit 50 Inspektoren der Finanzpolizei bei ihnen auftauchte. «Für Palermo war das eine Bombe», sagte Pizzuti, der später im Generalsrang in Pension ging. Nino Salvo, der Jurist der Familie, der bis dahin stets diskret hinter den Kulissen gearbeitet hatte, tat etwas nie Dagewesenes, indem er einer Zeitschrift ein Interview gab. Er stilisierte sich darin zum Opfer der italienischen Kommunisten, die ihn mit «wilder Aggressivität» verfolgten, weil er Unternehmer und Christdemokrat sei. An die Adresse seiner politischen Freunde in Rom richtete er eine unverhüllte Warnung: «Anders als viele andere sizilianische Geschäftsleute, sind wir immer Christliche Demokraten gewesen und werden es bleiben . . . Wir stellen diese Frage an die DC: Kann diese Partei zulassen, daß diejenigen Mitglieder der Geschäftswelt, die ihr seit jeher am nächsten gestanden haben, weiterhin systematisch verfolgt werden?»[16]

Pizzuti hatte seine Durchsuchungsaktion unter Berufung auf die Rechtshoheit der Strafverfolger in Palermo durchgeführt und die Zentralbehörde in Rom erst darüber informiert, als die Inspektoren sich bereits in den Wohnungen und Büros der Salvos befanden. Der sozialistische Finanzminister Rino Formica sah die Chance, sich durch das Öffentlichmachen dieses mutigen erstmaligen Vorgehens gegen christdemokratische Unternehmer «mit Mafiageruch» (wie die Italiener sich ausdrücken) politisch zu profilieren, und flog sofort nach Palermo, um eine Pressekonferenz zu geben.

Die Salvos hatten guten Grund, sich wegen der Prüfung ihrer finanziellen Verhältnisse Sorgen zu machen. Pizzuti entdeckte zahlreiche Beispiele für Steuerhinterziehungen, etwa dadurch, daß private Ausgaben und Vermögenswerte in den Büchern als geschäftliche Posten auftauchten. «Sogar die Urlaubsreisen ihrer Angestellten wurden steuerlich geltend gemacht, weil sie glaubten, niemand werde je eine Prüfung bei den Salvos machen», erinnert sich Pizzuti. Einer ihrer interessantesten Funde betraf die Art und Weise der Finanzierung von La Zagarella, der prachtvollen Hotelanlage der Salvos außerhalb von Palermo, deren Errichtung in den 70er Jahren rund 40 Millionen Mark gekostet hatte. «Von der Bausumme von 40 Millionen brachten die Salvos nur eineinhalb Millionen selbst auf», berichtet Pizzuti. Den Rest stellte die Cassa del Mezzogiorno zur Verfügung, eine staatseigene Kreditbank, die eingerichtet worden war, um Industrieprojekte im südlichen Italien zu fördern. Das riesige Luxushotel, in dem bevorzugt Mafiabosse abstiegen, war im Grunde ein Geschenk des italienischen Staates an die Salvos. Als Pizzuti ein bißchen tiefer grub, stieß er nach und nach auf Indizien, die ahnen ließen, wie es den Salvos gelang, sich so wohlfeile Gelder zu verschaffen. Er erinnerte sich daran, was er ein Jahr zuvor über einen wahnsinnig extravaganten Hochzeitsempfang gelesen hatte, den ein Abgeordneter des sizilianischen Parlaments, der in Personalunion auch Chef einer Provinzialverwaltung war, gegeben hatte. «Er hatte so ungefähr 1800 Gäste geladen; ich ging die Bücher durch, und siehe da, er hatte keine Lira dafür bezahlt.»[17]

Im Zuge seiner weiteren Beschäftigung mit den Salvos erkannte Falcone immer klarer, daß sie ein ganz wesentliches Scharnier zwischen der Mafia und einer zutiefst korrumpierten politischen Klasse bildeten. Ein Symbol für diese Rolle war ihr prächtiges Zagarella-Hotel, in dem sowohl Politiker als auch Mafiosi rauschende Hochzeitsempfänge gaben – finanziert aus den Kassen des italienischen Staates.

VIERTES KAPITEL

In den letzten Monaten des Jahres 1981 und den ersten Monaten von 1982 geschah in Palermo durchschnittlich alle drei Tage ein Mafiamord.[1] Wer immer den Befehl zur Ausschaltung Stefano Bontates und Salvatore Inzerillos gegeben hatte, begnügte sich nicht damit, lediglich die Bosse und ihre engsten Führungsoffiziere zu beseitigen. Was hier ablief, war ein Ausrottungsfeldzug im großen Stil: Verwandte wurden ebenso umgebracht wie Freunde von Freunden; um jedes am Leben gebliebene Mitglied einer Sippe, das potentiell eine Gefahr darstellen konnte, versuchte man eine Zone verbrannter Erde zu schaffen. An einem Tag fand die Polizei das verlassene Automobil Salvatore Contornos, eines der tapfersten «Soldaten» Stefano Bontates. Mit Einschußlöchern übersät und mit zersplitteter Windschutzscheibe stand es mitten auf einer Straße in Palermo, Überbleibsel einer wüsten Schießerei, die Contorno offenbar überlebt hatte. Neben anderen Waffen war wieder dieselbe Kalaschnikow zum Einsatz gekommen, mit der schon Bontate und Inzerillo erschossen worden waren – vielleicht eine gezielte Widmung desjenigen, der bei diesem sogenannten Mafiakrieg die Fäden zog. In den Wochen nach dem fehlgeschlagenen Mordanschlag auf Contorno eliminierten seine Jäger nacheinander alle, denen zuzutrauen war, daß sie ihm helfen oder Unterschlupf gewähren würden: Vettern, Schwager, Geschäftspartner. Weil Contorno es schaffte, seinen Mördern immer einen Schritt vorauszubleiben, verpaßten ihm die Leute bald den Beinamen «Coriolanus der Wälder», nach einer Robin-Hood-ähnlichen Gestalt aus der sizilianischen Folklore.[2] Dieselbe Politik der verbrannten Erde wurde später gegenüber Tommaso Buscetta betrieben; dessen zwei Söhne aus erster Ehe wurden ermordet, obwohl sie nichts mit der Mafia zu tun hatten und Buscetta schon seit Jahren in Brasilien lebte. Es genügte, daß Buscetta einer von Stefano Bontates engsten Freunden gewesen war und daß einige Angehörige von Salvatore Inzerillo Vorkehrungen zur Flucht nach Südamerika getroffen hatten, bevor ihre Jäger sie fanden und ermordeten.

Um diese Zeit begannen im Polizeipräsidium anonyme Briefe einzugehen, die zeigten, daß ihre Verfasser über präzise Insiderkenntnisse aus der Welt der Cosa Nostra verfügten. Einige Überlebende aus den «Verlierer-Familien», die offenbar keine andere Gegenwehr mehr wußten, hatten beschlossen, die Polizei als Waffe gegen ihre Feinde einzusetzen. Der intelligente und tatkräftige neue stellvertretende Leiter der Ermittlungskommission *(squadra mobile)*, Antonino (Ninni) Cassarà, zog sich einige verdeckte Informanten heran, deren Informationen zu einem besseren Verständnis des innerhalb der Mafia tobenden Machtkampfes beitrugen. Einer dieser Gewährsleute, der unter dem Decknamen «Erstes Licht» geführt wurde, war kein anderer als Salvatore Contorno selbst. Bis zum Sommer 1982 hatte Cassarà einen Bericht über die Situation der Mafia von Palermo zusammengestellt, wie es ihn in solcher Dichte seit Jahren nicht gegeben hatte; der Bericht nannte die Namen von 162 Personen, die im Verdacht standen, Hauptbeteiligte an dem aktuell tobenden Krieg zu sein. Einer von Cassaràs Informanten nannte als Ursache des Konflikts den «Widerstand von Stefano Bontate und Salvatore Inzerillo gegen das Fußfassen der Corleoneser in Palermo». Dessenungeachtet stellte der Cassarà-Bericht die Rolle der Corleoneser Mafia nicht in den Mittelpunkt des Geschehens, sondern stufte diese Gruppe lediglich als eine von mehreren «aufkommenden» Familien ein, die angetreten waren, die traditionelle Mafia von Palermo zu vernichten. Das wirklich Neue, das der Cassarà-Bericht brachte, war die zentrale Rolle, die er Michele Greco, genannt «der Papst», zuschrieb, einem Mann, der für die Polizei bis dahin praktisch ein unbeschriebenes Blatt gewesen war. «Der *capomafia* von ganz Palermo ist ‹Don Michele Greco›, dem mehrere Juristen als Berater dienen und der sich der Protektion eines Untersuchungsrichters erfreut», hatte einer von Cassaràs verdeckten Informanten geschrieben.[3] Greco war bis dahin nur als wohlhabender, das Licht der Öffentlichkeit meidender Grundbesitzer bekannt gewesen – allerdings hatten sich unter seinen Vorfahren einige prominente Mafiosi aus der Gegend von Ciaculli befunden, deren Stammbaum bis ins 19. Jahrhundert zurückreichte. So hoch schätzte Cassarà die Bedeutung Grecos ein, daß sein Bericht vom 12. Juli 1982 unter dem inoffiziellen Titel «Bericht über Michele Greco + 161» bekannt wurde. Das Schriftstück wurde als so bedeutsam eingestuft, daß Rocco Chinnici, der Vorgesetzte von Falcone und Borsellino, die Bearbeitung des Falles persönlich übernahm.

Dieser erste Versuch, Ordnung in das Chaos des Mafiakrieges zu bringen, war der Keim, aus dem schließlich der Maxi-Prozeß von Palermo erwuchs.

Falcone war schon über ein Jahr zuvor im Zuge seiner Finanzrecherchen über größere Geldgeschäfte zwischen dem «Papst» und Giovanni Bontate, dem Bruder Stefanos und einem der Hauptbeschuldigten im Rauschgiftfall Spatola, gestolpert. Falcone begann daraufhin, den finanziellen Hintergrund des «Papstes» zu durchleuchten. Dabei stellte sich heraus, daß Greco zusammen mit den anderen Mafiafamilien aus dem Umland Palermos einen erheblichen Teil der Wasserversorgung Palermos kontrollierte. Greco bohrte und unterhielt auf seinen Ländereien Brunnen, für die er Zuschüsse aus der Cassa del Mezzogiorno bezog. Er förderte also mit Hilfe staatlicher Gelder Wasser, das er anschließend an die Stadt Palermo verkaufte – ein äußerst einträgliches Geschäft. Nach dem Gesetz durften Grundbesitzer Brunnen nur zur Deckung ihres eigenen Wasserbedarfs unterhalten; alles darüber hinaus geförderte Wasser gehörte der Öffentlichkeit. Doch die Stadt Palermo hatte mit Greco und zahlreichen anderen *capimafia* reguläre Verträge über den Bezug von Trinkwasser geschlossen und deckte nicht weniger als ein Drittel ihres Wasserbedarfs aus dieser Quelle. In den heißesten Sommermonaten, wenn Wasser besonders knapp und für Bewässerungszwecke besonders begehrt war, pflegte Greco Wasser kanisterweise zu exorbitanten Preisen zu verkaufen. Teilweise sorgten er und seine Freunde vom Rathaus selbst für den Fortbestand der notorischen Wasserknappheit. An sich gibt es in und um Palermo genügend Wasser, doch wenn das städtische Wasserwerk sich überhaupt einmal aufraffte, Brunnen zu bohren, suchte es sich dafür meist Stellen in Küstennähe aus – wo es, kaum verwunderlich, auf brackiges, nicht trinkbares Wasser stieß –, anstatt in den von Greco und seinen Freunden beherrschten fruchtbaren Anbaugebieten zu bohren.[4]

Während der «Papst» dem Finanzamt gegenüber ein äußerst bescheidenes Jahreseinkommen von weniger als 50.000 Mark erklärte, strich er zugleich Subventionen in Millionenhöhe ein – aus Mitteln der Cassa del Mezzogiorno, des italienischen Landwirtschaftsministeriums und der Europäischen Gemeinschaft. Letztere zahlte, um die landwirtschaftliche Erzeugung zu drosseln, Prämien an Landwirte für die Vernichtung eines Teils ihrer Ernte. Greco brachte EG-Inspektoren durch Bestechung dazu, Belege so zu fälschen, daß der Mafiaboß Prämien für die Vernichtung von Feldfrüchten erhielt, die gar nicht erst angebaut worden waren. Die Ermittler kamen auch dahinter, daß Greco in Palermo gemeinsam mit dem Grafen Lucio Tasca ein Unternehmen betrieb, wobei der Beitrag des Palermoer Aristokraten lediglich darin bestand, daß er der Firma seinen guten Namen zur Verfügung stellte.[5]

Seine Geschäfte mit der EG und der sizilianischen Aristokratie hinderten den «Papst» indes nicht daran, sich beim schmutzigen Tagesgeschäft des großen Mafiakrieges blutige Hände zu holen. Einer der drei Mörder des Polizeihauptmanns Emanuele Basile, Vincenzo Puccio, war Mitglied in Michele Grecos Familie. Damit nicht genug, hatte Salvatore Contorno in den Reihen des Mordkommandos, dessen Hinterhalt er entkommen war, die Gesichter der zwei tödlichsten Waffen Grecos erkannt: des Mario Prestifilippo und des Pino «Scarpa» («der Schuh») Greco. Obwohl es von letzterem hieß, er sei einer der Unterbosse der Ciaculli-Familie, scheute er sich nicht, sich an vorderster Front zu exponieren. Die Polizei verdächtigte ihn als Täter in Dutzenden von Mordfällen, und er bediente die berüchtigte Kalaschnikow, mit der auch auf Contorno geschossen worden war.

Borsellino erhielt den Auftrag, in einem bedeutsamen Anschlußverfahren zu ermitteln, das sich mit den Verbrechen des Filippo Marchese und der Mafia vom Corso dei Mille befaßte. Letzterer ist eine lange, heruntergekommene Straße, die durch eines der schlimmsten Elendsviertel von Palermo führt. Wie Pino Greco, schien sich auch Filippo Marchese sehr gerne eigenhändig an vielen der blutigsten Verbrechen seiner Sippe zu beteiligen. Er und «der Schuh» taten sich gelegentlich sogar zur Teamarbeit in ein und demselben Killerkommando zusammen, so auch bei dem Anschlag auf Salvatore Contorno. Partner waren die beiden ferner als Eigentümer einer Betonfirma. Die Polizei verdächtigte sie, gemeinsam eine große Zahl von Verbrechen begangen zu haben.

Obwohl mehrere Haftbefehle auf sie ausgestellt waren, bewegten sich die beiden Bosse, Filippo Marchese und Pino Greco, weiterhin ungehindert in Palermo. Sie standen zum Beispiel im Verdacht, maßgeblich am Weihnachtsmassaker von Bagheria beteiligt gewesen zu sein. Am 25. Dezember 1981 hatte ein aus mehreren Männern bestehendes Kommando in der Altstadt von Bagheria das Feuer auf ein Auto eröffnet, in dem drei Oberhäupter der örtlichen Mafia saßen. In dem wilden Kugelhagel starb ein unbeteiligter Passant, und den Killern ging die Munition aus, ehe sie ihre Mission zum Abschluß gebracht hatten. Sie sahen sich gezwungen, eines ihrer Opfer, das noch lebte, in ihr Auto zu zerren, davonzufahren und die Arbeit mit den bloßen Händen zu Ende zu bringen. An die Straflosigkeit ihres mörderischen Tuns gewöhnt, war die Mafia nachlässig geworden: Sie beging Verbrechen am hellichten Tag und vor den Augen Dutzender Zeugen, nahm den Tod von Unschuldigen in Kauf und ließ Spuren zurück. Nach dem Weihnachtsmassaker versäumten es die Täter, die Fluchtfahrzeuge gründlich zu verbrennen; in einem davon blieben Fingerabdrücke auf dem Lenkrad zurück. Sie konnten als die von Giuseppe Marchese identifiziert werden, einem Neffen von Filippo Marchese.[6]

Borsellino erhob in Sachen Weihnachtsmassaker Anklage gegen neun Personen; während die Polizei weder Filippo Marchese noch Pino «Scarpa» Greco dingfest machen konnte, gelang es ihr, Marcheses 20jährigen Neffen festzunehmen. Ein wesentliches Element in Borsellinos Beweiskette waren die belastenden Fingerabdrücke des jungen Marchese auf dem Lenkrad des Fluchtfahrzeuges, ein Umstand, der den Mafiosi nur zu gut bekannt war. Am Morgen des 11. August 1982 wurde Professor Dr. Paolo Giaccone, der Gerichtsmediziner, der die Fingerabdrücke zweifelsfrei identifiziert hatte, von zwei Killern erschossen, als er auf dem Weg zu seinem Büro in der Universität von Palermo war.

Einer von Dr. Giaccones Kollegen berichtete später: «Er vertraute mir an, ein gemeinsamer Freund von ihm und Marchese habe ihn gebeten, sein wissenschaftliches Gutachten für Marchese so zu ‹frisieren›, daß es Angriffspunkte für die Verteidigung bieten würde.» Giaccone war standhaft genug, diese Bitte abzulehnen. «Jedermann kann sehen», schrieb er in seinem Bericht, «daß dies die Fingerabdrücke von Giuseppe Marchese sind.» Er besiegelte damit sowohl die Verurteilung des Giuseppe Marchese als auch seinen eigenen Tod. Es gelang Borsellino zu seinem großen Leidwesen nie, den «gemeinsamen Freund» zu identifizieren, der Dr. Giaccone um die «Frisur» seines Gutachtens gebeten hatte. «Uns bleibt nichts als ein bitterer Nachgeschmack im Mund, weil (Dr. Giaccone) ... den Namen dieses miesen Charakters nicht verraten hat», schrieb Borsellino.[7]

Das Blutvergießen in Palermo erreichte das Ausmaß eines nationalen Skandals. Als der Terrorismus allmählich aus den Schlagzeilen verschwand, die er seit Mitte der 70er Jahre beherrscht hatte, begann sich die Aufmerksamkeit von Medien und Parlament auf die Mafia zu richten. Der Tod Aldo Moros 1978 hatte die Nation alarmiert und auf Trab gebracht. Neue Gesetze waren verabschiedet worden, zum Beispiel eine Kronzeugenregelung mit der Möglichkeit der Strafminderung für Terroristen, die zur Kooperation mit den Anklagebehörden bereit waren. Für die Ermittlungen in terroristischen Verfahren waren Untersuchungsrichter zu kooperativ arbeitenden Ermittlungsteams zusammengeschlossen worden. Spezialeinheiten für die Terrorismusbekämpfung waren ins Leben gerufen worden, und Carabinieri-General Carlo Alberto Dalla Chiesa hatte umfassende Kompetenzen für den Anti-Terror-Krieg erhalten. Dalla Chiesa und seine Männer brauchten nur ein paar Jahre, um Tausende von Terrorismusverdächtigen aufzustöbern, terroristische Verstecke auszuheben, ganze Strukturen zu zerschlagen und praktisch alle wichtigen Führungsfiguren der terroristischen Szene entweder festzusetzen oder zu töten und so die Roten Brigaden und diverse weitere Gruppen in die Knie zu zwingen. Wie dieser Krieg gegen den Terrorismus bewies, konnte die italienische Polizei – in der Öffentlichkeit oft als eine Trottelgruppe hingestellt – eine bemerkenswerte, ja brutale Effizienz an den Tag legen, wenn sie nur den richtigen politischen Rückhalt erhielt.

Im Windschatten des Terrorismus war es der Cosa Nostra unterdessen gelungen, eine regelrechte landesweite Drogenepidemie zu entfachen. Noch 1974 waren in Italien nur acht Personen an einer Heroin-Überdosis gestorben, und die Polizei hatte lediglich 1,5 Kilogramm Heroin beschlagnahmt. Bis 1980 wuchs die Zahl der Heroinsüchtigen in Italien auf geschätzte 200.000, von denen Jahr für Jahr Hunderte starben.[8] Immer mehr Leute stellten die Frage: «Wenn der Staat mit dem Terrorismus fertig werden kann, warum dann nicht auch mit der Mafia?» Pio La Torre, KP-Abgeordneter und Mitglied der Anti-Mafia-Kommission, trommelte im Parlament für die Verabschiedung neuer Anti-Mafia-Gesetze. Der amtierende Chef der sizilianischen KP trat dafür ein, bereits die Zugehörigkeit zur Mafia unter Strafe zu stellen, so daß die Anklagebehörden nicht mehr gezwungen wären, einem Mafioso konkrete Verbrechen wie Mord, Drogenhandel oder Erpressung nachzuweisen. La Torre forderte darüber hinaus, der Staat müsse in die Lage versetzt werden, durch den Zugriff auf die Bankguthaben bekannter Mafiosi die wirtschaftliche Macht der Mafia zu brechen, wenn der Beweis dafür erbracht werden konnte, daß es sich um illegal verdientes Geld handelte. In Italien herrschte zu dieser Zeit eine ungewöhnliche politische Empfänglichkeit für einen Kurswechsel in der Politik gegenüber der Mafia. Zum ersten Mal seit 1946 amtierte in Rom ein Premierminister, der kein Christdemokrat war: Im Juni 1981 hatte Giovanni Spadolini, der Vorsitzende der kleinen, aber angesehenen Republikanischen Partei, das Amt des Regierungschefs übernommen. Im März 1982 hatte er dem Carabinieri-General Dalla Chiesa das Amt des Präfekten von Palermo angetragen. Dalla Chiesa hatte seine Zustimmung zunächst davon abhängig gemacht, daß man ihm die Kompetenz zur Koordinierung sämtlicher Anti-Mafia-Maßnahmen auf Sizilien einräumte, hatte sich dann aber überreden lassen, sich mit der beschränkteren Rolle des obersten Strafverfolgers von Palermo zu begnügen. Politiker in Rom äußerten die feste Überzeugung, es sei nur eine Frage der Zeit, bis er die weitergehenden Vollmachten bekommen würde, die er sich wünschte.[9]

Die Begrüßung der Mafia für Dalla Chiesa fiel so aus, wie man es befürchten mußte: Am 30. April, kurz vor seinem Amtsantritt, ermordeten Mafiakiller Pio La Torre, und Dalla Chiesa mußte an seinem ersten Arbeitstag im neuen Amt gleich dem Begräbnis des Parlamentariers beiwohnen – kein gutes Omen für die Zukunft.[10]

Nur vier Monate später, am 3. September 1982, wurde auch Dalla Chiesa ermordet; mit ihm starben sein Leibwächter und seine junge, zweite Frau.

Am Abend des Mordtages saß Giovanni Falcone mit seinem Freund und Staatsanwaltskollegen Giuseppe Ayala, dessen Frau und Falcones künftiger zweiter Frau Francesca Morvillo beim Essen. «Giovanni verließ das Restaurant sofort, um sich zum Tatort zu begeben; ich blieb mit Francesca und meiner Frau zurück», erzählt Ayala.[11] Als Falcone in der Via Carini eintraf, bot sich ihm ein tragischer Anblick: General Dalla Chiesa hatte sich in dem verzweifelten, aber vergeblichen Versuch, seine junge Frau vor dem Geschoßregen zu schützen, der ihr Auto durchsiebte, über sie geworfen. Wieder war unter den Tatwaffen die Kalaschnikow, die sich wie ein roter Faden durch den Mafiakrieg zog.

Die Ermordung Dalla Chiesas öffnete den schockierten Italienern die Augen dafür, wie bedrohlich die Macht der Mafia geworden war. Innerhalb von nur vier Jahren hatte die Cosa Nostra einige der ranghöchsten staatlichen Amtsträger in Sizilien ausgeschaltet: den Vorsitzenden der stärksten Regierungspartei Siziliens (Michele Reina), den Vorsitzenden der stärksten Oppositionspartei (Pio La Torre), den Regionspräsidenten (Piersanti Mattarella), zwei Chefankläger (Cesare Terranova und Gaetano Costa) und zwei ranghohe Polizeibeamte (Boris Giuliano und Emanuele Basile). Jetzt hatten sie Dalla Chiesa erschossen, den Präfekten von Palermo, einen Carabinieri-General und Nationalhelden. Es gab anscheinend niemanden, der so wichtig oder mächtig war, daß die Mafia sich gescheut hätte, Hand an ihn zu legen. Bei einer Demonstration kurz nach dem Mord an Dalla Chiesa trug jemand ein Schild mit der Aufschrift: «Hier stirbt die Hoffnung aller ehrlichen Bürger von Palermo.» In seiner eindringlichen Begräbnispredigt klagte der Erzbischof von Palermo, Kardinal Salvatore Pappalardo, mit einem eindeutigen Vergleich politische Verantwortung ein: Er erinnerte an Sagunt, eine Stadt an der Peripherie des Römischen Reiches, die in die Hände der Barbaren gefallen war, weil die Zentralmacht entschieden hatte, keine Verstärkungen zu entsenden.

In den Wochen nach dem Mordanschlag registrierte Falcone mit Verblüffung etwas, das alle Merkmale einer Pressekampagne zur Schwärzung des Bildes von Dalla Chiesa trug. Dessen ehemaliger Vorgesetzter, General Umberto Capuzzo, ein Sizilianer, der später für die Christdemokraten in den Senat einzog, bezeichnete Dalla Chiesa als einen alten Mann, der sich von einer jungen Frau den Kopf habe verdrehen lassen und der seinen Tod teilweise selbst verschuldet habe, indem er leichtsinnigerweise unnötige Risiken eingegangen sei. Tatsächlich hatte Dalla Chiesa ein kugelsicheres Auto mit bewaffneter Eskorte abgelehnt, aber er hatte dies mit der Begründung getan, daß er vor der Mafia sicherer sein würde, wenn er zur Fortbewegung einen ganz gewöhnlichen Fiat benutzte und niemand seine Fahrtrouten kannte – so hatte er es in den Jahren des Terrorismus mit Erfolg in Rom praktiziert. (Seine Vorbehalte gegenüber einer Eskorte waren nicht ganz von der

Hand zu weisen: Nach seinem Umzug nach Palermo hatte er herausgefunden, daß sich in den Reihen des Personals seines Amtssitzes Verwandte von Mafia-Verdächtigen befanden.) Der Romancier Leonardo Sciascia, Autor einiger der wichtigsten Bücher über die Mafia, monierte, daß Dalla Chiesa eine Reihe von Fehleinschätzungen unterlaufen seien, beruhend auf veralteten Vorstellungen von der Mafia, die er sich angeeignet habe, als er unmittelbar nach Weltkriegsende und danach noch einmal in den späten 60er und frühen 70er Jahren auf Sizilien stationiert gewesen sei. Während man sowohl bei General Capuzzo als auch bei Sciascia ein Sympathisieren mit der Mafia ausschließen konnte, förderte die Mafia nach Überzeugung Falcones die öffentliche Demontage ihres prominenten Opfers, um ihr Vorgehen nachträglich zu rechtfertigen und die öffentliche Empörung über ihre Mordtaten zu dämpfen.[12]

Falcone war sicher, daß Dalla Chiesa ermordet wurde, nicht weil er zuwenig, sondern weil er zuviel von der entstehenden neuen Mafia begriffen hatte. «Inzwischen sitzt die Mafia in allen größeren italienischen Städten und hat dort beträchtliche Immobilien- und Geschäftsinvestitionen getätigt», erklärte der General kurz vor seinem Tod in einem Interview mit Giorgio Bocca von der römischen Zeitung *La Repubblica.* «Die Epoche, in der die Mafia geographisch auf das westliche Sizilien beschränkt war, ist vorbei. Heute ist die Mafia auch in Catania eine Macht. Mit Zustimmung der Mafia von Palermo bauen heute die vier größten Bauunternehmer aus Catania auch in Palermo. Glauben Sie, die könnten das tun, wenn es nicht eine neue Landkarte der Mafiamacht gäbe?»[13]

Dalla Chiesa hing keineswegs einem hoffnungslos veralteten Mafiaverständnis an, sondern hatte sich eine höchst wirksame, umfassende Strategie zurechtgelegt, die von der Überwachung von Bankgeschäften bis zu altmodischen Straßensperren alle Mittel beinhaltete, die geeignet schienen, die Herrschaft über Sizilien zurückzugewinnen. «Die Banken wissen seit Jahren sehr gut, wer ihre Mafiakunden sind», sagte er in seinem letzten Interview. «Der Krieg gegen die Mafia wird nicht nur in den Banken oder nur auf den Straßen von Bagheria ausgetragen, sondern auf globaler Ebene.»

Dalla Chiesa machte deutlich, daß er die seltsame, indirekte Handlungsweise, die Mafiosi bevorzugen, zu deuten wußte. Die Mafia und er «studierten» einander, sagte er, «wie bei einer Schachpartie. Die Mafia ist vorsichtig, langsam, sie lotet dich aus, hört dir zu, beobachtet dich aus der Distanz. Manche Leute würden das nicht bemerken, aber ich kenne diese Welt ... Bestimmte Einladungen zum Beispiel. Ein Freund sagt nach getaner gemeinsamer Arbeit sehr beiläufig: ‹Warum schauen wir nicht auf einen Kaffee bei dem und dem zu Hause vorbei?› und nennt einen hoch angesehenen Namen. Wüßte ich nicht, daß

Ströme von Heroin durch dieses Haus fließen, so würde ich als Alibi dienen. Weiß ich es und gehe trotzdem hin, ist es ein Zeichen, daß ich durch mein Hingehen akzeptiere, was dort vorgeht...»

Dalla Chiesa gab sich nicht etwa der Illusion hin, die Mafia werde es nicht wagen, einen Mann in seiner Stellung zu ermorden; er sah sich vielmehr als gefährdete Person. «Ich glaube, ich habe die neue Spielregel verstanden», sagte er in diesem letzten Interview. «Sie töten den Inhaber der Machtposition, wenn diese fatale Kombination gegeben ist: Er ist zu gefährlich geworden, aber man darf ihn töten, weil er isoliert ist. Das deutlichste Beispiel ist Chefankläger (Gaetano) Costa ... Costa wird in dem Moment zu gefährlich, wo er gegen den Willen seines eigenen Stabes die Anklage gegen die Inzerillos und Spatolas durchsetzt. Doch er ist isoliert und kann daher getötet werden, weggefegt wie ein Fremdkörper.»

Falcones Analyse des Dalla-Chiesa-Mordes (enthalten in einem der 30 Bände der Anklageschrift zum Maxi-Prozeß aus dem Jahr 1985) bietet an Subtilität, politischer Intrige und tragischer Zuspitzung alles, was man von einem meisterlichen Kriminalroman erwarten könnte. Falcone bewegt sich darin zwischen den Schauplätzen Rom und Palermo, stellt Bezüge her zwischen den Aussagen von Politikern und den Aktionen der Cosa Nostra und webt daraus die anklagende Geschichte eines prophezeibaren Todes. Statt Dalla Chiesa als einen abbauenden alten Mann hinzustellen, dem eine jüngere Frau die Sinne verwirrt hat, gewann Falcone die Überzeugung, der General selbst habe mit seinen von intuitivem Scharfblick geprägten persönlichen Notizen den Schlüssel zum Verständnis seines gewaltsamen Todes geliefert.

Als Dalla Chiesa das Angebot erhielt, Präfekt von Palermo zu werden, schrieb er in sein Tagebuch: «Wieder einmal bin ich drauf und dran, zum Instrument einer Politik gemacht zu werden, die Schlupflöcher in jede Richtung läßt.» Dalla Chiesa wußte nur zu gut, daß politischer Rückhalt der Schlüssel zum Erfolg seiner Mission in Palermo sein würde. Die Wochen vor seiner Abreise brachte er mit dem Bemühen zu, sich die nötige Unterstützung zu sichern; dabei machte er deutlich, daß er keine Rücksicht auf die politischen Schirmherren der Mafia in Sizilien nehmen würde. Er wollte die Gewißheit haben, daß die Regierung auch dann noch hinter ihm stehen würde, wenn er christdemokratische Bastionen angriff. «Keine Sorge», versicherte ihm Innenminister Virginio Rognoni, «Sie gehen dorthin nicht als General der Christdemokratischen Partei.»

Von besonderem Interesse ist Dalla Chiesas Schilderung eines Treffens mit dem ehemaligen Premierminister Giulio Andreotti. «Gestern bat mich Andreotti, zu ihm zu kommen. Wegen seiner zahlreichen politischen Anhänger in Sizilien ... war ich sehr bestimmt und erklärte unmißverständlich, daß ich nicht gewillt sei, irgendwelche Rücksichten auf den Teil der Wählerschaft zu nehmen, auf den sich seine politischen Freunde stützen.» Im Verlauf des Gesprächs erzählte Andreotti Dalla Chiesa von einem Mitglied der Inzerillo-Sippe, Pietro Inzerillo, der in den Vereinigten Staaten ermordet worden, dessen Leichnam dann aber mit einem Zehndollarschein im Mund in Palermo aufgetaucht sei. Dalla Chiesa deutete die Anekdote als Beleg für Andreottis oberflächliches und «folkloristisches» Mafia-Verständnis; in Anbetracht der Ermordung Dalla Chiesas könnte man freilich auch auf eine weniger harmlose Interpretation verfallen.[14]

Kurz nach dieser Unterredung erschien ein von Andreotti gezeichneter Artikel, in dem der Politiker sein Unverständnis für die Mission Dalla Chiesas in Sizilien zum Ausdruck brachte und andeutete, der General würde in Kalabrien und der Campania dringender gebraucht. Kurz darauf wandte sich der Bürgermeister von Palermo, Nello Martellucci – ein Mitglied der sizilianischen Andreotti-Clique – in einem Interview gegen die Berufung Dalla Chiesas und gegen die «Kriminalisierung einer Region und einer Stadt, die vielmehr den Respekt einfordern, der ihnen zusteht». Er kritisierte auch die Vorschläge La Torres, Vermögenswerte von Mafiabossen zu beschlagnahmen, mit der Begründung, dies gefährde die freie Marktwirtschaft.[15]

Dalla Chiesa sah in diesen öffentlichen Äußerungen bedeutsame Signale, «Botschaften, . . . geschickt von der verdorbensten ‹politischen Familie› in der Region» – damit meinte er die Andreotti-Gruppe. In einem Schreiben an Premierminister Spadolini forderte Dalla Chiesa zum wiederholten Mal, die Regierung möge ihn offiziell zum Koordinator des Kampfes gegen die Mafia ernennen; tue sie es nicht, so würde dies als Zeichen dafür gewertet, «daß die ‹Botschaften› . . . ihren Zweck erreicht haben».[16]

Wohl wissend, welche herausragende Bedeutung Prestigefragen in der sizilianischen Gesellschaft besitzen, registrierte Dalla Chiesa, wie durch kritische Äußerungen von Politikern und durch die Halbherzigkeit der Zentralregierung, die sich nicht zu einer eindeutigen, entschlossenen Kampfansage gegen die Mafia durchringen konnte, seinem öffentlichen Ansehen ein Kratzer nach dem anderen zugefügt wurde.

Nachdem Dalla Chiesa seinen Dienst in Sizilien angetreten hatte, wartete er vergeblich auf die Sondervollmachten, die ihm zugesagt worden waren. In seinem persönlichen Nachlaß fand Falcone diverse Zeitungsausschnitte, die dokumentierten, wie sich in den Reihen der sizilianischen Politiker ein zunehmender Widerstand dagegen formierte, daß der General mit den Vollmachten eines Koordinators sämtlicher Anti-Mafia-Maßnahmen ausgestattet würde. Das Wochenmagazin *L'Espresso* zog schließlich einen Vergleich zwischen den Kompetenzen des Generals und denen von Mussolinis «Eisernem Präfekten»

Cesare Mori und kam zu dem Ergebnis, Dalla Chiesa sei allenfalls ein «Blecherner Präfekt» – eine Analyse, die den General zu einigen bitteren Überlegungen anregte.[17]

Ich bin ... in eine tückische Welt katapultiert worden, die reich an Rätselhaftem ist, und mitten in einen Konflikt hinein, an dem ich vielleicht sogar Gefallen finden könnte, wäre da nicht die Tatsache, daß ich hier niemanden habe, der mir nahesteht, keine «Familie», wie ich sie in den Jahren des Terrorismus hatte, als die ganze Macht der Carabinieri hinter mir stand ... Plötzlich finde ich mich in einem fremden Revier wieder, ... an einem Ort, der auf der einen Seite ... Wunder von mir erwartet und auf der anderen das Ziel meiner Mission verflucht. Ich befinde mich im Zentrum ... eines Staates, der seinen Seelenfrieden finden möchte, aber nicht durch das Demonstrieren eines klaren Willens, die Mafia und die politische Mafia zu bekämpfen, sondern in der Hoffnung, allein durch die Nutzung und Ausnutzung meines Namens das Fieber der politischen Parteien abkühlen zu können.[18]

Mit zunehmend hilfloserer Wut mußte Dalla Chiesa zusehen, wie er in eine Isolation geriet, die auch nach außen hin offenkundig wurde und ihn in den Augen der Mafia impotent erscheinen ließ; sie demonstrierte denn auch ihre Geringschätzung, indem sie ihren Ausrottungsfeldzug mit noch größerer Dreistigkeit fortsetzte. Dalla Chiesa versuchte den Killern das Leben schwerzumachen, indem er im Umkreis des sogenannten «Todesdreiecks» zwischen den Städten Bagheria, Altavilla und Casteldaccia Straßensperren errichten ließ. Die Cosa Nostra antwortete darauf mit weiteren Mordanschlägen direkt vor seiner Nase. Am 7. August 1982 meldete sich bei der Carabinieri-Wache von Casteldaccia ein anonymer Anrufer, der sagte: «Wenn ihr euren Spaß haben wollt, dann schaut euch einmal das Auto an, das vor eurer Tür steht.» Im Kofferraum des Wagens fanden die Beamten zwei Leichen. Nach drei Tagen und zwei weiteren Morden übermittelte ein anderer anonymer Anrufer einer Lokalzeitung die Botschaft: «Wir sind die Killer des Todesdreiecks. Die Operation Carlo Alberto zu Ehren des Präfekten von Palermo ist nahezu abgeschlossen, ich sagte ‹nahezu abgeschlossen›.»

Am Tag nach dem Anschlag auf Dalla Chiesa meldete sich ein anderer anonymer Anrufer bei der Tageszeitung von Catania und erklärte: «Die Operation Carlo Alberto ist abgeschlossen.»

«Die Ermordung von Carlo Alberto Dalla Chiesa», schrieb Falcone später resümierend in seiner Anklageschrift, «war ein wesentlicher Eckpunkt in der Strategie der siegreichen Gruppen der Cosa Nostra, die zu einer Zeit, da sie noch intensiv mit der physischen Ausschaltung ihrer Gegenspieler innerhalb der Organisation beschäftigt waren, die Präsenz des Präfekten von Palermo als schwerwiegendes und äußerst gefährliches Hindernis für die Festigung der Vorherrschaft betrachteten, die sie mit der Eliminierung von Stefano Bontate, Salvatore Inzerillo und von deren vielen Freunden und Verbündeten errungen hatten.

«Als daher die Glaubwürdigkeit Dalla Chiesas infolge des anhaltend starken und ausgiebig publizierten Widerstandes gegen die Verleihung weitreichender Machtbefugnisse an ihn in den Augen aller schrumpfte, inszenierte die Mafia eine komplexe Operation mit dem Ziel, sein Prestige noch weiter zu schwächen und ihn schließlich zu töten.»[19]

Einen Tag vor seinem Tod führte Dalla Chiesa ein Gespräch mit Ralph Jones, dem US-Konsul in Palermo; er machte dabei keinen Hehl aus seiner Frustration und richtete an die US-Regierung den Appell, durch Druck auf Rom zu erreichen, daß man ihm die Befugnisse zugestand, um die er sich seit drei Monaten vergeblich bemühte. Er erzählte Jones eine Geschichte aus seiner Zeit als Kommandant einer in Palermo stationierten Carabinieri-Einheit in den 70er Jahren. «Eines Tages», so gab Jones die Geschichte später wieder, «erhielt er einen Anruf vom Carabinieri-Hauptmann der Stadt Palma di Montechiaro, der ihm berichtete, er habe eine Drohung vom örtlichen Mafiaboß erhalten. Dalla Chiesa machte sich sofort auf den Weg nach Palma di Montechiaro und traf dort am Spätnachmittag ein. Er nahm den Hauptmann am Arm und unternahm mit ihm einen gemächlichen Spaziergang die Hauptstraße hinauf und herunter. Alle Augen richteten sich auf sie. Schließlich blieb das merkwürdige Paar vor dem Haus des örtlichen Mafiabosses stehen. Die beiden blieben lange genug dort, um allen Leuten deutlich zu machen, daß der Hauptmann nicht alleine war. ‹Alles, was ich fordere, ist, daß jemand mich am Arm nimmt und mit mir spazierengeht›, sagte der General. Ein paar Stunden später wurde er ermordet.»[20]

Während seiner 120 Tage in Palermo nahm Dalla Chiesa keinen Kontakt mit Falcone, Borsellino oder anderen Untersuchungsrichtern aus der Ermittlungsbehörde auf, zweifellos weil er niemandem in Palermo vertraute. Doch als Falcone dann Ermittlungen zum Tod des Generals aufnahm, stellte er fest, daß sie teilweise dieselben Spuren verfolgt hatten. Wie in seinem letzten Interview angedeutet, hatte Dalla Chiesa begonnen, sich mit der wachsenden Bedeutung Catanias auf der neuen Landkarte der Cosa Nostra zu beschäftigen. «Mit Zustimmung der Mafia von Palermo bauen heute die vier größten Bauunternehmer aus Catania ... in Palermo», hatte er gesagt. Wie Falcone, hatte auch Dalla Chiesa begonnen, diesen Unternehmern, denen die italienische Regierung den Ehrentitel «Ritter der Arbeit» verliehen hatte, während andere sie die «Vier Reiter der Apokalypse» nannten, auf den Zahn zu fühlen. Im schriftlichen Nachlaß Dalla Chiesas hatte Falcone eine stenografische Notiz gefunden, aus der hervorging, daß Dalla Chiesa erfahren hatte, daß der mächtigste Mafiaboß von Catania, Nitto Santapaola, bei einem der «Ritter der Arbeit», Carmelo Costanzo, in Lohn und Brot stand. Erstmals für Catania interessiert hatte sich Falcone, als er bei seinen Recherchen im Fall Spatola herausgefunden hatte, daß Michele Sindona und sein Troß als Gäste von Gaetano Graci (auch er einer aus dem Ritter-Quartett) in einem Hotel in Catania residiert hatten.

Falcone hatte beschlossen, die Durchleuchtung der Unternehmer aus Catania damit zu beginnen, daß er den Finanzpolizisten Pizzuti zur Prüfung ihrer Geschäftsbücher ermunterte. Pizzuti fand darin jede Menge Hinweise auf Gesetzesverstöße, Korruption und politische Kungelei innerhalb eines engen Geflechts zwischen örtlicher Mafia, Hochfinanz und politischer Macht. Es stellte sich heraus, daß zwischen den «Rittern der Arbeit» und lokalen Mafiosi ausgiebige Beziehungen bestanden. Nitto Santapaola stand nicht nur auf der Gehaltsliste der Firma Costanzo, er war auch als geladener Gast bei der Hochzeit von Carmelo Costanzos Neffen dabeigewesen und hatte sich in einem den Costanzos gehörenden Luxushotel bei Catania verborgen gehalten, um sich der Vernehmung in einer Mordsache zu entziehen. Santopaola, wegen seiner Leidenschaft für das Abschießen von Wild «der Jäger» genannt, hatte freien Zugang zum privaten Jagdrevier des Gaetano Graci. Die Firma des Mario Rendo, eines weiteren Mitglieds des Ritterquartetts, kaufte alle ihre Fahrzeuge in Santapaolas Autohaus, und aus abgehörten Telefonaten ergab sich, daß leitende Mitarbeiter Rendos mit diversen Mafiosi über die Vergabe von Subaufträgen verhandelten.

Des weiteren kam Pizzuti dahinter, daß diese aufrechten Geschäftsleute mittels einer Steuerbetrugs-Masche Millionen scheffelten: In Komplizenschaft mit Subunternehmern (darunter vielen Mafiafirmen) wurden gefälschte Quittungen erstellt, die Zahlungen in relevanter Höhe für nicht erbrachte Leistungen vorspiegelten, wofür dann hohe Steuererstattungen beantragt und bewilligt wurden. Bei der Durchforstung beschlagnahmter Graci-Geschäftsunterlagen fand Pizzuti eine Tabelle, die Zahlungen an Politiker und sogar an Untersuchungsrichter auflistete.

Graci ließ seine politischen Beziehungen in Rom spielen, um sich Pizzuti vom Hals zu schaffen. Eines Tages erreichte den Buchprüfer mitten bei der Arbeit ein Anruf eines engen Mitarbeiters des sozialistischen Finanzministers Rino Formica. Der Anrufer wies Pizzuti an, die Buchprüfungen bei Graci einzustellen. Pizzuti entgegnete, er werde dies nur aufgrund einer schriftlichen Anordnung tun. Sie ließ auf sich warten.

Die Finanzpolizei setzte ihre Ermittlungen fort, indem sie Mario Rendo unter die Lupe nahm, der als der mächtigste der vier «Ritter der Arbeit» galt. Auch bei ihm fanden sich erdrückende Belege für Steuerbetrügereien mit gefälschten Quittungen. Rendo räumte gegenüber einem der Inspektoren ein, die gefälschten Quittungen seien «nötig gewesen, um eine schwarze Kasse bilden zu können, aus der Schmiergeldzahlungen für Staatsaufträge» bestritten werden konnten. Falcone und Pizzuti waren hier bereits auf Beweise für jene Korruption im politischen Raum gestoßen, die zehn Jahre später im Zuge der landesweit Aufsehen erregenden Operation «saubere Hände» an den Pranger gestellt werden sollte. Zu jener Zeit hatten die betroffenen Politiker die Situation aber noch fest unter Kontrolle. Minister Formica setzte Pizzuti unter verschärften Druck, indem er zwei «Super-Inspektoren» auf ihn ansetzte, die seine Arbeit überprüfen sollten. Als sie feststellten, daß Pizzuti die Prüfungen korrekt durchgeführt hatte, schickte der sozialistische Minister ein weiteres Team von Inspektoren, und diese fanden Ansatzpunkte, um die Prüfergebnisse in Frage zu stellen. Die Sache endete damit, daß die Politiker eine Amnestie durchsetzten, die für die «Ritter der Arbeit» aus Catania die Rettung bedeutete.[21]

Bei einer Razzia, die im Zuge eines anderen Verfahrens duchgeführt wurde – Rendos Sohn Ugo wurde beschuldigt, durch einen betrügerischen Bankrott Gläubiger geschädigt zu haben –, stießen die Ermittler auf handschriftliche Vermerke Mario Rendos über seine Diskussionen mit Politikern, darunter mit Finanzminister Formica, dem höchsten Vorgesetzten von Pizzuti. «Problem der Nachforschungen durch die Staatsanwaltschaft von Catania – zähmen», hatte Rendo geschrieben und anschließend die Themen aufgelistet, die er mit seinen politischen Freunden zu besprechen gedachte. «Ersetzung des Polizeichefs Catania durch Polizeichef von Caltanissetta» stand da oder «Oberst Pizzuti bis September in Palermo?» Als Falcone die Politiker befragte, bestritten sie, Rendo besondere Gefälligkeiten erwiesen zu haben; wie durch ein Wunder waren allerdings viele der von ihm aufgelisteten Wünsche in Erfüllung gegangen, darunter die Versetzung Pizzutis. Wenn man ihn schon nicht bestrafen konnte, tat man das Zweitbeste: Man beförderte ihn. Unter Umgehung der normalen Dienstalterregeln wurde Pizzuti mit einem Schlag zum General befördert und auf einen Posten in größtmöglicher Entfernung von Sizilien versetzt: nach Udine weit im Nordosten Italiens, nahe der österreichischen Grenze. Später sollte die Operation saubere Hände Belege dafür zutage fördern, daß die Familie Rendo jedes Jahr Schmiergelder in sechsstelliger DM-Höhe sowohl an die Sozialistische als auch an die Christdemokratische Partei gezahlt hatte.[22]

Wie Falcone zeigen konnte, funktionierte die neue Allianz zwischen Palermo und Catania auf mehreren Ebenen gleichzeitig, von Drogenhandel und Mord bis hin zu Staatsaufträgen und großen Finanztransaktionen; die Beteiligten an allen diesen unterschiedlichen Geschäften waren oft dieselben. Als die Polizei das Telefon eines bekannten Palermoer Mafioso namens Gaspare Mutolo anzapfte, konnte sie Diskussionen zwischen Mutolo und diversen Mafiosi aus Catania über Einzelheiten des Heroinschmuggels mitschneiden. In einem anderen abgehörten Telefonat sprachen dieselben Mafiosi mit leitenden Angestellten von Mario Rendos Firma über die Aufteilung von Staatsaufträgen. Nachdem die «Ritter der Arbeit» aus Catania die Unterstützung der Mafia angenommen hatten, entfalteten sie plötzlich eine verstärkte Präsenz in Palermo, erhielten auch dort Staatsaufträge und machten Geschäfte mit den berüchtigten Vettern Salvo und vielen anderen. Zunehmend mehr Anzeichen wiesen darauf hin, daß die Cosa Nostra sich in ein viel stärker integriertes, organisches Wesen verwandelt hatte, das in verschiedenen Städten und verschiedenen Provinzen eine einheitliche Strategie verfolgte. Dalla Chiesa hatte dieses Zusammenwachsen mächtiger Interessengruppen erkannt – und hatte diese Erkenntnis mit dem Leben bezahlt.[23]

Falcone konnte den Mafiaboß von Catania, Nitto Santapaola, durch Anwendung einer Logik, die der des Krimis *Der Fremde im Zug* nachempfunden war, mit der Ermordung Dalla Chiesas in Verbindung bringen. In dem Hitchcock-Film unterhalten sich zwei Leute, die sich zufällig getroffen haben, über Personen, die ihnen das Leben schwermachen, worauf der eine ein Komplott für einen perfekten Mord vorschlägt: Jeder würde stellvertretend für den anderen dessen «Quälgeist» ermorden. Die Polizei würde keinerlei Verbindung zwischen Mörder und Opfer herstellen können. Man könnte es als einen «Mord über Kreuz» bezeichnen. Falcone glaubte eben dieses Muster in einem Mordfall zu erkennen, der sich rund zwei Monate vor dem Anschlag auf Dalla Chiesa ereignet hatte: Ein Carabinieri-Fahrzeug war am Stadtrand von Palermo attackiert worden, als es dabei war, einen Mafia-Angeklagten von einem Gefängnis ins andere zu transportieren. Drei Carabinieri starben bei dem Überfall, aber die eigentliche Zielscheibe war der Häftling selbst, Alfio Ferlito, Boß einer der führenden Mafiafamilien von Catania und Erzrivale von Nitto Santapaola. Im Verlauf der letzten beiden Jahre hatten sich die beiden einen blutrünstigen Krieg um die Herrschaft über Catania geliefert, mit Schießereien auf den Straßen der Stadt und Dutzenden von Morden. Der Schauplatz des Überfalls und die Kennzeichen der von den Mördern benutzten Autos machten deutlich, daß die Mafia von Palermo Nitto Santapaola einen Gefallen getan hatte, indem sie seinen gefährlichsten Rivalen eliminierte. So wie die Sache arrangiert war, konnten Santapaolas Männer, auf die sich zunächst einmal der Tatverdacht richtete, zu Recht behaupten, sie seien zum Zeitpunkt des Überfalls zu Hause in Catania gewesen. Umgekehrt verdichteten sich die Indizien dafür, daß die Catanieser als Gegenleistung die Schützen für den Anschlag auf Dalla Chiesa zur Verfügung gestellt hatten. Dieser Mord war im Zentrum von Palermo vor den Augen zahlreicher Passanten begangen worden, doch wenn die Mörder aus Catania angereist waren, hatte sie natürlich niemand erkannt. Gerüchte, die dies zu bestätigen schienen, waren in den

Gefängnissen im Umlauf, und Falcone begann sie zu sammeln. «Mehrere Male ... hörte ich, wie gewöhnliche Kriminelle, besonders solche aus Catania, die logistische Perfektion rühmten, mit der die sizilianischen Verbrecher-Organisationen den Mord (an Dalla Chiesa) durchgezogen hatten», gab ein ehemaliger Terrorist zu Protokoll, der im Gefängnis mit vielen sizilianischen Kriminellen zusammenkam. «Nach dem Attentat auf Dalla Chiesa stieg das interne Ansehen der wichtigsten Gefangenen aus Catania auf unglaubliche Weise.[24]

Die ballistischen Befunde bestätigten die Existenz einer Achse Catania–Palermo. Die bekannte Kalaschnikow, die bereits bei den Anschlägen auf Stefano Bontate und Salvatore Inzerillo zum Einsatz gekommen war, ließ sich auch als Tatwaffe in den Fällen Ferlito und Dalla Chiesa nachweisen, womit sich die intuitive Vermutung Falcones bestätigte, daß die Mafia von Palermo für die Liquidierung des Cataniesers Ferlito verantwortlich zeichnete. Doch offenbarte die Analyse der beiden jüngsten Verbrechen einen interessanten neuen Aspekt: Bei den Mordanschlägen auf Ferlito und Dalla Chiesa waren zwei Kalaschnikow-Gewehre eingesetzt worden, und zwar beide Male dieselben. Warum benutzte die Cosa Nostra, die doch sicherlich über ein üppiges Waffenarsenal verfügte, in einem Mord nach dem anderen dieselben Waffen? «Die Verwendung derselben Waffen für so viele unterschiedliche Verbrechen ist offenkundig nicht ein Zeichen von Unachtsamkeit; es scheint eher ... so etwas wie eine Signatur zu sein, die auf die Urheberschaft an einem Anschlag hinweist», schrieb Falcone später.[25] Einen Beleg hierfür fand er bei der Verfolgung eines eigenartigen, kleineren Vergehens. Einige Tage vor der Ermordung Salvatore Inzerillos hatten seine Killer die Durchschlagskraft ihrer Schußwaffen nachts am Panzerglas-Schaufenster eines Juwelierladens in Palermo getestet. Dank eines präzisen Insider-Tips wußten sie, daß Inzerillo sich gerade ein kugelsicheres Auto zugelegt hatte, und wollten herausfinden, ob die Kugeln aus ihren Waffen eine kugelsichere Scheibe durchschlagen würden. In diesem Fall hatten sie freilich sämtliche Patronenhülsen säuberlich vom Boden aufgesammelt, um Inzerillo nicht mißtrauisch zu machen. Bei den Mordanschlägen selbst blieben dann jede Menge Patronenhülsen am Tatort zurück, fast als wollten die Täter eine Unterschrift hinterlassen – ein Manifest der Machtverhältnisse innerhalb der Cosa Nostra. Das Kalaschnikow-Gewehr, das bei allen Anschlägen, von dem Mord an Bontate bis zu dem an Dalla Chiesa, benutzt worden war, mußte, soviel stand fest, jemandem von der Palermoer Mafia gehören. Das Auftauchen einer zweiten Kalaschnikow bei den Attentaten auf Ferlito und Dalla Chiesa war dann vielleicht ein symbolischer Hinweis auf das Bündnis zwischen Catania und Palermo.

FÜNFTES KAPITEL

Der Aufschrei über den Tod des Generals Dalla Chiesa rüttelte das italienische Parlament aus dem Schlaf und löste einen seiner periodischen Aktivitätsschübe an der Mafiafront aus. Jetzt, da das Kind in den Brunnen gefallen war, rafften sich die Abgeordneten zu den Maßnahmen auf, die das Unheil hätten verhindern können: Im September 1982 wurde das Amt eines Hohen Kommissars für Mafia-Ermittlungen geschaffen und binnen weniger Tage mit just den Befugnissen ausgestattet, die man Dalla Chiesa nach seinem Amtsantritt in Palermo vorenthalten hatte. In typischer Halbherzigkeit besetzte man den Posten jedoch mit einem farblosen Bürokraten nach dem andern, die so lange nichts ausrichteten, bis das Amt mit der Begründung, es sei überflüssig, wieder abgeschafft wurde. Auch der kommunistische Abgeordnete Pio La Torre erreichte erst postum, wofür er zu Lebzeiten vergeblich gekämpft hatte: Zum ersten Mal in der italienischen Geschichte trat ein Gesetz in Kraft, das die bloße Mitgliedschaft in der Mafia zum Verbrechen erklärte und den Strafverfolgern die Befugnis einräumte, Vermögenswerte von Mafiosi, die auf kriminielle Weise erworben worden waren, zu beschlagnahmen.

Es wurden aber auch Signale gesetzt, denen die Cosa Nostra zu ihrer Beruhigung entnehmen konnte, daß der Krieg gegen die Mafia sich nicht allzu radikal verschärfen würde. Wie Justizmininister Clelio Darida einer Gruppe versammelter Untersuchungsrichter aus Palermo erklärte, sah er ihre Aufgabe nicht so sehr darin, die Mafia auszuschalten; sie sollten vielmehr ihr Bestes tun, sie innerhalb «natürlicher Grenzen» zu halten – als sei die Mafia ein ewiger Bestandteil der sizilianischen Landschaft, wie Zitrushaine oder der Ätna.[1] Zu dieser fatalistischen Einstellung paßte es, daß der Minister den wiederholten Antrag Rocco Chinnicis auf Anschaffung eines Computers für die Ermittlungsbehörde in Palermo, die als Frucht ihrer unzähligen Mafia-Untersuchungen von einer Flut neuer Informationen überschwemmt wurde, immer wieder ablehnte. So kam es, daß Falcone und Borsellino viele Arbeitstage damit zubrachten, in Tausende von Formblättern Daten und Erkenntnisse über Hunderte von Verdächtigten und Beschuldigten einzutragen; ihr phänomenales Gedächtnis war das einzige ihnen zu Gebote stehende Hilfsmittel, um die Daten zueinander in Beziehung zu setzen.

Bald nach Anbruch des neuen Jahres gerieten die Strafverfolger wieder einmal in die ihnen allzu vertraute Situation, dem Begräbnis eines Kollegen beiwohnen zu müssen. Am 25. Januar 1983 wurde in der eine Fahrstunde von Palermo entfernten Stadt Trapani der Richter Giangiacomo Ciaccio Montalto ermordet. In einer Stadt, deren Bürgermeister die Existenz der Mafia leugnete, war Montalto mit seinem energischen Vorgehen gegen lokale Mafiosi und korrupte Politiker ein Fisch auf dem Trockenen gewesen. Er hatte mehr Unterstützung von seinen Kollegen in Palermo erhalten als von denen, die ihre Amtszimmer auf demselben Korridor hatten. Den Grund dafür entdeckte er in den letzten Wochen seines Lebens. Er hatte die Genehmigung für Abhöraktionen gegen die örtlich vorherrschende Mafiafamilie erwirkt, und dabei waren Telefonate zwischen dem Boß dieser Familie und dem Staatsanwalt Antonio Costa mitgeschnitten worden, in denen die beiden ein Schmiergeld für die Einstellung eines laufenden Verfahrens aushandelten. Kurz nachdem Montalto dieses Komplott aufgedeckt hatte, war er tot.[2] In den Trauergottesdienst hinein platzte ein sehr ungewöhnliches und äußerst bewegendes Ereignis: Obwohl Montalto außerhalb der abgeschirmten Welt der Gerichtsbarkeit weitgehend unbekannt war, erschien in der Kirche eine größere Gruppe von Studenten aus Trapani, um, vollkommen aus eigener Initiative, diesem ihnen fremden Mann Tribut zu zollen, der in ihrer Stadt gegen die Mafia gekämpft hatte und dafür gestorben war. Diese überraschende, spontane Geste deutete darauf hin, daß sich auf Sizilien etwas zu verändern begann – in krassem Kontrast hierzu stand die geringe Zahl anwesender Regierungsvertreter. Nach dem Begräbnis konfrontierte Rosario Minna, Staatsanwalt aus Florenz und ein Freund des Getöteten, den italienischen Justizminister mit einer provozierenden Frage: «Ich will wissen, wo die ‹natürliche Grenze› für Mordtaten der Mafia liegt. Wo liegt die ‹natürliche Grenze› dafür, wie viele Kilo Rauschgift jedes Jahr in Italien verkauft werden dürfen?»[3]

Im März gewährte die italienische Regierung dem Boß der Camorra (des neapolitanischen Gegenstücks zur Mafia), Raffaele Cutolo, das ungewöhnliche Privileg einer Heirat im Gefängnis. An die Presse sikkerte die Information durch, Cutolo habe einst mitgeholfen, die Freilassung des christdemokratischen Politikers Ciro Cirillo zu erreichen, den die Roten Brigaden 1981 entführt hatten. Offiziell hatten die Christdemokraten sich stets geweigert, mit Terroristen zu verhandeln; insgeheim hatten führende Politiker und Geheimdienstler Don Raffaele im Gefängnis besucht und ihn gebeten, für sie mit inhaftierten Mitgliedern der Roten Brigaden zu verhandeln. Nach Zahlung eines hohen Lösegeldes war Cirillo auf freien Fuß gekommen.[4]

Als in Palermo Kardinal Pappalardo, der beim Begräbnis von General Dalla Chiesa so klare Worte gebraucht hatte, seine alljährliche Ostermesse im Ucciardone-Gefängnis las, fand sich kein einziger Häftling ein. Dieser Boykott zeigte, wie eisern die Mafia nicht nur ihre eigenen Leute im Griff hatte, sondern auch das weit größere Heer der gewöhnlichen Kriminellen.[5]

Ungefähr um diese Zeit begann der von Paolo Borsellino vorbereitete Prozeß gegen die Mörder des Hauptmanns Emanuele Basile. Die Anklage stützte sich auf ungewöhnlich starkes Beweismaterial, doch dann brach Richter Carlo Aiello den Prozeß auf halbem Wege wegen angeblicher Verfahrensfehler ab und forderte eine neue wissenschaftliche Analyse der Schlammreste an, mit denen die Anklage die Anwesenheit der drei Mordverdächtigen am Tatort beweisen wollte. Obwohl die neue Analyse zum selben Ergebnis kam wie die ursprüngliche, erklärte die neue Geschworenenriege Giuseppe Madonia, Vincenzo Puccio und Armando Bonnano am 31. März 1983 für unschuldig. Dieser Freispruch war ein Schock für Borsellino. In späteren Jahren sagten Mafiazeugen aus, die Richter in beiden Prozessen seien bestochen und die Geschworenen bedroht worden.

In seiner Frustration über das Urteil griff Borsellino zu der einzigen ihm noch bleibenden Möglichkeit, Puccio, Madonia und Bonnano die Rückkehr in die Freiheit zu verwehren: Er erwirkte ihre Verbannnung nach Sardinien. In Italien besteht die Möglichkeit, Angeklagte, die die öffentliche Sicherheit gefährden, in so etwas wie eine «innere Verbannung» zu schicken, weit weg von der Geborgenheit ihrer Heimatstadt und abgeschnitten vom Einfluß ihrer kriminellen Konsorten. Allein, der italienische Staat tat kaum etwas, um die Wirksamkeit der Maßnahme zu sichern; bald nachdem die drei Killer an ihren Verbannungsorten eingetroffen waren, verschwanden sie, vermutlich um postwendend nach Palermo zurückzukehren. Wie Hunderte anderer flüchtiger Mafiosi, darunter zwei weitere Intimfeinde Borsellinos, Filippo Marchese und Pino «Scarpa» Greco, fanden Puccio, Bonnano und Madonia auf Sizilien sicheren Unterschlupf. Weshalb so viele sich der Verhaftung entziehen konnten, läßt sich leicht erklären: Erst wenige Monate zuvor war ein junger Polizeibeamter namens Calogero

Zucchetto erschossen worden – wenige Tage nachdem er das Versteck eines hochrangigen flüchtigen Mafiabosses (Salvatore Montalto) entdeckt und gemeldet hatte.[6]

Das Wissen darum, daß diese drei Killer nun wieder frei herumliefen, sorgte für Angst und Aufregung im Haus der Borsellinos; diese Männer hatten schon einmal einen pflichteifrigen Ermittler (Basile) ermordet und konnten ohne weiteres beschließen, einen weiteren zu töten. «Puccio, Madonia und Bonnano – diese Namen hörten wir in meinen Kinderjahren immer und immer wieder», erinnerte sich Manfredi Borsellino, das mittlere der drei Kinder des Untersuchungsrichters. «Sie verfolgten uns über Jahre hinweg.»[7]

So groß war die Panik in der Familie, daß Paolo Borsellinos Schwiegervater, der einmal das höchste Richteramt in Palermo bekleidet hatte, ihm die weitere Arbeit an Mafiafällen auszureden versuchte. Als dies nichts fruchtete, wandte sich der pensionierte Richter über Borsellinos Kopf hinweg an Rocco Chinnici, Borsellinos Vorgesetzten, und beschwerte sich darüber, daß seinem Schwiegersohn solche gefährlichen Fälle übertragen wurden. Borsellino wurde wütend, als er von dieser ungebetenen Einmischung erfuhr. Doch Chinnici, ein ebenfalls kompromißloser und leicht entflammbarer Mensch, schloß Borsellino tatsächlich von allen neuen Mafiaverfahren aus. Borsellino sagte später einmal, die Mafia könne deswegen so viel bewirken, weil sie dem einzelnen nicht nur seine Feinde auf den Hals schicken könne, sondern auch seine Freunde.[8]

Die Ermittlungen Falcones in Sachen internationaler Rauschgiftschmuggel und die zum Mord an Dalla Chiesa begannen zusammenzufließen. Im April 1983 flog er nach Frankreich, um einen wichtigen neuen Zeugen zu vernehmen: Francesco Gasparini war ein Kurier, der Rauschgift aus Thailand nach Palermo brachte. Er war auf dem Pariser Flughafen mit einer Heroinladung im Koffer erwischt worden; nach zwei Jahren im Gefängnis fühlte er sich im Stich gelassen und war bereit, auszusagen. Auch wenn er nur ein gewöhnlicher Krimineller war, den die Mafia für ihre Zwecke benutzte, konnte er Falcone einiges über die Entwicklung der Drogengeschäfte der Mafia nach dem Spatola-Verfahren erzählen. Die Aushebung von vier Heroinlabors auf Sizilien habe, wie er berichtete, die «sizilianische Connection» matt gesetzt und die Mafia veranlaßt, nunmehr aus Thailand fertig raffiniertes Heroin einzuführen und sich die Einrichtung aufwendiger eigener Labors, von denen die Polizei Wind bekommen konnte, zu ersparen. Gasparinis Job hatte darin bestanden, nach Bangkok zu fliegen, von einem chinesischen Lieferanten namens Kim die Ware entgegenzunehmen und sie bei Gaspare Mutolo in Palermo abzuliefern, einem Mafioso, dessen Telefon Falcone schon einmal abgehört hatte. Gasparini konnte bestätigen, daß Falcone mit seiner Vermutung über ein neues Bündnis zwischen den Mafias von Palermo und Catania richtig lag: Er hatte an einem Treffen im Hause Mutolos in Palermo teilgenommen, bei dem Rosario Riccobono, einer der führenden Bosse Palermos, und Nitto Santapaola, der Oberboß von Catania, über die Abwicklung einer enormen, aus 500 Kilogramm Heroin bestehenden Lieferung gesprochen hatten. Es war Riccobono, auf dessen Territorium der Erzfeind Santapaolas, der Catanieser Mafiaboß Alfio Ferlito, ermordet worden war. Dies schien den Eindruck Falcones zu bestätigen, daß die Palermoer Mafia mit der Tötung Ferlitos ihrem Partner Santapaola einen Gefallen erwiesen hatte, den dieser durch seine Mithilfe beim Anschlag auf General Dalla Chiesa vergolten hatte.[9]

Auf das Auspacken Gasparinis folgte wenig später ein noch dramatischerer Durchbruch: Am 24. Mai arretierte die ägyptische Polizei im Suezkanal ein griechisches Schiff, das rund 233 Kilogramm Heroin an Bord hatte. Als Bewacher der Ladung war ein sizilianischer Mafioso an Bord – auch er Mitglied von Gaspare Mutolos Drogenring und von Rosario Riccobonos Mafiasippe. Wie aus seinem Reisepaß hervorging, kam er gerade aus Bangkok.[10]

Am 9. Juli erhob Falcone Anklage gegen vierzehn Personen wegen Mittäterschaft an der Ermordung Dalla Chiesas; seiner Überzeugung nach hatten die mächtigsten Mafiabosse Siziliens den Mord gemeinsam beschlossen, darunter auch die Corleoneser Salvatore Riina und Bernardo Provenzano, Michele «der Papst» Greco und sein Bruder Salvatore Greco (wegen seiner politischen Verbindungen auch «der Senator» genannt) sowie Nitto Santapaola aus Catania.[11]

Um dieselbe Zeit gelang es der italienischen Polizei, in Thailand den Heroinlieferanten der sizilianischen Mafia zu identifizieren. Die Analyse der Handschrift auf Ansichtskarten, die Francesco Gasparini aus Bangkok erhalten hatte, ergab, daß es sich bei dem Mann, den Gasparini als «Kim» kennengelernt hatte, um Ko Bak Kin handelte, einen vorbestraften Heroinhändler aus Singapur, der in den 70er Jahren in italienischen Gefängnissen eingesessen hatte. Am 12. Juli stellte Italien internationale Haftbefehle auf elf Mitglieder des Heroinrings aus, darunter auch Ko Bak Kin, den die thailändische Polizei in Bangkok festnehmen konnte. Die Papiere, die er bei sich trug, erhärteten den Verdacht der Italiener: Es fanden sich darin die Anschriften Gaspare Mutolos, Francesco Gasparinis und des Mafiosos, der an Bord des im Suezkanal festgehaltenen Schiffes verhaftet worden war.[12]

Unmittelbar nach diesen Verhaftungen flog Gianni De Gennaro, ein Beamter des römischen Kriminalamtes, der eng mit Falcone zusammenarbeitete, nach Thailand, um Kin zu vernehmen. Zu seiner Überraschung erklärte sich Kin auf der Stelle bereit, als Zeuge nach Italien zu kommen. Offenbar erschien ihm die Aussicht auf ein italienisches Gefängnis, in dem er immerhin mit einer Strafaktion der Mafia rechnen mußte, verlockender als alles, was er von der Justiz seines Heimatstaates Singapur zu erwarten hatte.[13]

Die Nachricht von der Aussagebereitschaft Kins veranlaßte Falcone, sogleich einen Flug nach Bangkok zu buchen. Vor seiner Abreise suchte er zusammen mit Oberst Elio Pizzuti von der Finanzpolizei seinen Vorgesetzten Rocco Chinnici auf. Pizzuti erinnert sich, daß Falcone Chinnici ermahnte, vorsichtig zu agieren. «Dies ist ein heikler Augenblick.» Besondere Sorgen bereitete Falcone das Fehlen von Sicherheitsvorkehrungen am Wohnsitz Chinnicis. «Warum gibt es nicht wenigstens eine Parkverbotszone vor Ihrem Haus?» wollte er von Chinnici wissen. «Die anderen Parteien in dieser Wohnanlage würden daraus ein solches Drama machen, daß es nicht dafürsteht», lautete die Antwort.[14] Da Chinnicis persönlicher Chauffeur Urlaub eingereicht hatte, vereinbarten sie, daß Falcones Fahrer, Giovanni Paparcuri, den persönlichen Schutz Chinnicis übernehmen sollte, solange Falcone in Thailand weilte.

Falcone und Pizzuti flogen zusammen mit Domenico Signorino von der Procura della Repubblica nach Bangkok. Signorino nahm seine Frau, Falcone seine Verlobte Francesca Morvillo mit, und da sie einer seltsamen bürokratischen Vorschrift wegen erst einmal zwei arbeitsfreie Tage nehmen mußten, konnten sie sich fast wie Urlauber fühlen. «Es war das einzige Mal, daß wir unsere Frauen auf Dienstreise mitnahmen», berichtete Signorino. «So besuchten wir eine dieser Touristenvorführungen, wo Menschen mit Alligatoren ringen.»[15] Dann kam eines Abends der Anruf aus Palermo mit der Nachricht, daß Rocco Chinnici tot war – eine vor seinem Haus geparkte Autobombe hatte ihn morgens auf dem Weg zum Büro in Stücke gerissen. Mit Chinnici gestorben waren zwei Leibwächter und die Hausmeisterin der Wohnanlage. Vierzehn weitere Menschen hatte die Bombe verwundet, darunter den Fahrer Falcones, Giovanni Paparcuri, der wie durch ein Wunder mit schweren Verletzungen überlebt hatte.[16]

Chinnicis Verdienst war es gewesen, daß die Anti-Mafia-Ermittlungen wieder in Gang gekommen und die Beamten im Palermoer Justizpalast aus ihrem Winterschlaf erwacht waren. Er war mutig genug gewesen, nach der Ermordung von Cesare Terranova dessen Amt zu übernehmen; er hatte Falcone ermuntert, mit seinen Ermittlungen im Banken- und Finanzbereich weiterzumachen; außerdem hatte Cinnici erkannt, wie notwendig es war, die Kluft zwischen der Justiz, die in ihrem marmornen Bunker vor sich hin ermittelte, und der übrigen sizilianischen Gesellschaft zu überbrücken. Er hatte bei zahlreichen öffentlichen Auftritten seine Stimme gegen die Mafia erhoben, und dies in einer Stadt, deren Richter sich viele Jahre lang das bloße Wort «Mafia» verkniffen hatten. Er hatte Einladungen zu Vorträgen in Schulen in und um Palermo angenommen, hatte versucht, Breschen in die Kultur der *omertà* zu schlagen und einer neuen Anti-Mafia-Kultur den Weg zu ebnen. Er hatte die Bedeutung von Ninni Cassaràs «Bericht über die 162» erkannt und hatte die ersten Haftbefehle gegen Michele Greco, den «Papst» unterschrieben.

Nicht lange nach dem Bombenattentat kam heraus, daß der Polizei vorher die Warnung zugegangen war, in Palermo solle ein Untersuchungsrichter zur Strafe für die Ausstellung der Haftbefehle im Fall Dalla Chiesa in die Luft gesprengt werden – diese Haftbefehle hatten Chinnici und Falcone zwei Wochen vor dem Anschlag unterschrieben. Es war jedoch nichts geschehen, um die Schutzmaßnahmen für die beiden Anklagevertreter zu verstärken. Die Warnung war von dem libanesischen Drogenschmuggler Bou Ghebel Ghassan gekommen, der Mitgliedern der Michele-Greco-Sippe Morphin lieferte. Kurz nachdem wegen der Ermordung Dalla Chiesas ein Haftbefehl gegen Greco ausgestellt worden war, hatte Ghassan von Mitgliedern der Greco-Sippe etwas über die geplante Vergeltungsaktion erfahren. «Sie sagten mir, daß es ein Fehler gewesen sei, Dalla Chiesa umzubringen, weil dadurch ein ‹Tohuwabohu› ausgebrochen sei, aber nachdem das nun einmal passiert sei, müsse man solche Schritte weiterhin gegen jeden unternehmen, der seine ‹Nase in die Geschäfte der Mafia steckt.› . . . (Vincenzo) Rabito sagte, die von den Grecos geführte Familie, zu der er gehörte, sei für die Durchführung dieser Morde verantwortlich, die dazu dienten, diejenigen auszuschalten, die gegen die Mafia arbeiteten, und denen, die nach ihnen kommen würden, eine Botschaft zukommen zu lassen, daß sie sich zurückhalten sollten, wenn sie nicht Gefahr laufen wollten, dasselbe zu erleben . . . Ich erinnere mich, daß er fast wörtlich gesagt hat: ‹Wir werden sie hier in Palermo in die Luft jagen, wie ihr es in eurem Land macht, wir werden sie alle in die Luft jagen, so daß keine Zeugen übrigbleiben.› . . . Und nach der Ermordung Chinnicis . . . waren sie mit dem Ergebnis sichtbar zufrieden und sagten mir: ‹Siehst du, wie schön es geklappt hat?›»[17]

Zu dem Skandal um die nichtbeachtete Warnung vor einem Mordanschlag auf Chinnici gesellte sich bald das hartnäckige Gerücht, der ermordete Untersuchungsrichter habe ein persönliches Tagebuch geführt und darin die wohlwollende Haltung vieler Richter- und Staatsanwaltskollegen gegenüber der Mafia gebrandmarkt. Im September, kurz nach der Rückkehr Falcones aus Thailand, spielte jemand dieses Tagebuch dem Wochenmagazin *L'Espresso* zu, das die aufschlußreichsten Passagen daraus veröffentlichte. Aus dem Grab heraus stellte Chinnici jene Richter, Strafverfolger und Anwälte bloß, die nach seiner Ansicht gemeinsame Sache mit seinen Mördern machten.

«Falls mir etwas Schlimmes zustößt, so gibt es zwei Verantwortliche: (1) den großen Feigling Ciccio Scozzari, (2) den Anwalt Paolo Seminara», schrieb er. Francesco Scozzari, genannt Ciccio, arbeitete als Staatsanwalt bei der Procura della Repubblica, und Seminara war ein prominenter Strafverteidiger aus Palermo, der unter anderem die mächtige sizilianische Steuereinnehmer-Dynastie Salvo vertrat, die nach Überzeugung vieler mit der Mafia im Bunde war. «Ciccio Scozzari ist die schmutzigste Ratte auf der Welt, ein feiger Knecht der Mafia», schrieb Chinnici in sein Tagebuch. «Er hat, entweder aus Neid oder auf Anweisung der Mafia, seit dem Tag, an dem ich nach Palermo kam, gegen mich gearbeitet.»

Viele hatten im Justizpalast zu Palermo schon seit langem Kungelei, Feigheit und Sabotage zugunsten der Mafia am Werk gesehen. Das Chinnici-Tagebuch nannte dazu jetzt die passenden Namen, Daten und Beispiele. Die auf Giovanni Falcone und seine Arbeit gemünzten sarkastischen Bemerkungen und Korridorparolen bildeten nur den äußerlich sichtbaren Teil eines viel tiefer gehenden Widerwillens gegen seine Ermittlungsarbeit. Chinnici schilderte einen hitzigen Wortwechsel mit dem Präsidenten des Appellationsgerichtshofs von Palermo, Giovanni Pizzillo (des ranghöchsten Richters in der Stadt), der ihm vorgeworfen hatte, die finanziellen Ermittlungen Falcones würden «die sizilianische Wirtschaft ruinieren». Pizzillo «gab mir eindeutig zu verstehen, ich solle Falcone so mit Routinefällen überhäufen, daß er nicht mehr ‹irgend etwas zu enthüllen versucht, denn die Untersuchungsrichter in Palermo haben nie irgend etwas enthüllt› ... Er versuchte, seine Wut zu bändigen, schaffte es aber nicht. Er sagt mir, er wolle vorbeikommen und das Büro inspizieren (und ich lade ihn ein, dies zu tun) ... Das ist ein Mann, der noch nie einen Finger für die Bekämpfung der Mafia gerührt hat, vielmehr durch seine Beziehungen zu namhaften Mafiosi mitgeholfen hat, sie zu stützen.»[18]

Pizzillo hatte sich nicht einmal gescheut, Falcone zu einem nachsichtigen Umgang mit bestimmten Angeklagten zu drängen, mit denen er auf gutem Fuß stand. «Giovanni Falcone erzählte mir, der Gerichtspräsident habe ihn in sein Büro gerufen und sich bei ihm für den Ritter der Arbeit Gaetano Graci eingesetzt, der in die Sindona-Affäre verwikkelt war», schrieb Chinnici in einem Tagebucheintrag vom 14. Juli 1981.[19]

Damit nicht genug. Der Generalprokurator von Palermo, Ugo Viola (der ranghöchste Strafverfolger in der Stadt), hatte einen Zeugen, der sich im Zuge des Mattarella-Verfahrens freiwillig gemeldet hatte, davon abgebracht, eine Aussage zu machen. Es handelte sich bei diesem Zeugen um Raimondo Mignosi, den öffentlichen Revisor, den Mattarella mit der Prüfung der Vergabepraxis bei Staatsaufträgen in Palermo beauftragt hatte. «In der letzten Unterredung mit Präsident Mattarella Ende November bat ich ihn, vorsichtig zu sein, weil für mich die Gefahr besteht, in einem Betonblock zu landen, worauf er entgegnete: ‹Das stimmt nicht, ich werde in einem Betonblock landen.› Um die Spannung zu lösen, kamen wir scherzhaft überein, daß wir beide Seite an Seite in einem Betonblock landen würden.»

Als Mignosi seine Geschichte Viola erzählt hatte, fiel es dem Generalprokurator schwer, seinen Schrecken zu verbergen. «Schreiben Sie alles, was Sie mir sagen wollten, auf ein Blatt Papier, und schikken es als anonymen Brief. Benutzen Sie eine Schreibmaschine, und keine Unterschrift.» Mignosi äußerte sich enttäuscht über diese Reaktion und erinnerte Viola an dessen öffentliche Appelle zu einer besseren Kooperation der Bürger mit den Behörden. Worauf der Prokurator antwortete: «Ja, es ist wahr, daß ich darüber gesprochen habe, daß die Bürger herauskommen und reden müssen . . ., aber es gibt viele unterschiedliche Wege, auf denen Bürger helfen können. Wenn Sie eine eidesstattliche Aussage machen wollen, kann ich den Leiter der Procura della Repubblica rufen, ansonsten . . . einen anonymen Brief.» – «‹Im Grunde›, antwortete ich, ‹raten Sie mir, vorsichtig zu sein›», sagte Mignosi später aus. «Sehr vorsichtig», antwortete Viola.[20]

Chinnici erwähnte in seinem Tagebuch auch einen möglicherweise geplanten Anschlag auf Falcone. «Giovanni Falcone hat größte Befürchtungen», schrieb Chinnici. «Um ein Uhr nachmittags kam er in mein Amtszimmer, um mir mitzuteilen, daß er morgen im Hubschrauber nach Caltanissetta fliegen würde, um sich mit dem stellvertretenden Staatsanwalt von Siracusa, Favi, zu treffen. Ein Gefängnishäftling hat Favi erzählt, jemand sei dabei, einen Mordanschlag auf Falcone zu organisieren, und die Hintermänner seien die Geschäftsleute von Catania und die dortige Mafia. Der Ritter der Arbeit (Mario) Rendo wird nach Auskunft des Häftlings regelmäßig vom Hohen Kommissar (für Anti-Mafia-Ermittlungen) über die Aktivitäten Falcones informiert. Unglaublich.»

Chinnici zollte dem Leben in diesem Klima von Mißtrauen und Verrat Tribut, indem er, so schien es, zunehmend in eine umfassende Paranoia versank und allem und jedem mißtraute, schließlich auch Falcone selbst. Am 17. Juni, einen Monat vor seinem Tod, schrieb Chinnici: «Vor sechs Monaten habe ich zum letzten Mal etwas in dieses Tagebuch geschrieben. Es war ein Fehler, weil weiterhin viele Dinge passiert sind. Viele Blicke richten sich auf Giovanni Falcone . . . Warum nimmt er seine Ermittlungsunterlagen mit nach Hause? Und warum trifft er sich mit all diesen Leuten (Strafverfolgern, Polizisten?) unter strenger Geheimhaltung?»

Vier Tage später notierte er: «Mandalari, Wirtschaftsprüfer und Mafia-Ratgeber, ist aus Mangel an Beweisen auf freien Fuß gekommen ... Falcone sagt, in einem Rechtsstaat müsse man erst Beweise haben, ehe man jemanden festsetzen könne. Aber das hatte er bei Dutzenden anderer Verdächtigen nicht praktiziert.»[21]

Wenn Rocco Chinnici eine Achillesferse hatte, dann war es die Eifersucht. Nachdem er zunächst Falcone in seinem Ermittlungseifer bestärkt hatte, wurde er später neidisch auf dessen Erfolg und plötzliche Berühmtheit. Nachdem der Fall Spatola in den Blickpunkt der Öffentlichkeit geraten war, galt Falcone als der Mafiajäger schlechthin. Wegen seiner unermüdlichen Reisetätigkeit auf der Spur internationaler Drogenschmuggler war er zu einer Institution geworden, an die sich Ermittler aus Washington, Paris, Ankara und Bangkok wandten. Als die US-Regierung einen Kongreß über Maßnahmen gegen die Mafia veranstaltete, lud sie Falcone als Gastredner ein, und Chinnici tobte. Als das amerikanische Konsulat in Palermo erfuhr, wie ungehalten Chinnici war, reichte es rasch eine Einladung für ihn nach. Doch der Schaden war schon angerichtet, das Gift des Neides in die Blutbahn gelangt.

«Am Anfang glaubten viele Leute, ich sei die rechte Hand Chinnicis – als ob ich lediglich ein unkritischer Vollstrecker seiner Befehle gewesen wäre», sagte Falcone 1986 in einem Interview. «Als sie merkten, daß ich meine Entscheidungen selbständig traf, taten sie alles, was sie konnten, um uns gegeneinander aufzubringen.»[22]

Die Mafia war zu jeder Zeit – wahrscheinlich weil sie über Augen und Ohren innerhalb der Strafverteidigerschaft Palermos verfügte – genauestens über die Allianzen und Konflikte im Justizpalast orientiert und tat ihr Bestes, um aus der Schwachstelle Chinnicis Kapital zu schlagen. In einem anonymen Brief, den Chinnici eines Tages erhielt, hieß es, wie er im Tagebuch festhielt: «Niemand in der Ermittlungsbehörde bewegt auch nur ein einziges Blatt Papier ohne Erlaubnis von Giovanni Falcone.» Dieser Giftpfeil zielte eindeutig darauf, die Eifersucht Chinnicis anzustacheln und ihn zum Einschreiten gegen Falcone zu veranlassen.[23]

Chinnici vertraute seine Eifersuchts- und Mißtrauensregungen zwar seinem persönlichen Tagebuch an, hatte sich aber so weit unter Kontrolle, daß sie nie in sein Verhalten gegenüber Falcone einflossen. Dennoch wurde Falcone einmal auf das Problem aufmerksam und erörterte es in einem direkten Gespräch mit Chinnici, das die Luft zwischen den beiden klärte. «Als die Dinge sich zuspitzten, sprach ich selbst Chinnici darauf an», erinnerte sich Falcone später. «Damit war das Problem erledigt.» Die letzten Lebensmonate Chinnicis standen im Zeichen einer besonders fruchtbaren Zusammenarbeit, geprägt durch die Durchbrüche bei der Aufdeckung der Thailand-Palermo-Connection und im Fall Dalla Chiesa.[24]

Das Tagebuch führte jedoch dazu, daß Falcone vor dem Consiglio Superiore della Magistratura erscheinen mußte, zusammen mit den Richtern und Staatsanwälten, denen Chinnici Fehlverhalten vorgeworfen hatte. So kam es, daß Falcone nur Wochen nach dem Verlust seines Freundes und Mentors durch eine Mafiabombe, die ebensogut für ihn hätte bestimmt sein können, die Rolle des Anklägers mit der des Beschuldigten vertauschen mußte. Auch wenn er ohne Kratzer aus dem Disziplinarverfahren hervorging – die Richter des Consiglio Superiore spendeten ihm vielmehr höchstes Lob –, vermittelte ihm die Episode einen Vorgeschmack darauf, wie schnell sich eventuell der Wind gegen ihn drehen konnte.[25]

SECHSTES KAPITEL

In den Monaten nach der Ermordung Rocco Chinnicis kamen in Palermo die Mühlen der Justiz zum Stillstand. Ein Schwarm müder alter Paragraphen-Routiniers aus Sizilien buhlte um den verwaisten Posten. Giovanni Falcone machte sich trotz seines Ruhms als Mafiajäger und seiner fast zwanzig Jahre im Justizdienst nicht einmal die Mühe, sich um die Stelle zu bewerben. Im italienischen Justizwesen zählt bei Beförderungen traditionell das Dienstalter mehr als Leistung und Verdienste: Selbst Leute, die sich in jahrzehntelanger Arbeit nie ausgezeichnet haben, erwarten, daß sie dafür automatisch mit dem Prestige und der Autorität eines leitenden Postens belohnt werden. Dieses Mal mißachtete der Consiglio Superiore della Magistratura überraschenderweise das sonst so streng beachtete Senioritätsprinzip und entschied sich für einen Kandidaten von außerhalb Palermos: Antonino Caponetto wurde zum Nachfolger Chinnicis berufen. Er war zwar schon 63 Jahre alt, aber damit keineswegs der älteste Anwärter auf das Amt. Er hatte den größten Teil seiner Berufslaufbahn in Florenz absolviert. Caponetto verfügte über keine Erfahrung mit Mafiafällen, war aber für sein seriöses und professionelles Arbeiten bekannt; seine Bereitschaft, von Florenz nach Palermo zu wechseln, schien deutlich zu machen, daß es ihm um wesentlich mehr ging, als seine Karriere auf einem bequemen Chefsessel ruhig ausklingen zu lassen. Der Umzug nach Palermo bedeutete für Caponetto vielmehr die Trennung von Frau und Kindern, die in der Toskana zurückblieben, und im Tausch dafür ein Leben fast wie hinter Gefängnismauern, pendelnd zwischen einem kugelsicheren Büro und einer Wohnung im schwerbewachten Hauptquartier der Finanzpolizei. Als Untersuchungsrichter und als gebürtigen Sizilianer hatte ihn die Ermordung Rocco Chinnicis bis ins Mark erschüttert und in ihm ein starkes Bedürfnis geweckt, in die Heimat zurückzukehren und den Kampf gegen die Mafia voranzubringen. Als der Reporter eines florentinischen Fernsehsenders ihn fragte, ob es ihm nicht angst mache, einen Posten zu übernehmen, dessen zwei vorherige Inhaber ermordet worden seien, erwiderte Caponetto: «Mit 63 Jahren sollte man es gewöhnt sein, mit dem Gedanken an den Tod zu leben.»[1]

Zu den ersten, die Caponetto zu seiner Wahl beglückwünschten, gehörte Giovanni Falcone, der ihn bat, so bald wie möglich nach Palermo zu kommen. «Was mir an dem Anruf Giovannis auffiel, war sein vollkommen freundlicher und vertraulicher Ton», erinnert sich Caponetto. «Er redete, als ob wir gute alte Bekannte wären; dabei waren wir uns nie begegnet.»[2]

Nicht alle Grußbotschaften, die Caponetto bei seiner Ankunft in Palermo erhielt, waren so angenehm. Marcantonio Motisi, ein Richter, der sich ebenfalls um das Amt beworben hatte, ließ Caponetto wissen, daß er gerichtlich vorgehen werde, um die Stelle doch noch zu erhalten. Beunruhigender war eine unheilverheißende Botschaft aus den Reihen der Mafia. Jemand, der entweder im Telegrafenamt saß oder im Justizpalast selbst, hatte sich an einem Glückwunschtelegramm vom Hohen Kommissar für die Mafiabekämpfung zu schaffen gemacht: Aus dem Wort «successo» hatte er «ucciso» gemacht, so daß der Text nicht mehr «ich wünsche Ihnen Erfolg» lautete, sondern: «Ich wünsche Sie ermordet.»[3]

Caponetto bezog eine Wohnung in der spartanischen Kaserne der Finanzpolizei; in deren Kantine aß er täglich zu Abend, um sich danach zum Schlafen in eine kleine, mit einem schmalen Pritschenbett ausgestattete Mönchszelle zurückzuziehen. Als Giovanni Falcone ihn dort aufsuchte, um ihn mit seinen Ermittlungen vertraut zu machen, traf er auf einen dünnen, unauffällig gekleideten Mann mit Drahtbrille und nur noch wenigen Restbeständen dünnen weißen Haares auf dem Kopf. Ungeachtet seiner Unscheinbarkeit und seines fortgeschrittenen Alters machte Caponetto mit seinem drahtigen Körperbau und seinen tiefschwarzen Augen den Eindruck eines zähen Asketen, was ganz gut zu seiner spartanischen Behausung im Hauptquartier der Finanzpolizei paßte. Wie Falcone war er ein Mann des einfachen, direkten Weges und der wenigen, aber sorgfältig gewählten Worte. Auch wenn er der Vorgesetzte Falcones war, scheute er sich nicht, dessen überlegenes Wissen im Mafiabereich anzuerkennen. «Bei dieser ersten Begegnung sagte mir Falcone, wir würden im Justizpalast nur auf wenige Freunde zählen können ... Ich sollte bald feststellen, daß dies eine wohlbegründete Einschätzung war», schrieb Caponetto später.[4]

Caponetto beschloß den Aufbau eines «Verbundes» von Untersuchungsrichtern, die sich ausschließlich mit Mafiafällen befassen und ihre Informationen in einen Topf werfen sollten. Dieses Konzept der Zusammenfassung von Ressourcen hatte sich schon im Kampf gegen den Terrorismus bewährt. Es verminderte die Gefahr, daß ein einzelner Untersuchungsrichter zum exklusiven Bewahrer gefährlicher Geheimnisse oder zur Zielscheibe von Vergeltungsaktionen wurde. Zum anderen schuf es die Möglichkeit eines effizienteren Umgangs mit dem wachsenden Wust von Belastungs- und Beweismaterial und einer Zusammenfassung der vielen einzelnen Stränge zu wenigen Großverfahren, im Einklang mit dem neuen Verständnis der Mafia als eines weitverzweigten, komplexen Geflechts. Falcone war der erste, den Caponetto für den «Verbund» rekrutierte. Als nächsten fragte er Giuseppe Di Lello, der zu den Lieblingen Rocco Chinnicis gehört hatte und Erfahrung in Mafiafällen besaß. Auf die Frage, wen er als drittes Mitglied des Teams vorschlagen würde, sprach sich Falcone energisch dafür aus, Paolo Borsellino zu «retten», der nach dem Fall Basile kaltgestellt worden war. Etwas später holte Caponetto noch Leonardo Guarnotta ins Boot, einen der dienstältesten Strafverfolger in der Behörde, der für seine Gewissenhaftigkeit bekannt war. Diese Männer würden von nun an gemeinsam das Verfahren gegen 162 Verdächtige vorantreiben, an dem Rocco Chinnici alleine gearbeitet hatte.[5]

In der Schwesterbehörde, der Procura della Repubblica, die in Abstimmung mit dem Ermittlungsamt arbeitete und die von diesem vorbereiteten Anklagen vor Gericht vertrat, folgte man dem Beispiel Caponettos und richtete ebenfalls einen Anti-Mafia-Verbund ein.

Caponetto bezeichnete im Rückblick die Wahl Paolo Borsellinos als eine der besten Entscheidungen, die er während seiner Jahre in Palermo getroffen habe. Borsellino war ein profunder Kenner Palermos und der Mafia, dazu ein unermüdliches Arbeitspferd – wie Falcone, doch mit einer ganz anders gearteten Persönlichkeit. «Er war zugänglicher für zwischenmenschliche Beziehungen, für die Freuden des Lebens, auch für einfachste Dinge wie Motorradfahren oder Segeln», schrieb Caponetto in seinem Erinnerungsband *I miei giorni a Palermo* («Meine Tage in Palermo»). «Er war in der Lage, eine wunderbare innere Ruhe auszustrahlen, die, wie ich erst später erkannte, aus seinem religiösen Glauben erwuchs . . ., über den er nie sprach.»[6] Wenn Falcone ein Mensch war, der anderen unweigerlich großen Respekt einflößte, so war Borsellino eine Persönlichkeit, die nicht nur Respekt erntete, sondern allgemeine persönliche Zuneigung. «Er hatte diese enorme Gabe, unglaublich menschlich zu sein», sagte Barbara Sanzo, die Sekretärin des Anti-Mafia-Verbunds. «Er interessierte sich für die Lebensumstände aller – der Sekretärinnen, der Leibwächter, der Archivare. Er wußte über die Probleme von uns allen Bescheid – daß der eine einen kranken Sohn hatte, die andere einen arbeitslosen Ehemann und so weiter. Er erkundigte sich immer, ob man Hilfe brauchte.»[7]

Falcone war bei weitem nicht so kommunikativ. «Es war, als ob sich zwischen ihm und den anderen eine unsichtbare Schranke befände», schreibt Caponetto. «Das gehörte zu seinem Charakter, es war eine Art Selbstschutz, weil er im Grunde ein scheuer Mensch war . . . Dennoch war er eine faszinierende Persönlichkeit. Seine Erfahrung, sein Ansehen und seine Gereiftheit als Strafverfolger hatten ihm einen hohen Grad an Selbstvertrauen und Autorität im Umgang mit anderen verliehen, auf jeder Ebene . . . Unser Verhältnis zueinander war trotz seiner Menschenscheu von großer Zuneigung geprägt . . . Mein Naturell war dem seinen sehr ähnlich.»[8]

Caponetto stellte die Mitglieder des «Verbunds» für die ausschließliche Bearbeitung von Mafiafällen frei; zugleich schulterte er selbst einen Extraanteil an der Flut von Routinefällen, mit denen die Ermittlungsbehörde Tag für Tag überschwemmt wurde und in denen es um alle erdenklichen Tatbestände vom Handtaschenraub bis zur Ausstellung ungedeckter Schecks ging. Trotz seines Alters bearbeitete Caponetto eine größere Zahl von Fällen als jeder der sechzehn Staatsanwälte, die unter seiner Leitung tätig waren – und dies zusätzlich zu seiner Aufgabe, deren Arbeit zu überwachen. «Manche Leute stellen Caponetto als bloße Galionsfigur für Falcone hin, aber das war er nicht», sagt Leonardo Guarnotta. «Jeden Morgen, bevor Falcone in sein Amtszimmer hinaufging, schaute er im Büro Caponettos vorbei, gab ihm einen Abriß dessen, was er tat, und erörterte mit ihm die nächsten Schritte. Falcone und die anderen vom ‹Verbund› taten nie etwas, von dem Justizrat Caponetto nicht im vorhinein gewußt und das er nicht gebilligt hätte . . . Caponetto war für uns wie ein Vater, dazu ein wunderbarer Mensch und ein ungewöhnlich fähiger Untersuchungsrichter.[9]

Es war eine glückliche Fügung, daß sich gleichzeitig mit dem Aufbau des Anti-Mafia-Verbunds ein Wachwechsel in Rom vollzog. Nach einer langwierigen Regierungskrise wurde im August 1983 Bettino Craxi zum ersten sozialistischen Premierminister in der Geschichte Italiens gewählt. Zwei Reformpolitiker aus den Reihen der Christdemokraten, Mino Martinazzoli und Virginio Rognoni, übernahmen das Justiz- bzw. das Innenministerium. Beide stammten aus Norditalien, wo die Partei für ihren Rückhalt bei den Wählern nicht auf die Unterstützung der Mafia angewiesen war.

Justizminister Martinazzoli entsandte seine Assistentin Liliana Ferraro nach Palermo, mit dem Auftrag, sich ein Bild von den Arbeitsbedingungen der dortigen Justizbehörden zu machen. Frau Ferraro war bestürzt über das, was sie vorfand: Die Untersuchungsrichter, die an vorderster Front gegen die Mafia kämpften, mußten nicht nur ohne nennenswerten Personenschutz und ohne Computer auskommen, es fehlte ihnen sogar an grundlegendsten Dingen der Büroausstattung wie Schreibmaschinen, Schreibtischen oder Stühlen. «Ich betrat das Büro (von Falcone) und sah ihn auf einem mitgenommenen alten Stuhl an einem altersschwachen Schreibtisch sitzen, um den ringsherum heruntergefallene Papiere lagen», erinnert sie sich. «‹Fangen wir mit den Grundvoraussetzungen an›, sagte ich: ‹Ein bequemer Stuhl, ein Schreibtisch, der geradesteht.› Nachdem Stuhl und Schreibtisch besorgt waren, stellten wir ein Computersystem für die Aufbereitung der ganzen Daten zusammen. Dann einen Arbeitsplatz für die Finanzpolizei, die unter einem Wirbelsturm von Papier aus den Banken verschüttet war, dann einen Computer für die Finanzermittler, dann die Mikroverfilmung der Papiere, weil so viel Papier da war, daß niemand irgend etwas finden konnte.»[10]

Frau Ferraro nahm sich auch vor, die Sicherheitsvorkehrungen im Justizpalast, die bis dahin kaum der Rede wert gewesen waren, zu verbessern. Kriminelle schlenderten unbehelligt durch die Korridore und die riesige marmorne Vorhalle des Gebäudes. Es gab keine Wachen, die verhindert hätten, daß Fremde den Flügel betraten, in dem die Untersuchungsrichter arbeiteten. Frau Ferraro sorgte dafür, daß Falcone und Borsellino neue Büros in einem Korridor erhielten, der nur durch eine bewachte eiserne Tür zugänglich war. Falcone bekam für sein Büro eine kugelsichere Tür mit einer eingebauten kleinen Videokamera, die ihm zeigte, wer vor der Tür stand. Borsellino erhielt das Zimmer direkt daneben. «Martinazzoli gab Anweisung, in Palermo Gas zu geben, und plötzlich bekamen wir Schreibmaschinen, Computer und kugelsichere Autos», sagte Caponetto.

1984 wurde so für die Justiz von Palermo das Jahr, in dem sie zum ersten Mal über das Personal und die Ausrüstung verfügte, um ernsthafte Schläge gegen die Mafia führen zu können.

Die zerfledderten Stränge der zahlreichen Mafia-Ermittlungsverfahren, die in Palermo liefen, begannen sich um diese Zeit zu ordnen. Rund 300 Menschen waren in den ersten beiden Jahren des sogenannten Mafiakrieges in und um Palermo getötet worden. Die unerhörte Brutalität derer, die diese Menschenjagd veranstalteten, brachte im Zusammenwirken mit der Tatsache, daß ein neues Team von Strafverfolgern auf den Plan getreten war, dem es mit dem Kampf gegen die Mafia ernst zu sein schien, ein zuvor nie dagewesenes Phänomen hervor: den Mafia-Kronzeugen.

In den Vereinigten Staaten gab es Mafiosi, die aus der Schule plauderten, schon seit Jahren. In den 50er Jahren hatte Joe Valachi die Fesseln der *omertà* gesprengt, und berüchtigte Mafiabosse wie Lucky Luciano und Joe Bonnano hatten sogar Bücher mit Beschreibungen ihrer

Karriere herausgebracht. (In den USA war die Mafia zu einem weitaus höheren Grad in das gesellschaftliche Umfeld integriert. Italo-amerikanische Mafiosi wie Luciano machten gemeinsame Sache mit jüdischen Gangstern wie Meyer Lansky.) In einem Land, dessen Maßstäbe von Hollywood und Madison Avenue gesetzt wurden, fanden auch Gangster Gefallen am Rampenlicht, gaben hin und wieder Zeitungsleuten Interviews oder unterzogen sich gar, wie der ruhmgeblendete Bugsy Siegel, Probeaufnahmen in einem Filmstudio.

Daß ein sizilianischer Mafioso zum Reden gebracht werden könnte, hatte lange Zeit als ausgeschlossen gegolten. So reagierte die Justiz von Palermo erst einmal mit ungläubiger Skepsis, als 1973 ein gewisser Leonardo Vitale im Polizeipräsidum von Palermo auftauchte und erklärte, er sei bereit, über sein Leben in der Mafia zu reden. Er hatte mehrere Morde begangen, war nun aber in eine persönliche und religiöse Krise geraten und hatte das Bedürfnis, sein Gewissen zu erleichtern. Vitale beichtete nicht nur eine lange Reihe eigener Verbrechen, sondern nannte auch die Namen von über hundert anderen Mafiosi, darunter den des späteren «Bosses aller Bosse» Salvatore Riina. Was er erzählte, hielt bis ins kleinste Detail der Nachprüfung stand: So erinnerte er sich, daß ein bestimmtes Opfer eine Zigarette geraucht hatte, als die tödlichen Schüsse fielen, und tatsächlich, als die Polizei in den Akten nachsah, fand sie den Vermerk, daß neben der Leiche eine Zigarette gefunden worden war. Dennoch trauten die Richter Vitale nicht recht, nicht nur, weil seine psycho-religiöse Krise bizarre Formen annahm – um Buße zu tun, hatte er seine Kleider verbrannt und ein Vollbad in seinen eigenen Fäkalien genommen –, sondern auch weil die Überzeugung, daß Mafiosi nie reden, bei ihnen zu tief verankert war. So hob das Berufungsgericht von Palermo die Urteile gegen die von Vitale belasteten Mafiosi auf und verfügte seine Einweisung in eine Anstalt für psychisch gestörte Kriminelle. Als Vitale viele Jahre später wieder auf freien Fuß kam, wurde er brutal ermordet. «Im Gegensatz zu unserer Justiz schätzte die Mafia die Bedeutung der Enthüllungen Leonardo Vitales richtig ein und vollstreckte in dem ihr am geeignetsten erscheinenden Moment die unerbittliche Strafe, die auf den Verstoß gegen das Gesetz der *omertà* steht», schrieb Givoanni Falcone.[11]

Giuseppe Di Cristina, der 1978 ermordete Mafiaboß von Riesi, hatte sich der Polizei teilweise anvertraut, doch er wurde wenige Tage nach seiner «Beichte» ermordet, und seine Aussagen blieben weitgehend unbeachtet.

Das italienische Parlament hatte Sondergesetze verabschiedet, die Strafminderungen für Terroristen vorsahen, die sich als Kronzeugen zur Verfügung stellten; analoge Regelungen für Mafia-Mitglieder wurden jedoch nicht einmal in Betracht gezogen. Widerstand dagegen leisteten nicht nur Politiker, die den Verlust sicherer Wählerbastionen in mafiabeherrschten Gebieten fürchteten, sondern auch linke und liberale Gruppierungen, die das Recht von Angeklagten auf einen fairen Prozeß in Gefahr sahen.

Trotz des warnenden Beispiels dessen, was geständigen Mafiosi zugestoßen war, und trotz des Fehlens jeglicher Unterstützung seitens des Staates bekam die Mauer des Schweigens unter den Erschütterungen des großen Mafiakrieges Risse. Die Strafverfolger hatten zunächst geduldig die ihnen ins Netz gegangenen Außenseiter bearbeitet, die mit der Mafia Geschäfte machten – als Drogenkuriere oder Lieferanten. In einer zweiten Phase gewannen sie allmählich gewöhnliche Kriminelle zur Kooperation, die hautnahen Kontakt zur Mafia hatten. 1983 konnten die Strafverfolger von Palermo einen Quantensprung nach vorne registrieren: Zwei Zeugen mit detaillierten Insider-Informationen begannen zu reden. Vincenzo Sinagra war zwar kein «geweihtes» Mitglied der Mafia, hatte aber als deren Auftragnehmer zahlreiche Mordtaten des jähzornigen Bosses Filippo Marchese und der «Familie» vom Corso dei Mille (die das Weihnachtsmassaker von Bagheria und den nachfolgenden Mordanschlag auf Dr. Paolo Giaccone begangen hatten) miterlebt und mitgemacht. Ein weiterer Zeuge, Vincenzo Marsala, meldete sich, nachdem sein Vater, Mafiaboß der sizilianischen Kleinstadt Vicari, 1983 ermordet worden war. Auch wenn Marsala betonte, sein Vater habe ihn von allen Mafiadingen fernhalten wollen, schien er sehr viel über Mafia-Angelegenheiten zu wissen. Aus seiner Aussage wurde deutlich, daß die ländlichen Mafiazweige weitaus enger mit der Mafia von Palermo verflochten waren, als man allgemein glaubte: So war Salvatore Riina einmal persönlich in Vicari erschienen, um einen Streit zwischen zwei örtlichen Sippen zu schlichten – der erste Bericht über eine persönliche Begegnung mit dem Phantom Riina seit über zehn Jahren. Deutlich wurde auch, daß die Stoßwellen des Mafiakrieges von Palermo ein sofortiges Echo auch auf dem flachen Land fanden: Die Mörder, die Vincenzo Marsalas Vater und einen weiteren älteren Mafiaboß aus der Gegend auf dem Gewissen hatten, waren gewissenlose jüngere Mafiosi mit Verbindungen zur Mafia von Corleone.[12]

Während alle diese Zeugen wertvolle Mosaiksteine lieferten, verfügte keiner von ihnen über ein annähernd vollständiges Bild von der Organisation – genau das aber brauchten die Strafverfolger von Palermo dringend. Im März 1982 schien es, als sollte sich ihr Wunsch erfüllen, denn zu diesem Zeitpunkt konnte die Polizei in Rom endlich Salvatore Contorno festnehmen, den «Waldschrat» der Mafia, der in Palermo seinen Mördern entkommen war und im Untergrund Rachepläne schmiedete. Allein, obwohl Contorno im Verlauf des gegen ihn und seinen ermordeten Boß Stefano Bontate gerichteten Ausrottungsfeldzuges über ein Dutzend naher Angehörige und Dutzende enger Freunde verloren hatte, verweigerte er die Kooperation. Alle paar Monate fuhr Giovanni Falcone nach Rom, um Contorno im Gefängnis zu besuchen und ihn zu einem Sinneswandel zu bewegen; doch jedesmal sah er sich mit der alten Mauer des Schweigens konfrontiert.[13]

Dann, Ende 1983, gelang der brasilianischen Polizei endlich die Festnahme Tommaso Buscettas.

Buscetta, den sie den Boß zweier Welten nannten, war eine Gestalt wie aus der Mafia-Mythologie: Geboren 1927 als letztes von vierzehn Kindern eines armen sizilianischen Glasschneiders in einem der Elendsquartiere von Palermo, ging er nach der 5. Klasse von der Schule ab, heiratete mit sechzehn und wurde mit achtzehn in die Mafia aufgenommen. Mit seinem Image als harter Bursche, seinem eingefetteten Lockenhaar und seinem schmalen Schnurrbärtchen machte Buscetta sich bald einen Namen, und man munkelte, er gehöre zu den Günstlingen von Angelo und Salvatore La Barbera, den Bossen der «Familie» von Porta Nuova, und erledige für sie Mordaufträge. «Ich war ein geborener Mafioso, lange bevor ich zu einem gemacht wurde», sagte er später. «Alles, was sie mir beibrachten, war in mir schon vorhanden.» 1957 schaffte er es, mit einer Kombination aus Einschüchterung und Bestechung für einen Bauunternehmer aus Palermo einen großen Staatsauftrag hereinzuholen, wobei angeblich Schmiergelder im Gegenwert von 50.000 Dollar flossen.[14] 1959 wurde er mit 4 Tonnen geschmuggelter Zigaretten ertappt, später in Abwesenheit für einen 1963 begangenen Doppelmord verurteilt. Buscetta hatte sich dem Zugriff der Justiz freilich rechtzeitig entzogen, und zwar mit Hilfe des christdemokratischen Parlamentsabgeordneten Francesco Barbaccia, der ihm zu einem falschen Paß verholfen hatte. In seinem Empfehlungsschreiben an den Polizeichef hatte der ehrenwerte Signor Barbaccia (in Italien werden Parlamentsabgeordnete grundsätzlich mit dem Namensattribut «ehrenwert» geschmückt) Buscetta als «una persona che mi interessa molto» («eine Person, die mich sehr interessiert») bezeichnet.[15]

Zehn Jahre lang pendelte Buscetta in der Folge zwischen den USA und Südamerika, nach Vermutung der amerikanischen Behörden als Betreiber eines bedeutenden Rauschgiftschmuggelrings. Ohne sich von seiner in Palermo zurückgebliebenen ersten Frau scheiden zu lassen, ging Buscetta in den Vereinigten Staaten eine zweite Ehe ein. 1970 schlug er der italienischen Polizei ein Schnippchen, indem er mit einem falschen kanadischen Paß einreiste, um an einem Mafia-Gipfeltreffen teilzunehmen. Im Jahr darauf wurde Buscetta aus den Vereinigten Staaten ausgewiesen und ließ sich in Brasilien nieder, wo er zum dritten Mal heiratete, diesmal das Glitzermädchen Maria Cristina Guimaraes, Tochter eines prominenten brasilianischen Anwalts mit mächtigen politischen Freunden und zwielichtigem Ruf. 1972 verhaftete die brasilianische Polizei Buscetta, seine Frau und deren gesamte Familie (ihren prominenten Vater eingeschlossen) unter dem Vorwurf des Heroinschmuggels; Buscetta wurde in der Folge nach Italien ausgeliefert und mußte dort die Freiheitsstrafe wegen Mordes antreten, die seit 1968 auf ihn wartete.[16]

Auf Buscetta aufmerksam gemacht wurde Giovanni Falcone durch Francesco Gasparini, den zum Zeugen der Anklage gewordenen Drogenkurier; er hatte den «Boß zweier Welten» 1979 im Palermoer Ucciardone-Gefängnis kennengelernt. «Er hatte unter den Insassen eine herausgehobene Position inne», berichtete Gasparini. In der Häftlingshierarchie stand Buscetta gleichauf mit Luciano Leggio, dem gefürchteten Corleoneser Mafiaboß, von dem es hieß, er dirigiere seine Organisation vom Gefängnis aus über seine rechte Hand Salvatore Riina.[17]

«Buscetta nahm es mit der Körperpflege sehr genau und benutzte nur die feinsten Marken», wußte ein anderer Häftling zu berichten. «Er gebrauchte eine Flasche Parfüm oder ein Stück Seife nie, bis sie zu Ende waren, sondern verschenkte sie vorher. Sogar seine Alltagsklamotten, seine Jeans, waren immer Designerware ... Im Gefängnis zubereitet wurde nur sein Kaffee, den die Männer ihm abwechselnd brachten, immer dampfend heiß. Alles andere, sein Frühstück, Mittag- und Abendessen, kam aus den besten Restaurants von Palermo ... Buscetta war ein Boß – genauer gesagt der Boß. Er wurde nie laut, er bat nie um irgend etwas, doch er wußte immer alles ... Ich hörte nie, wie er jemanden bedrohte, aber ich hörte, wie er sagte: ‹Dieser Kerl in Zelle 8 macht mir zuviel Lärm, er täte gut daran, damit aufzuhören ...›»[18]

Als Buscetta 1980 noch drei Jahre seiner Strafe abzubüßen hatte, wurde er auf Entscheid eines Turiner Richters in ein Freigänger-Programm aufgenommen, das im Zuge der Liberalisierung des italienischen Strafvollzugs eingerichtet worden war. «Der Häftling hat sich tadellos geführt. Er hat sich gegenüber dem Personal stets respektvoll und gegenüber seinen Mithäftlingen gesellig verhalten und engagiert am Prozeß seiner persönlichen Resozialisierung mitgearbeitet ... Es liegt absolut kein Anzeichen dafür vor, daß der Häftling Beziehungen zu Mafia-Elementen im Gefängnis gepflegt oder zu pflegen versucht hat. In seiner Persönlichkeit zeigt sich vielmehr ein aufrichtiger Wunsch nach Resozialisierung ... Es steht zweifelsfrei fest, daß er bereit ist, sich wieder in ein ordentliches, bürgerliches Leben einzugliedern.»[19]

Die Einwände der sizilianischen Polizei in den Wind schlagend, schenkte der Richter der Beteuerung Buscettas Glauben, er wolle in die väterliche Glaserei zurückkehren. Der gutgläubige Jurist versäumte es, die Erfahrung in Betracht zu ziehen, daß Mafiabosse immer vorbildliche Häftlinge sind und die eiserne Faust, mit der sie das

Geschehen im Gefängnis regieren, in Samthandschuhe verpacken. So kam es, wie es kommen mußte: Buscetta nutzte seinen Status als «Freigänger», um sich im Juni 1980 unter Bruch der Bewährungsauflagen aus Italien abzusetzen.

Im September 1982 wurde aus Palermo das Verschwinden der beiden Söhne Buscettas aus erster Ehe, Antonio und Benedetto, gemeldet. Diese Nachricht spornte die Phantasie der Journalisten und Polizeifahnder an. Sie malten sich aus, Buscetta sei inkognito nach Palermo zurückgekehrt, um in die Rolle des Racheengels zu schlüpfen und seine Mafia-Rivalen zu liquidieren. «Wir wissen, daß Tommaso Buscetta sein Aussehen und seine Stimmbänder operativ verändern hat lassen», so zitierte das Nachrichtenmagazin *L'Espresso* einen ungenannten Informanten aus den Reihen der Polizei. «Es ist sogar denkbar, daß er neue Fingerabdrücke hat ... Wir wissen, daß er vor vier oder fünf Wochen in Palermo eingetroffen ist und bereits mit anderen Mafiosi Kontakt aufgenommen hat ... (Er) wartet auf den richtigen Moment zum Losschlagen.»[20]

Ende November 1982 verschwanden der Mafiaboß Rosario Riccobono und die meisten seiner engsten Mitarbeiter spurlos. Zwei Tage später wurden bei einer Schießerei im Singapore Two, einem Nachtclub in Palermo, mehrere Mafiasoldaten der Riccobono-Sippe getötet. Phantasievolle Jornalisten berichteten, Tommaso Buscetta – «der Pate mit den hundert Gesichtern» – habe Rosario Riccobono zu einem Versöhnungsbankett eingeladen und ihn und seinen gesamten Troß mit Gift umgebracht.[21] Außer acht gelassen hatten sie in ihrem Szenario den bauernschlauen Teufelskerl Totò Riina, den Boß der Corleoneser Mafia. Dieser hatte eine Zeitlang mit Riccobono paktiert und ihn für seine Zwecke benutzt. Riccobono, selbst ein Mann ohne Gewissen und zu jeder Schandtat bereit, hatte offenbar die Kaltblütigkeit Riinas unterschätzt. Obwohl er der *capo* einer der größten Mafiasippen Palermos war, hatte er sich gleich in der Anfangsphase des großen Mafiakrieges opportunistischerweise auf die Seite der Corleoneser mit ihren überlegenen Bataillonen geschlagen. Um bei Riina etwas gut zu haben, half er unter Ausnutzung seiner alten Freundschaft zu Stefano Bontate und Salvatore Inzerillo mit, Leute aus deren Mannschaft in Todesfallen zu locken. Riina konnte sich an zwei Fingern ausrechnen, daß ein Mann, der einen so schmählichen Verrat an Bontate und Inzerillo begangen hatte, ein höchst unzuverlässiger Bundesgenosse war, den man sich tunlichst bei erster Gelegenheit vom Halse schaffen mußte. So besorgte Riina, sobald feststand, daß die Bontate- und die Inzerillosippe erledigt waren, auch die Liquidierung Riccobonos.

Einige Tage später wurde Buscettas Schwiegersohn in der Palermoer Pizzeria, in der er arbeitete, ermordet, und weitere zwei Tage später starben der Bruder und der Neffe Buscettas in ihrer Glaserei. Das sah aus wie eine Vergeltungsaktion der Riccobono-Leute und gab der Vorstellung Auftrieb, der mit neuem Gesicht und veränderten Stimmbändern und Fingerabdrücken ausgestattete Buscetta sei einer der Kombattanten in diesem sogenannten Mafiakrieg von Palermo.

In Wirklichkeit hielt Buscetta sich auf seiner 26.000-Hektar-Farm nahe der Amazonasmündung versteckt, in der Hoffnung, trotz der landesweiten Fahndung, die die brasilianische Polizei ausgelöst hatte, ungeschoren zu bleiben. Nach Überzeugung der brasilianischen Fahnder war Buscetta der geistige Kopf hinter einem weitläufigen internationalen Rauschgiftring, an dem rund zweihundert Personen in mehreren Ländern beteiligt waren. Als die brasilianische Rauschgiftfahndung im Oktober 1983 Buscetta und elf weitere Personen verhaftete, erklärte ein Polizeisprecher laut Presse: «Tommaso Buscetta war der Hauptdrahtzieher des Kokainmarkts zwischen Brasilien, Bolivien, Peru, Kolumbien, Europa und den Vereinigten Staaten.»[22]

Angeblich setzte die brasilianische Polizei Foltermethoden ein, um mehr Trümpfe in die Hand zu bekommen; so sollen ihm Fingernägel herausgezogen, Stromstöße in die Genitalien verabreicht und ihm der Abwurf aus einem Flugzeug angedroht worden sein. Gleichwohl verweigerte Buscetta die Aussage. Unterdessen beantragten sowohl die USA als auch Italien seine Auslieferung. Seine Frau Maria Cristina sprach offenbar bei der amerikanischen Drogenfahndungsbehörde DEA vor und bat inständig darum, ihren Mann nach Amerika zu verfrachten, da er fürchten müsse, ermordet zu werden, wenn er italienischen Boden betrat. Doch die Vereinigten Staaten verzichteten auf ihren Auslieferungsanspruch zugunsten Italiens, da Buscetta dort noch eine Reststrafe abzusitzen hatte.

In Anbetracht seines hartnäckigen Schweigens gegenüber den brasilianischen Ermittlern war kaum zu erwarten, daß Buscetta mit den italienischen Behörden kooperieren würde. Falcone wollte dennoch einen Versuch unternehmen. Im Juni 1984 reisten er und Vincenzo Geraci, sein Kollege von der Procura della Repubblica, nach Brasilien. Im Gegensatz zu allen Gerüchten, wonach Buscetta nach umfangreichen gesichtschirurgischen Operationen nicht wiederzuerkennen sei, hatte er noch sein altes, unverwechselbares Gesicht mit dem dunklen Teint und den knochigen Zügen, die ihn wie einen Indio aussehen ließen. Die Italiener hatten eine Liste mit rund fünfzig Fragen an den Beschuldigten mitgebracht, die der brasilianische Untersuchungsrichter laut vorlas. Buscetta saß reglos da, seine Frau Cristina neben sich. Er beantwortete die Fragen schnell und ausweichend, so daß die Italiener das Gefühl bekamen, ihre Zeit zu vergeuden. Doch dann bemerkte Falcone, daß der Mafiaboß ihn, während er seine Antworten gab, aufmerksam beobachtete und scharf musterte. Einmal, als Buscetta die Antwort auf eine Frage schuldig blieb, fragte ihn der brasilianische Untersuchungsrichter: «Haben Sie die Absicht zu antworten?» Buscetta wandte sich daraufhin direkt an Falcone und sagte bedeutungsvoll: «Es würde die ganze Nacht dauern, darauf zu antworten.» Mit dem Hinweis, er sei müde, bat Buscetta um eine Unterbrechung bis zum nächsten Tag.

«Ich glaube, er hat beschlossen, uns reinen Wein einzuschenken», sagte Falcone zu Geraci. «Du machst wohl Witze», antwortete Geraci. Es erschien zu schön, um wahr sein zu können, daß ein Mann in der Position Buscettas, der Mafiageheimnisse aus 35 Jahren und 3 Erdteilen in sich barg, sich als Kronzeuge zur Verfügung stellen könnte. Die beiden Ermittler kehrten nach Palermo zurück, und die italienischen Behörden führten das Auslieferungsverfahren fort. Zunächst schien sich die Skepsis Geracis zu bestätigen: Als Buscetta erfuhr, daß man ihn in ein Flugzeug nach Italien setzen würde, machte er einen Selbstmordversuch, indem er eine Dosis Strychnin schluckte, die er heimlich bei sich trug. Buscetta war überzeugt davon, nur sein Tod könne verhindern, daß die Mafia weiterhin Mitglieder seiner Familie abschlachtete; er glaubte, solange er am Leben sei, müsse jeder, der zu ihm in engerer Beziehung stand, um sein Leben fürchten. So sah er im Selbstmord das einzige Mittel, seine Frau und seine Kinder zu retten. Doch er überlebte, und wenige Tage nach seiner Ankunft in Italien bat er um eine Unterredung mit Richter Falcone.[23]

SIEBTES KAPITEL

Zu Beginn seiner Verhörsitzungen mit Tommaso Buscetta stellte Falcone sich die Aufgabe, sein eigenes Agieren so sorgfältig wie möglich auf sein Gegenüber zu «eichen»; er wollte vermeiden, daß die überraschende Sprechbereitschaft Buscettas umgehend wieder zu Schweigen erstarren würde. Er wollte professionelle Distanz wahren, aber auch Verständnis und Mitgefühl ausstrahlen, wollte Buscetta respektvoll behandeln, aber nicht die Tatsache aus dem Blick verlieren, daß sich hier ein Strafverfolger und ein mutmaßlicher Verbrecher gegenübersaßen. Einige Ankläger hatten in der Vergangenheit im Umgang mit Mafiosi den Fehler gemacht, einen überaus vertraulichen Ton anzuschlagen und das freundschaftliche «du» statt des formellen «Sie» zu benützen, was für einen Mafioso unweigerlich einer Beleidigung oder Geringschätzung gleichkam. Andere wiederum hatten zu sehr auf ihre Autorität gepocht, waren laut geworden oder hatten Befehle erteilt. Wichtig war, daß er gut vorbereitet in die Sitzungen ging, mit ernstzunehmenden, konkreten Fragen im Köcher, die keine Beleidigung für die Intelligenz des Vernommenen waren. Falcone kannte die Anekdote von dem Staatsanwalt in Rom, der das Verhör des italo-amerikanischen Gangsters Frankie «Dreifinger» Coppola mit der schroffen, provokativen Frage: «Was ist die Mafia?» eingeleitet hatte. Coppola hatte nach kurzem Schweigen mit einer Anekdote geantwortet: Um das Amt des Chefanklägers bewerben sich drei Leute. Der erste ist äußerst intelligent, der zweite hat die Unterstützung der politischen Parteien, der dritte ist ein Trottel. Der Trottel bekommt die Stelle. «Das ist die Mafia», sagte Coppola und damit war das Gespräch zu Ende.[1]

Buscetta wollte seinerseits von Anfang an sicherstellen, daß Falcone auf der Hut war. «Ich traue Ihnen, Richter Falcone, und ich traue dem stellvertretenden Polizeichef Gianni De Gennaro. Aber sonst traue ich niemandem. Ich glaube nicht, daß der italienische Staat die ernsthafte Absicht hat, die Mafia zu bekämpfen . . . Ich möchte Sie warnen, Richter. Nach diesem Verhör werden Sie berühmt sein. Aber man wird versuchen, Sie physisch und beruflich zu vernichten. Und das gleiche werden sie mit mir versuchen. Vergessen Sie nie, daß Sie heute ein Konto bei der Cosa Nostra eröffnen, das erst mit Ihrem Tod ausgeglichen sein wird. Sind Sie sicher, daß Sie fortfahren wollen?»[2]

An diesem Tag beschränkte sich Buscetta, der nach seinem fast gelungenen Selbstmordversuch noch nicht bei voller Gesundheit war, auf die Abgabe einer kurzen Erklärung: «Ich möchte deutlich machen, daß ich kein Vogel bin, der singt . . . Ich bin kein ‹Reuiger›, weil hinter meiner Aussagebereitschaft nicht die niedrigen Motive persönlichen Interesses stehen. Ich habe mein Leben als Mafioso gelebt und habe Fehler gemacht, deren Folgen ich zu tragen bereit bin, ohne um Strafmilderung oder Sonderbehandlung zu bitten. Im Interesse der Gesellschaft, meiner Kinder und anderer junger Menschen habe ich mich entschlossen, alles zu enthüllen, was ich über das Krebsgeschwür Mafia weiß, damit künftige Generationen ein menschlicheres und würdigeres Leben führen können.»[3] Danach bat er, krank und erschöpft, um eine Ruhepause in seiner Zelle. Falcone drängte ihn nicht zum Weitermachen.

So verlief die erste einer bemerkenswerten Serie von Sitzungen, die sich über den gesamten verbleibenden Sommer erstreckten und Falcones Bild von der sizilianischen Mafia radikal verändern sollten. Buscetta begann die zweite Vernehmungsrunde wie ein Professor, der eine Einführungsvorlesung hält: «Das Wort ‹Mafia› ist eine literarische Schöpfung; die wirklichen ‹Mafiosi› nennen sich einfach ‹Ehrenmänner› . . ., die Organisation als ganze wird ‹Cosa Nostra› genannt, wie in den Vereinigten Staaten», erklärte er.[4] «In der Vor-Buscetta-Zeit kannten wir nicht einmal den wahren Namen der Mafia», meinte Antonino Caponetto dazu. Man kannte den Ausdruck «Cosa Nostra» nur als Bezeichnung für die amerikanische Mafia; jetzt stellte sich heraus, daß es sich offenbar um einen nach Amerika exportierten sizilianischen Ausdruck handelte.[5]

Die Cosa Nostra, wie Buscetta sie beschrieb, war eine weitaus strenger und hierarchischer strukturierte Organisation, als die Ermittler es sich gedacht hatten. Zwar waren der italienischen Polizei öfter Geschichten über ein «Mafia-Parlament» zu Ohren gekommen, doch das war nur eine vage Kennzeichnung gewesen. Jetzt lieferte Buscetta ein präzises Organigramm der Cosa Nostra, in dem alle ihren Platz hatten, vom niedrigsten «Ehrenmann» in der Hierarchie bis hinauf zur «Kommission», die die Spitze der Pyramide bildete. Dazu erläuterte er die ziemlich komplexen Regeln, nach denen die Organisation funktionierte. «Jeder Ehrenmann gehört einer Familie oder Sippe an, was in der Stadt Palermo einem Wohnviertel entspricht. Bei Kleinstädten entspricht der Name der Sippe dem Namen der Stadt. An der Spitze jeder Sippe steht ein von Ehrenmännern direkt gewählter *capo.* Er wiederum bestimmt einen *sotto-capo* (Unterboß) und einen oder zwei *consiglieri* (Berater) . . . Die gewöhnlichen Fußsoldaten jeder Sippe sind in Gruppen zu je zehn organisiert, mit einem ‹Hauptmann› an der Spitze, der darüber wacht, was die einzelnen Ehrenmänner tun.»[6]

Die rund dreißig Mafiasippen in der Provinz Palermo sind in zehn Bezirke *(mandamenti)* gegliedert, wobei jeder Bezirk aus drei Sippen besteht, die in aneinandergrenzenden Territorien operieren. Jede dieser Dreiergruppen wählt sich einen «Bezirksführer» oder *capomandamento,* der sie im obersten Gremium der Organisation, der sogenannten «Kommission», vertritt. Die Kommission, so erklärte Buscetta, habe die Aufgabe, wichtige Richtungsentscheidungen zu treffen, Streitigkeiten zwischen den Sippen zu schlichten und bedeutsame Tötungsbeschlüsse zu fassen, etwa wenn es sich um die Ausschaltung von Polizeibeamten, Richtern, Politikern oder auch ranghohen Mafiosi handelte. Dieser Punkt war für die Strafverfolger äußerst wichtig, bedeutete dies doch, daß sie die Mitglieder der Kommission für alle «cadaveri eccellenti» verantwortlich machen konnten, die in den letzten Jahren die Straßen Palermos verunziert hatten. Es sei undenkbar, versicherte Buscetta, daß Persönlichkeiten vom Rang eines Generals Dalla Chiesa oder eines Rocco Chinnici ohne einen entsprechenden Beschluß der Kommission und ohne Wissen der Bosse, auf deren Territorium die Anschläge ausgeführt wurden, getötet worden seien.[7]

Die Kommission, ursprünglich einmal als Instrument einer kollektiven, «demokratischen» Selbstverwaltung ins Leben gerufen, war, so formulierte es Buscetta, zu dem Werkzeug geworden, «mit dem die vorherrschende Gruppe ihren Willen durchsetzt». Die Gruppe, die vor kurzer Zeit die Vorherrschaft innerhalb der Cosa Nostra errungen hatte, waren die Corleoneser unter Luciano Leggio bzw., seit Leggios Inhaftierung 1974, unter seinen Statthaltern Salvatore Riina und Bernardo Provenzano. Was Buscetta über die Machtverhältnisse und Machtspiele innerhalb der Cosa Nostra erzählte, paßte perfekt zu der Beschreibung, die Giuseppe Di Cristina sechs Jahre zuvor gegeben hatte, bis hin zur Einschätzung einzelner Personen. «Salvatore Riina und Bernardo Provenzano . . . verfügen über gleich viel Macht, doch da Riina viel intelligenter ist als Provenzano, hat er größeres Gewicht», sagte Buscetta.[8]

Das Auftreten Buscettas und seine Manieren imponierten Falcone. Auch wenn er höflich war, leise sprach und es nicht an Respekt fehlen ließ, merkte man, daß er gewöhnt war, zu befehlen und Gehorsam zu erwarten. «Buscetta war unübersehbar ein Mensch von außerordentlicher Intelligenz, der in allem, was er angefangen hätte, erfolgreich gewesen wäre», sagt Richard Martin, einer der amerikanischen Staatsanwälte in New York, die bei der Aufklärung einer Reihe amerikanischer Mafiafälle, die Parallelen zu den in Palermo laufenden Ermittlungen aufwiesen, mit Falcone zusammenarbeiteten. «Die meisten Mafiamitglieder sind schlicht und einfach Ganoven . . . Buscetta war sehr eloquent; er sprach italienisch, nicht nur den sizilianischen Dialekt, er sprach spanisch und portugiesisch, er verstand, wie die Welt auf allen Ebenen funktioniert. Und er war insofern für die Mafia eine sehr wichtige Figur, weil er mit fast jedem reden konnte.»[9]

«Buscetta war immer ernst und nachdenklich», sagt Antonio Manganelli, ein Polizeiermittler, der eng mit Falcone zusammenarbeitete und heute den Servizio Centrale Operativo in Rom leitet. «Wenn man ihn etwas fragte, sagte er mitunter: ‹Darüber würde ich gerne nachdenken, bevor ich antworte.› Dann, zwei Stunden später, nachdem man die Frage schon völlig vergessen hatte, kam er darauf zurück und lieferte eine sehr überlegte, wohlabgewogene Antwort.»[10]

Das Wissen Buscettas über die Kommission reichte bis in die Zeit ihrer Gründung in den späten 50er Jahren zurück. Einigen Darstellungen zufolge soll es Lucky Luciano gewesen sein, der, nachdem die Amerikaner ihn 1946 nach Italien ausgewiesen hatten, als erster seinen sizilianischen Kollegen die Einrichtung einer Kommission empfahl, wie sie sich in den USA für die Friedenssicherung zwischen den Mafiafamilien bewährt hatte. Als eine ausgewählte Gruppe amerikanischer und sizilianischer Bosse sich 1957 zu so etwas wie einem internationalen Mafiagipfel im Hotel delle Palme zu Palermo traf, war Buscetta dabei. Nach Einschätzung von Polizeifahndern trug die amerikanische Mafia, die zu der Zeit unter starkem polizeilichem Druck stand, den Sizilianern die Übernahme des Löwenanteils am internationalen Drogenschmuggel an und drängte zugleich auf die förmliche Einrichtung der Kommission. Welchen hohen Stellenwert die Zusammenkunft von Palermo gehabt haben mußte, wurde einen Monat später deutlich, als das amerikanische FBI mit einer Razzia ein Geheimtreffen von rund hundert amerikanischen Mafiabossen beendete, die in dem Städtchen Apalachin im Staat New York zusammengekommen waren, um die Ergebnisse der sizilianischen Gipfelkonferenz zu besprechen.[11]

Die neue Mafiaordnung funktionierte eine Zeitlang; die Mafiasippen von Palermo teilten das zunehmende Geschäft mit geschmuggelten Zigaretten, Staatsaufträgen und Immobilienspekulation einvernehmlich unter sich auf. Doch 1963 zerbrach die Kommission im Zuge des Konflikts, der in den ersten Mafiakrieg mündete. Inszeniert wurde dieser Krieg nach Aussage Buscettas vom Mafiaboß Michele Cavataio, dessen intrigante Methoden denen ähnelten, die Totò Riina später praktizieren sollte. Cavataio störte sich am zunehmenden Einfluß der aggressiv auftretenden Juniorbosse der Buscetta-Sippe, Angelo und Salvatore La Barbera. Als es zu einem Streit zwischen den Barbera-Brüdern und einem anderen Palermoer Boß, Calcedonia Di Pisa, kam, nutzte Cavataio diese Chance und ließ Di Pisa von seinen Männern liquidieren, wohl wissend, daß der Verdacht sogleich auf die La Barberas fallen würde. Die anderen Sippen fielen tatsächlich auf die List herein und erklärten den La Barberas den Krieg. Während die Rivalen Cavataios einander systematisch dezimierten, gossen er und seine Männer kontinuierlich Öl ins Feuer, indem sie verdeckte Feuerüberfälle und Autobomben-Anschläge gegen beide Parteien inszenierten. Dieses trickreiche Spiel ging so lange gut, bis im Juni 1963 eine Autobombe, die für den Mafiaboß von Ciaculli und damaligen Vorsitzenden der Kommission, Salvatore Greco (genannt Cichiteddu, «Vögelchen»), gedacht war, zum falschen Zeitpunkt explodierte und sieben italienische Polizeibeamte tötete.

Die Bombe von Ciaculli ließ den ersten Mafiakrieg unvermittelt in den ersten Krieg gegen die Mafia umschlagen. Rund 10.000 Polizisten durchkämmten Sizilien und verhafteten binnen weniger Monate 1.903 Mafiosi, darunter Cavataio und die meisten anderen namhaften Bosse. Die öffentliche Empörung über den Tod der Polizisten zwang das Parlament zur Installierung der ersten Anti-Mafia-Kommission, die eine höchst aufwendige und detaillierte Enquête über das Phänomen Mafia erarbeitete. Die Bombe von Ciaculli hatte aber auch den anderen Mafiasippen die Augen für das heimtückische Spiel Cavataios im Mafiakrieg geöffnet. Zum Zeitpunkt der Explosion war Salvatore La Barbera bereits tot, sein Bruder Angelo hatte sich nach Mailand geflüchtet und wurde dort bei einem Anschlag schwer verwundet. Es kam heraus, daß Cavataio und nicht die La Barberas die Bombe gelegt und den Konflikt entscheidend angeheizt hatte.[12]

Viele Mafiosi, darunter Buscetta und der Kommissionsvorsitzende Salvatore Greco, kehrten Italien voller Abscheu über das Geschehene den Rücken und zogen sich ins süd- oder nordamerikanische Exil zurück. Wie Falcone nunmehr von Buscetta erfuhr, wurde die Kommission damals sogar aufgelöst, und die verbliebenen *capi* der Cosa Nostra kamen überein, alle Aktivitäten ruhen zu lassen, bis der staatliche Druck nachließ.

Unglücklicherweise schien der Anti-Mafia-Feldzug in dem Augenblick einzuschlafen, als die Mordanschläge aufhörten und die öffentliche Erregung sich legte. Der erste Krieg gegen die Mafia klang 1969 mit einer Reihe von Freisprüchen aus; praktisch alle großen Bosse – Cavataio, Stefano Bontate, Giuseppe Di Cristina, Luciano Leggio, Totò

Riina und andere – wurden reingewaschen und aus der Haft entlassen. Im dadurch wieder neu erstarkten Bewußtsein ihrer eigenen Unantastbarkeit beschloß die Mafia, mit Cavataio abzurechnen und so ihrem vor den Gerichten errungenen Sieg die Krone aufzusetzen. Am 10. Dezember 1969 stürmten 6 in Polizeiuniformen gewandete Mafiosi ein Immobilienbüro im Viale Lazio in Palermo, in dem sich Cavataio mit einigen seiner Männer aufhielt.[13] Sie verwundeten Cavataio tödlich, doch konnte er noch zurückschießen und tötete seinerseits einen der Angreifer, Calogero Bagarella. Dieser war der ältere Bruder von Totò Riinas Geliebter Antonietta Bagarella und eines weiteren maßgeblichen Mafiosos aus Corleone, Leoluca Bagarella. Wie Buscetta Falcone erläuterte, war die Zusammensetzung des Überfallkommandos ein klares Zeichen dafür, daß es sich um einen von allen großen sizilianischen Mafiasippen gemeinsam beschlossenen Mordanschlag handelte: Neben Calogero Bagarella aus Corleone wirkten bei dem Anschlag ein Mitglied von Stefano Bontates Familie und ein Mann aus dem Gefolge von Giuseppe Di Cristina mit, dem Boß von Riesi auf der anderen Seite Siziliens.[14]

Die Liquidierung Cavataios markierte nach Buscetta die Wiederauferstehung der Cosa Nostra. Geführt wurde die Organisation in dieser Phase ihres Wiederaufbaus von einem Triumvirat aus Totò Riina, Stefano Bontate und dem Mafiaboß von Cinisi bei Palermo, Gaetano Badalamenti, der mit Buscetta befreudet war. Es überraschte Falcone zu erfahren, daß Totò Riina schon 1969 an der Spitze der Cosa Nostra stand, wenn auch nur als Statthalter für seinen Boß Luciano Leggio, der zu der Zeit krank war und sich in Mailand verborgen hielt.

Nicht lange, und Riina unternahm erste Schritte zur Erringung der Vorherrschaft innerhalb der Cosa Nostra. Als 1972 die beiden anderen Mitglieder des Triumvirats, Bontate und Badalamenti, verhaftet wurden, nutzte Riina die Situation, um seine Position zu stärken und die ihre zu untergraben. Es war Riina, der die Entführung des Sohnes von Graf Arturo Cassina organisierte, der zu den reichsten Unternehmern Palermos gehörte. Jahrelang hatte Cassina die lukrative private Monopolkonzession für den Unterhalt der Straßen, der Straßenbeleuchtung und der Abwasserentsorgung Palermos innegehabt – das in dieser Beziehung zu den rückständigsten und zugleich teuersten Städten Italiens gehörte. Cassina hatte den nötigen Rückhalt bei den Mafiasippen von Palermo; sie kauften jedem Lokalpolitiker den Schneid ab, der auch nur daran dachte, die betreffenden Konzessionen anderweitig zu vergeben. Als Gegenleistung dafür brachten sie eine gewisse Anzahl ihrer Leute in der Firma Cassinas unter. Den Sohn Cassinas zu entführen war eine Dreistigkeit, typisch für das Draufgängertum der Corleoneser. Sie strichen dadurch nicht nur viele Millionen Dollar Lösegeld ein, sondern schädigten auch das Prestige der führenden Sippen von

Palermo, die offenbar nicht in der Lage waren, einen ihrer wichtigsten Partner zu schützen.

Als Bontate und Badalamenti aus der Haft freikamen, protestierten sie wütend gegen das, was hinter ihrem Rücken gelaufen war. Luciano Leggio griff ein und entschärfte die Krise mit seinem diplomatischen Geschick. Er heuchelte Verständnis für ihre Empörung, löste das Triumvirat auf, erweckte die alte Kommission wieder zum Leben und stellte Gaetano Badalamenti an deren Spitze. Da die Geisel jedoch bereits freigelassen und das Lösegeld kassiert war, erklärte Leggio die Entführung zu einer vollendeten Tatsache, über die es sich nicht mehr zu streiten lohne. Die Kommission sprach sich grundsätzlich gegen Entführungen auf sizilianischem Gebiet aus, mit dem Argument, die groß angelegten polizeilichen Suchaktionen nach den Entführungsopfern seien schlecht für die Geschäfte der Mafia. Die Corleoneser legten freilich auch weiterhin einen völligen Mangel an Respekt vor den altehrwürdigen Mafiafamilien an den Tag. «Bei den Sitzungen der Kommission (die immer auf dem Landsitz von Michele Greco stattfanden, schon bevor er selbst die Leitung der Kommission übernahm) machte sich Luciano Leggio unweigerlich ... über Badalamenti lustig ... zeigte auf, welche grammatischen und syntaktischen Fehler er machte, wenn er versuchte, sich der italienischen Hochsprache anstelle des sizilianischen Dialekts zu bedienen», erzählte Buscetta. Leggio war zwar selbst der Sohn eines bettelarmen Bauern und ein gewissenloser Killer, kultivierte jedoch das Image eines Mafia-Intellektuellen und ließ sich gern «der Professor» nennen.[15]

Nach der Verhaftung Leggios 1974 nahm Riina dessen Platz in der Kommission ein und praktizierte bald wieder seine alten Intrigenspiele. 1975 fädelte er die Entführung Luigi Corleos ein. Dieser Mann war kein geringerer als der Schwiegervater von Nino Salvo, des unermeßlich reichen Inhabers der Steuererhebungs-Konzession für Sizilien. Diese Entführung war ein weiterer demütigender Schlag für Stefano Bontate, der der Familie Salvo sehr nahe stand. Nicht nur zeigte sich Bontate außerstande, die Geisel zu befreien; er schaffte es auch nicht, nach dem mutmaßlichen Tod des Entführungsopfers dessen Leichnam herbeizuschaffen, auf den die Familie Wert legte, sowohl aus Gründen der Ehre und Pietät, als auch aus erbrechtlichen Erwägungen. Die Corleoneser bestritten, irgend etwas von der Entführung zu wissen, und niemand konnte das Gegenteil beweisen. Falcone begann die machiavellistische Logik des großen Mafiakrieges zu verstehen: Die Ermordung Stefano Bontates 1981 war nicht der Startschuß zu diesem Krieg gewesen, sondern Höhepunkt und Abschluß eines sorgfältig geplanten, seit mehr als zehn Jahren laufenden Feldzuges. Totò Riina und seine Corleoneser waren dabei ihren Gegenspielern immer um mehrere Schritte voraus gewesen. Die Großstadtbosse in Palermo hatten den verhängnisvollen Fehler begangen, die Corleoneser zu unterschätzen, die sie verächtlich «i viddani» («die Bauern») nannten. «Schon damals (Mitte der 70er Jahre) verfolgten die Corleoneser den außerordentlich raffinierten Plan, Stefano Bontate schrittweise zu isolieren, um ihn am Ende ausschalten zu können, ohne negative Folgen befürchten zu müssen», erklärte Buscetta. «Bontate war zweifellos der einzige, der ein ernstzunehmendes Hindernis für ihre Hegemoniebestrebungen darstellte.»

Profitieren konnten die Corleoneser bei ihren Machenschaften von der Tatsache, daß kein Außenstehender die «Ehrenmänner» kannte, die dieser Mafiasippe angehörten. «Eine der Eigenarten der ‹Sippe› von Corleone ist, daß sie die Namen ihrer Mitglieder geheimhält, etwas, worüber sich Gaetano Badalamenti immer beschwert hat», berichtete Buscetta. Dies paßte gut zu einer Bemerkung, die Giuseppe Di Cristina sechs Jahre vorher in seiner «Beichte» gemacht hatte: Luciano Leggio verfüge über eine Geheimtruppe aus vierzehn Killern, die bereitstünden, auf sein Geheiß hin zu jedem Zeitpunkt und an jedem Ort in Italien Mordaufträge zu erledigen.

Die Bosse der Corleoneser Mafia waren fast ebenso geheimnisumwittert wie ihre Legion namenloser Soldaten. Während die Bosse der traditionellen Sippen Palermos und anderer sizilianischer Regionen das Leben im Licht der Öffentlichkeit, das Hofhalten in ihren luxuriösen Häusern und den ihnen von der Gemeinschaft erwiesenen Respekt genossen, führten die *capi* von Corleone, Leggio, Riina, Bernardo Provenzano und Leoluca Bagarella, jahrzehntelang das Leben von Justizflüchtlingen. Als Phantome an der Spitze von Phantom-Bataillonen waren sie ständig in Bewegung, von einem Versteck zum anderen, so daß ihre eigenen Leute manchmal ebensowenig wußten, wo sie waren, wie die Polizei. «Die Corleoneser sind ‹unsichtbare Zielscheiben›», hatte Di Cristina gesagt. «Sie sind fast alle flüchtig und lassen sich im Hinblick auf ihre Rivalen oder auf die Polizei kaum einmal auf ein ernsthaftes Risiko ein.»

Weil die Mafiabosse von Palermo offen in der Gesellschaft lebten, vermieden sie nach Möglichkeit spektakuläre, aufsehenerregende Verbrechen wie Entführungen oder Mordanschläge auf öffentliche Amtsträger, durch die sie ins Gerede kommen würden. Zwar schreckten sie, wenn es sein mußte, vor Morden nicht zurück, arbeiteten aber lieber hinter den Kulissen mit Polizei und Politik zusammen, als die direkte Konfrontation zu suchen. In den Reihen der «traditionellen» Mafia akzeptierte man eine gelegentliche Gefängnisstrafe als Berufsrisiko, zumal man wußte, daß dies dem Staat half, gegenüber der Öffentlichkeit sein Gesicht zu wahren. Man konnte sicher sein, dank exzellenter Beziehungen mit leichten Strafen und baldiger Entlassung auf Bewährung davonzukommen. Die Corleoneser steuerten einen viel kompromißloseren Kurs; sie schlugen ohne Zögern gegen jeden los, der ihnen Steine in den Weg legte. 1977 ermordeten sie Oberst Giuseppe Russo von den Carabinieri, ein Jahr darauf Michele Reina, den Vorsitzenden der Christdemokratischen Partei in Palermo.

Die Köpfe der traditionellen Mafiasippen empfanden diese neue Strategie als völlig verfehlt. Giuseppe Di Cristina war allerdings kurz vor seinem Tod dahintergekommen, daß diese Morde einem doppelten Zweck dienten: die Strafverfolgungsbehörden zu schockieren und die eigene Machtstellung auf Kosten der Rivalen in der Cosa Nostra auszubauen. «Ihre kriminelle Strategie ist zwar verrückt, zeitigt aber ihre Erfolge», hatte Di Cristina gesagt. «Sie provoziert polizeiliches Vorgehen, das sich jedoch primär gegen die ‹alten Mafiosi› richtet, die leicht identifizierbar sind; sie bewirkt, daß ihr schreckenerregendes Prestige zunimmt und gleichzeitig das Prestige der ‹traditionellen› Mafia mitsamt den Regeln, auf denen sie beruht, untergraben wird. Sie führt ihnen neue Soldaten und neue Kräfte zu, die entweder aus Furcht kommen oder von solchen tolldreisten Aktionen angezogen werden.» Ein erstrangiges Exempel statuierten sie mit der Ermordung Di Cristinas. Die Polizei ermittelte, anstatt die wahren Mörder zu verfolgen, gegen Di Cristinas Freund Salvatore Inzerillo, den Mafiaboß, auf dessen Territorium der Mord verübt worden war und der in der Kommission der engste Verbündete von Stefano Bontate war.[16]

Ein entscheidendes Jahr für den Griff der Corleoneser Mafia nach der Macht war 1978. In dieses Jahr fiel nicht nur die Ermordung hochrangiger öffentlicher Amtsträger, sondern auch die Eliminierung von Mitgliedern der «traditionellen» Mafia in anderen Teilen Siziliens – Di Cristina und Giuseppe Calderone aus Catania –, die als potentielle Verbündete der wichtigsten Rivalen Riinas in Palermo angesehen wurden.

Mit der für sie typischen Raffinesse rechtfertigten die Corleoneser ihr Vorgehen unter Berufung auf die traditionellen Regeln der Cosa Nostra. Zur Ermordung Di Cristinas seien sie verpflichtet gewesen, erklärten sie, weil er durch seine Kontaktaufnahme mit der Polizei seinen *omertà*-Eid gebrochen habe; sie unterschlugen dabei die Tatsache, daß sie Di Cristina schon zu ermorden versucht hatten, bevor er zur Polizei ging, und daß sein Geheimtreffen mit den Carabinieri die direkte Folge dieses unprovozierten Mordversuchs gewesen war. Die Corleoneser gaben stets vor, sich an die Regeln zu halten; in Wirklichkeit pfiffen sie darauf. Nach ähnlichem Muster verfuhren sie, als sie ein Fehlverhalten von Gaetano Badalamenti nutzten, um nicht nur seine Ablösung als Chef der Kommission durchzusetzen, sondern seinen Ausschluß aus der Cosa Nostra.

Bei all dem achteten die Corleoneser stets darauf, möglichst Dritte vorzuschieben. Giuseppe Calderone wurde nicht von Totò Riinas Männern liquidiert, sondern von seinem eigenen Unterboß Nitto Santapaola. Es schien sich bei diesem Mord um einen internen Vorgang zu handeln, doch Santapaola war zu diesem Zeitpunkt mit Riina verbündet und handelte im Dienst von dessen allgemeiner Strategie. In einem ähnlichen Kalkül installierte Totò Riina 1978 Michele Greco, den «Papst», als neuen Chef der Kommission. Greco verlieh der Kommission eine Fassade der Neutralität, hinter der die Corleoneser ihre expansionistischen Bestrebungen verbergen konnten. Entgegen dem äußeren Anschein sei der «Papst», wie Buscetta betonte, eine bloße Galionsfigur gewesen. «Michele Greco war aufgrund seines ausgleichenden und schwachen Naturells der perfekte Kandidat für den Kommissionsvorsitz, insofern als er den Zielen Riinas nicht im Weg stand», erklärte Buscetta.[17]

In der Folge segnete der «Papst» ein ums andere Mal selbst die eklatantesten Verstöße Riinas gegen die Regeln der Mafia ab. «Als der Mord (an Oberst Giuseppe Russo) geschah, meldete Bontate, der nichts davon gewußt hatte, auf einer Sitzung der Kommission schärfsten Protest dagegen an, aber niemand erwies ihm die Genugtuung, ihm wenigstens zu sagen, wer den Mord begangen hatte», erzählte Buscetta. «Später erfuhr Bontate von Michele Greco, die Corleoneser hätten den Mord angeordnet, und einer der Ausführenden sei Pino ‹Scarpa› Greco gewesen . . . Michele Greco leugnete jedoch gegenüber Bontate, in den Mordplan vorher eingeweiht gewesen zu sein, obwohl einer seiner eigenen Leute in dem Erschießungskommando mitwirkte . . . Das ist absolut unglaubhaft, und es ist bemerkenswert, daß die Kommission keine Diziplinarmaßnahmen ergriff, weder gegen die Corleoneser noch gegen Pino Greco.»

Dasselbe Muster wiederholte sich 1979 bei den Anschlägen auf Richter Cesare Terranova und Polizeiinspektor Boris Giuliano. «Ich weiß sicher – weil ich es von Salvatore Inzerillo gehört habe –, daß (diese Morde) von der Kommission von Palermo beschlossen wurden, ohne Wissen Inzerillos oder Stefano Bontates oder Rosario Riccobonos», sagte Buscetta.

Die Zeit zwischen der Wahl Michele Grecos zum Vorsitzenden der Kommission 1978 und dem «offiziellen» Ausbruch des großen Mafiakrieges im Frühjahr 1981 war die Periode eines widerwilligen Waffenstillstands, in der die Corleoneser der Macht und dem Ansehen Stefano Bontates und der «traditionellen» Palermoer Mafiasippen einen Kratzer nach dem anderen zufügten. Buscetta bekam die Chance, diese Periode hautnah mitzuerleben, als er im Juni 1980 auf Bewährung aus dem Gefängnis freikam und die Gelegenheit nutzte, um unterzutauchen. Er ging nach Palermo zurück und verbrachte dort viel Zeit mit seinem guten Freund Stefano Bontate. Buscetta stand zu Bontate in viel engerem Kontakt als zu seinem eigenen Boß, Giuseppe «Pippo» Calò. Bontate hatte einmal sogar versucht, Calò dazu zu bringen, daß er ein Überwechseln Buscettas in die Sippe Bontates im Stadtteil Santa Maria di Gesú erlaubte. Allein, die Zugehörigkeit zu einer bestimmten Sippe gilt, wie die Mitgliedschaft in der Cosa Nostra selbst, als unveräußerliche Bindung, aus der ein «Ehrenmann» nur durch den Tod entlassen wird.

Während der Zeit, als Buscetta sich in Palermo aufhielt, zitierte Calò ihn einmal nach Rom, wo er seit vielen Jahren unter falschem Namen lebte. Buscetta war wütend auf Calò, weil die Sippe ihn und seine Familie während seiner acht Haftjahre stiefmütterlich behandelt hatte. Nicht genug damit, daß Calò der Familie Buscetta keine finanzielle Unterstützung angeboten hatte – was die Mafia im Normalfall tut –, hatte Buscetta von einem anderen inhaftierten Mitglied der eigenen Mafiasippe gehört, er sei aus der Cosa Nostra ausgestoßen worden («posato», was wörtlich «hingestellt» oder «weggestellt» bedeutet), als Strafe für seine «unmoralische» Lebensführung, d. h. seine drei Ehen. Während die Mafia Mord, Heroinschmuggel und Erpressung gutheißt, legt sie in bezug auf das Sozialverhalten ihrer Mitglieder – zumindest pro forma – äußerst strenge konservative Maßstäbe an. Es ist zwar gang und gäbe, daß Mafiabosse eine Geliebte haben, aber sie müssen dies mit gebotener Diskretion tun und nach außen hin weiterhin mit der Mutter ihrer Kinder zusammenleben und ihr Respekt erweisen. Nun jedoch zeigte sich Calò nach jahrelanger Zugeknöpftheit plötzlich ausgesprochen freundschaftlich, versicherte Buscetta, bei dem Gerücht über seinen «Ausschluß» aus der Cosa Nostra handle es sich um ein Mißverständnis, und schwor, nicht gewußt zu haben, daß die Familie Buscetta finanzielle Probleme hatte. Mit allen Mitteln versuchte er Buscetta zum Verbleib in Italien zu überreden. «Als ich meine Absicht erklärte, nach Brasilien zurückzukehren, machte Calò mir heftige Vorhaltungen, ich solle doch in Palermo bleiben, es gebe hier jede Menge Möglichkeiten, Geld zu verdienen, da die Restaurierung des alten ‹historischen Stadtzentrums› von Palermo von Vito Ciancimino aus Corleone geleitet würde (dem ehemaligen Bürgermeister und Bevollmächtigten für das öffentliche Bauwesen), den, so Calò wörtlich, ‹Totò Riina in der Hand hat›.»

Nach acht Jahren Gefängnishaft war Buscetta verblüfft über den scheinbar grenzenlosen Wohlstand, den der Drogenhandel der Cosa Nostra beschert hatte. Zugleich sah er, wie Gewitterwolken sich über Palermo zusammenzogen, denn die wachsenden Spannungen zwischen den in der Kommission versammelten Bossen waren nicht zu übersehen. Die zunehmenden Konflikte innerhalb der Cosa Nostra bereiteten Calò ganz offensichtlich Sorgen; deshalb wünschte er sich, daß Buscetta in Palermo blieb und das Ansehen, das er als «graue Eminenz» genoß, nutzte, um als Friedensstifter zwischen den zerstrittenen Parteien aufzutreten.

Calò war früher einmal eng mit Stefano Bontate befreundet gewesen, hatte sich jedoch, als er merkte, daß sich die Waagschale zugunsten von Riina neigte, dem offenbar siegreichen Lager angeschlossen. «Als wir auf Calò zu sprechen kamen, sagte mir Bontate, daß dieser ein vollkommener Sklave der Corleoneser und Michele Grecos geworden sei, so sehr, daß er bei den Sitzungen der Kommission, wenn alle ihre Meinung sagten, nicht einmal mehr das Wort ergriff, sondern nur noch nickte», erzählte Buscetta.

Bontate war so frustriert, daß er schwor, er werde vor der versammelten Kommission eine Pistole ziehen und Riina erschießen. «Ich sagte ihm, das sei äußerst gefährlich, weil er riskieren würde, von den anderen Mitgliedern der Kommission getötet zu werden, weil sie Angst hätten, daß Bontate seine Waffe auch auf sie richten würde. Er antwortete, das mache ihm nichts aus, und er nehme den Tod gern in Kauf, wenn er nur Riina ins Jenseits befördern könne . . . Ich blieb bei der Überzeugung, daß es ein Fehler war . . . und ich erinnere mich, daß ich zu Bontate sagte, er stehe auf verlorenem Posten.»

In dem Bemühen, einen mafiainternen Krieg zu verhindern, arrangierte Buscetta ein Geheimtreffen zwischen Calò, Bontate und Salvatore Inzerillo; er wollte innerhalb der Kommission ein neues Bündnis begründen, als Gegengewicht zur Macht der Corleoneser. Das hinderte jedoch die Kommission nicht daran, weiterhin einen Konfrontationskurs gegen Bontate und Inzerillo zu steuern.

Die Ermordung des Hauptmanns Emanuele Basile im Frühjahr 1980 kam für Bontate und Inzerillo erneut völlig überraschend. «Die Tötung des Capitano Basile wurde von den Corleonesern angeordnet . . . mit Zustimmung der Kommission, aber wieder einmal ohne Wissen Inzerillos und Bontates . . . Dieses Mal war die Verärgerung dieser beiden größer als sonst, weil einer aus dem Dreierkommando, das den Mord beging . . . ein Mitglied der Ciaculli-Sippe war und es somit ausgeschlossen war, daß Michele Greco, wie er behauptete, nichts von dem Mordauftrag gewußt hatte.»

Der Mord am Leiter der Ermittlungsbehörde, Gaetano Costa, war nach Bekunden Buscettas interessanterweise nicht so sehr eine Vergeltungsaktion für die Anti-Mafia-Aktivitäten Costas als vielmehr eine Folge des Mordes an Basile gewesen. «Salvatore Inzerillo ordnete ganz auf eigene Faust, um zu zeigen, daß er die Kommission ebenso ohrfeigen konnte wie die Corleoneser, die Tötung von . . . Gaetano Costa an, der die Haftbefehle gegen die Inzerillo-Sippe unterschrieben hatte . . . Ich möchte jedoch betonen, daß Salvatore Inzerillo, wie er mir selbst erklärt hat, nicht etwa besonders böse auf Costa war wegen der Haftbefehle, sondern dies einfach als Anlaß nutzte, um vor den Augen seiner Feinde seine Macht und die seiner Familie zu demonstrieren.»

Nach dem Mord an Costa sagte Pippo Calò zu Buscetta, es sei «kindisch» von Inzerillo gewesen, «Gaetano Costa aus Daffke umbringen zu lassen, und Stefano Bontate sei auch nicht mehr der alte.»

Buscetta, der schlimme Dinge kommen sah, setzte sich aus Palermo nach Brasilien ab, wo er wenige Monate später von der Ermordung Stefano Bontates und Salvatore Inzerillos und von der reihenweisen Abschlachtung ihrer treuen Gefolgsleute erfuhr. Antonio Salamone, ebenfalls Mitglied der Kommission und regelmäßig zwischen Brasilien und Palermo unterwegs, hielt Buscetta über die Entwicklungen in der sizilianischen Heimat auf dem laufenden. Von Salamone erfuhr er, mit welchem raffinierten Trick Totò Riina sein jüngstes Opfer in trügerischer Sicherheit gewiegt hatte. «Vor dem Tod Stefano Bontates besaß Riina den Zynismus, Salvatore Inzerillo eine 50-Kilo-Lieferung Heroin anzuvertrauen. Als (Bontate) tot war und Antonio Salamone Inzerillo ermahnte, sich in acht zu nehmen, ... erwiderte der, er brauche sich keine Sorgen zu machen, solange er Riina noch das Geld für die Lieferung schulde. Doch Riina wartete nicht, sondern liquidierte ihn vor der Zahlung.»

Die Inzerillo-Sippe durchschaute dieses Spiel so wenig, daß sie sich einredete, die offene Rechnung aus dem Heroingeschäft sei der Grund für die Ermordung ihres Bosses gewesen. Daraufhin machte sich Santo Inzerillo, der Bruder des Ermordeten, mit einem Koffer voll Geld zu einem Versöhnungstreffen auf, um die noch offene Rechnung zu begleichen. Riina und seine Leute nahmen das Geld, aber danach erwürgten sie Inzerillo und seinen Begleiter. «Das zeigt, daß kein Konflikt in bezug auf das Rauschgiftgeschäft bestand und daß der wirkliche Konfliktgrund die Tatsache war, daß Stefano Bontate und Salvatore Inzerillo die einzigen beiden Persönlichkeiten waren, die genug Statur hatten, um den Hegemoniebestrebungen der Corleoneser im Weg zu stehen», erläuterte Buscetta.

Salamone hielt Buscetta auf dem laufenden über den mit Verrat vergoltenen Verrat, der das innere Gesetz des sogenannten Mafiakrieges von 1981 bildete. Nach dem Tod Bontates und Inzerillos lud der neue Boß der Bontate-Sippe mehrere Mitglieder der «Familie» zu einem Gespräch über deren Zukunft ein. Salvatore Contorno und Emanuele D'Agostino rochen den Braten, blieben dem Treffen fern und versuchten auch ihre Freunde von der Teilnahme abzuhalten. Diejenigen, die hingingen, wurden nie wieder gesehen.

D'Agostino beschloß daraufhin, Zuflucht bei seinem guten Freund Rosario Riccobono, dem Boß von Partanna-Mondello, zu suchen. Doch «Riccobono brachte D'Agostino um und beseitigte seine Leiche, zum demonstrativen Beweis seiner Loyalität zu den Corleonesern», erzählte Buscetta. «Salamone kommentierte die Episode so: Es sei klug von D'Agostino gewesen, (dem neuen Boß seiner Sippe) nicht zu trauen ..., aber töricht, Vertrauen zu Rosario Riccobono zu haben ...

Riccobono machte dann dasselbe mit dem Sohn von D'Agostino: Er lockte ihn in eine Falle, indem er ihn bat, saubere Kleider zu dem Versteck zu bringen, in dem sein Vater sich aufhalte.»

Vor seiner Liquidierung hatte Emanuele D'Agostino Riccobono noch gesagt, sein früherer Boß Stefano Bontate habe vorgehabt, Totò Riina zu töten. «An dieser Stelle brachen die Corleoneser in Siegesgeheul aus, denn nun hatten sie ein perfektes nachträgliches Motiv, um ihre Morde zu rechtfertigen», sagte Buscetta.

Rosario Riccobono war überzeugt, mit dem Verrat an seinen Freunden und damit, daß er Totò Riina den perfekten Vorwand für die Ermordung seiner Rivalen geliefert hatte, seine eigene Zukunft gesichert zu haben. Doch dann beging er einen überraschenden Fehler: Er vertraute Riina ebenso naiv, wie Emanuele D'Agostino zuvor ihm vertraut hatte. Um die Weihnachtszeit 1982 erhielten er und seine Leute eine Einladung zu einer Grillparty auf dem Anwesen Michele Grecos. Nach dem Essen zog sich Riccobono zu seinem gewohnheitsmäßigen Verdauungsschläfchen in einen bequemen Sessel zurück, wurde aber von einer Gruppe von Killern aus dem Schlummer gerissen, die ihm einen Strick vor die Nase hielten. «Saru (Kurzform für Rosario), deine Geschichte ist jetzt zu Ende», sagten sie zu ihm, bevor sie ihn strangulierten. Zur gleichen Zeit schwärmten die Corleoneser aus und brachten rund zwanzig von Riccobonos Männern zur Strecke – auf einen Schlag beseitigten sie so seine gesamte Truppe.[18]

Als Gaetano Badalamenti Ende 1982 Buscetta in Brasilien besuchte, brachte er die neuesten Frontberichte aus dem Mafiakrieg von Palermo mit. Die von Riina losgeschickten Killer hatten sich nicht einmal gescheut, den kaum 16jährigen Sohn Salvatore Inzerillos mit umzubringen. Diesen Mord hatte der berüchtigte Pino «Scarpa» Greco begangen, der, obzwar nominell noch Michele Grecos Unterboß, zum Lieblingskiller von Totò Riina avanciert war. «Als Beispiel dafür, was für ein sadistischer Killer Greco ‹der Schuh› war, erzählte mir Badalamenti, er habe dem Inzerillo-Jungen, bevor er ihn tötete, den rechten Arm abgeschnitten, damit er ihn nicht mehr dazu benutzen könne, Totò Riina zu ermorden.»[19]

Badalamenti versuchte Buscetta zur Rückkehr nach Palermo zu überreden; er forderte ihn auf, dort an die Spitze jener Mafiasippen zu treten, die einen Gegenschlag gegen die Corleoneser führen wollten. Doch Buscetta lehnte diesen Plan als aussichtslos ab. Totò Riina bekam Wind von der Unterredung in Brasilien, und bald nach dem Besuch Badalamentis begannen Angehörige Buscettas in Palermo spurlos zu verschwinden.

Was die Benennung der Bluttäter im großen «Mafiakrieg» und die Identifizierung derer betraf, die die Befehle zur Schaffung der «cadaveri eccellenti» von Palermo erteilt hatten, äußerte Buscetta die feste

Überzeugung, daß die Informationen, über die er verfügte, obgleich oft aus zweiter Hand stammend, absolut zuverlässig waren, als ob er selbst Zeuge der Ereignisse gewesen wäre – «Ehrenmänner» seien streng verpflichtet, bei der Wahrheit zu bleiben, wenn sie mit anderen «Ehrenmännern» Mafia-Angelegenheiten besprachen. Was er, Buscetta, von Stefano Bontate, Salvatore Inzerillo, Gaetano Badalamenti und Antonio Salamone erfahren habe, sei die «absolute Wahrheit», erklärte er nachdrücklich. «Ich bin mir klar darüber, daß ich hier eine Auffassung verbreite, die für jemanden, der kein Sizilianer oder kein Mafioso ist, nur schwer nachvollziehbar ist... Ein Ehrenmann... muß immer die Wahrheit sagen. Wer auch immer gegen diese Regel verstößt – man hat ja das Recht, den Mund zu halten –, macht sich einer schweren Verfehlung schuldig, die sogar mit dem Tode bestraft werden kann.»

Viele finden die Vorstellung lächerlich, daß in einer Organisation, zu deren täglichem Geschäft Mord, Raub und Betrug gehören, eine heilige Verpflichtung bestehen soll, die Wahrheit zu sagen, doch Falcone war klug genug, Buscetta sorgfältig zuzuhören. Was deutlich wurde, war, daß die neue Cosa-Nostra-Generation den «Ehrenkodex» der Mafia zum Zerrbild gemacht hatte. Traditionell waren die detailliert festgelegten Ge- und Verbote, die das Verhalten der Mitglieder regelten, eine wichtige Quelle ihrer inneren Kraft gewesen, die der Mafia einen enormen «Wettbewerbsvorteil» gegenüber anderen Formen organisierter Kriminalität verschafft und ihren Fortbestand über mehr als 120 Jahre ermöglicht hatte. Bei den «Ehrenmännern» alter Schule hatte es sich um außerordentlich disziplinierte Kriminelle gehandelt, die im allgemeinen willkürliche Gewaltanwendung vermieden, oft außerordentliche Anstrengungen machten, um die eigenen Leute zu schützen und zu fördern – und niemals mit der Polizei kooperierten. All dies hatte die Mafia zu einem fast unlösbaren Problem für die Strafverfolgung gemacht. «(Die Mafia) verkörpert eine Subkultur, die die kriminelle Extremausprägung bestimmter Werte darstellt, die für sich genommen nicht verwerflich sind: Tapferkeit, Freundschaft, Respekt vor der Tradition», sagte Falcone 1986 in einem Interview.[20] Erst wenn der Staat, so die Überzeugung Falcones, die Mafia so ernst nahm wie sie sich selbst, würden die zu ihrer Bekämpfung unternommenen Anstrengungen Aussicht auf Erfolg haben. Getreu dieser Einschätzung beschränkte Falcone sich bei seinen Sitzungen mit Buscetta nicht darauf, ihn zu bestimmten Verbrechen und Verbrechern zu befragen, sondern zapfte auch sein Wissen über die eher «folkloristischen» Elemente des Mafialebens an.

«Niemand wird je irgendwelche schriftlich niedergelegte Mafia-Gesetzbücher finden, aber dennoch sind ihre Gesetze hart wie Eisen und werden von allen akzeptiert», sagte Buscetta. «Ebensowenig wird man jemals Mitgliederlisten finden, und doch ist die Bindung zwischen den Ehrenmännern stärker und unauflöslicher, als wenn es in irgendeinem Dokument niedergelegt wäre ... Meiner Meinung nach bestand einer der Hauptfehler, die im Krieg gegen die Mafia begangen wurden, darin, daß man diese Tatsache, die jedem Ehrenmann bestens bekannt ist, ignoriert hat.»[21]

Während einige neuere Mafia-Experten die Geschichten über Initiationsrituale als Hollywood-Mythen abgetan hatten, bestätigte Buscetta, wie übrigens alle anderen Mafiazeugen nach ihm, die Existenz solcher Rituale. Die Schilderung, die er von seiner eigenen Aufnahmezeremonie gab, weist große Ähnlichkeit mit Darstellungen aus dem 19. Jahrhundert auf:

Der Neuling wird mit ... mindestens drei «Ehrenmännern» der Sippe zusammengebracht; das älteste anwesende Sippenmitglied macht ihn darauf aufmerksam, daß «dieses Haus» dazu da sei, die Schwachen vor der Willkür der Mächtigen zu schützen; er sticht dann dem Neuling in den Finger und läßt sein Blut auf ein geheiligtes Bildnis tropfen. Das Bild wird dem Neuling in die Hand gegeben und angezündet. Der Neuling muß den Schmerz der Flammen aushalten und das Bild von Hand zu Hand wandern lassen, bis es vom Feuer verzehrt ist; dabei muß er schwören, den Grundsätzen der Cosa Nostra treu zu bleiben. Er gelobt feierlich: «Möge mein Fleisch verbrennen wie dieser Heilige, wenn ich diesem meinem Eid untreu werde.» So ungefähr lief das Initiationsritual ab, als ich in die Cosa Nostra eintrat. Ich weiß nicht, ob es immer noch so gepflogen wird.

Ihren Nachwuchs suchen sich die Mitglieder einer lokalen Mafiasippe in ihrem Wohnviertel, wobei sie die durchsetzungsfähigsten, intelligentesten und aggressivsten Jungen bevorzugen. Bevor ein Anwärter in die Organisation aufgenommen wird, betraut diese ihn mit diversen kriminellen Aufgaben und beobachtet sein Verhalten über einige Jahre. Als Mitglied in Frage kommt nur, wer Sizilianer ist und keine Verwandten im Justizdienst hat. Die Cosa Nostra nimmt auch niemanden auf, dessen Vater von einem «Ehrenmann» getötet worden ist. Der Grund dafür liege, wie Buscetta erklärte, wiederum in der besagten bindenden Verpflichtung, die Wahrheit zu sagen: Das neu rekrutierte Mitglied würde selbstverständlich die Frage stellen, wer seinen Vater ermordet hatte; damit würde die Organisation vor der Wahl stehen, entweder den jungen Mann anzulügen oder einem inneren Konflikt Tür und Tor zu öffnen. Angesichts dessen sei es besser, ihn gar nicht erst aufzunehmen.

Der Ehrenkodex verpflichtet die Mitglieder, die Ehefrauen anderer Männer zu respektieren und Ehrenmänner nicht zu bestehlen oder zu belügen. Streng tabuisiert sind die Tötung von Frauen und Kindern, der Umgang mit Prostituierten, der Konsum von Rauschgiften, übermäßiges Trinken und «unmoralisches» Sexualverhalten.

Wegen des geheimen Charakters der Cosa Nostra ist es für Mafiosi oft ein delikates Problem, auf welche Weise sie sich anderen Mafiosi zu erkennen geben können. Wie Buscetta erklärte, ist der normale Vorgang der, daß die zwei durch einen dritten Ehrenmann, der über die Mafiazugehörigkeit beider Bescheid weiß, miteinander bekannt gemacht werden, was gewöhnlich durch die Formel «Lui e' la stessa cosa» («Er ist dasselbe») oder «E' come te e come me» («Er ist wie du und wie ich») geschieht.

Will ein Ehrenmann mit einem Mitglied einer anderen Mafiasippe Kontakt aufnehmen, ist er angehalten, sich an seinen eigenen Boß zu wenden, der dann eine erste Begegnung der beiden Männer arrangiert. «Das ist eine wirksame Methode, um das Inkognito der Mafiasippen zu gewährleisten», erklärte Buscetta. «Tatsächlich wird dafür gesorgt, daß sich die Beziehungen zwischen den unterschiedlichen Sippen auf das unbedingt Notwendige beschränken.»

Bei aller Verpflichtung, einander stets die Wahrheit zu sagen, sind «Ehrenmänner» in der Regel eher wortkarg. «Im Gespräch mit einem anderen Ehrenmann stellt man keine direkten Fragen, denn das wäre ein Zeichen für eine bedauerliche Neugierde, die falsch interpretiert werden könnte», erklärte Buscetta. «Man beschränkt sich darauf, sich anzuhören, was der andere zu sagen hat. Innerhalb der Mafia wird Ihnen niemand je den genauen Ablauf eines Verbrechens schildern; es genügt – und mehr sollte man nie verlangen –, daß eine Person deutlich macht, und sei es auch durch Schweigen, daß sie hinter einem bestimmten Verbrechen steckt ... Bei uns genügt eine Geste, ein Blick, ein Augenzwinkern, um vollkommen deutlich zu machen, was passiert ist, und daher auch, um zu wissen, wie man sich gegenüber Polizei und Justiz verhält ... Um Ihnen ein banales Beispiel zu geben: Wenn zwei Mafiosi in eine Verkehrskontrolle geraten und sich im Handschuhfach ein Pistole befindet, genügt ein Austausch von Blicken zwischen den beiden, um sich darin einig zu werden, daß der eine nichts über die Waffe sagen wird und der andere sich dazu bekennt, ihr Besitzer zu sein.»

Eine der Gründe dafür, daß sich eine so gute Beziehung zwischen Falcone und Buscetta herstellte, war die Tatsache, daß Falcone als Sizilianer diese Sprache der Gesten und der Mitteilungen zwischen den Zeilen verstand. «Wir verstanden einander, ohne etwas sagen zu müssen», meinte Buscetta nach dem Tod Falcones. «Er war ein intuitiver und intelligenter Mensch, ehrlich und willens zu arbeiten.»[22] Parallel zu ihrem verbalen Dialog tauschten die beiden einen «Subtext» aus, subtile nonverbale Botschaften. «Nach meinem Eindruck lief unsere Verständigung in einer Art Geheimsprache ab», sagte Falcone dazu.[23]

Dieser «Subtext» kam schon bei ihrer ersten Unterredung in Gang. Gegen Ende der Sitzung erwähnte Buscetta nebenbei, daß ihm die Zigaretten ausgegangen waren. Daraufhin bot ihm Falcone sein angebrochenes Päckchen an. Buscetta akzeptierte. Bei ihrer nächsten Begegnung machte Buscetta deutlich, daß das mit den Zigaretten so etwas wie eine Prüfung gewesen war. «Ich habe Ihre Zigaretten akzeptiert, weil das Päckchen schon geöffnet war», sagte er. «Ich hätte nie eine Stange oder auch nur ein paar ungeöffnete Päckchen angenommen, denn das wäre ein Demütigungsversuch gewesen.»

Manche mögen in einem solchen Abtasten, einem solchen Abwägen des winzigsten Details, etwas Krankhaftes sehen», schrieb Falcone mehrere Jahre später im Rückblick auf diese Episode. «Doch ein Mensch, der in beständiger Gefahr lebt, ist darauf angewiesen, die Bedeutung selbst der scheinbar nebensächlichsten Signale zu erkennen und sich beständig um ihre Entschlüsselung zu bemühen.»[24]

Falcone merkte intuitiv, in welchen Momenten er innehalten und in welchen er vorwärtsdrängen mußte, er verstand es, mit einem Scherz die Spannung aus einer Situation zu nehmen, im richtigen Augenblick jedoch einer Frage mit absoluter Ernsthaftigkeit nachzugehen. So entwickelte sich zwischen ihm und Buscetta eine bemerkenswerte Synchronität. «Wenn ich ihm etwas sagte, sah man bei ihm ein Licht angehen», kommentierte Buscetta. «Es war ein echtes Vergnügen, seinen Analysen zu lauschen; er stellte nie eine überflüssige Frage, stellte sich nie dumm. Er war der einzige, der durchblickte.»[25]

Weniger gut kamen im Urteil Buscettas einige der Kollegen Falcones von der Procura della Repubblica weg, die bei den Verhörsitzungen fast immer zugegen waren. Als Buscetta einmal den Hergang eines Mafiamordes schilderte, unterbrach ihn ein Untersuchungsrichter mit der Frage, ob es wahr sei, daß er als Häftling im Ucciardone-Gefängnis Austern gegessen und Champagner getrunken habe. «Nein», erwiderte Buscetta kurz angebunden und mit einem bösen Blick, um dann seine Geschichte zu Ende zu erzählen. Ein paar Stunden später fragte Buscetta den betreffenden Beamten: «Warum stellen Sie mir, wenn ich über etwas so Ernstes wie einen Mord spreche, eine so oberflächliche Frage?»[26]

Im Verlauf der täglichen Marathonsitzungen des Sommers 1984 passierte es Vincenzo Geraci von der Procura gelegentlich, daß ihm die Augen zufielen. Seine Müdigkeit war verständlich: Er mußte mit dem atemberaubenden Tempo Falcones Schritt halten und an manchen Tagen zwölf, vierzehn, ja sechzehn Stunden arbeiten, und dies bei der Gluthitze der Monate Juli und August. Doch Buscetta sah im gelegentlichen Einnicken Geracis einen kränkenden Mangel an Aufmerksamkeit. «Ich mag diesen Untersuchungsrichter nicht», ließ Buscetta Falcone bei anderer Gelegenheit wissen. «Ich traue ihm nicht.»[27]

Mitten im August, als praktisch ganz Italien in Ferien war, setzten Falcone und Buscetta ihre Verhörsitzungen in einem schwülen Dachgeschoßzimmer des römischen Polizeipräsidiums fort. Das Fenster stand offen, und aus den Wohnungen der Polizeibeamten, die sich im darunterliegenden Stockwerk befanden, drang Musik. Falcone störte sich daran zunächst und bat einen Polizisten, er möge hinuntergehen und die Männer bitten, die Musik abzustellen. Es änderte sich jedoch nichts. Da stand Buscetta plötzlich auf und schloß das Fenster, trotz der unerträglichen Hitze. Als Falcone den Grund wissen wollte, sagte Buscetta: «Ganz einfach, Herr Richter: Wenn die Männer weiterhin Lärm machen, werden Sie einschreiten und sie bestrafen lassen müssen. Wenn ich aber das Fenster schließe, werden wir sie nicht hören, und Sie müssen nicht einschreiten.» Jahre später über diese Episode sinnierend, meinte Falcone, es sei dies eine typisch mafiose und sizilianische Argumentation gewesen: sein Möglichstes tun, um eine direkte Konfrontation zu vermeiden, besonders wenn man sich des Ausgangs nicht sicher sein kann.[28]

Was Falcone sehr beeindruckte, war die ungeheure innere Disziplin, die Buscetta und andere Mafiosi zu üben vermochten. So brachte Buscetta im Gefängnis drei Jahre in enger Nachbarschaft mit einem anderen Mafioso zu, der einen von seinen und Stefano Bontates besten Freunden ermordet hatte und den er zutiefst verabscheute. Dennoch vermied Buscetta es nicht nur, dem Mann die geringste offene Abneigung zu zeigen, sondern lud ihn auch noch ab und zu zum Essen in seine Zelle ein. Buscetta wußte, daß die Liquidierung dieses Mannes bereits beschlossene Sache war und daß er, Buscetta, alles unterlassen mußte, was dessen Argwohn hätte erregen können. Tatsächlich wurde der Mafioso noch am selben Tag, an dem er aus dem Gefängnis entlassen wurde, ermordet.[29]

So sehr Ehrenmänner auf der einen Seite zu unglaublichen Grausamkeiten fähig waren, sie konnten andererseits auch Beispiele höchster persönlicher Loyalität liefern. In der Zeit, als Totò Riina alles daransetzte, Buscetta in Brasilien zur Strecke zu bringen, wandte er sich an dessen Freund Antonino Salamone, wohl wissend, daß nur jemand, dem Buscetta vertraute, ihn in eine Falle locken konnte. Doch Salamone kehrte Hals über Kopf nach Italien zurück und stellte sich der Polizei, weil er es nicht über sich brachte, Buscetta seinen Feinden ans Messer zu liefern.

Im Gegensatz zu vielen in der Öffentlichkeit kursierenden Phantasien mordete die Mafia nicht aus Lust am Töten; sie war, von wenigen Ausnahmen abgesehen, keine Ansammlung blutrünstiger Psychopathen. Mord galt als letztes Mittel, wenn alles andere versagt hatte. Wenn ein Geschäftsmann die Zahlung seines Schutzgeldes versäumte, erhielt er erst einmal einen Anruf; als nächstes wurde vielleicht sein Auto angezündet, und erst wenn eine weitere eskalierende Serie von Warnungen nichts fruchtete, erfolgte der Schritt zur Anwendung blutiger Gewalt. Bei der Wahl ihrer Methoden ging die Cosa Nostra streng pragmatisch vor. Ihre bevorzugte Tötungsmethode war die Strangulierung, nicht weil dies für das Opfer am quälendsten war, sondern weil es lautlos vor sich ging und keine Spuren hinterließ. Doch wenn man jemanden strangulieren wollte, mußte man ihn erst einmal in eine Falle locken. Wenn das nicht gelang, wich man auf Gewehre aus. Zum Mittel der Bombe, wie bei der Ermordung Rocco Chinnicis, griff die Mafia nicht in dem Bestreben, ein lautes, öffentliches Exempel zu statuieren, sondern weil bei einem unter starkem Polizeischutz stehenden Mann wie Chinnici ein Schußwaffen-Attentat zu leicht fehlschlagen konnte. «Ehrenmänner sind weder Teufel noch Wahnsinnige», sagte Falcone. «Es stimmt nicht, daß sie für ein Gramm Kokain ihren Vater oder ihre Mutter umbringen würden. Sie sind Menschen wie wir . . . Wir müssen anerkennen, daß sie uns ähnlich sind.»[30]

Die Mafiosi, mit denen Falcone zu tun hatte, ähnelten ihm insofern, als sie wortkarge Menschen waren, gewöhnt, ihre Gefühle nicht zu zeigen. Sie hatten ein skeptisches Menschenbild, waren in der Regel aufmerksame Beobachter und hatten ein bemerkenswertes Gedächtnis für Kleinigkeiten. Mafiosi und Mafia-Ermittler standen sich einerseits an einer Front als Feinde gegenüber, waren aber andererseits gleichsam spiegelbildliche Figuren, die sich in ein und derselben Welt bewegten, ein und dieselbe Zeichensprache zu deuten und ständig mit dem Tod vor Augen zu leben hatten. «Hätte Falcone auf der anderen Seite gestanden, er wäre ein großartiger Mafioso gewesen», meinte Leonardo Guarnotta, Freund und Kollege Falcones im Anti-Mafia-Verbund von Palermo. Je mehr Zeit er mit Buscetta und anderen Zeugen aus den Reihen der Mafia verbrachte, desto mehr Berührungspunkte zwischen ihnen und sich bemerkte er.[31]

«Im Bewußtsein der Heimtücke und Unaufrichtigkeit meiner Mitmenschen beobachte ich sie, analysiere sie und versuche Tiefschlägen auszuweichen», schrieb Falcone 1991. «Der Mafioso zeichnet sich durch dieselbe Skepsis gegenüber der menschlichen Art aus. Die katholische Kirche lehrt uns: ‹Gedenke des Todes, denn auch du wirst sterben.› Der ungeschriebene Katechismus der Mafia hält eine ähnliche Botschaft bereit: Die ständige Lebensgefahr . . . hat sie gelehrt, in einem Zustand des immerwährenden Auf-der-Hut-Seins zu leben. Wir können oft nur darüber staunen, welche unglaubliche Menge an Details die Leute von der Cosa Nostra im Gedächtnis zu behalten vermögen. Doch wenn man beständig mit dem Schlimmsten rechnen muß, ist keine Kleinigkeit zu winzig . . . Nichts wird dem Zufall überlassen. Die Gewißheit, daß der Tod stets gegenwärtig ist – im nächsten Moment, in einer Woche, in einem Jahr –, bewirkt, daß bei ihnen die emotionale Anspannung und geschärfte Wahrnehmung, die sich typischerweise in lebensbedrohenden Situationen einstellen, zum Dauerzustand wird . . .»[32]

Falcone lernte viel aus seiner Bekanntschaft mit Mafiosi. «Ich lernte, menschliche Regungen auch noch bei den scheinbar schlimmsten Charakteren zu entdecken, und entwickelte einen wirklichen, nicht nur zur Schau getragenen Respekt vor der Meinung anderer ... Der kategorische Imperativ des Mafiosos, ‹die Wahrheit zu sagen›, wurde zu einem Kardinalprinzip meiner eigenen, persönlichen Moral, zumindest in bezug auf die wichtigsten persönlichen Beziehungen in meinem Leben. So seltsam es sich anhört, die Mafia erteilte mir eine Lektion in Sachen Moral.»[33]

Das Gebot, in Mafia-Angelegenheiten die Wahrheit zu sagen, war nicht nur eine Sache des Prinzips unter Ehrenmännern, es war vielmehr eine praktische Notwendigkeit in einer Welt, in der eine falsche Auskunft oft über Leben oder Tod entscheiden konnte. Das Gebot schuf ein Gefühl der Solidarität zwischen den «Ehrenmännern», der Zugehörigkeit zu einer gegenüber der Außenwelt hermetisch abgegrenzten Gruppe. Ein gewisser Grad an Transparenz innerhalb der Organisation war nötig, um ihre Undurchdringlichkeit von außen her zu bewahren. Daneben besitzt der Ehrenkodex der Cosa Nostra auch eine erhebliche psychologische Bedeutung: Gerade weil die meisten «Ehrenmänner» keine gewalttätigen Psychopathen sind, brauchen sie, um ihre besonders grausigen Verbrechen begehen zu können, das Gefühl, moralisch im Recht zu sein. So erklären sich die höchst gewundenen Begründungen, mit denen die Corleoneser rechtfertigten, weshalb diese oder jene Person liquidiert werden müsse; es handelte sich nicht um bloße Erfindungen, um den Widersachern Sand in die Augen zu streuen, sondern um Legitimationen, mit denen die eigenen Leute in der Überzeugung bestärkt werden sollten, ihre Taten stünden im Einklang mit den Gesetzen der Cosa Nostra.

Daß es Totò Riina gelang, seine Rivalen am Boden zu zerstören, lag nicht zuletzt daran, daß er den Verstoß gegen einige traditionelle Cosa-Nostra-Gesetze riskierte. Dadurch, daß er die Identität seiner Leute geheimhielt und falsche Tatsachen vortäuschte, erwischte er die anderen auf dem falschen Fuß. Er schlug Kapital aus dem zunehmenden, einträglichen Rauschgiftgeschäft und nutzte die sich daraus ergebenden Möglichkeiten zur Unterminierung der traditionellen Sippenstruktur der Cosa Nostra. Weil Drogenschmuggel nicht als eines der angestammten Mafiageschäfte galt, stand es den Ehrenmännern frei, in einzelne Rauschgiftgeschäfte gemeinsam mit Mitgliedern anderer Sippen zu investieren. Riina zog sich Mitglieder rivalisierender Sippen als Geschäftspartner heran und baute sie zu Gegenspielern ihrer eigenen Bosse auf, mit dem Erfolg, daß er, als er die Zeit für gekommen hielt, Stefano Bontate und Salvatore Inzerillo zu beseitigen, leichtes Spiel hatte, da Personen, die den beiden Bossen nahestanden, ihm die nötigen Informationen lieferten. Diese Männer übernahmen anschließend die Führung der betreffenden Sippen und sorgten dafür, daß Vergeltungsschläge seitens der entmachteten Fraktionen ausblieben.

Diese Strategie erwies sich zwar als brutal effektiv, kostete aber auch ihren Preis. Indem Totò Riina und seine Corleoneser die traditionelle Tugend der Loyalität zur eigenen Sippe ad absurdum führten, entzogen sie den Werten der Solidarität und *omertà*, den bewährten Schutzschildern der Cosa Nostra gegenüber der Außenwelt, den Boden. Die verbliebenen Mitglieder der entmachteten Sippen wurden auf den Status gejagter Tiere reduziert, die hilflos zusehen mußten, wie ihre Freunde und Angehörigen ermordet wurden, und wußten, daß ihre eigene Liquidierung nur eine Frage der Zeit und Gelegenheit war. Buscetta selbst hatte ein Dutzend Angehörige und praktisch alle seine Freunde innerhalb der Cosa Nostra verloren. Er hatte nur noch die Wahl, sich entweder umzubringen oder mit Falcone zu kooperieren. Somit konnte Buscetta nicht ohne Berechtigung sagen, nicht er, sondern eigentlich Totò Riina habe die Cosa Nostra verraten, indem er ihren Ehrenkodex aufgekündigt hatte.

ACHTES KAPITEL

Die Offenbarungen Buscettas führten zu umwälzenden Veränderungen im Umgang von Polizei und Justiz mit der Mafia zu beiden Seiten des Atlantiks. Er nannte nicht nur die Namen Hunderter Mafiamitglieder in Sizilien, den USA und Südamerika, sondern schuf auch eine neue Grundlage für das Verständnis der Cosa Nostra als ganzer und für die Einordnung zahlloser Verbrechen in einen sinnvollen Zusammenhang. «Bevor er kam, hatte ich – hatten wir – nur ein oberflächliches Verständnis des Phänomens Mafia», schrieb Falcone später.

Er öffnete uns eine Sicht nach innen. Er bestätigte für uns zahlreiche Vorstellungen über Struktur, Rekrutierungsmethoden und Funktionen der Cosa Nostra. Vor allem jedoch vermittelte er uns eine weitgespannte, globale Sicht des Phänomens. Er gab uns einen Schlüssel für die Interpretation in die Hand, eine Sprache und einen Code. Er war für uns wie ein Sprachprofessor, der es uns ermöglichte, zu den Türken zu gehen, ohne daß wir versuchen mußten, uns per Handzeichen zu verständigen.[1]

Der Anti-Mafia-Verbund in Palermo hatte jetzt die notwendigen Elemente beisammen, um die Cosa Nostra als ganze, als Organisation, vor Gericht zu bringen, angefangen von den Mitgliedern der Kommission an der Spitze bis hinunter zum kleinsten Mafia-»Blockwart«. Mit dem Gesetz, für das Pio La Torre gestorben war (dem Rognoni-La-Torre-Gesetz, das die Zugehörigkeit zur Mafia unter Strafe stellte), stand der Justiz eine rechtliche Handhabe für ein Vorgehen auf breiter Front zu Gebote. Buscetta hatte ein detailliertes Schema der Strukturen und Entscheidungsprozesse in der Organisation geliefert. Dennoch wäre es falsch, zu sagen, der Maxi-Prozeß von Palermo habe in erster Linie auf den Enthüllungen Buscettas beruht. Ihm war vor allem anzurechnen, daß nun ein Raster für die sinnvolle Strukturierung der überwältigenden Masse an Einzelerkenntnissen vorlag, die die Ermittler in jahrelanger Arbeit zusammengetragen hatten. Was Buscetta über das Beziehungsgeflecht zwischen und in den Sippen enthüllt hatte, konnte durch die vielen tausend Dokumente über Finanztransaktionen untermauert werden, die Falcone seit Beginn seiner Arbeit am Fall Spatola im Jahr 1980 archiviert hatte. Die Ermittler konnten jetzt nachvollziehen, wie das schnelle Wachstum des Heroingeschäfts – das sie durch Abhörprotokolle, Fotografien, Fingerabdruck-Analysen, Bankunterlagen, beschlagnahmte Rauschgiftlieferungen und durch die Geständnisse zahlreicher Zeugen zwischen New York, Palermo und Bangkok bis ins kleinste dokumentieren konnten – den Aufstieg der Mafia von Corleone und ihrer Bundesgenossen ermöglicht hatte. Jetzt verstanden sie auch, wie und warum der große Mafiakrieg der frühen 80er Jahre inszeniert worden war und wie die lange Strecke der «cadaveri eccellenti» – angefangen von der Erschießung von Richter Cesare Terranova 1979 bis zum Autobomben-Attentat auf Rocco Chinnici 1983 – in das strategische Kalkül paßte.

Auch die Vermutungen über die sich aufbauende Achse Palermo–Catania, auf deren Spuren General Dalla Chiesa gestoßen war (was nach Überzeugung Falcones ein Hauptmotiv für seine Ermordung gewesen war), wurde von Buscetta bestätigt. Zufällig hatte er den Abend des 3. September 1982, an dem das brasilianische Fernsehen die Nachricht von der Ermordung des Generals ausgestrahlt hatte, in Gesellschaft des ehemaligen Kommissions-Vorsitzenden Gaetano Badalamenti verbracht. «Badalamenti meinte zu dem Ereignis, es sei sicher ein Husarenstück der Corleoneser gewesen, ihre Antwort auf die Kampfansage Dalla Chiesas an die Mafia», berichtete Buscetta. «Er fügte hinzu, sicher seien für den Job die Catanieser eingesetzt worden, weil sie den Corleonesern am nächsten stünden ... und weil man für die Durchführung des Anschlags mitten in Palermo neue Gesichter gebraucht habe, die niemand kannte.» Nach Buscettas Erinnerung hatte Badalamenti sogar die Bestätigung für die Vermutung Falcones geliefert, daß Nitto Santapaola, der Mafiaboß von Catania, das Personal für die Ermordung von Dalla Chiesa geliefert hatte. «(Badalamenti) betonte, die Catanieser hätten sich für den Gefallen revanchiert, den die Palermoer ihnen mit der Ermordung von Alfio Ferlito getan hätten.»[2]

Während Falcone den größten Teil seiner Arbeitszeit in Rom, mit Buscetta, verbrachte, waren die übrigen Mitglieder des Anti-Mafia-Verbundes eifrig dabei, die belastenden Aussagen des Mafia-Aussteigers zu überprüfen, durch Vergleich mit ihren Akten und mit den Aussagen anderer Zeugen. In den meisten Fällen zeigte sich eine bemerkenswerte Übereinstimmung.

Vincenzo Marsala, der Sohn des Mafiabosses von Vicari, der nach der Ermordung seines Vaters 1983 mit den Behörden zu kooperieren begonnen hatte, lieferte eine Beschreibung der Organisation und ihrer Rituale, die sich mit der Buscettas vollständig deckte, obwohl zwischen den beiden Männern ein Altersunterschied von über zwanzig Jahren bestand und der eine aus der Großstadt, der andere vom Land kam.

Marsala hatte sich ein Jahr vor Buscetta über die Formalien bei der Einführung neuer Mitglieder und über das Gebot, die Wahrheit zu sagen, wie folgt geäußert: «Wenn ein Ehrenmann einen anderen Ehrenmann einem Dritten vorstellt, gebraucht er die Formel: ‹Questo e' la stessa cosa› (‹Dieser ist von derselben Art›). Mein Vater sagte mir, daß zwischen Ehrenmännern die Verpflichtung besteht, einander die Wahrheit zu sagen.»[3]

Nach Abschluß der Vernehmung Buscettas erhielten die Ermittler in Palermo die Niederschrift eines Telefonats, das die kanadische Polizei schon 1974 abgehört hatte. Während man Buscetta unterstellen konnte, er habe gesagt, was seine Vernehmer von ihm hören wollten, handelte es sich hier um ein Privatgespräch zwischen einem sizilianischen «Ehrenmann», Carmelo Cuffaro, und einem Mafiaboß aus Montreal, Paul Violi, in dem wichtige Veränderungen innerhalb der sizilianischen Mafia erörtert wurden. Cuffaro sprach davon, daß ein neues Mitglied «regulär gemacht» («regolarmente fatto») und zum «selben» («lo stesso» bzw. «la stessa cosa») geworden sei. Er benutzte den Ausdruck Cosa Nostra, sprach von der Wahl von «Repräsentanten» der «Familie», von «capi-mandamento» («Bezirksbossen») und erwähnte sogar, daß Giuseppe Calderone, damals Boß von Catania, in die Kommission gewählt worden war.

Violi, der seit vielen Jahren in Kanada residierte, bestätigte die Aussage Buscettas, wonach die sizilianische und die nordamerikanische Mafia zwei völlig getrennte Organisationen waren. Es ging ihm darum, deutlich zu machen, daß ein Mafioso aus Sizilien nicht einfach nach Kanada kommen und erwarten konnte, sofort in die nordamerikanische Cosa Nostra aufgenommen zu werden; er müsse vielmehr damit rechnen, erst einmal eine Bewährungsperiode von fünf Jahren durchlaufen zu müssen, ehe er für eine reguläre Mitgliedschaft in Frage kam. Violi schärfte Cuffaro auch ein, er dürfe, falls er nach Nordamerika komme, mit amerikanischen Mafiosi nicht über Angelegenheiten der sizilianischen Mafia sprechen.[4]

Einmal richtete Buscetta an Falcone die Frage, wie er es schaffe, bei so vielen Namen und Daten den Überblick zu behalten. «Keine Sorge», antwortete Falcone, «wenn ich mit etwas nicht klarkomme, wird Dr. Borsellino es austüfteln.» Ein paarmal holte er Borsellino zu Verhörsitzungen nach Rom. «Er benutzte Borsellino als ‹Realitäts-Sensor›», so empfand es Richard Martin, der stellvertretende US-Bundesanwalt, der synchron mit Falcone und Borsellino von New York aus im Pizza-Connection-Fall ermittelte. «‹Paolo, bin ich auf dem richtigen Weg oder ist das alles Hokuspokus?› Borsellino war der Wachhund der Wachhunde.»[5]

Der neu ins Leben gerufene Anti-Mafia-Verbund hatte eine höchst erfolgreiche Arbeitsteilung entwickelt. Leonardo Guarnotta hatte den Löwenanteil der Ermittlungsarbeit zu den Finanzvorgängen innerhalb der Cosa Nostra übernommen und profitierte dabei von den Möglichkeiten, die das neue Gesetz über die Beschlagnahme von Mafia-Vermögen eröffnete. Giuseppe Di Lello befaßte sich mit Dutzenden von Mord- und Totschlagsfällen sowie mit zahllosen minder schweren Verbrechen, bei denen eine Verbindung der Tatverdächtigen zur Cosa Nostra nachgewiesen werden konnte. Borsellino bearbeitete die unter der Rubrik «cadaveri eccellenti» eingestuften Fälle von Boris Giuliano und Capitano Emanuele Basile bis zu Dr. Paolo Giaccone, kümmerte sich um die Aktivitäten der Filippo-Marchese-Sippe und der «Familie» vom Corso dei Mille sowie die Geschäftstätigkeit des Bosses Pietro Vernengo im Bereich des Drogenhandels. Der Anti-Mafia-Verbund der Procura della Repubblica hatte für jeden dieser Ermittlungsbereiche jeweils einen Mitarbeiter abgestellt, der die Erkenntnisse der Untersuchungsrichter überprüfte, um sicherzustellen, daß ihr Belastungsmaterial vor Gericht standhalten würde.[6]

Alle arbeiteten unter Hochdruck, um die von Buscetta gelieferten Informationen in konkrete Fahndungsergebnisse umzumünzen, bevor etwas über seine Zusammenarbeit mit den Behörden an die Öffentlichkeit oder ans Ohr der Cosa Nostra drang. Hunderte von Haftbefehlen für Personen, die Buscetta belastet hatte, wurden ausgefertigt und, wo immer möglich, unter Heranziehung alter Verfahrens- und Polizeiakten mit zusätzlichem Belastungsmaterial untermauert.

Ende September waren sie mit ihren Hausaufgaben so weit fertig, daß sie eine großangelegte Verhaftungsaktion planen konnten, die für den frühen Morgen des 4. Oktober terminiert wurde. Doch dann erhielt Giovanni Falcone am Morgen des 29. September den Tip, das italienische Nachrichtenmagazin *Panorama* werde in seiner nächsten Ausgabe über die Enthüllungen Buscettas berichten. Daraufhin beschloß der Verbund, Gas zu geben und die Verhaftungen an dem Wochenende vor Erscheinen der Wochenzeitschrift durchzuziehen.

Alle ließen alles stehen und liegen und beteiligten sich an der Vorbereitung der 366 Verhaftungen. Falcone, Borsellino, Leonardo Guarnotta und Antonino Caponetto arbeiteten den ganzen Tag und die ganze Nacht hindurch, assistiert von einem Team von Sachbearbeitern und Sekretärinnen – sogar Chauffeure halfen beim Ausschreiben und Kopieren der Haftbefehle mit. In der Hektik hatte niemand an das vierte Mitglied des Verbunds, Giuseppe Di Lello, gedacht, der an diesem Tag im Ucciardone-Gefängnis einen Zeugen vernommen hatte. Mitten in der Nacht fiel einem der anderen ein, daß Di Lello die Haftbefehle mit unterschreiben mußte; Falcone rief bei ihm zu Hause an und holte ihn aus dem Bett. Gegen 3 Uhr morgens war es soweit: Die 366 unterzeichneten Haftbefehle konnten an Polizeiinspektor Ninni Cassarà übergeben werden, der Polizeikräfte aus ganz Sizilien zusammengezogen hatte. Im Morgengrauen lief die Aktion an.[7]

Trotz der großen Eile und der Angst vor undichten Stellen geriet die Operation zu einem durchschlagenden Erfolg. Die meisten der 366 Beschuldigten konnten dingfest gemacht werden. In allen Teilen Italiens bejubelten die Zeitungen die Massenverhaftung in dicken Balkenüberschriften als einen unerhörten Triumph für die Strafverfolgungsbehörden. Auch wenn die Einschätzung, daß dies der Anfang vom Ende der Mafia sei, sich als voreilig erwies, war an der epochalen Bedeutung dieser Operation nicht zu deuteln. Es war die aufwendigste Anti-Mafia-Aktion seit über zwanzig Jahren und nach Ansicht vieler die erfolgreichste aller Zeiten.[8]

Auch für die amerikanischen Strafverfolger, die an ähnlich gelagerten Fällen arbeiteten, waren die Enthüllungen Buscettas eine Offenbarung. Louis Freeh (der spätere FBI-Direktor) und Richard Martin arbeiteten zu der Zeit als stellvertretende US-Bundesanwälte für den südlichen Bezirk von New York und versuchten Licht ins Dunkel des vielschichtigen Heroingeschäfts zwischen Palermo und New York zu bringen. Sie hatten zwar schon vorher mit Hilfe bewährter polizeilicher Methoden – Abhör-Operationen, Drogenrazzien, Fingerabdruckvergleich, verdeckte Ermittler – erhebliche Fortschritte gemacht, doch gab ihnen Buscetta den Kompaß in die Hand, den sie brauchten, um sich in dem Labyrinth zurechtzufinden. Bis dahin hatten die amerikanischen Strafverfolger immer nur einzelne Verdächtige wegen Drogenhandels anklagen, ihre Zugehörigkeit zur Mafia jedoch nicht beweisen können. «(Buscetta) half uns, aus dem Beweismaterial, das wir bereits hatten, weitaus mehr zu machen», sagte Richard Martin.

Es war uns zwar immer klar gewesen, daß hinter unseren Pappenheimern die Cosa Nostra stand, aber wir konnten den Anklagepunkt der Zugehörigkeit zu einer kriminellen Vereinigung bis zu den Enthüllungen Buscettas nie zur Geltung bringen, solange wir nicht einen Zeugen hatten, der sagen konnte: «Dieser Junge da ist Mafia-Mitglied, dieser Bursche dort ist Mafia-Mitglied, dieses Geschäft wird von der Mafia kontrolliert.» Er lieferte uns die Grundlage für die Anwendung des RICO-Gesetzes.[9]

Buscetta verhalf den Amerikanern auch zu einem besseren Verständnis der Arbeitsteilung zwischen der sizilianischen und der US-amerikanischen Mafia. Es war für die New Yorker Strafverfolger eine überraschende Erkenntnis, daß die meisten der 21 Tatverdächtigen in dem von ihnen betriebenen Verfahren gar nicht dem amerikanischen Mob angehörten, sondern der sizilianischen Mafia. Viele von ihnen besaßen Vermögenswerte und Wohnsitze in den Vereinigten Staaten. So betrieben die Neffen von Gaetano Badalamenti Pizza-Restaurants in kleineren Städten des Mittelwestens, die gemeinhin nicht als Hochburgen des organisierten Verbrechens galten. (Die Restaurantkette diente als Tarnfassade für Heroingeschäfte.) Die Sizilianer beherrschten den Heroinhandel; ihre amerikanischen Vettern strichen lediglich eine Prämie dafür ein, daß sie den Sizilianern gestatteten, auf ihrem Territorium zu operieren. «Wir hatten geglaubt, sie gehörten zum ‹sizilianischen Zweig› der Bonnano-Sippe, doch Buscetta sagte: Nein, das ist unmöglich, man ist entweder Mitglied der sizilianischen oder der amerikanischen Mafia, aber nicht beides», erinnert sich Martin.

Während es früher einmal möglich gewesen war, mit einem Bein sizilianischer, mit dem anderen amerikanischer Mafioso zu sein, trennten sich die Wege der beiden Organisationen in den 60er Jahren vollständig. «Es ist absolut undenkbar, daß ein sizilianischer Ehrenmann zu dieser Zeit noch Mitglied der amerikanischen Cosa Nostra werden konnte», beharrte Buscetta. «Die kulturellen Unterschiede zwischen den beiden Organisationen sind inzwischen zu groß, als daß zwischen ihnen irgendwelche organischen Beziehungen bestehen könnten.»[10]

Die Amerikaner nähmen Personen, die nicht Sizilianer und manchmal nicht einmal Italiener seien, als Mitglieder auf und widmeten sich Geschäften wie der Prostitution, über die die Sizilianer die Nase rümpften. Die Amerikaner italienischer Herkunft hätten sich weitgehend im gutbürgerlichen Lager eingerichtet; die Söhne amerikanischer Mafiabosse studierten an der Universität und seien sich hinterher zu schade für die schmutzigen Seiten des Mafia-Geschäfts. Die Amerikaner hätten sich entschieden, von so gefährlichen Unternehmungen wie dem Drogenschmuggel die Finger zu lassen; nur zu gerne überließen sie dieses rauhe Geschäft den Sizilianern und begnügten sich mit einem Anteil an den Gewinnen. Auf Sizilien, wo die Jugendarbeitslosigkeit bis zu 30 Prozent betrage, stehe der Cosa Nostra ein fast unerschöpfliches Reservoir an hungrigen jungen Leuten ohne Lebensperspektive zur Verfügung, die für ein paar hundert Dollar bereit seien, zu morden und Kopf und Kragen (oder eine Freiheitsstrafe) zu riskieren. In den 50er und 60er Jahren habe die amerikanische Mafia ein Schleppersystem für die illegale Einschleusung von Sizilianern in die USA unterhalten. Viele von ihnen seien als billige Arbeitskräfte in den Pizzerias gebraucht worden, die zu der Zeit überall im Land aus dem Boden schossen. Einige dieser Lokale hätten neben dem Restaurantbetrieb noch einem zweiten Geschäftszweck gedient, nämlich als Vertriebsstellen für den amerikanischen Heroinmarkt. Es war ein höchst praktisches Arrangement gewesen: Der Restaurantbetrieb war eine ausgezeichnete legale Tarnung für die im verborgenen laufenden kriminellen Aktivitäten gewesen, und der beträchtliche Bargeldumlauf, den die Gastronomie mit sich brachte, hatte vielfältige Möglichkeiten für das Waschen von Drogengeldern geboten. Ferner eröffnete der Pizza-Boom auch anderen von der Mafia kontrollierten italienischen Geschäftszweigen lukrative Absatzmöglichkeiten, etwa den Lieferanten von Käse, Olivenöl und Tomaten. Deren legale Warentransporte ließen sich wiederum als trojanische Pferde für den illegalen Drogenschmuggel in die USA nutzen. John Gambino, Vetter des ermordeten Palermoer Mafiabosses Salvatore Inzerillo und Fädenzieher hinter der vorgetäuschten Entführung Michele Sindonas, entpuppte sich beispielsweise als Eigentümer von rund 240 Pizzerias, die für einen geschätzten legalen Umsatz von 200 Millionen Dollar pro Jahr gut waren.[11]

Lange Zeit entging den amerikanischen Strafverfolgungsbehörden diese weitgespannte sogenannte Pizza-Connection. Als ein verdeckter Ermittler die Beobachtung meldete, daß das in Pennsylvania gehandelte Heroin mit dem bei einem in New York verhafteten Sizilianer beschlagnahmten identisch war, schlugen seine Vorgesetzten den Hinweis mit der Bemerkung in den Wind, der Sizilianer sei «doch nur ein weiterer Hackfleischkloß».[12]

Doch die vor nichts zurückschreckenden jungen Sizilianer begannen sich breitzumachen. Joe Pistone, ein FBI-Agent, der sich in den späten 70er Jahren das Vertrauen der New Yorker Bonnano-Mafiasippe erschleichen konnte, hörte aus dem Mund amerikanischer Mafiosi immer häufiger Klagen über die wachsende Macht der Sizilianer, die «zips» genannt und mit einer Mischung aus Geringschätzung und Angst beäugt wurden.

Auf seine Erfahrungen zurückblickend, erinnerte sich Pistone an ein Gespräch mit einem Mitglied der Bonnano-Sippe:

Er sagte, die «zips» seien Sizilianer, die man ins Land gebracht habe, damit sie für Carmine «Lilo» Galante Heroin verdealen und Mordaufträge ausführen . . . Sie wurden in Pizzerias untergebracht, wo sie Heroin geliefert bekamen und weiterverteilten, Geld wuschen und auf weitere Aufträge von Galante warteten . . . er sagte, die «zips» seien eine verschworene und verschlossene Clique . . . Sie seien, sagte er, die gewissenlosesten Killer, die es in dem Geschäft gebe.[13]

1979 wurde Carmine Galante, Boß der Bonnano-Sippe, ermordet; zwei der Täter, Cesare Bonventre und Baldo Amato, gehörten zu seiner eigenen sizilianischen Leibwache. Ein anderer sizilianischer Mafioso, Salvatore Catalano, übernahm die Leitung des sippeneigenen Heroingeschäfts. Während Catalano in Italien schon seit zwanzig Jahren als Krimineller aktenkundig war, wußten die amerikanischen Strafverfolgungsbehörden nichts über ihn. Doch nun begannen das FBI und die Anti-Drogen-Behörde DEA Catalano und seine Gruppe sehr genau zu beobachten. In der heißen Phase ihrer Ermittlungen in Sachen Pizza-Connection zu Beginn der 80er Jahre schnitten sie Tausende von Stunden Telefonate mit und hatten 100 Agenten im Einsatz, die 18 Monate lang in zwei Schichten die Mitglieder der Bande auf Schritt und Tritt beschatteten.

Dabei wurde ihnen nach einiger Zeit klar, daß die von ihnen beobachteten Männer zu einer völlig selbständig arbeitenden Organisation gehörten, die mit der amerikanischen Cosa Nostra kooperierte. Der Grund für diese Konstellation war simpel, aber von grundlegender Bedeutung: «Was den Handel mit Drogen betraf, so galt zumindest in der Zeit meines Aufenthalts in den USA innerhalb der amerikanischen Cosa Nostra ein strenges Verbot der Beteiligung am Drogenhandel», sagte Buscetta. «Alle, die in den USA mit dem Drogenhandel und Drogenschmuggel befaßt sind – Leute wie Giuseppe Ganci, Gaetano Mazzara, Salvatore Catalano und Giuseppe Bono –, sind durchweg Ehrenmänner von der sizilianischen Cosa Nostra.»[14]

Nun wurde auch verständlich, was Gaetano Badalamenti, der ehemalige Kommissions-Vorsitzende, gemeint hatte, als er in einem abgehörten Telefonat mit seinem amerikanischen Neffen mit Bezug auf bestimmte nichtsizilianische Partner im Heroingeschäft gesagt hatte: «Die brauchen uns, die haben keine Einfuhrlizenz, wir haben die Lizenz.»[15]

Den Ermittlern fielen Fotografien in die Hände, die bei der aufwendigen Hochzeitsfeier eines ihrer Hauptangeklagten, Giuseppe Bono, 1980 im New Yorker Hotel Pierre entstanden waren. Allein für die fotografische Dokumentation des Ereignisses und seiner 500 Gäste hatte Bono fast 5000 Dollar ausgegeben; dabei war so etwas wie eine Bildergalerie der internationalen Drogenmafia entstanden. Die amerikanischen Ermittler konnten freilich nicht alle Porträtierten identifizieren. Zahlreiche Hochzeitsgäste waren aus Italien, Großbritannien und Kanada eingeflogen; überwiegend handelte es sich dabei nach Angaben Buscettas um Mitglieder der sizilianischen Cosa Nostra. In der Sitzordnung hatten sich die «Verwandtschaftsverhältnisse» innerhalb der Gästeschar niedergeschlagen – für jede Mafiasippe waren eigene Tische bzw. Tischreihen reserviert worden.[16]

In dem Maße, wie die Geschäftsverteilung zwischen den beiden Organisationen deutlich wurde, erhielten die Ermittler klareren Einblick in den Machtkampf, der sich innerhalb der amerikanischen Cosa Nostra abspielte. «(Buscetta) erklärte uns, aus welchen Gründen Sal Catalano, Baldo Amato und Cesare Bonventre sich an der Ermordung von Carmine Galante beteiligt hatten», sagte Richard Martin. «Galante hatte diese Organisation aufgezogen und von den Gewinnen nichts an die Kommission abgegeben ... Nachdem wir die Aussage Buscettas hatten, konnten wir unsere eigenen Erkenntnisse teilweise nochmals hervorholen und ... verstehen, was vor sich ging.» Jetzt erst konnten die amerikanischen Ermittler die Bedeutung eines Treffens zwischen Paul Castellano und Catalano und Ganci richtig einschätzen, das sie einige Jahre zuvor beobachtet hatten. Damals war es ihnen als eine Ungereimtheit erschienen, daß der mächtigste Mafiaboß in den Vereinigten Staaten, Castellano, Vorsitzender der Kommission der amerikanischen Cosa Nostra, sich mit obskuren Figuren wie Catalano und Ganci abgab. Jetzt wurde deutlich, daß die Sizilianer nach der Ausschaltung Galantes direkten Kontakt mit Castellano, dem Chef der amerikanischen Kommission, aufgenommen hatten, der verbindlich zugesagt haben wollte, daß die amerikanische Mafia einen fairen Anteil aus den Gewinnen der sizilianischen Connection bekommen würde.[17] Durch Buscetta waren die vorher schon freundschaftlichen Beziehungen zwischen amerikanischen und italienischen Strafverfolgern noch enger geworden. Martin, der fließend italienisch sprach, telefonierte fast täglich mit Falcone, und Ninni Cassarà, Cheffahnder der Polizeibehörde von Palermo, leistete den amerikanischen Ermittlern Dolmetscherdienste bei der Auswertung der in sizilianischem Dialekt geführten Telefonate, die sie abgehört hatten. Beide Länder handelten eine Sondervereinbarung für die gemeinsame Abschöpfung Buscettas und für seinen Schutz aus. Trotz seiner vollzogenen Auslieferung nach Italien würden die Amerikaner Buscetta wiederaufnehmen und ihn in ihrem Kronzeugen-Schutzprogramm unterbringen – in Italien gab es nichts Derartiges. Die Italiener verzichteten als Gegenleistung dafür, daß sie Buscetta als erste vernehmen durften, auf ein Auslieferungsersuchen in Sachen Gaetano Badalamenti, der im April 1984 in Spanien festgenommen worden war; sie ließen stillschweigend zu, daß er an die Vereinigten Staaten überstellt wurde, wo er als einer der Hauptangeklagten im Fall der Pizza-Connection vor Gericht kommen sollte. Am 3. Oktober 1984 traf sich der italienische Innenminister Oscar Luigi Scalfaro in Washington mit US-Justizminister William French Smith, um auf den Erfolg der Operation Buscetta anzustoßen und die Vereinbarung zu unterzeichnen, die den Beginn einer neuen Ära der Kooperation und der gemeinsamen Nutzung von Zeugen und Informationen markierte.[18]

So bedeutsam die Enthüllungen Buscettas für die Strafverfolger waren, für die Menschen im Bannkreis der Cosa Nostra selbst waren sie vielleicht noch folgenschwerer: Zum ersten Mal überhaupt hatte ein Mafiaboß das Gesetz der *omertà* gebrochen, hatte vollständig ausgepackt und es überlebt. Der Anti-Mafia-Verbund von Palermo hatte unter Beweis gestellt, daß er in der Lage war, einen Zeugen zu beschützen und kein Wort von der Tatsache, daß es diesen Zeugen gab, nach draußen dringen zu lassen. Das war eine dröhnende Botschaft an die Adresse der vielen hundert in italienischen Gefängnissen einsitzenden Mafiosi, die sich nun fragen mußten, wann sie – und ob überhaupt – wieder auf freien Fuß kommen und wie lange sie in diesem Fall leben würden. Einer von ihnen war Salvatore («Totuccio») Contorno. Er hatte einen Anschlag auf sein Leben mit knapper Not überstanden, doch ein Dutzend seiner engsten Weggefährten war von den Corleonesern zur Strecke gebracht worden. Als treuer Leibwächter Stefano Bontates war er für die Liquidierung vorgemerkt. Insgeheim hatte er dem Polizeifahnder Ninni Cassarà bereits Informationen über seine Gegner zukommen lassen, aber ansonsten hatte er sich in den zwei Jahren seiner Haft standhaft geweigert, Aussagen zu machen. Es war offensichtlich, daß Contorno sich noch mit Rachegedanken trug: Bei seiner Festnahme in Rom hatte er über drei kugelsichere Autos und ein ganzes Waffenarsenal verfügt und hatte seine Kreise um den geheimen Schlupfwinkel des Pippo Calò in Rom gezogen, des Mafiabosses, den Contorno für die Ermordung Stefano Bontates verantwortlich machte.

Unter dem Eindruck der Enthüllungen Buscettas beschloß Contorno nunmehr, ebenfalls auszupacken. Nach Angaben mancher Ermittler soll Contorno sich sogar heimlich mit Buscetta getroffen, sich vor ihn niedergekniet und ihm die Hand geküßt haben. «Totuccio, du darfst jetzt reden», soll Buscetta ihm gesagt haben.[19] Ob sich dies so zugetragen hat oder nicht, außer Frage steht, daß Buscetta den entscheidenden Anstoß gab: Contorno tat seine Absicht, zu sprechen, am 30. September kund, einen Tag nachdem die Nachricht von den Enthüllungen Buscettas geplatzt war. Einen Tag später, am 1. Oktober 1984, war Falcone bereits wieder in Rom, um die Aussagen Contornos aufzunehmen. «Ich habe die Absicht, mit der Justiz zusammenzuarbeiten und alles zu sagen, was ich über die Cosa Nostra weiß . . ., weil mir klar geworden ist, daß sie nichts ist als eine Bande von Feiglingen und Mördern», sagte Contorno zu Beginn ihrer Unterredung.[20]

Salvatore Contorno war ganz anders als Buscetta. Hatte letzterer zu den intelligentesten Mitgliedern der Cosa Nostra gehört, so war Contorno eher ein Mann der Tat gewesen. Buscetta war ein nachdenklicher Mensch, sprachgewandt und in mehreren Sprachen bewandert; Contorno sprach nur tiefsten sizilianischen Dialekt. Als er später vor Gericht aussagte, mußten für die aus Norditalien stammenden Prozeßteilnehmer Dolmetscher eingesetzt werden. Selbst Chefermittler Antonio Caponetto, der aus dem sizilianischen Caltanissetta stammte, tat sich schwer, das extreme Palermoer Idiom von Contorno zu verstehen. Einmal wandte sich Polizeiinspektor Gianni De Gennaro mit der Frage an Contorno, wieviel Prozent von allem, was er über die Mafia wisse, er den Behörden erzählt habe – 20, 40, 60 oder 80 Prozent? «20», erwiderte Contorno, woraufhin Buscetta, der sich im Saal befand, ihm die Frage zurief: «Totuccio, weißt du, was Prozente sind?», und Contorno antwortete: «Nein.» – «Das ist Contorno», erinnerte sich Antonio Manganelli, Chef des Servizio Centrale Operativo, einer der wichtigsten Anti-Mafia-Einheiten der italienischen Polizei. «Er ist ein Mensch mit einem intuitiven, animalischen Instinkt, einer Fähigkeit, Gefahr zu wittern und unglaublich schnell zu reagieren – woraus sich die Tatsache seines Überlebens erklärt.»[21] Während praktisch alle anderen treuen Gefolgsleute Bontates in Fallen tappten, die ihre eigenen Freunde ihnen gestellt hatten, verstand es Contorno stets, ihnen auszuweichen. Sogar einen von acht bis zehn schwerbewaffneten Mafiosi verübten Anschlag hatte er überlebt. Er sah ein paar bekannte Gesichter zuviel, als er einmal mit seinem zehnjährigen Sohn im Auto unterwegs war. Als er im Rückspiegel ein schweres Motorrad heranbrausen sah, wußte er, daß es ernst wurde. In dem Augenblick, als Pino «der Schuh» Greco vom Rücksitz des Motorrads aus das Feuer aus seiner berüchtigten Kalaschnikow eröffnete, warf sich Contorno – genau in der richtigen Sekunde – flach auf den Beifahrersitz (und zugleich schützend über seinen Sohn), ohne dabei die Kontrolle über den Wagen zu verlieren. Der Kugelhagel ließ die Windschutzscheibe zerbersten. Als das Motorrad kehrtmachte, um einen zweiten Anlauf zu nehmen, stoppte Contorno den Wagen, zerrte seinen Jungen heraus, zog die Pistole und benutzte sein Auto als Deckung. Obwohl nur mit einer 38er Pistole bewaffnet, konnte er den zweiten MG-Angriff abwehren, indem er den aus vollem Rohr feuernden Greco mit einem gezielten Schuß traf. «Ich bin sicher, daß ich ihn in die Brust traf, weil er in dem Moment, wo er nach hinten fiel, das Maschinengewehr nach oben riß und die Kugeln die Rolläden und Wände im ersten Stock des Gebäudes hinter mir trafen», erinnerte sich Contorno im Gespräch mit Falcone. «Als ich Greco stürzen sah, wußte ich, es war höchste Zeit, zu türmen, und ich rannte um mein Leben ... Später erfuhr ich, daß ich Greco nicht verwundet hatte, weil er eine kugelsichere Weste trug. Mein Vetter Nino Grado sagte mir sogar, er hätte ihn am Strand in der Badehose gesehen und an ihm keine Spur von irgendwelchen Wunden bemerkt.»[22]

Contorno verfügte zwar nicht über das geschichtliche Hintergrundwissen und den globalen Horizont eines Buscetta, dafür aber über weitaus aktuellere und konkretere Kenntnisse der Vorgänge in der Palermoer Mafia bis zum Zeitpunkt seiner Verhaftung im Jahr 1982. Dank seiner Aussagen konnte die Polizei rund 120 weitere Haftbefehle ausstellen. Contorno schilderte aus eigenem Erleben viele der Ereignisse, die Buscetta aus zweiter Hand erfahren hatte, etwa von seinen Kollegen Antonio Salamone und Gaetano Badalamenti.[23]

Contorno lieferte den Ermittlern auch Informationen, die sich als fruchtbar für die weitere Klärung des Falles Pizza-Connection in den

USA erwiesen. Er war dabeigewesen, als in einem Bauernhaus in Bagheria bei Palermo eine Gruppe von Mafiosi aus New York die Qualität einer Heroinlieferung geprüft hatte.

Ich sah Zellophanpäckchen mit einem weißen Pulver darin, und ich sah auf dem Herd etwas kochen und nahm einen intensiven Säuregeruch war . . . (Emanuele) D'Agostino . . . erklärte mir, die Ware sei für verschiedene Abnehmer bestimmt, würde aber zu einer Lieferung zusammengefaßt. Er erklärte mir, um die für die einzelnen Kunden bestimmten Teile auseinanderhalten zu können, seien . . . die Päckchen selbst markiert, entweder mit Bleistift oder mit kleinen Einschnitten am unteren Saum des Päckchens . . . Ein paar Tage später kam die Meldung, die Polizei habe in Mailand . . . 40 Kilo Heroin beschlagnahmt, und D'Agostino sagte mir, das sei genau diese Lieferung gewesen.[24]

Während Falcone im Rahmen des Falles Spatola Verurteilungen der im Zuge dieser Beschlagnahmeaktion verhafteten Italiener erreicht hatte, war es den amerikanischen Strafverfolgern nicht gelungen, deren in den USA angeklagte Geschäftspartner zu überführen. Die Aussage Contornos eröffnete nun die Chance eines Durchbruchs. «Falcone flog nach Mailand und ließ die beschlagnahmte Heroinlieferung aus der Asservatenkammer holen, und siehe da, die Zellophanpäckchen waren genauso markiert, wie Contorno es beschrieben hatte», berichtete Richard Martin.[25]

Damit war das fehlende Mosaiksteinchen gefunden. Indem die Strafverfolger nunmehr amerikanische und italienische Beweismittel zusammenspannten, konnten sie jede Etappe des Weges, den das Heroin gegangen war (bzw. hätte gehen sollen), rekonstruieren. Ein verdeckter Ermittler hatte mit Mafiabossen in New York (Salvatore Inzerillo, Rosario und Joe Gambino) über die Lieferung gesprochen und war mit anderen Angeklagten nach Mailand geflogen, um die Ware zu übernehmen. Nun konnte die Spur weiter zurückverfolgt werden, bis zu dem Labor auf Sizilien und der dort geführten Unterredung der New Yorker Mafiosi mit ihren sizilianischen Partnern. Contorno konnte die «Amerikaner» als Salvatore Catalano, Giuseppe Ganci und drei weitere Aktivisten der Pizza-Connection identifizieren. Die italienische Polizei hatte diese Männer 1980 bei einem Treffen mit sizilianischen Mafiosi fotografiert, aber nicht feststellen können, wer sie waren. Das von der amerikanischen Justiz zuvor betriebene Verfahren gegen die Gambino-Sippe hatte mit Freisprüchen geendet, weil die Beweisführung für den italienischen Teil des Geschäftes gefehlt hatte. Jetzt konnten die Ankläger, bewaffnet mit dem Geständnis Contornos und den verräterischen Markierungen auf den Zellophanpäckchen, den Fall im Rahmen des umfassenderen Verfahrens um die Pizza-Connection wieder aufleben lassen.

NEUNTES KAPITEL

Der amerikanische Generalkonsul in Palermo, Ralph Jones, machte sich unter dem unmittelbaren Eindruck der Enthüllungen Buscettas im Herbst 1984 Gedanken über die möglichen politischen Auswirkungen dieses Donnerschlags und formulierte sie in einem streng geheimen Memorandum an seine Botschaft in Rom und an das State Department in Washington:

(Die Justiz von Palermo) hat 366 Haftbefehle gegen Mafiosi jeder Sorte erlassen ... gestützt vor allem auf die unerhörten Geständnisse des Mafiabosses Tommaso Buscetta ... Die Haftbefehle betrafen ausschließlich Angehörige des militärischen Zweiges der Mafia ... Keine Politiker wurden festgenommen. Anklage wurde erhoben gegen den einstigen Bürgermeister von Palermo, Vito Ciancimino (Christdemokrat), den Marionettenspieler, nach dessen Pfeife diverse Mitglieder des Stadtrates tanzen ... Die KPI ... könnte versuchen, gegen Außenminister Giulio Andreotti die «Mafiakarte» auszuspielen; von dessen Gruppierung, die sich seit einiger Zeit bemüht, durch Zusammenarbeit mit der KPI innerhalb der Regionalregierung ihre linke Flanke zu decken, wird allgemein angenommen, sie sei von allen politischen Kräften Siziliens die mit den engsten Mafia-Verflechtungen ...[1]

Auch wenn die Anklageerhebung gegen Ciancimino nur ein kleiner erster Schritt war, bedeutete dies doch, daß die Pandorabüchse des Themas «Mafia und Politik» aufging. Gerüchte und Verdächtigungen hatte es um Ciancimino seit mehr als zwanzig Jahren gegeben, doch nie hatte jemand etwas gegen ihn oder einen der anderen ranghohen Politiker unternommen, die «Mafiageruch» verströmten. Ciancimino war der Bevollmächtigte für öffentliche Bauvorhaben in der Zeit des berüchtigten «Sacco di Palermo» unter Bürgermeister Salvatore Lima gewesen. Die parlamentarische Anti-Mafia-Kommission hatte sich auf rund 70 Seiten ihres Berichts mit den dunklen Seiten seines Aufstiegs aus bescheidenen Anfängen im väterlichen Friseurgeschäft in Corleone bis ins Zentrum der Macht in Palermo beschäftigt. Freundschaften zu Ministern in Rom einerseits, lokalen Mafiosi andererseits hatten sich für Ciancimino als eine einträgliche Kombination erwiesen, hatte er doch seine politische Karriere zur Ansammlung eines verdächtig großen Vermögens genutzt. Die Gerüchte über seine Mafiaverbindungen waren so hartnäckig und weit gestreut, daß seine Wahl zum Bürgermeister im Jahr 1970 einen landesweiten Skandal auslöste und er sich nach nur wenigen Amtsmonaten zum Rücktritt gezwungen sah. Danach ging er in Deckung, blieb aber ein erheblicher Machtfaktor in der Kommunalpolitik. Ihm wurde ein bestimmender Einfluß auf mehrere städtische Behörden nachgesagt, bei denen er Verwandte, politische Busenfreunde und ihm nahestehende Mafiosi in Schlüsselstellungen untergebracht hatte. Einer seiner Neffen war leitender Beamter in der Behörde, die Wasser aus den privaten Brunnen des «Papstes» Michele Greco und anderer Mafiagrößen kaufte. Wenn städtische Beamte wegen schwerwiegender Vergehen eingesperrt wurden, war es normal, daß sie nach Verbüßung ihrer Strafe auf ihren früheren Posten zurückkehrten.[2]

Das Verfahren gegen Ciancimino warf sofort die Frage nach der Verstrickung anderer Palermoer Politiker auf, insbesondere des Exbürgermeisters Salvatore Lima. Angefangen hatten beide als Kofferträger von Amintore Fanfani, dem erfolgreichsten christdemokratischen Politiker der späten 50er und frühen 60er Jahren. Obwohl sie öffentlich kaum in Erscheinung traten, etwa als Redner oder auf politischen Kundgebungen, flossen ihnen und den von ihnen unterstützten Kandidaten bei Wahlen scheinbar aus dem Nichts erhebliche Stimmenanteile zu.

Beide Männer waren Machtmenschen, die hinter den Kulissen ihre Fäden zogen, aber sie unterschieden sich hinsichtlich ihres Stils und ihrer Begabungen. Ciancimino war ein Grobian, dessen ungehobeltes Gebaren zu seiner bescheidenen Herkunft aus Corleone paßte. Er gefiel sich darin, seine Muskeln spielen zu lassen und sich damit zu brüsten, daß im Rathaus nichts ohne seinen Segen passiere. Und er fand es durchaus nicht unfein, seinen zweifelhaften Ruf zur Einschüchterung seiner Widersacher zu nutzen.

Lima war eine verbindlichere und geschliffenere Persönlichkeit; er hatte sich bis zu einem gewissen Grad von Palermo abgesetzt, war zunächst ins italienische Nationalparlament und später ins Europäische Parlament in Straßburg gewählt worden. Hochgewachsen und von elegantem Auftreten, verkehrte der silberhaarige Lima mit den mächtigsten Leuten der nationalen und internationalen Politik und Wirtschaft. Während Ciancimino nur die simplen Grundregeln der

Palermoer Politik (wie «eine Hand wäscht die andere») beherrschte, spielte Lima in einer sehr viel höheren Liga, in der Allianzen geschmiedet, heikle Interessenkonflikte austariert und ein leistungsfähiges politisches Beziehungsnetz über Sizilien geflochten wurde. Lima verstand es, die Hausmacht, die er sich in Sizilien aufgebaut hatte, in Einfluß auf nationaler politischer Ebene umzumünzen, wo er zunächst in der Rolle eines Fanfani-Gefolgsmannes debütierte, um sich später der Andreotti-Fraktion der Christdemokratischen Partei anzuschließen.[3]

In der politischen Welt Nachkriegsitaliens, in der Balkan-Verhältnisse herrschten, galten auf allen Ebenen, von den Gemeinderäten bettelarmer Dörfer bis zur Kabinettsbildung in Rom, die Gesetze der Fraktionskungelei und des Kuhhandels. Zwischen den zahlreichen politischen Parteien wurden nicht nur ständig Verhandlungen geführt und Bündnisse geschlossen, es gab auch noch innerhalb dieser Parteien rivalisierende Fraktionen, die sich über ihren jeweiligen Anteil an Machtpositionen, Geldmitteln und zu verteilenden Posten stritten. Die Democrazia Cristiana als größte unter den politischen Parteien zerfiel in mindestens fünf oder sechs Fraktionen, die häufig in erbitteter Konkurrenz zueinander am Ausbau ihrer eigenen politischen Hausmacht arbeiteten. Die Machtverteilung innerhalb der Partei (und damit auch innerhalb der Regierung) richtete sich nach der Anzahl der «Parteibücher», die jede Fraktion in die Waagschale werfen konnte. In einer modernen Variante von Gogols Romansatire *Die Toten Seelen* wurden viele Parteibücher auf die Namen verstorbener oder nicht existierender Personen ausgestellt, die auf diese Weise die Abstimmungsergebnisse auf Parteitagen mitbestimmten, auf denen politische Programme verabschiedet, strategische Bündnisse geschlossen und wichtige Ressourcen und Stellen verteilt wurden. Die Fraktion Salvatore Limas kontrollierte nach Angaben von Giorgio Galli, der eine Geschichte der Partei veröffentlicht hat, rund 25 Prozent der DC-Mitgliederbasis auf Sizilien.[4] Als Lima beschloß, seinen Waggon an den in Schwung kommenden Andreotti-Zug anzuhängen, war das für die Karriere beider Männer eine wichtige Weichenstellung: Das Wählerpotential, das Lima einbrachte, verschaffte der Andreotti-Gruppe mehr Macht in der Partei, und der prestigeversessene Sizilianer konnte auf diese Weise dafür sorgen, daß seine Wichtigkeit auch öffentlich sichtbar wurde. Als er 1964 den formellen Anschluß an die Andreotti-Fraktion vollzog, bestand er darauf, dies der Welt durch eine öffentliche Respektsbezeigung kundzutun, die seiner Bedeutung entsprach. «Wenn ich zu Andreotti komme, möchte ich nicht alleine kommen, sondern meine Obersten, Leutnants, Infanteristen und Fahnen mitbringen», ließ er Andreottis rechte Hand, Franco Evangelisti, wissen. Und tatsächlich: «Als er im Parlamentsbüro Andreottis aufkreuzte, tat er es an der Spitze einer Armee», erinnerte sich Evangelisti 1992 in einem Interview.[5]

Der Schritt zahlte sich für beide Männer aus: Lima zog 1968 ins Parlament ein, Andreotti wurde 1972 Premierminister und blieb 20 Jahre lang die bestimmende Figur in seiner Partei. Lima profitierte vom Aufstieg seines Mentors und brachte es bis zum Amt eines Finanzstaatssekretärs. Wie Andreotti selbst, verstand auch Lima sich auf die Kunst, Vorwürfe zu großer Mafianähe mit witzigen und gelehrten Sprüchen vom Tisch zu wischen: «Dante hat geschrieben: Die Heiligen in die Kirche, die Sünder in die Taverne», erklärte er einmal vor Reportern. «Der Mensch lebt mit der Gesellschaft, wie er sie um sich herum vorfindet. Gewiß, hier auf Sizilien ist das Risiko gewisser Kontakte größer. Leute, die nicht in der Nachbarschaft der Mafia leben, riskieren nichts, aber derjenige, der sie im Hause hat, geht dieses Risiko ein.[6] Doch die Gerüchte über seine Mafiaverbindungen blieben an ihm kleben: In dem vielbändigen Abschlußbericht der Anti-Mafia-Kommission des italienischen Parlaments kam sein Name 163mal vor.[7] Als seine Partei ihn zum Finanzstaatssekretär machte, trat ein bedeutender Volkswirtschaftler aus Protest von seinem Amt zurück. Einen Aufstieg in Ämter auf höchster staatlicher Ebene mußte Lima sich abschminken; es war klar, daß er sich mit der Rolle des zweiten Mannes, des Beraters – wenn auch des Beraters von Andreotti, des mächtigsten Politikers im Lande –, würde begnügen müssen.

Lima vergaß nie, daß Sizilien die Quelle war, aus der er seine Macht schöpfte, und hörte nie auf, intensiv in der sizilianischen Politik mitzumischen. Auch nachdem er Mitglied des Straßburger Europaparlaments geworden war, wandte er viel Zeit dafür auf, die Einheit der sizilianischen Andreotti-Fraktion zu bewahren, Kandidaten für Bürgermeisterämter und Stadtratsmandate auszuwählen, Streitfälle zu schlichten und die häufigen Wahlkampfreisen Andreottis nach Sizilien zu organisieren. Mitte der 70er Jahre gelang es ihm, den ungebärdigen Ciancimino ins Andreotti-Nest zu holen. Obwohl Ciancimino nie in den innersten Freundeskreis des Premierministers aufgenommen wurde, warf er auf den zwischen 1976 und 1983 stattfindenden Parteitagen das Gewicht seines Einflusses zugunsten Andreottis in die Waagschale. Es hieß zwar, Ciancimino kontrolliere nur 3 Prozent der christdemokratischen Wählerschaft auf Sizilien, doch in Palermo, wo er über 17 Prozent der Parteimitglieder gebot, war er eine ernstzunehmende Größe. «In den frühen 60er Jahren, in der Zeit vor Lima, konnte sich die Andreotti-Fraktion auf weniger als 10 Prozent der DC-Mitglieder stützen, doch in den späten 70er Jahren umfaßte ihre Basis immerhin 15 Prozent», analysierte Galli.[8]

Zu Beginn der 80er Jahre hatten Andreotti-Gefolgsleute die wichtigsten Machtpositionen auf Sizilien inne: Mario D'Acquisto war Präsident der Region Sizilien; Nello Martellucci war Bürgermeister von Palermo – Lima persönlich hatte ihn dazu bestimmt. Doch die Ermordung des Generals Dalla Chiesa im Jahr 1982 brachte die Dinge ins Rutschen. D'Acquisto und Martellucci mußten unter dem Vorwurf, den General nicht unterstützt zu haben, den Hut nehmen. Der Ruf nach einer «Reform» der DC in Sizilien, nach einer Verbannung der Mafia-Gespenster, die immer um sie gewesen waren, wurde lauter. 1983 erklärte Ciancimino seinen förmlichen Austritt aus der Partei, doch erwies sich dies als ein eher kosmetischer Akt der Säuberung. In Wirklichkeit kandidierten Mitglieder seiner persönlichen Hausmacht nach wie vor für Ämter und bekleideten Schlüsselstellungen. Gefolgsleute von Ciancimino standen an der Spitze von vier der sechzehn größten kommunalen Behörden und bekleideten etliche Stadtratsmandate. Die Christdemokraten insgesamt verfügten im Stadtrat über eine knappe Mehrheit (41 von 80 Sitzen), so daß Ciancimino mit der Drohung, seine Leute anders abstimmen zu lassen, die Partei jederzeit erpressen konnte.[9]

Im April 1983 schlug Salvatore für den Bürgermeisterposten die Ärztin Elda Pucci vor, ein neues, sauberes Gesicht für die Christdemokraten Palermos. So weit, so gut, aber Frau Pucci versuchte alsbald, wirkliche Politik zu machen, indem sie für die Vergabe wichtiger städtischer Dienstleistungen wie Straßenreinigung, Wasser und Abwasser oder Straßenbeleuchtung öffentliche Ausschreibungen forderte – mit der Folge, daß ihr plötzlich von Kräften in ihrer eigenen Partei der Teppich unter den Füßen weggezogen wurde.[10]

Der Skandal um die öffentlichen Dienstleistungen in Palermo war so offenkundig geworden, daß man nicht länger die Augen davor verschließen konnte. Die Infrastruktur war im wahrsten Sinn des Wortes undicht, und jeder wußte es. Im Wasserleitungsnetz der Stadt gingen (und gehen noch immer) rund 40 Prozent des gesamten Trinkwassers durch alte, löcherige und verrostende Rohre verloren, mit der Folge, daß durchschnittlich nur jeden zweiten Tag Wasser aus den Hähnen floß. In Mailand gingen hingegen nur 6 Prozent des Wassers verloren, im landesweiten Durchschnitt 15 Prozent. Das Wasser, das schließlich bei den Leuten ankam, hatte einen so hohen Gehalt an metallischen Schadstoffen, daß es nicht unbedenklich getrunken werden konnte. Für diese minderwertige Wasserversorgung bezahlte die Stadt Palermo einen drei- oder viermal so hohen Preis wie andere italienische Großstädte. Die Straßenbeleuchtung kostete in Palermo fast dreimal soviel wie in Turin, obwohl es in Turin fast dreimal so viele Straßenlampen gab und die unzureichend beleuchteten Straßen Palermos in der Nacht zu einem gefährlichen Pflaster wurden. Die Stadt Rom, die schwerlich als ein Musterbeispiel für nordeuropäische Effizienz durchgehen kann, gab pro Jahr 32 Milliarden Lire (rund 50 Millionen Mark) für Straßenreinigung und Abwasserentsorgung aus, Palermo mit 59 Milliarden Lire fast das Doppelte, obwohl es nur ein Viertel der Einwohnerzahl Roms hatte.[11] Ähnlich wie aus den Leitungsrohren das Wasser, versickerte aus den öffentlichen Kassen Palermos das Geld: Milliarden Lire gingen Jahr für Jahr durch Abrechnung nicht erbrachter Leistungen, Schmiergelder und allgemeinen Schlendrian verloren. Das Monopol auf Straßenreinigung und Abwasserentsorgung hatte seit 30 Jahren Graf Arturo Cassina inne, und da er es nicht durch Teilnahme an öffentlichen Ausschreibungen errungen hatte, sondern es Politikern und Mafiosi verdankte, bestand für ihn kein Anreiz, die Qualität seiner Dienstleistungen zu verbessern.

Als der Antrag der Bürgermeisterin Pucci im Stadtrat abgelehnt wurde, trat sie zurück, und Salvatore Lima und seine Christdemokraten mußten sich nach einem neuen Bürgermeister umsehen. Sie fanden ihn 1984 in Gestalt Giuseppe Insalacos, eines Parteiveteranen, der ihnen wesentlich leichter lenkbar erschien. Insalaco war innerhalb des Palermoer DC-Apparats groß geworden, und seine Name war nicht ganz frei vom Ruch der Korruption und der Mafianähe. Allein, als Bürgermeister entwickelte er sich zu einer erstrangigen Überraschung (bzw. Enttäuschung) für diejenigen, die ihn auf den Schild gehoben hatten. In den vielen Jahren, in denen er sich dem Willen lokaler Potentaten hatte beugen müssen, hatte sich bei Insalaco ein Vorrat an Wut auf seine politischen Zuchtmeister angestaut, dem er, kaum daß er Bürgermeister geworden war, freien Lauf ließ. Eine seiner ersten Amtshandlungen bestand darin, daß er in der Stadt Anti-Mafia-Plakate kleben ließ, in denen an die Ermordung des kommunistischen Parteiführers Pio La Torre im April 1982 erinnert wurde. «Jetzt werden sie sehen, wer Giuseppe Insalaco *wirklich* ist», eröffnete er dem jungen Stadtratsmitglied Leoluca Orlando kurz nach seiner Wahl.[12] Doch Insalaco erlitt mit seinem «Aufstand», genau wie Frau Pucci vor ihm, in dem Augenblick Schiffbruch, als er die städtische Auftragsvergabe neu zu regeln versuchte. Es begannen bei ihm anonyme Briefe und Drohanrufe einzugehen, und als er nach zwei Monaten im Amt wieder mit Orlando sprach, hatte sein Ton sich geändert. «Ich habe Angst, ich habe Angst», sagte er ihm unter vier Augen. «Ich habe noch nie einen Menschen innerhalb weniger Monate so altern sehen», sagte seine Amtsvorgängerin Elda Pucci in einem Interview, das sie um diese Zeit gab. «Ich glaube, er hatte letzten Endes Angst davor, daß es ihm böse ergehen könnte . . . Und die Tatsache, daß (er) über die Frage der städtischen Konzessionsvergaben stolperte, ist eine Bestätigung dafür, daß es in Palermo unmöglich ist, ohne den Rückhalt bestimmter ‹Machtgruppen› außerhalb der Institutionen an der Macht zu bleiben.» Als der Interviewer fragte, ob sie damit die Mafia meine, antwortete sie: «Diese Schlußfolgerung überlasse ich Ihnen» – die bei sizilianischen Politikern übliche Art und Weise, sich diplomatisch aus der Affäre zu ziehen.[13]

Konfrontiert mit der Tatsache, daß eine Stadtregierung nach der anderen abstürzte, probierten es die Christdemokraten mit einem weiteren Reformpolitiker: Leoluca Orlando hatte als Schützling von Piersanti Mattarella angefangen, des sizilianischen Regionalpräsidenten, der 1980 erschossen worden war, weil er versucht hatte, für mehr Sauberkeit bei der öffentlichen Auftragsvergabe zu sorgen. Doch die Amtszeit Orlandos endete, noch ehe sie begann – er ließ eine geheime Abstimmung durchführen, um festzustellen, ob die eigene Partei geschlossen hinter ihm stand, und siehe da, die Anti-Reform-Kräfte sorgten dafür, daß er die notwendige Mehrheit der Stimmen verfehlte. «Was glaubt er, wer er ist?» soll Ciancimino mit Blick auf Orlando gesagt haben: «Glaubt er, er könnte Bürgermeister von Palermo werden, ohne mich wenigstens einmal anzurufen?» Nun setzte die Partei wieder auf Nello Martellucci, den Andreotti-Gefolgsmann, der nach der Ermordung Dalla Chiesas 1982 als Bürgermeister zurückgetreten war. Somit war nun, im Herbst 1984, in Palermo wieder alles beim alten.[14]

In diese lokale politische Krisensituation hinein platzte im Oktober 1984 die Anklage gegen Ciancimino. Buscetta hatte klar ausgesprochen, was viele längst vermutet, aber in der Regel nur hinter vorgehaltener Hand gesagt hatten: «Ciancimino ist eine Marionette von Totò Riina.» Als Buscetta 1980 auf freien Fuß gekommen war, hatte sein Boß Pippo Calò ihn gedrängt, in Palermo zu bleiben; mit Hilfe Cianciminos könnten sie dort im Zusammenhang mit der Restaurierung der Altstadt eine Menge Geld verdienen. Jetzt beschlagnahmten die Strafverfolgungsbehörden Vermögenswerte in Höhe von 10 Milliarden Lire (15 Millionen Mark), bei denen der Verdacht bestand, daß Ciancimino sie rechtswidrig erworben hatte.[15]

Unter dem Eindruck der Anklage gegen Ciancimino wurden die beiden vorhergehenden Bürgermeister Palermos, Frau Pucci und Herr Insalaco, zusammen mit dem aktuellen Amtsinhaber Martellucci vor die Anti-Mafia-Kommission in Rom geladen, um über Ciancimino und die Unterwanderung der städtischen Behörden durch die Mafia auszusagen. Insalaco nannte Ciancimino den «Herrn und Meister der Großaufträge», Frau Pucci bezeichnete ihn als «das beunruhigendste und vergiftendste Element im öffentlichen Leben von Palermo». Martellucci äußerte sich ausweichender. Er führte einen ausgeklügelten verbalen Steptanz vor, leugnete einen Einfluß der Mafia auf die Vorgänge in der Stadt, räumte aber gleichzeitig die Notwendigkeit von Reformen ein. Als er gebeten wurde, konkrete Beispiele zu nennen, sagte er: «Es gibt Mafiosi, aber ich habe keine bemerkt.» Martelluci mochte keine Mafiosi bemerkt haben, aber offensichtlich hatte die Mafia ihn bemerkt. In seinem Stadthaus in Palermo detonierte eine Bombe – zur Warnung. Dasselbe war Bürgermeisterin Pucci zugestoßen. Und nur wenige Tage nach dem Zeugentermin in Rom ging in Palermo der Wagen von Bürgermeister Insalaco in Flammen auf.[16]

In Presseinterviews äußerten sich die abgetretenen Bürgermeister noch unverblümter über die politische Lage in Palermo. «Natürlich existiert die Mafia . . ., man atmet sie, man spürt sie», sagte Insalaco. «Sie hat eindeutige Botschaften abgegeben, sie hat eine ganze Reihe von Politikern und Untersuchungsrichtern ermordet . . . Sie verfügt über großen Einfluß und hat bei mehreren wichtigen Entscheidungen der Regierung ihren Willen durchgesetzt.»[17] Und Frau Pucci äußerte sich wie folgt:

Als ich das Amt übernahm, wußte ich nicht, daß man mich benutzte. Nach dem Willen Limas und Cianciminos sollte ich mich ein paar Monate halten und mich dann trollen. Ich sollte der DC (Democrazia Cristiana) helfen, das Gesicht zu wahren, nach all dem Aufsehen über den Tod Dalla Chiesas. Ich wußte, ich würde stolpern, sobald ich an das Problem der Vergabe staatlicher Aufträge herangehen würde . . .

Die (Christdemokratische) Partei besteht nicht mehr . . ., die . . . Parteimitglieder sind Phantome in den Händen derselben alten Männer, die im Interesse der Erhaltung ihrer eigenen Macht die Partei zerstört haben. Es war ein Nahkampf aller gegen alle . . . Die Parteien sind zu Reservoiren von Wählerstimmen geworden. Und dann ist da noch die Verantwortung Roms, das stets nur geringes Interesse an den Problemen des Südens im allgemeinen und Siziliens im besonderen gezeigt hat . . . Immerhin hat der Staat jahrelang sogar die Aufgabe der Steuererhebung privaten Bürgern übertragen, der Familie Salvo, wie im Zeitalter der Bourbonenkönige . . . Demokratie gibt es in Sizilien nicht.[18]

Auf die Mafia angesprochen, brachte Frau Pucci den Begriff «dritte Ebene» ins Spiel, und zwar im Sinne einer bestimmten Kategorie von Politikern, die der Mafia nahestehen und dem militärischen Arm der Cosa Nostra übergeordnet sein sollten. Es handelte sich dabei um die fehlerhafte Verwendung eines Begriffes, den Giovanni Falcone 1982 in einem gemeinsam mit dem Mailänder Staatsanwalt Giuliano Turone veröffentlichten Artikel geprägt hatte. Falcone und Turone hatten damals ausgeführt, daß sich die Verbrechen der Mafia in drei Ebenen einteilen ließen: Auf der ersten Ebene seien die alltäglichen «Geschäfte» der Mafia angesiedelt: Nötigung, Schmuggel, Drogenhandel; die zweite Ebene umfasse die Bluttaten, die sich innerhalb der Mafia selbst oder im größeren Kreis derer, die mit ihr Geschäfte machten, abspielten. Die «dritte Ebene» schließlich beinhalte Morde mit weiterreichenden politischen Implikationen, über die auf der höchsten Ebene der Cosa Nostra entschieden werde, etwa Anschläge auf hohe staatliche Amtsträger. Falcone und Turone hatten nichts von einer Clique von Politikern gesagt, nach deren Pfeife die Mafia tanze; trotzdem begannen viele Italiener den Ausdruck in dieser Bedeutung zu gebrauchen.

«Solange der sizilianische Staat seiner eigenen Rolle nicht gerecht wird, wird die ‹dritte Ebene› weiterhin die politische Klasse gängeln», sagte Frau Pucci. «Die ‹dritte Ebene› ist die, die die Landwirtschaft Siziliens in die Hände einer einzigen Familie legt. Ich werde es sogar offen sagen: Ich weiß nicht, ob die Salvos Mafiosi sind. Ich weiß aber, daß sie starke politische Protektion genießen.»

Wie der amerikanische Generalkonsul in Palermo vorausgesagt hatte, kam mit der Verhaftung Buscettas jede Menge Schmutz unter dem Teppich zum Vorschein. Die Tatsache, daß Buscetta bei all seinen Enthüllungen nur den Namen eines einzigen Politikers genannt hatte, gab der Forderung Auftrieb, diesen Ermittlungsaspekt stärker in den Mittelpunkt zu stellen. «Das einzige, was wir an den außerordentlich wichtigen Enthüllungen Tommaso Buscettas nicht überzeugend finden, ist sein völliges Schweigen darüber, wer auf höchster Mafiaebene die Fäden zieht, auf der ‹dritten Ebene› der Mafia», erklärte der Vorsitzende der Kommunistischen Partei Siziliens, Luigi Colajanni, gegenüber der römischen Tageszeitung *La Repubblica*. «Wie kann es angehen, daß ein Boß seines Ranges nicht weiß, wer hinter den Corleonesern und den Grecos steht?»[19] Der Generalkonsul hatte richtig vermutet: Die KPI hatte, wie von ihm vorausgesagt, die «Mafiakarte» zu spielen begonnen.

Die Vorgänge in Palermo fielen zusammen mit einer Reihe ebenso peinlicher Entwicklungen anderswo. Michele Sindona war soeben von den USA an Italien ausgeliefert worden und wartete auf seinen Mordprozeß. Ein Untersuchungsausschuß des italienischen Parlaments kam in seinem Abschlußbericht zu dem Schluß, es habe innerhalb des italienischen Geheimdienstes einen «geheimen Paralleldienst» gegeben, der ausschließlich aus Mitgliedern von Licio Gellis Geheimloge P2 bestanden habe. Wenige Tage nach der Verhaftung der 366 in Palermo sollte das Parlament in Rom über einen Mißtrauensantrag gegen Außenminister Giulio Andreotti wegen seines Verhaltens in der Sindona-Affäre abstimmen.

Die Rettung kam für Andreotti aus einer unerwarteten Ecke: von den Kommunisten. Bei der Abstimmung in der Abgeordnetenkammer enthielten sich die kommunistischen Deputierten.[20] Während die KPI in der Öffentlichkeit lautstark gegen Andreotti und den politischen Einfluß der Mafia auf Sizilien wetterte, lagen die Dinge in Wirklichkeit nicht ganz so einfach. Andreotti gehörte schließlich zu den Hauptdarstellern des «historischen Kompromisses», der Verständigung zwischen Kommunisten und Christdemokraten. Die Kommunisten waren Andreottis stille Teilhaber an der sogenannten Regierung der nationalen Solidarität gewesen, die von 1978 bis 1980 amtiert hatte. Und auch danach war Andreotti der wichtigste Gesprächspartner der KPI in der Regierung geblieben.

So unwahrscheinlich dieses Zusammengehen von Links und Rechts anmuten mag, so typisch ist es für die Geschichte Italiens. Seit der endgültigen Etablierung des italienischen Einheitsstaats im Jahr 1870 haben sich die italienischen Konservativen stets als Meister in der Gunst des *trasformismo* erwiesen, der Fähigkeit, Kräfte der politischen Opposition an sich zu binden und in staatstragende Kräfte zu verwandeln. «Wir müssen alles ändern, damit sich nichts ändert», erklärt die aristokratische Hauptfigur des sizilianischen Romanepos› *Der Leopard* und bringt damit das Wesen des *trasformismo* auf den Punkt.[21] Die Christdemokraten beherrschten diese politische Kunst besonders gut. Als sie nach dem Zweiten Weltkrieg erstmals ans Ruder kamen, lag Italien in Scherben und stand an der Schwelle zu einem neuen Bürgerkrieg: Sowohl Faschisten als auch Kommunisten bewahrten ihre guten geölten Waffen für den Fall des Falles unter ihren Betten auf; die Christdemokraten pendelten geschickt zwischen den beiden Extremen, wie die Situation es erforderte, ohne je das Gleichgewicht zu verlieren. Die Regierungen kamen und gingen, mit einer durchschnittlichen Lebensdauer von weniger als einem Jahr, doch immer behielten die Christdemokraten alles fest im Griff. Es ist ein beredtes Zeugnis für ihr überragendes politisches Geschick, daß diese Partei, obwohl ihr Stimmenanteil immer unter 40 Prozent blieb, fast 40 Jahre lang die maßgebliche Kraft in jeder Regierung blieb. Sie nahm Koalitionspartner hinzu oder ließ sie fallen, wie die Umstände es diktierten, und spielte häufig eine Kraft gegen die andere aus. Wenn nach außen hin der Anschein einer gefährlichen Instabilität entstand, so erfüllte auch dies seinen Zweck: Ein beunruhigtes Wahlvolk, voller Furcht, das Land könne ins Chaos stürzen, sorgte dafür, daß die DC in Italien die Partei Nummer Eins blieb. Ein anarchisches Wechselspiel herrschte allerdings nur an der Oberfläche; tatsächlich war die italienische Kabinettspolitik so etwas wie eine Mensch-ärgere-dich-nicht-Partie, bei der immer wieder die Mitglieder derselben Parteicliquen ins Spiel zurückkehrten und einmal dieses, einmal jenes Ministerium übernahmen; dieses Spiel währte über fünfzig Jahre. Amintore Fanfani wurde zum ersten Mal 1954, zum 6. und letzten Mal 1987 Premierminister. Doch zum Symbol schlechthin für die Permanenz der christdemokratischen Regierungsbeteiligung wurde Andreotti: Er spielte schon in der ersten italienischen Nachkriegsregierung im Jahr 1946 eine führende Rolle, blieb danach eine feste Größe im Zentrum der Macht und bekleidete praktisch jeden wichtigen Kabinettsposten mindestens einmal.

Eines der Erfolgsgeheimnisse der Christdemokraten bestand darin, daß sie sich eine hochgradige Sensibilität für den gesellschaftlichen Wandel bewahrten und aufmerksam dem Grollen der öffentlichen Meinung lauschten. In den 60er Jahren luden sie die Sozialistische Partei zum Eintritt in die Regierung ein. Dieser Schritt beunruhigte die

Vereinigten Staaten, erwies sich aber als politischer Geniestreich, der die italienische Linke entzweite und die DC stärkte. Die in der Folge amtierenden Mitte-Links-Regierungen erfüllten viele Forderungen der Sozialisten und legten die Fundamente für den modernen italienischen Wohlfahrtsstaat. Statt sich von dieser Entwicklung schrecken zu lassen, verstanden es die Christdemokraten, daraus für sich Kapital zu schlagen. Die Palette neu entstehender staatlicher Dienstleistungen – verstaatlichte Unternehmen, öffentliche Arbeitsbeschaffungsprojekte, das staatliche Gesundheitswesen, Sozialhilfe, Arbeitslosengeld, Behindertenfürsorge usw. – ließ sich voll und ganz in das traditionelle Patronagesystem einbinden. Der stark ausgeweitete öffentliche Wirtschaftssektor schuf Hunderttausende von Arbeitsplätzen für die eigenen Parteigänger, vor allem aber die Möglichkeit, Aufträge im Wert von vielen Milliarden an freundlich gesonnene Unternehmer zu vergeben, die dann einen Prozentsatz der Auftragssumme verdeckt zurückschieben und so die Partei finanziell unterstützen konnten. Nach zehn Jahren Mitte-Links-Regierung saß die DC noch immer fest im Sattel, während die Sozialisten, deren Image unter der jahrelangen Nähe zur Macht gelitten hatte, verschlissen waren. Ihr Wählerpotential war in dem Maße geschrumpft, wie sie aufgehört hatten, eine glaubwürdige Alternative zur DC zu sein; es lag um die Mitte der 70er Jahre bei nur noch 9 Prozent.[22]

In der Ära des historischen Kompromisses machten die Christdemokraten mit den Kommunisten dasselbe, was sie in den 60er Jahren mit den Sozialisten gemacht hatten. Die DC konnte in dieser Zeit ohne ihre gewohnten Koalitionspartner (Sozialisten, Republikaner, Sozialdemokraten, Liberale) regieren, weil die Kommunisten die Zusage gegeben hatten, keine Vertrauensabstimmungen zu beantragen, die den Sturz der Regierung zur Folge haben könnten. Die Kommunisten erhielten für ihr Stillhalten nicht einmal einen einzigen Ministerposten. Sie hofften vielmehr, bei der launischen Mittelschicht Italiens mehr politischen Kredit zu gewinnen – und ihr indirekter Einfluß auf die Regierungspolitik war beträchtlich. So bauten die Christdemokraten, um ihre stille Teilhaberin bei Laune zu halten, den Sozialstaat weiter aus. Es wurden Gesetze verabschiedet, die es Unternehmen praktisch unmöglich machten, jemandem zu kündigen, die Gehälter der Staatsbediensteten wurden angehoben, kränkelnde Staatsunternehmen wurden am Leben gehalten oder auf Wachstumskurs gebracht, immer neue der Arbeitsbeschaffung dienende staatliche Projekte wurden aufgelegt, und eine Altersversorgung mit den großzügigsten Renten in ganz Europa wurde aufgebaut. 1970 hatten die Staatsausgaben noch rund 30 Prozent des Brutto-Inlandsprodukts ausgemacht; bis zum Ende der 80er Jahre schwollen sie auf 52 Prozent an. Zur Finanzierung ihrer Ausgabenwut ließen die italienische Regierungen munter Geld drucken, bis die Inflationsrate auf fast 50 Prozent kletterte.[23]

Durch ihren Verzicht auf Opposition legitimierten die Kommunisten den christdemokratischen Patronagestaat. Statt das traditionelle System des «Aufteilens der Beute» abzuschaffen, gaben sie sich mit einem eigenen, sogar relativ kleinen Teil des Kuchens zufrieden. Die Kommunisten bekamen ihren eigenen halbstaatlichen Fernsehsender, wie vor ihnen die Sozialisten. Vertreter der KPI konnten endlich Seite an Seite mit Christdemokraten und Sozialisten in den Aufsichtsräten verstaatlichter Banken und Wirtschaftsunternehmen Platz nehmen. Während die anderen Parteien Staatsaufträge befreundeten Unternehmern zuschanzten, die ihnen Schmiergelder zurückschoben, versuchten die Kommunisten (mindestens in manchen Fällen) dafür zu sorgen, daß eine bestimmte Zahl von Staatsaufträgen an kommunistische «Kooperativen» ging, von der Partei unterstützte selbstverwaltete Firmen. Erpicht darauf, zu zeigen, daß sie verantwortungsbewußt genug waren, um ein Stück Macht anvertraut zu bekommen, entschieden sich die Kommunisten dafür, innerhalb des Systems zu funktionieren, statt es zu bekämpfen.

Doch der Schuß ging nach hinten los. Wähler, die Systemveränderungen wollten, bestraften die Kommunisten an den Wahlurnen. Im Geburtsjahr des historischen Kompromisses, 1976, hatten die Kommunisten mit einem Stimmenanteil von 35 Prozent den Christdemokraten dicht im Nacken gesessen, bis 1980 rutschten sie unter die 30-Prozent-Marke. Sie zogen daraus die Konsequenz, der Regierung ihre Unterstützung zu entziehen und in die Wüste der Opposition zurückzukehren. Die Christdemokraten hatten ihren Stimmenanteil mittlerweile auf 38 Prozent gesteigert.[24]

Als Giulio Andreotti einmal von einem Kritiker gefragt wurde, ob die vielen Jahre an den Schaltstellen der Macht die DC nicht «verschlissen» hätten, gab er die schlagfertige Antwort: «Die Macht verschleißt denjenigen, der sie nicht hat.»[25]

Giovanni Falcone wußte, daß Tommaso Buscetta in etlichen Punkten nicht die ganze Wahrheit gesagt hatte. Das war angesichts seiner rechtlichen Lage auch fast unvermeidlich. Die italienische Justiz hatte nicht nur keine Möglichkeit, einen Handel «Strafnachlaß gegen Kooperation» anzubieten, sondern wäre im Gegenteil verpflichtet gewesen, für jedes von Buscetta gestandene Verbrechen ein weiteres Verfahren gegen ihn zu eröffnen. Falls er nicht vorhatte, den Rest seines Lebens hinter italienischen Gefängnismauern zu verbringen, mußte er sorgfältig abwägen, was er sagte. Es konnte daher nicht überraschen, daß er die meisten Vorwürfe, die in den voraufgegangenen Jahren gegen ihn erhoben worden waren, zurückwies. Er habe nie irgend jemanden umgebracht, ließ er seine Vernehmer wissen. Kaum war er freilich in der sicheren Obhut der Amerikaner, da gestand er gegenüber seinem italienischen Biographen die Beteiligung an mehreren Mafiamorden in seiner Anfangszeit bei der Cosa Nostra. Er gab auch zu, Tabak geschmuggelt zu haben (ein Vergehen, für das er bereits eine Freiheitsstrafe abgesessen hatte), bestritt jedoch jede Beteiligung am Kokain- oder Heroingeschäft.[26]

Buscetta behauptete, seinen hohen Rang innerhalb der Cosa Nostra vor allem seinem, wie er es nannte, *ascendente* zu verdanken, seinem persönlichen Charisma und der Lebensklugheit und Urteilskraft, die er sich in jahrzehntelanger Geschäftstätigkeit in drei Erdteilen angeeignet habe:

Leider ist aufgrund meines starken und stolzen Charakters über mich die Legende vom internationalen Drogenschmuggler und vom gewissenlosen und gewalttätigen Mafiaboß entstanden, die nicht der Wirklichkeit entspricht. Das Unglaublichste dabei ist, daß dieser Mythos sich nicht nur auf die Presse ausgewirkt hat, sondern auch auf die Verbrecherwelt, so daß auch im Gefängnis die Leute mit einer Mischung aus Angst und Respekt zu mir aufschauten. Meine zurückhaltende Art wurde in dieser Welt als Zeichen für eine Machtposition in der Mafia mißdeutet, die sich auf Verbrechen stützte, die ich in Wirklichkeit überhaupt nicht begangen hatte. Ich stand völlig auf verlorenem Posten, wenn ich . . . Leute davon überzeugen wollte, daß ich nicht das Ungeheuer bin, das viele in mir sehen . . . Wenn ich meine Unschuld beteuerte, lachten die Leute einfach.[27]

Diese Darstellung ist nicht ganz so gekünstelt, wie sie vielleicht erscheinen mag. In der Welt der Cosa Nostra ist der Anschein von Macht gleichbedeutend mit Macht – dies ist einer der Gründe dafür, daß für Mafiosi Werte wie «Ruf» und «Prestige» so überaus wichtig sind. Was Buscetta betraf, so fällt es wirklich schwer, die Gründe für sein zweifellos hohes Ansehen innerhalb der Cosa Nostra dingfest zu machen.

Auf der einen Seite verfügte Buscetta, als er in Brasilien verhaftet wurde, offensichtlich über alle äußeren Attribute eines bedeutenden Mafiabosses: Seine als Familienbetrieb bewirtschaftete Ranch erstreckte sich über 26.000 Hektar, in Rio de Janeiro und Sao Paolo besaß er Luxuswohnungen. Die Wohnung in Rio befand sich im selben Gebäude wie das Apartment eines gewissen Antonio Bardellino, der nach Buscettas eigenen Angaben einer speziellen Gruppe neapoletanischer Mafiosi angehörte, die ausnahmsweise in die sizilianische Cosa Nostra aufgenommen worden waren, um für sie den Schmuggel mit Tabak und Heroin zu organisieren. Buscetta behauptete freilich, die räumliche Nachbarschaft zu Bardellino sei purer Zufall gewesen. Zu der Ranch sagte er, sie gehöre seinem Schwiergervater und habe praktisch nichts gekostet – die brasilianische Regierung habe in Amazonien große Landflächen abgegeben, um die Besiedlung und Nutzung des Gebiets zu fördern.[28]

«Wir fanden keine Beweise dafür, daß Buscetta – mindestens in der Zeit vor seiner Verhaftung – in den Drogenschmuggel verwickelt war», sagt Gianni De Gennaro, der Polizeibeamte, der den engsten Kontakt zu ihm hatte. «Ein großer Drogenhändler hat normalerweise keine Schwierigkeiten mit der Bezahlung seines Anwalts, und wir fanden Anhaltspunkte dafür, daß die Frau Buscettas ihren Schmuck verpfändete, um den Anwalt bezahlen zu können. Ko Bak Kin, der Drogengroßhändler aus Thailand, hatte derartige Probleme nie – immer die besten Anwälte, immer gut bezahlt.[29]

Da Buscetta zwischen 1973 und 1980 im Gefängnis gesessen hatte, ist es ohne weiteres denkbar, daß es ihm in der relativ kurzen Zeit bis zu seiner Wiederverhaftung 1983 nicht gelang, im Drogenhandel erneut Fuß zu fassen. Wenig wahrscheinlich ist jedenfalls, daß sein hohes Ansehen innerhalb der Mafia ausschließlich auf sein persönliches Charisma und seine gute Urteilskraft zurückzuführen war.

Buscetta tendierte auch dazu, das kriminelle Profil guter Freunde wie Stefano Bontate herunterzuspielen, gegen die die Ermittler in Palermo in Wirklichkeit mehr als genug Beweismaterial in Händen hatten. Falcone war sich auch darüber im klaren, daß Buscetta nicht sein gesamtes Wissen über die Verflechtungen zwischen Mafia und Politik preisgab. Die wenigen Anspielungen auf politische Dinge, die er machte, waren vage, aber doch höchst aufschlußreich. Da war zum Beispiel seine kryptische Darstellung eines Gesprächs mit Gaetano Badalamenti über die Ermordung des Generals Dalla Chiesa. Badalamenti habe, so berichtete Buscetta, erklärt, daß in diesem Fall Politiker «die Mafia benutzt hätten, um sich des unbequemen Generals zu entledigen». Buscetta hatte auch durchblicken lassen, daß sein eigener Sippenboß Pippo Calò etwas mit dem «Tod des Bankiers (Roberto) Calvi zu tun hatte». (Nachdem man Calvi erhängt unter der Londoner Blackfriars-Brücke gefunden hatte, gingen viele davon aus, er sei ermordet worden. Aus späteren Zeugenaussagen ging hervor, daß Calvi einer der wichtigsten Geldwäscher für die Corleoneser Fraktion der Cosa Nostra gewesen war, für die er eine ähnliche Rolle gespielt hatte wie Michele Sindona für die älteren Mafiasippen der Bontates und Inzerillos.)[30]

Buscetta lehnte es freilich ab, sich ausführlicher zu diesen Zusammenhängen zu äußern. Mehrfach bestritt er, die Vettern Salvo zu kennen, obwohl aus abgehörten Telefonaten eindeutig hervorging, daß Nino Salvo während des großen Mafiakrieges den Plan verfolgte, Buscetta nach Italien einzuschleusen. Er bestritt auch wieder alle Beweise, 1970 in Italien gewesen zu sein und gemeinsam mit mehreren ranghohen Mafiabossen an einem Cosa-Nostra-Gipfeltreffen teilgenommen zu haben. Im Vieraugengespräch ließ Buscetta gegenüber Falcone durchblicken, daß es vieles gebe, was er ihm nicht sagen durfte. Der italienische Staat – oder, besser gesagt, ein paar auf sich allein gestellte Repräsentanten dieses Staats – hatte eben erst damit begonnen, die

Mafia ernsthaft zu bekämpfen. Buscetta wollte erst abwarten, wie weit die Behörden zu gehen bereit waren, bevor er ihnen seine dunkelsten Geheimnisse anvertraute.

Die erfolgreichen Konsequenzen, die die Behörden aus den Enthüllungen Salvatore Contornos zogen, schienen Buscetta zu ermutigen. Am 25. Oktober 1984 stellte die italienische Polizei auf Grundlage der Aussagen Contornos 127 Haftbefehle aus – der zweite schwere Schlag gegen die Mafia binnen weniger als einem Monat. Dann, am 3. November, ordneten die Behörden die Festnahme Vito Cianciminos an. Er war bis dahin trotz erhobener Anklage auf freiem Fuß geblieben.[31]

Als Falcone und Paolo Borsellino eine Woche später wieder nach Rom kamen, taute Buscetta ein Stückchen weiter auf. «Obwohl meine Zweifel daran weiterbestehen, ob der Staat tatsächlich gewillt ist, die Mafia zu bekämpfen, habe ich beschlossen, einen Teil dessen, was ich weiß, zu offenbaren, während ich mir das übrige für einen späteren Zeitraum vorbehalte», erklärte Buscetta zu Beginn der Verhörsitzung vom 10. November 1984:

Die Vettern Ignazio und Nino Salvo sind «Ehrenmänner» der (Mafiasippe) von Salemi und wurden mir von Stefano Bontate als solche vorgestellt, als ich 1980 nach Palermo kam. Die Freundschaft zwischen Bontate und den Salvos war sehr eng, und sie sahen einander nach meinen Beobachtungen häufig . . . Die Rolle der Salvos innerhalb der Cosa Nostra ist bescheiden, doch ihre politische Bedeutung ist enorm. Sie stehen in direkter Beziehung zu bekannten Parlamentsabgeordneten, darunter auch einigen aus Palermo, deren Namen ich lieber nicht nennen möchte . . . Mit Nino Salvo traf ich auch in Rom zusammen. Salvo war wegen einer Befragung durch einen Staatsanwalt nach Rom gekommen, und da ich mich zu der Zeit in Rom aufhielt – wo ich bei Pippo Calò wohnte –, traf ich mich mit ihm und einem Parlamentsabgeordneten, den ich seit Jahren nicht gesehen hatte. Das Treffen fand im Foyer eines Hotels statt, im Sommer 1980, vielleicht im September . . .[32]

Zur Untermauerung dieser Behauptungen berichtete Buscetta, er und seine derzeitige Frau hätten, mit Kindern und Schwiegervater die ganzen Weihnachts- und Neujahrsfeiertage als Gäste der Salvos in Palermo verbracht – er konnte dies anhand von Reisedokumenten belegen, aus denen hervorging, daß die Salvos ein Privatflugzeug für diesen Weihnachtsurlaub der Familie Buscetta gechartert hatten. Untergebracht worden waren sie in einer Villa der Salvos in der Nähe des riesigen Zagarella-Hotelkomplexes. Buscetta lieferte eine Beschreibung des Anwesens und des von ihnen bewohnten Hauses, die kaum Zweifel daran erlaubte, daß er tatsächlich dort gewesen war. «Sowohl Nino als auch Ignazio Salvo kamen mich in der Villa besuchen . . ., und das Silvesteressen wurde uns vom Zagarella-Hotel gebracht, von einem Mitarbeiter Nino Salvos, der in einem kleinen Haus nebenan wohnte und die Villa beaufsichtigte.»

Was Buscetta über die Salvos enthüllte, warf ein erhellendes Licht auf die Mittel, mit denen die Mafia eine indirekte Kontrolle über die Auftragsvergaben der Stadt Palermo ausübte:

Die Salvos verwendeten sich bei (Bürgermeister Nello) Martellucci dafür, daß Ciancimino mit der Leitung des Sanierungsprogramms für die Altstadt von Palermo betraut wurde, so berichtete es mir Stefano Bontate. Als später eine Bombe in der Villa Martelluccis hochging, war Bontate besonders aufgebracht, weil er nicht verstand, was Ciancimino und die Corleoneser sich noch mehr wünschen konnten als diese schon bestehende Vereinbarung.

Buscetta sagte, er glaube nicht, daß Bontate Bürgermeister Martellucci persönlich gekannt habe; alle direkten Kontakte seien vermutlich über die Vettern Salvo gelaufen.

Am 12. November 1984 ordnete Falcone die Festnahme von Nino und Iganazio Salvo an, den Vorständen der vermutlich reichsten und mächtigsten Familie Siziliens, die im Verdacht standen, die politischen Botschafter der Cosa Nostra zu sein.

Daß zwei so ranghohe Mafiafiguren wie Buscetta und Contorno die Front gewechselt hatten, war ein Schlag ins Kontor, den die Cosa Nostra nicht unbeantwortet lassen konnte. Nach einigen Monaten ohne Mordanschläge begann Anfang Oktober 1984 eine neue Serie von Gewalttaten. Die ersten Opfer waren Mitglieder der Badalamenti- und der Mineo-Familie, zwei mit Buscetta und seinen Freunden liierte Sippen, die auf der «Verliererseite» standen. Am 18. Oktober wurden in einem Pferdestall an der Piazza Scaffa in Palermo die Leichen von acht Männern gefunden, die Opfer eines grausigen Massakers geworden waren. Dieses größte Blutbad in der Geschichte Palermos wurde sogleich mit dem berühmten Valentinstag-Massaker von Chicago verglichen. Ein Motiv war nicht ersichtlich; die Ermittler vermuteten, daß das Verbrechen entweder etwas mit dem lukrativen Geschäft «schwarz» ausgetragener Pferderennen zu tun hatte oder mit dem schwarzen Markt für gestohlene Pferde, die geschlachtet und zu Pferdefleisch verarbeitet wurden. Falcone und Borsellino vermuteten allerdings, daß eine Bluttat dieses Ausmaßes, begangen in einem so heiklen Augenblick, nur mit ausdrücklicher Billigung der Kommission möglich gewesen war und daß dahinter ein schwerer wiegendes Motiv gestanden haben mußte als nur die Strafe für einen Verstoß gegen den Mafiakodex.

Die Ermittlungen zum Massaker an der Piazza Scaffa wurden Paolo Borsellino übertragen. Der Tatort lag mitten im Elendsquartier des Corso dei Mille, dem Territorium des blutrünstigen Mafiabosses Filippo Marchese, gegen den Borsellino bereits seit Jahren ermittelte. Er besichtigte den stinkenden Stall, an dessen Verschlägen noch Hirngewebe von einigen der Opfer klebte, die aus nächster Nähe durch Kopfschüsse aus Schrotgewehren getötet worden waren. Die Schüsse mußten weithin zu hören gewesen sein, denn die Nachricht von dem Massaker hatte sich schon Stunden vor Alarmierung der Polizei am folgenden Morgen verbreitet. Tatsächlich trafen die ersten Polizisten, als sie ankamen, den Vater eines der Opfer an, der gerade versuchte, den stark verstümmelten Leichnam seines Sohnes fortzukarren. Dies demonstrierte wieder einmal, wie groß die Macht des *omertà*-Gebots in Palermo noch war. Statt die Ermordung seines Sohnes bei der Polizei anzuzeigen, versuchte der Vater, die Spur des Verbrechens zu tilgen.[33]

Zwei Wochen später schlug die Mafia erneut zu. Leonardo Vitale, der erste Anti-Mafia-Kronzeuge moderner Prägung, war vor kurzem aus der psychiatrischen Anstalt entlassen worden, in die man ihm zum Dank für seine Reumut eingewiesen hatte; er wurde erschossen, als er mit seiner Mutter aus dem Sonntagsgottesdienst kam.[34] Die Mafia konnte im Moment nicht an Buscetta oder Contorno heran, sie konnte jedoch eine eindeutige Botschaft formulieren: Elf Jahre war es her, seit Vitale sich im Polizeipräsidium von Palermo eingefunden und sich erboten hatte, zu erzählen, was er von der Mafia wußte. Während die italienischen Behörden ihn längst vergessen hatten, hatte die Mafia geduldig gewartet und demonstriert, daß ihre Todesurteile zwar manchmal mit Verspätung vollstreckt, aber niemals aufgehoben wurden.

Das warnende Beispiel, das die Mafia mit der Ermordung Vitales statuierte, schien den erfolgreichen Fortgang der Ermittlungen Falcones und Borsellinos nicht stoppen zu können. Nur vier Tage nach dem Tod Vitales entschloß sich Vincenzo Marsala, ein unausgeschöpfter Mafia-Kronzeuge, der seit über einem Jahr nicht mehr vernommen worden war, wieder zu reden. Die einzigen Themen, über die Marsala bis dahin gesprochen hatte – oder befragt worden war –, waren die Mafia-Aktivitäten in seiner Heimatstadt Vicari und der Tod seines Vaters, eines örtlichen Bosses, gewesen. Nun stellte sich heraus, daß er eine ganze Menge über das Thema Mafia und Politik zu sagen hatte. So berichtete er, daß Aurelio Ocelli, ein Mitglied der Mafiasippe von Vicari, sich gerne «mit seiner Freundschaft zu Vito Ciancimino und Salvo Lima gebrüstet hatte, für die er Wählerstimmen zusammentrommelte». Ocelli habe die Wähler «in Vicari und den umliegenden Orten» betreut, bezeugte Marsala. «Es war allgemein bekannt, daß Ocelli mit Vito Ciancimino befreundet war; aufgrund dieser Freundschaft wurde er in die Mafia aufgenommen.»[35]

Im Verlauf einer späteren Verhörsitzung erklärte Marsala, daß es bei der Cosa Nostra für politische Aktivitäten ebenso detaillierte Regeln gebe wie für die anderen Geschäftsbereiche:

Was nationale und lokale Wahlen auf Sizilien anbetrifft, so befolgt die Mafia genaue Regeln . . . Von dem Moment an, wo ich mit meinem Vater über diese Dinge zu sprechen begann, war die einzige Partei, die wir unterstützten, die Democrazia Cristiana, weil ihre Repräsentanten diejenigen waren, die der Mafia den größten Schutz gewährten. Ich kann mich erinnern, daß Peppe Marsala (der capo-mandamento *von Vicari) immer Salvo Lima unterstützt hat, und von meinem Vater weiß ich, daß die ganze Organisation andere Politiker von der DC unterstützt hat, wie (Mario) D'Acquisto, (Vincenzo) Carollo, Fasino. Die Grundregel lautete, daß man nur für die Christlichen Demokraten öffentlich werben durfte . . ., wobei man allerdings diskret auch Kandidaten anderer Parteien unterstützen konnte, um ihnen für Gefälligkeiten zu danken, die sie einem erwiesen hatten, doch das mußte auf einer rein persönlichen Basis ablaufen, nicht in Form eines öffentlichen Werbens . . . Es war strengstens verboten, seine Stimme den Kommunisten oder Faschisten zu geben oder sie zu unterstützen.*

Marsala sagte aus, er habe seinen Vater zum Hause von Mario D'Acquisto chauffiert, der damals Regionalpräsident von Sizilien und prominentes Mitglied der Andreotti-Fraktion war. Seinem Vater war der Führerschein entzogen worden – eine gegen mafiaverdächtige Personen nicht selten ergriffene Maßnahme –, und er hatte sich mit der Bitte an D'Acquisto gewandt, ihm bei der Wiedererlangung behilflich zu sein. «Soviel ich weiß, bekam mein Vater seinen Führerschein zurück, doch später nahm die Polizei ihm diesen wieder ab.»

Zum selben Zeitpunkt, als Marsala diese Aussagen über Salvatore Lima und Mario D'Acquisto machte, ließ Buscetta Richter Falcone wissen, daß er bereit sei, einen weiteren Schritt nach vorne zu tun. Er bat allerdings darum, seine Aussage in Gegenwart von Antonino Caponetto zu machen, dem Chef der Ermittlungsbehörde, während er Vincenzo Geraci von der Procura della Repubblica nicht dabeihaben wollte.

Als Caponetto und Falcone Buscetta in seinem römischen Unterschlupf aufsuchten, machte der Mafioso Kaffee für sie. «Jetzt weiß ich, warum Sie ‹Caponetto› heißen», scherzte Buscetta. (Caponetto bedeutet im Italienischen wörtlich «sauberer Kopf».) Es war ein doppeltes Wortspiel, eine Anspielung einmal auf die Glatzköpfigkeit Caponettos und zum anderen auf die Tatsache, daß der «Kopf» der Ermittlungsbehörde «sauber» war, d. h. erhaben über jeglichen Korruptionsverdacht.[3]

Als sie ihren Kaffee getrunken hatten, erzählte Buscetta eine unglaubliche Geschichte von einem gescheiterten rechten Staatsstreich. Im Jahr 1970, auf dem Höhepunkt der linken Protestbewegung, habe ein italienischer General und Aristokrat, Fürst Junio Valerio Borghese, einen neofaschistischen Umsturz vorbereitet. In ihren Grundzügen war diese Geschichte wohl bekannt. Der sogenannte Borghese-Putsch hatte sich jedoch immer als ein Stück aus der komischen Oper dargestellt: Borghese hatte versucht, mit Hilfe einer Gruppe von «Waldhütern» die Macht zu übernehmen, und war damit kläglich gescheitert. Nun bereicherte Buscetta die Episode um ein eigenartiges Kapitel: Der Fürst habe sich bemüht (letzten Endes vergeblich), die Mafia für seinen Umsturzplan zu gewinnen. Kurze Zeit vor dem festgelegten Putschtag waren Buscetta und Salvatore Greco (Cichiteddu, das «Vögelchen») – letzterer in den 60er Jahren Vorsitzender der Kommission – in eine Routinekontrolle der italienischen Polizei geraten. In der Gesellschaft der beiden, die mit falschen Pässen reisten, befanden sich Giuseppe Calderone, Chef der Mafia von Catania, und Giuseppe Di Cristina, Mafiaboß von Riesi. Buscetta hatte später immer bestritten, der Mann gewesen zu sein, den die Mailänder Polizei vorübergehend festgenommen hatte, weil er einen falschen kanadischen Paß auf den Namen Adalberto Barbieri vorgewiesen hatte. Jetzt vollzog er plötzlich eine Kehrtwendung:

Ungefähr zwanzig Tage bevor ich in Mailand in die Polizeikontrolle geriet, erhielt ich in New York einen Anruf von Salvatore Greco («Cichiteddu»), der damals unter dem Namen Renato Caruso Martinez in Peru lebte. Er sagte mir, wir müßten sofort nach Italien reisen wegen einer sehr wichtigen Sache, die er natürlich nicht am Telefon erklärte. Wir verabredeten, uns in Zürich zu treffen, und ich ging auf die Verabredung ein, obwohl ich zu der Zeit in Italien ein Justizflüchtling war – wegen der Bedeutung der Person, die mich darum gebeten hatte ...

Wir reisten sogleich nach Catania, wo wir im Haus von Giuseppe Calderone wohnten ... Wir trafen uns mit Calderone und Giuseppe Di Cristina und erfuhren, daß Fürst Junio Valerio Borghese einen antikommunistischen Staatsstreich organisierte ... Fürst Borghese wünschte sich von der Cosa Nostra bewaffnete Unterstützung auf Sizilien, für den Fall, daß dort Widerstand geleistet würde, den man niederschlagen müsse ... Der Staatsstreich kam eindeutig von faschistischer Seite, was sowohl Salvatore Greco als auch mir Bedenken bereitete; doch Calderone und Di Cristina waren begeistert. Außerdem waren auch bestimmte Gruppen in den regierenden Parteien und in anderen Institutionen bereit, Unterstützung zu gewähren.[37]

Den Kontakt hergestellt hatten nach Auskunft Buscettas sizilianische Freimaurer mit engen Verbindungen zur Mafia. Als Gegenleistung für die Hilfe der Cosa Nostra bot Borghese eine Amnestie für die noch im Gefängnis sitzenden Mafiosi an. Calderone und Di Cristina trafen sich daraufhin in Rom mit Borghese, Greco und Buscetta stießen hinzu. Zu viert fuhren sie anschließend nach Mailand, um sich mit Gaetano Badalamenti zu treffen.

Während der Fahrt nach Mailand erfuhren wir von Calderone und Di Cristina, daß Borghese verlangte, die Mafiosi sollten sich bei dem Umsturz durch ein grünes Band oder ein anderes auffälliges Zeichen kenntlich machen, wogegen wir starke Bedenken hatten. Noch unglaublicher war sein Ansinnen, daß wir ihm eine Liste mit den Namen der Mafiamitglieder zusammenstellen sollten, etwas, das kein Mafiaboß jemals zulassen würde. Badalamenti teilte unsere Bedenken, und wir ließen Calderone wissen, daß wir uns an dem Vorhaben nicht beteiligen oder eine neutrale Position dazu einnehmen würden.

Auf die Frage, weshalb er diese Episode nicht früher zur Sprache gebracht habe, antwortete Buscetta: «Ich hatte die Befürchtung – und habe sie noch –, daß meine Aussagen den Kampf gegen die Mafia schwächen könnten, von dem der Staat zwar seit jeher redet, den er aber erst vor kurzem ernsthaft aufgenommen hat . . . (und) von dem ich vorläufig nur erste schüchterne Anzeichen sehe. Ich bitte Sie daher um Verständnis dafür, wenn ich nicht alles sage, was ich weiß; ich möchte vermeiden, daß ein allzu traumatischer Sturm der Entrüstung losbricht, der Ihre Ermittlungen gefährden könnte.»

Als Falcone und Caponetto ihn mit weiteren Fragen bedrängten, sagte er: «Stellen Sie mir bitte dazu keine Fragen mehr; ich bin nicht sicher, ob dieser Staat die Reaktion auf das, was ich zu diesem Thema zu sagen hätte, verkraften würde . . . Wenn ich darüber reden würde, wäre ich vielleicht nicht einmal mehr in Amerika meines Lebens sicher.»[38]

In der Erkenntnis, daß die jüngsten Morde in Palermo den Anti-Mafia-Kronzeugen nicht die Sprache verschlagen hatten, verschärfte die Cosa Nostra ihre Gangart. Am 23. Dezember 1984 explodierte unter dem Schnellzug 904 zwischen Neapel und Mailand eine Bombe, die 16 Tote und 200 Verwundete zurückließ. Wie die polizeilichen Ermittlungen später ergaben, war der Anschlag von Pippo Calò, dem Boß Buscettas, geplant und von seinen Freunden aus der römischen Kriminellen- und Neofaschistenszene durchgeführt worden. Sinn und Zweck dieser terroristischen Aktion bestanden offenbar darin, die allgemeine Aufmerksamkeit von den Enthüllungen Buscettas und Contornos und von der sich zuspitzenden Kampagne gegen die Mafia abzulenken.[39]

ZEHNTES KAPITEL

Nach den Enthüllungen von Tommaso Buscetta und Salvatore Contorno wurden die Vorkehrungen für den Maxi-Prozeß von Palermo in den Rang einer nationalen Aufgabe erhoben. Die Regierung bewilligte die Mittel für ein neues, eigens für diesen Prozeß entworfenes Gerichtsgebäude, dessen Bau Liliana Ferraro leitete – seit dem Tag, an dem sie einen neuen Schreibtisch für Giovanni Falcone besorgt hatte, war sie mit ihrer Arbeit in Palermo ein gutes Stück vorangekommen. Der neue Maxi-Gerichtssaal, erbaut im Schatten des Ucciardone-Gefängnisses und alsbald mit dem Namen *aula-bunker* belegt, war das modernste, was man sich an hochtechnisierter Gerichtssaal-Architektur nur vorstellen konnte. Er besteht im wesentlichen aus einem einzigen Raum mit den Dimensionen einer Großsporthalle. Dreißig riesige Stahlkäfige, die Platz für mehrere hundert Angeklagte boten, wurden an einem Ende des Saals so im Halbkreis aufgebaut, daß ihre Front dem gegenüberliegenden Podest zugewandt ist, auf dem sich die Richterplätze befinden. Mit seinem hellgrünen Teppichboden sieht das Ganze aus wie der größte Billardtisch der Welt. Auf der Fläche zwischen Käfigen und Podium können Dutzende von Tischen untergebracht werden, an denen bis zu tausend Anwälte und Zeugen Platz finden. Die ebenfalls riesig dimensionierte umlaufende Balustrade bietet Platz für tausend oder mehr Zuschauer und Presseleute. Die Stahlbetonwände des Gebäudes wurden so ausgelegt, daß sie einem Beschuß aus Haubitzen oder einem Raketenangriff trotzen können. Die ganze Anlage wurde mit Stacheldraht eingezäunt, und vor dem Haupteingang stand während des Prozesses Tag und Nacht ein einsatzbereiter Panzer Wache. Ein gigantisches computergestütztes Archivsystem wurde eingerichtet, das es den Juristen erlaubt, aus den Hundertausende von Blättern umfassenden Unterlagen ein beliebiges Einzeldokument in kürzester Zeit zutage zu fördern. An Prozeßtagen ist das Gebäude ein blinkendes Technik-Wunderland aus Sicherheitsschleusen, Metalldetektoren, Monitoren, Alarmanlagen und Videokameras. In der Bauphase tat der Staat in berechtigter Paranoia alles, um mafiaverbandelte Firmen draußenzuhalten, die das Gebäude möglicherweise mit Bomben oder Abhöranlagen ausstaffieren oder der Mafia nützliche Informationen für eine spätere Angriffsaktion zuspielen hätten können. Am Eröffnungstag des Maxi-Prozesses wurden vor dem *aula-bunker* 3000 bewaffnete Soldaten zusammengezogen.[1] Angesichts der Zahl von fast 500 Angeklagten – das mochten vielleicht 10 Prozent aller Mitglieder der Cosa Nostra sein, und es befanden sich darunter viele der ranghöchsten Bosse – mußte die Regierung auf alles gefaßt sein.

Auch in bezug auf die Schutzmaßnahmen für die Angehörigen des Anti-Mafia-Verbundes wurden neue Dimensionen erreicht: Polizeikonvois mit heulenden Sirenen sorgten für freie Fahrt auf den Straßen, wann immer die Strafverfolger auf dem Weg zum oder vom Gerichtsgebäude waren. Auf den Straßenabschnitten vor ihren Häusern wurden Parkverbotszonen eingerichtet, um die Gefahr von Autobomben wie der, die den Oberstaatsanwalt Rocco Chinnici zerrissen hatte, zu bannen. Von einem Hubschrauber aus wurde jeder Schritt Giovanni Falcones überwacht, damit jegliche verdächtige Aktivität im Umkreis seines Wohnhauses oder Büros frühzeitig erkannt werden konnte. Ein militärisches Sonderflugzeug stand am Flughafen von Palermo zur jederzeitgen Nutzung durch die Strafverfolger bereit, die somit dem Risiko ausweichen konnten, bei ihren Dienstreisen Linienmaschinen zu benutzen.

Die Strafverfolger, die zwölf bis vierzehn Stunden täglich arbeiteten, beschränkten ihre Bewegungen ohnehin auf das Unerläßliche. Der passionierte Schwimmer Falcone stellte seine regelmäßigen Schwimmbadbesuche ein. Sein Leben lang hatte er gependelt zwischen Phasen, in denen er schlank und austrainiert, und anderen, in denen er übergewichtig und behäbig gewesen war. 1985 legte er an Bauch und Backen erheblich zu, als er monatelang kaum aus seinem fensterlosen Bunker herauskam und den Himmel nur in den flüchtigen Augenblikken zu sehen bekam, in denen er sein kugelsicheres Auto bestieg oder verließ. Doch Falcone, der an eine sitzende Lebensweise gewöhnt war, litt unter diesen Entsagungen weniger als andere; ihn machte nichts glücklicher, als gute Arbeit zu leisten, und so schien er die langen Arbeitstage zu genießen, in denen er hohe Stapel von Dokumenten verschlang und systematisierte, während im Hintergrund klassische Musik lief.

Borsellino litt unter den Freiheitseinschränkungen stärker und gestattete sich in den seltenen Stunden, die er zu Hause verbrachte, hin und wieder spontane, höchst leichtsinnige Ausbrüche aus seinem geschützten Bereich. Er sagte seinen Leibwächtern, daß er sie in den nächsten paar Stunden nicht brauchen werde, schwang sich auf den Motorroller seines Sohnes und brauste aus der Tiefgarage seines Wohnblocks, gewandet in ein Tarnkleid aus Blue Jeans und einem Sturzhelm mit Visier. Kaum jemand ahnte, daß der Mann, der da durch die Straßen Palermos knatterte, ein berühmter und normalerweise schwerbewachter Untersuchungsrichter war. Borsellino ging davon aus, daß solche plötzlichen und unerwarteten Ausritte weniger riskant waren als seine regelmäßigen Fahrten zum und vom Büro.

Je größer die Spannung wurde, mit der die Menschen auf den Beginn des Maxi-Prozesses warteten, desto radikaler schwankte die Stimmung in der Stadt zwischen Skepsis (die weit verbreitet war) und überschäumender Euphorie. Als die Bauarbeiten für den *aula-bunker* begannen, hörte man von einigen Leuten ironische Kommentare: «Brauchen wir das wirklich?» – «Wieso wird das Geld nicht für ein neues Krankenhaus ausgegeben?» Doch es gab auch Anzeichen für eine wachsende Unterstützung. Nachdem die Polizei im Anschluß an die Enthüllungen Salvatore Contornos 127 Haftbefehle ausgestellt hatte, demonstrierten rund 20000 Studenten auf einer Massenkundgebung ihre Solidarität mit der Polizei von Palermo. «Eine Demonstration wie die hier zeigt, daß sich in Palermo viele Dinge wirklich zu ändern begonnen haben, daß die Einstellung der Menschen zur Polizei nicht mehr dieselbe ist wie früher», stellte Ninni Cassarà fest, der stellvertretende Leiter des Ermittlungsteams.[2]

Zum ersten Mal entwickelte sich in Palermo eine regelrechte Anti-Mafia-Kultur. Bürgerinitiativen gegen die Mafia wurden gegründet. Angehörige von Mafiaopfern schlossen sich zu einer eigenen, äußerst aktiven Gruppe namens Il Coordinamento Anti-Mafia («Anti-Mafia-Netzwerk») zusammen. Viele Gemeindepriester erhoben in ihren Predigten ihre Stimme gegen die Mafia oder bemühten sich, in den ärmsten Stadtvierteln, in denen die Mafia die meisten ihrer neuen Mitglieder rekrutierte, Alternativen für junge Leute zu schaffen. Das lokale, von Jesuiten geleitete Forschungszentrum wurde zum Treffpunkt der sich formierenden politischen Opposition gegen die Mafia. Nach Jahrzehnten der Indifferenz begann die katholische Kirche endlich klar gegen die Mafia Stellung zu beziehen.

Bei den Kommunalwahlen im Frühjahr 1985 verloren die Christdemokraten erheblich an Boden: In Palermo rutschten sie von über 46 auf 37 Prozent ab.[3]

Um dem neuen Anti-Mafia-Wind, der in der Stadt wehte, Tribut zu zollen, hievte die DC den eigenwilligen katholischen Reformpolitiker namens Leoluca Orlando (der den Palermoer Jesuiten nahestand) ins Amt des Bürgermeisters. In einer Stadt, deren Amts- und Würdenträger sich lange Zeit gescheut hatten, das Wort «Mafia» auch nur auszusprechen, ließ Orlando keine Gelegenheit aus, gegen die Cosa Nostra vom Leder zu ziehen und an ihre Opfer zu erinnern. Orlando entstammte zwar einer prominenten Palermoer Familie (und es gab Diskussionen über mögliche Mafiaverbindungen seines Vaters), legte aber einen wirkungsvollen populistischen Stil an den Tag: Er besuchte die ärmsten, heruntergekommensten Wohnviertel der Stadt und gab einige der prachtvollen Säle im Rathaus in den Abendstunden zur Nutzung durch Bürgergruppen frei. Der gelernte Universitätsprofessor Orlando, der in Deutschland Jura studiert hatte, versprach, Palermo wieder zu einer großen europäischen Kapitale zu machen. Er äußerte seine Hochachtung vor den Mafia-Ermittlern und stärkte ihnen bei vielen Gelegenheiten öffentlich den Rücken. Unter Führung Orlandos bekannte sich die Stadt zur Anklageseite im Maxi-Prozeß und gab damit den Staatsanwälten erstmals das Gefühl, Rückendeckung von ganz oben zu haben. Bald sprach man im Hinblick auf das Orlando-Experiment vom «Palermoer Frühling» – in Anlehnung an den «Prager Frühling», die kurzlebige Periode der Aufbruchsstimmung 1968 in der Tschechoslowakei.[4]

«Die Leute fangen an, uns anzufeuern», bemerkte Borsellino im Gespräch mit Falcone, als der Stimmungsumschwung in der Stadt für ihn spürbar wurde. Der mit einem gründlichen sizilianischen Pessimismus ausgestattete Falcone war sich dessen nicht so sicher: «Sie stehen am Fenster und warten ab, wer den Stierkampf gewinnt.»

Auch wenn es nun Mode geworden war, öffentliche Anti-Mafia-Bekenntnisse abzulegen, zeigten sich viele subtile (und auch einige weniger subtile) Formen des Widerstands gegen den neuen Geist, der in der Stadt um sich griff. Eine Gruppe von Bewohnern des Hauses, in dem sich die Wohnung Falcones befand, äußerte in einem offenen Brief, den das *Giornale di Sicilia* veröffentlichte, ihre Sorge im Hinblick auf die denkbaren Vermögensschäden, die ihnen im Falle eines Attentats auf den Untersuchungsrichter entstehen konnten. «Falcone war über diesen Brief bitter enttäuscht», erinnert sich sein Chef Antonino Caponetto. «Diese Leute sorgten sich mehr um ihr Hab und Gut als um das Leben Giovannis.»[5]

Die Macht der Mafia stützte sich auf einen breiten Rückhalt in der Bevölkerung, der weit über die 5000 oder 6000 «gemachten» Mitglieder der Cosa Nostra hinausging. Nach manchen Schätzungen verdienten 100 000 bis 200 000 sizilianische Familien (bei einer Gesamtbevölkerung der Insel von 5 Millionen Menschen) ihren Lebensunterhalt mit irgendwelchen von der Mafia sanktionierten illegalen Aktivitäten – Drogenschmuggel, Losverkauf für «schwarze» Lotterien, Vertrieb geschmuggelter Zigaretten und schwarz kopierter Audio- und Videokassetten und ähnlichem, bis hin zu den allgegenwärtigen fliegenden Händlern mit ihren Handkarren, die ohne Gewerbeschein Brot verkauften. Nicht zu vergessen, daß Gelder im Gegenwert von Milliarden Dollar aus Drogengeschäften in Hunderte vordergründig legaler einheimischer Firmen zurückflossen: Bauunternehmen, Restaurants, Modegeschäfte, Supermärkte. Über viele Stationen sickerten große Teile dieser Gelder in den Wirtschaftskreislauf und landeten bei Menschen, die wenig oder nichts mit der Mafia zu tun hatten – eine Grauzone, die so etwas wie eine passive Unterstützungshaltung gegenüber den kriminellen Drahtziehern der Stadt begünstigte. Wie viele andere arme Städte des italienischen Südens hatte auch Palermo von der Hochkonjunktur der Mafiageschäfte in den 70er und 80er Jahren profitiert. Während die Stadt, gemessen an statistischen Größen wie dem durchschnittlichen Familieneinkommen oder der Arbeitslosenrate, nach wie vor zu den ärmsten im Lande zählte, hatte sie sich in bezug auf die Kaufkraft pro Kopf der Bevölkerung rasant in die Spitzengruppe emporgearbeitet. Im Stadtzentrum von Palermo wimmelte es mittlerweile von Filialen international führender Modeschöpfer wie Armani, Fendi oder Benetton, und durch die Straßen rollten jede Menge Alfa Romeos, Ferraris und Mercedesse. Die Inhaber der Ladengeschäfte mußten zwar Schutzgelder berappen, verdienten aber trotzdem mehr Geld als je zuvor. Der Mafiakrieg mit seinen Hunderten von Toten bot gewiß eine grausige Kulisse, aber bei den Opfern handelte es sich ja fast ausnahmslos um Kriminelle. In den wenigen Fällen, in denen die Mafia «normale» Geschäftsleute umbrachte, waren es Leute, die den Mut oder die Dummheit besessen hatten, sich ihr in den Weg zu stellen.[6]

Die Elemente der sizilianischen Bevölkerung, die der «Grauzone» angehörten und dem Kampf gegen die Mafia ablehnend oder gleichgültig gegenüberstanden, fanden ihr Sprachrohr in der führenden Tageszeitung Palermos, dem *Giornale di Sicilia*. Das Blatt schien willens, jeden einzelnen Leserbrief abzudrucken, der kritische Töne gegen den Anti-Mafia-Verbund anschlug, sah sich hingegen nicht in der Lage, während der ersten Amtszeit Leoluca Orlandos als Bürgermeister der Stadt auch nur ein einziges Interview mit ihm zu machen. Im April 1985 präsentierte die Zeitung in großer Aufmachung den Leserbrief einer weiteren Nachbarin Giovanni Falcones, einer Patrizia Santoro; sie erhob die Forderung, die Mafia-Ermittler sollten in eine Art Getto außerhalb der Stadt umquartiert werden, damit die gewöhnlichen Bürger wieder in Ruhe und Frieden leben könnten: «Jeden Tag, morgens, mittags und abends, werde ich beständig ‹angegriffen› von den betäubenden Sirenen der die Richter eskortierenden Autos. Ich möchte nun fragen, ob es einem Menschen nicht möglich sein muß, einen Mittagsschlaf zu machen oder mindestens in Ruhe eine Fernsehsendung verfolgen zu können, wo doch der Lärm dieser Sirenen selbst bei geschlossenen Fenstern durch Mark und Bein geht?» Frau Santoro empfahl, die «sehr geehrten Herren» vom Anti-Mafia-Verbund sollten in «Villen am Rande der Stadt» abgeschoben werden, damit der «arbeitende Normalbürger» die ihm zustehende Ruhe bekäme, und auch weil nur so die Gewähr für «unsere Sicherheit im Falle eines Attentats» gegeben wäre, «bei dem wir grundlos in Mitleidenschaft gezogen werden könnten (wie bei dem Bombenanschlag auf Chinnici)».[7]

Daß das *Giornali di Sicilia* gegen den Anti-Mafia-Verbund schoß, kam nicht überraschend: Einer der größten Anteilseigner des Verlages war ein Mitglied der Familie Costanzo aus Catania, einer der vier «apokalyptischen Reiter», die die Strafverfolger von Palermo wegen ihrer Verbindungen zur Mafia im Visier hatten.

Doch die Mitarbeiter des Anti-Mafia-Verbundes nahmen wenig Notiz von der Außenwelt. «Wir waren in unserem Bunkerleben so isoliert, daß wir nicht konkret mitbekamen, was draußen vorging», sagte Antonino Caponetto. «Wir bekamen den Sauerstoff, den wir brauchten, in diesen beiden Jahren aus Rom, mit Martinazzoli als Justizminister, Rognoni und Scalfaro als Innenminister und mit (Liliana) Ferraro, ohne die wir es nie bis zum Maxi-Prozeß geschafft hätten.»[8]

Falcone, von Haus aus schon ein unermüdlicher Arbeiter, schraubte seine Arbeitsintensität, so schien es, noch einmal um ein paar Stufen höher. «Er konnte tagtäglich zwölf, vierzehn, sechzehn Stunden arbeiten, sieben Tage die Woche, Monat um Monat», sagte Domenico Signorino von der Procura della Repubblica. «Seine Arbeitsfähigkeit war fast beängstigend. Diejenigen von uns, die mit ihm zusammenarbeiteten, wechselten sich ab, weil wir seinen Rhythmus nicht lange mithalten konnten. Der einzige, der mit ihm Schritt hielt, war Paolo Borsellino.»[9]

Jeden Montag und an vielen anderen Abenden der Woche setzten sich die Mitglieder des «Verbunds» zusammen, um Notizen zu vergleichen und Informationen auszutauschen. Manchmal lieferten sich in diesen Sitzungen Falcone und Borsellino hitzige, aber freundschaftliche Dispute darüber, ob ein bestimmter Angeklagter dieser oder jener Mafiasippe angehöre. Beide Männer hatten nicht nur in vielen Jahren Hunderte von Notizbüchern vollgeschrieben, sondern verfügten auch über ein enzyklopädisches Erinnerungsvermögen und kannten die innere Gliederung und Genealogie der meisten sizilianischen Mafiasippen vor- und rückwärts. Immer wenn einer der anderen Staatsanwälte auf einen ihm nicht vertrauten Namen stieß, rief er einfach Falcone oder Borsellino an. «Wenn ich nicht wußte, wer dieser oder jener war», sagte Gianni De Gennaro, «hob ich den Hörer ab und rief Giovanni an, und er sagte wie aus der Pistole geschossen: ‹X ist der Schwager von Y, der Soldat in dieser oder jener Mafiasippe ist und ein Modegeschäft betreibt, an dem als Partner Z beteiligt ist, der vor fünf Jahren wegen der folgenden Verbrechen verurteilt wurde.›»[10] Nach Aussage Caponettos war der einzige Mensch, der Falcone wenigstens hin und wieder ausstechen konnte, wenn es um die Kenntnis entlegenster Details und Mafiafakten ging, Borsellino.[11]

Im Jahr des Maxi-Prozesses richteten die Strafverfolger in Palermo die erstaunliche Anzahl von 3064 Auskunftsersuchen an Banken, um finanzielle Transaktionen mafiaverdächtiger Personen zu überprüfen. (In Neapel, das dreimal so viele Einwohner hat wie Palermo, waren es im gleichen Zeitraum nur 479 Anträge.) «Es war eine aufregende Zeit; fast jeden Tag tauchte eine neue Erkenntnis, ein neuer Zeuge oder ein neuer Bankbeleg auf», erinnerte sich Ignazio De Francisci, der Anfang 1985 zum Verbund stieß.[12]

Zwischen den Mitgliedern des Verbunds herrschte eine ausgeprägte Kameradschaft. Falcone und Borsellino liebten es, Witze zu machen und herumzualbern, was oft ein probates Mittel war, die arbeitsbedingte Anspannung zu lösen. Falcone hatte eine besondere Vorliebe für Wortspiele und Kalauer. Wenn etwa ein Bekannter anrief und das Gespräch mit den Worten «Franco hier» begann, antwortete er: «Nein, Franco ist nicht hier.» Einen Witz, dessen er nie müde wurde, machte er regelmäßig beim Aufzugfahren im Justizpalast. «Wie viele Personen dürfen in diesem Aufzug fahren?» fragte er einen nichtsahnenden Kollegen. Wenn dieser nach einem Blick auf das entsprechende Schildchen antwortete: «Vier», versetzte Falcone: «Nein, fünf, Sie haben Enza vergessen.» Dabei deutete er auf das Schild mit der Aufschrift «Capienza quattro persone» («Tragfähigkeit vier Personen»). Im sizilianischen Dialekt ist «capi» gleichbedeutend mit «laß herein», und «Enza» ist ein weiblicher Vorname. «Capienza» bedeutete also, so erklärte Falcone, eigentlich «laß Enza herein», und deswegen durften in dem Aufzug vier Personen und Enza fahren. «Er hatte diesen schrulligen Humor, der sich gewöhnlich an Wortspiele anlehnte», sagte Leonardo Guarnotta. Von ähnlicher Qualität war es, wenn Falcone von ihrem gemeinsamen Chef oft nicht als Herrn Caponetto sprach, sondern das Synonym «Testa pulita» benutzte, was ebenfalls «sauberes Haupt» heißt. «Hast du Sauberhaupt gesehen? Sauberhaupt möchte dich gerne sprechen.»[13]

Borsellino wurde von allen wegen seines unüberhörbaren Palermoer Dialekts gehänselt. Besondere Probleme bereitete ihm die schnarrende Konsonantenkombination *tr*, die sich bei ihm in ein verwaschenes *schr* verwandelte. «Sag 'quattro'», forderten seine Kollegen ihn gerne auf, und er machte dann gute Miene und sagte brav «quaschro», worauf sie in Gelächter ausbrachen.[14]

Ein bestimmtes Quantum an Galgenhumor mischte sich regelmäßig dann in ihre Plänkeleien, wenn sie bewußt versuchten, den Gedanken an die lebensgefährlichen Aspekte ihrer Arbeit zu verscheuchen. So machte sich etwa Borsellino gerne einen Spaß daraus, eine Unterredung mit der plötzlichen, an Falcone gerichteten Frage zu unterbrechen: «Ach übrigens, Giovanni, wann gibst du mir einen Schlüssel für dein Schließfach?» – «Warum sollte ich?» fragte Falcone zurück. «Damit ich deine Sachen herausholen kann, wenn sie dich umgelegt haben.» Nach Ende eines langen Arbeitstages machten sich die Mitglieder des Verbundes ein Vergnügen daraus, Nachrufe auf die einzelnen Kollegen zu dichten.[15]

Wie von Buscetta vorhergesagt, erlangte Falcone den Status einer Berühmtheit, eines Symbols für den Kampf gegen die Mafia; Fotos von ihm erschienen regelmäßig in der nationalen Presse. Mit seinem zurückhaltenden, sizilianischen Auftreten, seinem dunklen Bart und seinen dunklen Augen hatte er die Aura einer lebenden Legende erlangt. «Er hatte etwas von einem rätselhaften Araber», erinnerte sich Richter Stefano Racheli, ein Staatsanwalt aus Rom, der Falcone in dieser Phase kennenlernte. «Ein wesentlicher Zug Falcones war es, daß man nie genau wußte, worauf er hinauswollte, aber nie daran zweifelte, daß er ganz genau wußte, wo er hinwollte.»[16]

John Costanzo, Drogenermittler bei der amerikanischen DEA, gewann einen ähnlichen Eindruck, als er miterlebte, wie Falcone in New York einen Zeugen verhörte. «Falcone kam an, um einen bestimmten Zeugen zu befragen, und hatte vielleicht drei einfache, exakte Fragen mitgebracht» erzählte Costanzo. «Keiner von uns, auch nicht der Zeuge selbst, begriff die Bedeutung der Fragen, doch offensichtlich waren es Stücke, die genau in ein sehr viel größeres Puzzle paßten, das Falcone im Kopf hatte. Er bekam seine Antworten und ging wieder.»[17]

Ignazio De Francisci, einer der beiden jungen Staatsanwälte, die 1985 zum Anti-Mafia-Verbund stießen, um ihn bei der Bewältigung des wachsenden Arbeitsanfalls zu unterstützen, setzte sich manchmal dazu, wenn Falcone einen Zeugen verhörte, einfach um ihn bei der Arbeit zu beobachten. «Falcone war ein unübertrefflicher Fechter», erinnerte sich De Francisci. «Ich werde nie die erste Vernehmung von Michele Greco vergessen. Anfänglich fragte ich mich, weshalb wir soviel Zeit verschwendeten. Falcone ließ ihn endlos von einer Bootsreise erzählen, die er einmal mit einem Chefankläger aus Palermo unternommen hatte, mit dem er in einer Grundstücksfrage im Gespräch war. Ich hatte dafür kein Verständnis. Es dauerte bis zur dritten Sitzung, ehe mir klar wurde, daß wir hier Belastungsmaterial sammelten, anhand dessen sich die Existenz von Mauschelverhältnissen zwischen der Mafia und Teilen des Justizapparats demonstrieren ließ. Das war seine große Stärke: den Verdächtigen dorthin zu dirigieren, wo er ihn haben wollte, ohne daß der Betreffende es merkte.»[18]

Was Verhöre und deren Auswertung betraf, so entwickelte Falcone hierfür eine ausgeklügelte persönliche Routine, die zum festen Bestandteil seiner beruflichen Rolle wurde. Wohin er auch ging, er hatte stets eine Kollektion unterschiedlicher Schreibblöcke und teurer Füllfederhalter dabei, die mit jeweils andersfarbiger Tinte gefüllt waren und die er in Reih und Glied paratlegte. Nach einem bestimmten System verwendete er jeweils eine bestimmte Farbe, um Informationen einer bestimmten Art in seiner eleganten Handschrift festzuhalten. Sein gespeichertes Wissen über die verschiedenen sizilianischen Mafiasippen war so umfassend, daß er sehr schnell herausbekam, ob ein Zeuge die Wahrheit sagte oder fabulierte. Mit seiner zurückhaltenden, ernsthaften Art, seiner extremen Genauigkeit und seinem bemerkenswerten Gedächtnis vermittelte er den Vernommenen das Gefühl, es sei klüger, ihm reinen Wein einzuschenken, als zu versuchen, ihm etwas vorzumachen.

Auch Borsellino war äußerst effektiv im Umgang mit Zeugen, wenn auch aus etwas anderen Gründen. Abgesehen von den selbstverständlichen Voraussetzungen der Unbestechlichkeit und der gründlichen Vertrautheit mit dem Mafiaproblem waren es bei Borsellino das verbindliche Auftreten, der Humor und das ausgeprägte Verständnis für menschliche Dinge, die positiv ins Gewicht fielen. Zeugen faßten instinktiv Vertrauen zu ihm und öffneten sich, weil sie spürten, daß er sie respektierte und sich aufrichtig für sie interessierte. Er entwickelte eine intensive Beziehung zu Pietra Lo Verso, der Witwe eines der Opfer des Massakers von der Piazza Scaffa – der Hinrichtung der acht Männer in einem Palermoer Pferdestall. Als sich in ihrer Nachbarschaft herumsprach, daß sie mit der Justiz kooperierte, boykottierten die bisherigen Kunden das Metzgergeschäft der Familie Lo Verso, das daraufhin in Konkurs ging. Als Borsellino erfuhr, daß Frau Lo Verso in ihrer Not ihren Schmuck verpfändet hatte, stellte er ihr persönlich Geld zur Verfügung, damit sie die Stücke wieder auslösen konnte.[19]

Borsellino spielte eine maßgebliche Rolle bei der Ausschöpfung des wichtigen Zeugen Vincenzo Sinagra, eines Mafioso, der schon 1983 Aussagebereitschaft gezeigt hatte, aber nur wenige Male verhört worden war. Während Buscetta einen Blick in das Innenleben der Mafia auf ihren obersten Etagen ermöglicht hatte, zeichnete Sinagra ein Bild vom Alltag eines einfachen Mafiakillers. Sinagra selbst war nie formell in die Mafia aufgenommen worden; man hatte ihn in der Zeit des großen Mafiakrieges von 1981–82, als häufig Bedarf an zusätzlichen Kräften geherrscht hatte, für eine Reihe «schmutziger Jobs» angeworben. Dank der Hinweise Sinagras konnten die Ermittler die schreckliche Geschichte des sogenannten Todeszimmers aufklären, einer schäbigen Behausung in der Nähe der Piazza Sant'Erasmo, wo der Mafiaboß Filippo Marchese seine Opfer folterte und ermordete.

Was Sinagra erlebt hatte, unterschied sich wahrscheinlich nicht allzusehr von den Erfahrungen vieler Palermoer Mafia-Lehrlinge. Aufgewachsen war er in den Slums des Corso dei Mille als Sohn eines Fischers, der seine Frau und seine vierzehn Kinder kaum zu ernähren vermochte. Vincenzo Sinagra startete seine kriminielle Karriere mit einigen kleinen Diebstählen und wagte sich dann zusammen mit einem Freund an zwei größere Einbrüche. Sie hatten jedoch das Pech, daß in einem Fall der Bestohlene jemand war, der in engen Beziehungen zur Mafia stand. Sinagras Partner machte die Sache noch schlimmer, indem er sich mit teuren Klamotten und einem neuen Motorrad im Viertel zeigte, so daß die örtlichen Mafiosi an zwei Fingern abzählen konnten, wer den Einbruch verübt haben mußte. Das hätte die sofortige Todesstrafe zur Folge haben können, doch Sinagra hatte in den Reihen der Mafia einen Vetter, der ebenfalls Vincenzo Sinagra hieß und wegen seines jähzornigen Temperaments «tempesta» («Sturm») genannt wurde. Tempesta stellte Vincenzo zur Rede und sagte ihm, er habe die Wahl, entweder aus Palermo zu verschwinden oder für die Mafia zu arbeiten – oder zu sterben. Vincenzo entschied sich, in Palermo zu bleiben, und erledigte von da an Aufträge für Filippo Marchese: Feuerüberfälle auf Läden, deren Besitzer sich weigerten, Schutzgeld zu entrichten, Morde, Verschwindenlassen von Leichen. Wie wenig ein Menschenleben zu jener Zeit in Palermo zählte, ergibt sich aus der Tatsache, daß Vincenzo 500 bis 750 Mark monatlich verdiente. «Doch mein Vetter Vincenzo Sinagra sagte mir, nach dem Mafiakrieg würde eine Menge Geld da sein, und dann würde man wirtschaftlich für mich sorgen», sagte Sinagra später aus.[20]

Die Tötungen liefen fast immer nach dem gleichen Muster ab: Das Opfer wurde in die baufällige Wohnung an der Piazza Sant'Erasmo gelockt und in ein Zimmer mit bröckelndem Stuckputz, einer nackten Glühbirne, einem Tisch und zwei Stühlen gebracht. Ein übler Chemiegeruch kam aus dem angrenzenden Raum ins Zimmer gekrochen. Wenn das Opfer erschien, wurde es von Sinagra und einem seiner Vettern gepackt und auf einem der Stühle festgebunden. Dann kam der Boß Filippo Marchese herein, um das Opfer zu «verhören», wobei er manchmal Aufzeichnungen machte. Nach Ende des Verhörs wurde das Opfer erdrosselt. Die Arbeit war nicht leicht. Oft mußte an jedem Ende des Stricks ein Mann bis zu 10 Minuten ziehen, während ein oder zwei andere das Opfer festhielten. Vincenzo als der unterste Mann in der Hierarchie war meistens derjenige, der das Opfer an den Füßen festhalten und danach die Leiche beseitigen mußte. Die Strangulierung selbst war Chefsache.

«Obwohl Marchese der Boß der Sippe war, erdrosselte er die meisten Opfer höchstpersönlich, oft aus nichtigsten Gründen», sagte Sinagra aus. «Er war ein blutrünstiger Charakter, und man hatte den Eindruck, daß es ihm Spaß machte, einen Menschen umzubringen; er verlangte, daß niemand bei dem Vorgang Gefühle zeigte.»

Wenn das Opfer tot war, wurde seine Leiche normalerweise in einen Kübel hochwirksamer Säure im Nebenraum gelegt, von dem ein fauler, widerwärtiger Geruch ausströmte, wenn die Säure in das Gewebe eindrang. Manchmal war die Säure nicht hochprozentig genug, und die Leichen lösten sich nicht vollständig auf. In solchen Fällen beseitigten Vincenzo und sein Vetter die Überreste des Toten, indem sie in einem kleinen Fischerboot auf die Bucht von Palermo hinausruderten und die in einen dicken Plastikmüllsack verpackten, teilweise zersetzten, mit Steinen beschwerten Leichenteile versenkten.

Manchmals stand überhaupt keine Säure zur Verfügung; dann griffen sie auf ein Beseitigungsverfahren zurück, das unter der Bezeichnung *incapramento* lief, was wörtlich so etwas wie «Verziegung» bedeutete. Die Polizei hatte schon oft rätselhafte Leichenfunde in Autokofferräumen gemacht – Tote, deren Arme und Füße auf dem Rücken zusammengebunden und dann mit dem langen Ende des Stricks am Hals festgezurrt waren, ähnlich wie es bei geschlachteten Ziegen gemacht wurde. Manche Ermittler vermuteten, diese Toten seien Opfer einer besonders qualvollen rituellen Tötungsart, doch nun klärte Vincenzo sie darüber auf, daß die Leute normal erdrosselt und anschließend aus rein praktischen Gründen nach Ziegenart verzurrt worden seien. «Anders als Sie sich das vorstellen und als die Zeitungen geschrieben haben, dient das *incapramento* dieser Leute nicht dazu, sie langsam ersticken zu lassen, sondern man macht es lediglich, weil die Leichen, so verschnürt, am besten in den Kofferraum eines Autos oder in einen Sack passen», erklärte er. «Es ist wichtig, daß man das Opfer sofort nach Eintritt des Todes so festzurrt, bevor der Leichnam erstarrt.»

Sinagra führte Borsellino über das vertraute Terrain des großen Mafiakrieges von 1981–82, doch diesmal aus der Perspektive der Bodentruppen. Er lieferte exakte Schilderungen bestimmter Morde, benannte Opfer, Mörder und Motive. Da die Leichen in den meisten Fällen spurlos beseitigt worden waren, machte Sinagra mit seinen Aussagen aus vielen Vermißtenfällen Mordfälle und ermöglichte die Anklageerhebung. (Allein während des Mafiakrieges von 1981–82 waren rund 160 mafiaverdächtige Personen «verschwunden».)[21] Während Buscetta und Contorno lediglich durch Dritte erfahren hatten, daß diese oder jene Person ermordet worden sei, war Sinagra persönlich dabeigewesen. Er führte Borsellino zu den Tatorten und an die Stellen, wo die Leichen oder Leichenteile entsorgt worden waren.

Sinagra schilderte den Tod Antonio Rugnettas, eines Händlers mit Schmuggelzigaretten, der, wie so viele andere, ein Opfer der Jagd auf Salvatore Contorno geworden war. Sinagra wußte zwar nicht, von wem die Rede war, erinnerte sich aber deutlich daran, wie Marchese Rugnetta ausgefragt hatte. Er hatte ihn immer wieder auf einen Mann namens «Curiano» oder «Curiolano della Floresta» angesprochen – die Ermittler erkannten sogleich den Spitznamen Contornos, «Coriolanus des Waldes» («Waldschrat»). «Glauben Sie mir», hatte Rugnetta seinen Peiniger angefleht, «wenn ich wüßte, wo er sich versteckt gehalten hat, würde ich es Ihnen sagen.» Als sie merkten, daß sie von Rugnetta nichts Verwertbares erfahren konnten, erdrosselten ihn Marchese und sein guter Freund Pino «der Schuh» Greco. Augenzeuge des Mordes wurde neben anderen Pietro Vernengo, einer der engsten Mitarbeiter Marcheses und als maßgeblicher Heroinschmuggler einer der Fische, die auf der Fangliste von Borsellino standen.[22]

Zwei der Leichen, an deren «Verziegung» Sinagra beteiligt gewesen war, hatte die Polizei kurz vor dem Mordanschlag auf General Dalla Chiesa in der als «Todesdreieck» bekannten Region unweit Palermos im Kofferraum eines Wagens gefunden. Ein anonymer Anrufer hatte die Carabinieri damals mit den Worten «die Operation Carlo Alberto ist beinahe abgeschlossen» alarmiert. Sinagra hatte schon zu früheren Zeitpunkten Diskussionen zwischen Marchese und seinen Adjutanten mit angehört, in denen es um Pläne für ein Attentat auf Dalla Chiesa gegangen war. Der Anschlag geschah am 3. September 1982, drei Wochen nach der Verhaftung Sinagras.

Sinagra hatte auch von einem Plan zur Ermordung Giovanni Falcones reden hören. «Ich weiß es, weil mein Vetter Vincenzo (der «Sturm») mir gesagt hat, daß Filippo Marchese, als über Richter Falcone gesprochen wurde, darüber klagte, daß dieser Richter ‹uns die Eier zerdrückt› und daß er sterben müsse, weil er die falschen Leute verfolge.» Sein brutales und gewalttätiges Naturell verhinderte nicht, daß Marchese hochgestellte Freunde hatte. «Marchese hat Gewährsleute sowohl in den Ermittlungsdezernaten der Polizei als auch auf dem ersten Polizeirevier als auch im Justizpalast», sagte Sinagra. «Eigentlich weiß er immer alles.» So hatte irgendjemand Marchese einen Hinweis auf die Existenz des streng geheimen Memorandums von Ninni Cassarà vom Juli 1982 über den großen Mafiakrieg gegeben, auf den sogenannten «Bericht über Michele Greco + 161», und der Boß hatte seine Leute angewiesen, eine Zeitlang nicht zu Hause zu nächtigen.

Vincenzo Sinagras kurze und unglückliche Mafiakarriere nahm am 11. August 1982, nach nur rund einem Jahr, ein abruptes Ende. Sinagra war ein mittelmäßiger Mafioso gewesen, bei dem die Gefühle häufig stärker gewesen waren als die Nerven. Filippo Marchese hatte ihm einmal einen Verweis dafür erteilt, daß er sich mit Grauen abgewendet hatte, als der Boß eines seiner Opfer erdrosselte. Gleich der erste Einsatz Vincenzos in einer verantwortlichen Rolle bei einem Mordauftrag führte zu seiner Verhaftung. Der Auftrag lautete, einen guten Bekannten aus dem eigenen Viertel, Diego Fatta, so in eine Falle zu locken, daß er und sein Vetter «Sturm» den Mann mit Schüssen aus kurzer Distanz hinrichten konnten. Im entscheidenden Augenblick versagte jedoch Vincenzos Pistole, und «Sturm» mußte die Sache erledigen. Das Erlebnis, an der Ermordung eines guten Bekannten mitzuwirken, wühlte Vincenzo emotional so auf, daß er in der Erregung seine Pistole im Fluchtwagen zurückließ, so daß die Polizei, als sie ihn noch am gleichen Tag verhaftete, leichtes Spiel hatte.

Fast ein Jahr lang spielte Sinagra (ebenso wie seine beiden Komplizen) den Geistesgestörten: Er ließ sich einen langen Bart wachsen und erklärte ständig, er wolle angeln gehen. Doch auch als Schauspieler war er ein Versager: Er schaffte es nicht, seine Rolle als Idiot durchzuhalten, wurde schwach und beschloß, zu reden.

Anders als praktisch alle übrigen frühen Mafia-Kronzeugen, gestand Sinagra auch seine schlimmsten Verbrechen und bat sogar die Familien der Opfer um Vergebung.

Sinagra war zu der Zeit, als Borsellino sich mit ihm zu befassen begann, bereits in ein Gefängnis auf dem italienischen Festland verlegt worden, wo die Mafia sich schwerer tun würde, ihn zur Strecke zu bringen. Als Berichte über die grausigen Morde im «Todeszimmer» an die Öffentlichkeit zu dringen begannen, wurde Sinagra auf Einzelhaft gesetzt und als Ungeheuer geächtet. Seine Familie in Palermo hatte aus Angst, für die Redebereitschaft Vincenzos von der Mafia bestraft zu werden, alle Verbindungen zu ihm abgebrochen. Borsellino erkannte indes, daß Vincenzo Sinagra trotz seiner blutigen Vergangenheit im Grunde ein gutmütiger Mensch war, der nur das Pech gehabt hatte, in den Sog der Mafiasippen von Palermo zu geraten. Borsellino nahm Anteil an seiner verfahrenen Situation und versuchte ihm bei der Überwindung seiner Isolation zu helfen. «Ich weiß, daß Sie kein gewalttätiger Charakter sind», sagte er zu ihm. «Ich hätte keine Bedenken, meine jüngste Tochter zu Ihnen in die Zelle zu schicken.»[23] Als Sinagra, der nur den sizilianischen Dialekt sprach und nur die allerelementarste Schulbildung besaß, Anzeichen von Lernbegier an den Tag legte, brachte Borsellino ihm die alten Schulbücher seiner Kinder mit. Sinagra wiederum half Borsellino bei der Aufklärung eines Mordfalles, in dem er lange ermittelt hatte: des Anschlags auf Dr. Paolo Giaccone, den Gerichtspathologen, der im Verfahren um das Weihnachtsmassaker von Bagheria 1981 die Fingerabdrücke von Giuseppe Marchese (dem Neffen Filippos) im Fluchtfahrzeug identifiziert hatte. Giaccone war am 11. August 1982 erschossen worden, am selben Tag, an dem Sinagra wegen der Ermordung seines Freundes Diego Fatta verhaftet worden war.

«Mein Vetter Vincenzo sagte mir ... am Tag meiner Verhaftung, daß Salvatore Rotolo (ebenfalls Mitglied der Marchese-Sippe) einen Mann in einem Krankenhaus umgebracht hatte, wahrscheinlich einen Doktor, der die Fingerabdrücke von Pippo (Giuseppe) Marchese an einem Tatort identifiziert hatte», berichtete Sinagra. «(‹Sturm›) erzählte mir das, um mich für die Ermordung von Diego Fatta aufzumuntern, die wir dann auch ein paar Stunden später durchführten.»[24]

Sinagra, der im großen und ganzen über ein präzises Gedächtnis verfügte, erinnerte sich daran, daß der Mörder von Dr. Giaccone, Salvatore Rotolo, an einer Art nervösem Tic litt, der sich darin äußerte, daß sein Gesicht zu einem nahezu permanenten Grinsen verzogen war. Einer der Augenzeugen im Mordfall Giaccone hatte ausgesagt, daß einer der Mörder beim Wegrennen vom Tatort gegrinst habe.[25]

Rotolo war einer der 221 Mafiosi, die zu dieser Zeit auf der Fahndungsliste der Palermoer Polizei standen.[26] Doch auch hier zeichneten sich Fortschritte ab. Unter der Leitung Beppe Montanas, eines jungen Polizeioffiziers, hatte die Sonderkommission für die Jagd auf die 221 in den verflossenen beiden Jahren einige Erfolge erzielt. 1983 hatte sie ein großes Waffenarsenal entdeckt, das die Sippen von Filippo Marchese und Michele Greco gemeinsam genutzt hatten und das Maschinengewehre, abgesägte Schrotflinten und Dutzende von Pistolen des Kalibers .38 enthielt. Im Frühjahr 1984 verhaftete Montana den sogenannten König der Kalsa, den Heroin- und Zigarettenschmuggler Tommaso Spadaro, mit dem Falcone als Kind Tischtennis gespielt hatte. (Angetroffen wurde Spadaro in seinem Haus in Palermo, wo ihn offenbar bis dahin niemand gesucht hatte.) 1985 nahm die römische Polizei schließlich Pippo Calò fest, den Boß Buscettas, der auch der Kommission angehörte. Im Sommer 1985 fanden Montanas Männer schließlich auch Salvatore Rotolo, den Mörder von Dr. Paolo Giaccone.[27]

Borsellino empfand Montana vom ersten Augenblick an als sympathisch. In der Tradition der besten Polizeibeamten Palermos leistete Montana weitaus mehr als nur sein dienstliches Pensum und investierte private Mittel und private Zeit, um die skandalösen Ausstattungsmängel der Polizeibehörde wettzumachen. Ninni Cassarà und Montana tuckerten im Zuge der Fahndung nach gefährlichen Verbrechern oft auf ihren eigenen Motorrollern oder in ihren privaten Kleinwagen durch Palermo, weil der Staat angeblich kein Geld hatte, um ihnen kugelsichere Autos zur Verfügung zu stellen. Montana und Borsellino liebten das Meer und unterhielten sich gern über die kleinen Boote, die sie beide in der Nähe von Palermo liegen hatten und auf denen sie manchmal sonntags hinausfuhren. Montana benutzte sein Boot nebenbei dazu, die sizilianische Küste nach Häusern abzusuchen, in denen sich flüchtige Mafiosi versteckt halten könnten. Im Sommer 1985 mietete er ein Strandhäuschen, um von dort aus ein Gebiet erkunden zu können, in dem es seiner Vermutung nach von Mafia-Unterschlupfen wimmelte.[28]

Am 25. Juli verhafteten Montana und seine Männer im Zuge einer Razzia acht flüchtige Mafiosi, darunter den Boß von Prizzi (einer Kleinstadt in der Nähe von Palermo), Tommaso Canella, der ein Busenfreund und Geschäftspartner Michele Grecos, des «Papstes», war. Drei Tage später, an einem Sonntag, fuhr Montana mit seiner Freundin und zwei Bekannten aufs Meer hinaus; als sie gegen Abend zurückkehrten, warteten zwei Mörder auf sie. Nachdem Montana das Boot im Jachthafen von Porticello festgemacht hatte, feuerten sie vier Schüsse aus 38er Pistolen auf ihn ab. Montana war auf der Stelle tot.[29]

Paolo Borsellino und Ninni Cassarà, beide gute Freunde von Montana, trafen kurz nach den Schüssen am Tatort ein. Borsellino starrte auf den Leichnam des jungen Polizeibeamten, der, in seiner Badehose klein und schmächtig wirkend, in einer Blutpfütze auf dem Bootssteg lag. Auf der Rückfahrt nach Palermo registrierte Borsellino, wie stark das Erlebnis Cassarà verändert hatte. «Die jahrelange gemeinsame Arbeit hatte zwischen uns eine tiefe Freundschaft entstehen lassen, die durch eine Dienstreise, die uns 1984 zusammen nach Brasilien geführt hatte, noch gefestigt worden war», erinnerte sich Borsellino. «Ich hatte gelernt, seine außerordentliche Menschlichkeit zu schätzen . . ., die Reinheit seiner Seele, die beinahe die Seele eines Kindes war und die aus seinem gescheiten, ehrlichen Gesicht strahlte. Und nun sagte dieserselbe Ninni Cassarà, der immer so fröhlich und optimistisch gewesen war – wie alle Menschen, die reinen Herzens sind –, plötzlich zu mir, als er mich nach der schrecklichen Visite bei der Leiche Montanas zu Hause absetzte . . .: ‹Machen wir uns nichts vor, wir sind Tote auf Urlaub.›» Dann fuhr Cassarà zurück zu seinem Büro, um wieder an die Arbeit zu gehen.[30]

Die Polizei von Palermo entfesselte sofort eine regelrechte Menschenjagd auf die Mörder Montanas. Ein Augenzeuge hatte sich die ersten Ziffern des Kennzeichens des weißen Peugeots gemerkt, in dem die Täter vom Tatort geflüchtet waren. Im Zuge einer aufwendigen Rasterfahndung, bei der rund 10 000 Fahrzeuge mit dieser Zahlenkombination überprüft wurden, schälte sich allmählich ein Hauptverdächtiger heraus: Salvatore Marino, 25jähriger Sohn eines Fischers aus der Umgebung der Piazza Sant'Erasmo (an der sich das Todeszimmer befand). Zeugen hatten Marino am Nachmittag des Tattages im Jachthafen von Porticello gesehen, und bei einer Hausdurchsuchung fand die Polizei ein Hemd mit Blutflecken darauf sowie 34 Millionen Lire in Banknoten, die in eine Zeitung von Sonntag, dem 28. Juli, dem Tag des Mordanschlags, gewickelt waren.[31]

Allein, was der Beginn einer raschen Aufklärung des Mordes zu sein schien, kippte in der Folge zur Tragödie um: Im Verlauf einer 15stündigen ununterbrochenen Vernehmung wurde Marino von Polizeibeamten geschlagen und gezwungen, Salzwasser zu trinken – mit allen Mitteln wollten sie ihn dazu bringen, die Namen seiner Komplizen zu nennen. Um 4 Uhr am frühen Morgen des 2. August wurde der Verdächtige als bewußtloser, blutiger Klumpen in die Klinik eingeliefert, die nur noch seinen Tod feststellen konnte. Die Polizei machte die Sache noch schlimmer, indem sie ihr Verbrechen zu vertuschen versuchte und behauptete, Marino sei durch Ertrinken um Leben gekommen. Die Wahrheit kam jedoch schnell ans Licht, nachdem sich am Arm des Toten Bißspuren zeigten, die von menschlichen Zähnen stammten.[32]

Am 4. August 1985 veranstaltete die Familie Marinos mit dem Sarg, der die zerschundenen Überreste des Getöteten barg, eine Prozession durch Palermo, die zu einer anklagenden Massendemonstration gegen die «Mörder in Uniform» wurde. Einen Tag später ordnete der damalige Innenminister und heutige Staatspräsident Italiens, Oscar Luigi Scalfaro, die sofortige Versetzung dreier ranghoher Polizeibeamter an, darunter Francesco Pellegrino, Leiter der Ermittlungsbehörde von Palermo. Die erhebliche Sympathie, die die Polizei von Palermo sich in Jahren geduldiger und gefahrvoller Ermittlungsarbeit erworben hatte, war binnen weniger Tage weitgehend verspielt.[33]

Ninni Cassarà verbarrikadierte sich nach der Ermordung Montanas noch mehr als bisher in seinem Büro, das er nur noch sporadisch zum Essen und Schlafen verließ. Dem Klima extremer Anspannung und akuter Bedrohung Tribut zollend, variierte er seinen Arbeitsrhythmus beständig und verbrachte zuweilen ganze Nächte im Büro. Einer seiner Mitarbeiter, der 23jährige Roberto Antiochia, verzichtete auf seinen Urlaub und blieb in der größten Augusthitze in Palermo, um seinem Chef Überlebenshilfe zu leisten.

Am Nachmittag des 6. August gegen 3 Uhr wählte Cassarà die Nummer seiner Frau Laura und überraschte sie mit der Nachricht, er werde in Kürze nach Hause kommen. Als er in seinem kugelsicheren Alfa Romeo zusammen mit drei Leibwächtern vor seinem Haus vorfuhr, wartete dort ein unerhört mächtig bewaffnetes, nicht weniger als fünfzehn Mann starkes Schützenkommando auf ihn. Die Killertruppe hatte das gesamte Gebäude gegenüber dem Wohnhaus Cassaràs in Beschlag genommen, ohne die Aufmerksamkeit auch nur eines einzigen Anwohners zu erregen, und damit ein weiteres Mal demonstriert, wie unangefochten die Herrschaft der Mafia in den Straßen der Stadt war. Laura Cassarà, die sich angewöhnt hatte, vor dem Eintreffen ihres Mannes die Straße nach Anzeichen einer Gefahr abzusuchen, trat just in dem Moment auf ihren Balkon hinaus, als sich auf ihren Mann ein veritables Höllenfeuer von MG-Salven ergoß. Nachdem die Mörder rund 200 Schüsse abgegeben hatten, lagen Cassarà und Antiochia tot am Boden. Ein zweiter Leibwächter, Giovanni Lercara, war schwer verwundet; lediglich der Fahrer Cassaràs, Natale Mondo, hatte sein Leben retten können, indem er unter das Auto gekrochen war.[34]

In der panischen Krisenstimmung jener Tage verfielen einige sogar auf die Idee, die ganze dramatische Sequenz von der Ermordung Montanas über den gewaltsamen Tod Salvatore Marinos bis zu dem Anschlag auf Cassarà sei mit Vorbedacht so inszeniert worden. Vielleicht hatte ein Mafia-Maulwurf in den Reihen der Polizei Salvatore Marino ins Jenseits befördert, um einen potentiell gefährlichen Zeugen auszuschalten, die Polizei zu diskreditieren und einen Vorwand für die Ermordung Ninni Cassaràs zu schaffen. Wahrscheinlicher ist freilich, daß der Tod Marinos schlicht auf das Konto emotional aufgeladener Polizisten ging, die in blinder Wut auf den Mann, der für sie als Mörder ihres Freundes und Kollegen feststand, die Kontrolle über sich verloren hatten. Dennoch hätte es in den zehn Tagen zwischen dem 28. Juli und dem 6. August für die Mafia nicht besser laufen können. Der Polizeichef von Palermo, Giuseppe Montesano, wurde versetzt, gegen den Leiter der Ermittlungsbehörde, Francesco Pellegrino, und zehn weitere Polizeibeamte wurde wegen des Todes von Salvatore Marino Anklage erhoben. Das fähige Ermittlerteam, das nach den Mordanschlägen auf Boris Guiliano und Emanuele Basile schrittweise und sorgfältig wiederaufgebaut worden war, wurde durch die Ermordung Montanas und Cassaràs und durch die Marino-Affäre gesprengt. Die seit jeher bestehende Rivalität zwischen der Polizei und den Carabinieri eskalierte in dieser Phase extremer Anspannung bis zu dem Punkt, an dem jede Kooperation zwischen den beiden Polizeibehörden aufhörte. Einige Angehörige der Palermoer Polizei rasteten aus, als Innenminister Scalfaro zum Begräbnis Cassaràs und Antiochias anreiste, und mußten von den zum Schutz des Ministers abgestellten Carabinieri im Zaum gehalten werden.

War die Tötung Salvatore Marinos lediglich ein verhängnisvoller Fehler gewesen, so lud der Mordanschlag auf Cassarà zu noch weitaus alarmierenderen Spekulationen ein. Er hatte in dieser Phase bewußt einen völlig unregelmäßigen Lebensrhythmus gepflogen, was fast zwingend den Schluß nahelegt, daß die Mafia von einem Gewährsmann im Polizeipräsidium den Hinweis auf sein baldiges Eintreffen zu Hause erhalten haben mußte. Es war äußerst unwahrscheinlich, daß ein Team von fünfzehn Scharfschützen tagelang auf gut Glück im Hinterhalt gelegen und darauf gewartet hatte, daß Cassarà irgendwann vorfahren würde. (Zeugen aus dem Mafiamilieu erklärten später, mehrere Mitglieder der Kommission seien vor Ort gewesen, um die Ermordung Cassaràs zu beaufsichtigen und zu feiern.)

Vincenzo Sinagra hatte ausdrücklich gesagt, sein Boß, Filippo Marchese, habe einen Informanten im Umkreis von Cassaràs Team gehabt.

Und Buscetta hatte Falcone einen Hinweis auf einen anderen unsicheren Kantonisten im polizeilichen Umfeld gegeben, der als Maulwurf in Frage kam: Bruno Contrada, der früher einmal die Ermittlungsbehörde geleitet hatte und danach auf einen hohen Posten beim italienischen Geheimdienst übergewechselt war.

Doch zunächst konzentrierte sich der Verdacht auf Cassaràs Chauffeur Natale Mondo, der die Sünde begangen hatte, den Anschlag unverletzt zu überleben. Mondo wurde schließlich von allen Vorwürfen reingewaschen, fiel aber später doch noch einem Mafiaanschlag zum Opfer.

Der Tod Cassaràs traf Falcone besonders schwer. Die beiden hatten jahrelang in fast perfekter Synchronität zusammengearbeitet und waren enge Freunde geworden. Von allen «cadaveri excellenti», die Falcone seit seiner Rückkehr nach Palermo 1978 ans Grab geleitet hatte, war Cassarà derjenige, der ihm am schwersten zu schaffen machte. Jung, intelligent, akademisch ausgebildet, vollkommen ehrlich und mit hundertprozentigem Engagement bei der Sache, war Cassarà die personifizierte Hoffnung auf eine bessere Zukunft für Sizilien gewesen. Sein Tod, Folge der absolut unzureichenden Unterstützung und Rückendeckung, die er erhalten hatte, symbolisierte die Absage an diese Verheißung. Die Untersuchungsrichter genossen einen vergleichsweise wirksamen Schutz, doch die Mafia war clever genug, zu erkennen, daß man sie treffen konnte, indem man ihre Zuarbeiter bei der Polizei ausschaltete. Ohne eine effektive Polizeiarbeit, die zur Festnahme von Tatverdächtigen führte, hatten die Richter niemanden, den sie anklagen konnten, so daß die Ermittlungsarbeit ins Stocken geraten würde.

Scheinbar war die Ermordung Cassaràs ein direkter Vergeltungsschlag für den Tod des mutmaßlichen Mafiakillers Salvatore Marino, doch Falcone erkannte, daß dieser Anschlag mehr war, daß er in die Logik einer massiven Gegenoffensive der Mafia paßte. «Der Maxi-Prozeß ist der perspektivische Punkt der Mafia-Strategie», erklärte er.

Für die Mafia ist der Gedanke, der Justiz des Staates unterworfen zu werden, nicht akzeptabel ... Die Mafia hatte begriffen, wie gefährlich ihr das Ermittlungsteam geworden war, indem es die Verstecke flüchtiger Mafiosi erschnüffelte. Ihrer Logik zufolge mußte das Ermittlungsteam daher daran gehindert werden, weitere Stufen zu erklimmen und ihre Arbeit zu einem erfolgreichen Abschluß zu bringen. Es ist sinnlos, Ermittlungen durchzuführen, vielleicht sogar Maxi-Prozesse zu inszenieren, wenn wir nicht in der Lage sind, die Flüchtigen festzunehmen.[35]

Zwar waren der Polizei schon einige Mitglieder der Kommission (Pippo Calò, Mariano Agate) ins Netz gegangen, doch mehrere der wichtigsten Bosse, darunter die beiden «Ungeheuer» von Corleone, Salvatore Riina und Bernardo Provenzano, waren nach wie vor auf freiem Fuß.

Die Morde lösten Ernüchterung aus bei einer Öffentlichkeit, die sich durch den Maxi-Prozeß in Euphorie hatte versetzen lassen. «Im Frühsommer 1985 hörte man die Menschen oft vom Untergang der Mafia reden», gab Borsellino in einer Rede, die er ein Jahr später hielt, zu bedenken. «Mit den Mordanschlägen auf Montana, Cassarà und Antiochia demonstrierte die Cosa Nostra auf unübersehbare Weise, daß sie über noch weitgehend intakte Strukturen verfügte und daß . . . sie in der Lage war, schrecklichste Beschlüsse in blutigste Taten umzusetzen.»[36]

Wenige Tage nach der Beerdigung Nino Cassaràs klopfte die Polizei mitten in der Nacht an die Haustüren Giovanni Falcones und Paolo Borsellinos; die beiden Untersuchungsrichter wurden gebeten, auf der Stelle ihre Siebensachen zu packen. Die Polizei brachte sie direkt zum Flughafen, wo eine Militärmaschine wartete, die sie an einen unbekannten Ort bringen sollte. Den Ermittlern war zu Ohren gekommen, daß die Mafia plante, Anschläge auf die beiden Strafverfolger zu verüben, bevor diese die umfangreichen Anklageschriften fertigstellen konnten, in denen sie das Belastungsmaterial für den Maxi-Prozeß detailliert darlegen würden. Erst nachdem ihr Flugzeug gelandet war, fanden Falcone und Borsellino heraus, daß sie sich auf Asinara befanden, einer Gefängnisinsel vor der sardinischen Küste, wo etliche der gefährlichsten Verbrecher des Landes in fast völliger Isolation gefangengehalten wurden – es war das italienische Alcatraz. Man sagte den beiden Männern, die Gefängnisleitung habe für sie Wohnquartiere vorbereitet, in denen sie rund zwei Monate bleiben müßten. Auch ihre Angehörigen, Borsellinos Frau und Kinder, Falcones Verlobte Francesca Morvillo (die selbst Untersuchungsrichterin in Palermo war) und deren Mutter wurden nach Asinara evakuiert. Die Umzugsaktion war ein vielsagendes Eingeständnis der verkehrten Welt, die in Sizilien am Vorabend des Maxi-Prozesses herrschte: Während flüchtige Mafiosi sich in Palermo frei bewegen konnten, mußten die Vertreter des anklagenden Staates hinter Gefängnismauern Schutz suchen.

ELFTES KAPITEL

Zwischen Mitte August und Mitte September 1985 verlebten die Falcones und Borsellinos einen verlängerten Sommerurlaub auf der Gefängnisinsel Asinara. Für die beiden kleineren Kinder Paolo Borsellinos, Manfredi und Fiammetta, war es ein aufregendes Abenteuer. Sie hatten auf der Insel freie Bahn; die Meeresluft war frisch, das Wasser sauber. Dutzende von Wachmännern standen ihnen als Spielgefährten zur Verfügung, und wenn sie schwimmen gingen, war immer ein Polizeimotorboot in der Nähe, von dem aus wachsame Augen jede ihrer Bewegungen verfolgten. Die Kinder begriffen die Gründe für ihre plötzliche Evakuierung auf dieses Inselparadies nur zum Teil. «Für Manfredi (damals zwölf Jahre alt) war es eine perfekte Ferienreise», sagt Borsellinos Schwester Rita. «Lucia dagegen, die ein bißchen älter war (fünfzehn) und mehr begriff, litt viel mehr.» Sie verweigerte plötzlich die Nahrungsaufnahme und begann schnell an Gewicht zu verlieren. Die Borsellinos waren überzeugt davon, daß dieser klinische Fall von Anorexie eine Reaktion auf das Gefühl der ständigen Bedrohtheit war, die das Leben ihres Vaters und ihrer Familie überschattete.[1]

Die beiden Strafverfolger legten sich ins Zeug, um die vorbereitenden Arbeiten für den Maxi-Prozeß zum Abschluß zu bringen; gelegentlich erhielten sie Besuch von Freunden und Kollegen. Als die beiden nach 33 Tagen die Insel wieder verließen, wurde ihnen zu ihrer Überraschung eine Rechnung für Unterkunft und Verpflegung präsentiert. Borsellino, der nicht wußte, ob er sich darüber mehr amüsieren oder ärgern sollte, behielt den Zahlungsbeleg als Souvenir.

Zum Zeitpunkt ihrer Rückkehr nach Palermo Ende September 1985 waren Falcone und Borsellino mit der Abfassung der Anklageschrift zum Maxi-Prozeß im wesentlichen fertig; am 8. November konnten sie das Werk vollständig vorlegen: 8607 Seiten, verteilt auf 40 Bände, dazu ein weitere 4000 Seiten umfassender Anhang mit Dokumenten und Fotografien – Belastungsmaterial gegen 475 Angeklagte.[2]

Angesichts der Ungewißheit, ob die beiden Chefankläger lange genug leben würden, um ihre Arbeit abschließen zu können, war die Vorlage des enorm umfangreichen Werkes an sich schon ein triumphaler Erfolg. Auch wenn Teile des Belastungsmaterials sowie die Grundzüge der Anklage bereits bekannt waren, schlug die Präsentation der Anklagepunkte in ihrer voll ausgearbeiteten Form erhebliche Wellen. Die Anklageschrift zum Maxi-Prozeß, in weiten Teilen von Falcone persönlich abgefaßt, ist ein Meisterwerk juristischer Prosa, eine großartige Geschichtsdarstellung mit dem Spannungsbogen eines Tolstoi-Romans. Sie beginnt mit dem Satz: «Dies ist der Prozeß gegen die Mafia-Organisation, die sich ‹Cosa Nostra› nennt, ... (und) die mit den Mitteln der Gewalt und Einschüchterung Tod und Schrecken verbreitet hat und es nach wie vor tut.» Wie Giuseppe Di Lampedusa in seinem großen historischen Roman Siziliens, *Der Leopard*, lieferte auch Falcone eine scharfsichtige Diagnose einer kranken Gesellschaft. Die Anklageschrift deckte die Dekadenz der alten sizilianischen Adelsdynastien auf, denen die immer mächtiger werdenden Mafiabosse allmählich das Heft aus der Hand wanden.[3]

Die Symbolfigur der neuen Ordnung war Michele Greco, «der Papst», der den Immobilienbesitz seines einstigen aristokratischen Pachtherrn, des Herzogs von Tagliavia, an sich gebracht hatte – in einem schrittweisen Prozeß, den die Anklageschrift nachzeichnete. Es hatte damit angefangen, daß die Grecos ein großes Areal mit mehreren Villen und einer lukrativen Zitrusplantage für wenige tausend Mark im Monat pachteten. Später brachten es die Grecos auf rätselhafte Weise fertig, daß ihr Pachtzins auf weniger als die Hälfte gesenkt wurde. In ihrer verzweifelten Geldnot versuchten die adligen Eigentümer, das Latifundium zu verkaufen. Ein einziger Interessent trat auf den Plan, bot einen Kaufpreis von über 3 Millionen Mark (nach Wechselkursen von 1974) und leistete eine Anzahlung in Höhe von 150 Millionen Lire (rund 600.000 Mark). Doch plötzlich erklärte der Käufer – einer der führenden Baukonzerne Palermos – seinen Rückzug von dem Geschäft und ließ seine Anzahlung verfallen – er habe, so erklärte er, einen Fehler bei der Rentabilitätsberechnung gemacht und verfüge nicht über die Mittel, den Kaufvertrag zu erfüllen. Mehrere Jahre lang blieb das höchst attraktive Anwesen auf dem Markt, ohne daß sich ein einziger Interessent gemeldet hätte; schließlich kauften Mitglieder von Grecos Mafiasippe es für einen Bruchteil des ursprünglich geforderten

Preises. Indem sie den Besitzer «verhungern» ließen und alle anderen Kaufinteressenten vergraulten, konnten die Grecos zwei riesige Areale in bester Baulage zu einem lächerlich geringen Preis erwerben. Als Makler fungierte bei dem Geschäft Luigi Gioia, seines Zeichens Anwalt in Palermo und christdemokratischer Abgeordneter im römischen Parlament, einer der Garanten des Übergangs vom *ancien régime* zur neuen Ordnung.[4]

Im weiteren Verlauf dokumentiert die Anklageschrift akribisch, wie die Greco-Sippe in der Folge ihre Herrschaft über das umliegende Gebiet festigte und in ihrem Machtbereich schließlich ein Regime des Terrors errichtete. Im Verlauf des großen Mafiakrieges der 80er Jahre hatte Pino «der Schuh» Greco, ein Vetter des «Papstes», die nähere Umgebung seines Wohnsitzes regelrecht leergefegt, nachdem er von einem Mordkomplott gegen sich erfahren hatte. Dutzende von Bewohnern im Umkreis packten ihre Sachen und ließen ihre Häuser und Ländereien im Stich, nachdem sie Todesdrohungen erhalten hatten.

Wie in einem historischen Epos treten in der Anklageschrift zum Maxi-Prozeß Tausende von Mitwirkenden auf – kleine Palermoer Ganoven, Schmuggler aus Neapel, gewissenlose Bosse, eingeschüchterte Opfer, mutige Zeugen, opportunistische Geschäftsleute, untreue Bankangestellte, korrupte Politiker und Minister, die mit gespaltener Zunge reden. Die Handlung besteht aus einer unendlichen Zahl ineinander mündender und sich verzweigender Episoden und Komplotte: Drogenlieferungen, Entführungen, Morde, Immobiliengeschäfte, Staatsaufträge, komplexe Finanz-Transaktionen, Manipulationen der Gesetzgebung, zwielichtige Wahlkampfmanöver, Freundschaften, Allianzen, Fälle von Frontenwechsel und Verrat, bei denen die Verräter ihrerseits zu Verratenen werden.

Bei aller unübersichtlichen Vielfalt der handelnden Personen gibt es in der Geschichte, die die Anklageschrift erzählt, einige deutlich sichtbare rote Fäden: das Aufblühen des Heroingeschäfts, den Aufstieg der Corleoneser und die zunehmende Brutalisierung im Inneren der Cosa Nostra. Die Klageschrift legt dar, wie sich die alten, ausgetretenen Pfade des Zigarettenschmuggels in Verkehrswege für den einträglicheren Drogenschmuggel verwandelten, wie die Corleoneser das Heroingeschäft für die Unterwanderung der anderen Mafiasippen und für die schließliche Ausschaltung aller ihrer Rivalen nutzten. Die Anklageschrift lieferte ein umfassendes Organigramm der Cosa Nostra, beruhend nicht nur auf den Aussagen Tommaso Buscettas und Salvatore Contornos, sondern auch auf Angaben zahlreicher weiterer, teils noch lebender, teils verstorbener Zeugen und untermauert durch Hunderte von Abhörprotokollen und Belegen über finanzielle Transaktionen.

Ein weiteres Leitmotiv der Schrift war das Ausbleiben einer entschlossenen Reaktion des Staates auf die Bedrohung. Die Anklageschrift dokumentierte die Fehler und verpaßten Gelegenheiten der Palermoer Justiz, die es insbesondere in den 70er Jahren, sei es aus Trägheit oder in regelrechter Komplizenschaft, zugelassen hatte, daß die Mafia sich eine nie dagewesene Machtfülle sicherte. Sie erzählte die tragische, kaum bekannte Geschichte der beiden frühen Anti-Mafia-Zeugen Leonardo Vitale und Giuseppe Di Cristina, die ihr Wissen 1973 bzw. 1978 der Polizei anvertraut hatten und die beide ermordet worden waren. Falcone zitierte aus der bewegenden Lebensbeichte Vitales, der unter dem Druck seiner persönlichen Glaubenskrise seiner Zerknirschung freien Lauf gelassen hatte:

Ich bin vom Leben zum Narren gemacht worden, von dem Bösen, das seit den Tagen meiner Kindheit auf mich einstürmte . . . Meine Sünde bestand darin, daß ich in eine Mafiafamilie hineingeboren wurde und in einer Gesellschaft lebte, in der jedermann ein Mafioso ist und dafür Hochachtung genießt, während andere, die es nicht sind, mit Verachtung gestraft werden.[5]

Neben Bösewichtern traten in der Geschichte auch Helden auf, insbesondere die vielen couragierten Ermittler, die in einer Ära der Gleichgültigkeit den Kampf gegen die Mafia mit dem Leben bezahlten. Paolo Borsellino schrieb in den von ihm beigesteuerten Kapiteln über die Morde an den Polizeiinspektoren Boris Giuliano, Emanuele Basile und Calogero Zucchetto:

Das Fehlen eines umfassenden Wissens und einer klar umrissenen Globalstrategie gegen das Phänomen Mafia verhinderte nicht, daß etliche Einzelpersonen, die über bemerkenswerten Eifer und scharfes Gespür verfügten, . . . mehrere wirksame Ermittlungsverfahren gegen diverse kriminelle Gruppierungen durchführten . . . Leider hatten diese Initiativen kaum je ein nennenswertes Nachspiel vor Gericht; sie vollzogen sich in weitgehender Isoliertheit und in einem Klima allgemeiner Skepsis, in einer Zeit, in der die «Pax Mafiosa» die tückische Vorstellung hervorgebracht hatte, es gebe gar keine mächtige verbrecherische Organisation, die bei den größten kriminellen Unternehmungen die Fäden zieht . . .[6]

Tribut zollten die Ermittler auch dem Untersuchungsrichter, der den Grundstein für den Maxi-Prozeß gelegt hatte: «Es ist wichtig, daran zu erinnern, daß diese Untersuchung vor mehr als drei Jahren von Chefermittler Rocco Chinnici eingeleitet worden ist, der sich mit seiner ganzen staatsbürgerlichen Leidenschaft in diese Sache stürzte, um den Preis seines eigenen Lebens.»[7]

Auch wenn keine Politiker auf der Anklagebank saßen, gab die Anklageschrift doch Aufschluß darüber, wie tief die Mafia ihre Klauen schon in den Leib der sizilianischen Gesellschaft gesenkt hatte. Falcones Analyse der mafiosen Machtstrukturen auf Sizilien war unbeirrbar; sie beleuchtete das Imperium der Familie Salvo und deren weitreichenden Einfluß im parlamentarischen System Siziliens, porträtierte die als die «vier apokalyptischen Reiter» bekannten führenden Unternehmer von Catania und ihre organischen Beziehungen zu lokalen Mafiasippen einerseits und römischen Politikern andererseits, und warf ein Licht auf den beunruhigenden politischen Hintergrund der Ermordung des Generals Dalla Chiesa und die Rolle, die die sizilianische Andreotti-Fraktion dabei gespielt hatte.

Alle diese Verflechtungen waren in der Anklageschrift sorgfältig und leidenschaftslos dokumentiert, mit dem Ziel, eine erdrückende, unangreifbare Beweislast aufzuhäufen. Gelegentlich gestattete sich Falcone (der Autor dieses Teils) allerdings Anflüge bitterer Ironie und moralischer Entrüstung. Im Zuge seiner Mafiaermittlungen in Catania war Falcone auf Partyfotos gestoßen, die den Bürgermeister und Mitglieder des Stadtrats von Catania in feuchtfröhlicher Verbundenheit mit Nitto Santapaola zeigten, dem berüchtigten *capo-mafia*, unter dessen Regime zur selben Zeit ein blutiger Sippenkrieg in den Straßen der Stadt tobte. Die Art und Weise, wie Falcone die Fotos mit den ausweichenden, unglaubwürdigen Zeugenaussagen führender Vertreter der Catanieser Bürgerschaft konstrastiert, verleiht der Geschichte den Hauch einer makaberen Komödie. Ein Bild zeigte Santapaola in freundschaftlicher Umarmung mit Salvatore Lo Turco, einem Mitglied der Anti-Mafia-Kommission des sizilianischen Parlaments. Letzterer behalf sich gegenüber Falcone mit dem folgenden Erklärungsversuch: «Santapaola zog mich mit seinem vornehmen Auftreten und seinen guten Manieren auf seine Seite.[8]

Zwei italienische Verlage erkannten den hohen historischen Stellenwert der Anklageschrift zum Maxi-Prozeß und brachten gekürzte Fassungen davon heraus. Der Journalist Corrado Stajano schrieb im Vorwort zu einer der Ausgaben:

Die 40 Bände und 8607 Seiten der Anklageschrift fügen sich zu einem grundlegenden Röntgenbild der italienischen Gesellschaft von heute zusammen, . . . deren Widersprüche schwer begreiflich sind, solange man die Mafia außer acht läßt, . . . ihre legalen und illegalen geschäftlichen Aktivitäten, die Hebelkraft ihres Reichtums und ihrer Beziehungen zu denen, die davon profitieren, ihre Komplizenschaft mit staatlichen Amtsträgern, ihre Organisationstruktur und militärische Stärke, ihre internen Hegemoniekämpfe, ihre politischen Anschläge, aber auch ihre Sprache und ihre Gepflogenheiten . . . Zum ersten Mal seit der Einigung Italiens . . . liegt uns eine Darstellung des Phänomens (Mafia) in seiner ganzen Komplexität vor.[9]

Keine zwei Wochen nach Vorlage der Anklageschrift traf die Strafverfolger von Palermo ein tragischer Schicksalsschlag: Am 21. November 1985 verlor ein Fahrer aus der Eskorte Paolo Borsellinos die Kontrolle über seinen Streifenwagen und raste in eine Gruppe von Schülern an einer Bushaltestelle. Zwei Kinder waren sofort tot. Borsellino, vor Gram und Schuldgefühlen fast von Sinnen, hielt am Krankenbett eines dritten verletzten Kindes Wache, dessen Leben am seidenen Faden hing. «Er weinte zwei Tage ohne Pause», erinnerte sich seine Mutter. «Er wollte mit niemandem reden und dachte sogar daran, sein Richteramt aufzugeben», fügte seine Schwester Rita hinzu.

Wir versuchten ihm klarzumachen, daß es nicht seine Schuld war, es war nicht einmal sein Auto gewesen . . . Er liebte Kinder und fühlte sich, als hätte er seine eigenen Kinder umgebracht. Vielleicht das einzige, das ihn wieder auf die Beine brachte, war die Tatsache, daß er einem der Kinder helfen konnte, das mehrere Tage im Koma lag. Er besuchte es jeden Tag und redete ihm gut zu. Auch der Zuspruch der Eltern der getöteten Kinder tat ihm gut – besonders von der Mutter des umgekommenen Mädchens Giuditta. Es war ihr einziges Kind gewesen . . ., aber sie umarmte Paolo jedesmal, wenn sie sich trafen, was ihm sehr guttat.[10]

In seiner Niedergeschlagenheit rief Borsellino seinen Freund und Vorgesetzten Antonino Caponetto an, der sich nach Fertigstellung der Anklageschrift in einen sauer verdienten Urlaub in Florenz abgemeldet hatte. Caponetto verstand, daß Borsellino, obwohl er nicht darum bat, Hilfe brauchte. Er brach seinen Urlaub ab und kehrte nach Palermo zurück. «(Paolo) war am Boden zerstört», erinnerte sich Caponetto. Bis an sein Lebensende habe diese Episode ihn immer wieder beschäftigt und zu Tränen gerührt. «Wenn du wüßtest, wie oft ich an diesen Freundschaftsdienst zurückdenke», vertraute er Caponetto an, «und wie sehr er mir geholfen hat.»[11]

Das in Palermo erscheinende *Giornale di Sicilia* versuchte politisches Kapital aus dem Tod der beiden Kinder zu schlagen, indem es daraus Munition gegen Borsellino und gegen den Anti-Mafia-Verbund schmiedete. Doch die Schulkameraden der getöteten Kinder zeigten eine bemerkenswerte Reife und Urteilskraft, indem sie ein Protestschreiben gegen die schändliche Pressekampagne verfaßten und sich voll und ganz hinter die Richter stellten, die Tag für Tag für eine bessere Zukunft ihrer Stadt ihr Leben riskierten.

In gewisser Weise setzte diese Episode Maßstäbe für den sich verschärfenden Kampf um die Herzen und Köpfe der Menschen von Palermo im Vorfeld des Maxi-Prozesses.

Als immer deutlicher wurde, daß der Prozeß gegen die Bosse wirklich stattfinden würde, legten sich die Kräfte, die an der Erhaltung des Status quo interessiert waren, mit aller Kraft ins Zeug, um der Anklage alle nur erdenklichen Prügel zwischen die Beine zu werfen. Das *Giornale di Sicilia* suchte bei jeder Gelegenheit Zweifel am Sinn des Maxi-Prozesses zu säen; an die Stelle der Artikel über den ruhestörenden Lärm, den die Fahrzeugkolonnen der Mafiajäger mit ihren Sirenen veranstalteten, traten solche über den Aufwand und die Kosten des Maxi-Prozesses sowie sorgenvolle Kommentare über die «Kriminalisierung» der sizilianischen Gesellschaft und die Gefährdung des italienischen Rechtssystems durch geständige Verbrecher, deren Aussagen dazu dienten, angesehene Bürger ins Gefängnis zu bringen. In der Vergangenheit hatte diese Tageszeitung sich nie als Vorkämpferin bürgerlicher Freiheitsrechte exponiert. So hatte sie zum Beispiel beim Thema Terrorismusbekämpfung eine harte Linie verfochten: für die Erweiterung polizeilicher Befugnisse, für verschärfte Kautionsbedingungen bei Untersuchungshaft, für eine Kronzeugenregelung mit Strafnachlaß, ja sogar für die Wiedereinführung der Todesstrafe, eine Forderung, die in Italien nur im rechtsextremen Lager Widerhall findet. Dieselbe Zeitung legte nun aber plötzlich die große Sorge an den Tag, in dem Mammutprozeß könnten die Rechte wehrloser Angeklagter unter die Räder kommen.[12]

Prominente Politiker wurden zitiert, die vor einer Vorverurteilung und einem «Klima der Verdächtigungen» warnten. Der Verleger des *Giornale di Sicilia* äußerte seine Überzeugung, die Mafia befinde sich «heute außerhalb der Welt der politischen Macht . . . Ich glaube nicht, daß es irgendwelche organischen Beziehungen gibt zwischen Politik und Mafia, ebensowenig wie man behaupten kann, jeder korrupte Beamte sei zwangsläufig ein Mafioso.»[13]

Etwa um diese Zeit entließ die Zeitung Francesco La Licata, einen ihrer wichtigsten Reporter zu Mafiathemen; man warf ihm zu große Nähe zum Anti-Mafia-Verbund vor. Gleichzeitig wurde ein Redakteur, der enge Beziehungen zu den Vettern Salvo unterhielt, die im Maxi-Prozeß mit auf der Anklagebank saßen, befördert, was einen Redakteursstreik provozierte.

Während die Pressekampagne gegen den Maxi-Prozeß in vollem Gang war, fand eine Serie organisierter Protestdemonstrationen gegen die Verhaftung des früheren Bürgermeisters Vito Ciacimino und gegen den Wegfall von Patronageklauseln bei der Vergabe städtischer Aufträge statt. Arbeitslose marschierten mit Parolen wie «Lang lebe die Mafia!» oder «Unter Ciancimino gab es wenigstens Arbeit!» durch die Stadt. Daß diese Protestaktionen unmittelbar vor Eröffnung des Maxi-Prozesses stattfanden, deutete auf eine sorgfältige Hintergrundregie hin.[14]

Überraschenderweise stimmte auch der Erzbischof von Palermo, Kardinal Salvatore Pappalardo, in den Chor der Kritiker ein. In der Vergangenheit war die sizilianische Kirche stets davor zurückgeschreckt, irgend etwas zu tun, das die örtliche christdemokratische Machthierarchie in Verlegenheit hätte bringen können. Doch Pappalardo hatte in jüngerer Zeit deutliche Worte gegen die Mafia gesagt. In seiner leidenschaftlichen Predigt zum Tod des Generals Dalla Chiesa hatte er Anstalten gemacht, die Regierung an den Pranger zu stellen, indem er eine Parallele zwischen Palermo und der antiken Stadt Sagunt gezogen hatte, die von den Regierenden in Rom im Stich gelassen und den Barbaren überantwortet worden war. Doch nun, da der Maxi-Prozeß näherrückte, schien der Erzbischof eine Kehrtwendung zu vollziehen. «Palermo ist nicht Sagunt und wird es nie sein», erklärte er auf einer gutbesuchten Pressekonferenz.

Es ist eine Stadt, die ihre Probleme hat wie viele andere auch . . . Die Kirche . . . nimmt keine Stellung zu diesem großen Prozeß. Die Kirche hofft, daß er zur Klärung einiger bewölkter Horizonte beitragen kann, hat aber auch die Sorge, daß die Durchführung eines so großen Prozesses zuviel Aufmerksamkeit auf Sizilien lenken könnte . . . Warum widmen Sie dieser Frage (nach der Mafia) so große Beachtung? In meiner Tätigkeit als Bischof macht sie vielleicht nur 2 Prozent meiner Arbeit aus . . . Die Mafia kostet weniger Menschenleben als die Abtreibung.

Er bestritt, gesagt zu haben, Mafiamitglieder müßten automatisch exkommuniziert werden, und es schien sogar, als ergreife er Partei für die stattfindenden Pro-Mafia-Demonstrationen, indem er sagte: «Viele der heutigen Probleme wurzeln in der Arbeitslosigkeit.»[15] Damit nicht genug, veröffentlichte das *Giornale di Sicilia* einen Artikel aus der Feder des Erzbischofs, der eine indirekte Kritik am Maxi-Prozeß zu beinhalten schien: «Es ist viel besser, etwas Gutes aufzubauen», hieß es darin, «als das Böse anzuprangern.» Als ob es möglich sei, in Sizilien «etwas Gutes aufzubauen», ohne das Land zuerst aus dem Würgegriff der Mafia zu befreien.[16]

Als am Vorabend des Prozeßbeginns Schüler und Studenten aus Palermo eine Kundgebung abhielten, um den Anklägern den Rücken zu stärken, erweckte das *Giornale* den Eindruck, hier sei Gefahr für die italienische Demokratie im Verzug: «Niemand darf glauben, er könne den Gang des Verfahrens durch politischen Druck, Demonstrationen und Massenproteste beeinflussen; diese gehören zum Arsenal von Schauprozessen, wie sie in gewissen Diktaturen des Mittelmeerraums üblich sind.»[17]

Am Tag der Prozeßeröffnung, als die meisten italienischen Zeitungen mit Schlagzeilen wie «Die Mafia hinter Gittern» herauskamen, präsentierte das *Giornale di Sicilia* seinen Lesern eine eigenartige, zwiespältige Aufforderung, die Diskussion über das Thema einzustellen: «Ruhe, das Hohe Gericht tritt zusammen!» Die Redaktion verkündete, sie werde sich während der gesamten Prozeßdauer jeglichen Kommentars zum Geschehen im Gerichtssaal enthalten, eine sehr ungewöhnliche Position. «Wir wollen tatsachengetreu dokumentieren, was abläuft, aber ohne Kommentierung», hieß es in dem Leitartikel. Über weite Strecken der Prozeßdauer brachte das *Giornale* dann zwei gegensätzliche Kolumnen, überschrieben mit «Mafia» und «Anti-Mafia» – als sei es ein Gebot journalistischer Objektivität, eine neutrale Mittelstellung zwischen der Mafia und ihren Anklägern zu halten.[18]

Bevor der Maxi-Prozeß ins Rollen kam, kam er erst einmal ins Stocken. Keiner der in Palermo amtierenden Strafrichter war bereit, den Fall zu übernehmen. Auch wenn jeder von ihnen einen plausibel klingenden Grund vorbrachte, vermuteten viele, nackte Angst sei der eigentliche Grund für die Absagen. Erst als ein Mann aus der Zivilgerichtsbarkeit von Palermo, Richter Alfonso Giordano, in die Bresche sprang, hatte der Maxi-Prozeß einen Vorsitzenden gefunden. Zwei Kollegen Giordanos würden das dreiköpfige Richterkollegium komplettieren und den Prozeß notfalls zu Ende führen, falls Richter Giordano im Lauf des langen Verfahrens etwas zustoßen sollte. Mit seinem fast zwergenhaften Wuchs, seinem wirren, stark gelichteten roten Haar und seiner hohen, fast nach Falsett klingenden Stimme schien Giordano nicht gerade zum Helden prädestiniert.

Am Eröffnungstag, dem 16. Februar 1986, präsentierte sich der Maxi-Prozeß als wildes Spektakel. Über 600 Presseleute aus aller Welt wollten das Ereignis miterleben; auf hellgrünen Stühlen sitzend, füllten sie, zusammen mit Hunderten von Zuschauern, die enorme, im Halbrund laufende Balustrade, die einen guten Überblick über den weitläufigen, achteckigen Gerichtssaal bot, auf dessen gegenüberliegender Seite das Richterpodium stand. Dazwischen scharten sich, ähnlich wie die Musiker im Orchestergraben eines Opernhauses, Hunderte von Anwälten um die auf dem knallgrünen Teppichboden angeordneten Tische. Entlang den rückwärtigen und seitlichen Wänden des Gerichtssaals standen, wie in einem Zoo, dreißig Metallkäfige, in denen die mehrere hundert angeklagten Mafiosi der Dinge harrten, bewacht von ebenfalls Hunderten Carabinieri, die, ihre Maschinengewehre im Anschlag, die Angeklagten nicht aus den Augen ließen.

Die Verteidigung versuchte sogleich, den Prozeß platzen zu lassen, indem sie einen Antrag auf Ablösung des Richters Giordano stellte, den dieser ablehnte. Vielleicht hatten die Verteidiger darauf spekuliert, sie könnten Giordano zu unbedachten Äußerungen gegen die Verteidigung provozieren, so daß später ein Revisionsgrund gefunden werden könnte; doch Giordano verlor nie die Contenance; er vermittelte vielmehr stets den Eindruck, ein strenger, aber fairer Prozeßleiter zu sein.

Richter Giordano würde jede Menge Geduld benötigen. Kaum war der Prozeß eröffnet, versuchten die Angeklagten, eine Zirkusveranstaltung daraus zu machen. Einige unterbrachen die Verhandlung, um nach Wasser und Zigaretten zu verlangen. Einer zog sich aus und warf einen Schuh auf seinen Anwalt.[19]

Ein weiterer trieb die *omertà* so weit, daß er sich mit Heftklammern buchstäblich den Mund verschloß und dem Gericht mit Gebärden zu verstehen gab, er würde sich die Kehle durchschneiden, falls nicht eine schriftliche Eingabe von ihm laut vorgelesen würde. Vincenzo Sinagras Vetter, der «Sturm», markierte immer noch den Idioten und begann während der Verhandlung mehrmals unartikulierte Schreie auszustoßen. Trotz der Zwangsjacke, in die man ihn gesteckt hatte, kämpfte er wie ein Löwe gegen die Horde von Polizeibeamten, die ihn aus dem Gerichtssaal zu schleppen versuchten, und demonstrierte damit eindrucksvoll, daß er seinen Spitznamen zu Recht trug. Luciano Leggio, der Seniorboß der Corleoneser Mafia, beschwerte sich, es sei den Angeklagten unmöglich, dem Prozeßgeschehen zu folgen, solange ihre polizeilichen Bewacher jedes Wimpernzucken von ihnen beobachteten. Richter Giordano verlor im Verlauf aller dieser Spielchen nie den kühlen Kopf, ließ aber auch nie zu, daß der Prozeß aus den Fugen geriet. Sorgfältig bemühte er sich, vernünftige Anträge von überzogenen Forderungen zu unterscheiden. Am Ende des Prozesses hatte er sich das Lob fast aller Beteiligten für seine besonnene und faire Verhandlungsführung redlich verdient.[20]

Als das Verfahren sich zunächst einmal einen Monat lang in formaljuristischen Plänkeleien festfraß und die Anklage keine Anstalten machte, ihre Hauptbelastungszeugen zu präsentieren, begannen sich einige zu fragen, ob die abtrünnigen Mafiosi wirklich die Courage aufbringen würden, in den Zeugenstand zu treten. Dann kam jedoch, Anfang April, der Tag, an dem der Gerichtsdiener ausrief: «Euer Ehren, Tommaso Buscetta steht dem Gericht zur Verfügung.»

Das Auftreten Buscettas elektrisierte das Publikum; vor dem Eingang zum Prozeßbunker bildeten sich lange Schlangen; die Neugier auf die Aussage des Mafia-Renegaten war riesengroß.

«Man konnte die Bedeutung der einzelnen Mafiosi daran ablesen, wieviel Lärm die Angeklagten während ihrer Aussage machten: Wenn ein unwichtiger Zeuge aussagte, ließen sich die Mafiosi in ihren Gesprächen nicht stören, ignorierten den Zeugen, doch wenn einer kam, der zählte, wurden sie still», erinnerte sich Giuseppe Ayala, einer der Staatsanwälte. «Als Buscetta aussagte, konnte man eine Fliege summen hören.»[21]

Der Zeuge Buscetta beeindruckte mit seinem respektgebietenden Auftreten und seinen klaren, wohlüberlegten Aussagen selbst einen leidgeprüften Skeptiker wie den Romancier Leonardo Sciascia. «Buscetta spricht mit fester, ruhiger Stimme, verliert nie die Fassung, gleich, was er gefragt wird», schrieb Sciascia. «Er wußte, was er sagen wollte und was er nicht sagen wollte, hatte sich Gedanken darüber gemacht, hatte seine Worte abgewogen, sprach pointiert und präzise.» Buscetta blieb eine ganze Woche lang im Zeugenstand; während dieser Zeit berichteten die Abendnachrichten täglich über die Höhepunkte des Verhandlungstages, und der Sender *Radio Radicale* übertrug live aus dem Gerichtssaal.[22]

Buscetta wiederholte als Zeuge vieles von dem, was er Falcone bei den voraufgegangenen Verhörsitzungen gesagt hatte. Er beschrieb die Struktur der Cosa Nostra, schilderte den ersten Mafiakrieg der 60er Jahre, die Gründung der Kommission, die wachsende Spannung zwischen den traditionellen Sippen und den Corleonesern, den Mafiakrieg der 80er Jahre. Wieder spielte er seine eigene kriminelle Vergangenheit und die seiner Freunde herunter und äußerte sich zum Thema Mafia und Politik ausweichend, wofür er viel Kritik erntete. Er sagte, er könne sich an den Namen des Parlamensabgeordneten, mit dem er sich 1980 getroffen hatte, nicht erinnern und wisse nicht mehr, welche Politiker der Familie Salvo nahestanden.

Und doch gab es Augenblicke, in denen ein Stück von dieser Welt der Komplizenschaft sichtbar wurden. Ein denkwürdiger Dialog entspann sich, als einer der Verteidiger Buscetta nach der Rolle der Mafia bei der vorgetäuschten Entführung Michele Sindonas 1979 in Sizilien befragte:

Verteidiger: Was sagte Ihnen (Stefano) Bontate über seine Beziehungen zu Sindona?

Buscetta: Daß Sindona verrückt sei, daß er in Italien eine Revolution in Gang bringen wollte, etwas, das Stefano Bontate nicht interessierte, so daß er ihm sagte, er solle es vergessen.

Verteidiger: Aber Sindona sprach mit ihm über eine Revolution. War es für Bontate nicht eine große Belastung, ein solches Geheimnis anvertraut zu bekommen?

Buscetta: Die Geheimnisse Sindonas sind leicht wie eine Feder, verglichen mit den Geheimnissen, die Bontate mit sich herumtrug.[23]

Einige der ranghöchsten Bosse, so etwa Pippo Calò und Luciano Leggio, versuchten die Glaubwürdigkeit Buscettas zu erschüttern, indem sie ihn direkt angingen – was die italienische Strafprozeßordnung zuläßt. Angeklagter und Belastungszeuge wurden in diesem Fall Seite an Seite vor dem Richterpult plaziert und trugen ihre gegensätzlichen Versionen vor.

Die Spannung, die zwischen Buscetta und Calò herrschte – die nach lebenslanger Freundschaft zu Feinden geworden waren –, sorgte für dramatische Momente. Buscetta erzählte, daß er die feierliche Aufnahme Calòs in die Mafia vollzogen und danach miterlebt hatte, wie der junge Mann zum Boß der eigenen Mafiasippe aufstieg.

Wie ein altes Ehepaar in einem bösartig geführten Scheidungsprozeß tauschten Buscetta und Calò Beleidigungen und Vorwürfe aus und lieferten sich eine Schlammschlacht. «Leider hat er immer diese Marotte gehabt, sich selbst als eine Art Supermann zu sehen», sagte Calò, «diese Eitelkeit, aller Welt bekanntzugeben, daß sein Name Buscetta lautet . . .», «Er ist ein Lügner . . .», entgegnete Buscetta. «Du bist eitel, das war schon immer dein Laster», bekräftigte Calò.[24]

Calò prangerte den unmoralischen Lebenswandel Buscettas an, hielt ihm vor, seine erste Frau und die Kinder verlassen, zwei weitere

Ehen geschlossen und sogar eine Affäre mit einer mexikanischen Tänzerin gehabt zu haben. In die Rolle eines besorgten Freundes der Familie schlüpfend, erzählte Calò, wie einer von Buscettas Brüdern, mit dem er im Gefängnis gewesen war, sich ständig über die Pflichtvergessenheit Buscettas gegenüber seiner Familie beklagt hatte: «(Der Bruder Buscettas) kam mich in Rom besuchen . . . und sagte mit Tränen in den Augen zu mir: ‹Sieh nur, was Masino gemacht hat – er ist wieder fort und läßt mich zurück mit einem Sohn im Gefängnis und dem anderen auf Drogen.›»[25] An dieser Stelle fuhr Buscetta ihm in die Parade: «Der einzige wahre Satz, den er in diesem Gerichtssaal gesagt hat, war der, daß mein Bruder und er sehr gute Freunde waren; was er in diesem Augenblick vergißt, ist, daß er zusammen mit dem Rest der Kommission am Tisch saß, als sie die Tötung meines Bruders und seines Sohnes beschlossen.» Direkt an Calò gewandt, fuhr Buscetta fort: «Heuchler! . . . Du hast meine ganze Familie ermorden lassen: meinen Schwager, meine Söhne, meinen Schwiegersohn, meine Vettern. Warum hast du nicht auch mich umbringen lassen?» Worauf Calò mit drohendem Unterton antwortete: «Keine Sorge.»[26]

Calò legte Wert auf die Feststellung, Buscettas Verärgerung über ihn gehe auf einen Vorfall im Jahr 1980 zurück; damals habe er Buscetta zu verstehen gegeben, daß er mit seiner brasilianischen Frau nicht als Dauergast in Calòs römischem Unterschlupf willkommen sei.

Buscetta, der auf die Erwähnung seiner mehrfachen Verehelichung und seiner moralischen Schwächen immer empfindlich reagierte, schoß zurück: «Du hättest nie den Schneid gehabt, mich vor die Tür zu setzen. Du kriegst doch keinen hoch!» herrschte er Calò an, worauf dieser versetzte: «Und ich stehe hier als der Mafioso? Hört nur, wer hier solche Töne spuckt!»[27]

Buscetta konfrontierte Calò mit dem Vorwurf, ein Mitglied seiner eigenen Mafiasippe, Giovanni (auf sizilianisch «Giannuzzu») Lallicata, ermordet zu haben, der nichts weiter verbrochen hatte, als dem ins Exil geflohenen Boß Gaetano Badalamenti nahegestanden zu haben.

Calò: Du bist noch immer der Alte, erzählst deine Lügen . . .

Buscetta: Du nennst es Lügen . . . Giannuzzu, Giannuzzu Lallicata, den hast du mit deinen eigenen Händen ermordet . . . Du und ich, wir haben darüber gesprochen . . . Du und ich.

Calò wandte sich daraufhin an Richter Giordano und sagte: «Ich habe Herrn Buscetta Gastfreundschaft gewährt und ihn aufgenommen, als er ein Flüchtling war, habe ihn in meinem Haus schlafen lassen, und jetzt sehen Sie, wie er es mir dankt . . .»[28]

Diese giftige Schlammschlacht beschädigte womöglich das Bild vom vornehmen, durch nichts zu erschütternden «Ehrenmann» Buscetta, doch andererseits entstand durch die offenkundig enge Vertrautheit zwischen Buscetta und Calò der alles übrige in den Hintergrund drängende Eindruck, daß es sich hier um zwei erstrangige Akteure aus dem Bereich der Cosa Nostra handelte. Calò sah sich genau mit dem Dilemma konfrontiert, in das Angeklagte aus dem Milieu der organisierten Kriminalität typischerweise geraten: Sie müssen die Zeugen als skrupellose Lügner und Kriminelle hinstellen, können dabei jedoch nicht vermeiden, daß das schlechte Licht, in das sie sie setzen, teilweise auf sie zurückfällt.

Die Konfrontationen zwischen Buscetta und Luciano Leggio führten zu paradoxen Situationen, in denen Zeuge und Angeklagter die Rollen zu tauschen schienen. Buscetta behauptete, Leggio nie zuvor gesehen zu haben, während der Mafiaboß von Corleone versicherte, Buscetta und er seien gut miteinander bekannt. «Buscetta hat erklärt, er kenne mich nicht, . . . was gelogen ist . . . Er traf sich mit mir nicht nur einmal, sondern mehrere Male . . .!»[29] Im weiteren Verlauf erzählte Leggio, als Schwarzhändler im Zweiten Weltkrieg und danach wohlhabend geworden, wie oft er in den 60er Jahren Buscetta getroffen hatte und daß dabei meist Salvatore Greco, genannt Cichiteddu (der damals als Vorsitzender der Kommission galt), zugegen gewesen war. Er gab zu, in jener Zeit alle maßgeblichen Bosse gekannt zu haben, und nannte voller Respekt Namen wie «Don Paolino Bontate», Stefano Bontate, Gaetano Badalamenti oder Totò Riina – «Ich empfinde große Zuneigung zu ihm . . . weil er ein Zellengenosse von mir war, zusammen mit einem seiner Brüder . . .»

Leggio schilderte Buscetta als einen gewissenlosen Intriganten, der im Mafiakrieg der 60er Jahre die Rolle eines Drahtziehers aus dem Hintergrund gespielt und unter anderem versucht habe, den Boß seiner eigenen Sippe, Angelo La Barbera, abzusägen, indem er ihn gegen die mächtigen Grecos aufhetzte. Um seine Vorwürfe glaubhaft zu machen, berief Leggio sich auf Aussagen von La Barbera selbst, dessen Sippe im Zuge des Konflikts tatsächlich ausgelöscht worden war. Seinem Bekunden nach hatte er einen diplomatischen Interventionsversuch zugunsten La Barberas unternommen, indem er bei Salvatore «Cichiteddu» Greco, dem Anführer der Gegenpartei, ein gutes Wort für ihn einlegte.

Ich trat bei (Cichiteddu) als Botschafter für Angelo La Barbera, diese gute Seele, auf . . . Ich habe sagen hören, ich sei sein Feind gewesen . . . Ich bin nie der Feind von irgend jemand gewesen . . . Der Beweis ist, daß Angelo La Barbera, als wir zusammen im Gefängnis saßen, in meine Zelle kam und zu mir sagte: ‹Du mußt mir einen Gefallen tun.› . . . (La Barbera) wußte von meiner Freundschaft mit Cichiteddu und mit der Familie Greco . . . (Er sagte mir:) ‹Du mußt Cichiteddu sagen, daß er nicht auf Buscetta hören darf . . . Er ist ein Wurm . . . ein heimtückischer Unruhestifter . . ., er ist der Grund für alle meine Probleme . . .› Das war es, was La Barbera mir sagte, und ich gab es als Sendbote an Totò (Salvatore Greco) weiter.

Selbst derjenige, der sich die Charakterisierung Buscettas als «Wurm» zu eigen machte, mußte sich aufgrund der Aussagen Leggios in der Gewißheit gestärkt fühlen, daß Buscetta in den 60er Jahren eine der Hauptfiguren auf der Mafiabühne gewesen war, so daß er im Prozeß eher noch an Statur als Mafioso gewann, anstatt zu verlieren; es wurde deutlich, daß er damals in einer Reihe mit Leggio und den anderen Bossen gestanden hatte. Und indem Leggio Salvatore «Cichiteddu» Greco als so etwas wie ein Mafia-Staatsoberhaupt darstellte, das Botschafter empfing, lieferte er nur ein weiteres Argument dafür, daß die Behauptung Buscettas, Greco sei damals Vorsitzender der Kommission gewesen, stimmte.[30]

Das Herzstück der Verteidigungsstrategie Leggios war seine Darstellung des verpatzten Borghese-Putsches von 1979; Leggio porträtierte sich in diesem Zusammenhang als Patriot und politisches Opfer. Seine Verurteilung zu lebenslänglicher Haft wegen Mordes sei, so behauptete er, die Strafe dafür gewesen, daß er das Ansinnen der Neofaschisten, die Mafia solle ihnen Schützenhilfe für den Staatsstreich gegen die Demokratie unter Führung des Fürsten Junio Valerio Borghese leisten, abgelehnt hatte. «Ich habe eine politische Überzeugung», ließ er das Gericht wissen. In seiner Version des versuchten Borghese-Umsturzes hatten sich Buscetta und Salvatore «Cichiteddu» Greco für die Unterstützung der Neofaschisten ausgesprochen und waren zusammen aus Amerika gekommen, um das Vorhaben durchzuziehen. Der Plan habe vorgesehen, daß die Mafia eine Serie terroristischer Bombenattentate und Mordanschläge verüben und damit den Vorwand und die Rechtfertigung für den Umsturz von Rechts liefern sollte. Er, Leggio, habe, so behauptete er nun, sein Veto gegen diesen Plan eingelegt. Der Haß, mit dem Buscetta Leggio und die Corleoneser verfolge, habe seine Wurzeln in dieser Episode, so behauptete der Seniorboß. «Buscetta sieht in mir den Mann, der seine Luftschlösser zerstört hat», sagte Leggio. Buscetta habe davon geträumt, unter dem Putschistenregime nach Italien zurückkehren und mit «Staatsaufträgen, logistischen Lieferungen, Waffen, Schmuggelware» ein Vermögen zu machen. «Es ging, kurz gesagt, um eine Prämie von Hunderten Millionen Dollars . . ., und er hoffte, den Löwenanteil davon zu bekommen.»[31]

Mit dieser Darstellung fügte Leggio den Legenden um den Borghese-Putsch eine weitere interessante Arabeske hinzu, die mithelfen mag zu erklären, weshalb Buscetta sich zu dem Thema so ausweichend äußerte und am liebsten jede persönliche Bekanntschaft mit dem Corleoneser Boß abgestritten hätte. Als Verteidigungsmanöver war dies jedoch ein Schuß in den Ofen. Leggio hatte offenbar gehofft, mit seinen Ausführungen über den geplanten Staatsstreich die Anklageseite in Verlegenheit bringen zu können. Er hatte dabei freilich nicht die Möglichkeit bedacht, daß Buscetta dieses Manöver vorausgeahnt und dieselbe Geschichte bei seinen Vernehmungen durch Falcone bereits zu Protokoll gegeben hatte. «Der öffentliche Ankläger, der eine Abschrift der Aussage Buscettas hatte, setzte Leggio ins Bild, und der machte große Augen», schrieb Antonino Caponetto in seinen Erinnerungen. «Buscetta hatte sich ausgerechnet, daß Leggio früher oder später diese Geschichte auspacken würde und ... hatte ihm so ein Schnippchen geschlagen.»[32]

So zeitigte die Aussage Leggios die unbeabsichtigte Wirkung, den Zeugen Buscetta noch glaubwürdiger zu machen; zwar hatten beide die Geschichte so erzählt, daß sie selbst möglichst gut wegkamen, doch in den wesentlichen Tatsachen stimmten ihre Versionen überein. Leggio hatte implizit die Existenz der Kommission bestätigt, denn auch in seiner Fassung der Geschichte waren die höchsten Bosse der Mafia – Leggio, Greco, Gaetano Badalamenti, Giuseppe Calderone und Giuseppe Di Cristina – zusammengetreten, um wie ein Ministerkabinett zu beraten und Beschlüsse zu fassen. Aus der Aussage Leggios wurde auch deutlich, welche dominierende Rolle er seinerzeit in der Cosa Nostra gespielt hatte. Er tat sich sehr schwer, dem Gericht zu erklären, weshalb er mit seinem Veto einen geplanten Staatsstreich verhindern konnte, wenn er, wie zuvor behauptet, keine Rolle in der Mafia gespielt oder wenn es eine Mafia überhaupt nicht gegeben hatte. «Die Leute wandten sich also in Sachen eines Staatsstreichs an Sie, weil Sie so bekannt waren, einen solchen Namen hatten?» wollte Richter Giordano von Leggio wissen. «Man hat um meinen Namen einen Mythos gewoben, natürlich ... Sie wollten meine (Zustimmung), weil da dieser Mythos existierte. Diesen Mythos wollten sie für sich nutzen.»[33]

Nach Leggio konnten sich Geschworene und Öffentlichkeit ein Bild von Michele Greco machen, dem «Papst», der nach vier Jahren im Untergrund der Polizei nach Beginn des Verfahrens ins Netz gegangen war. Greco, dem Vernehmen nach 1978 zum Vorsitzenden der Kommission gewählt, stellte sich selbst als fleißig arbeitenden, erfolgreichen Zitruspflanzer dar, den verleumderische anonyme Briefe und der schlechte Ruf seines Vetters Salvatore «Cichiteddu» Greco in den Ruin getrieben hatten. Der «Papst» rühmte sich seiner vielen Freunde in der Aristokratie Palermos und im städtischen Justizdienst und schilderte das idyllische Leben, das er auf seinem vom Grafen von Tagliava erworbenen Hofgut Favarella führte. «So viele angesehene und illustre Persönlichkeiten waren schon bei uns zu Besuch ... Sie erinnern sich sicher an Seine Exzellenz (Emanuele) Pili (einen ehemaligen leitenden Staatsanwalt von Palermo) ...» Von einer Liste las Greco die Namen zahlreicher Polizei- und Carabinieri-Beamten ab, die über Schlüssel zu seinem Landsitz verfügten und dort unbeschränkten Zutritt hatten. Zu den häufigen Gästen dort gehörten allerdings, wie Greco zugeben mußte, auch berüchtigte Mafiabosse wie Paolino Bontate und sein

Sohn Stefano oder Salvatore «Cichiteddu» Greco. Sie seien jedoch nicht zu Sitzungen der sogenannten Kommission erschienen, sondern weil sie leidenschaftliche Jäger seien und in den weitläufigen Jagdgründen von Favarella Wachteln und Kaninchen schießen wollten. «Der arme Stefano (Bontate) kam oft herüber», sagte Greco. «Stefano hatte eine große Vorliebe für die Jagd und Jagdhunde ... Wir verbrachten den Karfreitag zusammen, wenige Tage vor seinem Unglück», fügte er hinzu. Mit Bontates «Unglück» meinte er dessen Ermordung im Frühjahr 1981.[34]

Einen anderen Aspekt des Lebens in der Mafia beleuchtete Salvatore Contorno. Contorno äußerte sich ziemlich offen zu seinen eigenen Verbrechen, die nichts geringeres als Mord, Drogenschmuggel und Handel mit anderer Schmuggelware umfaßten. Contorno bestand darauf, in einem Palermoer Straßenjargon zu reden, den zu verstehen sogar viele Sizilianer ihre liebe Not hatten. Ein Experte für lokale Dialektformen von der Universität Catania wurde als Dolmetscher eingesetzt, als Contorno mit der Beschreibung seines Lebens in der Cosa Nostra begann. Während Buscetta eine Welt außerhalb der Mafia kennengelernt hatte, kannte Contorno offensichtlich nichts außer dem Innenleben der Cosa Nostra. Er machte keineswegs den Eindruck, ein reuiger Mafioso zu sein. Er kämpfte noch immer die alten Kämpfe, nur daß er jetzt, wo er seine 38-mm-Pistole nicht mehr ziehen konnte, mit den Waffen des Gesetzes feuerte. Wenn er aus den Käfigen heraus angepöbelt wurde, antwortete er mit beleidigenden Kraftausdrücken. Als einer der Verteidiger ihn fragte, wie er einen Mörder definieren würde, antwortete Contorno: «Ein guter Junge, einer, der zählt.» Nach dem Eindruck des Prozeßbeobachters Sciascia lebte Contorno in der Welt der Cosa Nostra, «wie wir anderen in unserer Haut leben, so als ob die Mafia ein Staat wäre, in den man hineingeboren wird und dessen Bürger man unwiderruflich bleibt».[35]

Die kriminellen Referenzen Contornos waren untadelig. Er hatte ein langes Vorstrafenregister angesammelt, bevor er zum Zeugen der Anklage mutiert war. Als die Polizei ihn 1982 in Rom dingfest machte, fand sie in seinem Besitz zwei kugelsichere Automobile, mehrere Feuerwaffen, Zehntausende von Dollar in Banknoten, eine kleine Menge Heroin und 140 Kilogramm Haschisch.[36] Er war dabei, sich an Pippo Calò heranzupirschen, den er für die Ermordung seines Bosses Stefano Bontate verantwortlich machte. «Schade, daß es nicht geklappt hat», erklärte er dem Gericht im Verlauf des Maxi-Prozesses.[37]

Aus persönlicher Erfahrung schöpfend, konnte Contorno genaue Angaben über bestimmte Drogenlieferungen machen, und so wirkte es auch sehr glaubwürdig, als er etwa ein Heroinlabor auf Michele Grecos Landgut Favarella beschrieb: «Die Tür stand offen, und ich konnte am Geruch erkennen, daß da Drogen gekocht wurden», sagte er aus.[38]

Als Favarella später immer häufiger für Sitzungen der Kommission und als Versteck für flüchtige Mafiosi genutzt wurde, wurde der Betrieb des Labors als zu riskant empfunden. «Da war zuviel Unruhe, zu viele Bullen in der Gegend, deshalb verlegten sie das Labor», sagte Contorno.[39]

Insgesamt wurden von Anklage und Verteidigung über tausend Zeugen in den Stand gerufen. Darunter war auch Ko Bak Kin, der Drogenkurier aus Thailand, der darlegte, welche Rolle er bei zahlreichen Heroinlieferungen nach Palermo gespielt hatte, ein anderer Vincenzo Sinagra, der das grausige Geschehen im «Todeszimmer» schilderte. Seine Aussage wurde zur Grundlage für die Überführung der Täter in zahlreichen Mordfällen. Zu den Betroffenen gehörte auch Sinagra selbst: Er erhielt 21 Jahre Gefängnis und sitzt noch heute.

Auch wenn nicht alles so lief, wie die Anklage es sich zurechtgelegt hatte, der generelle Verlauf des Prozesses entsprach doch dem, was den Mitgliedern des Anti-Mafia-Verbundes vorgeschwebt hatte. Als eine örtliche Zeitung mit der Meldung herauskam, einer der Angeklagten, Vincenzo Buffa, sei unter Umständen bereit, sich der Anklage als Zeuge zur Verfügung zu stellen, lieferten die Frauen seiner Familie eine Frösteln machende öffentliche Demonstration sizilianischer *omertà*. Die Ehefrau Buffas, seine älteste Tochter und seine fünf Schwestern stimmten im Gerichtssaal einen lautstarken Singsang in der Art eines griechischen Chors an: «Enzo ist kein Zeuge. Er hat nicht geredet und wird nicht reden.» Ohne sich um die Anweisungen des Richters Giordano zu kümmern, der sie aufforderte zu schweigen, skandierten die sieben Frauen ihre Hymne weiterhin in Richtung der Käfige und mußten mit physischer Gewalt aus dem Prozeß-Bunker entfernt werden.[40]

Politische Enthüllungen brachte der Prozeß kaum. Zeugen im Ministerrang wie Giulio Andreotti setzten durch, daß sie ihre Aussagen in Rom zu Protokoll geben durften, außerhalb des Blickwinkels der Öffentlichkeit. Andreotti bestritt, mit General Alberto Dalla Chiesa die Gespräche geführt zu haben, die letzterer in seinem Tagebuch festgehalten hatte – der General müsse ihn mit jemandem verwechselt haben. Der Anwalt der Familie Dalla Chiesa betrieb daraufhin eine Anklage gegen Andreotti wegen Meineides, aber da hier das Wort eines Toten gegen die Aussage eines amtierenden Außenministers stand, verlief die Sache im Sande.

Nino Salvo war kurz vor Beginn des Prozesses in einem Schweizer Krankenhaus an Krebs gestorben, doch sein Vetter Ignazio trat in den Zeugenstand. Er bestätigte voll und ganz, welchen großen Machtfaktor die Mafia im wirtschaftlichen und politischen Leben Siziliens darstellte, doch figurierte die Familie Salvo in seiner Darstellung nicht etwa als Teil der Mafia, sondern als deren Opfer. Immerhin: Während noch vor weniger als einem Jahrzehnt viele Sizilianer die Existenz der

Mafia schlicht geleugnet hatten, stellte sich nun Ignazio Salvo, eine der reichsten und mächtigsten Unternehmerpersönlichkeiten Siziliens, hin und lieferte eine Beschreibung der Mafia und ihres Einflusses, die sich weitgehend mit dem von der Anklage gemalten Bild deckte:

Viele Jahre lang hat der Umstand, daß der Staat sich völlig aus dem Krieg gegen die Mafia heraushielt, und haben die fast endlosen Fälle von Komplizenschaft und Kungelei dazu geführt, daß die Bürger wehrlos dem Treiben der Mafia-Organisationen ausgeliefert waren. Dem einzelnen bleibt nichts übrig, als daß er zu überleben versucht, indem er die Gefahren für seine eigene Familie abwendet, besonders wenn man aufgrund der eigenen geschäftlichen Tätigkeit regelmäßig in Kontakt mit diesen Organisationen kommt. Ich bin nie ein Mafioso gewesen, aber ich bin einer der vielen Geschäftsleute, die sich um des Überlebens willen mit den Feinden der Gesellschaft arrangieren mußten.[41]

ZWÖLFTES KAPITEL

Die Periode des Maxi-Prozesses – vom Februar 1986 bis zum Dezember 1987 – war eine Zeit großer und echter Fortschritte, aber auch ernster, wenngleich nicht so augenfälliger Rückschläge. Während alle Blicke sich auf den Prozeß richteten, gingen im Hintergrund einige subtile Entwicklungen vor sich, die an den Wurzeln des Anti-Mafia-Verbundes von Palermo nagten.

Die Tatsache, daß sich der Maxi-Prozeß in einem rechtsstaatlichen Klima vollzog, daß den Angeklagten jede Gelegenheit gegeben wurde, ihre Sicht der Dinge darzutun, kam an und für sich schon einem Triumph der Zivilisation gleich. Daß ganz Italien jeden Abend den Erzählungen von Männern wie Buscetta und Contorno lauschen, dank der Horrorgeschichten Vincenzo Sinagras über das Todeszimmer die häßliche Fratze der Mafia erblicken und legendäre Figuren wie Luciano Leggio oder Michele Greco, «den Papst», auf das Format normalsterblicher Menschen zurechtgestutzt erleben konnte, bedeutete eine unschätzbare Lernhilfe für ein Land, das erst kurz zuvor begonnen hatte, sich mit dem Problem Mafia auseinanderzusetzen.

«Die öffentliche Meinung kennt jetzt die Namen der Leute, die schießen und töten, und die Namen derer, die mit Heroin handeln», sagte Paolo Borsellino zur Zeit des Prozesses in einem Interview. «Das ist nicht nichts, aber es ist auch nicht alles», fügte er hinzu und warnte davor, im Maxi-Prozeß «die Niederlage» der Mafia zu sehen. «Unglücklicherweise sind diese Leute nach wie vor äußerst gefährlich», sagte er. «Diese bittere Wahrheit zeigte sich im letzten Sommer, als die Mafia ihre schreckliche Schlagkraft unter Beweis stellte», mahnte er in Anspielung auf die Morde an Ninni Cassarà und Beppe Montana. «Binnen weniger als einer Woche enthaupteten sie das ganze Ermittlungsteam der Palermoer Polizei ... Es gibt da auch eine beunruhigende statistische Zahl: Ein Drittel der Angeklagten im Maxi-Prozeß sind Gejagte, und drei Viertel der wichtigen Bosse und der für die schwersten Verbrechen verantwortlichen Killer sind noch auf freien Fuß.»[1]

Hinter den Kulissen lief die Ermittlungstätigkeit des Anti-Mafia-Verbundes auch während des Prozesses weiter. Noch vor der Halbzeit des Maxi-Prozesses hatten die Strafverfolger genug Belastungsmaterial für einen weiteren Großprozeß zusammengetragen, den zweiten von vier geplanten. «Maxi-Zwei», wie er genannt wurde, war wesentlich kleiner angelegt als der erste, gerade laufende Prozeß. Das Belastungsmaterial füllte diesmal nur 5 Bände zu rund 1400 Seiten und richtete sich gegen 80 Beschuldigte. Während sich der erste Prozeß («Maxi-Eins») auf Palermo konzentrierte, befaßte sich «Maxi-Zwei» mit Verbrechen der Mafiasippen aus den umliegenden Provinzen. Vincenzo Marsala, der Sohn des ehemaligen Mafiabosses von Vicari, hatte Falcone erklärt: «Die Wahrheit ist, Herr Richter, daß Sie bei der Mafia nur mit einer eisernen Faust etwas erreichen, und wenn Sie nicht draußen auf dem Land anfangen, werden Sie dieses giftige Unkraut nie ausrotten. Das flache Land ist das große Menschenreservoir der Mafia, wo sie beständig neues Blut für ihre Reihen finden kann.»[2]

Neben seinen beruflichen Erfolgen erlebte Giovanni Falcone in dieser Zeit auch sehr viel persönliches Glück: An einem Frühjahrstag im Mai 1986 unterbrachen er und Francesca Morvillo, Richterin am Appellationsgerichtshof von Palermo, ihr Arbeitspensum, begaben sich auf Schleichwegen vom Justizpalast zum Rathaus und schlossen den Ehebund. Eingeladen waren dazu nur ganz wenige enge Freunde, und getraut wurden die Brautleute von Bürgermeister Leoluca Orlando persönlich. «An diesem Tag wirkte Giovanni wirklich glücklich», erinnert sich seine Sekretärin Barbara Sanzo. «Als er ins Büro zurückkam, konnte er es sich nicht verkneifen, uns stolz seinen Ring zu zeigen.» Etwa um diese Zeit rasierte Falcone sich seinen Vollbart ab und ließ nur ein elegantes Oberlippenbärtchen stehen. Er begann wieder regelmäßig zu schwimmen und verlor das Übergewicht, das er sich in den zurückliegenden zwei Jahren zugelegt hatte. «Auf einmal sah er zehn Jahre jünger aus», berichtete Frau Sanzo.[3]

Giovanni Falcone und Francesca Morvillo hatten viele Gemeinsamkeiten. Sie stammten beide aus Palermo, hatten beide ein ernstes, scheues, introvertiertes Naturell, hatten sich beide im Jurastudium durch ausgezeichnete Leistungen hervorgetan. Francesca, die einer Juristenfamilie entstammte, war eine hoch angesehene Richterin; wie Falcone, hatte auch sie eine früh geschlossene, verheerende Ehe hinter sich; um so mehr wußten sie das nun gefundene gemeinsame Glück zu schätzen. Francesca war ihm eine liebevolle Partnerin, die sich voll und ganz zu ihm bekannte und ihm mit Rat und Tat zur Seite stand. «Paolo nannte sie ‹die süße Francesca›, erzählte Rita Borsellino. «So war sie in meiner Erinnerung schon als junges Mädchen – wir waren zusammen auf der Oberschule.»

Francesca Morvillo war natürlich weit mehr als nur süß. Sie gab sich zwar äußerlich nach dem Bild einer guten sizilianischen Ehefrau, hatte aber ihren eigenen Kopf; sie verstand genau, was ihr Mann beruflich tat, und verfolgte ihre eigenen beruflichen und geistigen Interessen. «Ich glaube, daß dieses Klischee von der ‹süßen Francesca› überstrapaziert worden ist», sagt Pasqua Seminara, eine gute Freundin und Richterkollegin aus dem Palermoer Justizpalast. «Francesca hatte zwar sehr viel Charme, war aber nicht die klassische ‹gute Ehefrau›, die zu Hause bleibt und wartet, daß ihr bedeutender Ehemann heimkommt. Sie war eine ausgezeichnete Strafrechtlerin ... Sie führte ihr eigenes Leben, hatte eine starke Persönlichkeit und einen resoluten Charakter ... Giovanni hatte großen Respekt vor ihrer Meinung.» Wenn Falcone verreist war oder lange arbeitete, ging Francesca alleine oder mit Freunden aus, ins Theater, ins Kino oder in ein Konzert.

«Es war keine konventionelle Ehe, es war eine intelligente Ehe», sagt Richter Francesco Lo Voi; er und Richterin Seminara, seine Frau, kamen privat oft mit Giovanni und Francesca zusammen. Die Hälfte der Zeit war Falcone auf Reisen, und wenn er in Palermo war, arbeitete er oft bis spät in die Nacht. Ihr Eheleben «war nicht aus den kleinen Erfahrungen des alltäglichen Lebens gemacht, aber sie hatten einander sehr gern ... Ich glaube nicht, daß Giovanni je von einer Reise zurückkam, ohne ein Geschenk für Francesca mitzubringen, und ich glaube nicht, daß Francesca je einkaufen ging, ohne etwas für Giovanni zu besorgen.»

Das Paar entschied sich gegen die Gründung einer Familie. Falcone befürchtete zum einen, für Kinder nicht genug Zeit zu haben, und wollte sie zum anderen nicht den Einschränkungen und Gefahren seines kugelsicheren Daseins aussetzen. «Man soll Kinder in die Welt setzen, nicht Waisen», kommentierte er halb im Scherz.

Jetzt, da der Maxi-Prozeß lief und die Anklageschrift für «Maxi-Zwei» fertiggestellt war, beschloß Paolo Borsellino, aus dem Anti-Mafia-Verbund auszuscheiden und sich um den Posten des Chefanklägers von Marsala zu bewerben, einer ungefähr eineinhalb Autostunden von Palermo entfernten Stadt an der Westküste Siziliens.

Es gab viele Gründe für diesen Schritt Borsellinos. Mit dem Abschluß der Ermittlungsarbeiten zu den beiden ersten Maxi-Prozessen war eine gewisse Zäsur erreicht. Drei glänzende junge Staatsanwälte – Giacchino Natoli, Giacomo Conte und Ignazio De Francisci – waren zum

Verbund gestoßen und hatten sich so weit eingearbeitet, daß sie Teilbereiche eigenverantwortlich betreuen konnten. Im Brennpunkt der beiden ersten Maxi-Prozesse standen Palermo und die kleinen Städte in seiner Umgebung. In den übrigen Teilen Siziliens war die Macht der Mafia noch unangetastet. Borsellino wollte sich mit dem Schritt nach Marsala die Möglichkeit verschaffen, missionarisch tätig zu werden, die Erfahrungen und Methoden des Anti-Mafia-Verbundes in andere Regionen der Insel zu tragen. Borsellino hatte auch das verständliche Bedürfnis, sein eigener Chef zu sein, seinen eigenen Weg zu gehen, wie seine Freunde zu erkennen glaubten. Solange er in Palermo blieb, würde er immer als zweiter Mann hinter Giovanni Falcone gelten, der durch die schiere Kraft seiner Persönlichkeit, seines Rufes und seines Intellekts zum Dreh- und Angelpunkt eines jeden größeren Ermittlungsverfahrens werden würde. Anderswo bestand für Borsellino die Chance, ein eigenes Ermittlungsteam zu leiten und seine Erfahrungen in die Tat umzusetzen, und sei es auch nur in einer kleinen Provinzstadt.

Manche meinen, es habe auch der Wunsch eine Rolle gespielt, dem Druck zu entfliehen, der sich im Lauf von fünf sehr langen Jahren an der Anti-Mafia-Front in Palermo aufgebaut hatte. Das grelle Scheinwerferlicht, in das die Hauptstadt stets getaucht war, hatte von seiner Familie Tribut gefordert, die lernen hatte müssen, in der ständigen Angst zu leben, ob er am nächsten Abend nach Hause kommen würde. Seine an Anorexie leidende Tochter Lucia war nur noch Haut und Knochen und wog keine 40 Kilo mehr. Borsellino hoffte einfach, ein Wegzug aus Palermo würde den Druck von seiner Familie nehmen.

Vincenzo Geraci, Kollege und guter Freund Borsellinos, trug maßgeblich dazu bei, ihm die Stelle in Marsala zu verschaffen. Nach jahrelanger Zugehörigkeit zum Anti-Mafia-Verbund an der Procura della Repubblica in Palermo wurde Geraci Anfang 1986 in das zentrale Leitungsorgan der italienischen Justiz gewählt, so daß die Richterschaft von Palermo endlich Sitz und Stimme in Rom hatte. Borsellino und Geraci hatten nicht nur eng zusammengearbeitet, sondern waren auch enge persönliche Freunde, deren Familien in ein und demselben kleinen gesellschaftlichen Kreis verkehrten. Beide Männer waren politisch konservativ eingestellt. Beide gehörten derselben «Strömung» innerhalb der Justiz an.

Wie im politischen Leben Italiens generell üblich, herrscht auch im Justizwesen eine Gruppenbildung entlang politischer Linien; jede «Strömung» wählt und entsendet Vertreter in den Consiglio Superiore della Magistratura (CSM). Trotz ihrer synthetischen, austauschbaren, scheinbar unpolitischen Namen – Magistratura Indipendente («Unabhängige Anklagebehörde»), Unità per la Costituzione («Einheit für die Verfassung») und Magistratura Democratica («Demokratische Anklagebehörde») verfolgten alle drei «Strömungen» eindeutig politische Anliegen. Borsellino und Geraci gehörten der Magistratura Indipendente an, einer konservativen Gruppierung, in der von Christdemokraten bis zu Rechtsextremen alles vertreten war. Falcone war Mitglied der Mitte-Links-Gruppierung Unità per la Costituzione; die Magistratura Democratica war mit der KPI und anderen, kleineren Linksparteien verbunden.

Als Geraci sich um einen Sitz im Consiglio bewarb, suspendierten einige Kollegen aus der Palermoer Justiz ihre sonstige Loyalität zur eigenen politischen «Strömung» und unterstützten seine Kandidatur, hofften sie doch, er werde dank seiner Erfahrungen im Maxi-Prozeß und anderen Verfahren in Rom für ein besseres Verständnis des Kampfes gegen die Mafia sorgen. «Die Mitglieder des Consiglio hatten oft Probleme, bestimmte Dinge zu begreifen, weil es ihnen an einem direkten Verständnis des (Mafia-)Problems fehlte», sagte Giuseppe Ayala, der im Maxi-Prozeß als Anklagevertreter fungierte und, wie Falcone, der mittleren «Strömung» angehörte. «Als Vincenzo Geraci seine Kandidatur für den CSM anmeldete, ... hatte ich das Gefühl, wir müssen ihn unterstützen und uns von dem Denken in Strömungen lösen, auch wenn ich einige persönliche Vorbehalte gegen ihn hatte ... Hier war endlich jemand, der zu uns gehörte und unsere Probleme verstand ... Giovanni (Falcone) sagte zu mir: ‹Du hast dich also entschlossen, ihn zu unterstützen?› ‹Ja, und ich werde versuchen, auch meine Freunde zu ihm zu bekehren, antwortete ich. Worauf er sagte: ‹Ich werde nie für ihn stimmen.›»[4]

Falcone und Geraci hatten an einigen Fällen gemeinsam gearbeitet, doch hatten sich dabei gewisse Spannungen zwischen ihnen entwikkelt. Geraci war ein ungewöhnlich intelligenter und ehrgeiziger Strafverfolger, dem es überhaupt nicht gefiel, daß die Öffentlichkeit sich fast ausschließlich Falcone zuwendete. Spannungen hatten sich vor allem während der Arbeit mit Buscetta entwickelt: «Ich mag diesen Untersuchungsrichter (Geraci) nicht», hatte Buscetta Falcone anvertraut.

Als der Chefposten der Procura della Repubblica von Marsala frei wurde, hatte sich Geraci für seinen Freund Borsellino eingesetzt. Um in dem Ringen die Oberhand zu behalten, mußte Geraci erreichen, daß ausnahmsweise von dem starren Senioritätsprinzip abgewichen wurde, nach dem Beförderungen im Justizdienst normalerweise vorgenommen wurden. Am Leben erhalten wurde dieses Senioritätsprinzip von einer bemerkenswerten Interessenkoalition. Nicht nur die Mittelmäßigen jeder politischen Couleur unterstützten es, weil sie sich davon ein müheloses und automatisches Vorwärtskommen erhoffen konnten, sondern auch die italienische Linke, in deren Augen dieses System zwar leistungsfeindlich, aber doch wenigstens egalitär war. Viele Linke befürchteten, daß in dem Augenblick, in dem das Senioritätsprinzip abgeschafft würde, Beförderungen nach politischen Gesichtspunkten zur Regel und die regierenden Parteien Beförderungen und Nominierungen für sich monopolisieren würden.

Es gelang Geraci, die Nominierung Borsellinos durchzusetzen. Hilfreich war hierbei der Umstand, daß seine Hauptkonkurrenten keine Erfahrung mit Mafiafällen vorweisen konnten und ihm nur ein oder zwei Dienstjahre voraus hatten.

In dem Monat nach der Entscheidung des Consiglio, den Posten in Marsala mit Borsellino zu besetzen, verhaftete die Palermoer Polizei Vincenzo Puccio, einen der drei Mörder des Polizeihauptmanns Emanuele Basile, die Borsellino jahrelang zu überführen versucht hatte. Wenige Monate später wurde ein weiteres Mitglied des Trios, Giuseppe Madonia, ebenfalls festgenommen, zusammen mit seinem Vater Francesco Madonia, dem mächtigen Mafiaboß des Palermoer Viertels Resuttana. Nach mehreren Gerichtsverhandlungen, Berufungen und Wiederaufnahmen waren die Urteile gegen die drei berüchtigten Killer Puccio, Madonia und Bonnano zu guter Letzt vom höchsten Gerichtshof Italiens bestätigt worden – *in absentia.* Jetzt endlich würden die Mörder ihre lebenslänglichen Freiheitsstrafen wirklich antreten müssen. Dies war, so schien es, eine erfreuliche Begleitmusik zum Abschied Borsellinos aus Palermo.

Allein, nur drei Monate nach seiner Versetzung nach Marsala, am 10. Januar 1987, erschien in einer der angesehensten Tageszeitungen Italiens, dem in Mailand erscheinenden *Corriere della Sera,* eine überraschend heftige Kritik an seiner Berufung, geschrieben von keinem geringeren als dem Romancier Leonardo Sciascia. Unter der Überschrift «Beruf Mafiajäger» beklagte der Autor, der Krieg gegen die Mafia sei in Sizilien zu einem «machtpolitischen Instrument» und zu einem Karrieresprungbrett geworden. Als Hauptzielscheiben für seine Kritik wählte der Autor Bürgermeister Leoluca Orlando und Paolo Borsellino. Über Orlando schrieb er:

Nehmen wir uns als Beispiel einen Bürgermeister vor, der, sei es aus Überzeugung oder aus Berechnung, in Fernsehinterviews, auf Kongressen, Symposien und Schulversammlungen als Anti-Mafia-Guru auftritt. Auch wenn er seine gesamte Zeit solchen Auftritten widmet und keine Zeit mehr findet, sich mit den Problemen der . . . von ihm regierten Stadt zu befassen (. . . von der Wasserknappheit bis zum Überquellen des Mülls), . . . läuft jeder, der es, wie schüchtern auch immer, wagt, ihm seinen Mangel an Beamtenfleiß vorzuhalten, . . . Gefahr, als Mafioso hingestellt zu werden.[5]

Sciascia wandte sich dann der unlängst erfolgten Beförderung Borsellinos zu und schloß den Artikel mit der bissigen Feststellung: «Nichts ist einem Karrieresprung in der sizilianischen Justiz förderlicher, als wenn man an einigen Mafiaprozessen mitgewirkt hat.»[6]

Auf Millionen Italiener, die mit den Romanen Sciascias aufgewachsen waren – wie Falcone und Borsellino selbst –, wirkte dieser Artikel erschreckend und schockierend. Sciascia war nicht nur der bedeutendste zeitgenössische Schriftsteller Siziliens, er hatte schon zu einer Zeit schneidende Analysen des Mafia-Unwesens veröffentlicht, als die sizilianischen Politiker noch leugneten, daß es eine Mafia gab. Jetzt, da die Mehrheit der Sizilianer sich den Standpunkt Sciascias zu eigen gemacht hatte, blies er auf einmal zur Attacke auf die Mafiajäger.

Wo lag der Grund für diese bizarre Kehrtwendung? Zum Teil wohl in der nonkonformistischen Provokateurs-Mentalität Sciascias. Das Schwimmen gegen den Strom lag in seinem Naturell, und zu einer Zeit, da alle Welt über die Mafia herzog, hielt er es vielleicht für angezeigt, der in seinen Augen bestehenden Gefahr eines neuen Konformismus wiederum eine unabhängige, kritische Meinung entgegenzuschleudern. Vom Beginn seiner Autorenlaufbahn an hatte sich Sciascia leidenschaftlich mit dem Problem der Gerechtigkeit und den Gefährdungen einer unkontrollierten Justiz auseinandergesetzt, von der spanischen Inquisition auf Sizilien bis zu den Schauprozessen unter Stalin und Mussolini. Stimmgewaltig hatte sich Sciascia beispielsweise für Enzo Tortora eingesetzt, einen italienischen Fernsehmoderator, der 1983 im Zuge von Ermittlungen zur organisierten Kriminalität in Neapel verhaftet und fälschlicherweise des Drogenhandels bezichtigt worden war. Die Ermittlungsbehörden hatten Tortora einzig auf die Aussage zweier äußerst zwielichtiger Gangster hin, und praktisch ohne erhärtendes Belastungsmaterial, lange Zeit in Untersuchungshaft gehalten und seine Fernsehkarriere zunichte gemacht; Tortora war im Verlauf eines für ihn höchst bitteren Kampfes gegen die Justiz und für seine Rehabilitierung an Krebs gestorben.

Sciascia tat richtig daran, den Tortora-Fall alarmierend zu finden, aber es war ein Fehler von ihm, die Richter von Palermo für die Sünden ihrer Kollegen in Neapel zu schelten. Falcone und Borsellino hatten gegen die Vettern Salvo fast drei Jahre lang ermittelt, bevor sie schließlich Anklage gegen sie erhoben, und sie entschlossen sich zu letzterem Schritt erst, als die Aussagen zweier voneinander unabhängiger Zeugen und ergänzend dazu ein reicher Fundus an konkretem Belastungsmaterial vorgelegen hatte, etwa Bankunterlagen oder Protokolle abgehörter Telefonate. Und selbst unter diesen Voraussetzungen gewährte man den Beschuldigten Haftverschonung gegen Kaution und gab ihnen damit die Chance, sich in aller Ruhe und mit allem Komfort zu Hause auf ihren Prozeß vorzubereiten.

Dazu kam, daß Sciascia unlautererweise die völlig konträren Charaktere Orlando und Borsellino in einen Topf geworfen hatte. Von einem Politiker wie Orlando zu fordern, daß er seinen feurigen Worten konkrete und wirksame Taten folgen lassen müsse, war legitim. Es bestand tatsächlich die Gefahr, daß im Krieg gegen die Mafia die Rhetorik an die Stelle der Aktion trat. Borsellino freilich hatte zwanzig Jahre lang zähe Kärrnerarbeit geleistet, Anklagen geschmiedet und Verurteilungen erreicht, lange bevor es Mode geworden war, sich als Anti-Mafia-Kämpfer zu profilieren. Allein der Gedanke an die in jüngerer Zeit ermordeten Palermoer Mafia-Ermittler – Cesare Terranova, Gaetano Costa und Rocco Chinnici – ließ die Unterstellung Sciascias, die Rolle des Anti-Mafia-Kämpfers sei der Schlüssel zum beruflichen Aufstieg, ziemlich makaber erscheinen. Der Wechsel auf den Chefsessel der Procura von Marsala war beim besten Willen keine Freikarte für einen Karriere-Höhenflug. Im Gegenteil, Borsellino vertauschte das Rampenlicht von Palermo mit einem schwierigen Amt in einer langweiligen Provinzstadt und nahm dabei beträchtliche persönliche und finanzielle Einbußen in Kauf. Weil seine Familie in Palermo blieb, mußte er zwei Wohnsitze unterhalten. Die Woche über bewohnte er ein kleines Apartment über dem Polizeirevier von Marsala, an den Wochenenden fuhr er nach Palermo. Was von den abwegigen Vorwürfen Sciascias gegen Borsellino als einzig belegbare «Sünde» übrigblieb, war die Tatsache, daß er den Posten bekommen hatte, weil er der qualifizierteste Bewerber dafür gewesen war. Sciascia versäumte es, seinen Lesern zu erklären, was daran undemokratisch oder verwerflich war.

In seiner Erwiderung auf die vielen kritischen Reaktionen, die sein Beitrag ausgelöst hatte, räumte Sciascia ein, daß er nicht das geringste über Borsellino wußte, abgesehen von einigen Dokumenten über seine Berufung nach Marsala, die Freunde ihm zugespielt hatten. Sciascia war zu alt und zu krank, um sich persönlich zu vergewissern, was an den Vorwürfen dran war. Er entschuldigte sich später persönlich bei Borsellino dafür, daß er ihn so unfair aufs Korn genommen hatte. «Sie besprachen es, und Sciascia bat Paolo, ihm diesen Fehler zu verzeihen», berichtet Rita Borsellino. «‹Ich kann Sciascia nicht böse sein, er ist ein zu großer Mann›, sagte Paolo. ‹Ich bin mit seinen Büchern aufgewachsen.› Sciascia war in dieser Sache schlecht beraten, er wurde manipuliert.»[7]

Viele der Freunde, mit denen Sciascia zu dieser Zeit verkehrte, gehörten der Radikalen oder der Sozialistischen Partei an; beide Parteien traten, wenn auch aus unterschiedlichen Motiven, für eine drastische Beschneidung der Machtbefugnisse der italienischen Justiz ein. Die Radikale Partei hatte immer in vorderster Front für die Bürgerrechte gestritten, und nachdem die Schlachten um das Scheidungs- und Abtreibungsrecht erfolgreich geschlagen waren, hielt sie Ausschau nach einem neuen Thema, mit dem sie ihre Truppen mobilisieren konnte. Die Sozialistische Partei hatte ihre eigenen Gründe dafür, die Klauen der italienischen Justiz stutzen zu wollen: Unter der Führung ihres seit 1976 amtierenden Vorsitzenden Bettino Craxi waren die Sozialisten eifrig dabei, aus der italienischen Kultur der Korruption eine exakte Wissenschaft zu machen. Einiges spricht dafür, daß einer von Craxis politischen Freunden derjenige war, der Sciascia gegen Borsellino und den Anti-Mafia-Verbund munitioniert hatte.

Kurz nach Erscheinen des Sciascia-Artikels bestiegen Giovanni Falcone und Bürgermeister Leoluca Orlando ein Flugzeug, um einen Urlaub in der Sowjetunion anzutreten. Beide empfanden den Artikel als ein schlechtes Omen. «Wenn Regen aufzieht, zeigen alle Schnecken plötzlich ihre Hörner», sagte Orlando zu Falcone, ein altes sizilianisches Sprichwort zitierend.[8]

Tatsächlich verschaffte der Sciascia-Artikel denjenigen einen gewissen ideologischen Kredit, die den Mafia-Richtern am Zeug flicken wollten. Polit-Apparatschiks, glatte Mafia-Advokaten, ja sogar schäbige kleine Wohnblock-Mafiosi – Leute, die zuvor nie ein Wort aus der Feder des sizilianischen Romanciers gelesen hatten –, erklärten Sciascia zu ihrem Lieblingsschriftsteller. «Salvo Lima und (Mario) D'Acquisto (die Wortführer der Andreotti-Fraktion in Palermo) wurden zu *Sciasciani*», schrieb Saverio Lodato, der Palermo-Korrespondent der kommunistischen Tageszeitung *L'Unità*,

> *und wie viele Sciascia-Liebhaber tauchen plötzlich im Justizpalast auf! . . . All die richterlichen Nichtstuer, . . . die nie eine Anklageschrift verfaßt oder eine nennenswerte Verurteilung zustande gebracht haben . . . Diejenigen, die sich schockiert zeigten, wenn ein Journalist etwas über denkbare Verbindungen zwischen Mafia und Politik sagte . . . Alle diese perückentragenden Richter, die die Litanei wiederkäuen, daß ‹der Staatsanwalt nie gegen irgend jemanden ist›. Sie witterten schon fast den Duft der auf sie wartenden Beförderungen, nachdem nun das Senioritätsprinzip mit Hilfe Sciascias wieder salonfähig geworden war . . . Sogar von den kleinen Wohnblockterroristen auf ihren hochfrisierten Kawasaki- und BMW-Motorrädern (den bei Mafia-Anschlägen bevorzugt eingesetzten Modellen) hörte man, sie gäben dem Schriftsteller völlig Recht.*[9]

Auch das *Giornale di Sicilia* sprang auf den Zug auf und erklärte: «Das Showprogramm der Anti-Mafia-Kampagne pfeift auf den letzten Löchern; es hat alle seine Trümpfe ausgespielt.»[10]

Die Mitglieder des Anti-Mafia-Verbunds spürten, wie sich das Klima um sie herum veränderte. Schon vor Beginn des Maxi-Prozesses bekamen sie das ungute Gefühl, die Öffentlichkeit und die politische Welt setzten zu hohe Erwartungen in dieses Ereignis. «Die Presse schien die Botschaft zu verbreiten, daß dieser Prozeß das Schicksal der Mafia . . . besiegeln würde . . . Vielleicht würde Sizilien diese Geißel abschütteln, vielleicht würde die Mafia vernichtet», sagte Borsellino in einem Gespräch mit dem Journalisten Luca Rossi. «Das war jedoch eine Einstellung, die uns nicht gefiel, die uns beunruhigte. Denn je größer die Bedeutung, die dem Prozeß beigemessen wurde, desto weniger Energie würde man in neue Ermittlungen investieren ... Man kann die Mafia nicht mit einem einzigen Prozeß vernichten ... Man bekämpft die Mafia in kontinuierlicher Arbeit.»[11]

Noch ehe der Maxi-Prozeß zu Ende war, gebärdeten sich manche so, als sei der Krieg gegen die Mafia gewonnen. Im August 1986 schlug Antonino Caponetto in einem Interview mit der in Rom erscheinenden Zeitung *Il Messagero* Alarm: «Seit Monaten habe ich das Wort ‹Mafia› nicht mehr aus dem Mund eines Regierungsmitglieds oder eines prominenten Politikers gehört», sagte er. «Ich hoffe, daß dieses Problem, wenn schon nicht in ihren Äußerungen, so doch wenigstens in ihren Gedanken gegenwärtig bleibt.»[12]

Im selben Sommer trat der Soziologe und Mafia-Experte Pino Arlacchi von seinem Posten als Berater der parlamentarischen Anti-Mafia-Kommission zurück, mit der Begründung, die Tätigkeit der Kommission sei «praktisch zum Stillstand gekommen». Man gewinne den Eindruck, daß jetzt, da der Maxi-Prozeß angelaufen sei, für die Regierung kein Grund mehr bestehe, sich noch mit dem Mafiaproblem zu befassen. Auch eine andere Entwicklung fand Arlacchi bedenklich: die Nominierung des christdemokratischen Senators Claudio Vitalone zum stellvertretenden Vorsitzenden der Anti-Mafia-Kommission. Senator Vitalone war zwar einmal Staatsanwalt gewesen, war aber auch ein enger Vertrauter von Giulio Andreotti, und sein Erfolgsregister als Strafverfolger war äußerst zwiespältig. Der Consiglio Superiore della Magistratura hatte Vitalone einmal wegen nicht standesgemäßen Verhaltens in seiner Tätigkeit als stellvertretender Staatsanwalt in Rom eine Beförderung versagt. Vorwürfe gegen Vitalone besagten, er habe heikle politische Verfahren an sich zu ziehen (und manchmal auch zu blockieren) versucht, habe bestimmte Strafverfolger bei seinen mächtigen politischen Freunden eingeführt und strafrechtliche Ermittlungen gegen seinen eigenen Bruder in einem Betrugsfall niederzuschlagen versucht. Angesichts der nicht verstummenden Gerüchte um die Verbindungen der Andreotti-Fraktion zur sizilianischen Mafia war die Berufung Claudio Vitalones an die Spitze der Anti-Mafia-Kommission in etwa vergleichbar mit dem Einsatz eines Fuchses zur Bewachung eines Hühnerstalls.[13]

Ein fast völliges Abflauen der Gewaltkriminalität in Palermo trug zum allgemeinen Nachlassen der Wachsamkeit bei. Die Mörder von Palermo schienen für die Dauer des Maxi-Prozesses in Urlaub gegangen zu sein. Nach rund 150 Morden pro Jahr in der heißen Phase des großen Mafiakrieges sank die durchschnittliche Zahl der Morde in Palermo in den Jahren 1985, 1986 und 1987 auf 33, wovon nur ein kleiner Teil auf das Konto des organisierten Verbrechens ging.[14]

Große Teile der Öffentlichkeit deuteten dies als Anzeichen für die Schwäche der Mafia – eine Interpretation, die die Mafia durch die mit militärischer Effizienz ausgeführten Mordanschläge auf die Polizeibeamten Beppe Montana und Ninni Cassarà widerlegte. Denjenigen, die die Mafia gut kannten, war klar, daß die Unterbrechung der Mordserie alles andere als ein Anzeichen der Schwäche war. Es zeugte im Gegenteil davon, wie gut die Cosa Nostra das Geschehen in der Stadt weiterhin unter Kontrolle hatte, war sie doch in der Lage, das Niveau der Gewalttätigkeit in Palermo zu regulieren wie mit einem Thermostat, je nachdem, ob sie das Klima aufheizen oder abkühlen wollte. In einer Zeit, da eine Geschworenenriege Tag für Tag über die Taten von 460 Mafiaverdächtigen zu befinden hatte, lag es eindeutig nicht im Interesse der Mafia, in den Straßen von Palermo herumzuballern. Da die Anzahl von Mafiamorden gewöhnlich ein Gradmesser für interne Konflikte ist, konnte man das fast totale Ausbleiben solcher Morde als Indiz für die momentan unangefochtene Dominanz der etablierten Cosa-Nostra-Häupter interpretieren.

In dieser Phase einer neuen Pax Mafiosa beschlich Falcone und Borsellino ein weiteres Mal das beunruhigende Gefühl, den Einblick in die geschlossene Welt der Cosa Nostra verloren zu haben. Seit Salvatore Contorno im Oktober 1984 hatte sich kein bedeutsamer Zeuge mehr zur Verfügung gestellt, und was Contorno zu berichten hatte, datierte aus der Zeit vor seiner Verhaftung im März 1982. Was Buscetta über die Cosa Nostra wußte, war noch älteren Datums, denn er hatte sich zu Jahresbeginn 1981 aus Palermo nach Brasilien abgesetzt. Das Massaker unter den Freunden und Verwandten Buscettas und Contornos und die Morde an Leonardo Vitale und anderen hatten dem Frontwechsel reuiger Mafiosi offenbar einen wirksamen Riegel vorgeschoben. Wie jedermann in Sizilien, schienen auch diejenigen, die mit der Kronzeugenrolle liebäugelten, abwarten zu wollen, wie sich der Maxi-Prozeß weiterentwickelte, um beurteilen zu können, ob der Krieg gegen die Mafia ernsthaft geführt wurde oder nur ein Scheingefecht war.

Auf der Grundlage ihrer aus den frühen 80er Jahren stammenden Informationen waren die Strafverfolger davon ausgegangen, daß Luciano Leggio aus Corleone und Michele Greco, «der Papst», die mächtigsten Männer der Cosa Nostra waren. Beide befanden sich in Haft, Leggio seit 1974, Greco seit 1986. Heftiges Gepolter im Untergrund deutete unterdessen auf größere Verschiebungen innerhalb der Cosa-Nostra-Führung hin. Es gab Gerüchte, die besagten, Filippo Marchese, der blutrünstige Herr des Todeszimmers, sei mittels derselben Tötungsmethode, die er bei so vielen seiner Opfer angewandt hatte, aus der Welt geschafft worden. Auch die rechte Hand Michele Grecos, Pino «der Schuh» Greco war Gerüchten zufolge auf ähnliche Art zu Tode gekommen. Am 29. September 1987 wurde Mario Prestifilippo, ebenfalls einer der Serienkiller aus der Mannschaft Michele Grecos, in Bagheria vom Motorrad geschossen, als er sich auf dem Weg von einem

Unterschlupf zu einem anderen befand.[15] Damit schien sich die Vermutung zu bestätigen, daß irgendeine Gruppierung innerhalb der Mafia dabei war, sich als führende Kraft zu etablieren, indem sie sich gefährlicher junger Rivalen entledigte und die Position Michele Grecos schwächte. Buscetta hatte Falcone 1984 erklärt: «Michele Greco war aufgrund seines ausgleichenden und schwachen Naturells der perfekte Kandidat für den Kommissionsvorsitz, insofern als er den Zielen Riinas nicht im Weg stand.»[16] Offenbar hatte Greco jetzt, da er sich im Gefängnis befand, seinen Nutzen für die Mafia verloren. Buscetta war überzeugt, daß Riina auf das Kommando Lucia Leggios hörte, der nach wie vor der «Boß der Bosse» sei. Es war indes schwer vorstellbar, daß Leggio nach zwölf im Gefängnis verbrachten Jahren noch immer alle Fäden zog. Der Blick richtete sich daher erneut auf seine wenig bekannten Statthalter, «die Bestien» Riina und Provenzano, die beide seit fast zwanzig Jahren nicht mehr gesehen worden waren.

Riina wäre der Polizei bei mehreren Gelegenheiten fast ins Netz gegangen, doch jedesmal war sie einen Augenblick zu spät gekommen. Sie hatte die Wohnung entdeckt, in der er offenkundig mit seiner Frau Antonietta Bagarella gelebt hatte, der jüngeren Schwester zweier bekannter Mafiosi aus Corleone – Calogero Bagarella, 1969 bei einer Schießerei umgekommen, und Leoluca Bagarella, verdächtigt des Mordes an Polizeiinspektor Boris Giuliano. Die Polizei war auch auf Einladungen zur Hochzeit Riinas gestoßen, die 1974 in einer Kirche in Palermo stattgefunden hatte. Vollzogen hatte die Eheschließung der Mafiapriester Agostino Coppola (ein Vetter des italo-amerikanischen Gangsters Frankie «Drei Finger» Coppola), der wegen seiner Mitwirkung an einer Entführung vom Priesteramt suspendiert worden war. Das Ehepaar Riina hatte vier Kinder, die allesamt in einem bestimmten Palermoer Krankenhaus zur Welt gekommen und unter ihrem richtigen Namen eingetragen worden waren. All dies zeigte, daß der gesuchte Boß direkt unter den Augen seiner Jäger in Palermo gelebt hatte, wahrscheinlich von sehr vielen Sympathisanten gedeckt und unterstützt. Die jüngste Fotografie von Riina, die die Polizei besaß, stammte aus den 70er Jahren und zeigte Riina auf dem Markusplatz in Venedig, umringt von Tauben und wie ein Tourist unter vielen in die Kamera lächelnd – ein Bild, das zu einem spottenden Symbol für die Unverwundbarkeit der Mafia wurde.[17]

Daß die Polizei von Palermo Riina in absehbarer Zeit erwischen würde, war wenig wahrscheinlich. Ihr Mafia-Dezernat hatte sich von dem Verlust seiner Chefermittler Beppe Montana und Ninni Cassarà und von den zahlreichen Versetzungen im Gefolge des Todes des Untersuchungshäftlings Salvatore Marino noch nicht erholt. Als Ende 1987 der Leichnam des berüchtigten Mafiakillers Mario Prestifilippo eingeliefert wurde, hatten die neu zum Team gestoßenen Beamten der

Palermoer Polizei keine Ahnung, mit wem sie es zu tun hatten, obgleich die kriminelle Karriere des Mannes über Jahre hinweg dokumentiert war. Das kollektive Gedächtnis des Dezernats war ausgelöscht worden, und die Männer stocherten zunächst einmal im Nebel.

Während der Maxi-Prozeß in seine Schlußphase ging, gerieten die Anti-Mafia-Ermittlungen der Palermoer Polizei mehr und mehr ins Visier der Politik.

Im März 1987 ging die fast vierjährige Regierungszeit des sozialistischen Premierministers Bettino Craxi zu Ende. Sechs Jahre lang hatten sich die Christdemokraten ihren Anteil an der Macht dadurch bewahrt, daß sie die Führer anderer Parteien an die Spitze der Regierung hatten treten lassen. Zunächst war es Giovanni Spadolini von der kleinen, aber angesehenen Republikanischen Partei gewesen, doch als sich zeigte, daß seine Partei dank des dem Premierministeramt anhaftenden Profils und Prestiges ihren Stimmenanteil von 3 auf 6 Prozent verdoppeln konnte, beschlossen Sozialisten und Christdemokraten, ihn auszubremsen. Die Reihe kam nun an Craxi, der sich unversehens zum starken Mann der italienischen Politik zu mausern begann. Nach vier Jahren kamen die Christdemokraten zu dem Schluß, sie hätten nun lange genug zugesehen, wie Craxi sich auf ihre Kosten zur politischen Leitfigur aufbaute. Sie stellten immerhin die größte Fraktion im Parlament und waren galant genug gewesen, anderen jahrelang den Vortritt zu lassen. Der betagte Amintore Fanfani, der schon 1954 erstmals Premierminister geworden war, wurde im April 1987 erneut (zum insgesamt sechsten Mal) mit dem Amt betraut. Doch sein Kabinett stürzte schon nach zehn Tagen wieder, sabotiert von den einander bekriegenden Koalitionspartnern. Es zeigte sich, daß die fünf in der Regierungskoalition vereinigten Parteien heillos zerstritten waren. Staatspräsident Francesco Cossiga blieb nichts anderes übrig, als das Parlament aufzulösen und für Juni Neuwahlen anzusetzen.

Die Neuwahl des Parlaments war nur eine von zwei bedeutsamen Wahlentscheidungen des Jahres 1987. Die Sozialisten und die kleine, oppositionelle Radikale Partei hatten genügend Unterschriften gesammelt, um einen Volksentscheid zu erzwingen, bei dem es um die Machtbefugnisse der italienischen Justiz ging, genauer gesagt um deren Beschneidung. Unter dem Eindruck des Unrechts, das dem TV-Moderator Enzo Tortora widerfahren war, und anderer Justizskandale hatte die Forderung, Untersuchungsrichter in Zukunft für ihre Fehler zur Rechenschaft zu ziehen, zunehmenden Anklang gefunden. Es sollte die rechtliche Möglichkeit geschaffen werden, einen Richter oder Staatsanwalt persönlich haftbar zu machen, wenn er einen schuldlosen Bürger zu Unrecht hinter Gitter gebracht hatte. Es gab in der italienischen Justiz tatsächlich Dinge, die dringend der Reform bedurften; so fehlte es an klaren Vorschriften für zügig durchgeführte Haftprüfungen und Freilassungen auf Kaution oder für die höchstmögliche Dauer einer Untersuchungshaft. Das jetzige Referendum schien jedoch, indem es den Schwerpunkt auf die persönliche Haftbarmachung von Anklägern und Richtern legte, eher auf Einschüchterung denn auf Reform abzuzielen. Die Sozialisten machten die Kampagne gegen die Justiz zu einem zentralen Baustein ihres Wahlkampfs für die Parlamentsneuwahl im Juni 1987. Bettino Craxi hatte sein politisches Haus auf einem schlau erdachten Fundament aus «konservativen» und «liberalen» Ideen errichtet. Er tat sein Möglichstes, sich von den Kommunisten dadurch abzusetzen, daß er seine Partei auf einen absolut NATO-freundlichen Kurs einschwor, strenge Maßnahmen gegen die Inflation befürwortete und sich für maßvolle Lohnerhöhungen stark machte. Gleichzeitig versuchte er, seiner Partei einen gewissen linken Anstrich zu bewahren, indem er in gesellschaftlichen Fragen wie Abtreibung, Scheidung oder Bürgerrechten eine scheinbar liberale Position vertrat. Mit seinen Attacken auf die Richterschaft erweckte Craxi den Eindruck, ein Vorkämpfer bürgerlicher Freiheitsrechte zu sein.

Allein, hinter der Kampagne steckte mehr als eine clevere PR-Strategie. In den Augen Craxis war die Justiz ein Hindernis, das seinem Machthunger im Wege stand. Craxi hatte 1976 eine am Boden zerstörte, desorientierte, am Rande des Untergangs taumelnde Partei übernommen, die von einst 25 auf nurmehr 9 Prozent Stimmenanteil geschrumpft war. Im Vergleich zu den professionellen Machtpolitikern von der KP und der DC wirkten die italienischen Sozialisten wie gutmütige, idealistische Verlierertypen. Craxi war entschlossen, dies zu ändern. Als seine Partei 1980 in eine Regierungskoalition eintrat, beschloß er, ihr neue Kräfte zuzuführen, indem er das bei den Christdemokraten seit langem bewährte System der Patronage auf sie übertrug, die Sache aber mit einer aggressiveren Dynamik betrieb. Die Christdemokraten hatten ihr Machtimperium im Lauf von fast vierzig Jahren allmählich aufgebaut, soviel Zeit hatte Craxi nicht.[18]

«Bringt mir Stimmen und Geld» lautete die aktuelle Parole. Mit diesem Schlachtruf feuerte Craxi seinen Parteifreund Valerio Bitetto an, als dieser 1980 in den Vorstand der staatlichen italienischen Elektrizitätsgesellschaft ENEL berufen wurde. Die ENEL war eines der großen italienischen Staatsunternehmen, aus deren Kassen sich Mittel für die Finanzierung des Wahlkampfs der Sozialistischen Partei abzweigen ließen. Bitetto half mit, Aufträge der ENEL «befreundeten» Firmen zuzuschanzen, die sich dafür erkenntlich zeigten, indem sie der Partei eine Provision zufließen ließen. Bitetto hatte die von Craxi erhaltene Anweisung nicht als ungewöhnlich empfunden, wie er der Staatsanwaltschaft erzählte, nachdem der Skandal 1992 publik geworden war. «Ich war nicht naiv, ich wußte, wie es in der Welt zugeht», sagte er aus. «Eine

Partei, die wenig Geld hatte, bekam wenig Stimmen ... Die ENEL war fest in der Hand der Christdemokraten, und die Sozialistische Partei ging bei den großen Geschäften leer aus. Wir mußten die Ärmel hochkrempeln und uns an die Arbeit machen.»[19]

Craxi brachte einen neuen wirtschaftlichen Realismus in die italienische Politik ein, doch auf dem Weg zur Macht waren ihm und seiner Partei die Ideale, für die sie ursprünglich einmal angetreten waren, irgendwie völlig abhanden gekommen. «In den frühen 80er Jahren, die im Zeichen des auftrumpfenden Reaganismus und des Scheiterns sozialdemokratischer Konzepte standen, begrub Craxi seine alten Ideale und ersetzte sie durch die neuen Zielwerte des Erfolgs, der extremen Wettbewerbsorientierung und des leidenschaftlichen Strebens nach Wohlstand», erklärte ein ehemaliger enger Freund Craxis, der Sozialist Carlo Ripa di Meana.

Mit der Raffgier von Gästen, die zu spät beim Bankett eingetroffen sind, machten die Sozialisten sich daran, möglichst viele Schlüsselstellungen in Staat, Wirtschaft, Kunst, Kultur und Medien mit ihren eigenen Leuten zu besetzen. Sie schufen Pfründen, schanzten einander Posten, Wohnungen und Frauen zu, feierten rauschende Feste, finanzierten Kongresse und kulturelle Initiativen. Alles, was sie taten, stand unter dem Motto: «Bringt uns Stimmen und Geld.» Sich am Geschmack der Macht berauschend, hielten diese sozialistischen Führer neuen Typs Hof wie osmanische Paschas und zogen, wo immer sie hingingen, einen enormen Troß von «Höflingen», Geldbeschaffern, hübschen Mädchen und Wichtigtuern nach sich.

Die italienische Justiz hatte sich noch nie durch besondere Wachsamkeit im Bereich der politischen Korruption ausgezeichnet; dennoch hatten die Sozialisten Gründe, damit zu rechnen, daß früher oder später ein übereifriger Staatsanwalt versuchen würde, ihnen am Zeug zu flicken. Schon in den frühen 80er Jahren waren einige Untersuchungsrichter vielen der Skandale auf die Spur gekommen, unter deren Wucht rund zehn Jahre später das System zusammenbrechen sollte, doch war es damals noch gelungen, die Ermittlungen abzuwürgen. Es gab mehrere Möglichkeiten, wie man ein Korruptionsverfahren entgleisen lassen konnte. Den wirksamsten Schutz vor Ermittlungen bot die parlamentarische Immunität, deren Aufhebung erst 1993 ermöglicht wurde. Das System funktionierte so gut, daß es bis 1992 nur ein einziges Mal gelang, ein Regierungsmitglied wegen Korruption vor Gericht zu bringen.

Die von der Verfassung garantierte parlamentarische Immunität bot einen perfekten zirkulären Abwehrmechanismus: Die Justiz durfte gegen Parlamentsabgeordnete nur mit Zustimmung des Parlaments ermitteln; diese Zustimmung wurde jedoch in der überwältigenden Mehrzahl der Fälle mit der Begründung verweigert, es liege kein überzeugendes Belastungsmaterial vor. An dieser Hürde scheiterte beispielsweise Carlo Palermo, ein junger, in der Stadt Trient tätiger Untersuchungsrichter. Im Zuge seiner Ermittlunngen in einem Fall, in dem es um Waffen- und Drogenschmuggel aus Osteuropa nach Sizilien ging, stieß er auf einen riesigen Korruptionssumpf. Er fand heraus, daß finanzielle Hintermänner der Sozialistischen Partei für von ihnen vermittelte Geschäfte zwischen «befreundeten» italienischen Firmen und der argentinischen Regierung üppige Provisionen abschöpften. Die Spuren führten bis hinauf zu Minister Gianni De Michelis von der Sozialistischen Partei und zu Premierminister Craxi selbst. (Es ging dabei um mehr als nur den Tatbestand der Vorteilsannahme; vieles deutete darauf hin, daß die Sozialisten den Verkauf militärischen Geräts an Argentinien während des Falkland-Krieges eingefädelt hatten – was wiederum erklären half, weshalb Craxi sich so schwer tat, das argentinische Vorgehen zu verurteilen und den NATO-Partner Großbritannien zu unterstützen.) Als Richter Palermo das Belastungsmaterial an den zuständigen Parlamentsausschuß schickte und die Aufhebung der Immunität der betreffenden Politiker beantragte, blies Craxi zu einer aggressiven Gegenoffensive und beschuldigte den Richter, seine parlamentarische Immunität verletzt zu haben. Bald war es Palermo und nicht Craxi, gegen den ermittelt wurde und dessen berufliche Zukunft auf der Kippe stand. Das Parlament lehnte den Antrag des Richters ab und sorgte dafür, daß gegen ihn ein Disziplinarverfahren eröffnet wurde mit dem Ziel, ihn seines Amtes zu entheben.

(Es ist nicht uninteressant, festzuhalten, daß dem Ausschuß, der die Aufhebung der Immunität Craxis ablehnte, Senator Claudio Vitalone angehörte, der schon erwähnte Gefolgsmann Andreottis. Craxi hatte seinerzeit gegen einen Antrag gestimmt, mit dem Andreotti wegen seiner Beziehungen zu Michele Sindona zum Rücktritt aufgefordert worden war; jetzt hatten sich die Andreotti-Leute revanchiert, indem sie Craxi in der Stunde der Not die Stange hielten.)

Die Geschichte von Carlo Palermo war damit jedoch nicht zu Ende. Er bat um seine Versetzung ins sizilianische Trapani, wo er das Amt seines Freundes Giangiacomo Siaccio Montalto übernehmen wollte, den die Mafia im Januar 1983 ermordet hatte. Da der von Richter Palermo bearbeitete Fall starke Verzweigungen nach Sizilien aufwies, hatten die beiden Untersuchungsrichter eng zusammengearbeitet. Palermo betrieb die Ermittlungen zu diesem Komplex in Sizilien weiter und leistete damit auch einen Beitrag zur Enttarnung des größten Heroinlabors in Europa in der sizilianischen Kleinstadt Alcamo. Am 3. April 1985 entging Palermo nur knapp dem Tod, als eine an der Autobahn gezündete Bombe seinen Wagen zerstörte, er selbst jedoch überlebte. Ein auf der Überholspur fahrendes Auto fing die Hauptwucht der Detonation ab; dessen Insassen, eine Frau und ihre beiden kleinen Kinder, kamen ums Leben. Dem Anschein nach steckte hinter dem Anschlag die Mafia, aber viele Menschen fragten sich, ob nicht die Anti-Korruptions-Aktivitäten des Richters Palermo der eigentliche Grund für den Mordversuch gewesen waren. Das hautnahe Rendezvous Palermos mit dem Tod hielt die Sozialisten nicht davon ab, weiter auf Diziplinarmaßnahmen gegen ihn zu drängen. Das Ende vom Lied war, daß der Richter seinen Posten als Strafverfolger an den Nagel hängte und einen Schreibtischjob im römischen Justizministerium annahm.[20]

Neben dem Schutzschild der parlamentarischen Immunität gab es noch andere Strategien für die Abwehr von Korruptionsermittlungen. 1984 deckten Untersuchungsrichter bei der größten staatlichen Holding-Gesellschaft Italiens, der IRI in Mailand, die Existenz einer gigantischen «schwarzen Kasse» auf, aus der rund 300 Milliarden Lire (damals über 1 Milliarde Mark) für die Finanzierung von Wahlkämpfen, politischen Gruppierungen und christdemokratischen und sozialistischen Zeitungen abgeflossen waren. Die Procura della Repubblica in Rom eröffnete daraufhin ein eigenes Verfahren in dieser Sache und beschwor damit einen Zuständigkeitskonflikt herauf. Das oberste Gericht Italiens, die Corte Suprema di Cassazione, intervenierte zugunsten Roms, wie sie es auch schon bei den Ermittlungen zur Geheimloge P2 getan hatte. Die Ermittlungen liefen weiter, ohne zu wesentlichen Ergebnissen oder gar Anklageerhebungen zu führen. Nachdem der Fall zwei Jahre lang in den Schubladen der römischen Strafverfolger dahingedämmert hatte, wurde der Ruf nach einer parlamentarischen Untersuchung laut, doch gelang es den Regierungsparteien, diesen Vorstoß abzuschmettern. Die römische Procura wurde zu so etwas wie einem Bermuda-Dreieck, dem politisch heikle Ermittlungsverfahren überantwortet wurden, von denen man dann nie mehr etwas hörte. 1985 taten sich 46 Jungstaatsanwälte aus der Behörde zu einer Erklärung zusammen, in der sie den Rücktritt ihres Chefs forderten, der ihrer Aussage nach in zahlreichen politischen Fällen die Ermittlungsarbeiten beeinflußt, manipuliert oder abgewürgt hatte.[21]

Auch wenn es durchaus Gerichtsbezirke gab, in denen die Justiz sich willfährig verhielt, hatten die großen politischen Parteien allen Grund, eine starke, unabhängige, aggressiv ermittelnde Generation von Untersuchungsrichtern zu fürchten. Der Wahlkampf des Jahres 1987 stand denn auch stark im Zeichen pauschaler Attacken auf die Richterschaft. Während der Fall Tortora, der sich in Neapel ereignet hatte, von allen Beteiligten als Paradebeispiel zitiert wurde, entwickelte sich seltsamerweise Palermo zum Hauptschlachtfeld der Wahlkämpfer. Die beiden Wortführer des Volksbegehrens zur Haftbarmachung von Richtern und Staatsanwälten, Marco Pannella von der Radikalen Partei und Claudio Martelli von den Sozialisten (der «Thronfolger» Bettino Craxis), hatten beschlossen, im Wahlkreis Palermo für einen Parlamentssitz zu kandidieren. (Vor der jüngsten Wahlrechtsreform konnten in Italien Parlamentsbewerber in mehreren Wahlkreisen gleichzeitig antreten.) In den Augen vieler Beobachter war der Wahlkampf eine subtile – und manchmal gar nicht so subtile – Kampfansage an den Anti-Mafia-Verbund von Palermo. Indem die Radikale Partei die Forderung nach rechtlicher Besserstellung von Angeklagten an die große Glocke hängte, hofierte sie offen die kriminelle Szene; in den Gefängnissen Italiens warb sie systematisch Mitglieder. An verzweifelter Finanznot leidend, verkündeten die Radikalen, ihre Partei müsse, falls sie nicht 10.000 beitragzahlende neue Mitglieder gewänne, zur Selbstauflösung schreiten. Die Partei tat sich erstaunlich leicht, dieses Ziel zu erreichen; zu ihren Förderern zählten verurteilte Mörder und Figuren aus der Welt des organisierten Verbrechens. Sehr erfolgreich verlief ihre Kampagne im Ucciardone-Gefängnis in Palermo, wo sogar Luciano Leggio, der Mafiaboß von Corleone, einen Mitgliedsausweis der Radikalen Partei erwarb. Deren Führer Marco Pannella, der eine bekannte Vorliebe für politische Showeffekte hatte (in einem einige Jahre später gelandeten Coup verschaffte er der Porno-Darstellerin Cicciolina einen Parlamentssitz), verteidigte die Aufnahme verurteilter Mafiabosse in die Partei mit den Worten: «Wir Radikalen können diese Anträge nicht ablehnen, wir stellen an unsere Mitglieder keine Vorbedingungen.»[22]

Vielen Mafiosi leisteten die Sozialisten und Radikalen nützlichere Dienste als ihre alten Freunde von der Christdemokratischen Partei. Eine Episode, die sich während des Maxi-Prozesses ereignete, war dafür symptomatisch. Die Verteidigung wartete mit einem juristischen Schachzug auf, der den Prozeß fast ins Schleudern gebracht hätte. Unter Berufung auf ein altes, fast unbekanntes Gesetz forderten sie, jedes Wort aus dem Munde eines vernommenen Zeugen müsse dem Gericht sogleich noch einmal laut vorgelesen werden – dies hätte den auf zwei Jahre angesetzten Prozeß auf die doppelte Dauer verlängert. Wäre die Verteidigung mit diesem Sabotageantrag durchgekommen, so hätte dies die Wahrscheinlichkeit eines Scheiterns des Prozesses erheblich erhöht, weil möglicherweise nicht alle Geschworenen einen solchen Zeitlupen-Prozeß durchgestanden hätten. Eine Koalition aus Christdemokraten und Kommunisten setzte im Parlament die Annullierung des Gesetzes durch und rettete damit den Maxi-Prozeß. Sozialisten und Radikale stimmten gegen den Beschlußantrag – unter Berufung auf die bürgerlichen Freiheitsrechte.

Sowohl Pannella als auch Martelli, bekannt als Wortführer der Anti-Justiz-Kampagne, schnitten in Palermo bemerkenswert gut ab. Auf Martelli entfielen rund 117.000 Stimmen, und die Sozialistische Partei als ganze konnte ihren Stimmenanteil in Palermo von 9,8 auf 16,4 Prozent verbessern. Die Radikale Partei, bis dahin auf Sizilien eine *quantité négligeable,* kam auf 2,3 Prozent. In Palermo zogen die Sozialisten an den Kommunisten vorbei – zum ersten Mal überhaupt –, während die Christdemokraten mit 35,2 Prozent ihr schlechtestes Ergebnis seit langer Zeit einfuhren. In einem Jahrzehnt krampfartiger Reformzuckungen hatten die Christdemokraten 10 Prozent ihrer sizilianischen Wähler verloren. Wie eine Einzelanalyse der Wahlkreisergebnisse zeigte, hatten Sozialisten und Radikale ihre besten Ergebnisse in Regionen mit «hoher Mafia-Dichte» erzielt.[23]

Kurz nach der Wahl löste Bürgermeister Leoluca Orlando mit dem öffentlich erhobenen Vorwurf, die Sozialisten hätten um die Stimmen der Mafia geworben, eine lokale Regierungskrise aus. Die Vertreter der Sozialistischen Partei traten entrüstet aus dem kommunalen Koalitionsbündnis aus und zwangen damit Orlando zur Bildung einer «unnormalen» Koalition aus Christdemokraten, Kommunisten und einer katholischen Splittergruppe, die sich «die Stadt des Menschen» nannte. Orlandos Lieblingsidee war es, eine Regierungsmehrheit auf Grundlage einer «Fusion» zu erreichen, eines Bündnisses quer durch alle Parteien, in dem sich diejenigen Gruppierungen und Individuen vereinen sollten, die bereit waren, das Projekt einer Verwaltungsreform und eines konsequenten Kampfes gegen die Mafia mitzutragen. Dieses Modell, das im Gegensatz zu der auf nationaler Ebene regierenden Koalition aus Sozialisten und Christdemokraten stand, empfanden insbesondere die Sozialisten als Kampfansage, und sie ließen daher keine Gelegenheit aus, das in Palermo regierende Bündnis zu attackieren.[24]

Unglücklicherweise geriet der Kampf gegen die Mafia zwischen die Fronten dieses größeren politischen Machtkampfes, so daß etwa die politischen Gegner Orlandos unterschiedslos gegen ihn und gegen den Anti-Mafia-Verbund zu Felde zogen. Claudio Martelli, Vizechef der Sozialisten, nannten die Orlando-Koalition eine «Schattenregierung aus Untersuchungsrichtern und Jesuiten».[25]

Die nationale Regierung, die sich nach der Wahl in Rom etablierte, spiegelte das neue Anti-Justiz-Ressentiment wider. Ihre Vorgängerin, die 1983 unter dem Eindruck der Mordanschläge auf Dalla Chiesa und Chinnici angetreten war, hatte den Maxi-Prozeß von Palermo möglich gemacht. Der Anti-Mafia-Verbund hatte in dieser Zeit in Rom ein offenes Ohr und beim Justiz- und Innenminister tatkräftige Unterstützung gefunden. An die Stelle dieser Männer traten im Juli 1987 Minister, deren Anti-Mafia-Referenzen weitaus fragwürdiger waren. Das Innenministerium (und damit die Oberaufsicht über den Gesetzesvollzug im Lande) übernahm Amintore Fanfani, zu dessen sizilianischen Gefolgsleuten einst so zwielichtige Figuren wie Vito Ciancimino und Salvatore Lima gehört hatten. Der neue Justizminister war Giuliano Vassalli, einer derjenigen, die sich für die Beschneidung der Befugnisse von

Staatsanwälten und Richtern stark gemacht hatten. Als Jurist hoch angesehen, hatte Vassalli in jüngerer Zeit viel Energie darauf verwandt, Stimmung gegen den Einsatz von *pentiti* zu machen, reuigen Kriminellen, die sich dem Staat als Kronzeugen zur Verfügung stellten. Mit seiner Wahl zum Justizminister machte die neue Regierung deutlich, daß sie die Gesetze, deren Verabschiedung die Mafiajäger forderten – ein Zeugenschutz-Programm und ein Gesetz, das das Aushandeln von Kooperationsbedingungen zwischen Strafverfolgern und einzelnen Kriminellen möglich machen würde – nicht in Kraft setzen wollte.

Diese Weichenstellungen in Rom machten sich in Palermo unverzüglich bemerkbar. «Nach diesem Wachwechsel fror alles ein», erinnert sich Antonino Caponetto, der Leiter der Ermittlungsbehörde. «Bis dahin hatten wir bekommen, was wir verlangt hatten: Fotokopierer, Computer, Flugzeuge, den Hubschrauber zum Schutz Falcones. Plötzlich wurde alles blockiert.»[26]

Die Mitarbeiter des Anti-Mafia-Verbunds taten ihr Möglichstes, die politische Klimaveränderung zu ignorieren, die sich, so hofften sie, als ein vorübergehendes Unwetter erweisen würde, wenn sie ihre Arbeit nur konsequent weitermachten. Im August 1987 stellten sie die Anklageschrift für den dritten Maxi-Prozeß fertig, getreu ihrem Plan, jedes Jahr einen großen neuen Prozeß durchzuziehen. Die zuletzt zur Anklage gebrachten Fälle stützten sich auf neues Beweismaterial, etwa die Aushebung des großen Heroinlabors in Alcamo bei Palermo im Jahr 1985.

Auch wenn die Gruppe ihren eindrucksvollen Arbeitsrhythmus beibehielt, erwies sich der Abgang Paolo Borsellinos als nachteilig. «Ohne Paolo wuchs die Distanz zwischen Falcone und uns übrigen», sagte Ignazio De Francisci, das jüngste Mitglied des Teams. «Borsellino verfügte über die berufliche und persönliche Erfahrung, um mit Falcone partnerschaftlich zusammenarbeiten zu können. Er war zugleich der ansprechbarere und bodenständigere der beiden, uns anderen ähnlicher, und so konnte er als Bindeglied zwischen uns und Falcone fungieren ... Ich erinnere mich noch an einen wichtigen Rat, den Paolo mir für den Umgang mit Falcone gab. Er sagte mir: ‹Widersprechen Sie ihm nicht direkt in Gegenwart anderer Leute bei einer Sitzung. Wenn Sie in einem Punkt anderer Meinung sind als er, suchen Sie am nächsten Tag das persönliche Gespräch mit ihm.› Dabei zeigte sich Falcone dann tatsächlich sehr offen und flexibel ... Borsellino gab auch so etwas wie einen Puffer ab zwischen dem wahnwitzigen Arbeitstempo Falcones und unserer eher normalen Arbeitsweise ... Trotzdem kamen wir gut voran mit der Vorbereitung der Anklage für Maxi-Zwei und Maxi-Drei.»[27]

Die Kampagne gegen die Richterschaft verschärfte sich im Herbst 1987, im Vorfeld des für November angesetzten landesweiten Justiz-

Referendums. Es wurden Behauptungen in die Welt gesetzt wie die, das italienische Justizwesen sei ein politisches Instrument der Kommunistischen Partei – Schlagworte wie das vom «langen Marsch der Kommunisten durch die Gerichtssäle» tauchten auf. Konservative Zeitungen stellten den Anti-Mafia-Verbund von Palermo als linke Kaderschmiede hin. Dabei hatte sich der Verbund die größte Mühe gegeben, einem solchen Eindruck vorzubeugen, indem er seine Mitglieder aus allen Bereichen des politischen Spektrums rekrutiert hatte. Von den drei Strafverfolgern, die 1985 neu zum Team stießen, bekannte sich einer, Giacomo Conte, zur Linken; Giaocchino Natoli war ein Mann der Mitte, Ignazio De Francisci ein Konservativer. Es sollte kein Zweifel daran aufkommen, daß der Verbund nur das eine Ziel verfolgte, die Mafia zu bekämpfen. Das hinderte etliche Zeitungen nicht daran, weit von der Wahrheit entfernte Legenden in die Welt zu setzen. In einer dieser Geschichten wurde der besonnene Strafrechtsexperte De Francisci als fanatischer Jungradikaler porträtiert. «Als Student war ich ein Streber und konnte Demonstrationen nicht ausstehen . . . Ich habe immer christdemokratisch gewählt», sagte De Francisci dazu.[28]

Die Kampagne gegen die Richterschaft trug Früchte. Die Sozialisten krönten ihr gutes Abschneiden bei der Parlamentswahl vom Juni mit einem ebenso souveränen Triumph im Justiz-Referendum vom November desselben Jahres. Somit bestand nun die Möglichkeit, Staatsanwälte und Richter für Schäden, die aus Justizirrtümern resultierten, persönlich haftbar zu machen.

Während die Bürger über das Justiz-Referendum abstimmten, zogen sich die Geschworenen im Maxi-Prozeß zurück, um über die Urteile zu beraten. Von Mitte November bis Mitte Dezember herrschte in Palermo erwartungsvolle Spannung.

Am 16. Dezember 1987 um 19.30 Uhr rief Richter Alfonso Giordano den Gerichtssaal zur Ordnung und begann mit der Verlesung der Urteile, was in Anbetracht der großen Zahl der Angeklagten eineinhalb Stunden in Anspruch nahm. Einer gebannt lauschenden Zuhörerschaft verkündete Giordano Schuldsprüche gegen 344 Angeklagte, deren Strafen sich auf 2665 Jahre summierten. Für schuldig befunden wurden nicht nur Hunderte einfacher Mafia-»Soldaten», sondern auch viele der bedeutendsten sizilianischen Bosse; gegen 19 von ihnen ergingen lebenslängliche Freiheitsstrafen, so gegen den «Papst» Michele Greco, gegen Francesco Madonia sowie, in Abwesenheit, gegen Salvatore Riina und Bernardo Provenzano. Zum ersten Mal in der Geschichte hatte ein italienisches Gericht offiziell festgestellt, daß die Cosa Nostra eine hierarchische Organisation war, geleitet von einer «Kommission», in der sich die einzelnen Mafiasippen in der Regel auf ein abgestimmtes Vorgehen verständigten. Mehrere der Killer des sogenannten Todeszimmers erhielten lebenslängliche Strafen: Vincenzo «der Sturm» Sinagra, sein Bruder Antonio, Salvatore Rotolo. In vielen Fällen war die Mafia selbst der strafenden Justiz zuvorgekommen: Rosario Riccobono, Filippo Marchese und Giuseppe (Pino) Greco, «der Schuh», waren spurlos verschwunden, Mario Prestifilippo war während des laufenden Prozesses erschossen worden.

Nachsichtig ging das Gericht mit den Kronzeugen der Anklage um: Tommaso Buscetta erhielt drei, Salvatore Contorno sechs Jahre Gefängnis. Vincenzo Sinagra mußte seine rückhaltlosen und präzisen Aussagen, mit denen er die Verurteilung der Betreiber des Todeszimmers erst möglich gemacht hatte, mit einer saftigen, 21jährigen Freiheitsstrafe bezahlen.

Der Maxi-Prozeß von Palermo war keinesfalls das außer Rand und Band geratene Justiz-Ungeheuer, als das er von Kritikern hingestellt wurde, sondern erwies sich als ein Exempel höchst effizienter Rechtsprechung. Er hatte von der Eröffnung bis zur Urteilsverkündung 22 Monate gedauert, nur 6 Monate länger als der Pizza-Connection-Prozeß in New York, der größte Rauschgiftprozeß in der amerikanischen Justizgeschichte, bei dem nur 22 Personen angeklagt gewesen waren. Das Palermoer Gericht erwies sich auch durchaus als fähig – was einige Verfechter bürgerlicher Freiheitsrechte bezweifelt hatten –, in der Schuldbewertung sorgfältig zwischen den Hunderten von Angeklagten zu differenzieren. 114 Angeklagte kamen mangels zureichender Beweise straflos davon. Das Gericht befand, daß Luciano Leggio für die Beschlüsse, die die Kommission in den Jahren seiner Strafhaft gefaßt hatte, nicht verantwortlich gemacht werden könne. Giuseppe Calò wurde in mehreren Anklagepunkten freigesprochen, weil er sich in Rom aufgehalten hatte, als die betreffenden Verbrechen in Palermo verübt worden waren, erhielt jedoch für andere, ihm nachgewiesene Verbrechen 23 Jahre Gefängnis. «Wir verurteilten niemanden einfach nur aufgrund der Aussagen von Belastungszeugen», erklärte Richter Giordano in einem Interview nach der Urteilsverkündung.

Die Mafia war weniger zimperlich. Antonio Ciulla, einer der Freigesprochenen, wurde eine Stunde nach seiner Haftentlassung ermordet. Das Gericht hatte ihn trotz stark belastender Aussagen von fünf verschiedenen Zeugen, darunter Buscetta und Contorno, die ihn als einen für die Mafia tätigen Heroinhändler identifiziert hatten, aus Mangel an Beweisen freigesprochen. Ciulla hatte sich unmittelbar nach der Entlassung aus dem Ucciardone-Gefängnis mit Gebäck und Sekt eingedeckt, doch seine Mörder hatten ihm nicht einmal die Chance gegeben, nach Hause zu kommen und seine Rückkehr zu feiern. Er war der erste von mindestens achtzehn Freigesprochenen des Maxi-Prozesses, die in der Folge von der Mafia liquidiert wurden.[29]

DREIZEHNTES KAPITEL

Die Urteilsverkündung im Maxi-Prozeß von Palermo markierte in vielerlei Hinsicht das Ende einer Ära. Antonino Caponetto, der Nachfolger Chinnicis, war nunmehr 68 Jahre alt und glaubte, es sei an der Zeit, seine Zelte in Palermo abzubrechen. Viereinhalb Jahre hatte er sich in ein Leben wie im Gefängnis gefügt; nun freute er sich auf die Rückkehr zu seiner Familie in Florenz, wo er noch zwei angenehmere Jahre bis zum Erreichen des Pensionsalters zu verbringen gedachte. Bevor er jedoch sein Versetzungsgesuch einreichte, wollte Caponetto sicherstellen, daß der Anti-Mafia-Verbund in guten Händen bleiben würde. Giovanni Falcone war offenkundig der geeignetste Kandidat für seine Nachfolge, und Caponetto wollte in der Gewißheit weggehen, daß das Consiglio Superiore della Magistratura dies auch so sah. Er wußte, daß gegenüber Falcone und dem ganzen Anti-Mafia-Verbund Vorbehalte und Ressentiments bestanden, war aber überzeugt, die Herren in Rom könnten unter dem Eindruck des so grandios verlaufenen Maxi-Prozesses nur schwer einen Vorwand finden, Falcone den Posten zu verweigern.

Sechs Kandidaten bewarben sich um das Amt als Chef der Ermittlungsbehörde; von ihnen hatte Falcone nach dem Senioritätsprinzip die schlechtesten Karten. Doch schon bei der Berufung Paolo Borsellinos zum leitenden Strafverfolger von Marsala hatte das Consiglio durchblicken lassen, daß bei der Stellenbesetzung nachgewiesene Leistungen ebenso wichtig waren wie das Dienstalter. Unter dem Gesichtspunkt der Qualifikation, und namentlich der Erfahrung mit Mafia-Ermittlungen konnte sich keiner der fünf Gegenkandidaten mit Falcone messen.

Im Vorfeld der für Mitte Januar 1988 erwarteten Entscheidung begannen die Positionskämpfe unter den Bewerbern. «Giovanni hatte nie viele einflußreiche Freunde im Justizpalast von Palermo oder in Rom», schrieb Caponetto später. «Die Tatsache, daß Falcone alle anderen um Haupteslänge überragte, ließ um ihn herum ein Klima des Unverständnisses, der Konkurrenz, der Eifersucht, der kleinen Neidhammeleien entstehen.» Einer von Falcones Gegenkandidaten, Marcantonio Motisi, drohte damit, sein Richteramt niederzulegen, falls Falcone die Stelle bekäme. Motisi hatte Falcone einige Dienstaltersjahre voraus, hatte es bereits zum Stellvertreter Caponettos gebracht und konnte den Gedanken nicht ertragen, einen Mann vor die Nase gesetzt zu bekommen, der von Rechts wegen sein Untergebener sein müßte.[1]

Am 12. Januar 1988 wurden die Diadochenkämpfe im Justizpalast durch einen Mordanschlag unterbrochen, der eine neue Runde von Mafia-Bluttaten einläutete: Giuseppe Insalaco, jener Exbürgermeister von Palermo, der Licht ins Dunkel der städtischen Auftragsvergabe zu bringen versucht hatte, wurde ermordet. Die seltsame politische Karriere Insalacos reflektierte gleichnishaft alle Eigenarten und Widersprüche Palermos. Herangewachsen als angepaßtes Geschöpf eines korrupten politischen Systems, hatte er sich während seiner kurzen Amtszeit als Bürgermeister 1984 gegen dieses System gewandt und war vom ihm schließlich vernichtet worden. In seinen letzten Lebensmonaten war Insalaco sogar noch zum Justizflüchtling geworden – man warf ihm vor, Gelder unterschlagen zu haben, die für eine Taubstummenklinik bestimmt waren, zu deren Treuhändern er gehörte. Der Vorwurf war vielleicht nicht einmal von der Hand zu weisen, doch war es vermutlich kein Zufall, daß die Anschuldigungen – in Form anonymer Briefe – genau zu der Zeit publik wurden, als Insalaco mit der Offenlegung der in Palermo üblichen Methoden bei der Vergabe städtischer Aufträge drohte. Man hatte ihn erpreßt, bedroht, sein Auto in Brand gesteckt, und nun, da das während der Dauer des Maxi-Prozesses eingehaltene Bluttaten-Moratorium ausgelaufen war, hatte man ihn umgebracht.[2]

Am 14. Januar 1988, dem Tag, an dem Insalaco zu Grabe getragen wurde, beglich die Mafia eine weitere alte Rechnung. Natale Mondo, der Polizeibeamte, der knapp dem Tod entronnen war, als sein Chef Ninni Cassarà 1985 einem Mafia-Anschlag zum Opfer fiel, wurde in Palermo erschossen. Er war eine Zeitlang verdächtigt worden, Cassarà verraten zu haben, war versetzt, schließlich aber von dem Vorwurf freigesprochen worden. Jetzt, da das Bild seines Leichnams auf allen Zeitungen prangte, wurde ihm endlich die vollständige öffentliche Rehabilitierung zuteil, die er sich gewünscht hatte.[3]

Wenige Tage nach dem Tod Mondos platzte in Palermo eine dritte Bombe: Die Polizei fand ein von Exbürgermeister Insalaco hinterlassenes politisches Vermächtnis, in dem der Ermordete gleichsam aus dem Grab heraus eine letzte Breitseite auf seine Feinde abfeuerte. Zwei landesweit erscheinende Zeitungen, *La Repubblica* und *L'Unità*, hatten Kopien des Dokuments zugespielt bekommen, in dem Insalaco alarmierende Vorwürfe gegen viele der bedeutendsten Politiker Palermos erhob, und begannen am 17. Januar 1988 mit dem Abdruck des vollständigen Textes. Auf seiner Flucht sowohl vor der Polizei als auch vor den auf ihn angesetzten Mafiakillern hatte Insalaco einige seiner Geheimnisse und Vermutungen kapitelweise zu Papier gebracht. In einem dieser Dokumente hatte er unter der Überschrift «Die zwei Gesichter von Palermo» eine Liste der «guten» und der «bösen» Machthaber in der Stadt zusammengestellt. In der Spalte mit den Bösewichtern standen fünfzehn Namen; neben denen, die schon immer als Mafiosi gegolten hatten, wie Vito Ciancimino oder Nino und Ignazio Salvo, tauchten die Namen einer ganzen Anzahl politischer Schwergewichte auf: des Staatsministers und führenden Kopfes der Republikanischen Partei, Aristide Gunnella, der Gebrüder Giovanni und Luigi Gioia (die beide für die Christdemokraten im Parlament saßen), des Exbürgermeisters Salvatore Lima und des ehemaligen Premierministers Guilio Andreotti.[4]

In einem ausführlichen, tagebuchartigen Bericht erzählte Insalaco die Geschichte seiner Probleme mit dem Gesetz und der gegen ihn ergangenen Drohungen und Erpressungsversuche. Er schilderte Begegnungen mit Palermoer Politikern, die ihm versprochen (oder damit gedroht) hatten, mit Hilfe ihrer Freunde in der Justiz die Ermittlungen zu Insalacos angeblichem Fehlverhalten abzuwürgen (oder wiederzubeleben). Er erzählte von einer eisigen Unterredung mit dem Chef-Republikaner Gunnella über die Neuvergabe städtischer Aufträge; Gunnella hatte dabei einen Ton angeschlagen, aus dem Insalaco eine so unverhüllte Drohung herausgelesen hatte, daß er daraufhin beschloß, seine Kinder aus Sizilien wegzubringen. Ein weiteres Thema, das der Exbürgermeister ansprach, war die untergründige Macht einer geheimnisvollen Brüderschaft, des «Ordens der Ritter vom Heiligen Grab». Obwohl man sich fragen konnte, welche Daseinsberechtigung ein auf das Zeitalter der Kreuzzüge zurückgehender Orden im Palermo des späten 20. Jahrhunderts hatte, deutete der Umstand, daß Graf Arturo Cassina, der Verwalter der üppigsten städtischen Pfründen, die Brüderschaft leitete, auf die Wahrnehmung durchaus neuzeitlicher Interessen durch die Ordensbrüder hin. Insalaco vergaß nicht zu erwähnen, daß mehrere von denen, die auf seiner Liste der «bösen» Machthaber in Palermo standen, dem Orden der Ritter vom Heiligen Grab angehörten, so der amtierende Procuratore della Repubblica, Vincenzo Pajno, und der Polizeibeamte Bruno Contrada. Während Insalacos Abneigung gegen Pajno mit den von diesem betriebenen Ermittlungen gegen ihn zusammenhängen mochte, waren die Verdächtigungen gegen Contrada schon seit Jahren im Umlauf. 1984 hatte Falcone von Buscetta erfahren, daß Contrada in seiner Zeit als Leiter des Ermittlungsdezernats der Palermoer Polizei möglicherweise ein Mafia-Informant gewesen war. Ungeachtet dessen war Contrada in eine der höchsten Positionen im italienischen Geheimdienst aufgestiegen.

Die Mordanschläge auf Insalaco und Mondo und die Enthüllungen des Exbürgermeisters fungierten als ernüchternde Erinnerung daran, daß die Mafia nach Ende des Maxi-Prozesses noch keineswegs am Boden zerstört war; so manchem wurde dadurch wieder bewußt, um welch hohen Einsatz es bei der Berufung eines neuen Leiters für die Ermittlungsbehörde im Palermoer Justizpalast ging. Würden die «verborgenen Mächte» Palermos, von denen Insalaco gesprochen hatte, Einfluß auf die Auswahl des neuen Chefermittlers nehmen?

Einige Wochen vor dem endgültigen, für den 19. Januar 1988 angesetzten Votum hatte ein Unterausschuß des Consiglio Superiore della Magistratura (CSM) in Rom das Kandidatenfeld gesiebt und auf zwei Bewerber verengt: Giovanni Falcone und Antonino Meli, letzterer ein 68jähriger Richter am Berufungsgericht von Caltanissetta. Gegen Ende seiner langen Berufslaufbahn wollte Meli nach Palermo zurückkehren, wo seine Familie lebte; er hatte sich gleich um drei ausgeschriebene Posten beworben.

Für Meli sprach, so schien es, kaum etwas anderes als sein erheblich höheres Dienstalter. Er konnte auf ein lange, fleckenlose Karriere zurückblicken, war allerdings von seinen bisherigen Arbeitsgebieten her für das Amt des Chefermittlers nicht einschlägig qualifiziert. Er hatte in erster Linie als Strafrichter gearbeitet und dabei auch Erfahrungen mit der Mafia gesammelt. Ein ermittelnder Untersuchungsrichter war er aber nie gewesen. Vielleicht noch schwerer wog, daß er bereits 68 Jahre alt war, also nur zwei Jahre vom Erreichen der obligatorischen Pensionsgrenze entfernt. Zu einem Zeitpunkt, da der Anti-Mafia-Verbund gerade mit voller Kraft an einer Reihe komplizierter Ermittlungsverfahren arbeitete, schien es keine besonders gescheite Idee zu sein, einem Mann die Leitung der Behörde zu übertragen, der in dem Moment, in dem er sich in die Materie eingearbeitet haben würde, schon wieder seinen Abschied vorbereiten mußte.

Das mit der Entscheidung betraute Organ, das CSM in Rom, war gehalten, sich in den Dienst einer unparteiischen Justizverwaltung zu stellen; tatsächlich verkörperte es eine Ansammlung von Sonderinteressen. Zwanzig Consiglio-Mitglieder wurden von der Richterschaft direkt gewählt, und die allermeisten von ihnen hatten mehr Interesse daran, ihre eigene Karriere zu fördern, als den Krieg gegen die Mafia zu unterstützen; die Beibehaltung des Senioritätsprinzips war ihnen ein hohes persönliches Anliegen. Die übrigen zehn Mitglieder wurden vom Parlament in das Gremium entsandt, wobei dasselbe Proporzsystem zum Tragen kam, das in allen Bereichen der italienischen Gesellschaft vorherrschte. In diesem Fall verfügten die Christdemokraten über vier Sitze, die Kommunisten über drei, die Sozialisten über zwei; der verbleibende Sitz wurde einer der kleineren Parteien der regierenden Koalition überlassen.

Der für Ernennungen zuständige Unterausschuß des CSM gab ein vorläufiges Votum ab, das mit drei gegen zwei Stimmen zugunsten Melis ausfiel. Als Caponetto mit einigen Mitgliedern des Consiglio darüber sprach, erschreckte ihn die bürokratische Mentalität, die selbst einige von denen an den Tag legten, die eher Falcone favorisierten. «Wenn wir Falcone heute zum Chef der Strafverfolgung machen, wird er in zehn Jahren dem Obersten Gerichtshof angehören», sagte Giuseppe Borrè, ein Untersuchungsrichter aus dem linken Politspektrum; er machte sich Sorgen wegen der möglichen Signalwirkung, die von einer Entscheidung für Falcone ausgehen konnte – sie würde Unruhe in das gesamte gewohnte System der Karriereverläufe und Rangstufen im öffentlichen Dienst tragen.[5]

Daß das Consiglio Falcone als zu jung für den Posten einstufen könnte, erschien grotesk. Er war immerhin 48 Jahre alt und befand sich in einer Phase seines Arbeitslebens, in der sich langjährige Erfahrung und noch unverbrauchte Tatkraft zu einem Maximum an Leistungsfähigkeit verbanden. Sein amerikanisches Pendant, Rudolph Giuliani, hatte als Mittdreißiger den dritthöchsten Posten im amerikanischen Justizministerium angetreten und war mit neununddreißig Jahren zum US-Bundesanwalt für den Bezirk New York Süd befördert worden – den vielleicht wichtigsten Gerichtsbezirk der USA – und damit zum Chef eines ganzen Heers von Strafverfolgern und nachgeordneten Bundesbehörden. Falcone hingegen bekleidete nach fast fünfundzwanzig Jahren im Justizdienst noch immer den vergleichsweise bescheidenen Rang eines stellvertretenden Staatsanwalts.

Da die Zeichen für die Ernennung Falcones schlecht zu stehen schienen, setzte Caponetto ein Telegramm auf, in dem er seinen Antrag auf Versetzung widerrief. Er wollte nicht zusehen, wie viereinhalb Jahre Arbeit durch den Kamin rauschten, und wollte dann lieber noch zwei Jahre in Palermo bleiben und dafür sorgen, daß das Team seine Arbeit fortsetzen konnte. Caponetto trug das Telegramm stets bei sich, um es jederzeit absenden zu können. Vorerst jedoch schien die Entscheidung völlig offen zu sein, da viele Mitglieder des Consiglio noch unschlüssig waren. Tag für Tag diskutierten Caponetto und Falcone, während jedes vorbeihuschende Gerücht ihre Hoffnungen steigen oder sinken ließ, darüber, ob sie das Telegramm abschicken sollten oder nicht. An einem Abend, als die Aussichten besonders trübe waren, kamen sie überein, daß Caponetto nun seine Versetzung annullieren mußte, doch am nächsten Morgen kam Falcone, als Caponetto gerade im Begriff war, das Telegramm abzusenden, in sein Büro gestürmt und verkündete in bester, zuversichtlicher Laune: «Nino, du kannst das Telegramm zerreißen.»[6] Er habe am gestrigen Abend die Zusicherung erhalten, daß seine Wahl so gut wie feststehe.

Caponetto zerriß das Telegramm, blieb jedoch weiterhin im Zweifel. Im jahrelangen Umgang mit Falcone hatte er gelernt, daß dieser eine seltsame Mixtur aus einem skeptischen Realisten und einem naiven Optimisten war. In seiner Tätigkeit als Ermittler war Falcone einer, der immer mit dem denkbar ungünstigsten Fall rechnete und jede Beschönigung oder Täuschung aus dem Munde eines Zeugen witterte. In anderen Zusammenhängen konnte Falcone indes ein bemerkenswertes Maß an Treuherzigkeit entfalten. «Außerhalb seines Büros war er ein Mensch von erstaunlicher Offenheit und Einfalt, mit einem unbegrenzten Zutrauen zu den Versprechungen, die andere ihm machten», schrieb Caponetto später.[7]

Am Nachmittag des 19. Januar 1988, an dem die entscheidende CSM-Sitzung stattfand, hatte Falcone eine Liste mit den Namen aller Mitglieder des Gremiums vorbereitet. Mit Tinte hatte er die Namen derer, die zweifelsfrei für Meli stimmen würden, auf eine Seite, und die Namen derer, die sich für ihn erklärt hatten, auf die andere Seite geschrieben. In der Mitte standen die Namen der noch Unentschlossenen – mit Bleistift geschrieben. Im Laufe der fortschreitenden Abendstunden erhielt er regelmäßig Zwischenberichte über den Stand der Diskussion. Namen wurden aus der einen Spalte gestrichen und in die andere eingetragen. Am Ende des langen Abends waren einige der Namen, die Falcone mit Tinte in die Spalte seiner Unterstützer geschrieben hatte, durchgestrichen und standen jetzt auf der anderen Seite. Gegen halb zehn Uhr wurde das Endresultat bekanntgegeben: 14 Stimmen für Antonino Meli, 10 für Falcone, 5 Enthaltungen.

Als Falcone spät in der Nacht sein Büro verließ, wartete vor dem Justizpalast eine Reporterschar auf ihn. Trotz der ihn aufwühlenden Niederlage zeigte er seine übliche, nie versagende Selbstbeherrschung. «Wir werden weiterarbeiten wie bisher», erklärte er. «Ich werde auf meinem Posten bleiben und habe nichts weiter zu sagen.»[8] Doch als er am nächsten Morgen pünktlich sein Büro betrat, umklammerten seine Finger noch immer das Blatt mit den Namen der Wahlmänner. Ohne seine Erbitterung zu verbergen, streckte er es Caponetto hin: «An diesem Blatt kann man ablesen, welche Qualen er an diesem Abend durchlitten haben mußte, wenn man sich die Namen ansieht, die er durchstrich und versetzte», schrieb Caponetto. «Unter dem Strich gaben zwei Namen den Ausschlag, die von seiner Spalte in die andere versetzt werden mußten.»[9]

Einer dieser beiden entscheidenden «Überläufer» war Vincenzo Geraci, der nach Darstellung Caponettos Falcone noch am Morgen des Abstimmungstages seine Unterstützung zugesichert hatte. Da Geraci der einzige Mafia-Strafverfolger in dem Gremium war, war sein Votum von großem Gewicht. Von einem langjährigen Kollegen und Freund kommend, wirkte das Verhalten Geracis wie ein Dolchstoß in den Rükken. Paolo Borsellino war davon so enttäuscht, daß er die Beziehungen zu Geraci abbrach. Aus ihrer bis dahin sehr engen Freundschaft wurde fast über Nacht eine unversöhnliche Feindschaft.

Doch hinter dem strategischen Ziel, Giovanni Falcone zu bremsen, stand viel mehr als nur die Person Geracis. «Es war eine komplizierte Inszenierung», sagt Giuseppe Di Lello, Gründungsmitglied des Anti-Mafia-Verbundes. «Ich halte es für einen Fehler, eine Person, Geraci, zu verteufeln ... Es gab viele, die Falcone bremsen wollten, weil er viele verschiedene Gleichgewichte durcheinandergebracht hätte.»[10]

Während das «Drehbuch» für die Verhinderung Falcones nach Ansicht vieler in den politischen Zirkeln Roms und Siziliens ausgeheckt worden war, zeigte sich, daß die Kollegen Falcones im Justizpalast von Palermo das Ergebnis ziemlich bereitwillig akzeptierten. Sie taten dies aus einer Vielzahl unterschiedlicher Motive; beruflicher Erfolgsneid, persönliche Abneigung, gutgemeinte, aber kurzsichtige Grundsatzerwägungen und bürokratische Sturheit spielten dabei ebenso eine Rolle wie fragwürdigere Motive, die mit persönlichen Ambitionen und politischen Einflüssen von außen zu tun hatten; in der Summe ergab sich daraus ein höchst wirksames Gemisch. Caponetto und Falcone, die abgeschottet in den verbunkerten Büros des Ermittlungsdezernats arbeiteten, hatten nur eingeschränkte Kontakte zu den zahlreichen Staatsanwälten und Richtern, die sich in den Korridoren und Marmorhallen des Palermoer Justizpalastes tummelten. Aus den justizinternen politischen Kabalen, denen manche Richter und Staatsanwälte mehr Zeit widmeten als ihrer eigentlichen Arbeit, hatten beide sich stets herausgehalten. Sie hatten versucht, sich so wenig wie möglich um die ständig brodelnde Gerüchteküche und den Sarkasmus der Männer in den schwarzen Roben zu kümmern, die in dem scheinbar endlosen Labyrinth der Gänge ihre Kreise zogen.

Die Skepsis, mit der die Kollegen die bankbezogenen Ermittlungen Falcones im Fall Spatola aufgenommen hatten, hatte er mit seinen späteren Erfolgen nicht zerstreuen können. Im Gegenteil, seine Leistungen waren Salz in den Wunden seiner Kritiker. Wann immer wichtige Politiker – der Innenminister, der Justizminister, zuweilen gar der Staatspräsident – in Palermo Station machten, war der erste Mensch in der Menge, auf den sie zugingen, Giovanni Falcone, während sie an ranghöheren Untersuchungsrichtern, Gerichtspräsidenten und Oberstaatsanwälten scheinbar achtlos vorbeigingen. Die Polizeieskorten und die dunkelblauen kugelsicheren Alfa-Romeo-Limousinen der Mafiajäger waren in Palermo zu Statussymbolen geworden. Richter und Staatsanwälte hatten begonnen, sich um diese Autos zu schlagen. Alle wollten jetzt Polizeischutz und waren beleidigt, wenn sie keinen bekamen, selbst Untersuchungsrichter, die nie in irgendeine Schußlinie geraten waren.

«Das Hauptmerkmal des beamteten Juristen ist die Eifersucht auf die Kollegen», sagt Ignazio De Francisci, jüngstes Miglied des Anti-Mafia-Verbunds.

Sogar schon auf meiner Ebene gab es Eifersüchteleien: Ein Kollege wollte eine Leibwache und sagte mir, es sei nicht fair, daß nur wir eine hatten, schließlich habe er auch gegen die Familie Marchese ermittelt. Was er nicht sagte, war, daß er sie ungeschoren gelassen hatte . . . In Palermo bedeutet Karriere mehr als alles andere. Das bricht den Leuten das Herz, und sie sterben daran. Eitelkeit und Macht. Wobei die Eitelkeit vielleicht das Wichtigere von beiden ist . . . Die Richterschaft ist eine Kaste mit Anführern, Fraktionen und Koalitionen, mit Machtpolitik nach Gangsterart . . . Das Consiglio Superiore della Magistratura ist die Verkörperung jenes weichen Unterleibs, in dem sich der Haß auf die Falcones sammelt, die Verkörperung der Bürokratie.[11]

Die Kampagne mit dem Ziel, Falcone zu stoppen, wurde durch eine Reihe von Manövern hinter den Kulissen entschieden, die lange vor dem Tag der entscheidenden Abstimmung passierten. Der erste Schritt bestand darin, Antonino Meli dazu zu bringen, daß er sich um die Leitung der Ermittlungsbehörde bewarb. Am Anfang hatte Meli drei Bewerbungen für drei verschiedene freiwerdende Stellen eingereicht und sich sogar Hoffnungen auf das Amt des Gerichtspräsidenten gemacht. Unter den Bewerbern für den letztgenannten Posten war Meli sogar der dienstälteste, und es handelte sich dabei um ein mit mehr Prestige, aber nicht so belastender Tätigkeit verbundenes Amt, das zu einem 68jährigen Richter, der kurz vor der Pensionsgrenze stand, nach verbreiteter Ansicht wesentlich besser paßte. Meli zog einmal sogar seine Bewerbung um den Chefposten in der Ermittlungsbehörde zurück, um deutlich zu machen, daß er sich mehr für das Amt des Gerichtspräsidenten interessierte. Mit diesem Rückzug lieferte er jedoch fast eine Garantie für die Berufung Falcones. Alle anderen Mitbewerber Falcones hatten diesem gegenüber nur einen geringen Vorsprung an Dienstjahren und Erfahrung. Nachdem das CSM auf Initiative von Vincenzo Geraci seinerzeit Paolo Borsellino wegen seiner überlegenen Qualifikation zum obersten Strafverfolger von Marsala gemacht hatte, obwohl es einen dienstälteren Bewerber gab, wäre es dem Gremium jetzt fast unmöglich gewesen, jemandem den Vorzug zu geben, der Falcone nur wenige Dienstjahre voraus hatte. Meli war jedoch zwanzig Jahre älter als Falcone und hatte sechzehn Dienstjahre mehr als Richter vorzuweisen. Würde man ihn zurückweisen, so würde das ein ernstes institutionelles Problem aufwerfen, weil es einen eklatanten Verstoß gegen das Senioritätsprinzip darstellen würde.

Kurz vor der entscheidenden Abstimmung erneuerte Meli plötzlich seine Bewerbung für den Posten des Chef-Strafverfolgers und zog gleichzeitig seine Kandidatur für das Amt des Gerichtspräsidenten zurück. Damit war das CSM mit einer Entweder-Oder-Entscheidung zwischen Meli und Falcone konfrontiert und der Chance beraubt, Meli zum Ausgleich eine andere Position anzubieten. Nach Auskunft mehrerer CSM-Mitglieder wurde diese Konfliktsituation von Geraci und Umberto Marconi kunstvoll in Szene gesetzt. «Geraci und Marconi ließen Meli über ihre Mittelsmänner in Palermo wissen, daß er, falls er nicht seine Kandidatur für das Amt des Gerichtspräsidenten zurückzöge, keinen der beiden Posten bekommen würde», sagte Vito D'Ambrosio, zu jener Zeit Kollege der beiden Intriganten im CSM und heute als Staatsanwalt am höchsten Gericht Italiens in Rom tätig. «(Meli), der ein im Grunde ehrlicher, aber naiver Typ war, ... ließ sich dazu überreden ... Die Choreographie war genau ausgearbeitet. (Geraci und Marconi) haben es zwar nie zugegeben, es aber auch nie dementiert.»[12]

Antonino Meli selbst nannte keine Namen, räumte aber ein, seine Bewerbungs-Rochade aus Gründen der «Freundschaft» vollzogen zu haben, nach Gesprächen mit anderen ranghohen Kollegen, die keine Lust hatten, sich von Falcone überholen zu lassen. «Sie werden es nie zugeben, aber eines steht mit Sicherheit fest», meint De Francisci vom Anti-Mafia-Verbund: «Meli kam damals nicht aus eigenem Antrieb zur Ermittlungsbehörde. Jemand bugsierte ihn dorthin.»[13]

Nachdem man so die Situation eines Zweikampfs zwischen Meli und Falcone herbeigeführt hatte, stellte sich noch das Problem, eine Mehrheit für Meli sicherzustellen. Trotz des klaren Altersunterschieds gab es im Kollegium viele, die bereit waren, für Falcone zu stimmen, und mehrere, die abwarten und sehen wollten, wie sich bestimmte maßgebliche Mitglieder des Gremiums entscheiden würden. Vincenzo Geraci spielte eine äußerst aktive – und sehr gespaltene – Rolle bei der Schaffung einer Pro-Meli-Stimmung in seinem eigenen politischen Lager, so erinnert sich jedenfalls Stefano Racheli, der eben dieser Gruppierung der CSM angehörte, der konservativen, den Christdemokraten nahestehenden Magistratura Indipendente.

Eine Zeitlang hoffte Geraci offenbar, sich selbst der Stimme enthalten zu können, während die anderen Mitglieder seiner Gruppierung, von ihm entsprechend bearbeitet, einstimmig für Meli votieren würden. «Er wollte der Regisseur hinter der Kulisse sein, ohne in der Öffentlichkeit als Drahtzieher zu erscheinen», erläuterte Richter Racheli. Einige seiner Leute waren unschlüssig oder neigten eher zu Falcone, waren jedoch bereit, für Meli zu stimmen, wenn sich innerhalb ihrer Gruppe eine klare Mehrheit für diesen abzeichnete. «Geraci sagte ihnen: ‹Ich werde mich enthalten, weil ich aus Palermo bin; es ist für mich besser, neutral zu bleiben.› . . . Aber Marcello Maddalena, ein anderes Mitglied unserer Gruppierung und ein sehr anständiger Mensch, sagte, er würde für Falcone stimmen, es sei denn, alle anderen seien geschlossen gegen ihn . . . ‹Wenn du dich enthältst›, sagte er zu Geraci, ‹dann besteht keine Gruppendisziplin, und ich werde mich berechtigt fühlen, für Falcone zu stimmen.› Das hätte den ganzen Plan Geracis zunichte gemacht . . . Vincenzo Geraci war somit gezwungen, seine Fassade der Neutralität aufzugeben und gegen Falcone zu stimmen . . . Und er war darüber alles andere als glücklich.»[14]

Die Magistratura Indipendente war nur eine von drei politisch orientierten Gruppierungen im CSM. In der Gruppe, der Falcone angehörte, Unità per la Costituzione, votierten mehr Kollegen für Meli als für Falcone. «Einer der Wortführer seiner Gegner war Umberto Marconi, der sowohl meiner als auch Falcones Gruppierung angehörte», erinnerte sich Richter Vito D'Ambrosio, der an allen Diskussionen der Gruppe über die bevorstehende Abstimmung teilnahm. «Marconi sprach sich gegen Falcone aus, weil die Leute, die ihn ins Consiglio gewählt hatten, mittelmäßige Juristen waren, die es Falcone nicht gönnten, daß er für seine Verdienste belohnt wurde . . . Sie wollten ihre eigenen Karrierechancen gewahrt sehen.»

Trotz alledem hätte Falcone die Wahl gewinnen können, wenn die Linken im Gremium sich geschlossen hinter ihn gestellt hätten. Doch trotz eines leidenschaftlichen Plädoyers eines ihrer Wortführer, Giancarlo Caselli, entschied sich die Mehrheit der Gruppierung für Meli. Was für sie den Ausschlag gab, war der riesige Altersunterschied zwischen Meli und Falcone. Sie fürchteten, daß das Consiglio, wenn es erst einmal einen Präzedenzfall schuf, in dem das Senioritätsprinzip völlig außer acht blieb, bei zukünftigen Personalentscheidungen nach politischen Kriterien votieren könnte. Am Ende kapitulierten sie vor dem Dilemma, das diejenigen heraufbeschworen hatten, die Meli zur Kandidatur für das Amt des Chefermittlers überredet hatten. «Sie waren sehr kurzsichtig, und wir alle zahlten den Preis dafür», sagte Giuseppe Di Lello vom Anti-Mafia-Verbund, selbst ein Mitglied der linken Gruppierung Magistratura Democratica.[15]

Dennoch blieb die Sache bis zum Abend der Abstimmung am 19. Januar 1988 im Palazzo dei Marescialli (der in der faschistischen Ära das Hauptquartier des CSM gewesen war) spannend. Die Diskussion, die der Abstimmung vorausging, verlief höchst dramatisch und lieferte sowohl einige der lichtesten als auch einige der dunkelsten Momente in der jüngeren italienischen Justizgeschichte.

Die Meli-Anhänger hüteten sich, ein Wort der Kritik an Falcone zu äußern; statt dessen feuerten sie verdeckte Giftpfeile auf ihn ab, indem sie häufig Begriffe benutzten, die sich im Zuge der Kampagne gegen die Richterschaft zu allgemein geläufigen Schlagworten mit negativer

Codierung entwickelt hatten. Umberto Marconi zog gegen «Personenkult» und «überzeichneten Protagonismus» zu Felde. Richter Sergio Letizia verkündete, er glaube nicht «an Genies oder Supermänner». Ein anderes Kollegiumsmitglied, Sebastiano Suraci, warnte vor einer Entscheidung, die die Gefahr heraufbeschwöre, «daß Leute – wenn auch bestimmt nicht Dr. Falcone selbst – zu einem auf die Spitze getriebenen Personalismus ermuntert werden könnten, motiviert durch das Streben nach raschem beruflichem Aufstieg».[16]

Eine ziemlich paradoxe Logik an den Tag legend, erklärten viele Sitzungsteilnehmer, Falcone solle just deswegen nicht berücksichtigt werden, weil er eine Ausnahme darstelle. «Das beste Signal, das das Consiglio dem Land für seinen Krieg gegen die Mafia geben kann, ist, Dr. Falcone nicht in diese Position zu berufen und damit zu zeigen, daß Dr. Falcone nicht der einzige Untersuchungsrichter in Italien ist, der die Fähigkeit besitzt, das Mafia-Phänomen zu bekämpfen», sprach Richter Antonio Bonajuto.

Eine ein Jahr andauernde öffentliche Diskussion, die mit dem Sciascia-Artikel über «berufsmäßige Mafiajäger» begonnen und mit dem Referendum gegen die Richterschaft geendet hatte, hatte offensichtlich ihre Früchte getragen. Einige Consiglio-Mitglieder wiesen ausdrücklich sowohl auf den Sciascia-Artikel als auch auf das Referendum hin, andere bedienten sich einfach nur der durch die öffentlichen Debatten bereitgestellten rhetorischen Munition, um ihr Votum gegen Falcone zu begründen.

Umberto Marconi griff einige Lieblingsformeln der Sozialistischen Partei auf, indem er etwa von potentiell gefährlichen «Machtbasen innerhalb und außerhalb der Justiz» sprach und seine Kollegen an die politischen Aspekte ihrer Abstimmung erinnerte: «Eine ganze Nation wartet, und zwar nicht nur auf das Gesetz über die zivilrechtliche Haftung der Richter; die Erwartungen der Öffentlichkeit richten sich auf die Regierung . . . auf das Parlament und auf die politischen Parteien. Ja, die Parteien.»

In seinem etwas nebulösen Redebeitrag beschwor Marconi ein angeblich über der italienischen Justiz schwebendes Gespenst herauf; die politischen Parteien, so ließ er durchblicken, würden die Befugnisse der Justiz drastisch beschneiden, wenn das CSM ihnen nicht zuvorkam und einigen der vorwitzigsten Untersuchungsrichter wie Falcone die Flügel stutzte und damit die vielbeschworenen «Machtbasen» wie den Anti-Mafia-Verbund von Palermo ausschaltete.

Richter Stefano Racheli versuchte die Diskussion auf die unmittelbar zur Entscheidung anstehende Frage zurückzulenken: die Suche nach dem bestmöglichen Kandidaten für die Leitung der Ermittlungsbehörde von Palermo. «Ich erinnere alle Anwesenden daran, daß dies im jetzigen Augenblick unsere einzige Aufgabe ist», sagte er. Keiner der

Anhänger Antonino Melis habe auch nur versucht, darzulegen, daß er der qualifiziertere Bewerber sei. «Ich möchte niemanden in ein schlechtes Licht rücken», fuhr er fort, «aber ich halte es für wichtig, zwei kurze Feststellungen einzustreuen: Der von der Kommission vorgeschlagene Richter (Meli) steht an der Schwelle seiner Pensionierung und hat nie (ich wiederhole nie) als ermittelnder Strafverfolger gearbeitet . . . Ein höheres Dienstalter und eine fleckenlose Laufbahn aufweisen zu können, genügt nicht, um die Ermittlungsbehörde in Palermo zu leiten.»

Giancarlo Caselli, der sich als einziges Mitglied der linken Gruppierung Magistratura Democratica für Falcone stark machte, kritisierte die «Abstraktheit» der Diskussion über das Dienstalter und monierte, daß bislang kaum über das Mafiaproblem gesprochen worden sei. Er erinnerte das Kollegium an die «zentrale Bedeutung der Ermittlungsbehörde in Palermo» und an den «Quantensprung», den der Anti-Mafia-Verbund geschafft hatte, nachdem die Cosa Nostra zuvor jahrzehntelang dank der Gleichgültigkeit, des Versagens und zuweilen auch der Komplizenschaft der sizilianischen Justiz unangetastet geblieben war.

Mit bitterer Ironie geißelte Caselli die Diskussion um einen angeblichen «Protagonismus» innerhalb der Justiz als heuchlerisch.

Das Gerede über Protagonismus erinnert ein bißchen an das Gerede über Frauen in der Zeit, als sie noch alle verschleiert gingen. Damals waren alle Frauen schön, doch als die Schleier fielen, begannen die Leute die Unterschiede zu bemerken. Denselben Effekt haben wir jetzt bei der Richterschaft erlebt. Solange kein Untersuchungsrichter für «Unruhe» sorgte, . . . waren sie alle großartig. Aber als einige Richter einen klaren Standpunkt bezogen, Lebenszeichen von sich gaben und dem Gesetz wieder Geltung zu verschaffen versuchten, als sie Dinge taten, die bis dahin undenkbar gewesen waren, wurden und werden sie plötzlich des «Protagonismus» bezichtigt . . . Dies in einer Situation, da andere Richter sich von der Front zurückgezogen haben . . . und . . . nichts riskieren. Und an ihnen übt niemand Kritik . . . Doch es ist unvorstellbar und irgendwie skandalös, von Privilegien zu sprechen, wenn von den Strafverfolgern in Palermo die Rede ist, die unter den uns allen bekannten Bedingungen arbeiten.

Einige Mitglieder des Kollegiums wiesen darauf hin, daß Meli für sein aufbrausendes Wesen und sein allergisches Reagieren auf Kritik bekannt war, Wesenszüge, deretwegen er sich in eine erbitterte öffentliche Fehde mit einem Kollegen in Caltanissetta hatte hineinziehen lassen, den er schließlich verklagt hatte. Dazu kam sein unstetes Verhalten während der Bewerbungsfrist – die unvermittelte Rücknahme und die ebenso plötzliche Wiederaufnahme seiner Kandidatur und seine wütende Reaktion, als ein Mitglied des Consiglio ihn auf seinen Mangel an Erfahrung als ermittelnder Untersuchungsrichter angesprochen hatte. «Seine ständige Impulsivität dürfte ihn nicht gerade zur idealen Besetzung machen», gab CSM-Mitglied Massimo Brutti zu bedenken.

Zum Ende der Diskussion ergriff noch einmal Vincenzo Geraci das Wort und hielt eine außerordentlich gewandte Rede, mit der er offenbar den Eindruck erwecken wollte, er befinde sich in einer hamletartigen psychologischen Zwangslage, hin- und hergerissen zwischen der Loyalität zu seinem guten Freund Giovanni Falcone und seinen übergeordneten Verpflichtungen gegenüber dem Gesetz.

Nichts kann je in mir, der ich an seiner Seite dramatische und emotional belastende Erlebnisse durchgemacht habe, das Bewußtsein für die Verdienste Giovanni Falcones im Krieg gegen die Mafia auslöschen. Mit einigem Unbehagen durchlebe ich unfreiwillig die Erinnerung an Momente meines Lebens, die in mir fest eingeprägt geblieben sind, wie diese kleine Gemeinschaft – man nannte uns nicht ohne Sarkasmus die «Samurai» – sich großherzig . . . unter enormen persönlichen Opfern und Lebensgefahren in den Kampf gegen die Barbarei der Mafia stürzte, zu einer Zeit, als die Straßen Palermos, wie auch heute wieder, im wahrsten Sinn des Wortes mit Leichen gepflastert waren und die wichtigsten Repräsentanten des Staates auf der Insel einer nach dem anderen ermordet wurden . . . Ich empfinde die moralische Verpflichtung, Ihnen meine eigene persönliche Überzeugung mitzuteilen, daß Giovanni der Beste von uns allen war, und ich erachte es als mein höchstes und einzigartiges Privileg, an der Seite dieses Mannes gearbeitet zu haben, der das Buch der Geschichte nicht nur unserer Justiz, sondern unseres Landes um ein Kapitel der gesellschaftlichen Läuterung bereichert hat . . .

Ich hoffe, Sie erlauben mir, hier meiner persönlichen, unbeschreiblichen Seelenqual während dieses ganzen Verfahrens und des ausweglosen Dilemmas, in dem ich gefangen bin, Ausdruck zu geben. Auf der einen Seite neige ich aufgrund der gefeierten Fähigkeiten Falcones und der persönlichen und beruflichen Beziehungen, die mich jahrelang mit ihm verbunden haben, dazu, ihm bei dieser Wahl den Vorzug zu geben, doch was mich daran hindert, ist die Persönlichkeit Melis, der stets sein hohes und lautloses Pflichtbewußtsein demonstriert hat, auch in weit zurückliegenden und dramatischen Zeiten, als er in mehrere nationalsozialistische Konzentrationslager in Polen und Deutschland deportiert wurde, wo er zwei Jahre lang als Kriegsgefangener blieb . . . In einer solchen Situation bitte ich Sie um Ihr Verständnis dafür, wieviel Leid und Demut es kostet, meine Stimme für den Vorschlag der Kommission (d. h. für Meli) abzugeben.

Die Rede Geracis vor dem Consiglio gehört zu den schönsten Elogen, die je auf Giovanni Falcone gehalten wurden, und sie wäre eine wirklich bewegende Ansprache, wüßte man nicht, wie emsig Geraci hinter den Kulissen gearbeitet hatte, um die Ernennung Falcones zu torpedieren. Die lyrische Qualität der Rede, mit der er die Hoffnungen Falcones zunichte machte, läßt seinen Verrat erst recht kaltblütig erscheinen. Unter dem Eindruck der Ermordung Falcones im Mai 1992 hielt Borsellino eine gefühlsbetonte Rede in der städtischen Bibliothek von Palermo, in der er auch auf das Verhalten Geracis an jenem Abend anspielte: «Giovanni Falcones Sterben begann am 19. Januar 1988, als er von einem Judas verraten wurde.»[17]

Geraci hat sich darauf versteift, daß er zum Sündenbock für den Beschluß eines Gremiums gemacht worden sei. «Die Leute haben mich zur Zielscheibe von Angriffen erkoren, weil ich ein bequemer Blitzableiter bin und sie dadurch leichter vermeiden können, die kommunistischen und anderen linken Mitglieder der Kommission zu attackieren, die bei dieser und bei anderen Gelegenheiten gegen Falcone votierten», erklärte er. «Ich war schließlich nur eines von dreißig Mitgliedern der Kommission.»[18]

Die Juristen, die Giovanni Falcone nahestanden, wenden hiergegen ein, daß an Geraci besondere Maßstäbe angelegt werden müßten. «Das Verhalten Geracis überraschte uns wirklich», sagt Leonardo Guarnotta, eines der vier Gründungsmitglieder des Anti-Mafia-Verbundes.

Wir hatten eng zusammengearbeitet, er kannte alle unsere Probleme. Er wußte sehr genau, daß im Falle einer Berufung Melis oder eines anderen neuen Chefs das Büro nicht so würde weiterarbeiten können, wie es bis dahin gearbeitet hatte . . . Er hat erklärt, Meli sei ein Ehrenmann gewesen, und das ist auch von niemandem je bestritten worden. Aber er war nicht der richtige Mann für den Posten, und es ist ausgeschlossen, daß ein Mann wie Vincenzo Geraci das nicht wußte. Wäre er mit unserer Situation nicht so eng vertraut gewesen, so könnte man daran glauben, daß er es gut meinte. Aber in Anbetracht seiner Erfahrung und Intelligenz glaube ich ganz und gar nicht an die Lauterkeit seiner Motive.

Wie Geraci im nachhinein darlegte, bestanden zwischen ihm und Falcone seit langem bedeutsame und grundsätzliche Differenzen in ihrer Rechtsauffassung. «Ich gehörte zu denen, die Bedenken wegen des Umfangs des Maxi-Prozesses hatten», sagte er. «Die Gründe für den Konflikt mit Falcone wurzeln in der Tatsache, daß ich ihm sagte, ich sei gegen einen Prozeß mit 500 Angeklagten.» Es trifft zu, daß die Procura della Repubblica die Empfehlung aussprach, die Zahl der Angeklagten auf 350 zu reduzieren. Vieles spricht jedoch dafür, daß Geraci dieses Argument erst nachträglich zur Rechtfertigung seines Verhaltens entdeckte. Wenn diese grundsätzlichen Einwände gegen den Maxi-Prozeß für Geraci so schwer wogen, muß man sich fragen, weshalb er in der Debatte im CSM, in der es um die Berufung Falcones oder Melis ging, mit keinem Wort darauf einging. Dazu kam, daß die Zeit der Prozesse mit 500 Angeklagten bereits vorbei war. Der Anti-Mafia-Verbund hatte von sich aus den Umfang der größten Prozesse zurückgefahren: Sowohl bei Maxi-Zwei als auch bei Maxi-Drei ging es um jeweils weniger als 100 Angeklagte. Der erste Maxi-Prozeß war in dieser Beziehung ein einzigartiger Sonderfall gewesen, ein notwendiges Spektakel, um die Existenz und den Charakter der Cosa Nostra als kriminelle Organisation in allen ihren Verzweigungen und Schattierungen zu dokumentieren.

Wenn die Vorbehalte, die Geraci gegen Falcone hatte, auf grundlegenden Auffassungsunterschieden beruhten, ist es nicht recht verständlich, weshalb er es für nötig fand, seine wahren Absichten zu verbergen, indem er öffentlich den Anschein der Parteinahme für Falcone oder zumindest der Neutralität erweckte, im Hintergrund jedoch zugleich tatkräftig dessen Kandidatur hintertrieb. «Geraci hatte eine übergeordnete politische Mission, nämlich den Anti-Mafia-Verbund abzublocken, zu delegitimieren und ihm die Zähne zu ziehen – so etwas konnte nur das Produkt einer ausgeklügelten politischen Strategie sein», meint Richter D'Ambrosio. «Von Geraci war bekannt, daß er der Andreotti-Gruppierung in Sizilien nahestand.» Einige wußten zu vermelden, daß Geraci vorhatte, auf der Liste der Christdemokraten für einen Senatssitz zu kandidieren. Geraci hat dies stets dementiert und sich tatsächlich niemals um ein politisches Amt beworben.

Die Stimmungsmache gegen Falcone hatte indes nicht mit Vincenzo Geraci angefangen, noch hörte sie mit ihm auf. Auch unter den Mitgliedern des Anti-Mafia-Verbunds in der Procura della Repubblica von Palermo gab es einige fähige und integre Richter, die Bedenken gegen Falcone hatten. Ein übriges zur Komplizierung der Situation tat die eigentümliche Struktur, die das italienische Justizsystem in jener Zeit noch aufwies: Es existierten zwei parallel arbeitende Strafverfolgungsbehörden – die Ermittlungsbehörde und die Procura, die für jeweils verschiedene Aspekte der jeweils selben Fälle zuständig waren. Von Gesetzes wegen war es die Ermittlungsbehörde, die ein anhängiges Verfahren vorantrieb, indem sie Zeugen ausfindig machte und Belastungsmaterial zusammentrug; die Mitarbeiter der Procura mußten sich mit der eher passiven Rolle der sachlichen und rechtlichen Prüfung des vorgelegten Beweismaterials begnügen. Wenn Giovanni Falcone Zeugen wie Tommaso Buscetta und Salvatore Contorno vernahm, saßen die Untersuchungsrichter von der Procura, wie Vincenzo Geraci, Giusto Sciacchitano oder Alberto Di Pisa, im allgemeinen schweigend daneben. Das charismatische Naturell von Falcone tat ein übriges, um das Ungleichgewicht zwischen den beiden Behörden sichtbar zu machen. «Ich sagte meinen Kollegen immer: Ihr müßt euch damit abfinden, daß Falcone der Motor ist», erinnert sich Giuseppe Ayala, Ankläger im Maxi-Prozeß. «Andere können die Räder sein, jemand kann sogar das Lenkrad sein, aber ohne den Motor werden wir nirgendwo hinkommen.» Gleichwohl waren viele dieser Richter, die zum Teil ebenso lange wie Falcone, oder gar noch länger als er, in Mafiafällen ermittelt hatten, eifersüchtig auf die ihm allenthalben zuteil werdende Anerkennung.

«Geraci, Di Pisa, Sciacchitano und mehrere andere konnten sich nie mit der Tatsache anfreunden, daß man, wenn man Fußball spielt und den weltbesten Mittelstürmer in der Mannschaft hat, ihm den Ball zuspielen muß, wenn man will, daß die eigene Mannschaft gewinnt», sagt De Francisci. «Diese Männer waren jedoch überzeugt, genauso gut zu sein wie Falcone, vielleicht sogar besser.» Vincenzo Geraci zählte die Untersuchungsrichter von der Procura della Repubblica zu seinen engsten Freunden, und diese Männer sahen dem Tag, an dem Giovanni Falcone ein noch einflußreicheres Amt antreten würde, mit gemischten Gefühlen entgegen.

Die Mißgunst seiner Kollegen hätte allein jedoch nicht ausgereicht, um die Kandidatur Falcones zu Fall zu bringen. «Diese Wahl war ein Element in einem größeren Spiel» sagt Leonardo Guarnotta vom Anti-Mafia-Verbund. «Man muß nur daran erinnern, daß die Sozialisten, insbesondere Craxi und Martelli, eine wütende Kampagne gegen uns entfesselten.»

«Die Interessen der Richterschaft, die den Status quo und das Senioritätsprinzip bewahrt sehen wollte, gingen wunderbar Hand in Hand mit den Interessen der politischen Klasse, die Angst vor Falcone hatte», sagt Giuseppe Ayala. «Aus unterschiedlichen Motiven wurden sie sich in einem Punkt einig: Giovanni Falcone darf den Posten nicht bekommen.»

Während Giovanni Falcone jede öffentliche Kommentierung des Abstimmungsergebnisses ablehnte, übte Antonino Caponetto, der ohnehin kurz vor der Pensionierung stand, am Vorabend seines Abschieds aus Palermo lautstarke Kritik: «In einem Augenblick, da die Mafia wieder zu morden begonnen hat, hätte es einer innovativen und mutigen Entscheidung bedurft, die die Gewähr für Kontinuität in der Fortführung der Ermittlungen gegen die Mafia geboten hätte», erklärte er einen Tag nach der Abstimmung in CSM: «Ich hätte erwartet, daß man um des Kampfes gegen die Mafia willen . . . weniger erhabene Interessen zurückstellen hätte können . . . Offensichtlich habe ich mich getäuscht. In Sizilien wird diesen Signalen großes Gewicht beigemessen.» Angewidert erklärte Caponetto seinen Austritt aus der Nationalen Richtervereinigung. Tatsächlich barg die Kampfabstimmung zwischen Meli und Falcone so viel Zündstoff, daß sie zu einer Spaltung der italienischen Justiz führte. Hunderte von Richtern aus dem ganzen Land – darunter Falcone und mehrere Mitglieder des CSM – kehrten ihren angestammten «Strömungen» den Rücken und taten sich zu einer eigenen Gruppierung zusammen.

Wenige Tage nach der Abstimmung nahm Giovanni Falcone im Haus des Richters Stefano Racheli in Rom an einer Abendgesellschaft teil, bei der mehrere Mitglieder des Consiglio Superiore della Magistratura zugegen waren; Racheli war einer der CSM-Mitglieder, die aus Protest gegen das Wahlergebnis aus ihrer «Strömung» ausgetreten waren. Falcone war in düsterer Stimmung und fragte sich, wie seine öffentliche Demontage in Palermo aufgenommen würde. «Ich bin ein toter Mann», sagte er. Er wußte, wie gefährlich es war, im Kampf gegen die Mafia in die politische Isolation zu geraten, und erinnerte an die Einsicht, die General Dalla Chiesa kurz vor seinem Tod formuliert hatte: «Sie töten den Inhaber der Machtposition, wenn diese fatale Kombination gegeben ist: Er ist zu gefährlich geworden, aber man darf ihn töten, weil er isoliert ist.» Der triumphale Ausgang des Maxi-Prozesses hatte ein weiteres Mal gezeigt, wie gefährlich Falcone war; zugleich war durch seine Nichtberücksichtigung für den Posten des Chefermittlers deutlich geworden, wie isoliert er tatsächlich war. «Ich bin ein toter Mann», wiederholte er.

VIERZEHNTES KAPITEL

Nachdem Falcone seinen ersten Frust abgeschüttelt hatte, fand er zu einem für ihn typischen Umgang mit der Niederlage zurück: Er stürzte sich in seine Arbeit. Die Arbeit war für Falcone eine Zuflucht, so etwas wie eine schmerzlindernde Droge – so empfanden es seine Freunde und Kollegen. Und immerhin war er in aller Stille dabei, seinen größte Coup seit der Aussage Tommaso Buscettas im Herbst 1984 vorzubereiten.

Nach drei langen, dürren Jahren ohne nennenswerte neue Zeugenaussagen aus dem Mafiamilieu hatte sich im vergangenen Frühjahr endlich wieder etwas getan: Antonino Calderone hatte zu reden beschlossen. Falcone war schon seit 1981 hinter Calderone her gewesen, seit er im Zuge der Spatola-Ermittlungen bei der Aufklärung einer finanziellen Transaktion auf ein Bankkonto gestoßen war, das auf den Namen von Calderones Frau lautete und auf das Gelder aus einem Drogengeschäft geflossen waren. Buscetta hatte später durchblicken lassen, daß Calderones älterer Bruder Giuseppe Mitglied der Kommission gewesen sei – eine Information, die durch ein abgehörtes Telefonat zwischen zwei Mafiosi erhärtet worden war.

Die französische Polizei hatte Antonino Calderone in Nizza festgenommen, wo er mit Frau und Kindern unter falschem Namen gelebt und einen Waschsalon betrieben hatte. Die Calderones gehörten zu den großen Verlierern des jüngsten Mafiakrieges; Giuseppe war 1978 ermordet worden, und Antonino war 1983 aus Sizilien geflohen, weil er um sein Leben fürchtete. In seiner Zelle in Nizza gelangte er zu der Überzeugung, daß einige andere, sizilianische Insassen des Gefängnisses ihm nach dem Leben trachteten. Plötzlich rief er einen Wärter herbei und verlangte den Gefängnisdirektor zu sprechen; diesem sagte er, er wolle mit Richter Giovanni Falcone reden. Zu seinem eigenen Schutz wurde er zunächst in eine Nervenklinik verlegt. Am 9. April 1987 erschien Falcone in Begleitung des Polizeiermittlers Antonio Manganelli und des französischen Staatsanwalts Michel Debaq in einem Marseiller Gefängnis, und wenig später saß er Calderone gegenüber. Dieser hüllte sich anfangs in Schweigen, doch dann sagte er plötzlich: «Ich weiß eine Menge über die Mafia, weil ich dazugehöre.» Einmal in Fahrt gekommen, redete Calderone fast ein Jahr lang.[1]

Im Unterschied zu den früheren Zeugen, die alle ihren Wirkungskreis in Palermo gehabt hatten, schilderte Calderone die Mafiaherrschaft in Catania, der zweitgrößten Stadt Siziliens, die an der Ostküste der Insel zu Füßen des Ätna liegt. Ehe in den 80er Jahren die Gewalttätigkeit in Catania Palermoer Ausmaße annahm, waren viele Leute der Meinung, die Mafia sei ausschließlich ein Phänomen des sizilianischen Westens, und Catania, das sich einst stolz als das Mailand des Südens präsentiert hatte, sei frei davon. Tatsächlich reichten die Anfänge der Cosa Nostra in Catania, wie Calderone enthüllte, mindestens bis in die faschistische Zeit zurück. Die Familie Calderone repräsentierte selbst eine Miniaturausgabe der Geschichte der Catanieser Mafia. Ein Onkel von Antonino hatte 1925 zu den Gründern der ersten Mafiasippe in der Stadt gehört und war von Mussolinis «Eisernem Präfekten» Cesare Mori verfolgt worden. Ein anderer Onkel hatte nach dem Zweiten Weltkrieg mitgeholfen, die Mafia wieder auf die Beine zu stellen, und hatte den Schwarzhandel mit geschmuggeltem Tabak organisiert. In den 60er Jahren war Calderones älterer Bruder Giuseppe, genannt Pippo, zum Boß der Catanieser Mafia aufgestiegen und hatte Antonino zu seinem Unterboß gemacht.

Die Calderones standen auf freundschaftlichem Fuß mit den Bossen der «traditionellen» Mafia wie Stefano Bontate, Salvatore Inzerillo und Giuseppe Di Cristina, die im Mafiakrieg der frühen 80er Jahre liquidiert wurden. Es war schwerlich ein Zufall, daß Calderone 1978 ermordet wurde, nur wenige Monate nach Di Cristina. Die Machtkämpfe der späten 70er Jahre in Catania und anderen Provinzstädten bildeten ein bedeutsames Vorspiel zum großen Mafiakrieg von Palermo in der ersten Hälfte der 80er Jahre. Totò Riina und seine Corleoneser unterminierten nach und nach den Rückhalt für ihr eigentliches Opfer Stefano Bontate, indem sie seine Verbündeten in anderen Regionen der Insel ausschalteten.

Totò Riinas wichtigster Verbündeter in Catania war Nitto Santapaola, seinerseits ein ehemals enger Freund und Schützling der Calderones. Santapaola war Unterboß der Catanieser Mafiasippe und übernahm 1975, nach der Berufung Pippo Calderones in die Kommission, deren Führung. Während der ältere Calderone-Bruder als Diplomat hohe Mafiapolitik machte, kümmerte sich Santapaola um das Alltagsgeschäft zu Hause, scheffelte Millionen im Heroinhandel, avancierte zum bevorzugten Muskelmann der führenden Catanieser Unternehmer und etablierte sich als militärischer Machtfaktor, indem er behutsam eine Privatarmee aufbaute, die nur auf seine Befehle hörte, ganz so wie Riina es im Westen Siziliens getan hatte.

Antonino Calderone war ein anderer Typus als Buscetta oder Contorno. Hatten sie kein Wort des Bedauerns über ihre Verbrechen verloren, so schien Calderone echte Probleme mit seinem Gewissen zu haben. So begann er zu brüllen und sich in Krämpfen am Boden zu wälzen, als er über seine Teilnahme an der Ermordung mehrerer Jugendlicher berichtete, die beschuldigt wurden, der Mutter von Nitto Santapaola die Handtasche geraubt zu haben. Falcone und Manganelli fürchteten schon, Calderone werde sich auf dem harten Boden den Schädel zertrümmern, und ließen ihn durch herbeigerufene Gefängniswärter bändigen.

Als Bruder eines Kommissionsmitglieds war Calderone bestens in der Lage, Aussagen über das innere Funktionieren der Organisation zu machen; er bestätigte die maßgebliche Rolle, die das Führungsorgan der Mafia bei den Beschlüssen über die wichtigsten Mordanschläge der 70er und 80er Jahre gespielt hatte.

Tatsächlich lieferte Calderone, obwohl er von der anderen Seite Siziliens stammte, als erster Mafiazeuge ausgiebige Informationen aus erster Hand über die Führer der Corleoneser Mafia. Über Luciano Leggio sagte er: «Ihm machte das Töten Freude. Er hatte eine Art, Leute anzublicken, die jedem angst machen konnte, sogar uns Mafiosi. Er konnte über winzigste Kleinigkeiten aus der Haut fahren, und dann leuchtete in seinen Augen ein seltsames Licht auf, das alle um ihn herum zum Verstummen brachte. Wenn man mit ihm zusammen war, mußte man aufpassen, was man sagte. Ein falscher Zungenschlag, ein schlecht gewähltes Wort, und plötzlich dieses Schweigen. Alles verstummte auf der Stelle, es kehrte unbehagliche Spannung ein, und man roch, daß der Duft des Todes in der Luft lag.»[2]

Das Porträt, das Calderone von den Nachfolgern Leggios, Totò Riina und Bernardo Provenzano, zeichnete, war in mancher Hinsicht noch haarsträubender. «Die Corleoneser Bosse hatten nicht die geringste Bildung, aber sie waren schlau und teuflisch», sagte Calderone. «Sie waren sowohl verschlagen als auch total kaltblütig, eine seltene Kombination bei der Cosa Nostra.» Er beschrieb Bernardo Provenzano als eine Tötungsmaschine. «Mein Bruder nannte ihn *tratturi*, den Traktor, wegen der Kaltblütigkeit, mit der er mordete.» Doch Riina, den sie (aber nur in seiner Abwesenheit) *u curtu*, den Kurzen, nannten, sei noch gefährlicher gewesen. «Totò Riina war unglaublich ungebildet, doch er besaß Intuition und Intelligenz und war schwer einzuschätzen und sehr schwer berechenbar», sagte Calderone. «Und gleichzeitig war er ein wildes Tier. Er hatte die Einstellung: Wenn einem der Finger weh tat, war es besser, auf Nummer Sicher zu gehen und gleich den ganzen Arm abzuschneiden.» Er habe sich nach den einfachen Spielregeln der brutalen, mittelalterlichen Welt des ländlichen Sizilien gerichtet, wo Gewalt das einzige Gesetz sei und kein Widerspruch bestehe zwischen persönlicher Freundlichkeit und extremer Gewissenlosigkeit. Riina sei leise, ein Überredungskünstler und oft sehr sentimental. Er fange an zu weinen, wenn er daran zurückdenke, daß seine Mutter zu arm gewesen sei, ihn im Gefängnis zu besuchen, als er in den 60er Jahren auf dem italienischen Festland einsaß. Außerdem beschrieb Calderone ihn als fürsorglichen Vater und treuen Ehemann: «Ich will keine andere Frau als meine Ninnetta», hatte er Calderone einmal anvertraut und hinzugefügt: «Und wenn sie mich sie nicht heiraten lassen, werde ich ein paar Leute umbringen müssen.[3] Man wisse bei Riina jedoch nie, was echt und was gespielt war. Calderone beschrieb die surrealistische Szenerie eines Mafia-Banketts zu Ehren seines toten Bruders, ausgerichtet von denen, die seine Ermordung angeordnet hatten. Riina hatte bei der Gelegenheit einen leidenschaftlichen Nachruf gehalten, in dem er Pippo Calderone als großen Friedensstifter porträtiert und viele der anwesenden hartgesottenen Mafiosi zu Tränen gerührt hatte, obwohl sie allen Grund zu der Annahme hatten, daß Riina selbst seinen Segen zu dem Mord gegeben hatte. Riinas Bewunderung für Calderone mag sogar echt gewesen sein – er bedauerte es sicher, ihn töten lassen zu müssen, ähnlich wie der Vorstandsvorsitzende eines Unternehmens es bedauern mag, in wirtschaftlich schwierigen Zeiten bewährte Mitarbeiter entlassen zu müssen.

Mehr als von irgendeinem anderen Zeugen erfuhren die Ermittler von Calderone über die Beziehungen zwischen der Mafia und den «Rittern der Arbeit» von Catania. So hatten die Calderones dem Familienunternehmen Costanzo, der größten Baufirma Catanias, «Brecherdienste» geleistet und dafür gesorgt, daß die Firma keine Probleme bekam, wenn sie Aufträge in anderen Teilen Siziliens ausführte. Nach dem Tod Pippo Calderones hatte Nitto Santapaolo seinen Platz auf der Lohnliste der Costanzos übernommen. Zu den Arbeitsmethoden der Catanieser Mafia gehörte es, Baustellen uneinsichtiger Konkurrenzfirmen in die Luft zu sprengen; in einem Fall ermordeten sie sogar einen Unternehmer, der der Firma Costanzo Konkurrenz machte. Calderone bestätigte auch die Vermutung Falcones, daß die Catanieser maßgeblich an der Ermordung des Generals Dalla Chiesa mitgewirkt hatten. Calderone erinnerte sich an eine Situation, in der Gino Costanzo ihn beiseite genommen und eine Tirade über die Gefährlichkeit Dalla Chiesas vom Stapel gelassen hatte: «Was tun unsere Freunde in Palermo? Schlafen die? Merken sie nicht, wie ernst die Lage ist?» Im

Rückblick auf die Episode meinte Calderone: «Wenn er schon mit mir so redete, der ich zu der Zeit in der Cosa Nostra noch ein ganz kleines Licht war, ... kann man sich vorstellen, was er den Bossen der Catanieser Familien erzählte.»[4]

Nach Darstellung Calderones hatten die Costanzos mitgeholfen, Nitto Santapaola ein Alibi für den Zeitpunkt der Ermordung seines Rivalen Alfio Ferlito zu verschaffen (der «Belohnung» für die Mithilfe der Catanieser bei dem Mordanschlag auf Dalla Chiesa). Santapaola und seine Familie hielten sich zur Tatzeit in Gesellschaft eines Carabinieri-Obersten in einem den Costanzos gehörenden Luxushotel in Perla Ionica auf. Der Oberst war von Gino Costanzo zu einem Gratisaufenthalt in dem Hotel eingeladen worden und würde somit notfalls das Alibi Santapaolas bestätigen können.[5]

Das vielleicht bemerkenswerteste Neue an den Offenbarungen Calderones war seine rückhaltlose Darstellung der Komplizenschaft zwischen der Mafia und Mitgliedern der italienischen Regierung. Er schilderte, wie er und sein Bruder jedes Jahr in der Weihnachtszeit erlesene Geschenke für die ranghöchsten Richter, Staatsanwälte und Politiker der Stadt hergerichtet hatten. Er erläuterte, wie führende Unternehmer aus Catania ranghohe Beamte an der Leine geführt hatten, indem sie ihnen beispielsweise Wohnungen mietfrei überließen. Die Catanieser Mafia erfuhr denn auch im allgemeinen von bevorstehenden Haftbefehlen schon vor ihrer Ausstellung und konnte manchmal sogar erreichen, daß bestimmte Namen von der Liste gestrichen wurden.

Dies half mit, zu erklären, weshalb es in Catania zu keinen größeren Ermittlungen gegen die Mafia oder in Sachen Korruption gekommen war. Leitende Strafverfolger waren, nachdem man sie bei Rechtsbeugungen zugunsten der «Ritter der Arbeit» ertappt hatte, versetzt, aber nicht etwa aus dem Justizdienst entlassen worden. Die Polizei von Catania hatte Nitto Santapaola nach einigen wenigen Routinefragen laufen lassen, nachdem sie seinen kugelsicheren Wagen am Schauplatz einer wilden Schießerei mit mehreren Todesopfern sichergestellt hatte. Damit nicht genug, hatte sie ihm trotz seiner aktenkundigen kriminellen Vergangenheit seinen Waffenschein nicht abgenommen. (Wonach es auch nicht mehr überrascht, daß in Catania keine Mordanschläge auf Untersuchungsrichter oder Polizeibeamte vorgekommen waren.)

Wenn ein Mafioso aus Catania für eine Auslandsreise einen falschen Paß benötigte, wandte er sich an seinen Abgeordneten im römischen Parlament, Giuseppe Lupis von der kleinen Sozialdemokratischen Partei. Daraufhin besorgte, so sagte Calderone aus, ein Mitarbeiter aus Lupis' Abgeordnetenbüro einen Reisepaß von der deutschen Botschaft in Rom, unter Umgehung der italienischen Behörden, die die Reisetätigkeit verurteilter Straftäter nach Möglichkeit beschränken wollten. Daraus erklärte sich auch die Tatsache, daß Lupis zu einem der besten Stimmenbringer in der Stadt wurde.[6]

«Die Politiker kamen immer zu uns, weil wir jede Menge Wählerstimmen kontrollierten», erfuhr Falcone von Calderone. «Um Ihnen eine Vorstellung davon zu geben: Gehen Sie davon aus, daß jeder ‹Ehrenmann› in seiner Familie und seinem Freundeskreis über mindestens 40 bis 50 Stimmen gebietet. In Palermo gibt es etwa 1500 bis 2000 ‹Ehrenmänner›. Mit 50 multipliziert, ergibt das einen hübschen Block von 75.000 bis 100.000 Wählerstimmen, die man befreundeten Kandidaten und Parteien zuschieben kann.»[7]

Die große Zahl von Sitzen im italienischen Parlament (945, d. h. einer für jeweils 40.000 Wähler) führt dazu, daß für den Gewinn eines Abgeordnetenmandats unter Umständen schon ein paar tausend Stimmen ausreichen. Die Zahl von mindestens zwölf namhaften Parteien und dazu das althergebrachte italienische Verhältniswahlsystem machten es interessierten Kreisen verhältnismäßig leicht, mit Hilfe gut plazierter Stimmenpakete Wahlergebnisse zu beeinflussen. Während die Mafia im großen und ganzen stets die DC als die mächtigste politische Partei unterstützte, lohnte es sich unter den Bedingungen des Verhältniswahlrechts manchmal, einen Kandidaten von einer der kleineren Parteien zu unterstützen. So konnte Giuseppe Lupis (der Mann, der nach Aussage Calderones der Mafia Reisepässe besorgte) bei der Parlamentswahl des Jahres 1968 aufgrund von lediglich 34.000 Stimmen 3 Mandate für seine winzige Sozialdemokratische Partei erobern. Bei dieser Wahl verfehlten zwei christdemokratische Kandidaten mit jeweils mehr als 25.000 Stimmen den Einzug ins Parlament, während Aristide Gunnella von der Republikanischen Partei mit nur 12.000 Stimmen einen Sitz errang.[8]

Nach Calderones Aussage verdankte Gunnella sein politisches Glück teilweise der Mafia, insbesondere seiner Freundschaft mit dem 1978 ermordeten Boß von Riesi, Giuseppe Di Cristina. «Das Beispiel der Sippe von Di Cristina ist klassisch», sagte Calderone. «Sie stand drei Generationen lang an der Spitze der Mafia von Riesi . . ., unterstützte die Democrazia Cristiana, war durch und durch christdemokratisch.» Ein Bruder Di Cristinas saß als christdemokratischer Bürgermeister im Rathaus von Riesi. «Doch als der Skandal mit den vielen Mafiosi in der sizilianischen DC hochkam, wurde Giuseppe Di Cristina . . . aus seiner Partei geworfen und unter Hausarrest gestellt. Er sagte sich daraufhin von der DC los und tat sich mit Gunnella zusammen . . .» Trotz seiner kriminellen Vergangenheit erhielt Di Cristina von Gunnella einen Posten bei der staatlichen Bergwerksgesellschaft, der Gunnella vorstand.[9]

In der Folge gelang es Gunnella, seine Wählerbasis zu festigen und die Kontrolle über rund 30.000 Stimmen zu erlangen, wodurch er zu einem der starken Männer in seiner vergleichweise winzigen Partei wurde. Obwohl seine Freundschaft mit dem Mafioso Di Cristina viel Staub aufwirbelte, erhielt Gunnella mehrmals Flankenschutz von Ugo La Malfa, dem Vorsitzenden der Republikanischen Partei. La Malfa, der allgemein als persönlich höchst integer galt, war offenbar der Ansicht, seine Partei könne es sich nicht leisten, sich von einem ihrer besten Stimmenjäger zu trennen. Anstatt Gunnella aus der Partei auszuschließen, machte La Malfa ihn zum stellvertretenden Parteisekretär und zum Minister in der Zentralregierung.[10]

Calderone kannte Gunnella und eine ganze Reihe anderer wichtiger sizilianischer Politiker persönlich. Manche waren ihm «gemäß dem Ritual» als Mitglieder der Cosa Nostra vorgestellt worden, waren jedoch seither von der politischen Bühne abgetreten.

Doch die vielleicht brisanteste Geschichte, die Calderone zu erzählen hatte, handelte von Salvatore Lima, dem wichtigsten Statthalter Giulio Andreottis in Sizilien, den Vettern Salvo und der Versetzung Francesco Cipollas, eines fleißigen und ehrgeizigen Catanieser Polizeibeamten. «Wir versuchten zunächst, mit Hilfe unserer eigenen Beziehungen in Catania seine Versetzung zu erreichen, schafften es aber nicht», berichtete Calderone. «Wir beschlossen schließlich, nach Palermo zu gehen und mit den Salvos zu reden . . . Das war noch eine andere Zeit. Nach heutigem Verständnis würden sie einen Ermittler wie Cipolla einfach ausschalten, ohne sich mit Versetzungen, die Zeit und Geld kosten, abzugeben . . .» Als Pippo und Antonino den Vettern Salvo in deren Palermoer Büro die Lage schilderten, war die Reaktion einhellig: «Für diesen Fall brauchen wir Salvino.» Damit war Salvo Lima, der Parlamentsabgeordnete, gemeint. Das Treffen der Calderones mit Lima fand in der römischen Niederlassung einer Palermoer Firma statt; Nino Salvo war mit dabei. Lima hörte sich das Anliegen der Besucher aus Catania an und versprach, sich um die Sache zu kümmern. «Später ließen die Salvos Pippo wissen, der damals amtierende Innenminister habe zu Lima gesagt, er solle ein wenig Geduld haben, denn Cipolla würde sowieso aus Catania weggehen; er habe um Versetzung an einen Ort in der Nähe des Arbeitsplatzes seiner Frau, einer Lehrerin, gebeten.»[11]

In der zweiten Jahreshälfte 1987 flog Falcone fast jede Woche einmal nach Marseille, um die Vernehmung Calderones fortzusetzen, und nahm dabei ein fast 1000 Seiten umfassendes Protokoll auf. Die Polizei begann mit einer sorgfältigen Prüfung der Aussagen Calderones und stellte sehr schnell fest, daß er ein bemerkenswert zuverlässiger Zeuge war. «Wir prüften mehr als 800 Einzelangaben aus den Calderone-Protokollen nach», erzählte Antonio Manganelli, der für die Auswertung Calderones verantwortliche Polizeibeamte.[12]

Im Januar und Februar 1988 arbeiteten Manganelli und Falcone mit

Hochdruck an der Ausstellung von Haftbefehlen für eine Großrazzia; sie stützten sich dabei im wesentlichen auf die Enthüllungen Calderones. Einer der Gründe für ihre Eile war, daß sie spätestens Anfang März zuschlagen wollten, bevor Antonino Meli die Leitung der Ermittlungsbehörde übernahm; auf keinen Fall sollte der komplizierte Vorgang der Geschäftsübergabe die zügige Durchführung einer Operation verhindern.

Vor der geplanten Verhaftungsaktion wollte Falcone jedoch noch die von Calderone freigelegten politischen Spuren verfolgen. Er hegte die Hoffnung, die Enthüllungen Calderones könnten Tommaso Buscetta dazu bringen, sein Wissen über das Thema Mafia und Politik preiszugeben. Falcone hatte gute Gründe zu glauben, daß Buscetta, ebenso wie Calderone, den ehrenwerten Salvatore Lima persönlich kannte. Buscettas aktivste Zeit in der Cosa Costra von Palermo waren die frühen 60er Jahre gewesen, in denen Lima als Bürgermeister amtiert hatte. Die Annahme lag nahe, daß Buscetta seinen Einfluß im Rathaus genutzt hatte, um befreundeten Unternehmern Baugenehmigungen zu verschaffen.

Bewaffnet mit den Enthüllungen Calderones, flog Falcone im Februar 1988 an einen geheimen Ort in den Vereinigten Staaten, wo Buscetta sich verborgen hielt. Er setzte Buscetta über die Aussagen Calderones bezüglich Limas ins Bild und forderte ihn auf, konkretere Angaben über ein mysteriöses Treffen mit Nino Salvo und einem ungenannten Parlamentsabgeordneten 1980 in einem römischen Hotel zu machen, das er bei einer früheren Vernehmung erwähnt hatte. Doch Buscetta ließ sich nicht erweichen:

Seit ich mich aus freiem, eigenem Willen entschloß, mit der Justiz zusammenzuarbeiten, habe ich Ihnen mehrmals erklärt, daß ich über die Beziehung zwischen Mafia und Politik erst dann reden würde, wenn die Zeit dafür reif sei. Nach allem, was ich bisher gesehen habe, muß ich mit einiger Erbitterung sagen, daß ein hartnäckiges Fehlen jedes ernsthaften Bestrebens seitens des Staates nach Bekämpfung der Mafia zu beklagen ist. Das zeigt sich in so vielen Episoden, darunter solchen aus jüngster Zeit, über die ich in der Presse gelesen habe. Es wäre töricht, wenn wir dieses Thema, das den Dreh- und Angelpunkt des Mafiaproblems darstellt, zu einem Zeitpunkt berühren würden, da viele der Personen, über die ich sprechen müßte, noch nicht von der politischen Bühne abgegangen sind. Ich habe daher, aus den angegebenen Gründen, nicht die Absicht, zu bestätigen oder zu dementieren, ob ich mich mit Lima in Rom getroffen habe oder ob ich ihn überhaupt kenne.[13]

Buscetta hatte nicht umsonst auf Zeitungsmeldungen über jüngste Ereignisse hingewiesen; er hatte sich seinen eigenen Reim auf die kürzliche Nichtbeförderung Falcones gemacht. Wenn Falcone nicht über genügend politischen Rückhalt in Rom verfügte, um zum Leiter eines 13köpfigen Beamtenstabes in Palermo berufen zu werden, wäre es idiotisch gewesen, anzunehmen, er könne ein Ermittlungsverfahren gegen Parlamentsabgeordnete und höchste Funktionsträger in der Regierung durchziehen.

Die ersten Indizien dafür, daß sich in der Ermittlungsbehörde von Palermo der Wind drehen würde, zeigten sich noch vor der Amtseinführung des neuen Amtsleiters Antonino Meli. In den letzten Januar- und ersten Februartagen, als nominell noch Caponetto Chef des Hauses war, erhielten alle Untersuchungsrichter der Behörde zwei von Marcantonio Motisi, dem stellvertretenden Behördenleiter, abgefaßte Mahnschreiben. Keinen Zweifel daran lassend, daß er auf Geheiß Melis handelte, kritisierte Motisi, daß viele Kollegen nicht genug Fälle bearbeiteten, und fügte eine verschlüsselte Anspielung auf eine mögliche «Schreckensherrschaft» hinzu, falls die Ankläger ihre Sollzahlen weiterhin verfehlten. Damit war die Aussicht heraufbeschworen, daß in der Behörde wieder der bürokratische Geist der Vergangenheit einkehren würde, als die Leistung der Mitarbeiter in erster Linie nach der Menge der zur Anklage gebrachten Fälle, anstatt nach deren Qualität, gemessen worden war. Die Gegner Falcones hatten schon einmal versucht, das Zahlenargument gegen ihn vorzubringen, als er 1980 mit so großem Zeitaufwand den Fall Spatola recherchiert hatte, doch damals hatte er vollen Rückhalt bei seinen Chefs gefunden, erst Rocco Chinnici und dann Caponetto. Jetzt waren die Bürokraten wieder an der Macht und brannten offenbar darauf, alte Rechnungen zu begleichen.[14]

Am 9. März 1988 wurden, quer durch Sizilien, rund 160 polizeiliche Haftbefehle, die sich auf die Aussage von Antonino Calderone stützten, ausgestellt. Es war der Schwanengesang der Ära Caponetto und die letzte größere Operation des von ihm 1983 geschaffenen Anti-Mafia-Verbunds.

Fünf Tage später fand eine Feier statt, mit der Caponetto sich von seinen Mitarbeitern verabschiedete und zugleich seinen Nachfolger Meli in Palermo willkommen hieß. Im Verlauf der Feierstunde bemerkte Caponetto einmal, wie Giovanni Falcone Tränen über das Gesicht liefen. Es war das erste Mal, daß Caponetto bei Falcone, der normalerweise die Selbstbeherrschung in Person war, einen solchen Gefühlsausbruch erlebte.[15]

Die älteren Richterkollegen aus dem Justizpalast wollten mit ein und derselben Zeremonie «Caponetto Lebewohl sagen und Meli willkommen heißen, um ein Klima der Kontinuität und Harmonie zu erzeugen», wie es Antonio Palmieri, der Gerichtspräsident von Palermo, später ausdrückte. «Ich hielt eine versöhnliche Rede, in der ich alle aufforderte, die Vergangenheit hinter sich zu lassen und gemeinsam voranzuschreiten. (Caponetto) erwiderte etwas in derselben Tonart . . . Der einzige, der Mißtöne anklingen ließ, war Meli, . . . der, als er das Wort ergriff, es sich nicht verkneifen konnte, eine polemische Note ins Spiel zu bringen, ... indem er an die Vorgänge im Vorfeld seiner Ernennung erinnerte.»[16]

Antonino Meli war stolz und eigensinnig, dünnhäutig und stachelig, und einiges von dem, was in der seiner Wahl vorausgehenden Debatte gesagt worden war, lag ihm noch schwer im Magen. In seinen Augen war es unverzeihlich, daß sogar viele seiner Unterstützer erklärt hatten, das einzige (und ausschlaggebende) Argument für Meli sei das höhere Dienstalter, während andere ihm die Befähigung für das Amt des Chefermittlers schlicht abgesprochen hatten – «als hätte ich vierzig Jahre lang nur meinen Stuhl angewärmt», wie er sagte. Es stimme zwar, daß er nie als ermittelnder Untersuchungsrichter tätig gewesen sei, aber er habe als Strafrichter an Mafiaprozessen mitgewirkt und immerhin Michele Greco, den «Papst», wegen des Mordanschlags auf Chefermittler Rocco Chinnici zu lebenslanger Gefängnishaft verurteilt.

Daß Meli wütend und ungehalten in Palermo ankam, war kein schierer Zufall. Jemand hatte Öl ins Feuer gegossen, indem er dem neuen Chefermittler unschöne anonyme Briefe geschickt hatte, die sein Blut zum Kochen brachten. «Die Freimaurer haben dich gewählt», hieß es in einem der beiden Briefe. «Du bist ein Stück Scheiße und solltest zu dem Scheißhaufen zurückkehren, von dem du herkommst.» Die Mitarbeiter des Anti-Mafia-Verbundes hatten all die Jahre anonyme Briefe am laufenden Band erhalten und ihr Bestes getan, sie zu ignorieren. Es waren oft Schreiben von Kriminellen, die darauf abzielten, die Ermittler einzuschüchtern oder zu entnerven oder aus dem Konzept zu bringen. Meli jedoch reagierte mit doppelter Wut auf seine neuen Mitarbeiter – wahrscheinlich hatte der anonyme Briefschreiber genau das gehofft. So unvorstellbar es war, daß die Mitarbeiter des Anti-Mafia-Verbundes ihre Zeit mit dem Abfassen anonymer Briefe vergeuden würden, so überzeugt schien Meli zu sein, daß sie dafür verantwortlich waren. Noch drei Monate später ereiferte er sich über die Briefe und sagte: «Ich habe gute Gründe für die Annahme, daß dieser Brief nicht aus Rom oder Mailand oder Turin stammte, sondern aus der Nähe, aus nächster Nähe.»[17]

Wenige Tage nach der Amtsübernahme Melis in der Ermittlungsbehörde ließ der Leiter der Procura della Repubblica, Salvatore Curti Giardina, zwei Journalisten verhaften, weil sie Auszüge aus den Enthüllungen Calderones veröffentlicht hatten. Curti Giardina war ebenfalls ein Nutznießer des zu neuen Ehren gekommenen Senioritätsprinzips, einer der vielen Untersuchungsrichter, die einfach durch Beharrungsvermögen und jahrzehntelanges Navigieren im seichten Wasser Schritt für Schritt nach oben gerutscht waren. Die beiden Journalisten, Attilio Bolzoni von *La Repubblica* und Saverio Lodato von *L'Unità* (beide Sprachrohre der Linken), hatten die Calderone-Protokolle zugespielt bekommen und stellten nun vor allem dessen Enthüllungen über bekannte Politiker heraus. Aristide Gunnella von den Republikanern, einer der namentlich Genannten, schäumte vor Wut und drohte mit juristischen Schritten. Curti Giardina leitete nun nicht etwa Ermittlungen gegen Gunnella wegen seiner behaupteten Beziehungen zur Mafia ein, sondern tat den ziemlich extremen Schritt, die beiden Journalisten festnehmen zu lassen. Was viele der Ermittler daran besonders beunruhigte, war die Tatsache, daß Giardina den Journalisten mehr vorwarf als nur die Veröffentlichung vertraulicher Dokumente – er klagte sie wegen «Diebstahls» an, und zwar mit dem juristisch höchst fragwürdigen Argument, sie hätten, indem sie die Dokumente auf einem dem Staat gehörenden Fotokopiergerät vervielfältigt hätten, den Staat materiell geschädigt. Dieser schwerer wiegende Anklagevorwurf ermöglichte es Giardina, die Journalisten sechs Tage lang im Ucciardone-Gefängnis schmachten zu lassen, eine ziemlich drakonische Reaktion auf einen Zeitungsbericht.[18]

Anstatt das Verfahren gegen die Journalisten einzustellen, übertrug Meli es seinem getreuen Stellvertreter Marcantonio Motisi, der sich voller Eifer dahinterklemmte. Wenige Wochen nach dem Amtsantritt ihres neuen Chefs fanden sich die Mitglieder des Anti-Mafia-Verbunds in der Rolle von Verdächtigen wieder, denen im Zusammenhang mit ihren eigenen Ermittlungen Fehlverhalten unterstellt wurde. Motisi rief Falcone und die anderen zu sich, um sie zu verhören. Selbst Borsellino, der seit über einem Jahr in Marsala arbeitete, wurde vorgeladen. Als er ankam, begrüßte ihn Meli mit dem Scherz: «Passen Sie auf, daß Sie hier nicht in Handschellen hinausgehen.» Auch wenn ihre Kritiker sie als «Protagonisten» hingestellt hatten – die Mitglieder des Anti-Mafia-Verbunds hatten stets vorsichtigen Abstand zu den Journalisten gewahrt und nie eine Neigung gezeigt, Informationen an die Presse «durchsickern» zu lassen. Nur zu gut, und besser als jeder andere, wußten sie, wie schädlich verfrühte Publizität für heikle Mafia-Ermittlungen sein konnte; der Erfolg ihrer Großaktionen hatte nicht zuletzt darauf beruht, daß kein Wort über ihre Zusammenarbeit mit Buscetta, Contorno und Calderone vorzeitig nach draußen gedrungen war. Falcone fand die Tendenz der Fragen, die ihm bei seiner Vernehmung im «Diebstahlfall» Bolzoni/Lodato gestellt wurden, als unangenehm; sie waren voller Unterstellungen und unterschwelliger Verdächtigungen. Man behandelte ihn plötzlich wie einen Tatverdächtigen.[19]

Anstelle von Offenheit und Kollegialität kehrte in der Ermittlungsbehörde alsbald eine Atmosphäre des Mißtrauens und der hierarchischen Abschottung ein. Meli verbarrikadierte sich hinter seinem Schreibtisch und ließ sich nie in den Arbeitszimmern der anderen Ermittler blicken. «Die vorherrschende Einstellung ist: ‹Ich bin der Chef, und ihr seid die Untergebenen›», so beschrieb Gerichtspräsident Palmieri seinen Eindruck vom Verhältnis zwischen Meli und seinen Mitarbeitern.[20]

Chefermittler Meli traf jeden Morgen pünktlich im Büro ein, ließ sich aber nach der Mittagspause selten noch einmal sehen. Während dies der normalen Arbeitsauffassung italienischer Staatsbediensteter entsprach, arbeiteten die Mitglieder des Anti-Mafia-Verbundes auch noch nachmittags und häufig bis in den späten Abend. Nach all den Verstimmungen wollte Meli offenkundig jeden Anschein einer Einmischung in die Arbeit des Anti-Mafia-Verbundes vermeiden, verfiel dabei jedoch, so schien es, in das andere Extrem, sich um die Arbeit seiner Behörde überhaupt nicht zu kümmern.[21] «Wir hatten vielleicht erwartet . . ., daß er wenigstens eine Besprechung einberufen würde, auf der man sich hätte austauschen und die enormen Probleme hätte erörtern können, die sich bei der organisatorischen Durchführung dieser Prozesse stellten, doch nichts dergleichen ist geschehen», stellte Falcone nach einigen Monaten fest.[22]

Antonino Caponetto hatte kurz vor seinem Abgang aus Palermo den Fall mit dem Aktenzeichen 1817, den Maxi-Prozeß und alle Folgeprozesse an Giovanni Falcone delegiert, damit die Ermittlungen in der Übergangsperiode bruchlos weiterlaufen würden. Das Verfahren, das in der Sprache der Ermittlungsbehörde «der Behälterfall» hieß, umfaßte die gesamte Ermittlungsarbeit zum Komplex Cosa Nostra; aus praktischen Gründen hatte man ihn in handhabbare Unterkomplexe aufgeteilt: Maxi-Eins, Maxi-Zwei, Maxi-Drei. Das aus den Enthüllungen Calderones gewonnene Material sollte die Grundlage für Maxi-Vier bilden. Nachdem Meli sich in Palermo etabliert hatte, fanden Falcone und seine Kollegen es wichtig, daß ihr neuer Chef sich mit dem gesamten Fall vertraut machte und früher oder später eine Art Richtlinienkompetenz ausübte, wie Caponetto es getan hatte, während die tagtägliche Kleinarbeit weiterhin den Verbund-Mitgliedern überlassen bleiben würde.

Meli schien geneigt, so zu verfahren, doch dann kam etwas Unerwartetes dazwischen. In einer Blitzaktion, die sich aus den Enthüllungen Calderones ergeben hatte, verhaftete die Polizei einen Angehörigen des neuen Chefermittlers, den Schwiegervater von Melis Sohn. Auch wenn die beiden Männer einander nicht nahestanden, erwies sich die Verhaftung als Ärgernis für Meli. Er war außer sich, als in den Zeitungen Berichte über die Festnahme erschienen, mit einem Foto von ihm und Überschriften wie «Verwandter des Chefermittlers verhaftet». Obwohl viele Zeitungen die Geschichte brachten, glaubte Meli an ein finsteres Komplott gegen sich; bestärkt sah er sich darin durch die Tatsache, daß einer der Journalisten, die die Geschichte groß herausbrachten, derselbe Attilio Bolzoni von *La Repubblica* war, der vor kurzem wegen des «Diebstahls» der Calderone-Enthüllungen hinter Gitter gewandert war. Meli war an die Atmosphäre in dem verschlafenen Provinzstädtchen Caltanissetta gewöhnt und nicht darauf gefaßt, im Brennpunkt des Medieninteresses und damit auch der Medienkritik zu stehen. Auch diesmal war er überzeugt, daß diejenigen unter seinen Mitarbeitern, die gegen seine Berufung opponiert hatten, hinter der reißerischen Berichterstattung steckten. In einem spontanen Anfall von verletztem Stolz verweigerte er die schon angekündigte Übernahme des Falles mit dem Aktenzeichen 1817.

Während Meli es konsequent ablehnte, Besprechungen durchzuführen oder die Verfahrensunterlagen zum Maxi-Prozeß zu studieren, begann er seine Kompetenz als Behördenleiter bei der Zuweisung von Fällen auszuschöpfen. In der Gründungsperiode des Anti-Mafia-Verbunds war eine Reihe konkreter Regelungen ausgearbeitet, schriftlich fixiert und vom Consiglio Superiore della Magistratura gebilligt worden, mit denen eine klar definierte Arbeitsteilung innerhalb der Ermittlungsbehörde von Palermo erreicht wurde. Alle Mafiafälle sollten, so lautete die Grundregel, dem Verbund zugewiesen werden; da nicht bei jedem Verbrechen von vornherein klar war, ob ein Mafiabezug bestand, wurde ein permanenter Dialog zwischen den in der Behörde tätigen Strafverfolgern installiert, so daß Zweifelsfälle besprochen und geklärt werden konnten. Meli war mit diesem System nicht vertraut und begann bald, es ad absurdum zu führen. Ohne Rücksprache mit irgend jemandem wies er die auf seinem Schreibtisch landenden neuen Ermittlungsfälle einzelnen Untersuchungsrichtern zu, gemäß seinem Gutdünken und manchmal auch, so schien es, nach dem Zufallsprinzip. Nach der Ermordung eines Verdächtigen in einem wichtigen Mafiafall betraute er einen nicht dem Verbund angehörenden Staatsanwalt mit den Ermittlungen. Als ein Juwelier entführt wurde, gegen den Falcone vor Jahren im Zuge des Spatola-Falles wegen des Verdachts der Drogengeldwäsche ermittelt hatte, stufte Meli dies als gewöhnlichen Kriminalfall ein. Da er die Mafiaprozesse von Palermo nicht aufmerksam verfolgt hatte, erkannte er die Namen von Angeklagten nicht wieder und hatte somit oft keinen Anhaltspunkt, um ein Verbrechen aus Leidenschaft von einem Mafiamord unterscheiden zu können. Das hielt ihn jedoch nicht davon ab, Entscheidungen auf eigene Faust zu treffen, ohne jemanden um Rat zu fragen.

Es kam vor, daß Falcone und seine Kollegen wochenlang darauf warteten, von der Procura della Repubblica die Unterlagen über ein bestimmtes Verbrechen zur Verfügung gestellt zu bekommen, nur um eines Tages festzustellen, daß ein Kollege von außerhalb des Verbundes den Fall zugewiesen bekommen hatte. Oft erfuhren sie solche Dinge nur dadurch, daß der betreffende Kollege, der nicht weniger überrascht war, zu ihnen kam und wissen wollte, weshalb ein Fall mit so offenkundigen Mafiabezügen bei ihm gelandet war.

Als Falcone und die anderen Verbund-Mitglieder darum baten, doch wenigstens Kopien des Belastungsmaterials zur Einsichtnahme zu erhalten, damit sie feststellen konnten, ob irgendwelche Querverbindungen zu ihren eigenen Fällen bestanden, lehnte Meli dies ab. Er stellte ihnen in Aussicht, sie könnten Einsicht in Teile des Materials erhalten, aber nur wenn sie im vorhinein darlegen konnten, welche Teile des Belastungsmaterials in unmittelbarem Zusammenhang mit ihren eigenen Fällen standen – offensichtlich ein Ding der Unmöglichkeit, denn gerade das wollten sie ja durch Einsichtnahme in die Unterlagen erst feststellen. Dieser neue Stil stand in krassem Gegensatz zu der Politik der internen Informationsweitergabe, die in der Amtszeit Caponettos gepflogen worden war. Außerdem erwuchsen daraus schwerwiegende praktische Probleme. Der Anti-Mafia-Verbund unterhielt die einzige zentrale Datenbank über Mafiaermittlungen und fügte beständig und systematisch Beweismittel und Daten aus allen wichtigen neuen Fällen in den computergestützten Datenbestand ein. Meli begriff anscheinend nicht, daß gerade dieser Ansatz, eine möglichst große Bandbreite von Daten zu erfassen, der Schlüssel zur erfolgreichen Arbeit des Verbundes war.

In diesem Klima des gegenseitigen Nichtverstehens füreinander verlegten sich die Verbund-Mitarbeiter und ihr neuer Chef immer mehr darauf, nur noch schriftlich miteinander zu verkehren. Während Giovanni Falcone immerhin seine Gewohnheit beibehielt, fast jeden Morgen im Büro des Behördenleiters vorbeizuschauen und ihn über die neuesten Entwicklungen zu informieren, und Meli sich lobend über Falcones außerordentlich zuvorkommende Art äußerte, fanden keinerlei Arbeitsbesprechungen statt, bei denen wichtige allgemeine Fragen hätten erörtert werden können. Der Verbund schrieb Meli ausgesucht höfliche und formelle Briefe, in denen er seine Bedenken hinsichtlich des Umgangs mit Mafiafällen zum Ausdruck brachte; Meli beantwortete diese Briefe in gleichermaßen höflichem und formellem Ton und beharrte auf seiner abweichenden Sicht der Dinge.

Zu der scheinbar willkürlichen Zuweisung mafiabezogener Fälle gesellte sich alsbald eine weitere, ebenso beunruhigende Tendenz: In zunehmend größerer Zahl landeten Fälle, die eindeutig keinen Mafiabezug aufwiesen – Taschendiebstähle, Fälle von Handtauschenraub und Prostitution, Scheckbetrug, Einbruch oder ehelicher Gewalt –, auf den Schreibtischen Falcones und der anderen Mitglieder des Teams. Auch das verstieß gegen die einst beschlossene Geschäftsverteilung. Die Verbund-Mitarbeiter hatten sich zwar immer auch um eine begrenzte Anzahl gewöhnlicher Kriminalfälle gekümmert, um ihre Kollegen in Zeiten großen Arbeitsanfalls zu entlasten, aber sie hatten das aus freien Stücken und in begrenztem Umfang und in stetiger Fühlung mit Chefermittler Caponetto getan. Nun wurden sie plötzlich mit Dutzenden ungeklärter Altfälle zugeschüttet, denen vorwurfsvolle Aktennotizen über den großen Bearbeitungsrückstand des Amtes und Mahnungen zu höherer Produktivität beigeheftet waren. In vielen dieser Altfälle ging es, wie Meli selbst einräumte, um Bagatellvergehen, bei denen außer einer Anzeige gegen Unbekannt nichts vorlag – kein Beweismaterial und keine Tatverdächtigen. Doch nach den Maßstäben einer bürokratischen Justizverwaltung würde eine «abschließende Bearbeitung» dieser Fälle die Produktivität der Behörde optisch verbessern, auch wenn in den meisten Fällen nichts herauskommen würde als eine Einstellung des Verfahrens – oder aber der verfrühte Abbruch einer komplexen Untersuchung.

«Chefermittler Meli fordert mich häufig, sehr häufig auf, Fälle zum Abschluß zu bringen, aber manche Ermittlungen brauchen so viel Zeit, wie sie brauchen, so etwa die politischen Fälle, so etwa der Anschlag auf (Regionalpräsident Piersanti) Mattarella», kommentierte Falcone. «Allmählich kristallisierte sich ein Konflikt zwischen zwei gegensätzlichen juristischen Ansätzen heraus: einem bürokratisch-administrativhierarchischen Verständnis und einem, bei dem das Bestreben im Vordergrund steht, Ermittlungsergebnisse zu erzielen.» «Falcone gab nie einen Fall verloren», sagte Giuseppe Di Lello, eines der Gründungsmitglieder des Verbunds. «Es gab Verdächtige, gegen die er seit Jahren Material sammelte. Er hörte nie auf, nach Bankunterlagen zu suchen und das Belastungsmaterial Stück für Stück zu ergänzen.»[23]

Nach seiner vorübergehenden Weigerung, sich in die Ermittlungsunterlagen des zentralen Mafiaverfahrens einzuarbeiten, vollzog Meli plötzlich eine Kehrtwendung und verkündete, er werde nunmehr die Leitung dieses Verfahrens übernehmen. Des weiteren kündigte er an, daß er den Verbund-Mitarbeitern weiterhin Fälle ohne Mafiabezug zuweisen und daß er den Anti-Mafia-Verbund um drei neue Untersuchungsrichter erweitern würde. «In der Vergangenheit war die Hinzunahme eines neuen Mitglieds immer das Ergebnis eingehender Überlegungen und Diskussionen zwischen dem Verbund und dem Chefermittler gewesen», sagte Borsellino.[24] Der Verbund war keine Maschine mit einzeln funktionierenden Gliedern, sondern ein empfindlicher Organismus, der nur unter den Bedingungen einer hochgradigen Kompatibilität und eines einheitlich hohen Engagements arbeiten konnte. Viele Ermittler kamen als Verbund-Mitarbeiter nicht in Frage, nicht weil es ihnen an der nötigen Befähigung gefehlt hätte, sondern weil ihre Lebensumstände es ihnen nicht erlaubten, häufig zu verreisen oder regelmäßig bis spät in die Nacht zu arbeiten. Wer zu Hause kleine Kinder oder kranke Angehörige hatte, konnte nicht von einer Sekunde auf die andere alles fallen lassen, um rasch nach Brüssel oder Istanbul zu fliegen. So sehr Meli beteuerte, er wolle den Verbund lediglich «vergrößern» oder «verstärken», was er tatsächlich bewirkte, war eine Veränderung des ganzen *modus operandi* des Verbundes. Dieser beruhte ursprünglich auf der Grundidee, ein Team von Strafverfolgern aufzubauen, das sich ausschließlich – oder doch ganz überwiegend – auf Ermittlungen im Bereich der organisierten Kriminalität konzentrieren und so eng zusammenarbeiten würde, daß jeder stets über die Ermittlungsergebnisse aller anderen Teammitglieder orientiert war. Jetzt sahen sich die Anti-Mafia-Ermittler jedoch gezwungen, einen immer größeren Teil ihrer Zeit auf Routinearbeit in Fällen ohne Mafiabezug zu verwenden. Gleichzeitig wurden zahlreiche Fälle mit möglichem und tatsächlichem Mafiabezug Ermittlern außerhalb des Verbundes zugewiesen, die mit den über eine Million Seiten umfassenden Unterlagen, die der Anti-Mafia-Verbund in fünf Jahren zusammengetragen hatte, nicht vertraut waren. Immer öfter kam es auch vor, daß ein oder zwei dem Verbund angehörende Ermittler mit der exklusiven Bearbeitung eines Falles betraut wurden, von dem die anderen Mitglieder des Teams nichts erfuhren. Die Behörde kehrte, kurz gesagt, zu ihrem alten bürokratischen Geschäftsgebaren zurück: Jeder Ermittler machte von allem etwas, und jeder bearbeitete seine Fälle ohne Rückkopplung mit den Kollegen.

Es schien, als halte Meli die Mitglieder des Anti-Mafia-Verbunds für verwöhnte Stars, die sich daran gewöhnt hatten, die Rosinen unter den anfallenden Fällen herauszupicken und den größeren Teil der Arbeit auf ihre Kollegen außerhalb des Teams abzuschieben. Tatsächlich gehörten jedoch die Mitglieder des Verbundes selbst nach den formalistischen Maßstäben Melis zu den «produktivsten» Beamten in der Behörde. So hatten etwa Giuseppe Di Lello und Leonardo Guarnotta im zweiten Halbjahr 1987, unmittelbar vor der Amtsübernahme Melis, 99 bzw. 85 Fälle zum Abschluß gebracht, darunter die umfangreiche Dokumentation zu Maxi-Drei und andere sehr komplexe Mafia-Verfahren. Die Zahl der bearbeiteten Fälle war bei ihnen sogar größer als bei vielen der Untersuchungsrichter, die sich nur mit Fällen «normaler» Kriminalität befaßten, größer auch als bei den Beamten, die Meli jetzt zu neuen Mitgliedern des Anti-Mafia-Verbundes machte. Falcone selbst hatte, obwohl er den höchst aufwendigen Calderone-Komplex fast im Alleingang bewältigte, rund 60 weitere Fälle auf seinem «Kerbholz».[25]

Während Chefermittler Meli sich bemüßigt fühlte, den Anti-Mafia-Verbund auf Vordermann zu bringen, hatte er noch immer nicht die Zeit gefunden, das Belastungsmaterial zu sichten, das das Team im Verlauf der letzten vier Jahre angehäuft hatte. Wie er Mitgliedern des Verbunds verriet, hatte er vor, während der Sommerferien im August die Anklageschrift zum ersten Maxi-Prozeß zu studieren. Zu diesem Zeitpunkt waren freilich die beiden ersten Maxi-Prozesse bereits vorüber, der dritte war im Gang, den vierten versuchten die Ermittler trotz der wachsenden Schwierigkeiten so gut wie möglich vorzubereiten.[26]

FÜNFZEHNTES KAPITEL

Für Paolo Borsellino war der Amtsantritt im August 1986 in Marsala gleichbedeutend mit dem Eintauchen in eine neue Welt. Marsala lag zwar nur 120 Kilometer von Palermo entfernt, doch der Kontrast zwischen den verhältnismäßig gut ausgestatteten Büros des Anti-Mafia-Verbundes und einem dahindösenden Provinzamt, in dem fast nichts funktionierte, hätte nicht krasser sein können. Es gab in der Behörde nur einen stellvertretenden Staatsanwalt, und der hatte um Versetzung gebeten, sie gewährt bekommen, und würde in wenigen Monaten seine Koffer packen. «Ich bin die Procura von Marsala», scherzte Borsellino in Anspielung auf seine nicht vorhandenen Mitarbeiter. Die Behörde war für die Verfolgung sämtlicher Straftaten in einem geographischen Gebiet zuständig, das weit über die Stadtgrenzen von Marsala hinausreichte und neben der nicht unbedeutenden Hafenstadt Mazara del Vallo, dem größten Fischereihafen Italiens, noch mehrere Städte im Landesinneren umfaßte, die als Hochburgen der Mafia galten. Dem Stellenplan nach hätten in Borsellinos Behörde acht Ermittler arbeiten sollen, doch es war schwer, die Stellen zu besetzen: Wie viele Kleinstädte im Süden Italiens, galt auch Marsala als ein Ort, an den man strafversetzt wurde, ein Posten für Berufsanfänger, die beim Staatsexamen schlecht abgeschnitten hatten und nicht wählerisch sein durften. Der Nachfolger des seiner Versetzung harrenden stellvertretenden Staatsanwalts kam denn auch direkt von der juristischen Fakultät; er hieß Diego Cavalliero.[1]

«Ich konnte mich in diesen ersten Monaten nicht sehr nützlich machen – es war meine erste Stelle», erinnert sich Cavalliero. «Am Anfang machten wir Handarbeit: Wir wischten den Staub von Hunderten aufgelaufener Fälle. Wir arbeiteten zwölf Stunden täglich und oft auch am Wochenende ... Er war ein unglaublich ausdauernder Arbeiter. Ich fing an, ihn ‹Steinarsch› zu nennen, weil er tagelang wie festgemauert an seinem Schreibtisch sitzen blieb und Papier verschlang. Er verfügte aber auch über eine bemerkenswerte Fähigkeit, auf den ersten Blick die entscheidenden Punkte eines Falles zu erfassen und zum Wesentlichen vorzudringen.»

Marsala war kein einfaches Pflaster für Fremde, und erst recht nicht für Anti-Mafia-Ermittler, denn sie mußten bei der Auswahl ihrer Freunde und beim Annehmen oder Ausschlagen von Einladungen ganz besonders aufpassen. «Es ist eine sehr verschlossene Stadt», sagt Cavalliero. «Sobald um acht Uhr abends die Läden schließen, sieht man auf der Straße nicht mal mehr einen Hund. Es ist nicht wie in Palermo, wo zu jeder Stunde Leute die Plätze bevölkern ... Das ganze gesellschaftliche Leben der Stadt findet hinter verschlossenen Türen statt, in kleinen Gruppen von Leuten, die einander seit frühester Kindheit kennen. Es gibt da Vereine mit engem Zusammenhalt, Gruppen, die sich zum Kartenspielen treffen, Freimaurerlogen. Ich kann mich an zwei Abende während unserer beiden gemeinsamen Jahre in Marsala erinnern, an denen Paolo Borsellino ausging ... Er mußte sehr vorsichtig sein. Es gibt in solchen Orten eine Menge Leute, die sich ihren Freunden gegenüber gerne brüsten würden: ‹Ich kenne den Chef der Ermittlungsbehörde. Ich werde bei ihm ein Wort für dich einlegen.›»

Einmal sah es danach aus, als könnte das Amt einen zweiten stellvertretenden Staatsanwalt, ebenfalls einen Berufsanfänger, hinzugewinnen. «Es war ein sehr feinsinniger Junge aus Rom», sagt Cavalliero. «Als er ankam, fragte er, wo in Marsala die Theater seien, wo die Kinos, wo die Konzertsäle. Paolo und ich schauten einander an und lächelten. Dieser Junge erwartete in Marsala die Dinge, an die er von Rom her gewöhnt war. Der Knabe brach in Tränen aus und verabschiedete sich aus Marsala. Für uns, die wir weit von zu Hause entfernt waren, war es ein sehr schwieriges Leben ... Unser einziges Vergnügen bestand darin, gegen zehn Uhr abends das Büro zu verlassen und in Paolos kleiner Einzimmerwohnung über dem Polizeirevier, für die er eine Miete in üblicher Höhe bezahlen mußte, etwas zu essen. Er kochte, ich spülte Geschirr. Da er kein sehr guter Koch war, versuchte ich des öfteren, ihn zu einem Lokalbesuch zu überreden. So sah also Borsellinos ‹Belohnung› für seine Tätigkeit als ‹berufsmäßiger Mafiajäger› aus.»

In seinen zweieinhalb Jahren in Marsala wurde Cavalliero fast zu so etwas wie einem Adoptivsohn der Familie Borsellino, mit der er häufig die Wochenenden in Palermo verbrachte. «Paolo brachte mir sogar Milchkaffee ans Bett», erinnerte sich Cavalliero. «Er war ein ernsthaft praktizierender Katholik, der nicht nur sonntags die Messe besuchte, sondern auch all die kleinen Dinge von Montag bis Samstag befolgte. Er war immer derjenige, an den sich die Leute mit ihren Problemen wandten. Wenn jemand eine Wohnung suchte, rief er Paolo an, wenn es mit dem Telefonanschluß nicht klappte, wandte man sich ebenfalls an Paolo. Seine Tür stand fast immer offen.»

Doch auch in seiner Eigenschaft als Strafverfolger machte Borsellino sich bemerkbar. Schon kurz nach seiner Ankunft Ende 1986 wurden er und seine Leibwächter durch Zufall auf der Fahrt zum Büro Zeugen eines Mafiamordes. Zwei Killer auf einem Motorrad rasten durch den morgendlichen Verkehr und erschossen einen Mann in einem Auto, einen Metzger, der es offenbar abgelehnt hatte, sein Fleisch aus der «richtigen» Quelle zu beziehen. Borsellino befahl seinen Leibwächtern, das Motorrad zu verfolgen, und es gelang ihnen, es in einer Garage zu lokalisieren. Nachdem die herbeigerufene Verstärkung eingetroffen war, stürmten sie die Garage, die sich als eines der Hauptquartiere der örtlichen Mafia erwies. «Sie verhafteten neun oder zehn Personen», erzählt Calogero Germanà, ein Polizeibeamter, der in jener Phase eng mit Borsellino zusammenarbeitete. «Es war eine schöne Operation. Sie trafen ins Mark der Mafia von Marsala.»[2]

Ermittlungen im Milieu der örtlichen Mafia gestalteten sich äußerst schwierig. Palermo erschien wie eine weltoffene Stadt voller Bürgertugend im Vergleich zu der lähmenden *omertà*, die sich über Marsala und das umliegende Land breitete. Diego Cavalliero erinnerte sich an einen Besuch am Schauplatz eines Mordes im Städtchen Salemi, den über viele Tage, ja vielleicht Wochen hinweg niemand gemeldet hatte. «Man hatte die Leiche im Laderaum eines Lastwagens liegenlassen, und in der Sonne und in diesem geschlossenen Kasten schritt die Verwesung rasch voran, und der Leichnam begann schrecklich zu stinken», erzählte er. «Der Lastwagen stand auf einem Parkplatz, wo Tag für Tag Leute daran vorbeigingen. Doch niemand machte von der Leiche Meldung, bis der Gestank so schlimm wurde, daß die Leute, die in einem nahe gelegenen Weinberg Trauben pflückten, wegen des Gestanks nicht mehr weiterarbeiten konnten. Das ist *omertà*!»[3]

Marsala war zwar die größte Stadt im Bezirk, doch die Hochburg der örtlichen Mafia war Mazara del Vallo. Hier, wo Tausende von Fischerbooten aller Größenklassen lagen, bestanden günstige Voraussetzungen für Handelsgeschäfte jeglicher Art – legale wie illegale. Schmuggelzigaretten, Haschisch und Heroin wanderten an und von Bord der Fischerboote, die zwischen Sizilien und der nordafrikanischen Küste pendelten. «Wenn Sie einen auf Rauschgift abgerichteten Spürhund durch den Fischereihafen von Mazara schicken würden, er würde durchdrehen», sagt Diego Cavalliero. «An einem solchen Ort herrscht eine solche Vielfalt und Intensität der Düfte, daß ein Hund mit einem hochentwickelten Geruchssinn gar nicht mehr wüßte, wo ihm der Kopf steht.»

Mazara del Vallo war das Reich des Mafiabosses Mariano Agate, der zu den Verurteilten des ersten Maxi-Prozesses von Palermo gehörte. Agate war nicht bloß ein örtlicher Mafiaboß wie viele andere, sondern der *capo-mandamento* des ganzen Bezirks und als solcher Mitglied der Kommission. Obwohl er im Gefängnis saß, deutete alles darauf hin, daß seine Untergebenen nach wie vor fest im Sattel saßen. Die Mafia von Mazara schien eng mit den Corleonesern verflochten zu sein. «Obwohl Corleone nahe bei Palermo liegt, ist es landwirtschaftlich geprägt; daher haben die Corleoneser, wie Totò Riina, eine größere Affinität zu den Bossen ländlicher Mafiasippen als zu denen der Großstadtmafia von Palermo», erläutert Calogero Germanà, zur Zeit der Amtsübernahme Borsellinos Polizeichef von Mazara del Vallo. «Zwischen Corleone und Mazara del Vallo bestehen sehr enge Verbindungen. Gaetano Riina, der Bruder von Totò, lebt in Mazara.» (Von den diversen Sätzen gefälschter Dokumente, mit denen Totò Riina in den Jahren seines Daseins als Justizflüchtling reiste, stammte einer aus Mazara. «Daran läßt sich ermessen, wie eng die Beziehungen waren», meint Germanà.)[4]

Zusammen mit dem örtlichen Carabinieri-General hatte Germanà seit Jahren emsig Informationen über die Mafia von Mazara del Vallo gesammelt. Als Borsellino dieses Material sichtete, konnte er es aufgrund seiner Erfahrungen aus dem Anti-Mafia-Verbund von Palermo sogleich in ein umfangreiches Strafverfahren ummünzen. «Borsellino vermittelte uns tatsächlich eine neue Strategie des Vorgehens», sagt Germanà. «Seine Idee war, an der Spitze der Organisation zuzuschlagen und die Träger der Entscheidungsgewalt aus dem Verkehr zu ziehen. Er brachte eine globale Sichtweise mit, die uns vielleicht gefehlt hatte.»

In der zweiten Jahreshälfte 1987 erarbeiteten Germanà und Borsellino Anklagen gegen 72 Mafiaverdächtige; unter den Personen, für die Haftbefehle vorbereitet wurden, waren die 14 Mafiosi, die als die gefährlichsten im Bezirk galten. Was sich hier zusammenbraute, war so etwas wie ein «Maxi-Prozeß» im Kleinformat gegen die Mafia von Mazara del Vallo. Die vom Palermoer Anti-Mafia-Verbund entwickelten Methoden begannen in mehreren Teilen Siziliens Ergebnisse zu zeitigen, nicht nur in Marsala. Auch in Messina und Agrigent hatte die Justiz «Maxi-Prozesse» gegen die örtlichen Mafia-Organisationen angestrengt, jeweils mit Rückendeckung und Unterstützung aus dem Justizpalast zu Palermo.

Im März 1988 – während in Palermo Falcone mit der Operation Calderone befaßt war und Antonino Meli seinen Posten als Leiter der Ermittlungsbehörde antrat – hatte Borsellino das Belastungsmaterial gegen die Mafia von Mazara zu einer fünfbändigen Anklageschrift zusammengestellt.

Borsellino und Falcone waren stets davon ausgegangen, daß der Justizpalast in Palermo eine Art Schaltzentrale für Informationen und Daten über die Cosa Nostra sein sollte; dementsprechend übersandte Borsellino dem neuen Chef der Ermittlungsbehörde die fünf Bände mit dem aufbereiteten Belastungsmaterial des Mazara-Verfahrens in Kopie. Wegen der organischen Beziehungen zwischen der «Sippe» des Kommissionsmitglieds Mariano Agate und der Mafia von Palermo war davon auszugehen, daß die von Borsellino zusammengetragenen Erkenntnisse das Beweismaterial im laufenden «Behälter»-Verfahren gegen die Cosa Nostra bereichern und ergänzen würde. Das war nicht so zu verstehen, daß, wie es manchmal unterstellt wird, der Anti-Mafia-Verbund einen Monopolanspruch auf die Durchführung von Mafia-Verfahren hatte. Die Grundidee war vielmehr die, daß die Strafverfolger in der Provinz die vor Ort verübten Verbrechen dort zur Anklage bringen sollten, während Palermo die gleichzeitig gewonnenen Erkenntnisse über größere, die nationale oder internationale Cosa-Nostra-Organisation involvierende Aktivitäten aufgreifen und in den Kontext seiner entsprechenden Ermittlungen einfügen sollte.

Nicht lange nachdem Borsellino die Kopie seiner umfänglichen Anklageschrift nach Palermo geschickt hatte, landete sie zu seiner Überraschung wieder auf seinem Schreibtisch. Chefermittler Meli hatte das Paket postwendend zurückgeschickt, ohne Falcone ein Wort davon zu sagen, der allerdings inzwischen mit Borsellino gesprochen hatte und auf die Papiere wartete. In dem Glauben, es müsse sich um ein Versehen handeln, schickte Borsellino die fünf Bände noch einmal an Meli und legte ein Erläuterungsschreiben dazu. Doch erneut kam das Paket umgehend zurück, dieses Mal mit einer Begleitnotiz, die besagte, der Fall falle nicht in die Zuständigkeit der Palermoer Justiz.[5]

Obwohl schon seit eineinhalb Jahren in Marsala, hatte Borsellino die Entwicklung in Palermo aufmerksam verfolgt. Er telefonierte häufig mit seinen Freunden im Anti-Mafia-Verbund und schaute auch oft bei ihnen im Büro vorbei, wenn er das Wochenende zu Hause in Palermo verbrachte. Er spürte das frostige Klima, das sich der Behörde bemächtigt hatte, hörte die sich verschärfenden Klagen seiner Exkollegen und konnte zusehen, wie der Anti-Mafia-Verbund allmählich in seine Bestandteile zerfiel. Und jetzt hatte er gleichsam am eigenen Leib erlebt, was Meli unter Ermittlungsarbeit verstand. Indem er Ermittlungsergebnisse aus anderen Regionen Siziliens zurückwies, ohne seine eigenen Mitarbeiter auch nur über deren Existenz zu informieren, verstieß er, ob wissentlich oder nicht, gegen die im Maxi-Prozeß per formellem Gerichtsbeschluß festgestellte Erkenntnis, daß die Mafia eine einheitlich geleitete Organisation mit Sitz in Palermo war. Wie seine ehemaligen Kollegen, mußte Borsellino den Eindruck gewinnen, daß eine systematische Demontage des Anti-Mafia-Verbunds im Gang war.

Was sich in Palermo abspielte, fügte sich, so schien es, in den Rahmen einer breit angelegten Gegenrevolution ein, mit der offenbar das, was in acht Jahren stetiger Fortschritte im Kampf gegen die Mafia erreicht worden war, rückgängig gemacht werden sollte. Im April setzte die Regierung in Rom als neuen Innenminister Antonio Gava ein, einen christdemokratischen Apparatschik aus Neapel, dem enge Beziehungen zur neapolitanischen Camorra nachgesagt wurden. Einer von Gavas politischen Mitarbeitern, Ciro Cirillo, war 1981 unter Mithilfe der Camorra aus der Gewalt terroristischer Entführer freigekauft worden, und viele glaubten, daß Gava bei den Geheimverhandlungen, die zur Freilassung Cirillos führten, eine maßgebliche Rolle gespielt hatte. Auch wenn all dies nur Gerüchte ohne Beweiskraft waren, schien es bemerkenswert, daß es offenbar niemanden in der Regierung störte, daß das Land nun einen obersten Gesetzeshüter hatte, bei dem nicht auszuschließen war, daß er mit dem organisierten Verbrechen in Verbindung stand.[6]

Das italienische Parlament in Rom war unterdessen mit seinem erklärten Vorhaben, der Justiz die nötige Unterstützung im Kampf gegen die Mafia zu geben, weiter in Verzug geraten. Der sozialistische Justizminister Giuliano Vassalli machte vehement gegen diejenigen Front, die sich für ein gesetzliches Zeugenschutzprogramm einsetzten; es wäre gefährlich, erklärte er, den Anschein zu erwecken, der italienische Staat könne Mafia-Kronzeugen und ihre Familien schützen, wenn er dies in Wirklichkeit nicht garantieren könne. Auch die Pläne, Strafminderungen für reuige Mafiosi einzuführen, die sich dem Staat als Zeugen zur Verfügung stellten, stieß auf totale Ablehnung. Damit nicht genug, hatte das italienische Parlament eine Reihe äußerst liberaler Gesetze im Bereich des Persönlichkeitsschutzes verabschiedet, die sich in bezug auf komplexe Mafiaverfahren als kontraproduktiv erwiesen. Ein Gesetz aus dem Jahr 1984 schrieb vor, daß Beschuldigte in einem Strafverfahren spätestens zwei Jahre nach ihrer ersten Verhaftung auf freien Fuß gesetzt werden mußten, auch wenn zu diesem Zeitpunkt ihr Prozeß bereits lief und ohne Berücksichtigung ihres Vorstrafenregisters oder einer bestehenden Fluchtgefahr. Größere Mafiaverfahren dehnten sich wegen der schieren Masse an Belastungsmaterial und der verfassungsmäßig garantierten Rechte der Beschuldigten zwangsläufig über lange Zeiträume aus, nicht nur in Italien. Der in den USA durchgeführte sogenannte Pizza-Connection-Fall zog sich von der Anklageerhebung bis zur Urteilsverkündung über rund drei Jahre hin, obwohl nur 22 Personen angeklagt waren. Noch während des ersten Palermoer Maxi-Prozesses mußte ein Sondergesetz verabschiedet werden, um zu verhindern, daß das Gros der Angeklagten aus der Haft entlassen wurde. Allein, kaum ein Jahr nach ihrer Verurteilung waren die meisten von ihnen schon wieder auf freiem Fuß, sei es gegen Hinterlegung einer Kaution, nachdem sie Berufung eingelegt hatten, oder sei es dank irgendeines anderen juristischen Schlupflochs, das ihre Anwälte gefunden hatten.[7]

Ein Gesetz aus dem Jahr 1986 sah für Strafgefangene, die sich «vorbildlich» führten, die Möglichkeit großzügiger Straferlasse sowie «Gefängnisurlaube» vor. Verurteilte Verbrecher konnten bis zu sechs Wochen pro Jahr an Freigänger-Versuchen teilnehmen, um sich auf das Leben in Freiheit vorzubereiten; sie durften morgens ihr Gefängnis verlassen, um draußen einer Arbeit nachzugehen, und kehrten abends zurück, um die Nacht in ihrer Zelle zu verbringen. Dieses gutgemeinte Programm mochte sicherlich in Einzelfällen zur Resozialisierung von Strafhäftlingen beitragen, aber in seinen Genuß kamen eben auch Hunderte von Mafiosi, die diese Chance nützten, um auf Nimmerwiedersehen unterzutauchen. «In der zweiten Hälfte des Jahres 1988 verschwanden 2992 Strafgefangene, indem sie aus dem Gefängnisurlaub oder vom täglichen Freigang nicht zurückkehrten», schrieb die amerikanische Journalistin Claire Sterling. «Bei der Hälfte dieser Flüchtigen handelte es sich um höherrangige Mafiosi, die wegen Mordes, Diebstahls, Entführung und Drogenhandels einsaßen.» Sogar ein Mitglied der Kommission der Cosa Nostra war darunter.[8]

Dazu kam noch, daß einige Berufungsinstanzen auf Sizilien und in Rom geradezu versessen darauf schienen, einen großen Teil der Mafia-Urteile, die als Resultat der Prozeßflut in wachsender Zahl verkündet wurden, aufzuheben. Wie der von Borsellino bearbeitete Fall Basile, drehten viele Verfahren ihre Runden durch den Instanzenweg; manche wurden ein halbes Dutzend Mal aufgerollt, und früher oder später mußten die Beschuldigten aus der Haft entlassen werden und tauchten unter. (Nach italienischem Recht ist es nicht ausgeschlossen, einen Beschuldigten mehrmals wegen ein und desselben Gesetzesverstoßes anzuklagen.) Die beunruhigendsten Maßstäbe setzte in dieser Beziehung der Oberste Gerichtshof Italiens, der Urteile gegen Mafiosi grundsätzlich aufhob. Ein seltsames Zusammentreffen von Umständen hatte dazu geführt, daß Berufungsverfahren, die im Bereich der organisierten Kriminalität anfielen, fast unweigerlich bei einem bestimmten Richter landeten, dem rätselhaften Corrado Carnevale, der sich den Beinamen *l'ammazza-sentenze*, «Urteilskiller», redlich verdiente. Es gab und gibt zwar am Obersten Gerichtshof Italiens mehrere Kammern, doch war es Usus geworden, daß alle in den Bereich der organisierten Kriminalität fallenden Verfahren vor die «Erste Kammer» des Obersten Gerichts kamen, deren Präsident Carnevale, der Urteilskiller, war.

Das einzige, was in bezug auf Carnevale – indem die einen eine «fünfte Kolonne» der Mafia sahen, die anderen lediglich einen superpedantischen Juristen – feststand, war, daß er am laufenden Band die Freilassung verurteilter Mafiosi anordnete, häufig mit haarspalterischen formaljuristischen Begründungen: Flüchtigkeitsfehler wie ein falsch eingetragenes Ablagedatum konnten dazu führen, daß ein umfangreicher Fall völlig neu aufgerollt werden mußte. Nominell berief sich Carnevale stets auf den Grundsatz strengster Gesetzestreue, doch in manchen Situationen wich er weit von diesem Pfad ab und nahm sich die Freiheit, eigene Beweiswürdigungen vorzunehmen, wenn er fand, daß Geschworene und Richter nicht die richtigen Schlüsse gezogen hatten. In manchen Fällen entschied er, daß die Zeugen, deren Aussagen die Geschworenen Glauben geschenkt hatten, unglaubwürdig waren. So hob er zum Beispiel die Verurteilung Michele Grecos, des «Papstes», und seiner Helfer wegen der Ermordung des Richters Rocco Chinnici auf, mit der Begründung, die Aussage des libanesischen Informanten Bou Ghebel Ghassan, der vor und nach dem Bombenanschlag mit einigen von Grecos Leuten gesprochen hatte, sei nicht glaubwürdig. In einem anderen Fall setzte er Verurteilungen außer Kraft, weil ihm aus den Protokollen abgehörter «verschlüsselter» Telefongespräche nicht deutlich genug hervorging, daß von Drogengeschäften die Rede war; er ignorierte dabei die wohlbelegte Erkenntnis, daß Drogenhändler fast immer Deckbegriffe benutzen und zum Beispiel von «Hemden» und «Anzügen» sprechen, wenn sie Heroin und Kokain meinen. Von 120 verurteilten Mitgliedern einer Verbrecherbande aus Catania, die ihre kriminellen Geschäfte von Turin aus betrieben hatte, setzte Richter Carnevale nicht weniger als 100 auf freien Fuß, darunter 26, die zu lebenslänglicher Haft verurteilt worden waren. Er verfügte die Haftentlassung des beim Maxi-Prozeß verurteilten Kommissionsmitglieds Antonio Salamone aus Rücksicht auf dessen fortgeschrittenes Alter und angegriffene Gesundheit. Weder Alter noch Krankheit hinderten Salamone daran, sofort von der Bildfläche zu verschwinden und sich, so stand zu vermuten, nach Brasilien abzusetzen, wo seine Reichtümer auf ihn warteten.[9] Wie Penelope in der Homerschen Odyssee, die den Stoff, den sie tagsüber emsig gewebt hatte, nachts immer wieder auftrennte, zerrte der «Urteilskiller» Carnevale an den Fäden des weitläufigen Gewebes der miteinander verbundenen Cosa-Nostra-Prozesse, an denen die Mitglieder des Anti-Mafia-Verbunds in Palermo mit so viel Einsatz und Ausdauer gestrickt hatten.

Gleichzeitig mußte konstatiert werden, daß bei der Polizei von Palermo keinerlei wirksame Fahndungsarbeit mehr stattfand; sie hatte sich noch immer nicht von der Liquidierung Ninni Cassaràs und Beppe Montanas im Jahr 1985 und von den zahlreichen Versetzungen und Suspendierungen nach dem Tod des Untersuchungshäftlings Salvatore Marino erholt. Die Truppe war in eine Abwärtsspirale aus Totschlag, Mißtrauen und Verrat hineingeschlittert. Die Versetzungen häuften sich, neue Leute blieben kaum länger als einen oder zwei Monate. Im Sommer 1988 wurde wieder einmal ein Leiter des Kriminaldezernats versetzt, diesmal unter dem Vorwurf, die Ermordung des Beamten Natale Mondo einige Monate zuvor verschuldet zu haben, indem er ihn in einer lebensgefährlichen verdeckten Ermittlungsoperation eingesetzt hatte. Etwa um die gleiche Zeit wurde der Chef der Mordkommission von Palermo, Francesco Accordino, plötzlich versetzt, nachdem er eine Todesdrohung erhalten hatte – von einem Telefonapparat innerhalb des Polizeipräsidiums. Obwohl Accordino sich gegen die Versetzung wehrte, wurde er auf den Posten eines Postinspektors in Reggio Calabria abgeschoben. Der neue Leiter des Kriminaldezernats verkündete seine Absicht, sich für die «Normalisierung» der Lage in Palermo einzusetzen; in den Augen vieler lief diese Normalisierung freilich auf das schrittweise Ausradieren des institutionellen Gedächtnisses der Palermoer Polizei hinaus.[10]

Da Paolo Borsellino, wie er erkannte, zu diesem Zeitpunkt größere Bewegungsfreiheit besaß als seine Freunde in Palermo, beschloß er, Alarm zu schlagen. Hätte Falcone dies getan, er wäre sofort mit einem doppelten Vorwurf konfrontiert worden: Zum einen hätte man es ihm als Unbotmäßigkeit gegen seinen Vorgesetzten ausgelegt, zum andern als durchsichtigen Versuch, das Ansehen Melis zu untergraben und ihn von seinem Sessel zu verdrängen. Borsellino hatte eine Einladung akzeptiert, am 16. Juli 1988 in Agrigent auf einem Kongreß über den Kampf gegen die Mafia einen Gastvortrag zu halten.

Während es sonst bei Justizbeamten üblich war, sich bei öffentlichen Äußerungen auf unverbindliche Allgemeinplätze zu beschränken, wich Borsellino dieses Mal von der Konvention ab und geißelte in scharfen Worten die Rückschritte im Kampf gegen die Mafia, die Behinderung der Arbeit des Anti-Mafia-Verbundes und die völlige Lähmung der Palermoer Polizei. Der Veranstalter des Kongresses, Giuseppe Arnone, ein politischer Aktivist aus Agrigent, war von der Rede Borsellinos so aufgewühlt, daß er ihn um die Erlaubnis bat, die von Borsellino benutzten Notizen kopieren und an die sizilianische Presse weitergeben zu dürfen. Interessanterweise erschien weder im *Giornale di Sicilia* noch in der in Catania erscheinenden Zeitung *La Sicilia* ein Artikel über die Rede Borsellinos. Doch zwei Tage später meldeten sich bei Borsellino die Journalisten Attilio Bolzoni von der in Rom erscheinenden *La Repubblica* und Saverio Lodato von der kommunistischen Tageszeitung *L'Unità*, dieselben, die seinerzeit verhaftet worden waren, weil sie aus den Protokollen der Vernehmung Antonino Calderones zitiert hatten. Borsellino distanzierte sich nicht etwa von seinen Äußerungen auf dem Kongreß, sondern ließ in dem Interview, das in beiden Zeitungen gleichlautend erschien und im ganzen Land Furore machte, die Alarmsirenen ertönen:

Sie haben Giovanni Falcone die Kontrolle über das zentrale Ermittlungsverfahren gegen die Mafia entzogen. Die polizeiliche Ermittlungsarbeit ruht seit Jahren. Das Kriminaldezernat ist (nach der Ermordung von Ninni Cassarà) nicht wiederaufgebaut worden ... Das letzte polizeiliche Dossier, das dieses Namens würdig ist, stammt von 1982, es ist der (von Cassarà verfaßte) Bericht über Michele Greco 161. Seitdem haben wir kein umfassendes Bild von der Palermoer Mafia mehr erhalten ... Ich schicke Material an den Chefermittler von Palermo, und zu meiner großen Überraschung kommt es zu mir zurück. Ich habe den Eindruck, daß ein Manöver im Gang ist mit dem Ziel, den Anti-Mafia-Verbund zu demontieren ...

Bis vor kurzem liefen die Fäden aller Anti-Mafia-Ermittlungen in Palermo zusammen, weil auch die Fäden der Cosa Nostra dort zusammenlaufen ... Jetzt werden die Fälle dagegen in tausend verschiedene Richtungen verteilt. «Jeder muß alles bearbeiten», lautet die offizielle Erklärung. Sie ist jedoch nicht überzeugend ... Ich habe das dumpfe Gefühl, daß jemand die Zeit zurückdrehen möchte ...[11]

Weil aus der sehr diskret arbeitenden Ermittlungsbehörde nichts über die immer kritischer werdende Lage in Palermo nach außen gedrungen war, schlug das Interview wie eine Bombe ein. Der italienische Staatspräsident Francesco Cossiga berief eine Krisensitzung des Consiglio Superiore della Magistratura (CSM) ein und forderte eine sofortige Untersuchung der Probleme in Palermo. Die Mitglieder des Consiglio, die sich bereits in die Sommerferien verabschiedet hatten, kehrten nach Rom zurück und setzten Anhörungstermine an, zu denen unter anderem vierzehn Untersuchungsrichter aus Palermo geladen wurden.

Als Borsellino später von Freunden gefragt wurde, warum er diesen aufsehenerregenden Schritt an die Öffentlichkeit getan hatte, antwortete er: «Es stimmte mich traurig, den Verbund sterben zu sehen, und ich hatte das Gefühl, wenn er schon sterben müßte, dann wenigstens unter den Augen der Öffentlichkeit.»

Die Anhörungen vom 30. und 31. Juli fanden denn auch im Scheinwerferlicht der landesweiten Öffentlichkeit statt; die Schlacht von Palermo hatte sich aus den Korridoren des Justizpalastes hinausverlagert und wurde jetzt auf den Titelseiten sämtlicher großen Zeitungen Italiens ausgetragen. Was freilich Borsellino persönlich betraf, so hatte er sich das Risiko einer beruflichen Hinrichtung eingehandelt. Die italienische Richterschaft verstand sich als eine geschlossene Kaste, zu deren Grundregeln es gehörte, daß man mit Kritik nicht an die Presse ging. Korrekterweise hätte Borsellino, so meinten viele, sich mit einer förmlichen Beschwerde an das CSM wenden müssen – sie vergaßen dabei nur, daß das Consiglio mit der Wahl Antonino Melis selbst die Voraussetzung für die kritische Lage in Palermo herbeigeführt hatte. Dennoch forderten viele Vertreter der Richterschaft Disziplinarmaßnahmen gegen Borsellino oder gar seine Ablösung als oberster Strafverfolger von Marsala. «Nicht eine der Behauptungen Borsellinos entspricht der Wahrheit», erklärte Meli gegenüber der Presse und deutete damit die Möglichkeit einer Verleumdungsklage an.[12]

Wie viele andere war Meli überzeugt, der Schritt Borsellinos sei ein sorgfältig mit Falcone und dem Verbund abgestimmtes Manöver gewesen, mit dem Ziel, an Melis Stuhl zu sägen. In Wirklichkeit war Falcone von dem ungestümen Vorpreschen Borsellinos überrascht worden. «Giovanni war nicht auf das gefaßt, was Borsellino tat, und war darüber auch keineswegs erfreut», sagte Liliana Ferraro vom Justizministerium, die den beiden Männern nach wie vor freundschaftlich und kollegial verbunden war.[13] Während seines ganzen Berufslebens hatte Falcone stets den stillen Kompromiß bevorzugt und direkte Konfrontationen zu vermeiden versucht, besonders solche, bei denen er selbst blutende Wunden und schmerzhafte Verletzungen davontragen konnte. Doch jetzt, da der Eklat da war, blieb ihm nichts anderes übrig, als den Stier bei den Hörnern zu packen. Wohl wissend, daß die Karriere Borsellinos auf dem Spiel stand und daß sie alle beide Gefahr liefen, vom CSM an den Pranger gestellt zu werden, beschloß Falcone, den Einsatz zu erhöhen; er tat dies, indem er am 30. Juli 1988, kurz vor Beginn des vom CSM angesetzten Sitzungsmarathons, sein Rücktrittsschreiben einreichte. «In den letzten Jahren, in denen ich an Ermittlungen zum organisierten Verbrechen arbeitete», hieß es darin,

erduldete ich schweigend die unvermeidlichen Vorwürfe des «Protagonismus» und des beruflichen Fehlverhaltens. Überzeugt, eine nützliche Arbeit zu leisten, war ich glücklich, meine Pflicht tun zu können, und sagte mir, dies gehöre einfach zu den vielen Unannehmlichkeiten, die diese Art der Arbeit mit sich bringt. Ich war mir sicher, die öffentlichen Prozesse, die am Ende dieser Verfahren stehen würden, würden zu guter Letzt demonstrieren – was tatsächlich auch der Fall war –, daß die Ermittlungen, an denen ich mitwirkte, in einem Geist der absoluten Achtung vor dem Gesetz durchgeführt wurden. Als sich die Frage nach dem Nachfolger des obersten Strafverfolgers in der Ermittlungsbehörde von Palermo, Dr. Caponetto, stellte, reichte ich meine Bewerbung ein, in dem Glauben, dies sei der einzige Weg, die Kontinuität unserer Arbeit sicherzustellen ... In dieser Situation mußte ich zum erneuten Mal frivole Verleumdungen und eine Verunglimpfungskampagne von unerhörter Schäbigkeit hinnehmen, auf die ich nicht reagierte, weil ich, vielleicht zu Unrecht, glaubte, in meiner Funktion zum Schweigen verpflichtet zu sein. Jetzt jedoch hat sich die Lage grundlegend gewandelt, und meine Zurückhaltung ist durch nichts mehr gerechtfertigt. Was ich befürchtet habe, ist eingetreten: Die Ermittlungen gegen die Mafia sind versumpft, und der empfindliche Mechanismus, den wir den Anti-Mafia-Verbund nennen ..., ist ins Stocken gekommen. Paolo Borsellino, dessen Freundschaft mir zur Ehre gereicht, hat wieder einmal sein staatsbürgerliches Gewissen und seinen persönlichen Mut unter Beweis gestellt, indem er öffentlich Versäumnisse und Untätigkeit im Krieg gegen die Mafia anprangerte, Dinge, die für jeden, der Augen im Kopf hat, erkennbar sind. Die Antwort darauf war eine unwürdige Kampagne, die in der Absicht gestartet worden ist, den hohen moralischen Wert seiner Geste unkenntlich zu machen und alles auf einen Streit zwischen «Fraktionen» innerhalb der Richterschaft zu reduzieren ...[14]

Im Verlauf der beiden Anhörungstage marschierten vierzehn Untersuchungsrichter aus Palermo vor den Mitgliedern des Consiglio auf. Eine große Mehrzahl der als Zeugen Gehörten bestätigte, daß Borsellino die Situation in Palermo zutreffend dargestellt hatte. «Wenn wir gleich direkt zur Ursache des Konflikts gehen wollen, so liegt diese in der heftig umstrittenen Berufung Melis zum Leiter der Ermittlungsbehörde», sagte Carmelo Conti, Präsident des Berufungsgerichtshofes von Palermo. «Niemand bestreitet, daß Meli eine vollkommen integere Persönlichkeit ist, ... aber weil Meli zweifellos einen ziemlich stacheligen und autoritären Charakter hat, ganz im Gegensatz zu seinem Vorgänger Caponetto, wirkt dieser neue Ansatz auf die anderen Ermittler, vor allem auf Falcone, desorientierend ... Und dieses neue Klima macht das Leben unerträglich, nicht nur für die Ermittler, sondern auch für die Bürger Palermos, die sich im Stich gelassen fühlen, ohne Führung und ohne Gewißheit.»[15]

Der Palermoer Gerichtspräsident Antonio Palmieri bestätigte, daß der neue Leiter der Ermittlungsbehörde das System der Fallzuweisung, das entwickelt worden war, um die Arbeit innerhalb der Behörde flexibel zu verteilen, schlichtweg ignorierte und damit den Charakter des Anti-Mafia-Verbunds verändert hatte. Die ranghöchsten Untersuchungsrichter legten Zahlen vor, die zeigten, daß sie keineswegs Drükkeberger waren, die weniger als ihr Pflichtpensum leisteten, sondern daß sie vielmehr zu den «produktivsten» Strafverfolgern in Palermo gehörten. (Vier Mitglieder des Verbundes waren unter den fünf Ermittlern mit der größten Anzahl bearbeiteter Fälle.) Nacheinander wurden all jene Fälle erörtert, in denen Meli mafiabezogene Ermittlungsverfahren dem Anti-Mafia-Verbund entzogen hatte. Zeugen bestätigten, daß der Behördenleiter nie Arbeitsbesprechungen abgehalten oder die Büros der Mitarbeiter besucht hatte, um sich etwa über ihre Bedürfnisse und Probleme zu informieren.

Als die Reihe am Nachmittag des 30. Juli 1988 an Meli kam, demonstrierte der ausgiebig, was Gerichtspräsident Conti gemeint hatte, als er ihn einen «stacheligen und autoritären Charakter» nannte. Es entstand der Eindruck, daß die Ereignisse der verflossenen acht Monate Meli psychisch aus der Bahn geworfen und in eine sich selbst verstärkende Paranoia hineingetrieben hatten: «Ich kam (nach Palermo) nach einer Kontroverse, die mich zerstört hat», sagte er. «Sie sagten, Falcone sei ein großartiger Beamter – und ich bin der erste, der das anerkennt, immer, immer –, und was sprach für mich? Das Dienstalter, als hätte ich vierzig Jahre lang nur ‹meinen Stuhl angewärmt›!» Er schien vor Wut zu zittern, als er von den obszönen anonymen Briefen erzählte, die er erhalten hatte, und die Widerstände gegen sein Vorhaben, die Leitung des «Behälter»-Verfahrens zu übernehmen, schilderte. «Dieses Verfahren sollte wohl nicht in so unwürdige Hände geraten, so unwürdige Hände – daß sie unwürdig waren, stellte Dr. Caponetto öffentlich klar –, in so unwürdige Hände!» Er erklärte, es habe einen «Destabilisierungsplan» für den Justizpalast von Palermo gegeben, dessen erste Phase die anonymen Briefe gewesen seien, der mit der Veröffentlichung der Artikel über die Verhaftung seines Schwippschwagers im Zuge einer Mafiafahndung fortgesetzt worden sei und in dem Borsellino-Interview kulminiert habe. «Ich trat in der Ermittlungsbehörde unter dem Eindruck dieser anonymen Briefe an, in denen ich ein Stück Scheiße genannt wurde, und dann passieren diese Dinge. . . . Es heißt, daß dieser jüngste Auftritt Borsellinos ein Bestandteil des Destabilisierungsplanes sei.[16]

Die Anhörungen machten auf schmerzhafte Weise deutlich, was manche schon vor der Berufung Melis erkannt hatten: Daß dieser aufgrund seines aufbrausenden, streitsüchtigen und unberechenbaren Charakters ein ungewöhnliches Maß an Nichteignung für einen so heißen Stuhl wie den des leitenden Strafverfolgers von Palermo aufwies.

Die Leute, die nun aufgerufen waren, eine Lösung des in Palermo aufgebrochenen Konflikts herbeizuführen, waren freilich genau dieselben, die die jetzige Konfliktsituation heraufbeschworen hatten, indem sie sich für Meli entschieden hatten. Hätte das CSM Meli gemaßregelt und sich der Diagnose Borsellinos angeschlossen, so hätte es sich selbst eine Ohrfeige verpaßt. Meli hieb mehrmals in diese Kerbe, indem er eindringlich auf diesen Zusammenhang hinwies: «Wenn Borsellino die Stirn hat, über eine falsche Wahl zu sprechen, kritisiert er Sie und die von Ihnen getroffene Entscheidung, und er tadelt und beleidigt Sie damit auch . . . Mit anderen Worten, meine Herren, (Borsellino) sollte sich fragen, ob er noch oberster Strafverfolger von Marsala sein kann . . . und sollte nicht hierherkommen und über Palermo herziehen und weiterhin von einer falschen Wahl sprechen . . . Kurz gesagt, ich bin es leid, sprechen wir offen, ich habe es wirklich satt, fühle mich müde und angewidert.»

Falcone versuchte die Kontroverse zu entpersonalisieren, indem er erklärte, die grundlegenden Differenzen zwischen ihm und seinem Chef in Dutzenden von Einzelfällen und in bezug auf den Umgang mit Mafiafällen im allgemeinen hätten in eine Sackgasse geführt. «Es geht in diesen Fragen nicht um etwas Persönliches; das Verhältnis zwischen dem Behördenleiter und mir könnte nicht herzlicher sein; wir sehen einander täglich, und ich glaube, daß wir beide guten Willens waren. Doch die Dinge haben sich in einer Weise entwickelt, daß diejenigen von uns, die mit diesen Ermittlungen beschäftigt sind, sich in einer Art Pattsituation wiederfinden. Wir sind dabei, zu der bürokratisch-administrativen Abwicklung von Mafia-Fällen zurückzukehren, die eine der Hauptursachen für die Fehlschläge der vergangenen Jahre und Jahrzehnte gewesen ist.»[17]

Vielleicht konnte es nicht ausbleiben, daß die Diskussion über die «Borsellino-Affäre» das Consiglio fast genau entlang derselben Frontlinien spaltete, die sich schon in dem Ringen um die Berufung Melis oder Falcones gebildet hatten. Die Mehrheit, die für Meli votiert hatte, neigte dazu, dem Mann ihrer Wahl die Stange zu halten, während die Gefolgsleute Falcones eher die Partei Borsellinos ergriffen. Was zur Folge hatte, daß Borsellino sich einem zuweilen offen feindseligen Tribunal gegenübersah und um seine berufliche Zukunft fürchten mußte. Viele Mitglieder des Consiglio fragten gar nicht nach dem Wahrheitsgehalt der öffentlich gemachten Aussagen Borsellinos, sondern versuchten sich auf die Tatsache einzuschießen, daß er justizinterne Probleme an die Öffentlichkeit getragen hatte. Richter Sergio Letizia, der gegen Falcone votiert hatte, warf Borsellino vor, er habe das Vertrauen seiner Freunde verraten, indem er die Probleme des Anti-Mafia-Verbunds öffentlich gemacht habe. «Sie glaubten also, nachdem Sie persönliche Gespräche mit Ihren Kollegen geführt hatten, daß es zulässig sei, sie öffentlich zu machen, ja sie sogar zum Gegenstand eines Zeitungsinterviews zu machen?»

Borsellino ließ sich nicht aus dem Gleichgewicht bringen und verteidigte seine Position: «Ich habe nicht das Vertrauen meiner Kollegen verraten; ich habe auf der Basis von Gesprächen mit meinen Kollegen meine eigenen Überzeugungen formuliert . . . Ich habe auf einer Podiumsdiskussion über die Situation an der Mafiafront eine Frage aufgeworfen, deren Erörterung ich für wichtig hielt. Entweder wir reden verschlüsselt und in Rätseln und sprechen etwa von einem ‹Nachlassen der Spannung› . . . so daß niemand versteht, worum es eigentlich geht, oder wir knöpfen uns diese Probleme ganz konkret vor, nennen Tatsachen beim Namen und legen den Finger direkt auf die Wunde, indem wir sagen: ‹Die zentrale Behörde für Mafia-Ermittlungen funktioniert nicht mehr.› . . . Ich sehe nicht ein, weshalb die öffentliche Meinung nicht über diese Probleme informiert werden sollte; ich halte es im Gegenteil für gefährlich, wenn die öffentliche Meinung nicht informiert ist.»[18]

Während bei der Marathonsitzung die Öffentlichkeit nicht zugelassen war, stand es den Teilnehmern frei, die Presse über das Geschehene zu informieren. Vor den Türen des Sitzungssaals wimmelte es von Journalisten, die darauf brannten, Details über den Fortgang der Anhörungen zu erfahren, und so wurden die Interna des Justizpalastes von Palermo Tag für Tag auf den Titelseiten der italienischen Zeitungen ausgebreitet. «Uns allen war klar, daß die Schlacht auf dem Feld der öffentlichen Meinung ausgetragen wurde», sagte CSM-Mitglied Vito D'Ambrosio. «Die konservativen Journalisten drängten sich im Büro von Geraci, die Linken in meinem.»[19] Die meisten Zeitungen schienen eher mit Falcone und Borsellino zu sympathisieren, doch die einflußreiche konservative Tageszeitung *Giornale* griff die beiden aufs heftigste an und stellte sie als nützliche Idioten einer kommunistischen Verschwörung hin. «Die Kommunisten wollen die Kontrolle über die Anti-Mafia-Bewegung übernehmen und unterstützen daher die Vorkämpfer der Falcone-Fraktion», warnte die Zeitung zu Beginn der Anhörungssitzung. Im selben Stil ging es am nächsten Tag weiter: «Wenn die KPI erst einmal den Justizpalast von Palermo erobert hat, wird sie unantastbar sein.»[20]

Nach Abschluß des Anhörungsmarathons debattierte das vollzählig versammelte Consiglio am 4./5. August 1988 fast die ganze Nacht hindurch leidenschaftlich über den besten Ausweg aus der verfahrenen Lage in Palermo. Weil Borsellino die dramatische Zuspitzung der Kontroverse ausgelöst und dem Consiglio indirekt eine personelle Fehlentscheidung vorgeworfen hatte, waren viele nicht besonders gut auf ihn zu sprechen. Hatte das Tauziehen um die Bestellung Melis oder Falcones schon für erhebliche Mißhelligkeiten unter den Mitgliedern des Gremiums gesorgt, so verschärfte die jetzige Kontroverse die Animositäten weiter. «Geraci war wütend auf Borsellino, er wollte den Kopf Borsellinos auf einem Teller», sagte D'Ambrosio. «Die Luft wurde sehr dick. An einem Punkt sagte ich zu Geraci etwas sehr Scharfes wie: ‹Du wirst den Kopf Borsellinos nicht bekommen, und wenn doch, dann hole ich mir deinen.›»[21]

Daß Borsellino eine Diziplinarstrafe erhalten würde, stand außer Frage; strittig war nur, wie sie aussehen würde. Im Verlauf der stürmischen Debatte, die die ganze Nacht andauerte, tüftelte das Consiglio schließlich einen Kompromiß aus: Die Kritik Borsellinos an der Führung der Palermoer Behörde wurde zurückgewiesen, doch bescheinigte man ihm, daß er sie in wohlmeinender Absicht geäußert hatte. «Das war das Beste, was wir erreichen konnten», sagte D'Ambrosio. «Diejenigen von uns, die Freunde Falcones waren, wollten sichergehen, daß er an dieser Geschichte nicht kaputtgehen würde. Und wir konnten erreichen, daß eine Erklärung verabschiedet wurde, in der das Gremium seine volle Unterstützung für Falcone und seine Wertschätzung für seine Arbeit bekundete.» Das Dokument enthielt auch einen Appell an Falcone und Meli, ihre Meinungsverschiedenheiten auszuräumen, wobei hervorgehoben wurde, daß der Leiter der Ermittlungsbehörde sich bemühen solle, mehr Rücksicht auf die Bedürfnisse des Anti-Mafia-Verbunds zu nehmen.

Von allen Seiten wurde Falcone gedrängt, seine Rücktrittserklärung zurückzunehmen, und tatsächlich blieb ihm kaum etwas anderes übrig. Jeden Versetzungsantrag von ihm hätte das CSM befürworten müssen, das jedoch keinen Zweifel daran ließ, daß es ihn weiterhin auf seinem Posten in Palermo sehen wollte. Und nachdem Falcone selbst erklärt hatte, es handle sich nicht um ein persönliches, sondern um ein fachliches Problem, mußte er sich nun mit einer vagen Zusage aller Beteiligten zufriedengeben, daß jeder sein Bestes tun werde, um die Differenzen zu überwinden und einen neuen Anlauf zur Gemeinsamkeit zu nehmen.

Falcone befand sich nach dieser dramatischen Episode in einer schwächeren und verwundbareren Position als je zuvor. Trotz aller Lobpreisungen für seine Arbeit hatte sich auf der Sitzung deutlich gezeigt, daß er die Kontrolle über seine Ermittlungsverfahren verloren hatte und daß der Anti-Mafia-Verbund von oben her aus den Angeln gehoben wurde. Nicht einmal einen würdigen Rücktritt hatte man ihm zugestanden. Im Grunde hatte die jüngste Schlacht auch seine Aura als unparteiliche, über den Niederungen des politischen Kampfes schwebende Lichtgestalt beschädigt, weil er diesmal nicht bloß Objekt einer erbitterten öffentlichen Kontroverse gewesen war, sondern selbst in sie eingegriffen hatte. Jetzt, da der Volksmund den Palermoer Justizpalast schon in «Giftpalast» umgetauft hatte, erschien Falcone in zunehmendem Maß nur noch als einer von mehreren Kombattanten in einem undurchschaubaren Gemenge von Machtkämpfen.

Auf den schwammigen Kompromiß, den das CSM zurechtgebogen hatte, folgte unverzüglich eine weitere Demütigung für Falcone. Am 5. August verkündete das Kabinett in Rom die Berufung eines neuen Hohen Kommissars für die Bekämpfung der Mafia. (Das war genau das Amt, das General Dalla Chiesa für sich angestrebt hatte.) Der Auserwählte war Domenico Sica, ein Staatsanwalt aus Rom, der sich im Kampf gegen den Terrorismus ausgezeichnet hatte. Des weiteren wurde bekanntgegeben, über welche weitgehenden Sondervollmachten der neue Hohe Kommissar verfügte – sie übertrafen alles, was General Dalla Chiesa sich je erträumt hatte: eine Generalvollmacht zum Erteilen von Abhörgenehmigungen, die Befugnis zur Koordinierung und Überwachung von Ermittlungsverfahren im ganzen südlichen Italien. Aus Regierungskreisen wurde die Information gestreut, für das Amt sei Falcone im Gespräch gewesen, man habe sich jedoch gegen ihn entschieden, um nicht den Eindruck einer Parteinahme für eine der Fraktionen im Palermoer Justizpalast zu erwecken.

«Borsellino ruinierte die Chancen Falcones im Rennen um das Amt des Hohen Kommissars», sagte Vincenzo Geraci. «Das wäre der ideale Posten für ihn gewesen, denn er war ja doch im Grunde ein Ermittler und kein Richter.»[22]

«Wie vieles, was Vincenzo Geraci sagt, kommt auch dies, denn er ist ja intelligent, der Wahrheit nahe, ohne wirklich wahr zu sein», meinte Richter D'Ambrosio dazu.[23] Falcone selbst hielt die Geschichte über seine Beinahe-Berufung zum Hohen Kommissar für völlig aus der Luft gegriffen; niemand sei je mit der Frage an ihn herangetreten, ob er sich für das Amt interessiere. Als Borsellino seine publizistische Bombe platzen ließ, beeilte sich die Regierung, die Wahl Sicas bekanntzugeben; der Eklat lieferte ihr den perfekten Vorwand, um Falcone erneut von einem Posten fernzuhalten, für den er nach Ansicht der meisten der qualifizierteste Mann gewesen wäre. Domenico Sica, der neue Hohe Kommissar, war ein intelligenter und fähiger Untersuchungsrichter, der aber noch nie ein Ermittlungsverfahren gegen die Mafia durchgeführt hatte. Er hatte allerdings dem Vernehmen nach einflußreiche Freunde in der Sozialistischen Partei, und die hatte Falcone nicht. Es sind jedenfalls erhebliche Zweifel angebracht, ob die Regierung jemals ernsthaft vorhatte, Falcone mit so weitgehenden Machtbefugnissen auszustatten.

SECHZEHNTES KAPITEL

Daß das Ansehen Giovanni Falcones durch die nicht enden wollende «Palermo-Kontroverse» gelitten hatte, zeigte sich in den zynischen Kommentaren mancher Beobachter zu seiner Entscheidung, nicht zurückzutreten. So ließ die konservative Zeitung *Il Giornale* die Vermutung anklingen, Falcone wolle vor allem deshalb in Palermo bleiben, weil er dort die Leichen in seinem Keller besser hüten könne – ein unerhörter und durch nichts gerechtfertigter Vorwurf, den ein Jahr früher wahrscheinlich niemand zu erheben gewagt hätte. «Falcone hatte ein ganz konkretes Motiv für sein Eingehen auf diesen jüngsten Kompromiß», hieß es in dem Artikel. «Vielleicht hat Giovanni Falcone Angst davor, daß ... die Geheimnisse ‹seines› Verbunds gelüftet werden.»[1] Was immer Falcone auch tat, seine Gegner drehten ihm einen Strick daraus: Wäre er zurückgetreten, so hätten sie ihn als eine Primadonna hingestellt, die es ablehnte, sich jemandem unterzuordnen. Jetzt, da er blieb, wurde ihm unterstellt, er habe etwas zu verbergen.

Ihren ganz eigenen Reim auf den Machtkampf in Palermo machten sich die Bosse der Cosa Nostra.

Am 20. September 1988, ein paar Tage nachdem Giovanni Falcone sein Rücktrittsgesuch widerrufen hatte, zeichnete die amerikanische Polizei, die im Café Giardino in Brooklyn ein Telefon angezapft hatte, ein in sizilianischem Dialekt geführtes Gespäch zwischen Joe Gambino und einem nichtidentifizierten Anrufer auf, der gerade aus Palermo zurückgekehrt war.

Gambino: Was hat er (Falcone) gemacht? Ist er zurückgetreten?

Anrufer: Nein, nein, es ist alles übertüncht worden, und er hat seinen Rücktritt widerrufen. Er ist wieder dort hingegangen, wo er vorher war, um dasselbe zu tun, was er vorher gemacht hat.

Gambino: Scheiße![2]

Der Anrufer tröstete Gambino daraufhin mit jüngsten Neuigkeiten aus der italienischen Politik, wobei er insbesondere die Reformen im italienischen Straf- und Prozeßrecht betonte, mit denen die Befugnisse von Richtern, Verdächtige in Haft zu nehmen und zu halten, stark eingeschränkt worden waren.

Anrufer: Nachdem das neue Gesetz verabschiedet worden ist, können die Strafverfolger nicht mehr so loslegen wie früher ... Sie können nicht mehr Leute verhaften, wenn es ihnen paßt. Sie müssen vorher handfeste Beweise vorlegen, erst überführen, dann verhaften.

Gambino: Ach, so wie hier, in Amerika?

Anrufer: Nein, besser, viel besser. Jetzt können diese Hunde, die Untersuchungsrichter und Bullen, nicht mal mehr davon träumen, wie bisher Leute einfach zu verhaften.

Gambino: Die Bullen werden sich in den Arsch beißen! Und der Kerl, der zurückgekommen ist (Falcone), wird der auch nichts mehr machen können? ... Sie werden sich alle in den Arsch beißen!

Anrufer: Ja, alle in den Arsch.

Drei Tage später erhielt Joe Gambino von einem anderen, ebenfalls nichtidentifizierten Anrufer weitere Nachrichten aus Italien. Wieder kreiste das Gespräch um die Neuerungen im Strafrecht, das Gesetz, nach dem Juristen für Fehlentscheidungen haftbar gemacht werden konnten, und das tatkräftige Vorgehen des sozialistischen Justizministers Giuliano Vassalli gegen kalabrische Strafverfolger, die seiner Ansicht nach bei ihren Ermittlungen gegen die Mafia unzulässige Mittel eingesetzt hatten.

Gambino: Ich habe von dem neuen Gesetzbuch gehört, das in Italien verabschiedet worden ist.

Anrufer: Es ist besser als das amerikanische ... Die Beweise müssen erdrückend sein ... und die Strafverfolger sind haftbar ... Die Strafverfolger können sich ins Knie ficken. Vassalli hat sie vor Gericht gebracht ... Er sagt den Strafverfolgern: Bleibt auf dem schmalen und geraden Weg, ihr Hunde ...

Gambino: Ja, mit diesen neuen Gesetzen werden sie gar nichts mehr machen können.

Anrufer: Sie werden Bohnen pflücken gehen.[3]

Während die italienische Öffentlichkeit sich von abstrusen Verschwörungstheorien über Falcone kopfscheu machen ließ, demonstrierten die Bosse der Cosa Nostra wieder einmal, wie klar und realistisch sie die

Lage erfaßten. So sehr sie einerseits enttäuscht waren, daß Falcone sein Rücktrittsgesuch zurückgezogen hatte, so genau begriffen sie, daß seine Chancen, Erfolge zu erzielen, angesichts eines für ihn ungünstig gewordenen politischen Klimas gering geworden waren.

Kaum war Falcone im September 1988 an seinen Schreibtisch in Palermo zurückgekehrt, da brachen dieselben Probleme, die ihn im Juli zu seinem Rücktrittsgesuch veranlaßt hatten, wieder auf. Aus der Ermittlungsbehörde von Termini Imrese, einer unweit von Palermo an der Nordwestküste Siziliens gelegenen Kleinstadt, war Belastungsmaterial nach Palermo geschickt worden, das aufgrund der Aussagen des neuen Mafia-Kronzeugen Antonino Calderone gegen mehrere Verdächtige gesammelt worden war. Die Ermittler von Termini Imerese waren davon ausgegangen, daß Palermo dieses Material in dem Verfahren benützen würde, das Falcone auf der Basis der Enthüllungen Calderones vorantrieb. Doch Antonino Meli schickte die Akten zurück mit dem Vermerk, der Fall müsse an Ort und Stelle zum Abschluß gebracht werden. Wie sechs Monate zuvor, als er dasselbe Spiel mit Borsellino durchexerziert hatte, hielt Meli es auch dieses Mal nicht für nötig, die Mitglieder des Anti-Mafia-Verbunds einzuweihen. Es schien ihm gleichgültig zu sein, daß die Behörde von Termini Imerese überhaupt nicht für die Durchführung eines solchen Verfahrens gerüstet war – es gab in der Stadt nur zwei ermittelnde Untersuchungsrichter, dafür einen Aktenberg von fast 2000 unerledigten Fällen, und nur einen stellvertretenden Staatsanwalt in der Procura della Repubblica für die prozeßmäßige Aufbereitung der Fälle. Die Behörde hatte kaum praktische Erfahrung mit Mafiafällen. Die örtliche Polizei hatte, sei es wegen unzureichender Ausstattung oder aus Angst, seit rund neun Jahren keinen einzigen Bericht über Mafia-Aktivitäten in ihrem Bezirk abgefaßt; dabei galt Termini Imerese als ein bevorzugter Unterschlupf für flüchtige Mafiosi.[4]

Als die Verbund-Mitarbeiter erfuhren, was Meli getan hatte, warnten sie in einem Protestschreiben an den Gerichtspräsidenten von Palermo vor den «äußerst schwerwiegenden Schadensfolgen für diverse laufende Ermittlungsverfahren», die aus einer solchen Handlungsweise resultieren konnten. «Nach Jahrzehnten einer fragmentierten Ermittlungsarbeit, bei der man sich in tausend Richtungen verzettelte und vollkommen enttäuschende Resultate erzielte, war es das Verdienst des verstorbenen Chefermittlers Rocco Chinnici, die Einheit der Mafia erkannt und eine Ermittlungsarbeit in die Wege geleitet zu haben, die diese Tatsache berücksichtigte . . .» Meli wische durch sein Vorgehen, so fuhren sie fort, «mit einem Schlag eindeutiges Beweismaterial vom Tisch, das unter enormen Opfern, unter Einsatz und manchmal Verlust des Lebens, von vielen Untersuchungsrichtern und Ermittlern zusammengetragen worden ist, und wirft uns auf den Stand jener Zeiten zurück, in denen alles im Labyrinth zahlloser Einzelverfahren versandete, deren jedes mit bürokratischer Kurzsichtigkeit behandelt wurde».[5]

Wegen der unüberbrückbaren Meinungsverschiedenheiten zwischen dem Anti-Mafia-Verbund und Antonino Meli landete der Konflikt um die Zuständigkeit für den Fall Calderone vor dem Obersten Gerichtshof Italiens, genauer gesagt vor dessen erster Kammer mit ihrem Vorsitzender Corrado Carnevale, dem «Urteilskiller».

Die Mafia schien gewillt, sich die Lähmung der sizilianischen Justiz zunutze zu machen und wieder einmal in die Offensive zu gehen. Am 14. September wurde der pensionierte Richter Alberto Giacomelli in der Nähe seines Hauses in Trapani ermordet. Am 25. September 1988 überfiel ein Mafia-Kommando in Palermo den Wagen des Richters Antonio Saetta bei dessen Rückkehr von einem Wochenende auf dem Land und tötete ihn und seinen geistig behinderten Sohn Stefano. Als Kollegiumsmitglied am Appellationsgericht von Palermo hätte Richter Saetta demnächst über die Berufungsanträge aus dem ersten Maxi-Prozeß mitentscheiden müssen. Er hatte sich in früheren Prozessen als strenger und unbestechlicher Richter erwiesen. Er hatte die drei Mörder des Polizeihauptmanns Emanuele Basile verurteilt und das Urteil gegen den «Papst» Michele Greco wegen der Ermordung Rocco Chinnicis bestätigt – bevor Carnevale, der «Urteilskiller», beide Verurteilungen wieder aufgehoben hatte.[6]

Einen Tag später ermordete ein anderes Killerteam Mauro Rostagno, der früher als radikaler Student von sich reden gemacht und später ein Rehabilitationszentrum für Drogenabhängige gegründet hatte – er hatte den Fehler begangen, im Lokalfernsehen offen Kritik an sizilianischen Drogen-Mafiosi zu üben.

Am 27. September wurde Giuseppe Lombardo, ein Schwager des Mafia-Kronzeugen Salvatore Contorno, in Palermo erschossen; er war ungefähr der dreißigste Angehörige oder enge Freund Contornos, den die Mafia beseitigte. Einen Tag später klingelte ein weiteres Killerteam an der Haustür des Mafiabosses Giovanni Bontate und tötete ihn und seine Frau. Nach seiner Verurteilung im Maxi-Prozeß war Bontate wegen eines Bandscheibenvorfalls aus dem Gefängnis entlassen worden. Hatte er sich im ersten Mafiakrieg noch dadurch retten können, daß er sich mit den Corleonesern gegen seinen älteren Bruder Stefano verbündet hatte, so war er nun offenbar das Opfer eines weiteren Konsolidierungsprozesses innerhalb der Cosa Nostra geworden.[7]

Die Reaktionen auf diese jüngste Serie von Mordanschlägen fielen unterschiedlich aus. «Das sind Todesfälle nach Fahrplan», erklärte Paolo Borsellino in einem Vortrag, den er an diesem Tag vor Palermoer Untersuchungsrichtern hielt.

Wir sehen uns mit einer neuen verbrecherischen Bedrohung konfrontiert, die noch mehr Menschenleben fordern und uns vielleicht weitere cadaveri eccellenti bescheren wird. Das Klima, das derzeit herrscht, ähnelt dem vor dem Tod Dalla Chiesas. Die Cosa Nostra liquidiert Richter wie Giacomelli und Saetta und Jornalisten wie Rostagno, Leute, die an vorderster Front kämpfen, die in der vordersten Kampflinie stehen, aber allein gelassen werden wie der vor sechs Jahren ermordete General.

Eine noch extremere Einschätzung kam vom Präsidenten des Appellationsgerichtshofes von Palermo, Carmelo Conti: «Der Kampf ist verloren, die Lage ist hoffnungslos. Es hat keinen Sinn, uns selbst etwas vorzumachen, der Staat hat uns im Stich gelassen.»

Dagegen glaubte Antonio Gava, der italienische Innenminister, in der neuerlichen Serie von Bluttaten Anzeichen für eine positive Entwicklung zu erkennen. «Diese Formen verstärkter Gewalt», sagte er, «sind ein Symptom dafür, daß die Mafia das Gefühl hat, der Staat unternehme verstärkte Anstrengungen zu ihrer Bekämpfung.»

Als wenige Tage später Antonino Calderone, der jüngste bedeutsame Kronzeuge gegen die Mafia, vor einem Palermoer Gericht in den Zeugenstand gerufen wurde, verkündete er seinen Entschluß, nicht auszusagen. «Ich fühle mich nicht geschützt», erklärte er.

Noch ein Zeuge, der inkognito in den USA lebende Salvatore Contorno, bekundete seinen Entschluß, nicht mehr mit den Behörden zusammenzuarbeiten. «Ich habe begriffen, daß der (italienische) Staat nicht den Willen hat, die Mafia zu zerschlagen», sagte er in einem Interview mit dem Nachrichtenmagazin *Europeo.* «Während ich weiterhin als Flüchtling leben und um mein Leben fürchten muß, kommen die Leute, die ich überführt habe, aus dem Gefängnis frei, . . . aufgrund irgendwelcher rechtlichen Formalitäten. Es lohnt nicht das Risiko.»[8]

Im Rahmen einer ernüchternden Lagebeurteilung erklärte Domenico Sica, der neue Hohe Kommissar für die Bekämpfung der Mafia, dem Parlament, der italienische Staat habe in einem Großteil des südlichen Landesdrittels die Kontrolle praktisch verloren. «In weiten Teilen Siziliens, Kalabriens und der Campania ist die Territorialhoheit organisierter Verbrecherbanden eine absolute», erklärte er.[9]

Just um diese Zeit, im November 1988, setzte sich Antonino Meli eine erneute Offensive gegen Giovanni Falcone und dem Anti-Mafia-Verbund in den Kopf. Bei einer Besprechung mit mehreren Mitgliedern der Anti-Mafia-Kommission des italienischen Parlaments, die auf Besuch in Palermo weilten, führte er Klage darüber, daß Falcone und der Verbund aus Angst vor einer Verhaftung der «Ritter der Arbeit» von Catania zurückscheuten – Carmelo und Pasquale Costanzo vor allem, über die Antonino Calderone ausgepackt hatte. Ein der Sozialistischen Partei angehörendes Mitglied der Kommission hatte nichts Eiligers zu tun, als sich öffentlich über «beunruhigende Tatsachen und Interessen, die manche gerne vertuschen möchten», auszulassen.[10]

Es war schon mehr als seltsam, daß gerade Meli, der den Palermoer Ermittlern die rechtliche Zuständigkeit für viele der durch die Aussagen Calderones ausgelösten Verfahren abgesprochen hatte, Falcone jetzt dafür tadelte, einige Verdächtige von der anderen Seite Siziliens nicht rasch genug verhaftet zu haben. Sogleich machte der «Fall Costanzo» Schlagzeilen; Falcone, so der Tenor mancher Kritiker, sei zu nachsichtig mit den «Rittern der Arbeit». Dabei war er der erste, der überhaupt gegen diese Männer ermittelt hatte. Meli wurde nach Rom zitiert, um vor der Anti-Mafia-Kommission des Parlaments auszusagen; dort verschärfte er die gehässigen Vorwürfe gegen seine eigenen Beamten noch. «Ich muß mich ... mit sechs unantastbaren Ermittlern abfinden und damit, daß alle diese Verfahren sich Tag für Tag aufstapeln, die ich gemäß dem Beschluß des CSM nicht dem Verbund zuweisen darf, um nicht Unmutsgefühle zu erzeugen ... Ich verbeuge mich vor meinem Kollegen Falcone – wer würde nicht seine enormen Verdienste anerkennen? Ich würde ein goldenes Denkmal für Falcone bauen. Aber es sind nicht lauter Falcones. Das Verhältnis ist eher wie zehn zu eins oder zwei, drei höchstens. Keiner von ihnen schneidet besser ab als mit einer Drei.»[11]

Kurz nachdem Meli erklärt hatte, er wolle ein goldenes Denkmal für Falcone bauen, erneuerte er seine Kritik an der vermeintlichen Weigerung Falcones, die Gebrüder Costanzo zu verhaften. Es war ein schwerer Verstoß gegen die juristischen Berufsregeln, daß Meli sich in dieser Form zu einem laufenden Ermittlungsverfahren äußerte, zumal seine Vorwürfe die Integrität und den Ruf Falcones in Frage stellten. Einige Mitglieder des Consiglio Superiore della Magistratura forderten daraufhin ohne nähere Prüfung der sachlichen Grundlagen die Versetzung sowohl Melis als auch Falcones aus Palermo.[12]

Nach Aussagen des Anti-Mafia-Verbunds hatte Meli einfach die Strategie Falcones nicht verstanden, die darauf abzielte, die Costanzos in eine Situation zu bringen, in der sie sich der Regierung als Kronzeugen zur Verfügung stellen würden. «Ich war bei der Vernehmung der Costanzos dabei», berichtet Ignazio De Francisci. «(Falcone) verfolgte eine sehr weit gespannte Strategie ... Er legte es darauf an, Costanzo, gegen den eine Anklageerhebung vorbereitet wurde, als Zeugen zu gewinnen, ... indem er ihn nicht festnehmen, aber ihn schon einmal Gefängnisluft schnuppern ließ ... Und Costanzo zeigte Anzeichen der Bereitschaft, sich zu öffnen ... Dann tritt Meli auf den Plan, erklärt, Falcone versuche Costanzo zu schonen, und verkündet, wir müßten die Costanzos verhaften.»[13]

Die Entscheidung Falcones, die Gebrüder Costanzo erst einmal nicht festnehmen zu lassen, stand in vollkommenem Einklag mit der Bedachtsamkeit und Gewissenhaftigkeit, durch die er sich als Strafverfolger seit jeher ausgezeichnet hatte. Er hatte sich 1983 gegen die Verhaftung der Vettern Salvo entschieden, als sein damaliger Vorgesetzter Chinnici schon mit den Handschellen gerasselt hatte. Er hatte noch ein Jahr gewartet, bis er zwei Zeugen aufbieten konnte, die bereit waren, die Mitgliedschaft der Vettern in der Cosa Nostra zu beschwören, und bis das Belastungsmaterial für eine Verurteilung ausreichte. Falcone war sich darüber im klaren, daß er als Wegbereiter einer Revolution in der italienischen Strafverfolgung seine Anklagen mit absolut hieb- und stichfesten Beweisen untermauern mußte. Tausende von Strafverteidigern, Richtern und Politikern warteten nur darauf, daß der Anti-Mafia-Verbund sich einmal auf zu dünnes Eis wagen würde – etwa durch die Verhaftung eines Verdächtigen aufgrund fadenscheiniger Beweise – und daß sie ihn dann in Pfanne hauen könnten. Wie sich beim Maxi-Prozeß gezeigt hatte, konnte man nicht damit rechnen, Verurteilungen lediglich durch der Aussagen von Zeugen aus dem Mafia-Milieu zu erreichen, und gegen die Costanzos hatte Falcone außer der Aussage Calderones fast nichts in der Hand. Dazu kam, daß Calderone noch nicht einmal behauptet hatte, die Costanzos gehörten der Cosa Nostra an; er hatte lediglich gesagt, sie hätten aus engen Mafia-Verbindungen Kapital geschlagen. Sie befanden sich in der zweischneidigen Lage, halb Opfer und halb Täter zu sein, und Falcone brauchte zumindest mehr und besseres Beweismaterial, bevor er sie hinter Gitter bringen konnte. Schon einmal hatte ein Strafverfolger, Carlo Palermo, gegen die Costanzos Anklage erhoben und damit jämmerlichen Schiffbruch erlitten. Das Gericht hatte sie freigesprochen und scheinbar von jedem Verdacht gereinigt, und sie hatten sich danach als Opfer einer übereifrigen Justiz hingestellt, und Palermo hatte, nachdem er zunächst knapp einem Attentat entronnen war, alle Hände voll damit zu tun gehabt, sich eines Disziplinarverfahrens zu erwehren, das dennoch seiner Karriere als Strafverfolger de facto ein Ende gesetzt hatte.[14]

Falcone ging von dem Grundsatz aus, «daß man, wenn man nach hoch oben zielt, absolut sicher sein muß, das Ziel auch zu treffen, weil es sonst mit doppelter Wucht zurückschlägt wie ein Bumerang», sagt Richter Vito D'Ambrosio. «Man kann natürlich die Costanzos auch ohne wasserdichte Beweise verhaften, aber wenn man sie dann wieder laufen lassen muß, werden sie nicht nur die Person ihres Anklägers vernichten, sondern auch seine Arbeit . . . Diese professionelle Behutsamkeit Giovannis interpretierte ein Dummkopf wie Meli, ein Mann von wirklich beschränkter Intelligenz, fälschlicherweise als Angst oder Komplizenschaft. Anderen bot dies ein gute Gelegenheit, Falcone zu diskreditieren. Viele unterschiedliche Interessen konvergierten in dem Wunsch, Falcone diskreditiert zu sehen.»[15]

Dieselben Leute, die noch vor kurzem gegen den Mißbrauch der Rechtsprechung zu Felde gezogen waren und für ein Gesetz getrommelt hatten, das Richter und Staatsanwälte für ihre Fehlentscheidungen haftbar machte, stellten Falcone jetzt an den Pranger, weil er wegen unzureichender Beweislage auf Verhaftungen verzichtet hatte. Da die Vorwürfe gegen Falcone nicht haltbar waren, legte sich der Sturm bald, doch die Affäre trug das Ihre dazu bei, die Öffentlichkeit im Hinblick auf das Geschehen an der Mafiafront zu verunsichern und den Nimbus Falcones zu beschädigen.

Als der Lärm um den «Fall Costanzo» gerade abzuklingen begann, verabreichte der Oberste Gerichtshof Italiens dem Anti-Mafia-Verbund am 23. November 1988 eine weitere Ohrfeige. In dem Zuständigkeitskonflikt, den die Ermittlungen zum Calderone-Komplex aufgeworfen hatten, entschied das Gericht zugunsten Antonino Melis; es erklärte es für rechtens, die Verfahren gegen Mafiaverdächtige in der Zuständigkeit der jeweiligen örtlichen Ermittlungsbehörden zu belassen, anstatt sie zentral in Palermo zusammenzufassen. Der Richterspruch hatte freilich noch viel weitergehende Implikationen: Er legte die Axt an das rechtliche Fundament des Maxi-Prozesses und stellte das vom Anti-Mafia-Verbund zur Grundlage seiner Arbeit gemachte Verständnis der Mafia in Frage. «(Mafiasippen) sind ihrer Natur nach selbständig und operieren ohne jede Abhängigkeit von hierarchischen Bindungen an die Kommission», stellte das Gericht fest. Die Mafia sei «eine Ansammlung krimineller Vereinigungen, die oft in Gegensatz zueinander stehen und, obwohl sie sich gleichartiger Mafiamethoden und Strukturen bedienen, über ein hohes Maß eigener Entscheidungsmacht verfügen».[16] Das Richterkollegium unter Vorsitz des «Urteilskillers» Corrado Carnevale tat so, als hätte es die Mafiaverfahren der letzten acht Jahre nicht gegeben. «Es gab keinen Schnipsel eines Beweises für die Richtigkeit dieser Auffassung, dagegen Tausende von Seiten Gerichtsprotokolle, die das direkte Gegenteil zeigten», sagte Giuseppe Ayala, einer der Ankläger im Maxi-Prozeß.[17]

Gestärkt durch diesen Richterspruch, konnte Antonino Meli den Calderone-Komplex auf zwölf örtliche Ermittlungsbehörden in allen Teilen Siziliens aufteilen. In keiner oder fast keiner dieser Städte standen die Ressourcen zur Verfügung, die man für Verfahren dieser Größe und Komplexität benötigte. In einigen von ihnen, wie Enna und Termini Imerese, gab es nur einen einzigen stellvertretenden Staatsanwalt, der für die Prozeßvorbereitung in sämtlichen im Gerichtsbezirk anhängigen Verfahren zuständig war.[18] Es überraschte daher nicht, daß von den 160 Verdächtigen im Calderone-Komplex nach kurzer Zeit bis auf 11 Personen alle wieder auf freiem Fuß waren.[19]

Ein Beobachter von außen, der die Amtszeit Antonino Melis als Leiter der Ermittlungsbehörde von Palermo Revue passieren ließ, könnte leicht den Eindruck gewinnen, Meli habe vorsätzlich den Kampf gegen die Mafia sabotiert; tatsächlich haben selbst die schärfsten Kritiker Melis seinen guten Willen nie in Frage gestellt. «Meli war ein feiner

Mann», sagt Giuseppe Ayala, «aber er war ein Richter vom alten Schlag, an der Schwelle zum Pensionsalter, und er verstand nichts von der Mafia, hatte keine Ideen oder wenn, dann äußerst vorgestrige, altmodische Ideen.»[20] Unter der Oberfläche des Konflikts zwischen Falcone und Meli ging es um den Kampf zwischen zwei radikal gegensätzlichen Auffassungen von der Rolle des Untersuchungsrichters. Formell gibt es im italienischen Justizsystem keine klar definierte Abgrenzung zwischen Strafverfolgern und Richtern – die einen wie die anderen sind in der Theorie «Richter». Innerhalb dieses Systems war der «Untersuchungsrichter» oder «Ermittlungsrichter» (bis 1989 galt für ihn die Bezeichnung *giudice istruttore*) eine seltsame Zwittergestalt; auf der einen Seite verfügte er über weitgehende Ermittlungsbefugnisse, auf der anderen sollte er das von ihm selbst zusammengetragene Belastungsmaterial mit quasi-richterlicher Unparteilichkeit beurteilen. Manche Beamten legten dieses Unparteilichkeitsgebot so aus, daß sie dem *giudice istruttore* nur die passive Aufgabe zugestanden, das von der Polizei vorgelegte Beweismaterial rechtlich zu würdigen. Andere, wie Falcone, gingen davon aus, das Gesetz verpflichte sie zu einer aktiven Klärung der Fälle mindestens bis zu dem Punkt, an dem sie triftig beurteilen konnten, gegen welche Personen genügend starke Verdachtsmomente vorlagen, um sie vor Gericht zu bringen. In einem Landesteil wie Sizilien ergab es sich praktischerweise, daß die passive Deutung der Rolle des Untersuchungsrichters gut mit einer achselzuckenden Haltung gegenüber dem Mafiaphänomen harmonierte, aber zugleich setzten viele Untersuchungsrichter ihren Stolz darein, die Waagschalen der Gerechtigkeit in blinder Unparteilichkeit hochzuhalten. Meli ritt seine Attacken auf Falcone zweifellos in der rechtschaffenen Überzeugung, die traditionelle Rolle des Untersuchungsrichters verteidigen zu müssen. Er ging davon aus, daß die richterliche Tätigkeit einen unbedingten Gehorsam vor dem Gesetz erforderte, ohne Rücksicht auf die Folgen – auch wenn im konkreten Fall einmal eine Mafia-Ermittlung dadurch Schaden nahm. In der italienischen Rechtsprechung werden die Maßstäbe weniger durch Präzedenzfälle und frühere Gerichtsurteile gesetzt als durch die Gesetze, und demgemäß darf ein Richter strenggenommen nichts tun, was nicht von Gesetzes wegen ausdrücklich erlaubt ist. Im angelsächsischen Rechtssystem, das auf den Präzedenzfall abhebt, gibt es ein starkes Element von Versuch und Irrtum; so steht es US-amerikanischen Strafverfolgern im Prinzip frei, eine neue Strategie zu erproben, die zur geltenden Rechtslage werden kann, wenn sie von den Gerichten sanktioniert wird. «Falcone war ein Erneuerer, er arbeitete nach einem sehr amerikanischen, pragmatischen Verständnis», sagt John Costanzo, der römische Büroleiter der amerikanischen Anti-Drogen-Behörde DEA.[21] Meli war sicherlich der Meinung, er erweise dem Staat und der Öffentlichkeit einen guten Dienst, indem er Falcone die Flügel stutzte. (Daß er damit auch die Wunden seines verletzten Stolzes kühlte und sich Respekt zu verschaffen suchte, steht auf einem anderen Blatt.) Seine Bestrebungen konvergierten freilich mit anderen, weniger gut gemeinten Interessen. Wenn Meli kein wissender Teilnehmer an einer Intrige zur Zerschlagung des Anti-Mafia-Verbunds war, dann doch möglicherweise ein Bauer in einem von anderen gesteuerten Schachspiel. «Er wurde sicherlich von anderen gegen Falcone eingestimmt, so lange, bis er die Überzeugung bekam, daß alles falsch sei, was Falcone tat», meinte Ayala. «Er war ein nützliches Instrument in einem von anderen Akteuren innerhalb und außerhalb der Ermittlungsbehörde inszenierten Plan.»

Drei Tage nachdem der Oberste Gerichtshof Italiens den Calderone-Komplex in alle Winde zerstreut hatte, am 26. November 1988, unterzeichneten Meli und Falcone im Büro von Carmelo Conti, dem Präsidenten des Palermoer Appellationsgerichtshofs, eine Art Waffenstillstand. In diesem Dokument anerkannte Falcone das Recht Melis, die letztverbindliche Entscheidung über die Art und Weise der Durchführung von Mafiaverfahren zu treffen; im Gegenzug bestätigte Meli dem Anti-Mafia-Verbund das Recht, seine Tagesgeschäfte eigenverantwortlich zu führen.[22]

Nach einem Jahr öffentlicher Kontroversen schon innerlich und äußerlich gezeichnet genug, hatte Falcone nicht die geringste Lust, seine Arbeit nach den neuen Regeln umzustrukturieren, die der Oberste Gerichtshof in seinem Beschluß formuliert hatte. Zumal ein äußerst brisantes Ermittlungsverfahren, an dem er seit drei Jahren arbeitete, kurz vor dem Abschluß stand. Der Fall war für Falcone schon deshalb von besonderem Interesse, weil darin viele der seinerzeit im Spatola-Prozeß Angeklagten verwickelt waren, die nach ihrer Verurteilung 1982 bereits wieder auf freiem Fuß und in das Heroingeschäft zurückgekehrt waren. Es gab eindeutige Hinweise darauf, daß einige der «Verlierersippen» des großen Mafiakrieges in Gnaden wiederaufgenommen worden waren und sich im ebenso lukrativen wie gefährlichen Drogengeschäft betätigen durften. Das Verfahren bezog sich auf Gruppierungen, die in verschiedenen Teilen Siziliens sowie in den USA operierten, und widersprach damit ganz direkt der Auffassung des Obersten Gerichtshofs von Italien, die Mafia sei ein lockerer Verband selbständiger krimineller Banden.

Den ersten Hinweis darauf, daß die «Verlierersippen» in die große Mafiafamilie zurückzukehren versuchten, lieferte das Protokoll eines im März 1985 abgehörten Telefongesprächs, in dem Rosario Spatola aus Palermo einen verzweifelten Appell an seinen Vetter John Gambino in Brooklyn richtete. Spatola, einst der größte Immobilienhändler Palermos und Duzfreund von Parlamentsabgeordneten, befand sich in einer bösen Klemme. Während der Verbüßung seiner Gefängnisstrafe wegen Beteiligung am Heroinkartell Spatola–Inzerillo–Gambino war draußen ein großer Teil seiner Mafiasippe und seiner Familie, einschließlich seines Bosses Salvatore Inzerillo, zur Strecke gebracht worden. Mittellos, ratlos und um sein Leben fürchtend, rief er Gambino an, um die Möglichkeit einer Rückkehr ins Heroingeschäft auszuloten. Interessanterweise nannten Spatola und Gambino einander *compare* (Pate); mit diesem Ehrentitel schmücken einander in Sizilien Leute, die bei der Taufe der Kinder des jeweils anderen dabeigewesen sind. Anders als die Bezeichnung *padrino*, die ebenfalls «Pate» bedeutet, aber nur dann benutzt wird, wenn der Benannte eine Respektsperson ist, deutet der Gebrauch von *compare* auf einen ungefähr gleichrangigen Status der Gesprächspartner hin.

Spatola: Compare, ich möchte dir etwas sagen. Ich sitze hier ohne Gewerbeschein, ohne Arbeit, die Lage ist eng . . .

Gambino: Es ist für uns alle eng geworden, wir sind in einem schlimmen . . .

Spatola: Es ist kein Geld da, und die Lage ist höllisch. Ich weiß nicht, wo das noch hinführen soll mit allen diesen Prozessen . . . Habt ihr dort auch solche Probleme?

Gambino: Bis jetzt nicht. Compare, hoffen wir, daß wir nicht an allen Fronten verlieren.

Spatola: Compare, ich brauche deine Hilfe jetzt!

Gambino: Ich werde tun, was ich kann, aber es ist schwierig, weil die (Corleoneser) alles in der Hand haben, verstehst du?[23]

Der nichtvorhandene «Gewerbeschein», von dem Spatola sprach, war vermutlich eine Anspielung auf die ihn von Corleonesern verweigerte Erlaubnis, mit Drogen zu handeln. Gambino ließ durchblicken, er könne nichts auf eigene Faust unternehmen, nicht ohne Zustimmung der Corleoneser, die «alles in der Hand» hatten. Kurz nach Ausbruch des Mafiakrieges 1981 war John Gambino angeblich von New York nach Palermo geflogen, um sich von den Corleonesern Instruktionen zu holen. Er hatte, so heißt es, die Anweisung erhalten, alle Mitglieder der «Verlierersippen», die sich in die USA abzusetzen versuchten, zu töten. Zum Zeichen dafür, daß die Zugehörigkeit zu einer Mafiasippe oft schwerer wiegt als eine Blutsverwandtschaft, wurde der Bruder Salvatore Inzerillos, Pietro Inzerillo, ermordet – mutmaßlich von der US-Mafia –, obwohl er ein Vetter von Gambino war. Seine Mörder stopften dem Getöteten den Mund mit Geldscheinen voll und verzierten seinen Unterleib auf die gleiche Weise. Irgendwann nach 1985 jedoch beschlossen die Corleoneser offenbar, die Inzerillos und Spatolas, die jetzt keine ernsthafte Bedrohung mehr darstellten, wieder am Geschäft teilhaben zu lassen – zumal sie über ausgezeichnete internationale Verbindungen verfügten, die man nutzen konnte. Wie die italienische Polizei registrierte, kehrten viele Mitglieder der Inzerillo-Sippe, die 1981 aus Angst um ihr Leben aus Palermo geflohen waren, in der zweiten

Hälfte des Jahrzehnts nach und nach in die Stadt zurück, ließen sich in der Öffentlichkeit blicken und bekleideten in ihren angestammten Stadtvierteln geachtete Positionen – all dies hätten sie nicht tun können, wenn die Corleoneser ihnen noch nach dem Leben getrachtet hätten.

Die Inzerillos und Spatolas unterhielten nicht nur in Palermo eine Operationsbasis, sondern auch in Torretta, der in der Nähe gelegenen Kleinstadt, in der Rosario Spatola 1979 den angeblich entführten Michele Sindona versteckt gehalten hatte. Die italienische Polizei kam 1986 dahinter, daß gewöhnliche Hausfrauen aus Torretta von der Mafia als «Mulis» eingesetzt wurden – als Drogenkuriere zwischen Sizilien und den USA. Eine Frau mittleren Alters aus Torretta wurde auf dem Flughafen von Palermo festgenommen, nachdem einem Polizeibeamten aufgefallen war, daß sie sich mit einer Überdosis von Chanel No. 5 einparfümiert hatte, wohl um Rauschgiftspürhunde an der Nase herumzuführen. Bei der Leibesvisitation fand sich in ihrer Unterwäsche Heroin. Als die Polizei daraufhin das Städtchen Torretta in näheren Augenschein nahm, wurden in einigen Bauernkaten vergoldete Wasserhähne gefunden.[24] «Die ganze Stadt mischte mit», sagte Gianni De Gennaro, der Polizeibeamte, der die Untersuchung auf italienischer Seite koordinierte.[25]

Als die Ermittler nachbohrten, fanden sie heraus, daß die italienischen Inzerillos sich wieder mit ihren Verwandten in den USA und in Lateinamerika kurzgeschlossen hatten. Innerhalb und zwischen den verschiedenen Zweigen der Familie war ein Netzwerk für den Heroinschmuggel von Italien über die Dominikanische Republik in die Vereinigten Staaten entstanden: In Weinflaschen abgefüllt, ging das Rauschgift zunächst nach Santo Domingo und wurde von dort aus in die USA eingeführt. Von einem der Beschuldigten ist die Aussagen überliefert: «Die Dominikanische Republik gehört uns.» Leiter der Geschäftsstelle in Santo Domingo war Tommaso Inzerillo, dessen Telefonate mit seinem Vetter Francesco Inzerillo in Italien abgehört wurden. In einem dieser Telefonate machte Francesco seinen Vetter darauf aufmerksam, daß die Corleoneser weiter das Sagen hatten, auch wenn die eigenen Leute jetzt wieder mitmischten. «*U curtu* (‹der Kurze›) aus Corleone (Totò Riina) hat alles in der Hand», sagte Francesco an einer Stelle des Gesprächs. Eine andere neue Erkenntnis, die dieser Fall brachte, war die, daß die sizilianische Cosa Nostra in der Gegenrichtung Kokain nach Europa schmuggelte, manchmal in direktem Tausch gegen geliefertes Heroin. Dies wiederum war ein Indiz dafür, daß die sizilianische und die amerikanische Mafia in Kontakt mit den Kokainkartellen von Kolumbien standen. Die Kolumbianer, die den florierenden amerikanischen Kokainmarkt bereits vollgepumpt hatten, suchten nach Expansionsmöglichkeiten in Europa, und die Sizilianer halfen ihnen bei der Erschließung fetter norditalienischer Märkte wie Mailand und Bologna.

Um den Ring zu sprengen, trafen amerikanische und italienische Ermittler Vorkehrungen für eine weitere gemeinsame Großaktion. Wie schon im Fall der Pizza-Connection, arbeitete Falcone wiederum eng mit Rudolph Giuliani und vor allem auch mit Louis Freeh in New York zusammen. Richard Martin, ein weiterer Veteran aus dem Pizza-Connection-Team, der inzwischen als Justizattaché an der US-Botschaft in Rom arbeitete, fungierte als Koordinator. Die Operation erhielt den Namen «Eiserner Turm», abgeleitet vom Namen der Stadt Torretta («Türmchen»). Die Operation nahm immer größere Ausmaße an, da die Ermittler nicht nur in Torretta, Palermo und New York aktive Mitglieder des Spatola-Inzerillo-Gambino-Kartells ausfindig machten, sondern auch in New Jersey, Pennsylvania, Virginia, Florida, Kalifornien und Lateinamerika. Auch diesmal wieder waren viele Vertriebsstellen des Heroin-Netzwerks als Pizzerien getarnt. Die Kommandozentrale des Schmuggelbetriebs schien das «Giardino» zu sein, das Restaurant in Brooklyn, in dem die Brüder John und Joe Gambino hofhielten.

Am frühen Morgen des 1. Dezember 1988 standen Polizeikräfte auf beiden Seiten des Atlantiks zum Großeinsatz bereit. Als Zivilfahnder um 2 Uhr morgens in das «Giardino» eindrangen, war dort eine Party in vollem Gang. «Das ist euer letzter Tanz, Herrschaften», riefen die Beamten, als die Razzia anlief. 75 Verdächtige wurden auf der amerikanischen Seite festgenommen, während die italienische Polizei unter Führung Gianni Di Gennaros, der die Einsätze in enger Abstimmung mit Falcone leitete, 133 Festnahmen meldete.[26]

SIEBZEHNTES KAPITEL

Falcone konnte die Genugtuung über das Gelingen der Operation «Eiserner Turm» nur für kurze Zeit genießen. Der «Waffenstillstand», den er im November 1988 mit seinem Behördenleiter Antonino Meli vereinbart hatte, war von Anfang an brüchig. Es begann damit, daß die beiden politisch radikalsten Mitarbeiter des Verbundes, Giuseppe Di Lello und Giacomo Conte, die Unterschrift unter die Vereinbarung verweigerten. Ihrer Meinung nach hatte Falcone Meli zu weitgehende Zugeständnisse gemacht. Sie hielten es für falsch, Ermittlungsverfahren fortzuführen, deren Oberleitung ihnen aus den Händen genommen war. Ihrer Ansicht nach war jetzt der Zeitpunkt gekommen, lautstark und öffentlich den Bruch mit Meli zu vollziehen.

«Wir sahen, daß keine Chance bestand, innerhalb des institutionellen Rahmens gegen Meli anzukommen», sagte Giuseppe Di Lello. «Falcone suchte den Kompromiß, aber ... ich war der Meinung, wir müßten Meli öffentlich anprangern, in offener Konfrontation. Falcone fürchtete, der Schaden würde größer sein als der Nutzen.»[1]

Falcone sah sich nun nicht nur von oben her eingeengt und blokkiert, sondern auch noch von seinen eigenen Kollegen und den Verbund-Mitarbeitern unter Druck gesetzt. Im Gespräch mit Freunden bezeichnete Falcone seine jüngeren Mitarbeiter Di Lello und Conte scherzhaft als die Ayatollahs. Die beiden bekannten sich zu einer explizit politischen Auffassung ihres Amtes, was sie in den Augen Falcones zu unbelehrbaren Puristen machte, für die der Kampf ums Prinzip an oberster Stelle stand und die dafür sogar das Scheitern eines laufenden Ermittlungsverfahrens in Kauf nahmen. Da es sich um ein politisches

Problem handle, müsse auch, so ihre Argumentation, politisch dagegen angegangen werden. Wenn man sich zwingen lasse, mit einer auf dem Rücken festgebundenen Hand zu arbeiten, verleihe man einer Regierung Kredit, die den Eindruck erwecken wolle, sie bekämpfe die Mafia, dies in Wirklichkeit aber nicht tue. Falcone hielt dagegen, es sei besser, mit einer Hand gegen die Mafia zu kämpfen als überhaupt nicht. «Falcone war sehr pragmatisch», sagt Richter Vito D'Ambrosio. «Er versuchte sich immer den Gegebenheiten anzupassen, um die bestmöglichen Voraussetzungen zu schaffen, unter denen er seine Arbeit noch machen konnte.»[2]

Nach den unerquicklichen Entscheidungen des Obersten Gerichtshofs und des Consiglio Superiore della Magistratura hatte Falcone in dem «Waffenstillstand» das einzige Mittel gesehen, um von seinen Mafiaverfahren zu retten, was zu retten war, und einen völligen Stillstand der Arbeit des Verbunds zu verhindern. Auch die Meinung seiner amerikanischen Kollegen, die ihn zum Weitermachen drängten, war ihm nicht gleichgültig. «Ohne den italienischen Verbund wird die Mafia den Sieg davontragen», erklärte Louis Freeh in dieser Phase. «Eine Auflösung der italienischen Gruppe würde uns hier unlösbare Probleme bereiten . . . Die Mafia ist in beiden Ländern ins Wanken geraten, aber sie ist noch nicht erledigt. Dies ist ein entscheidender Moment für uns beide. Ohne den italienischen Verbund wären auch wir gelähmt.»[3]

Ende Januar 1989 wurden Di Lello und Conte, die nach wie vor jeden Kompromiß ablehnten, von Meli aus dem Verbund ausgeschlossen. «(Falcone) betrachtete ihren Abgang als einen Akt der Klärung, fast der Befreiung», sagte Richter D'Ambrosio. «Er war aus den Reihen des Verbundes unter Beschuß geraten und mußte sich zugleich mit Meli arrangieren . . . er sagte: ‹Meli soll doch tun, was er will, solange er mich nur arbeiten läßt.› Er glaubte, es würde ihm gelingen, so weiterzuarbeiten, daß Meli nicht einmal kapieren würde, was er tat. ‹Solange er mir keine Prügel zwischen die Beine wirft.›»[4]

«(Falcone) wollte seine Fälle nicht sausen lassen, insbesondere nicht den großen ‹Behälter-Fall›», sagt Di Lello. «Er war in dem, was er selbst glaubte, konsequent. Er war ein Mann von eiserner Loyalität zu den Institutionen, er wollte diese Institutionen nicht untergraben . . . Er unterschätzte nicht (die politische Dimension) des Problems, war jedoch der Überzeugung, die politische Dimension (der Mafia) würde unter dem Druck einer konstanten, geduldigen Ermittlungsarbeit der Justiz wegbrechen – dabei geschah genau das Gegenteil. Die politische Dimension war stärker . . . die Ermittlungen waren bei (Vito) Ciancimino und den Vetter Salvo zum Stillstand gekommen . . .»

Unter diesen schwierigen Bedingungen humpelte der Anti-Mafia-Verbund durch das Jahr 1989. «Die Maxi-Prozesse waren festgefahren, aber wir führten einige kleinere, jedoch ziemlich wichtige Prozesse, wie Eiserner Turm und andere internationale Drogenfälle, die wir entweder individuell bearbeiteten oder in Gruppen zu zweit oder zu dritt», erläuterte Ignazio De Francisci. Doch im Verlauf des Jahres wurde zunehmend deutlicher, daß sie dabei waren, den Kampf zu verlieren. Es war einer Handvoll Strafverfolgern, denen auch noch die Flügel gestutzt worden waren, einfach nicht möglich, einem so großen und vielschichtigen Gegner mehr als ein paar Nadelstiche beizubringen, wenn die anderen Organe des Staates, Polizei, Gerichte, Parlament und Regierung, ihren Teil nicht beitrugen.

Zwischen 1983 und 1986, als der Anti-Mafia-Verbund mit tatkräftiger Ministerunterstützung aus Rom seine beste Zeit gehabt hatte, war seine Wirksamkeit eindeutig ablesbar gewesen. Das abgestimmte staatliche Vorgehen gegen die Mafia hatte nicht nur für einen drastischen Rückgang der Mordfälle gesorgt, sondern offenkundig auch den Sumpf des Drogenhandels teilweise ausgetrocknet. 1985 war die Zahl der Drogentoten in Italien im Vergleich zum Vorjahr von 398 auf 242 zurückgegangen, und auch 1986 war sie mit 292 auf einem niedrigen Stand geblieben. Doch nach dem Regierungswechsel von 1987 war der Krieg gegen die Mafia ins Stocken geraten. Die Anzahl der Drogentoten schnellte sogleich nach oben – auf 542 im Jahr 1987 –, und als der Verbund 1988 zu bröckeln begann, explodierten die einschlägigen Zahlen regelrecht: Die Zahl der Drogentoten verdreifachte sich auf 809 im Jahr 1988 und 951 im Jahr 1989. Diese Zahlen wiesen auf einen «eindeutigen Zusammenhang zwischen dem Nachlassen der Anti-Mafia-Kampagne und der Verschärfung der Drogen- und Suchtprobleme» hin, wie die Anti-Mafia-Kommission es in einem ihrer späteren Berichte formulierte.[5]

Während der italienische Staat den Kopf einzog, blies das organisierte Verbrechen überall in Italien zum Angriff, tauchte in Teilen Siziliens und Süditaliens auf, in denen es bis dahin nicht heimisch gewesen war, und verstärkte seinen Würgegriff dort, wo es bisher schon seine Hochburgen gehabt hatte. Städte wie Catania und Reggio Calabria liefen Palermo den Spitzenplatz unter den Mord-Metropolen Italiens ab. Die Region Apulien, die der Öffentlichkeit stets als eine Oase des wirtschaftlichen und gesellschaftlichen Fortschritts im sonst rückständigen italienischen Süden präsentiert worden war, befand sich offenbar im Belagerungszustand. Mafiatypische Verbrechen wie Mord, Brandstiftung oder Sprengstoffanschläge auf Geschäfte und Firmen hatten sich binnen fünf Jahren verdoppelt, ein beredtes Symptom dafür, daß kriminelle Gruppierungen ihre Hände nach der wirtschaftlichen Macht ausstreckten. Schlimmer noch war die Lage in den traditionell vom organisierten Verbrechen verseuchten Regionen Sizilien, Kalabrien und Campania; dort nahm die Zahl der Morde und anderer Kapitalverbrechen, von einem bereits hohen Niveau ausgehend, noch einmal um 50 Prozent zu, und just während das südliche Italien von dieser anschwellenden Woge des Verbrechens erschüttert wurde, ging die Zahl der Verhaftungen zwischen 1984 und 1989 um die Hälfte zurück: von 31.254 auf 15.678 – ein klares Signal an die Adresse der Mafia, daß es wieder möglich war, straflos zu morden und andere schwere Verbrechen zu begehen. Ebenso beunruhigend war die Tatsache, daß trotz der zunehmenden Zahl von Verbrechen die Zahl der bei der Polizei eingehenden Anzeigen zurückging. Anders gesagt: Die Bürger reagierten auf die sich wieder festigende Herrschaft der Mafia damit, daß sie sich immer seltener dazu durchrangen, Verbrechen, deren Zeugen oder Opfer sie wurden, zu melden.

Dank der Nachsicht der italienischen Gerichte waren Anfang 1989 von den 342 Verurteilten des ersten Maxi-Prozesses nur noch 60 hinter Gittern.[6] Viele von ihnen litten offenbar nicht sonderlich unter dem Gefängnisdasein. Einige der bedeutenderen, der Kommission angehörenden Bosse durften manchmal für Monate aus dem Ucciardone-Gefängnis in die hotelartige Umgebung des Ospedale Civico von Palermo umziehen. Pippo Calò, Francesco Madonia, Salvatore Montalto und Bernardo Brusca – allesamt Kommissionsmitglieder, die im ersten Maxi-Prozeß verurteilt worden waren – bewohnten zusammen mit sechs weiteren Bossen einen eigenen Pavillon auf dem Krankenhausgelände. Zwei gewöhnliche Verbrecher teilten dieses Domizil mit den Mafiosi – ihre Aufgabe war es, die Bosse zu bedienen. Diese Luxushäftlinge erhielten, wie schon im Gefängnis, so auch hier, alle ihre Mahlzeiten von draußen. Calò hielt sich fast zwei Jahre lang ununterbrochen im Ospedale auf; seine Diagnose lautete Asthma. Andere kamen nur zur Erholung dorthin, doch konnte auch dies einen mehrmonatigen Aufenthalt bedeuten. Giuseppe Ayala, der Anklagevertreter im Maxi-Prozeß, übte Kritik an diesen Zuständen und sorgte dafür, daß die Häftlinge von Ärzten aus Mailand untersucht wurden; dabei stellte sich heraus, daß sie bei bester Gesundheit waren. Ein Gericht in Palermo ordnete jedoch die Hinzuziehung sizilianischer Ärzte an, und diese bestätigten die heimtückischen Krankheiten der Mafiosi.[7] Direktor des Ospedale Civico war Giuseppe Lima, ein Bruder Salvatore Limas, des Parlamentsabgeordneten, dem Verbindungen zur Mafia nachgesagt wurden. So komfortabel die Residenz war, die das Krankenhaus den inhaftierten Kommissionsmitgliedern bot, so erbärmlich waren seine medizinischen Leistungen. Für zweistellige Dollarmillionenbeträge aus Fördermitteln hatte das Ospedale Civico teure Gerätschaften angeschafft, die dann nicht einmal ausgepackt worden waren – es hieß, sie seien hauptsächlich wegen der von den Lieferanten gezahlten Provisionen gekauft worden. Dagegen suchte man viele von einem Krankenhaus zu erwartende grundlegende Leistungsmerkmale vergeblich.[8]

Ob aus Mangel an behördlichen Ressourcen oder aus Gründen der Demoralisierung – viele Strafverfolger stellten ihre Ermittlungen zu Mafiaverbrechen einfach ein. Falcone und seine Mitarbeiter in Palermo hatten mit ihren Bankermittlungen und ihren Versuchen, mafiaverdächtige Guthaben zu beschlagnahmen, zu Beginn der 80er Jahre begonnen. Allein im Jahr 1984 hatten italienische Ermittlungsbehörden im ganzen Land 2586 Kontenüberprüfungen mit dem Ziel der Konfiszierung illegal verdienten Geldes eingeleitet. Bis 1988 ging diese Zahl auf 619 zurück. (In manchen Landesteilen wurde dieser Ermittlungsweg fast gar nicht mehr beschritten, so etwa in Kalabrien, wo die Zahl der Kontenüberprüfungen von 1432 im Jahr 1984 auf nur noch 24 vier Jahre später schrumpfte – in einem Zeitraum, in dem die Zahl der Morde von 105 auf 222 kletterte, die Zahl der schweren Raubüberfälle sich von 143 auf 406 nahezu verdreifachte und die Brandstiftungen von 265 auf 362 zunahmen. Selbst dort, wo es Strafverfolgern gelang, Vermögenswerte von Mafiosi zu beschlagnahmen, konnten die Verbrecher in vielen Fällen ihr Eigentum zurückerlangen. Wenn beschlagnahmtes Mafiavermögen öffentlich versteigert wurde – Wohnungen, Firmen, Autos oder Boote –, wagte niemand ein Gebot abzugeben, so daß am Ende irgendein Strohmann des früheren Besitzers die Gegenstände oder Immobilien für einen Bruchteil ihres wirklichen Wertes zurückkaufte. «Auf diese Weise kehren die Vermögenswerte zu dem Mafioso zurück, dem sie entzogen worden sind», sagte Antonio Palmieri, der Präsident des Obersten Gerichtshofs von Palermo, im April 1989.[9]

Es gab auch Anzeichen dafür, daß Richter von der Mafia wirksam eingeschüchtert wurden. Anfang 1989 erklärte Gianfranco Riggio, Präsident des Strafgerichtshofs von Agrigent, plötzlich seinen Rücktritt von dem eben erst angetretenen Posten im Team des Hohen Kommissars für die Bekämpfung der Mafia. Riggio hatte in dem höchst erfolgreich verlaufenen Maxi-Prozeß von Agrigent eine wichtige Rolle gespielt. Er bestätigte, daß Gerüchte, die besagten, es habe Drohungen gegen Angehörige von ihm gegeben, der Wahrheit entsprachen. So sehr Riggio wegen seines Rückzugs in die öffentliche Kritik geriet, er hatte durch das Öffentlichmachen der Drohungen mehr Mut bewiesen als die meisten anderen. Dutzende, ja vielleicht Hunderte Beamte akzeptierten Drohungen oder auch Bestechungsgelder in stiller Resignation oder Komplizenschaft.[10]

Daß in Palermo eine Gegenrevolution im Gang war, ließ sich an vielen weiteren Indizien ablesen. Salvatore Curti Giardina, Präsident der Procura della Repubblica, der 1988 zwei Journalisten verhaften hatte lassen, weil sie politisch heikle Dokumente veröffentlicht hatten, setzte 1989 noch einen drauf, indem er einen seiner eigenen Strafverfolger zensierte: Als der stellvertretende Staatsanwalt Alberto Di Pisa ein Dossier mit Belastungsmaterial für den Prozeß gegen Exbürgermeister Vito Ciancimino vorlegte, entfernte Giardina aus dem Ordner einen zwanzig Seiten langen Abschnitt, in dem Di Pisa die Verbindungen und Geschäfte Cianciminos mit anderen prominenten Politikern wie Salvatore Lima oder Giovanni Gioia dargestellt hatte. Diese Aspekte seien für die Anklage ohne Belang, argumentierte er.[11]

Das Nichtzustandekommen eines Zeugenschutzprogramms hatte praktisch dafür gesorgt, daß sich keine Anti-Mafia-Zeugen mehr meldeten. Stefano Calzetta, im Maxi-Prozeß einer der wichtigsten Zeugen aus der zweiten Mafiagarde, versuchte sogar, im Berufungsverfahren seine damalige Aussage zu widerrufen. Unverfroren erklärte er, er habe sich seinerzeit «den Kopf angestoßen und das Gedächtnis verloren». Schutz- und mittellos, verbrachte Calzetta seine Tage als Ausgestoßener in den Gartenanlagen der Piazza della Vittoria in Palermo, in Sichtweite des Polizeireviers, in der Annahme, daß dort für ihn die Gefahr, ermordet zu werden, geringer sei als anderswo in der Stadt. Salvatore Contorno, der sich nicht mit einem Leben in den Vereinigten Staaten anfreunden konnte und von dem bescheidenen Unterhaltsgeld, das ihm aus dem amerikanischen Zeugenschutzprogramm zufloß, seine große Familie kaum zu ernähren vermochte, ging das Risiko ein, nach Italien zurückzukehren, obwohl dies den Verzicht auf Sicherheit und finanzielle Unterstützung bedeutete.[12]

Am 26. Mai 1989 standen Beamte der Palermoer Polizei, als sie ein Mafiaversteck in der Nähe der Stadt stürmten, zu ihrer Überraschung Salvatore Contorno gegenüber; er weilte im Kreis von Mitgliedern der Bande seines Vetters Gaetano Grado, eines Mafioso und Drogenschmugglers, der im Maxi-Prozeß verurteilt worden war. Vermutlich weil er dringend Geld brauchte und vielleicht auch weil er Rachegelüste verspürte, hatte sich Contorno allem Anschein nach wieder dem Verbrecherdasein zugewandt. In jüngster Zeit waren, praktisch zum ersten Mal seit dem Mafiakrieg von 1981–82, mehrere namhafte Mitglieder der damals siegreichen Familien ermordet worden, und die Polizei vermutete, die Insassen des Unterschlupfs in Grado könnten etwas damit zu tun haben. Bei der Razzia, die von einem über dem Schauplatz schwebenden Hubschrauber aus überwacht wurde, wurden zahlreiche Waffen gefunden, darunter, neben dem Schlafplatz Contornos, eine abgesägte Schrotflinte. Der «Fall Contorno» demonstrierte, so schien es, deutlich das Scheitern der Bemühungen des italienischen Staates, Mafia-Überläufern Schutz und eine alternative Existenzmöglichkeit zu gewähren – oder, wenn man so will, das Gelingen der Bemühungen, dies nicht zu tun.[13]

Es konnte nicht ausbleiben, daß gewisse Leute der Rückkehr von «Totoccio» Contorno eine andere, ominösere Deutung unterlegten. Am 5. Juni 1989 verfaßte eine unsichtbare Hand den ersten von fünf auf dem amtlichen Briefpapier des Innenministeriums geschriebenen, anonymen Briefen, deren Adressaten diverse Regierungsstellen in Palermo und Rom waren. In den Briefen wurde der Vorwurf erhoben, Giovanni Falcone habe im Zusammenwirken mit anderen Strafverfolgern und Polizeifahndern die Rückkehr Contornos nach Sizilien arrangiert, mit der Absicht, ihn einen Krieg gegen Totò Riina und die Mafia von Corleonese führen zu lassen. Falcone erfuhr auf Umwegen vom Inhalt dieser Briefe, aber er tat sein Bestes, sich um sie ebensowenig zu scheren wie um Hunderte ähnlicher anonymer Anfeindungen, die es in den zurückliegenden Jahre gegeben hatte.[14]

Obwohl Falcone weiterhin hart arbeitete, befand er sich im Frühjahr 1989 gewissermaßen in Wartestellung. Im Gefolge der Reform des italienischen Strafrechts würde die Ermittlungsbehörde, in der er seine letzten neun Berufsjahre verbracht hatte, bald zu bestehen aufhören. Die Reform sah vor, sämtliche Ressourcen und Kompetenzen für die Aufklärung und strafrechtliche Verfolgung von Straftaten in der Procura della Repubblica zu konzentrieren. Diese neue, vereinfachte Konfiguration mochte die italienische Strafjustiz auf lange Sicht schlagkräftiger machen, doch auf kurze Sicht stellte sie Falcone vor ein praktisches Problem. Um eine Stelle für ihn zu schaffen, hatte die Justizverwaltung von Palermo das Amt eines dritten stellvertretenden Leiters der Procura della Repubblica ins Leben gerufen und es der neuen, vergrößerten Anklagebehörde eingegliedert. Falcone bewarb sich im Februar um die Stelle. Im gleichen Monat gewährte er der stark rechtslastigen katholischen Zeitschrift *Il Sabato* ein langes, versöhnliches Interview, in dem er ein sehr positives Bild vom Stand der Anti-Mafia-Ermittlungsarbeit in Palermo malte. «Ich glaube, daß der Intensitätsabfall, der nach dem Ende des Maxi-Prozesses eingetreten war, überwunden ist . . . Jetzt ist diese Pause, die Periode des Abschlaffens, vorüber, und wir werden wieder auf einem guten Intensitätsniveau zu arbeiten beginnen.» Falcone erweckte den Eindruck, als wolle er die Bedeutung der Ermittlungen zum Komplex «Mafia und Politik» herunterspielen.[15]

Denen, die über die sich verschlechternde Lage in Palermo Bescheid wußten, schien es so, als sei Falcone entschlossen, das ihm vor allem in konservativen Kreisen anhaftende Image eines gefährlichen Jakobiners, das zu seinen in der Vergangenheit erlittenen Niederlagen beigetragen hatte, loszuwerden. Nichtsdestotrotz schmorte seine Bewerbung fünf Monate lang in den Schubladen des Consiglio Superiore della Magistratura.

In Ermangelung hochkarätiger neuer Zeugen und ohne Aussicht auf weitere Maxi-Prozesse konzentrierte Falcone sich auf Verfahren gegen den internationalen Drogenhandel, wie die Operation «Eiserner Turm». Gegen den Drogenhandel vorzugehen, war ein Mittel, mit dem man die Cosa Nostra an einem höchst empfindlichen Punkt treffen konnte, ohne gleich in ein Geflecht politischer und rechtlicher Probleme verstrickt zu werden. Da Falcone nicht mehr auf sehr viel Unterstützung aus den Reihen der sizilianischen Justiz zählen konnte, griff er auf die Ressourcen und die Professionalität von Polizei- und Ermittlungsbehörden außerhalb Siziliens zurück. Nach dem Tode Ninni Cassaràs wurden Gianni De Gennaro und Antonio Manganelli vom Kriminalamt in Rom zu seinen wichtigsten Bezugspersonen; zu ihnen hatte er vollstes Vertrauen, und sie verfügten über die Mittel, um große Operationen durchführen zu können.

Die Zusammenarbeit mit dem Ausland war wichtiger als je zuvor. Aus Vorsicht betrieb die Cosa Nostra keine Heroinlabors auf sizilianischem Boden mehr; sie bezog das Rauschgift jetzt in gebrauchsfertiger Form und vermied große Finanztransaktionen, indem sie direkte Tauschgeschäfte Heroin gegen Kokain machte. Die Zeiten, als man größeren Drogengeschäften dadurch auf die Spur kommen konnte, daß man einfach herausfand, wer in Sizilien dicke Sparkonten unterhielt, waren lange vorbei. In dem Maße, wie der Ermittlungs- und Fahndungsdruck gegen sie größer geworden war, hatten die kriminellen Banden gelernt, Gelder mit immer raffinierteren Methoden im Ausland zu waschen und ihre Guthaben von Strohmännern, die legal erscheinende Geschäfte betrieben, zwischen der Schweiz, Hongkong und den Bahamas hin und her schieben zu lassen. «Wir jagen hinter etwas her, das uns immer einen Schritt voraus ist», sagte Falcone in einem Interview mit dem Nachrichtenmagazin *L'Espresso.* «Ich fühle mich an das berühmte Sprichwort erinnert: ‹Das Geld hat das Herz eines Kaninchens, aber die Beine eines Feldhasen.›»[16] Die Schweiz, namentlich deren italienischsprachiger Kanton, das Tessin – von Mailand aus in einer Stunde erreichbar –, war zu einem besonders attraktiven Refugium avanciert. Die Geschäftsumfänge im Heroinhandel waren ernorm. Zwei sizilianische Händler, gegen die Falcone in einem seiner Fälle ermittelte, hatten insgesamt 2 Tonnen türkisches Heroin zum Gesamtpreis von 55 Millionen Dollar gekauft und die Schweiz als ihre Finanzdrehscheibe benützt.[17]

Die Schweizer Behörden waren sich, so groß seit jeher ihr Widerstand gegen jeden Bruch des Bankgeheimnisses gewesen war, allmählich der Gefahren bewußt geworden, die aus der Hereinnahme von Mafiageldern entstehen konnten, und waren mehr als früher zur Zusammenarbeit mit Strafverfolgern bereit. Falcone entwickelte eine besonders fruchtbare Kooperation mit Carla Del Ponte und Claudio Lehman, zwei italienischsprachigen Ermittlungsrichtern in Lugano, mit denen er an der Klärung zahlreicher Drogenfälle arbeitete. Mitte Juni 1989 kamen die Schweizer Kollegen nach Palermo, um einige Fälle gemeinsam mit den Sizilianern intensiv zu bearbeiten. Am Abend des 19.

Juni, eines Montags, veranstaltete Falcone ein Abendessen für sie, zu dem er auch einige Palermoer Kollegen einlud. Für den nächsten Tag schlug er einen gemeinsamen Besuch in dem Strandhaus vor, das er und Francesca in Addaura gemietet hatten, einem einige Kilometer von Palermo entfernten Küstenstädtchen. Man einigte sich darauf, den Vormittag über in Palermo zu arbeiten und irgendwann nach 14 Uhr nach Addaura hinauszufahren, um dort ein spätes Mittagessen einzunehmen und schwimmen zu gehen. Doch dann zog sich die Arbeit länger hin als erwartet, und aus dem Vorhaben wurde nichts. Am Abend fuhr Falcone in das Strandhaus, um die Nacht dort zu verbringen. Als er sich am nächsten Morgen rasierte, platzte ein Mitglied seines Leibwächterteams ins Badezimmer und rief: «Wir müssen sofort weg. Ich habe eine Bombe gefunden.»

Der wachsame Leibwächter hatte den Strand unterhalb von Falcones Haus abgesucht und dabei eine Adidas-Sporttasche entdeckt, die auf einem Steinhaufen stand, als hätte sie jemand vergessen. Mißtrauisch geworden, hatte er vorsichtig ins Innere der Tasche gespäht, ohne sie hochzuheben, und elektrische Drähte bemerkt. Es war eine aus 58 Stangen Plastiksprengstoff bestehende Bombe, mächtig genug, um bei der Detonation jedes Lebewesen im Umkreis von 10 oder 20 Metern zu töten. Die Bombenleger hatten sich die teuflische Mühe gemacht, zwei separate Zündmechanismen einzubauen: einen Empfänger für eine Funkfernsteuerung und einen Mechanismus, der zur Explosion geführt hätte, wenn jemand die Tasche hochgehoben hätte. Wie später festgestellt wurde, fehlte ein wichtiges Bauteil des Zünders – vielleicht ein Hinweis darauf, daß die Mörder selbst die Bombe entschärft hatten, als klargeworden war, daß Falcone an diesem Tag nicht zum Strand kommen würde, daß sie sich jedoch die Möglichkeit offengelassen hatten, die Bombe wieder zu schärfen, falls er auch noch den folgenden Tag in Addaura verbringen würde. Falcone und seine Polizeieskorte kehrten unverzüglich nach Palermo zurück.

Falcone hatte schon Hunderte von Todesdrohungen erhalten. Früh in seiner Laufbahn war er einmal im Verlauf eines Gefängnisaufstandes in Trapani als Geisel genommen worden, und 1981 hatte ein Häftling des Ucciardone-Gefängnisses einen Mordanschlag auf ihn versucht. Er war es gewöhnt, mit einem nicht abreißenden Strom von Drohbriefen, Drohanrufen, Zeichnungen von Särgen, falschen Nachrufen und ähnlichem eingedeckt zu werden; einmal hatte er sogar eine Fotografie erhalten, die ihn an der Seite seiner ermordeten Kollegen Rocco Chinnici und Ninni Cassarà zeigte und neben seinem Geburts- auch sein zukünftiges Todesdatum trug. Er leitete solche Grüße immer an die zuständigen Stellen weiter und hatte sich angewöhnt, sie gleich wieder zu vergessen. Er hatte sogar gelernt, bei Drohungen von Mafiabossen gleichgültig zu bleiben. «Wenn ich Sie wäre», hatte einer ihm einmal gesagt, «würde ich sogar beim Pinkeln die Leibwächter mit ins Klo nehmen.» Doch diese Bombe jagte ihm einen Schrecken ein wie nichts zuvor. Die Briefe, Zeichnungen und verbalen Drohungen waren Elemente einer psychologischen Kriegführung. Die wirklich lebensgefährlichen Momente kamen, wie in diesem Fall, ohne Vorankündigung und trafen einen völlig unvorbereitet.[18]

Was Falcone an dieser Bombe vielleicht am meisten schockierte, war die Tatsache, daß alles an ihr auf Mittäter innerhalb des Apparats schließen ließ. Seit Jahresbeginn war er ganze zweimal an diesem Strand gewesen, und niemand hätte auf die winzige Wahrscheinlichkeit hin, daß Falcone an einem Dienstagnachmittag Lust bekäme, schwimmen zu gehen, eine Bombe gelegt. Wer immer die Täter waren, sie hatten gewußt, daß er seine Schweizer Freunde für diesen Nachmittag zum Mittagessen und zum anschließenden Schwimmen in sein Strandhaus eingeladen hatte. Es war sicher auch kein Zufall, daß die Bombe an diesem Tag nicht nur ihn getötet hätte, sondern auch die Ermittler, die ihm bei der Suche nach den Schlüsseln für die Schatzkammern der Mafia in der Schweiz halfen. Daß sie sich in Palermo aufhielten, war ebenfalls nur wenigen Personen bekannt, und zwar ausschließlich solchen, die in der Strafverfolgung arbeiteten.[19]

Was Falcone in dieser Situation noch mehr aufwühlte, war die Tatsache, daß der erste Anruf, den er an diesem Tag nach der Rückkehr nach Palermo erhielt, von Giulio Andreotti kam. Der Politiker verurteilte den versuchten Bombenanschlag, doch Falcone konnte nicht umhin, den Anruf als seltsam zu empfinden. Die beiden Männer kannten einander nicht besonders gut, und Andreotti war zu der Zeit Außenminister, ein Amt, das kaum Berührungspunkte zum Kampf gegen die Mafia aufwies. Unwillkürlich dachte Falcone an einen Ausspruch eines Mafioso, den er vor einigen Jahren verhört hatte: «Wenn du wissen willst, wer einen Mord begangen oder befohlen hat, achte darauf, wer den ersten Kranz für die Beerdigung schickt.»[20] Der Anruf mochte eine ehrlich gemeinte Solidaritätsbekundung gewesen sein, doch Falcone hegte einen Verdacht, den er nur einigen wenigen engen Freunden anvertraute, der freilich einiges über seine psychische Verfassung nach dem Zwischenfall verriet. Seine Freunde hatten ihn und seine Frau Francesca noch nie in einem so aufgewühlten Zustand erlebt. «Francesca hatte dieser Mordversuch einen solchen Schock versetzt, daß sie für 48 Stunden die Stimme verlor», erzählte Richter Francesco Lo Voi. Anderswo in Palermo gab es jedoch Leute, die den Vorfall eher locker sahen. «Es bestand die Neigung, ihn zu verniedlichen», sagte Falcone in einem späteren Interview. «In den bekannten Palermoer Gesellschaftskreisen hieß es: ‹Welcher Mordversuch? Wenn die Mafia beschließt, jemanden umzubringen, geht es nie daneben. Das war nur eine Warnung.› ... Bezeichnend für die Stimmung zu jener Zeit war eine Unterhaltung, die ich mit einem Journalisten hatte, der zu mir sagte: ‹Herr Richter, ich habe zwei Fragen, die eine ist ernst, die andere nicht. Fangen wir mit der letzteren an: Wie war das mit dem versuchten Bombenanschlag?›»[21]

Die Mitbewerber Falcones um das Amt des stellvertretenden Chefermittlers an der Procura della Repubblica zogen ihre Kandidatur zurück, nachdem sie von der Bombengeschichte gehört hatten, und eine Woche nach dem Zwischenfall billigte das Consiglio Superiore della Magistratura schließlich die Beförderung Falcones. Die Witzbolde im Justizpalast reagierten darauf sogleich mit dem ironischen Kommentar, Falcone habe vielleicht die Bombe selbst gelegt, um auf sich aufmerksam zu machen.

Der Journalist Saverio Lodato traf Falcone drei Wochen nach dem Vorfall mit der Bombe und fand, er wirke wie ein Mensch, der «an seiner eigenen Beerdigung teilgenommen und keinen Gefallen daran gefunden hat». Der Versuch, die Gefahr, in der er schwebte, zu verharmlosen, war Bestandteil jener Rufmordkampagne, die in Sizilien eine offenbar unvermeidliche Begleiterscheinung jeder von langer Hand geplanten Mordtat ist. Nach der Ermordung des Richters Ciaccio Montalto in Trapani verbreiteten böse Zungen das Gerücht, seine Frau habe eine Liebesaffäre gehabt, und er müsse wohl einem Verbrechen aus Leidenschaft zum Opfer gefallen sein. Nach der Ermordung des Generals Dalla Chiesa machten sich etliche Leute über seine Arbeit in Palermo lustig und hätten ihn am liebsten selbst für seinen Tod verantwortlich gemacht. «Ich erkenne denselben Mechanismus, der dem Tod des Generals Dalla Chiesa vorausging», sagte Falcone zu Lodato. «Das Drehbuch ist dasselbe. Man braucht nur Augen, um es zu sehen.»

Falcone machte keinen Hehl aus seiner Überzeugung, daß hinter dem Attentatsversuch nicht nur die Cosa Nostra gesteckt hatte, sondern auch Personen aus dem Regierungslager. «Wir haben es mit äußerst scharfsinnigen Köpfen zu tun, die versuchen, bestimmte Aktionen der Mafia zu lenken», sagte er Lodato. «Es gibt vielleicht einzelne Gemeinsamkeiten zwischen den Häuptern der Cosa Nostra und geheimen Machtzentren, die andere Interessen haben. Ich habe den Eindruck, daß dies die plausibelste Hypothese ist, wenn man zu verstehen versucht, aus welchen Motiven jemand versucht hat, mich zu ermorden.»[22]

Bei der Analyse der Umstände, unter denen es zu seiner Beinahe-Ermordung gekommen war, erinnerte sich Falcone an die Serie anonymer Briefe, die er vor dem Bombenzwischenfall bekommen hatte. Er verstand diese Schmähbriefe jetzt als einen Versuch, den psychologischen Boden für seine Ermordung vorzubereiten. Während die meisten anderen anonymen Briefe, die er bekam, primitiv und amateurhaft waren, zeichneten sich die Briefe im Vorfeld der Bombe von

Addaura durch ein hohes literarisches Niveau aus; sie zeigten, daß ihr Verfasser detaillierte Kenntnisse über laufende Mafia-Ermittlungen und über die Aussage Salvatore Contornos besaß, des ehemaligen Mafia-Kronzeugen, der im Mai 1989 unweit von Palermo erneut verhaftet worden war.

Der Verfasser der anonymen Briefe wußte zum Beispiel, daß Contorno im November 1988 wieder nach Italien eingereist war und daß im darauffolgenden Monat Giovanni Falcone und Leonardo Guarnotta vom Anti-Mafia-Verbund nach Rom gefahren waren, um seine Aussage aufzunehmen. Ferner wußte der Briefschreiber, daß Gianni De Gennaro, der für die Betreuung Contornos verantwortliche Polizeiermittler, sich bei den Gerichten persönlich dafür eingesetzt hatte, daß Contorno mit ihm telefonisch Kontakt halten durfte, anstatt sich einmal pro Woche persönlich am Sitz der Kriminalpolizei melden zu müssen. Das war zwar eindeutig eine zum Schutz Contornos ergriffene Sicherheitsmaßnahme, doch der intrigante Briefschreiber deutete es als Teilelement eines sorgfältig vorbereiteten Planes, Contorno als Auftragsmörder nach Sizilien einzuschleusen. In dem Brief waren sogar die Paragraphen des italienischen Strafgesetzbuches benannt, nach denen Falcone und De Gennaro als Mittäter an einem Mord angeklagt werden konnten. Es schien, als komme als Autor nur jemand in Frage, der direkt mit dem Fall Contorno befaßt war, vielleicht sogar ein Untersuchungsrichter.

De Gennaro und die höchsten Beamten der römischen Kriminalpolizei wußten ganz genau, daß Contorno nach Palermo fahren und versuchen würde, sich bei den Corleonesern zu revanchieren und Totò Riina abzuservieren und zu töten. De Gennaro flog nach Palermo, um sein Projekt mit Strafverfolgern, namentlich mit Falcone, (Giuseppe) Ayala und (Pietro) Giammanco (beide von der Procura della Repubblica) zu erörtern, die keine Einwände äußerten. An einem positiven Abschluß dieser Operation war besonders Falcone interessiert, der auf seine Berufung zum stellvertretenden Leiter der Procura della Repubblica wartete und darauf brannte, dem Hohen Kommissar (für die Bekämpfung der Mafia) Sica, den er nicht leiden konnte, eins auszuwischen und auch seinen kommunistischen Freunden einen Gefallen zu tun . . . Alle diese Männer sollten die Verantwortung für die von Contorno begangenen Morde zugeschrieben bekommen – echt staatlich geförderte Morde . . .[23]

Es war ein offenkundig lächerlicher Gedanke. Warum sollte die Polizei, falls sie wirklich Contorno nach Palermo entsandt hatte, sich selbst blamieren, indem sie ihn kurze Zeit später unter kompromittierenden Umständen verhaftete? Und weiter, inwiefern würde eine Serie von Salvatore Contorno begangener Morde Falcone helfen, stellvertretender Chefermittler in Palermo zu werden oder «dem Hohen Kommissar Sica eins auszuwischen», und weshalb sollte dies eine Gefälligkeit für die «kommunistischen Freunde» Falcones sein? Ungeachtet dieser offenkundigen Schwachpunkte hatte der Briefschreiber genügend reale

Fakten unter seine Phantasien gemischt, um denen, die sich an der Kampagne gegen Falcone und seine Kollegen beteiligten, Munition zu liefern.

«Wir waren alle der Meinung, daß (die Briefe und die Bombe) Bestandteile einer einheitlichen Strategie waren», sagte Antonio Manganelli, der im römischen Kriminalamt die Zusammenarbeit mit Falcone und De Gennaro koordinierte. «Die Mafia zieht es vor, einen Repräsentanten des Staates erst zu töten, nachdem sie ihn diskreditiert hat, weil das auch die Gefahr von Spannungen innerhalb der Mafia selbst vermindert. Wenn man sagen kann: Manganelli ist ein Dieb, dann kann das für die Leute, die ihn umbringen, als Rechtfertigung dienen und wird die öffentliche Reaktion auf das Verbrechen dämpfen. Vielleicht wählten sie diesen konkreten Zeitpunkt, weil Falcone damals in den Augen der Öffentlichkeit zum ersten Mal nicht als Symbolfigur des Krieges gegen die Mafia erschien, sondern als einer, der möglicherweise Zeugen manipuliert hatte, ein Strafverfolger, der den Bogen überspannt und irgend etwas Ungesetzliches getan hatte ... Das ist ein Tribut an so etwas wie ein kollektives sizilianisches Rechtsempfinden, in dem es das ungeschriebene Gesetz gibt, daß einer nicht angetastet werden darf, solange er nur seine Pflicht tut ..., aber sobald er ein Foul macht, ist alles erlaubt. Wenn Falcone nicht mehr als der tapfere Untersuchungsrichter dasteht, sondern als einer, der Zeugen der Anklage manipuliert, dann kann ihm alles mögliche zustoßen.»[24]

«Zwei Voraussetzungen mußten erfüllt sein, damit die Täter freie Bahn hatten», erklärte Falcone in einem weiteren Interview, das er um diese Zeit gab.

Ein Kontext und eine Information. Monatelang ging die Parole um, Falcone sei auf dem absteigenden Ast ... Falcone hat seit Buscetta nichts mehr bewegt, er ist ein Archäologe der Justiz, der den Schatten einer nicht mehr existierenden Mafia hinterherjagt ... Er treibt Spielchen, um seine Karriere voranzubringen ... Falcone ist ein Mann der Christdemokraten ... Falcone ist die fünfte Kolonne der Kommunisten. Diese intensive Wühlpropaganda verfolgt das Ziel, mir in Regierungskreisen das Image eines nicht mehr vertrauenswürdigen Strafverfolgers anzuhängen ... Leute, die mir wohlgesonnen waren, ... haben angefangen, zu zweifeln, Argwohn zu hegen ... Diese Pestverbreiter, diese anonymen Briefschreiber haben Risse in meine Rüstung gemacht, um mich zu diskreditieren, mich zu isolieren, mein Ansehen zu verletzen ... Und das ist eine Voraussetzung, die die Mafia auszunutzen und zu schaffen versteht –, bevor sie ein Verbrechen gegen einen Repräsentanten des Staates begeht. Die Mafia macht sich Gedanken über die Auswirkungen eines Verbrechens und trifft Vorsorge für das, was hinterher geschieht.[25]

Einigen wenigen ausgesuchten Freunden vertraute Falcone an, wen er im Verdacht hatte, die Mafia über seinen geplanten Badeausflug nach Addaura am 19. Juni 1989 informiert zu haben. «Er ließ keinen Zweifel daran, daß er Bruno Contrada verdächtigte», sagt Ignazio De Francisci vom Anti-Mafia-Verbund. Über Contrada, der als Nachfolger des ermordeten Boris Giuliano das Ermittlungsdezernat der Polizei von Palermo leitete, waren seit Jahren Gerüchte im Umlauf. Schon 1981 hatte der damalige Polizeichef sein Mißtrauen gegen Contrada dokumentiert, indem er ihn mit dem Auftrag, eine (nichtexistierende) Gefängnisrevolte niederzuschlagen, auf die Reise schickte, damit er von einer wichtigen Razzia im Fall Spatola nichts mitbekam. 1984 hatte Buscetta Falcone vor Contrada gewarnt; der Mafiaboß Rosario Riccobono hatte Buscetta 1980 zugesichert, in seinem Herrschaftsgebiet (Partanna-Mondello) könne er jederzeit sichere Zuflucht finden und sich ohne Angst vor polizeilicher Belästigung aufhalten. Als Buscetta sich bei seinem Freund Stefano Bontate über die Hintergründe erkundigt hatte, hatte der ihm gesagt, Riccobono sei eng mit Contrada verbandelt und genieße deswegen besondere Freiräume. Für ein Ermittlungsverfahren gegen Contrada hatte dieser auf Hörensagen beruhende Hinweis nicht ausgereicht, doch die Vorgesetzten Contradas hatten ihn ernst genug genommen, um den Beamten von wichtigen Anti-Mafia-Operationen auszuschließen. Dies hatte nicht verhindert, daß Contrada in das Ermittlerteam des Hohen Kommissars für die Bekämpfung der Mafia berufen und in der Folge mit einem hochkarätigen Vertrauensposten im italienischen Geheimdienst bedacht worden war, dem ebenfalls Aufgaben im Bereich der Mafiabekämpfung zugewiesen worden waren. «Niemand hat je gesagt: ‹Contrada, du wirst jetzt einmal zur Polizeibehörde von Bozen oder Triest versetzt›», sagte De Francisci. «Er war immer hier (in Palermo), und das war meiner Meinung nach kein Zufall. Es lag in irgend jemandes Interesse.»[26]

Falcone nannte zwar in Gesprächen mit De Francisci und anderen Freunden den Namen Contradas, erläuterte aber nie die Hintergründe seines Verdachts. Einer später aufgetauchten Theorie zufolge lagen diese in den damals laufenden Ermittlungen Falcones auf Schweizer Boden gegen Oliviero Tognoli, den Kassenwart des Mafiabosses von Bagheria, Leonardo Greco. Tognoli hatte angeblich mit ihm anvertrauten Gewinnen aus Drogengeschäften 200 Kilogramm reines Gold zusammengekauft und unterhielt für seine sizilianischen Freunde zahlreiche Bankkonten in der Schweiz für die Deponierung gewaschener Gelder. Obwohl seit 1984 mit internationalem Haftbefehl gesucht, war er erst 1989 festgenommen worden. Bei der Vernehmung durch Falcone und die Schweizer Untersuchungsrichterin Carla Del Ponte hatte er gestanden, daß Contrada ihm geholfen hatte, sich der Verhaftung zu entziehen.[27] Mit dem versuchten Bombenattentat am Strand von Addaura hätte womöglich verhindert werden sollen, daß die Vorwürfe gegen Contrada an die Öffentlichkeit gelangten. Nach der Entdeckung der Bombe widerrief Tognoli seine Aussage und weigerte sich, Contrada weiterhin zu belasten.

In den Monaten nach dem fehlgeschlagenen Attentatsversuch kam es geradezu zu einer Explosion anonymer Briefe, orchestriert wie eine Serie gutplazierter Zeitbomben. Ende Juni 1989 warf die unsichtbare Hand drei Exemplare eines unsignierten Schreibens in den Briefkasten; die Adressaten waren zwei hochrangige Funktionäre der Kommunistischen Partei Italiens und der linke Journalist Giampaolo Pansa. Das alleinige Angriffsziel dieses Pamphlets war Givoanni Falcone.

Das Verschicken anonymer Briefe ist in Italien, und insbesondere in Sizilien, wo fast niemand daran glaubt, daß man mit rechtsstaatlichen Mitteln etwas ausrichten kann, ein weitverbreitetes Laster. Die erste Anti-Mafia-Kommission des italienischen Parlaments, die in den 60er Jahren tätig war, erhielt angeblich rund 40.000 anonyme Briefe, und der Hohe Kommissar für die Bekämpfung der Mafia beschäftigte 1989 ein ganzes Büro, dessen einzige Aufgabe es war, anonyme Briefe zu analysieren, zu katalogisieren und abzuheften. Hin und wieder fand sich in einem von ihnen eine brauchbare Information, doch die meisten waren nur Giftpfeile, mit denen provinzielle Rivalitäten, persönliche Differenzen oder berufliche Fehden ausgetragen wurden und die als Staubfänger in den Archiven landeten.[28]

Die anonymen Briefe gegen Giovanni Falcone und seine engsten Mitarbeiter wurden nicht etwa in aller Stille begraben. Weil sie möglicherweise in Verbindung zu der Bombe von Addaura standen, weil ihr Verfasser möglicherweise in den Reihen der Mafiaermittler zu suchen war und weil alles, was mit Falcone zusammenhing, die italienische Presse elektrisierte, begannen bald Berichte über das geheimnisvolle Phantom, das hinter den Kulissen für Unruhe sorgte, zu erscheinen. Man verlieh ihm sogar einen Namen, «der Rabe», nach dem italienischen Ausdruck für einen anonymen Briefschreiber. Wegen der in den Briefen enthaltenen Schmähungen sahen die Neider Falcones hier womöglich eine gute Gelegenheit gekommen, seine Demontage fortzusetzen. Aufschlußreicherweise waren vier der Briefe beim Hohen Kommissar für die Mafiabekämpfung, Domenico Sica, eingegangen, dessen Verhältnis zu Falcone von Rivalität gekennzeichnet war. Eines der offenkundigen Ziele des Briefschreibers war es denn auch, Zwietracht zwischen Sica und Falcone zu säen.[29]

Sica hatte in seinem Amt als Hoher Kommissar etwas frustrierende Erfahrungen gemacht. Bezeichnend war, daß das italienische Parlament ihm zwar auf dem Papier weitgehende (wenn auch nur vage definierte) Befugnisse zur Bekämpfung der Mafia verliehen, aber nicht dafür gesorgt hatte, daß diese auch in die Tat umgesetzt werden konnten. Bis auf weiteres war er noch weitgehend auf die Hilfe derjenigen Untersuchungsrichter und Polizeiteams angewiesen, die bereits an Mafiaverfahren gearbeitet hatten oder noch arbeiteten; dabei war durchaus nicht klar, welche Anweisungen, wenn überhaupt, er ihnen erteilen durfte. Er war ein Untersuchungsrichter ohne Anklagebefugnis, ein Polizeibeamter ohne Bataillone. Die Carabinieri in Palermo und das Kriminalamt in Rom arbeiteten weiterhin vorwiegend mit Falcone zusammen, den sie gut kannten. Eine Vollmacht, die Sica besaß, war die Befugnis, zu jedem Fall, der ihn interessierte, Zeugen zu befragen, und er begann nun mit der Vernehmung zahlreicher Mafia-Zeugen, deren Aussagen Falcone bereits aufgenommen hatte, so daß Sica nun weitgehend redundante Ergebnisse produzierte. Einmal streute jemand aus der Mannschaft Sicas die Information, ihr Chef werde in die USA fliegen, um Gaetano Badalamenti zu verhören, den ehemaligen Vorsitzenden der Kommission, der im amerikanischen Pizza-Connection-Prozeß verurteilt worden war. Berichte, die in der Presse auftauchten, legten eindeutig den Schluß nahe, der alte Cosa-Nostra-Boß sei bereit, sich «umdrehen» zu lassen. Als freilich Sica in dem amerikanischen Gefängnis Badalamentis eintraf, fand er einen sehr schweigsamen Gesprächspartner vor. «Warum haben Sie eine Meldung über diese Unterredung veröffentlicht? Wollen Sie, daß alle meine Verwandten umgebracht werden?» fragte Badalamenti bei einem späteren Auftritt im Gerichtssaal wütend.[30] Falcone hatte fünf Jahre lang in aller Stille darauf hingearbeitet, Badalamenti «umzudrehen», und der Exboß hatte tatsächlich einige vorsichtige Signale ausgesandt, daß er sich zur Kooperation entschließen könnte – etwas, wovon Sica offenbar nichts erfahren hatte. Wegen seines Bestrebens, Falcone den Rang abzulaufen, und wegen seines Dranges nach Publizität war Badalamenti als potentieller Zeuge verloren. Als sich der erste Jahrestag seiner Ernennung näherte, mußte Sica feststellen, daß ihm ein zunehmend kälterer Wind ins Gesicht blies und im Parlament immer lauter die Frage nach den effektiven Ergebnissen seiner Tätigkeit gestellt wurde.

Sica beschloß, persönlich die Untersuchung zum Bombenfund von Addaura und zur Herkunft der anonymen Briefe zu leiten. Die normale Geschäftsverteilung sah vor, daß alle Vorgänge, die Interna des Palermoer Justizpalastes betrafen, von der Ermittlungsbehörde in Caltanissetta bearbeitet wurden, doch in diesem Fall bestieg Sica noch am Abend des Tages, an dem die Bombe entdeckt wurde, ein Flugzeug nach Palermo und übernahm das Kommando. «Sica wollte im Kampf gegen die Mafia die Hauptrolle spielen», sagt Richter Vito D'Ambrosio. Sica übernahm damit die Verantwortung für das Schicksal und die Reputation nicht nur Falcones, sondern auch aller anderen in vorderster Reihe stehenden Mafia-Ermittler.[31]

Sica war überzeugt, daß nur einer der Strafverfolger von Palermo die Briefe geschrieben haben konnte. Als er und seine Assistenten nach Kandidaten Ausschau hielten, wurde ein Name immer wieder genannt: Alberto Di Pisa, Mitarbeiter des Anti-Mafia-Verbundes in der Procura della Repubblica von Palermo. Beruflich hatte Di Pisa eine ausgezeichnete Bilanz als unnachgiebiger und fleißiger Ermittler vorzuweisen. Aber über seine Person kursierten im Justizpalast wenig schmeichelhafte Dinge; es hieß, er sei ein sonderbarer Mensch, der absonderliche Dinge tue. Eine Gerichtssekretärin hatte sich einmal darüber beschwert, daß Di Pisa sie belästigt habe, und ihn auch verdächtigt, ihr anonyme Briefe geschickt zu haben. Di Pisa galt als Drahtzieher einer Serie anonymer Anrufe bei der Frau eines Kollegen, der auf diese Weise mitgeteilt worden war, ihr Mann habe eine Affäre. «Di Pisa hat ein ziemlich verschlossenes, streitbares und düsteres Wesen, aber als Untersuchungsrichter hatte er sich den vollständigen Respekt der Kollegen vor seiner fachlichen Arbeit erworben, so sehr, daß er in den Anti-Mafia-Verbund aufgenommen wurde», sagt Vincenzo Pajno, sein damaliger Vorgesetzter.[32] Er hatte als einer der ersten in der Procura arbeitenden Untersuchungsrichter Seite an Seite mit Falcone und Borsellino den Maxi-Prozeß mit vorbereitet und war danach an praktisch allen größeren Mafiaverfahren der 80er Jahre beteiligt gewesen. Es war schwer vorstellbar, daß ein Mann mit diesen Referenzen sich auf ein so schäbiges Spiel eingelassen hatte.

Wie auch immer, mehrere seiner Kollegen dachten spontan an Di Pisa, als sie Überlegungen über die Identität des sogenannten Raben anstellten. Er war ein schwieriger Charakter, mit sich und der Welt unzufrieden und mit einer persönlichen Abneigung gegen Falcone. Er war schon länger mit Ermittlungen gegen die Mafia befaßt als Falcone und hatte doch nur einen Bruchteil der öffentlichen Anerkennung erhalten, die jenem zuteil geworden war. Besonders großes Unbehagen bereitete ihm der Contorno-Komplex, den er in einer Weise kommentierte, die überraschende Ähnlichkeit mit dem Tenor der anonymen Briefe aufwies. Und er gehörte zu den wenigen Personen, die die innersten Details der Verhaftung Contornos kannten. Er gab sogar äußerlich einen ganz guten «Raben» ab, mit seiner dichten, pechschwarzen Mähne und seiner düsteren und herben Art, die an das Gebaren eines Leichenbestatters erinnerte.

Einer der Aspekte, die Di Pisa zum auf der Hand liegenden, zugleich aber auch unwahrscheinlichsten Verdachtskandidaten machten, war der Umstand, daß er seine Theorie von der «Geheimmission» Contornos auf Sizilien nicht nur einigen Kollegen, sondern auch dem Hohen Kommissar Sica selbst anvertraut hatte. Damit nicht genug, hatte sich zwischen Di Pisa und dem Hohen Kommissar eine Beziehung entwikkelt, die so eng war, daß viele in ihm den Statthalter Sicas im Justizpalast von Palermo sahen. Dies verlieh dem «Geheimnis des Raben», wie es bald genannt wurde, eine noch mysteriöseren Anstrich. Warum sollte Di Pisa anonyme Briefe an jemanden schicken, der seine Gedankengänge gut genug kannte, um ihn sofort als möglichen Urheber zu identifizieren? Und warum hätte Sica so großen Wert darauf gelegt, persönlich eine Untersuchung durchzuführen, die zur Entlarvung und Kompromittierung eines Freundes und nützlichen Verbündeten führen konnte?

Wie auch immer, am 7. Juli 1989 bat Kommissar Sica Alberto Di Pisa, ihn in seinem Büro in Rom aufzusuchen; er bot dem Besucher ein Glas Mineralwasser an. Später, nachdem Di Pisa wieder fort war, kamen Experten vom italienischen Geheimdienst und nahmen die Fingerabdrücke des Besuchers vom Trinkglas und von der Schreibtischoberfläche ab, auf der Di Pisa während der Unterredung nervös herumgetrommelt hatte. Sechs Tage später traf Sica in Rom mit Giovanni Falcone zusammen und berichtete ihm, die Analyse der Fingerabdrücke habe ergeben, daß Di Pisa in der Tat der anonyme Briefschreiber sei.

Doch dann verwickelte sich die Handlung des Krimis, und es ergab sich ein «Rätsel im Rätsel»: Am 15. Juli erhielt Falcone in Palermo einen Anruf aus dem Büro des Hohen Kommissars; Francesco Misiani, ein früherer Untersuchungsrichter, erklärte ihm, es sei noch nicht sicher, ob man Di Pisa wirklich als den «Raben» identifiziert habe; die Aussage Sicas sei verfrüht gewesen und beruhe auf einem Mißverständnis. Der von einem der anonymen Briefe abgenommene Fingerabdruck sei zwar mit dem von Di Pisa «kompatibel», doch sei der Abdruck auf dem Papier zu unvollständig, als daß man von «identischen» Abdrücken sprechen könne. Nachdem der Hohe Kommissar bereits die höchsten Stellen des Staates, darunter den Staatspräsidenten, darüber unterrichtet hatte, daß der «Rabe» ins Netz gegangen sei, mußte er nun überall wieder anrufen und einen Rückzieher machen – doch der Name Di Pisa war bereits an die Presse durchgesickert. Dieser Salto mortale erzürnte Falcone und erregte seinen Argwohn. «Jeder einigermaßen geschulte Spezialist weiß, daß eine Analyse, die zu dem Ergebnis kommt, zwei Fingerabdrücke seien ‹kompatibel›, absolut nichts bedeutet: Das ist, wie wenn man sagt, daß zwei Menschen gleich groß sind», erklärte Falcone später. Entweder hatte Sica eine kolossale Fehlleistung begangen, oder er und seine Mitarbeiter versuchten im Interesse ihres Freundes Di Pisa etwas zu vertuschen. «All das wird Mißtrauen erzeugen, Gerüchte, die Hölle wird losbrechen, Leute werden argwöhnen, daß hier etwas gedreht wurde, um Di Pisa aus der Patsche zu helfen. Wenn er schuldig ist, haben sie ihm einen Gefallen getan, doch wenn er unschuldig ist, haben sie seinen Ruf unwiederbringlich kaputtgemacht», sagte Falcone.[33]

Am 20. Juli brachten die Medien, wie nicht anders zu erwarten, die Meldung, der Hohe Kommissar Sica habe die Erkenntnis gewonnen, daß der Mafiajäger Alberto Di Pisa der «Rabe» von Palermo sei. Die Meldungen provozierten Dementis und Hintergrundberichte über den nicht eindeutigen Fingerabdruckvergleich; wie von Falcone vorausgesagt, säten diese Widersprüche allerorten Konfusion und Mißtrauen.

Noch am gleichen Abend begab sich Sica, dessen Karriere jetzt am seidenen Faden hing, in Begleitung seiner engsten Mitarbeiter in die Laboratorien des italienischen Geheimdienstes außerhalb von Rom und setzte durch, daß der Fingerabdruck auf dem anonymen Brief mit verfeinerten Verfahren nochmals unter die Lupe genommen wurde. Man beschloß, ein neues, noch experimentelles Verfahren anzuwenden, bei dem der Abdruck mit einer fluoreszierenden Chemikalie behandelt wurde; er wurde dann fotografiert und vergrößert. Man geht bei Fingerabdrücken von 25 charakteristischen Punkten je Abdruck aus, von denen mindstens 16 sichtbar sein müssen, damit eine Identitätsfeststellung getroffen werden kann. Der Teilabdruck auf dem anonymen Brief wies jedoch nur acht dieser «charakteristischen» Punkte auf; die «Verfeinerung» durch den Auftrag der Chemikalie im Labor förderte jedoch unverhofft mindestens achtzehn gut sichtbare Punkte zutage. Und die Spezialisten waren sich einig, daß der Fingerabdruck in der Tat von Alberto Di Pisa stammte. Es gab nur ein Problem: Das chemische Verfahren hatte fast alles, was von dem ursprünglichen Fingerabdruck noch dagewesen war, vom Papier abgelöst, so daß der Hohe Kommissar als Identitätsbeweis nur noch die Fotografie des Abdrucks vorweisen konnte. Nachdem er sich die halbe Nacht im Geheimdienstlabor um die Ohren geschlagen hatte, gab Sica am Morgen des 21. Juli eine Presseerklärung heraus, in der es hieß, Alberto Di Pisa sei als Verfasser der anonymen Briefe identifiziert. Das Beweismaterial wurde an die Staatsanwaltschaft von Caltanissetta übersandt, die einige Tage später ein Strafverfahren einleitete.[34]

Die Identifizierung Alberto Di Pisas markierte nun freilich nicht das Ende der Geschichte vom «Raben», sondern entpuppte sich vielmehr als Ausgangspunkt eines weiteren langwierigen und qualvollen Dramas, das die Kräfte des Anti-Mafia-Verbunds über Monate hinweg binden sollte. Die Anti-Mafia-Kommission des Parlaments setzte eine Sonderrunde von Anhörungen an und ließ dazu eine Phalanx von Untersuchungsrichtern aus Palermo aufmarschieren. Dieselbe Phalanx wurde anschließend auch durch die Korridore des Consiglio Superiore della Magistratura (CSM) geschleust, das darüber befinden mußte, ob Di Pisa, gegen den nun eine Anklage lief, versetzt oder vom Dienst suspendiert werden sollte.

Vom CSM im Sommer und Herbst 1989 zur Anhörung vorgeladen, wählte Alberto Di Pisa den Angriff als die vermeintlich beste Verteidigung: Er attackierte die Beamten des Kriminalamts, den Anti-Mafia-Verbund und vor allem Giovanni Falcone. Obwohl er beteuerte, die anonymen Briefe nicht geschrieben zu haben, verteidigte er die darin vertretenen inhaltlichen Positionen, er erhob sogar neue, schwere Anschuldigungen gegen seine Kollegen. Er wiederholte seine bekannte Theorie, daß Salvatore Contorno womöglich mit heimlicher Billigung von Polizei und Anklagebehörde nach Sizilien eingeschleust worden sei, und sprach von ungesetzlichen Machenschaften beim Umgang mit Mafiazeugen, die seit Beginn der Abschöpfung Buscettas 1984 eingerissen seien. Indem er sich selbst als «Dissidenten» in den Reihen der Mafiaverfolger porträtierte, verlegte er sich auf eine ebenso kühne wie riskante Verteidigungsstrategie. Da er seine Bedenken stets offen geäußert habe, hätte er doch, so argumentierte er, «entweder verrückt oder dumm sein müssen, zu diesem Thema anonyme Briefe zu schreiben, denn ich wäre als erster in Verdacht geraten».[35]

Die Aussage Di Pisas war voller Widersprüche. Während er einerseits große Zweifel an der Integrität Falcones geltend machte, betonte er andererseits, daß er der erste gewesen sei, der Falcone nach seiner kürzlichen Beförderung zum stellvertretenden Chefermittler gratuliert habe. «In der Arbeit ist mein persönliches Verhältnis zu Falcone immer ein normales, von Partnerschaft und Zusammenarbeit geprägtes gewesen, auch wenn es in rechtlicher Hinsicht immer Meinungsverschiedenheiten gab, zum Beispiel was den Umgang mit Zeugen betraf.»

Di Pisa schien der Meinung zu sein, daß Kriminelle, die sich als Kronzeugen zur Verfügung stellten, nicht besser behandelt werden dürften als jeder andere mutmaßliche Verbrecher. Unter den hypothetischen Bedingungen eines idealen Rechtssystems mochte dies vielleicht eine diskutable Forderung sein, nicht aber in der realen Welt. Es wäre unmöglich gewesen, Zeugen wie Buscetta und Contorno zur Aussage zu bewegen, wenn man nicht ein Vertrauensverhältnis aufgebaut hätte. Diese Männer setzten ihr Leben aufs Spiel und taten das nur, weil sie das Gefühl hatten, sich auf die Ermittler, mit denen sie zusammenarbeiteten, verlassen zu können. Weil es kein formelles Zeugenschutzprogramm gab, sahen sich die Strafverfolger genötigt, sich selbst um die Sicherheit der Zeugen und ihrer Familien zu kümmern. Die Beispiele, die Di Pisa anführte, um seinen Vorwurf einer übermäßigen Vertrautheit zwischen Falcone und seinen Zeugen zu untermauern, waren von geradezu lächerlicher Harmlosigkeit. Falcone und Borsellino hätten einmal für Buscetta oder Contorno *cannoli*, eine sizilianische Gebäckspezialität, mitgebracht. Gianni De Gennaro habe Buscetta einmal in eine Polizeiuniform gesteckt, als er mit ihm in Rom einen Anzug kaufen gegangen sei, den Buscetta für seinen Auftritt vor Gericht haben wollte. Im Verlauf des Maxi-Prozesses habe Falcone De Gennaro aufgefordert, Buscetta und Contorno zu der guten Figur, die sie im Zeugenstand gemacht hätten, zu gratulieren. Es fiel schwer, an irgendeinem dieser Beispiele etwas Fragwürdiges zu bemerken.

Im weiteren Verlauf lieferte Di Pisa unfreiwillig eine Erklärung für seine heftige Abneigung gegen die Kollegen und die Kronzeugen der Anklage. Es verdichtete sich der Eindruck, daß er mit seinem Widerspruchsgeist seine Kollegen so lange vor den Kopf gestoßen hatte, bis sie ihn aus dem inneren Kreis derer, die den vertaulichsten Umgang mit den Kronzeugen pflegten, ausgeschlossen hatten. Bei einer der Verhörsitzungen war Di Pisa mit einer eingeworfenen Frage bei Buscetta auf Ungnade gestoßen. «Buscetta warf mir einen verächtlichen Blick zu; Falcone lächelte, und von dem Moment an schaute Buscetta nicht einmal mehr in meine Richtung ... An einem gewissen Punkt stand Buscetta auf und kochte Kaffee (weil er ein Appartement bewohnte, durfte er sogar Kaffee machen) und bot Falcone und Borsellino (eine Tasse) an ... mich fragte er nicht, ob ich einen wollte ... Danach sagte mir Falcone, meine Frage sei naiv gewesen.»[36]

Die Strategie, die Di Pisa gewählt hatte, erwies sich für ihn am Ende als Fiasko. Wie er so dasaß und nach allem schnappte, was ihm geeignet schien, seine Kollegen und ehemaligen Freunde anzuschwärzen, erschien er vielen Mitgliedern des Consiglio wie ein von Mißgunst, Nörgelsucht und Haß verzehrter Mensch, genau wie man sich jemanden vorstellt, der seiner Frustration in anonymen Briefen freien Lauf läßt.

Ohne es zu wollen, lieferte er den Männern, die über ihn zu befinden hatten, auch ein einleuchtendes Motiv für sein Handeln: «Ich habe vielleicht nicht denselben Prominentenstatus in den Massenmedien erreicht wie einige meiner Kollegen, finde aber nicht, daß ich weniger professionell gearbeitet oder weniger wertvolle Resultate erzielt hätte ... Ich war doch eigentlich derjenige, der den Maxi-Prozeß ins Rollen gebracht hat», sagte er und erinnerte daran, daß General Dalla Chiesa das polizeiliche Dossier über die ersten 162 Beschuldigten der Procura della Repubblica ihm, Di Pisa, überreicht habe und nicht der Ermittlungsbehörde – womit er den Eindruck erweckte, Dalla Chiesa habe eher ihm vertraut als Falcone und dem Anti-Mafia-Verbund. Die Darstellung Di Pisas stimmte zwar mit den Tatsachen überein, war aber insofern tendenziös, als Dalla Chiesa sich einfach an die prozeduralen Spielregeln gehalten hatte. Das damals noch geltende alte italienische Straf- und Prozeßrecht schrieb vor, daß Polizeiberichte zunächst bei der Procura eingereicht und dann innerhalb von 30 Tagen zur weiteren Bearbeitung an die Ermittlungsbehörde weitergeleitet werden mußten. Im übrigen war das betreffende Dossier nicht von General Dalla Chiesa erstellt worden, sondern von Ninni Cassarà, dem Polizeibeamten, der damals in perfekter Synchronität mit Falcone zusammengearbeitet hatte.

Di Pisa machte Falcone einen Vorwurf daraus, daß er auf eine Bitte der amerikanischen Regierung eingegangen war, bei der Vernehmung eines italo-amerikanischen Mafiazeugen, der in einem anderen Verfahren in Rom als Angeklagter figurierte, Hilfsdienste zu leisten. Er bezeichnete Falcone sarkastisch als einen «planetarischen» Strafverfolger, der «sich bei allem und jedem wichtig macht und in fremden Revieren wildert».

In seiner verzweifelten Suche nach Munitionsnachschub wärmte Di Pisa auch die Kritik an Falcone wieder auf, die Rocco Chinnici in seinen privaten Tagebüchern geübt hatte – eine Kritik, die das CSM bereits einmal gewogen und zu leicht befunden hatte. «Ich möchte nichts unterstellen, aber ...», begann Di Pisa. Dann holte er zu seinem vielleicht schäbigsten Tiefschlag aus, indem er andeutete, Falcone unterhalte eine sehr innige Beziehung zu Michele Greco, dem «Papst». Letzterer habe nach einer Vernehmung seine Arme um Falcone gelegt. «Das ist kein bedeutsamer Vorfall, aber ich weiß nicht ... Michele Greco und Falcone in Umarmung ... es erschien mir etwas seltsam ... Um ehrlich zu sein, ging diese Umarmung nicht von Falcone aus, aber er hat sie auch nicht zurückgewiesen ...»

Etliche Mitglieder des Consiglio waren über das Auftreten Di Pisas entsetzt. «Er sah aus und benahm sich wie ein tödlich verwundeter Stier ..., der in bebender Wut blind auf alles einstößt, was sich bewegt ..., mit dem einzigen Ziel, so viel wie möglich zu vernichten und zu töten, bevor es ihn selbst erwischt», äußerte ein ungenannt bleibendes Mitglied des Consiglio nach dem Anhörungstermin. «Ein schäbiges und trauriges Schauspiel. Dabei war Alberto Di Pisa ein respektabler und respektierter Untersuchungsrichter.»[37]

Während Di Pisa mit seinen verzweifelten Stößen Falcone nicht anzukratzen vermochte, gelang ihm gegen einen anderen Kollegen ein Treffer: Giuseppe Ayala, Anklagevertreter im Maxi-Prozeß und zu der Zeit der engste Freund Falcones im Justizpalast von Palermo. «In ganz Palermo, nicht nur im Gerichtsgebäude, ... reden die Leute darüber, daß Ayala bei der Bank 500 Millionen Lire (eine dreiviertel Million Mark) Schulden hat», eröffnete Di Pisa den Standesvertretern vom CSM. In der Presse erschienen erste Meldungen über Gerüchte, denen zufolge Ayala sein riesiges Kontensoll beständigen Verlusten beim Pokerspiel zu verdanken hatte und daß ihm von seiner Bank im Respekt vor seinem Amt als Untersuchungsrichter eine Vorzugsbehandlung gewährt worden sei. Im Nu wurde aus dem «Fall Di Pisa» der «Fall Di Pisa/Ayala», der sich den ganzen Herbst 1989 hindurch hinzog.[38]

Als Falcone im Oktober ein weiteres Mal vor dem CSM erscheinen mußte, machte er seiner wachsenden Verärgerung darüber Luft, daß man ihm mit einer weiteren zwecklosen Auseinandersetzung die Zeit stahl.

Ich bin ehrlich überrascht, daß ich hier völlig unbegründete und fadenscheinige Beschuldigungen und Unterstellungen zu hören bekomme ..., aus dem Mund von jemandem (Di Pisa), der mir als erster gratuliert hat, nachdem ich zum stellvertreten-

den Chefermittler von Palermo ernannt worden war . . . Falls es zwischen mir und Di Pisa irgendwelche Auffassungsunterschiede gab, hielt er damit sehr gut hinter dem Berg; ich kann mich nicht entsinnen, daß er diese Vorwürfe jemals öffentlich erhoben hat . . . Dieses Verlangen, mir messianische Kräfte anzudichten, womit Di Pisa selbst angefangen hat, beginnt mir ziemlich gegen den Strich zu gehen . . . Ich wünschte, jemand würde mir erklären, was ich mit dieser Contorno-Geschichte zu tun habe.[39]

Falcone wies darauf hin, daß während der gesamten Dauer des Maxi-Prozesses und der zugehörigen Berufungsverfahren keiner der Angeklagten mit ihren Legionen von Verteidigern der Anklage auch nur eine einzige Verfehlung im Umgang mit Belastungszeugen nachgewiesen habe. «Ich fordere alle Menschen in Palermo oder anderswo auf, mir zu sagen, wann und wo ich diesem oder jenem Zeugen einen Gefallen erwiesen oder für wen ich jemals um bevorzugte Behandlung gebeten habe . . .»

Auch wenn die Vorwürfe schnell entkräftet waren, der schiere Umstand, daß Falcone und andere einen Anhörungstermin nach dem anderen bestreiten mußten, um sich gegen immer neue Vorwürfe zu wehren, führte zu einem allmählichen Einschlafen des Krieges gegen die Mafia in Palermo. «Wenn wir aus jedem Problem einen ‹Fall› machen, wenn wir unsere ganze Zeit darauf verwenden, Erklärungen für unser Verhalten zu liefern, alles mögliche zu kommentieren und uns zur Zielscheibe von Kritik zu machen, . . . wird der Augenblick kommen, da wir zu einem Verhörtermin erscheinen und die Beschuldigten uns einfach ins Gesicht lachen werden», sagte Falcone.

Und einiges sprach dafür, daß gewisse Mitglieder des CSM schon einen weiteren «Fall» in petto hatten – sie versuchten den Eindruck zu erwecken, Falcone sei der erste gewesen, der Di Pisa zum Hauptverdächtigen bei der Suche nach dem Verfasser der anonymen Briefe gestempelt hatte. Falcone hatte laut und deutlich erklärt, der Hohe Kommissar Sica habe ihn gefragt, ob irgend jemand im Gerichtsgebäude von Palermo in dem Ruf stand, gerne anonyme Briefe zu schreiben; als Falcone den Namen Di Pisa nannte, erwiderte Sica, andere Ermittler aus Palermo hätten ihm ebenfalls diese Person genannt. Vincenzo Palumbo, eines der CSM-Mitglieder, die im Januar 1988 Antonino Meli den Vorzug vor Falcone gegeben hatten, versuchte die Aussage Falcones in ihr direktes Gegenteil zu verdrehen: «Verstehe ich das also richtig, daß Sie der erste waren, der den Namen Di Pisas erwähnte?»

«Nein, Sica hatte den Namen bereits», antwortete Falcone. «Sica wollte von mir eine Bestätigung, daß Di Pisa in dem Ruf eines anonymen Briefeschreibers stand.»

Carlo Smuraglia, einer der Falcone-Unterstützer im Consiglio, erkannte die in diesem scheinbar harmlosen Mißverständnis liegende potentielle Gefahr und sagte: «Ich möchte dagegen protestieren, was heute abend hier passiert, denn in den Abendnachrichten werden wir heute zu hören bekommen, Falcone habe als erster auf Di Pisa hingewiesen, und das ist nicht akzeptabel. Falcone hat das Geschehen in äußerst klarer Weise rekonstruiert. Unglücklicherweise kommt es hier nicht darauf an, was Falcone sagt, sondern darauf, was wir morgen in der Zeitung lesen.»

Die tiefen Gräben im Consiglio, die sich schon während des Meli-Falcone-Wettstreits von 1988 aufgetan hatten, zeigten sich auch in allen nachfolgenden Kontroversen. Die Anhänger Falcones forderten am nachdrücklichsten, Di Pisa müsse aus Palermo wegversetzt werden, bis im bevorstehenden Prozeß seine Schuld oder Unschuld festgestellt sei. Die meisten Mitglieder bejahten dies zwar, erklärten aber zugleich, daß es dann nur recht und billig wäre, auch Ayala zu versetzen.

Es gab zwar keine Anzeichen dafür, daß Ayala je etwas Ungehöriges getan hatte, doch war deutlich geworden, daß im Verlauf eines heftig umkämpften Scheidungsstreits seine familiären Finanzen stark in Unordnung geraten waren. Die Gefahr, daß die Ayalas den Offenbarungseid leisten müßten, bestand jedoch zu keiner Zeit – seine Frau entstammte einer äußerst wohlhabenden Familie, und sie hatte das Geld für Investitionen in einigen Teilen ihres beträchtlichen Immobilienbesitzes verwendet. Da die Familie die Schulden jederzeit kurzfristig ausgleichen konnte (und dies schließlich auch tat), würde die Bank unter dem Strich ein Riesengeschäft auf Kosten von Ayalas Frau machen, wie Ayala darlegte. «Ich bin der einzige Untersuchungsrichter, der in die Bredouille gerät, nicht weil er sich im Amt bereichert hat, sondern weil er im Amt verarmt ist», scherzte Ayala.[40]

«Dieses schmähliche Spiel mußte unentschieden enden», sagte Vito D'Ambrosio, der vor dem Consiglio die Partei Ayalas ergriff.[41] «Es war eine salomonische Entscheidung: Einer aus eurer Gruppe, einer aus meiner», sagte Carmelo Conti, der Präsident des Appellationsgerichtshofes von Palermo.[42] «Ich glaube allerdings, daß einige Mitglieder des Consiglio es auf . . . Giovanni Falcone abgesehen hatten, ein unerklärtes, aber ziemlich durchsichtiges Vorhaben.» Während bei manchen der Wunsch, Rechnungen zu begleichen, eine Rolle spielen mochte, ging es anderen eindeutig ums Prinzip. «Ayala war offenkundig ein ehrlicher Mensch, aber er war auch unklug», sagte Stefano Racheli, der als überzeugter Parteigänger Falcones dennoch gegen Ayala votierte. «Ein Richter muß nach strengeren Maßstäben leben . . ., der bloße Anschein der Unkorrektheit zählt ebenso wie die Unkorrektheit selbst.» Seiner Ansicht nach war es ein schwerer Fehler, wenn ein Strafverfolger – in einer Welt, in der Bestechung und Erpressung an der Tagesordnung sind – hohe Schulden anhäuft.

Doch auch Racheli schließt die Möglichkeit nicht aus, daß das Consiglio in der Kontroverse um Di Pisa und Ayala, wie in anderen Fällen zuvor, in eine kunstvoll ausgelegte Falle getappt war. «Das wahrhaft traurige Gefühl, das meine Jahre im Consiglio mir mitgegeben haben, war das Empfinden, daß ich in vielen Fällen noch nicht einmal wußte, in welcher Mannschaft ich spielte, weil das Spiel so undurchschaubar war ... Die Wahrscheinlichkeit, benutzt zu werden, war so groß ... Habe ich ein Tor für oder gegen die Sache der Gerechtigkeit geschossen?»[43]

Am 7. November faßte das Consiglio den Beschluß, sowohl Di Pisa als auch Ayala zu versetzen. Die Mehrheit vertrat den Standpunkt, die Bankschulden Ayalas seien mit dem öffentlichen Bild von einem Mafiajäger unvereinbar; was Di Pisa betraf, so sei zwar vor Gericht nicht der Beweis erbracht worden, daß er der Autor der anonymen Briefe war, doch habe er mit seiner wütenden und unprovozierten Kritik an seinen Kollegen seinen weiteren Verbleib in Palermo unmöglich gemacht. Nach klassisch italienischer Art blieben die beiden zunächst einmal als «Frühstücksdirektoren» in ihren Palermoer Büros sitzen, die wenige Meter voneinander entfernt am selben Gang lagen; es dauerte mehrere Monate, bis der Versetzungsbeschluß vollzogen war.

Auch wenn viele Zweifel an der Identität des «Raben» blieben – Di Pisa wurde zunächst verurteilt, später aber wieder auf freien Fuß gesetzt –, stand eines fest: Palermo hatte zwei seiner besten, erfahrensten Mafiajäger verloren. Die Glaubwürdigkeit Domenico Sicas, des Hohen Kommissars für die Bekämpfung der Mafia, war irreparabel beschädigt, und Giovanni Falcone hatte als Resultat eines weiteren schmerzhaften Kampfes – diesmal nicht gegen die organisierte Kriminalität, sondern gegen Leute, die im Krieg gegen die Mafia eigentlich an seiner Seite hätten stehen sollen – eine erneute Schwächung seiner Position hinnehmen müssen.

«Was die Mafia mit Dynamit nicht erreichen konnte, ist mit der Waffe der Verleumdung erreicht worden» sagte Ferdinando Imposimato, ein Parlamentsabgeordneter und früherer Untersuchungsrichter.[44]

ACHTZEHNTES KAPITEL

Im Verlauf des Sommers 1989, der im Zeichen des Rätselratens um die sich schrittweise enthüllende Identität des «Raben» stand, sah Giovanni Falcone sich mit einem weiteren, ebenso vertrackten Problem konfrontiert. Mitte August erhielt er die Mitteilung, ein sizilianischer Krimineller namens Giuseppe Pellegriti sei bereit, sensationelle Dinge zum Thema Mafia und Politik zu enthüllen. Falcone und Giuseppe Ayala flogen daraufhin nach Pisa, wo Pellegriti in Haft saß. Pellegriti wartete mit der Behauptung auf, der christdemokratische Politiker Salvatore Lima habe bei der Mafia die Ermordung seines Kollegen Piersanti Mattarella, des sizilianischen Regionalpräsidenten, im Jahr 1980 in Auftrag gegeben. Als Gewährsmann für diese Information gab Pellegriti, der ein gewöhnlicher Krimineller war, den Boß der Cosa Nostra in Catania, Nitto Santapaola, an. Falcone und Ayala trauten der Sache nicht, zumal sich der Zeuge bei näherer Befragung in Widersprüche zu verwickeln begann und eindeutig widerlegbare Behauptungen aufstellte, so daß klar wurde, daß er sein Wissen nicht von Santapaola haben konnte. «Nach rund zehn Minuten schauten Giovanni und ich einander an, als wollten wir sagen: ‹Haben wir diese Reise gemacht, um uns solche Märchen anzuhören?›», erinnert sich Giuseppe Ayala.[1]

Seit sich 1984 Tommaso Buscetta als Zeuge zur Verfügung gestellt hatte, hatten die Mafia-Ermittler mit der Möglichkeit gerechnet, daß sich dubiose Zeugen melden und ihnen Desinformation zu verkaufen versuchen würden. Falls jemand es schaffte, nachprüfbar richtige Informationen so geschickt mit erfundenen zu kombinieren, daß Legenden glaubwürdig wurden und aufrichtige Zeugen ins Zwielicht gerieten, konnte das gesamte Anklagegerüst, auf dem der Maxi-Prozeß beruhte, zusammenbrechen. Noch befand sich das gesamte Verfahren auf dem Weg durch die Berufungsinstanzen, und ein einziger katastrophaler Fehltritt konnte genügen, damit Verteidiger und Kritiker die Glaubwürdigkeit von Kronzeugen generell in Frage stellen und die im Maxi-Prozeß gesprochenen Urteile samt und sonders zerpflücken konnten. Falcone hegte den Verdacht, Pellegriti habe auf Geheiß eines ihm nahestehenden Mithäftlings gehandelt, eines rechtsextremen Terroristen mit einer Vorliebe für politische Intrigen, Angelo Izzo. Ein Strafhäftling wie Pellegriti, der ohnehin eine lebenslange Strafe absaß, riskierte nichts, wenn er sich auf die Teilnahme an einer Desinformations-Kabale einließ. Eine andere Befürchtung, die Falcone hegte, war die, daß Pellegriti womöglich von Personen aus dem Umkreis des Palermoer Bürgermeisters Leoluca Orlando angestachelt wurde, für den Salvatore Lima der Teufel in Menschengestalt war. Orlando, der schon einmal mit dem Ausspruch «Der Verdacht ist das Vorzimmer der Wahrheit» für Furore gesorgt hatte, schien der Überzeugung, daß jede gegen seine politischen Feinde erhobene Beschuldigung von vornherein wahr sein müsse. Auch der Zeitpunkt, zu dem Pellegriti sich zu Wort gemeldet hatte, gab Anlaß zum Argwohn: Giulio Andreotti, der politische Mentor Limas, hatte kurz zuvor, am 20. Juli 1989, zum insgesamt sechsten Mal in seiner Laufbahn das Amt des Premierministers angetreten.

Obwohl Falcone ziemlich sicher war, daß Pellegriti fabulierte, geriet er durch dessen Aussage in ein Dilemma. Im Gegensatz zur Situation in den USA, wo es bis zu einem gewissen Grad im Ermessen der Strafverfolger steht, ob und wann sie ein Ermittlungsverfahren eröffneten, ist nach italienischem Recht jeder Ermittlungsbeamte formell verpflichtet, ein Verfahren einzuleiten, sobald er Kenntnis von einem mutmaßlichen Verbrechen erhält, gleich, wie stark oder schwach die Belastungsmomente sind. «(Falcone) hatte äußerst ungute Gefühle», berichtet Vito D'Ambrosio, bei dem er auf dem Rückweg von Pisa nach Palermo hereinschaute. «‹Sie haben mir eine Falle gestellt›, sagte er. ‹Dieser Pellegriti hat Sachen gesagt, von denen ich weiß, daß sie unwahr sind. Es ist eine falsche Spur, die nirgendwo hinführen wird, aber wenn ich ihr nicht nachgehe, wird es sofort heißen: Warum hast du Lima nicht angeklagt?›»[2] Als Pellegriti am 3. Oktober 1989 in öffentlicher Gerichtsverhandlung seine Beschuldigungen gegen Lima wiederholte – auf bohrende Fragen von Alfredo Galasso, einem Anwalt aus dem Gefolge Orlandos –, leitete Falcone sogleich ein Strafverfahren wegen Meineids und Verleumdung gegen ihn ein. Pellegriti war in einem der Berufungsverfahren zum Maxi-Prozeß als Zeuge aufgerufen worden. Das Auftreten eines «falschen» Zeugen konnte das ganze Verfahren vergiften, da es denen, die es zu Fall bringen wollten und nach rechtlichen Vorwänden dafür suchten, einen wohlfeilen Angriffspunkt liefern würde. «Ich mußte unverzüglich handeln, ich durfte keine Zeit verlieren», sagte Falcone zu D'Ambrosio. «Andreotti versuchte natürlich, die Anklage gegen Pellegriti zum Unschuldsbeweis für Lima umzudeuten», sagte D'Ambrosio. «Falcone war aber ganz und gar nicht von der Unschuld Limas überzeugt, sondern nur von der Verlogenheit Pellegritis.»

Wie nicht anders zu erwarten, wurde Falcone unter Beschuß genommen, besonders aus den Reihen der Orlando-Fraktion in Palermo; die einst so enge Freundschaft zwischen den beiden Männern wurde erheblich strapaziert. Ein Gerücht begann die Runde zu machen, demzufolge Falcone bei Giulio Andreotti angerufen und ihm gesagt hatte, die Vorwürfe gegen seinen Freund Lima entbehrten jeder Grundlage, und er habe vor, Pellegriti wegen übler Nachrede und Meineids anzuklagen. Auch wenn es im formalrechtlichen Sinn nicht unzulässig gewesen wäre, diesen Anruf zu tätigen – Andreotti war immerhin Premierminister –, vertrug es sich schlecht mit der Aura des unabhängigen Ermittlers, die Falcone seit jeher anhaftete. Falcone bestritt, daß das Telefonat mit Andreotti stattgefunden hatte, aber er tat es mit Worten, die in vielen Ohren mehrdeutig klangen. Er erklärte, als er am 12. Oktober 1989 im Zuge der CSM-Anhörungen zum Fall des «Raben» auf diesen Punkt angesprochen wurde: «Warum sollte ich jedes Gerücht dementieren, das irgend jemand über mich in Umlauf setzt? Ich habe eine Menge anderer Dinge zu tun. In Palermo haben wir ein Sprichwort: ‹Man soll nicht nach jedem Hund, der bellt, einen Stein werfen.› Die Leute behaupten alles mögliche von mir und das Gegenteil davon: ich sei Kommunist oder ich sei Antikommunist, ich sei ein Mann von Andreotti oder ich sei zum Sozialisten geworden. Ich fühle mich nicht verpflichtet, es zu dementieren, aber wenn das Consiglio mich fragt, dann dementiere ich es eben.»[3]

«Die Entscheidung Falcones, Pellegriti anzuklagen, mag richtig gewesen sein, doch die Art, wie er es tat, war falsch», sagt Richter Salvatore Barresi, ein Ermittler aus Palermo, der beim zweiten Maxi-Prozeß eng mit Falcone zusammenarbeitete. «Abzuwarten, bis er in öffentlicher Gerichtsverhandlung den Namen Salvatore Limas aussprach, um dann auf diese höchst öffentlichkeitswirksame Weise gegen ihn vorzugehen und dann noch Andreotti anzurufen, alles das ließ den Eindruck entstehen – vielleicht unabsichtlich –, daß er sich in den Augen der Regierung als ‹vertrauenswürdig› darstellen wollte. Ich glaube nicht, daß sein Vorgehen an diesem Tag das eines Untersuchungsrichters war.»[4]

Der um sich greifende Eindruck, Falcone buhle um das Wohlwollen der Mächtigen, erhielt durch die Tatsache weiteren Auftrieb, daß er in der Tat Freundschaften zu Personen aus dem Umkreis Andreottis zu pflegen begann, wohl in dem Bemühen um Stützung seiner gefährlich angeschlagenen Position. «Man muß das im Zusammenhang mit der damaligen Lebenssituation Falcones sehen», sagt Richter Vito D'Ambrosio. «Die Bombe von Addaura bedeutete wirklich eine Zäsur in seinem Leben, einen regelrechten Wendepunkt ... Falcone fühlte sich vollkommen ausgeliefert und ungeschützt. Er wurde vorsichtiger, behutsamer.» Der Mangel an Unterstützern im politischen Bereich hatte ihm schon zweimal die Chance auf ein einflußreiches Amt geraubt: das des Leiters der Ermittlungsbehörde von Palermo und das des Hohen Kommissars für die Bekämpfung der Mafia; er hatte mit ansehen müssen, wie die Früchte der harten Arbeit von acht Jahren binnen weniger Monate vor seinen Augen zerronnen waren. Und nun hatte dieser selbe Mangel an politischer Unterstützung ihn auch noch fast das Leben gekostet. Nachdem die Auflösung der Ermittlungsbehörde beschlossene Sache war, blieb als Zuflucht für ihn nur noch die Procura della Repubblica von Palermo übrig, und in dieser Behörde übte die Andreotti-Gruppierung, so hieß es, großen Einfluß aus.

Auf seiner Suche nach politischer Unterstützung freundete Falcone sich mit Claudio Vitalone an, dem wichtigsten Rechtsberater Andreottis. Auf der einen Seite war die Affinität zwischen den beiden Männern leicht verständlich und auch vollkommen legitim: Vitalone war ein ehemaliger Untersuchungsrichter, ein hochintelligenter Mann, der eine Zeitlang stellvertretender Vorsitzender der Anti-Mafia-Kommission gewesen war. Im neuen Kabinett Andreotti amtierte er als stellvertretender Außenminister und veranstaltete in dieser Funktion unter anderem Konferenzen über internationalen Drogenhandel und Geldwäsche, zu denen er Falcone als Referenten einlud. Auf der anderen Seite stand Vitalone in dem Ruf, ein skrupelloser Machtpolitiker zu sein, der es schon als Untersuchungsrichter verstanden hatte, den politisch Mächtigen zu Diensten zu sein, und der dafür mit einer politischen Karriere belohnt worden war. Sogar das politisch nicht eben unbequeme Consiglio Superiore della Magistratura hatte sich gezwungen gesehen, eine Kandidatur Vitalones für einen Posten am Obersten Gerichtshof Italiens wegen seiner fragwürdigen Praktiken als Strafverfolger zu verwerfen. Er hatte damals Kollegen, die es gewagt hatten, gegen Freunde und Verwandte von ihm zu ermitteln, bedroht und eingeschüchtert, zugleich aber für andere Ermittler üppige Galadiners veranstaltet, um sie in den Kreis seiner politischen Busenfreunde einzuführen.[5]

«Falcone sah sich in allen Richtungen nach Verbündeten um», kommentiert Richter D'Ambrosio. «Diese Freundschaft brachte ihm herbe Kritik seitens der Linken ein. Er wurde sogar sehr unwirsch gegen seine Freunde und reagierte empfindlich auf jede Kritik. Es war eine sehr schlimme Zeit für ihn. Seine einzige Zuflucht war die Arbeit. Denn trotz allem arbeitete er weiter.»[6]

Abgesehen davon, daß Falcone möglicherweise das Bedürfnis hatte, bei den politisch Mächtigen in Rom gut Wetter zu machen, hatte sein Vorgehen im Fall Pellegriti noch einen anderen Grund: Die Entlarvung eines falschen Zeugen lag ihm in diesem Moment ganz besonders am Herzen, weil er die Glaubwürdigkeit eines höchst echten und außerordentlich wichtigen neuen Mafia-Kronzeugen bewahren wollte, der genau zu dieser Zeit seine Aussagebereitschaft bekundete, ohne daß die Öffentlichkeit etwas davon ahnte. Indem er den Unterschied zwischen einem glaubwürdigen und einem unglaubwürdigen Belastungszeugen klar herausarbeitete, wollte Falcone sicherstellen, daß Francesco Marino Mannoia – der erste Mafioso aus dem siegreichen Lager, der Bereitschaft zur Zusammenarbeit mit den Behörden zeigte – ernstgenommen wurde.

Die Erkenntnisse der Behörden über die Vorgänge im Inneren der Mafia waren im wesentlichen noch auf dem Stand des großen Mafiakrieges der frühen 80er Jahre. Was Antonino Calderone, der bislang letzte wichtige Zeuge, der 1987 zu reden begonnen hatte, zu berichten wußte, reichte nicht weiter als bis 1983, dem Jahr seiner Flucht aus Sizilien nach Frankreich; zudem war er nach der Ermordung seines Bruders Pippo im Jahr 1978 zunehmend zu einer Randfigur abgesunken. Dagegen konnte Marino Mannoia Einblicke in die Cosa Nostra vermitteln, die man fast tagesaktuell nennen konnte. Obwohl er seit 1985 im Gefängnis saß, wußte er genau über die personelle Zusammensetzung der in Palermo operierenden Killerteams der Mafia Bescheid, und sein Wissen reichte bis zum Frühjahr 1989. Sein jüngerer Bruder Agostino Marino Mannoia gehörte zum Stammpersonal dieser Killerteams und war für die Corleoneser allererste Wahl bei der Vergabe von Mordaufträgen – und er besuchte seinen Bruder Francesco jede Woche im Ucciardone-Gefängnis. Am 21. April 1989 hatte Francesco über den Gefängnisrundfunk die Nachricht gehört, daß ein seiner Familie gehörendes Auto verlassen aufgefunden worden war, mit Blutflecken auf den Sitzen. Wie von ihm befürchtet, kam sein Bruder in der folgenden Woche nicht zu Besuch – und auch danach nie wieder. Die Corleoneser hatten begonnen, ihre eigenen Sprößlinge zu verschlingen. Als die Angehörigen Francescos ihm bei einem Besuch im Gefängnis mitteilten, daß sein Bruder verschwunden war, zuckte er nicht einmal mit der Wimper – «Es gehört sich für einen Ehrenmann nicht, in einer solchen Situation Gefühle zu zeigen», kommentierte er später. Nicht genug damit, daß er einen Bruder verloren hatte, war ihm klar, daß auch sein Name auf der Todesliste stehen mußte. Nach außen hin tat er so, als schenke er der amtlichen Erklärung Glauben, derzufolge Agostino von den «Verlierersippen» ermordet worden sei, die einen Comebackversuch gestartet hätten, doch er war von nun an sehr auf der Hut und machte sich Gedanken über seine nächsten Schritte.[7] Im Herbst 1989 tauchte seine Geliebte im römischen Büro des Anti-Mafia-Dezernats auf und ließ durchblicken, daß Marino Mannoia zu sprechen bereit sei. «Wir beschlossen – rein vorsorglich –, sie für diese Nacht in einem sicheren Haus, das zu unserer Verfügung stand, unterzubringen», berichtete der Polizeibeamte Antonio Manganelli. «Als am nächsten Tag unsere Leute in ihr Hotel gingen, um ihre Sachen zu holen, erfuhren sie, daß am Vorabend zwei Männer gekommen waren und nach ihr gesucht hatten.»[8]

Nachdem man sich über Sicherheitsfragen einig geworden war, trafen sich Marino Mannoia und Falcone am 8. Oktober 1989 – fünf Tage nachdem Falcone Giuseppe Pellegriti wegen übler Nachrede und Meineids angeklagt hatte – zu ihrer ersten Verhörsitzung. Der Mafioso lieferte Falcone eine umfassende Darstellung des Lebens innerhalb der Cosa Nostra nach Ende des großen Mafiakrieges.

Marino Mannoia hatte zur «Sippe» von Stefano Bontate gehört, sich aber zu seinem eigenen Glück im Frühjahr 1981, zur Zeit der Ermordung Bontates und seiner engsten Getreuen, im Gefängnis befunden. 1983 war er mit Hilfe seines Bruders Agostino aus dem Gefängnis ausgebrochen und wenig später mit Totò Riina zusammengetroffen, um seine Stellung innerhalb der Cosa Nostra zu klären. Der Krieg war bereits entschieden, und so wäre es sinnlos gewesen, alle 120 «Ehrenmänner» der Bontate-Sippe zu töten – viele von ihnen konnten sich ja noch als sehr nützlich erweisen. Ein Mann von besonders großer potentieller Nützlichkeit war Francesco Marino Mannoia, ein Mafia-»Soldat» mit zehnjähriger Erfahrung, der in Situationen und Operationen aller Art – Schutzgelderpressung, Mord, Drogenschmuggel, und Gefängnis – stets ruhige Nerven und ein vernünftiges Urteil bewiesen hatte. Er zeichnete sich durch jene Ernsthaftigkeit, Verschwiegenheit und Zurückhaltung aus, wie sie in Cosa-Nostra-Kreisen geschätzt wird; falls er die Männer haßte, die seinen Boß auf dem Gewissen hatten, ließ er sich davon äußerlich nichts anmerken. Er war zudem intelligent und ein begabter Urkundenfälscher und verstand auch von Chemie genug, um zu einem der besten Heroinköche der Cosa Nostra zu avancieren.

Marino Mannoia hatte einen beträchtlichen Teil des Heroins raffiniert, das der Spatola-Inzerillo-Gambino-Ring in den Handel gebracht hatte (gegen den Falcone in seinen ersten Palermoer Jahren ermittelt hatte). Er hatte John Gambino kennengelernt, den von der amerikanischen Polizei unlängst im Fall «Eiserner Turm» verhafteten Boß. Dieser hatte höchstpersönlich die Qualität des von Marino Mannoia in Palermo raffinierten Heroins geprüft – nicht zuletzt aufgrund dieser Aussagen sollten sich John und Joe Gambino später zu Schuldbekenntnissen in dem gegen sie anhängigen Drogenverfahren bereitfinden, wie es 1994 mit der amerikanischen Regierung ausgehandelt worden war.

Marino Mannoia nannte die Namen von Dutzenden neu rekrutierter Cosa-Nostra-Mitglieder; er kannte die personelle Zusammensetzung der aktuellen Kommission sowie der wichtigsten Killerteams der letzten Jahre.[9]

Er wußte dies alles, weil sein Bruder, der ihn jede Woche besuchte, an den meisten wichtigen Vorgängen beteiligt war. Agostino Marino Mannoia hatte an den Anschlägen auf die Polizeifahnder Beppe Montana, Ninni Cassarà und Natale Mondo mitgewirkt. Wie sein Bruder nun bestätigte, war Salvatore Marino, der Mann, den die Polizei nach dem Mord an Montana zu Tode folterte, tatsächlich als Beobachtungsposten am Tatort eingesetzt gewesen und hatte den Killern die Ankunft Montanas gemeldet. Eine Woche später war Agostino Marino Mannoia schon wieder im Einsatz gewesen, diesmal als Mitglied eines aus rund fünfzehn Ehrenmännern bestehenden Teams, das den Mordanschlag auf Ninni Cassarà und seinen Leibwächter Roberto Antiochia durchführte. Dieser Mord war so wichtig gewesen, daß mindestens vier Mitglieder der Kommission – Bernardo Brusca, Francesco Madonia, Giuseppe Gambino und Pino «der Schuh» Greco – mit von der Partie gewesen waren, Greco mit seiner berüchtigten Kalaschnikow, aus der viele der rund 200 Kugeln stammten, die auf Cassarà und seine Begleiter abgefeuert worden waren.

Marino Mannoias vielleicht wichtigste Aussage betraf die Verschiebung der Machtverhältnisse innerhalb der Cosa Nostra. Er schilderte, wie Totò Riina sich nach und nach jener Killer entledigt hatte, die sich im großen Mafiakrieg «ausgezeichnet» hatten – gerade weil sie dadurch an Prestige gewonnen hatten, sah Riina durch sie seine Herrschaft bedroht. Als es daraufhin in den Reihen des Mafia-Nachwuchses zu ersten Ansätzen eines Aufbegehrens kam, hatten die Corleoneser diese im Keim erstickt. Die Ermordung von Agostino Marino Mannoia war einer der Schlußpunkte unter das Kapitel dieser abgewürgten Revolte gewesen.

Wieder einmal hatte Riina mit großer Raffinesse Rivalitäten zwischen den einzelnen Sippen, persönliche Feindschaften und individuelle Ambitionen ausgenützt, um seine Gegner zu isolieren und zu vernichten, und hatte es so eingefädelt, daß andere die schmutzige Arbeit für ihn erledigten. Was von außen wie eine Abfolge isolierter Gewalttaten aussah, entsprach in Wirklichkeit genau einem von Riina entworfenen Szenario.

Die vielleicht eindrucksvollste Illustration dessen, was in dieser Phase ablief, lieferte die kurze und blutige Karriere von Pino «Scarpa» Greco, der wahrscheinlich mindestens 80 Morde beging, bevor er 1985 selbst liquidiert wurde. Offiziell eigentlich ein Mitglied der Sippe des «Papstes» Michele Greco, war «der Schuh» zum Lieblingskiller Totò Riinas avanciert. Er hatte eigenhändig die Mafiabosse Stefano

Bontate und Salvatore Inzerillo ausgeschaltet, und es hieß auch, er sei derjenige gewesen, der dem minderjährigen Sohn Inzerillos den Arm abhackte, mit dem dieser Totò Riina zu erschießen gedroht hatte. Er war ein Mitglied des tollkühnen Killerteams gewesen, das den General Dalla Chiesa niedergemäht hatte; bei dieser Operation war er offenbar auf das Dach eines fahrenden Autos gesprungen, um mit seiner Kalaschnikow den General, seine Frau und seine Leibwächter von oben unter Feuer nehmen zu können. Auch an vielen Morden in Filippo Marcheses «Todeszimmer» hatte er nach Aussagen Vincenzo Sinagras teilgenommen.

Der Kannibalismus in den Reihen der Corleoneser hatte, so berichtete Marino Mannoia, Ende 1982 mit der Ermordung eben jenes Filippo Marchese, des Bosses vom Corso dei Mille, begonnen. Dessen unkontrollierte Blutrünstigkeit war in Kriegszeiten nützlich gewesen, doch in einer Periode des Friedens stellte er aufgrund seiner Hemmungslosigkeit und blinden Gewalttätigkeit einen Risikofaktor dar. Es war ein für Totò Riina typischer Schachzug, daß er Pino Greco dazu brachte, seinen guten Freund und Geschäftspartner Marchese zu ermorden, indem er an seine Gier und seinen Ehrgeiz appellierte. Greco wollte die Alleinherrschaft über die Betonfirma, die ihm und Marchese gemeinsam gehörte, und wollte eine potentielle Gefahr für seine eigene Führungsrolle erst gar nicht aufkommen lassen.

«Nach dem Mafiakrieg», berichtete Francesco Marino Mannoia, «wurde Giuseppe Greco, ‹der Schuh›, zu so etwas wie einem charismatischen Führer, dem die Bewunderung und absolute Loyalität vieler jüngerer Ehrenmänner gehörte.» Zwar war Michele Greco, «der Papst», nominell nach wie vor sein Boß und stand auch an der Spitze der Kommission, doch behandelte Pino Greco ihn wie einen nicht mehr ernst zu nehmenden alten Mann – die wirkliche Macht, so machte er deutlich, lag in seinen Händen. «Er spielte sich auf, als sei er der Boß von allen, und ignorierte die alten Spielregeln der Cosa Nostra», sagte Marino Mannoia. Eine Zeitlang habe Totò Riina Pino Greco als neuen Stern am Mafiahimmel hofiert, weil er den «Papst» überstrahlt habe. Riina habe darauf gewartet, daß Pino Greco den Bogen eines Tages überspannen würde; er habe vorausgesehen, daß Grecos törichte Arroganz den Unmut vieler anderer wecken würde, einen Unmut, den man sich dann bei Bedarf zunutze machen konnte. Die Geringschätzung, mit der Greco auf die anderen Cosa-Nostra-Bosse hinabsah, wurde so groß, daß er nicht einmal mehr an den Sitzungen der Kommission teilnahm, sondern sich dort von seiner rechten Hand Vincenzo Puccio vertreten ließ. (Es war dies derselbe Vincenzo Puccio, der als einer der drei Mörder des Polizeihauptmanns Emanuele Basile überführt worden war, sich dank der Großzügigkeit der italienischen Justiz aber fünf Jahre später noch immer auf freiem Fuß befand.) Sogar Pino Grecos eigene Gefolgsleute begannen sich Gedanken über die sich auftuende Kluft zwischen ihrer Sippe und der Kommission zu machen und setzten Totò Riina über ihr Unbehagen ins Bild. Ende 1985 wurde Pino Greco von zwei seiner eigenen Leute, Vincenzo Puccio und Giuseppe Lucchese, erschossen. Auch bei diesem Ereignis war Agostino Marino Mannoia zugegen, dieses Mal jedoch nicht als Mitglied des Killerteams, sondern als ungewollter Zeuge der Ermordung seines eigenen Bosses. Er und ein weiterer «Soldat» der Greco-Sippe, Filippo La Rosa, saßen wartend im Erdgeschoß von Grecos Haus, während die Oberhäupter der Sippe einen Stock höher tagten. Als Schüsse fielen, rannten Marino Mannoia und La Rosa nach oben und trafen auf Puccio und Giuseppe Lucchese, die neben dem toten Pino Greco standen. «Ihr könnt euch jetzt entscheiden, auf welcher Seite ihr steht», sagte Lucchese. Die Wahl zwischen einem toten Mann und zwei mit Gewehren hantierenden Mafiosi fiel nicht schwer. Weil «der Schuh» über eine beträchtliche Anhängerschaft in der Cosa Nostra verfügte, wurde sein Tod eine Zeitlang geheimgehalten. Offiziell wurde die Legende verbreitet, er habe sich in die USA abgesetzt, weil die Polizei von Palermo ihm dicht auf den Fersen gewesen sei.

Vincenzo Puccio wurde nach seiner Wiederverhaftung Ende 1986 so etwas wie ein Blitzableiter für die wachsende Unzufriedenheit innerhalb der Cosa Nostra. Viele jüngere Mitglieder der Organisation, die als Folge der von den Corleonesern praktizierten Konfrontationsstrategie lange Freiheitsstrafen verbüßten, begannen sich über Totò Riina zu beklagen. Sogar Riinas Schwager Leoluca Bagarella beschwerte sich bei Puccio darüber, daß der Boß der Bosse nichts unternahm, um seine Freilassung zu erwirken. Riina versuchte auch, die geplante Heirat Bagarellas mit Vincenza Marchese zu verhindern, weil sie die Nichte von Filippo Marchese war und die Aktien von dessen Familie nach seiner Liquidierung gesunken waren. Von diesen Klagen beeindruckt, vertraute Puccio Bagarella und den Brüdern seiner Verlobten, Antonino und Giuseppe Marchese (die ebenfalls im Ucciardone-Gefängnis einsaßen), seine eigenen unguten Gefühle an. Giuseppe Marchese war der Mann, der beim Weihnachtsmassaker von Bagheria 1981 den Fluchtwagen gefahren hatte; die Identifizierung seiner Fingerabdrücke hatte den Anlaß für die Ermordung von Dr. Paolo Giaccone geliefert. Puccio vertraute sich auch Francesco Marino Mannoia an, in der zutreffenden Annahme, daß dieser den Corleonesern noch immer die Ermordung seines alten Bosses und guten Freundes Stefano Bontate übelnahm. «Im Verlauf meiner Diskussionen mit Vincenzo Puccio begann ich zu begreifen, daß er mit dem Gedanken an einen Aufstand gegen die erdrückende Herrschaft von Totò Riina spielte; ich sagte ihm jedoch sofort, das sei Selbstmord, denn im Gegensatz zu ihm vertraute ich weder Bagarella noch den Marchese-Brüdern, und hatte den

Verdacht, daß sie andere über die Pläne Puccios informiert hätten», sagte Marino Mannoia. Trotzdem ließ er Puccio entgegen seiner besseren Einsicht wissen, er könne sich auf seine Unterstützung und die seines Bruders Agostino verlassen. Bagarella kam jedoch um diese Zeit auf freien Fuß und konnte seine Heirat mit Vincenza Marchese durchsetzen, wodurch er aus der Partei der Unzufriedenen ausschied.

Als Agostino Marino Mannoia am 21. April 1989 von der Bildfläche verschwand, war dies ein Indiz dafür, daß etwas von den Plänen der Rebellen nach draußen gesickert war. Nur drei Wochen später, am 11. Mai 1989, wurde Vincenzo Puccio tot auf seiner Pritsche im Ucciardone-Gefängnis aufgefunden, ermordet von seinen Zellengenossen und Vertrauten Antonino und Giuseppe Marchese – im Schlaf hatten sie ihm mit einem Holzkohlengrill den Schädel zertrümmert. «Für die Cosa Nostra war das ein unerhört schwerwiegender Mord», erklärte Marino Mannoia. Nicht nur daß zwei Ehrenmänner ihren eigenen *capo-mandamento* (Bezirks-Unterboß) getötet hatten, sie hatten dies auch im Gefängnis getan, das normalerweise als «neutrale Zone» galt. Da Morde im Gefängnis praktisch immer aufgeklärt wurden, hatte die Cosa Nostra ein striktes Gebot dagegen erlassen. Doch Totò Riina war wohl überzeugt gewesen, sich dieses Möchtegern-Rivalen unverzüglich und ohne Rücksicht auf die Kosten entledigen zu müssen – zumal für die Kosten andere geradestehen mußten. Die Marchese-Brüder waren offensichtlich zu dem Schluß gelangt, daß es für sie weniger gefährlich war, eine aufgestockte Freiheitsstrafe auf sich zu nehmen, als sich auf eine selbstmörderische Rebellion gegen die Corleoneser einzulassen. Wie so viele vor ihnen, hofften auch sie, es würde sich für sie lohnen, Totò Riina einen potentiell gefährlichen Rivalen vom Hals geschafft zu haben. Zu ihrem Unglück war das eine tragische Fehleinschätzung. Genau am Tag der Ermordung Vincenzo Puccios wurde dessen Bruder Pietro, der sich auf freiem Fuß befand, von einem Killerteam der Mafia erschossen, eine tödlich wirksame Vorkehrung gegen eine mögliche Vergeltungsaktion seinerseits nach Bekanntwerden des Mordes im Ucciardone-Gefängnis. Das mochte ein taktisch kluger Schachzug gewesen sein, aber es besiegelte zugleich das Schicksal von Antonino und Giuseppe Marchese. Sie nämlich hatten den Behörden erklärt, sie hätten Vincenzo Puccio in einem plötzlich aufgeflammten Streit, der außer Kontrolle geraten sei, erschlagen. Die Tatsache, daß der Bruder Puccios am selben Tag getötet worden war, machte es jedoch offenkundig, daß beide Morde Teil eines sorgfältig abgestimmten Szenarios waren. Zum Dank dafür, daß die Brüder Riina die schmutzige Arbeit abgenommen hatten, hatte er ihnen das Alibi kaputtgemacht und sie dazu verdammt, den Rest ihres Lebens im Gefängnis zu verbringen.

Mit der Ermordung Vincenzo Puccios schloß sich in gewisser Weise der Kreis der barbarischen Bluttaten im Lager der siegreich aus dem großen Mafiakrieg hervorgegangenen Sippen. Als ganzes betrachtet, nahmen sich die von Marino Mannoia berichteten Ereignisse wie die Beschreibung einer «Nahrungskette» in der darwinistischen Welt der Cosa Nostra aus, in der die kleineren Fische von den größeren gefressen wurden, bis der größte aller Fische, Totò Riina, sie am Ende alle verschlang. Pino «der Schuh» Greco hatte Filippo Marchese ermordet, Vincenzo Puccio hatte Greco getötet, und jetzt hatten die Neffen Marcheses Puccio eliminiert. Schließlich hatte Riina den letzten Streich geführt, indem er nach der Liquidierung der Puccio-Brüder dafür gesorgt hatte, daß die Mörder Vincenzos, die Brüder Marchese, aus dem Weg geräumt wurden.

An der Glaubwürdigkeit Marino Mannoias bestanden keinerlei Zweifel: Er wußte sogar, wo Leichen vergraben waren, und konnte Beweise liefern. Wieviel Angst die Cosa Nostra vor einem Kronzeugen wie Marino Mannoia tatsächlich hatte, wurde im November 1990 deutlich, als Mafiakiller seine Mutter, seine Tante und seine Schwester in ihrer Wohnung in Palermo ermordeten – und damit den Mythos, die Cosa Nostra bringe keine Frauen und Kinder um, als Legende entlarvten. Marino Mannoia ließ sich dadurch jedoch nicht beirren und war sogar bereit, nach Palermo zu kommen und, in eine Polizeiuniform verkleidet, die Ermittler zu einer Mülldeponie zu führen, auf der sie die sterblichen Überreste zahlreicher Mordopfer fanden.[10]

Giovanni Falcone und die Polizeibeamten, die mit Francesco Marino Mannoia Umgang hatten und seine Aussagen hörten, waren von seiner Ernsthaftigkeit, der Detailtreue seiner Darlegungen und von seiner nüchternen, unromantischen Sicht der Mafia beeindruckt. «Ist Ihnen klar, wieviel Kraft man dazu braucht, einen Menschen zu strangulieren?» fragte er Falcone. «Es kann bis zu 10 Minuten dauern, und manchmal rutscht das Opfer aus, beißt oder tritt um sich. Manche schaffen es sogar, sich für kurze Zeit zu befreien. Aber wenigstens ist das eine professionelle Art, den Auftrag zu erfüllen.» Auch die Intelligenz Marino Mannoias imponierte den Ermittlern; er war der vielleicht intelligenteste Mafiazeuge seit Buscetta. Einmal wandte er sich, um einen toten Punkt in der Vernehmung zu überbrücken, mit der Bemerkung an Falcone: «Immer wenn Sie an etwas, das ich sage, Zweifel haben, ziehen sich Ihre Augenbrauen zusammen, und dann kriege ich eine Sperre. Sie können mir glauben, wenn ich sage, daß ich mich an etwas nicht erinnere, hat es keinen Sinn, nachzubohren, denn dann weiß ich es wirklich nicht mehr.»[11]

Bei ihrer ersten Unterredung hatte Marino Mannoia vorgegeben, nichts über etwaige Beziehungen zwischen Mafia und Regierung zu wissen. «Ich bin völlig unbedarft in Sachen Politik», hatte er erklärt. «Stefano Bontate hat mir nie etwas über seine politischen Vorlieben und . . . seine politischen Beziehungen erzählt.»[12]

Doch dann kam ein Moment, in dem Marino Mannoia sich plötzlich zu Falcone umdrehte und ihn fragte: «Herr Richter, welches ist Ihre politische Richtung?» Als Falcone sagte, er gehöre keiner Partei an, setzte Mannoia nach:

Ich frage, weil ich über bestimmte, sehr ernste Dinge sprechen möchte und nicht will, daß es zu irgendwelchen politischen Einmischungen kommt. Es sind seltsame Dinge vorgegangen, die es früher nie gab. In der Vergangenheit hat die Cosa Nostra generell die Christdemokraten gewählt, doch ... bei der letzten Parlamentswahl (im Juni 1987) erhielten wir im Gefängnis eine sehr bestimmte Anweisung, daß wir die Sozialistische Partei Italiens wählen und dafür sorgen sollten, daß unsere Freunde und Verwandten sie ebenfalls wählten. Einige Zeit davor, als die Radikale Partei zehntausend neue Mitglieder brauchte, um nicht dichtmachen zu müssen, trugen wir uns im Gefängnis auf Initiative von Pippo Calò alle ein. Er selbst machte eine Spende von 50 Millionen Lire (zu der Zeit rund 80.000 Mark) ... ich gab 1 Million Lire ..., mein Vetter Pietro Vernengo spendierte 5 Millionen. Ich erzähle das, weil ich sehr große Angst vor dem politischen Einfluß in der Richterschaft habe und überzeugt bin, daß dies einer der Faktoren ist, die den Kampf gegen das organisierte Verbrechen in allen seinen Erscheinungsformen am meisten behindern.

Erst nach rund einem Monat mit fast täglichen Verhören begann Marino Mannoia seine Hemmungen abzulegen. Er zählte die Namen mehrerer wichtiger sizilianischer Politiker auf, mit denen sein ehemaliger Boß Stefano Bontate enge Beziehungen gepflegt hatte. An der Spitze der Liste stand Salvatore Lima. «Er war, glaube ich, der Politiker, mit dem Bontate auf engstem Fuß stand. Ich persönlich habe ihn viele Male mit Bontate gesehen ... sowohl in einem als Büro genutzten Appartement ... als auch in der Baby Luna Bar, an dem Tag, als sie geschlossen wurde.»

Nur einen Monat nachdem er für sein Verhalten im Fall Pellegriti öffentliche Prügel hatte einstecken müssen, sah sich Falcone schon wieder mit dem Namen Salvatore Limas – des Statthalters von Premierminister Andreotti in Sizilien – konfrontiert. Als zwei Jahre zuvor Antonino Calderone ausgesagt hatte, er sei mit Salvatore Lima zusammengetroffen, als es darum ging, die Versetzung eines unbequemen Polizeibeamten zu veranlassen, war Falcone unverzüglich nach Amerika geflogen, um Tommaso Buscetta zum Auspacken über seine Beziehungen zu Lima zu bewegen. Dieses Mal protokollierte Falcone die Äußerungen Marino Mannoias pflichtgemäß, machte sie aber nicht zum Ausgangspunkt weitergehender Nachforschungen. Es bestand freilich ein wichtiger Unterschied zwischen den beiden Situationen: Calderone hatte Lima eines schwerwiegenden Vergehens bezichtigt (der versuchten Begünstigung eines Beschuldigten), während Marino Mannoia lediglich behauptet hatte, den Politiker in Gesellschaft eines Mafiabosses gesehen zu haben, was an und für sich noch kein Verbrechen darstellte. Nichtsdestotrotz interpretierten viele von Falcones Kollegen, als sie ein rundes Jahr später von dieser Aussage Marino Mannoias erfuhren, die passive Reaktion Falcones als Zeichen seines nachlassenden Mutes, an den Komplex «Mafia und Politik» heranzugehen.

«Die Aussage Francesco Marino Mannoias . . . war von monumentaler Bedeutung», sagt Richter Salvatore Barresi. «Der wichtigste christdemokratische Politiker Siziliens war mit dem größten Mafiaboß, den Palermo zu der Zeit hatte, häufig zusammen und eng befreundet. Dazu kam, daß er (Mannoia) über Ereignisse sprach, die er selbst erlebt hatte, und nicht Informationen aus zweiter Hand weitergab . . . Mit dieser explosiven Aussage konfrontiert, die unausdenkbare Szenarien eröffnete, drehte Falcone sich weg und wandte sich anderen Themen zu . . . Es gab eine Zeit, da hätte Falcone hier intensive Nachforschungen angestellt. Es könnte jedoch sein, daß Giovanni Falcone unbewußt durch die ganze Pellegriti-Affäre konditioniert war. Von diesem Zeitpunkt an konzentrierte sich Giovanni Falcone ausschließlich auf die rein kriminielle Dimension der Cosa Nostra – Drogenhandel, Mord – und legte die politische Seite für einen Augenblick zu den Akten. Vielleicht hatte er erkannt, daß die politischen Umstände, die die Chance für ein wirksames Vorgehen an dieser Front eröffnet hätten, nicht vorlagen, und beschloß daher, das Thema der Beziehungen zwischen Mafia und Politik zu ignorieren.»[13]

Barresi gehörte zu der Gruppe jüngerer, politisch denkender Ermittler, zu der auch die beiden «Dissidenten» innerhalb des Anti-Mafia-Verbunds, Giacomo Conte und Giuseppe Di Lello, zählten, die seit dem Zeitpunkt des Arrangements zwischen Falcone und dem neuen Chefermittler Antonino Meli den Kurs Falcone in Frage zu stellen begonnen hatten. Als Barresi und Di Lello von der Aussage Marino Mannoias Kenntnis erhielten, zeigten sie Falcone beim Consiglio Superiore della Magistratura wegen Untätigkeit an. «Ich entzweite mich über diesen Vorgang mit Giovanni Falcone», erzählt Barresi.

Wie andere Freunde und Kollegen, ist auch Barresi der Überzeugung, daß die Bombe von Addaura bei Falcone eine tiefgreifende Bewußtseinsänderung bewirkte: «Addaura bedeutete für Giovanni Falcone, wie ich glaube, einen wirklichen Wendepunkt. Zum ersten Mal wurde ihm klar, wie real die Bedrohung seines Lebens war und daß diese Bedrohung nicht nur, wie er bis dahin möglicherweise gedacht hatte, von der Mafia selbst ausging, sondern auch von irgendwelchen krummen Elementen im Staatsapparat. Seiner Überzeugung nach hatten Leute aus dem Geheimdienst die Finger in der Sache.» Auch wenn die Bombe Falcone vorsichtiger werden ließ, war der Wandel seiner Einstellung nach Überzeugung Barresis nicht primär durch die Sorge um seine persönliche Unversehrtheit bedingt. «Als einer, der die Persönlichkeit Giovanni Falcones kannte, kann ich ausschließen, daß Todesangst ein ausschlaggebender Faktor war», meint Barresi. Schließlich habe Falcone neun Jahre lang mit der täglichen Gefahr eines Mordanschlags gelebt, ohne je zurückzustecken. Wahrscheinlicher sei, daß er sich von einer zunehmend nüchterneren Einschätzung des Kräfteverhältnisses zwischen Richterschaft und Staat habe leiten lassen. Die Entwicklungen der zurückliegenden drei Jahre – die Kampagne gegen die Richterschaft, der Regierungswechsel, die erlittenen beruflichen Rückschläge, der völlige Stillstand in der Gesetzgebung gegen die organisierte Kriminalität und zuletzt noch die Bombe – hatten Falcone zu der schmerzlichen Erkenntnis kommen lassen, daß es mächtige Gruppierungen im Staat geben mußte, die fest entschlossen waren, zu verhindern, daß sie oder andere Vertreter ihrer Gattung wegen ihrer Verbindungen zur Mafia an den Pranger gestellt wurden. Falcone war der Meinung, jeder Versuch einer direkten Konfrontation mit diesen Mächten würde – zu einem Zeitpunkt, da Andreotti Premierminister und Lima sein oberster Statthalter auf Sizilien war – ein politisches Gemetzel auslösen, bei dem die Anti-Mafia-Partei auf der Strecke bleiben würde. «Das würde nicht nur die Chance zunichte machen, diese Politiker zur Rechenschaft zu ziehen, es würde auch die Glaubwürdigkeit der Anti-Mafia-Zeugen beschädigen und die Effektivität des gesamten Kampfes gegen die Mafia untergraben», erläuterte Barresi.

Das war die Rechtsauffassung Giovanni Falcones. Er war nicht von dem Wunsch beseelt, diese Leute reinzuwaschen oder irgendjemanden zu begünstigen – absolut nicht ... Er wußte, daß wir irgend wann einmal die politische Spur würden verfolgen müssen, aber er war überzeugt, daß man sich langsam, Schritt für Schritt, dorthin vortasten mußte, bis eine politische Situation eintreten würde, die uns weitergehende Schritte erlauben würde. Der alte Ansatz des Frontalangriffs, den wir teilweise im ersten Maxi-Prozeß angewandt hatten, zahlte sich nicht aus. Paolo Borsellino dachte ebenso.

Während Falcone in Palermo von vielen Seiten Kritik erntete, waren und sind andere der Meinung, er habe in der äußerst schwierigen Situation, in der er sich befand, die richtige Entscheidung getroffen. «Ich bin trotz allem überzeugt, daß Falcone gut daran tat, sich nicht weiter vorzuwagen, denn er wäre von der Reaktion der politischen Klasse – und namentlich von den besagten Politikern – niedergewalzt worden», meint Ignazio De Francisci, einer seiner Zöglinge vom Anti-Mafia-Verbund.

Die Vorsicht, mit der Falcone zu Werke ging, war von den objektiven Schwierigkeiten seiner Arbeit diktiert ... Noch dazu war das Beweismaterial, das er in der Hand hatte, dünn – was hätte Falcone damit ausrichten können, daß er gegen Lima Anklage erhoben hätte, weil dieser vor zehn Jahren einmal in Begleitung eines Mafiabosses, der inzwischen gestorben war, gesehen worden war? Kein Zweifel, er war vorsichtig, aber meiner Meinung nach hatte er gute Gründe dafür . . . In einem zivilisierten, demokratischen Land wäre einem Politiker wie Lima nach den Enthüllungen von Marino Mannoia nichts anderes übriggeblieben, als sich aus dem politischen Leben zurückzuziehen; hier aber war Lima bis ans Ende seiner Tage ein Mann, der in der DC Gewicht hatte, ein Schwergewicht . . . Eine der Stärken Falcones bestand darin, daß er die Kräfteverhältnisse abschätzte und keine Schlacht eröffnete, von der er wußte, daß er sie verlieren würde . . . Er hatte eine klare Vorstellung davon, was und wieviel er riskieren konnte . . . Er verfügte wirklich über strategischen Weitblick.

Genau diese nüchterne Abwägung der Kräfteverhältnisse forderte jedoch den Widerspruch Barresis und anderer heraus. «In Italien sind zwei Rechtsauffassungen anzutreffen: Da gibt es die einen (wie Falcone), die der Meinung sind, der Richter müsse äußere Faktoren mit in Erwägung ziehen, und die anderen, die meinen, der Richter müsse tun, was seine Pflicht ist, und dann fallen die Würfel eben so, wie sie fallen.»

«Das ist das ewige Dilemma des Untersuchungsrichters: Eigentlich muß er jedem Verdacht eines Verbrechens nachgehen, aber das ist ein abstraktes Postulat», meinte Stefano Racheli, seinerzeit Mitglied des Consiglio Superiore della Magistratura, heute Strafverfolger in Rom.

Ich glaube, daß Falcones Ethik stark am Denken von Aristoteles orientiert war: Der ethisch Handelnde versucht Klarheit darüber zu gewinnen, wie sein Handlungsspielraum beschaffen ist, und arbeitet innerhalb dieses Spielraums . . . Giovanni hätte nie einen Kamikaze-Angriff gestartet, zum Zeichen des Protests . . . Es war ein Teil seines sizilianischen Erbes. Die Sizilianer sind ein durch und durch reifer und realistischer Menschenschlag. Sich vor Ehrgeiz zu übernehmen, ist für einen Sizilianer das schlimmste, da es von Unreife und mangelnder Würde zeugt.

Die Entscheidung zu treffen, war für Falcone ein zutiefst qualvoller Prozeß. Er rang mit einigen seiner engsten Freunde und Kampfgefährten und verlor sie; insbesondere im Kreis der jüngeren Ermittler gab es etliche, die, nicht zuletzt vom Vorbild Falcones inspiriert, überzeugt waren, daß die Chance bestand, den Kampf mit der Mafia aufzunehmen und zu gewinnen. Geprägt durch die radikalen politischen Bewegungen der 60er und 70er Jahre, lehnten sie die von Lebenserfahrung geprägte Vorsicht Falcones ab. «Viele von uns haben sich mit ihm über diesen Punkt gestritten», sagt Giuseppe Di Lello. «Er reagierte, indem er auf seine Vergangenheit verwies und sagte: ‹Wie könnt ihr an mir zweifeln?› . . . Und er hatte damit recht . . . Er glaubte fest an die staatlichen Institutionen und handelte in Übereinstimmung mit dieser Sicht der Dinge.» Di Lello und viele andere waren hingegen nicht der Überzeugung, daß die Institutionen des italienischen Staates, wie sie sich 1989 darstellten, des Glaubens der Gerechten würdig waren.

Die vom neuen Kabinett Andreotti in Bewegung gesetzten Entwicklungen machten sich alsbald auch in Palermo bemerkbar. Im Januar 1990 erzwang die Christdemokratische Partei unter ihrem neuen Wortführer und Sekretär Arnaldo Forlani den Rücktritt von Bürgermeister Leoluca Orlando – das vorläufige Ende eines fünfjährigen Reformexperiments. Seine Bündnisse mit den Palermoer Kommunisten und seine ständigen Attacken gegen Politiker mit Mafiageruch innerhalb seiner eigenen Partei waren nicht nur konservativen Christdemokraten, sondern auch den Sozialisten ein Dorn im Auge gewesen, und gemeinsam hatten sie nun beschlossen, diesen Störfaktor zu entfernen. In der Ära Orlando hatte in der Stadtverwaltung ein frischer Wind der Offenheit und der Bürgerbeteiligung am öffentlichen Leben geblasen. Doch die plakativ artikulierten Anti-Mafia-Parolen waren weitgehend rhetorisch geblieben. Gewiß war es Orlando gelungen, die öffentliche Verwaltung von einigen der schlimmsten Elemente zu befreien, doch waren viele Mafiaverbindungen, die man zur Tür hinausgeworfen hatte, durch die Fenster wieder hereingekrochen. Die heiß diskutierten Aufträge für die Stadtreinigung waren mit großem öffentlichen Getöse an zwei anscheinend seriöse Firmen aus Rom vergeben worden, von denen sich dann aber herausstellte, daß sie von Strohmännern geführt und vom ehemaligen Palermoer Bürgermeister Vito Ciancimino kontrolliert wurden, der auf seinen Prozeß wegen Kungelei mit der Mafia wartete. Orlando wurde unterdessen mit seinen fast täglichen Tiraden gegen Lima und Andreotti für viele zur Nervensäge. Am 18. Januar 1990 ritt Premierminister Andreotti bei einem Aufenthalt in Palermo eine kaum verhüllte Attacke auf die Hintermänner Orlandos im Jesuitenorden: «Die Priester sollten sich um unsere Seelen kümmern, der Herrgott hat uns die Gnade des Staates erwiesen. Was wichtig ist, ist, daß die DC bei den Kommunalwahlen ein gutes Ergebnis erzielt.» Fünf Tage später mußte die Orlando-Administration die Segel streichen, nachdem viele christdemokratische Stadtratsmitglieder ihr die Unterstützung entzogen hatten. «Es war von Anfang an ein Saftladen», so kommentierte Premierminister Andreotti das Ende des Orlando-Regimes.[14]

Die Anti-Mafia-Bewegung schien sich in vollem Rückzug zu befinden. Im Februar reichten zwei führende Mitarbeiter des Mafia-Dezernats der Procura von Catania ihr Rücktrittsgesuch ein und begründeten es mit einem Zuviel an Vergeblichkeit und Frustration. «In dieser Stadt fühlt man sich als Strafverfolger nicht nur isoliert, sondern auch überflüssig», erklärte Ugo Rossi, stellvertretender Staatsanwalt in der Behörde.[15]

Am 9. Mai wurde Giovanni Bonsignore, ein Verwaltungsbeamter, der den Mut besessen hatte, Fälle von Verschwendung und Korruption in der sizilianischen Regionalregierung anzuprangern, vor seinem

Haus in Palermo erschossen. «Ich weiß, daß sie mich früher oder später töten werden, weil es in dieser Stadt unmöglich geworden ist, seine Pflicht zu tun», hatte er in den Wochen vor seinem Tod gegenüber Freunden geäußert.[16]

In den Wochen nach der Ermordung Bonsignores startete Exbürgermeister Orlando in einer landesweit ausgestrahlten Fernsehsendung eine dramatische Attacke auf die Strafverfolgungsbehörde von Palermo; er warf den Ermittlern vor, Beweismaterial zu den politischen Verbrechen in der Stadt zurückzuhalten. «Ich bin überzeugt, ... daß sich in den Aktenschränken des Justizpalastes mehr als ausreichende Beweise für die Klärung dieser Verbrechen befinden», erklärte er zur besten Sendezeit.[17]

Die Strafverfolger in Palermo waren natürlich empört. «Die Aktenschränke im Justizpalast sind verschlossen – woher weiß Orlando, was in ihnen steckt?» fragte Giuseppe Ayala. «Die Tore zur politischen Welt sind von einer hohen steinernen Mauer gesäumt, und wir haben keine politischen Zeugen», kommentierte Giuseppe Di Lello, der für seine Linksorientierung bekannt war und dem man kaum eine Vernachlässigung der politischen Aspekte der Mafia vorwerfen konnte. «Was erwartet Orlando von uns? ... Er scheint zwei Dinge zu verwechseln: Informationen, die man auf dem politischen Kampfplatz einsetzen kann, und Beweismaterial, das sich einem Gericht vorlegen läßt. Über letzteres verfügen wir nicht.»[18]

Nichtsdestotrotz hatte Orlando auf die ihm eigene grobschlächtige und theatralische Art auf ein Problem hingewiesen, dessen kapitale Bedeutung in der Folge immer offenkundiger wurde. Im Vorfeld der in diesem Frühjahr (6./7. Mai) stattfindenden Kommunalwahlen wurde das südliche Italien von einer ganzen Serie politischer Morde aufgeschreckt. Sieben kommunalpolitisch engagierte Personen wurden getötet, zahlreiche weitere kamen mit Schußverwundungen lebend davon oder mußten erleben, daß ihr Auto oder ihr Haus in Flammen aufging. Diese Kampagne des Terrors und der Einschüchterung schien auch noch Früchte zu tragen: Vielerorts wurden Kandidaten gewählt, gegen die polizeiliche Ermittlungen liefen. «Wir führten eine Untersuchung durch und stellten fest, daß 400 Kandidaten entweder ein Vorstrafenregister aufwiesen oder daß gegen sie eine Anklage wegen Korruption, Vorteilsannahme, Bandenkriminalität und ähnlichen Verbrechen bestand», sagte Richter Pietro Grasso, ein Jurist aus Palermo, der als Berater der Anti-Mafia-Kommission des italienischen Parlaments fungierte.

«Die Mafia hat schon immer enge Beziehungen zur politischen Kaste unterhalten», sagte Francesco Misiani, ein Untersuchungsrichter, der eng mit dem Hohen Kommissar für die Bekämpfung der Mafia zusammengearbeitet hatte. «Diese jüngste Wahl hat jedoch gezeigt, daß die Mafia glaubt, auf Mittelsmänner zwischen ihr selbst und der politischen Welt nicht mehr angewiesen zu sein. Jetzt lassen sich Mafiosi direkt in politische Ämter wählen. Manche Leute sehen in der Mafia einen ‹Gegenstaat›, doch in vielen Teilen Italiens ist sie der Staat.»[19]

Die fortwährenden, manchmal durchaus wohlmeinenden Bemühungen der Regierung, Gelder in die stagnierende Wirtschaft Süditaliens zu pumpen, bewirkten eindeutig eine Verschärfung des Problems. Ein gigantisches staatliches Enwicklungsprojekt in Kalabrien hatte einen wahnwitzigen Verdrängungskampf zwischen verschiedenen kriminellen Gruppierungen in der Region ausgelöst, denen die ausgeschriebenen Staatsaufträge im Wert von Hunderten Millionen Mark jede Tötungshemmung genommen zu haben schienen. Mehrere hundert Mordfälle zählte man allein im Tal von Gioia Tauro, einem ländlich geprägten Gebiet nördlich von Reggio Calabria, wo der Bau eines riesigen neuen Kraftwerks geplant war. Der Hohe Kommissar für die Bekämpfung der Mafia kam dahinter, daß praktisch sämtliche Aufträge für den Bau des Kraftwerkes an Firmen vergeben worden waren, die von der 'Ndrangheta, der kalabrischen Mafia, kontrolliert wurden. An einem Tag im Sommer 1990 wurde der Gemeinderat von Gioia Tauro unter dem Vorwurf der Kungelei mit der Mafia vollzählig verhaftet und der Kraftwerksbau eingestellt; zu diesem Zeitpunkt waren jedoch schon dreistellige Millionenbeträge (in Mark, nicht Lire) in den Taschen der einheimischen Mafiasippen verschwunden. In und um Gioia Tauro waren jetzt die Begleiterscheinungen der Industrialisierung – Luftverschmutzung und Verunstaltung der Landschaft – zu besichtigen, doch Industrie und Beschäftigung waren ausgeblieben. Die italienische Regierung hatte unfreiwillig mitgeholfen, aus einer relativ schwachen, agrarisch geprägten Mafia eine reiche, gutorganisierte Mafia zu machen, die mit der Cosa Nostra Siziliens wetteiferte und kooperierte.[20]

Wie die private Stiftung SVIMEZ in ihrem im Juni 1990 veröffentlichten Jahresbericht feststellte, litt die Wirtschaft Süditaliens unter dem Würgegriff übermächtiger «Organisationen des mafiosen Typs», die «im Innern der öffentlichen Verwaltungsapparate des Südens» einen beherrschenden Einfluß ausübten. Trotz der Förderprogramme für den Süden klaffte die wirtschaftliche Schere zwischen Nord und Süd immer weiter auseinander.[21]

Fürs erste erntete Falcone mit der Entscheidung, die er getroffen hatte, nur bittere Früchte. Das Amt des stellvertretenden Chefermittlers der Procura della Repubblica, in das er befördert worden war, war mit weniger Vollmachten und Autonomie ausgestattet als seine frühere Tätigkeit in der jetzt aufgelösten Ermittlungsbehörde. Dafür unterstanden ihm in seinem neuen Amt rund doppelt so viele Ermittler, darunter einige, die schon zehn Jahre oder länger auf ihrem Posten saßen. Während Falcone in der Ermittlungsbehörde sein Joch getragen hatte und dort mehrheitlich von Mitarbeitern umgeben gewesen war, die für ihn durchs Feuer gegangen wären, gab es in der Procura einige, die ihn als Eindringling betrachteten. Viele von ihnen hatten seinerzeit gegen die Berufung Falcones zum Chef der Ermittlungsbehörde opponiert, weil sie nicht wollten, daß er mehr Befugnisse erhielt. «Plötzlich sah er sich von Kollegen umgeben, die in der Vergangenheit Gegner gewesen waren, die Meli unterstützt hatten», sagt Richter Barresi. «Viele Kollegen waren, ohne das geringste gegen Falcone zu haben (was wichtig zu betonen ist), nicht bereit, nur noch nach seinen Anweisungen zu arbeiten und ihre selbständige Arbeitsweise aufzugeben ... Er bekam das Gefühl, daß alle seine Initiativen blockiert wurden.»

In dem Versuch, sich eine eigene Autonomiezone zu schaffen, verbündete sich Falcone mit dem gleichrangigen Kollegen Pietro Giammanco, der Anfang 1990 als aussichtsreichster Kandidat in das Rennen um den Posten des Chefermittlers ging. Obwohl es von Giammanco hieß, er stehe Mitgliedern der Andreotti-Lima-Gruppierung in Palermo nahe, entschied sich Falcone, ihn zu unterstützen, nicht zuletzt, weil Giammanco ihm zu verstehen gab, er werde im Fall seiner Wahl Falcone mit der Gesamtleitung der Mafia-Ermittlungen der Behörde betrauen. Die Unterstützung Falcones zu haben, war für ihn wichtig, da sich viele Mitglieder des Consiglio Superiore della Magistratura an Falcone orientierten, wenn es um Mafia-Angelegenheiten ging. «Die Berufung Giammancos war für das CSM eine sehr schwierige Entscheidung», sagte CSM-Mitglied Vito D'Ambrosio. «Giammanco schleppte eine Menge Gepäck mit ... er war mit (Mario) D'Acquisto befreundet, der zur Lima-Fraktion gehörte und damit indirekt ein Andreotti-Mann war ... Ich wollte Giovannis Meinung dazu hören. Er sagte: ‹Er ist wahrscheinlich das geringste Übel von allen. Aber immer noch ein Übel.›»

Die Fürsprache Falcones trug dazu bei, Giammanco die erstrebte Beförderung zu sichern. «Falcone war äußerst ideenreich», sagt Salvatore Barresi.

Er war überzeugt – und das war für ihn ein echtes Dogma –, daß es nicht so wichtig war, mit wem man arbeitete, solange man bestimmte Ergebnisse erzielen konnte. Er richtete sich in der Procura ein und verbündete sich mit Giammanco ... weil er Falcone, nach dessen katastrophalem Erlebnis mit Meli, versprochen hatte, ihm die Leitung der Mafia-Fälle zu geben ... Das tat er jedoch nicht ... Giammanco hatte nie die Absicht, seine Richtlinienkompetenz als Chef aufzugeben, erst recht nicht in einer Stadt wie Palermo ... Es liegt auf der Hand, daß man ein bestimmtes Maß an politischer Unterstützung benötigt, um in ein Amt wie dieses zu gelangen ... Mehr sage ich dazu nicht.

Wenige Monate nach seinem Amtsantritt in der Procura della Repubblica spielte Falcone mit dem Gedanken, aus Palermo wegzugehen. Einige seiner Freunde in der Richterschaft ermunterten ihn, sich für die Wahl ins Consiglio Superiore della Magistratura aufstellen zu lassen; dort könne er an der Gestaltung der Rechtspolitik mitwirken. «Wir versuchten ihn zu überzeugen», sagt Richter D'Ambrosio, Mitglied des Consiglio in dessen laufender Amtsperiode. «Im April erklärte er sich mit der Kandidatur einverstanden, aber er tat es ohne Begeisterung.» Falcone war ein Ermittler, kein Bürokrat.[22]

Andere Freunde versuchten ihm die Kandidatur wieder auszureden. «Wir hatten einen schrecklichen Streit», erinnert sich Richter Francesco Lo Voi von der Procura in Palermo. «Ich versuchte ihn mit allen erdenklichen Mitteln davon abzubringen, weil ich wußte, daß er nicht gewählt werden würde . . . Und wenn er doch gewählt würde, würde er als einer von dreißig Mitgliedern eines Gremiums untergehen.»

Falcone baute seine Kandidatur auf mehrere höchst streitbare Reformvorschläge auf. Er trat für eine Reorganisation der italienischen Justiz ein, insbesondere im Bereich der Bekämpfung des organisierten Verbrechens. Während bisher Ermittlungsverfahren gegen die Mafia sich auf Hunderte personell unterbesetzter Kleinstadt-Polizeireviere verteilten, sollte nach seinen Vorstellungen künftig in jeder Provinz eine zentrale Bezirksbehörde eingerichtet werden, mit konzentrierten Ermittlungs- und Fahndungsressourcen im Bereich der organisierten Kriminalität. Auf der nächsthöheren Ebene würde eine nationale Strafverfolgungsbehörde für Mafiafälle eingerichtet, die die Arbeit der verschiedenen Bezirksbehörden koordinieren würde, so daß bei Fällen, die in Beziehung zueinander standen, brauchbare Informationen zwischen den verschiedenen Bezirksbehörden ausgetauscht werden konnten. Die Presse fand für diese nationale Behörde sogleich die Bezeichnung Super-Procura. Darüber hinaus benötige Italien, so Falcones weitere Anregung, eine zentrale Polizeitruppe für die Verfolgung der organisierten Kriminalität, so etwas wie ein italienisches FBI mit einer zentralen Datenbank; dies sollte dem Zustand ein Ende setzen, daß lokale Polizeibehörden einander laufend im Dunkeln auf die Füße traten, auf der Jagd nach denselben Verbrechern. Da die Mafia eine landesweit operierende Organisation war, mußte sich die Regierung ebenfalls Werkzeuge für ein landesweites Agieren zulegen. «Wir haben bislang kein System, das einem Strafverfolger in einem Teil des Landes die Möglichkeit gibt, Informationen über andere Fälle zu erhalten, die Licht auf seinen eigenen werfen könnten», sagte Falcone. «Ich erfahre von anderen Verfahren häufig aus der Zeitung.» Falcone legte diese Vorschläge in dem Wissen vor, daß sie bei der italienischen Richterschaft, die immer sehr auf ihre Autonomie bedacht war, auf wenig Gegenliebe stoßen würden. «Geht man von dem Grad der Kungelei zwischen Mafia und Regierung in Italien aus, so wäre eine zentralisierte Justiz anfälliger für Einflußnahmen von oben», kommentierte Giacomo Conte, einer der Dissidenten, die Anfang 1989 aus dem Anti-Mafia-Verbund ausgeschieden waren.[23]

Da Falcone ohnehin nicht allzu scharf darauf war, in das CSM gewählt zu werden, beschloß er, seine Reformvorstellungen in aller Konsequenz publik zu machen und die Entscheidung den Wahlberechtigten zu überlassen. Auf die sonst üblichen Formen des Werbens um Unterstützung verzichtete er weitgehend – Auftritte auf Juristenkongressen, Anrufe bei Freunden und Kollegen, Gespräche in den Korridoren des Justizpalastes, Besuche in den Justizbehörden anderer Städte, um eine Unterstützergemeinde zusammenzutrommeln. Falcone wußte, daß seine berufliche Vergangenheit und seine Ansichten allgemein bekannt waren und die stimmberechtigten Richter somit über alle Informationen verfügten, die sie brauchten, um zu entscheiden, ob sie ihn als ihren Repräsentanten im CSM haben wollten. Manche sahen darin wieder ein typisches Beispiel Falconescher Arroganz. Und in der Tat setzten sich andere Bewerber, die auf die hergebrachte Weise «antichambrierten», um sich Stimmen zu sichern, gegen Falcone durch. «Das muß man sich einmal vorstellen», sagt Richter Lo Voi. «Ein Strafverfolger, um den uns jedes Land auf der Welt beneiden würde, und wir sind nicht einmal in der Lage, ihn in den Consiglio Superiore della Magistratura zu wählen!»

NEUNZEHNTES KAPITEL

Während Giovanni Falcone eine demütigende Niederlage nach der anderen einstecken mußte, durchlebte Paolo Borsellino eine der glücklichsten und produktivsten Perioden seines Lebens. Fernab im provinziellen Marsala zu sitzen, dem Scheinwerferlicht entzogen, erwies sich in einer Zeit, in der Palermo wieder einmal zum Brennpunkt politischer Kontroversen, Machtkämpfe und Kulissenschiebereien wurde, als ein Segen. So unzulänglich die Mittel sein mochten, mit denen Borsellino auskommen mußte, er war doch sein eigener Chef, und das war besser als nichts. Nach seinem ersten Jahr in Marsala (1987), in dem die ganze Behörde nur aus ihm und einem einzigen juristischen Mitarbeiter bestanden hatte, hatte er sich allmählich einen jungen, aber fähigen Stab aufgebaut, der 1990 auf sieben stellvertretende Staatsanwälte angewachsen war. Die Behörde begann, auch wenn sie noch immer klein war, effektive Arbeit zu leisten, brachte die Mafiaverfahren, die Borsellino in seinen ersten beiden Jahren in Marsala eröffnet hatte, erfolgreich zum Abschluß und bearbeitete außerdem noch eine weit größere Zahl gewöhnlicher Strafverfahren. Marsala hörte auf, als «Verbannungsort» verschrien zu sein, und begann hervorragende junge Untersuchungsrichter anzuziehen, die darauf brannten, mit Borsellino zusammenzuarbeiten.[1]

In der Strafverfolgungsbehörde von Marsala herrschte eine ungewöhnlich warme und herzliche Atmosphäre. Besucher waren immer wieder überrascht und amüsiert, wenn sie erlebten, wie Borsellino und seine Assistenten einander zur Begrüßung umarmten und auf die Wangen küßten.

Die gute Arbeit, die Borsellino leistete, und der wachsende Respekt, den er genoß, machten die Procura von Marsala auch noch für eine ganz andere Personengruppe zu einer attraktiven Adresse: für Mafia-Überläufer – in diesem Teil Siziliens, wo das Schweigegebot noch unangefochten herrschte, ein völlig neues Phänomen.

In seinen ersten Jahren in Marsala hatte Borsellino einige bekannte Mafiosi «umzudrehen» versucht, unter Ausnutzung einiger kleinerer Mafiakriege, die in etlichen Städten seines Bezirks zu Blutvergießen geführt hatten. Als der frühere Mafiaboß von Campobello, Natale L'Ala, 1989 nur knapp einem Mordanschlag entging, besuchte Borsellino ihn im Krankenhaus. L'Ala, ein alter Mann, der seine einstige Macht fast eingebüßt hatte, dessen Angehörige und beste Freunde vor seinen Augen ermordet worden waren und der selbst dem Tode nahe war, hatte eigentlich, so schien es, nichts mehr zu verlieren und konnte von einer Kooperation mit Borsellino nur profitieren. Einen ersten Versuch, ihn umzubringen, hatten seine Gegenspieler 1984 unternommen, doch den hatte er unverletzt überlebt. Dieses Mal hatte er zwei Schüsse ins Gesicht und einen ins Auge abbekommen und lag nun mit einbandagiertem Kopf im Krankenbett. Gleichwohl schlug er das Angebot Borsellinos aus. «Lassen Sie mich als ‹Ehrenmann› sterben», bat er mit fatalistischer Resignation und in Erwartung seines Todes, der ihn denn auch ein Jahr später ereilen sollte.[2]

Am 19. September 1989 meldete sich Rosario Spatola, ebenfalls ein Mafioso aus Campobello, telefonisch in Borsellinos Büro und sagte, er wolle reden, doch sei sein Leben in Gefahr. (Dieser Rosario Spatola hatte nichts mit dem gleichnamigen Bauunternehmer aus Palermo zu tun, gegen den Falcone im Zuge des Spatola-Inzerillo-Verfahrens und des Falles «Eiserner Turm» ermittelt hatte; allerdings war auch dieser Spatola schon einmal von Falcone hinter Gitter gebracht worden: 1982 in einem Fall von Heroinschmuggel.) Der Leiter von Borsellinos Ermittlerteam, Carmelo Canale, fuhr vier Stunden quer durch Sizilien, um Spatola aus seinem Versteck in Messina abzuholen. Um nicht die Aufmerksamkeit von Mafia-Zuträgern in und um Marsala zu erregen, lieferte er Spatola in einem Polizeirevier in Palermo ab, wo Borsellino noch am gleichen Abend zu ihnen stieß und mit der Vernehmung begann.[3]

Spatola war groß und gutaussehend, ein redegewandter Mann mit einer Vorliebe für knallige Garderobe, um einige Klassen besser als der durchschnittliche Provinz-Mafioso. Dank seiner Drogenhändlerkarriere hatte er wenig von der Welt gesehen – Mailand, die Schweiz, Spanien – und beherrschte neben seinem sizilianischen Dialekt die italienische Hochsprache. «Spatola gab sich als einer, der mit allen Wassern gewaschen ist – dabei war er uns gegenüber sehr loyal und ehrlich», sagte Antonio Ingroia, der erst kurz vorher zum Stab Borsellinos gestoßen war. Der Eindruck täuschte nicht: Spatola schwebte in Lebensgefahr, weil er in ein paar Fällen den Bogen seiner Cleverneß überspannt hatte, So hatte er eine Ladung unechter Goldbarren für mehr als 100.000 Dollar an jemanden verkauft, von dem sich hinterher herausstellte, daß er über hochrangige Mafiaverbindungen verfügte. Auch hatte er bei einem Drogengeschäft seine eigenen Mafiabosse übervorteilt, indem er einen Teil der Lieferung für sich abgezweigt hatte, in der Hoffnung, sie würden es nicht merken. Als sie es dann doch gemerkt hatten, war er untergetaucht.[4]

«Er war ein sehr extrovertierter Mensch wie Borsellino, und die beiden verstanden sich auf Anhieb», sagte Ingroia. Im Verlauf jener ersten Verhörsitzung sprach Spatola über ein Drogengeschäft, in dem ein kleines lateinamerikanisches Land vorkam, dessen Namen Borsellino noch nie gehört hatte. Das kam Borsellino so spanisch vor, daß er einen Weltatlas aus dem Regal holte; zu seiner Erleichterung stellte er fest, daß das Land tatsächlich existierte. «Es sieht so aus, als ob Sie in Geographie besser sind als ich», sagte Borsellino.[5]

Paolo war sehr bescheiden, was ihm beim Umgang sowohl mit seinen stellvertretenden Staatsanwälten als auch mit den Mafia-Überläufern zugute kam. Er war vor allem Sizilianer. Er liebte es, Dialekt zu sprechen, Witze zu machen und Mundartausdrücke zu benutzen . . . Es gelang ihm, ein Klima – beinahe der Komplizenschaft mit dem Zeugen zu schaffen, indem er dessen emotionales Interesse an der Ermittlungsarbeit erweckte . . . Borsellino zog den Zeugen auf seine Seite herüber, und der Zeuge strengte sich dann an, sich an weitere Details zu erinnern, gab Anregungen, wie wir eine Aussage sachlich untermauern oder einen untergetauchten Verdächtigen ausfindig machen könnten, indem er uns die Personen und Orte nannte, die der Flüchtige am ehesten aufsuchen würde.

Bei aller Jovialität und Wärme konnte Borsellino im Umgang mit Zeugen auch harte Bandagen anlegen. Spatola spielte nicht ganz mit offenen Karten, was seine eigene Rolle in der Cosa Nostra betraf; am Anfang behauptete er, er sei nur ein «streunender Hund» gewesen, eine Art freiberuflicher Geschäftspartner der Mafia, nicht aber ein förmlich aufgenommener «Ehrenmann». Je mehr Einzelheiten aus dem Innenleben der Mafia er preisgab, desto unglaubwürdiger wurde diese Darstellung. Gleichzeitig begann der Zeuge, nachdem man ihn in sicheres Gewahrsam auf dem italienischen Festland gebracht hatte, immer extravagantere Forderungen zu stellen und drohte, seine Zusammenarbeit einzustellen, falls er nicht mehr Geld und eine größere Wohnung bekäme. Borsellino klagte ihn daraufhin wegen «Mafiaverbindungen» an, ließ ihn ins Gefängnis verfrachten und in Einzelhaft versauern. Nicht lange und Spatola schickte ein Entschuldigungs-Telegramm an Borsellino. Als er im April 1990, nach dreimonatiger Pause, wieder zu reden begann, bekamen seine Aussagen eine ganz neue Qualität: Endlich gab er zu, daß er fast zwanzig Jahre lang Mitglied der Cosa Nostra gewesen war, und in der Folge lieferte er ein komplettes Organigramm der in der Region aktiven Mafiasippen.

Auf Grundlage der Aussagen Spatolas konnte Borsellino in und um Marsala Dutzende von Mafiosi verhaften lassen.

«Spatola ... versetzte Borsellino in die Lage, die Mafia-Organisationen in weiten Teilen der Provinz Trapani und die Zusammensetzung der Mafiasippen von Marsala, Mazara del Vallo, Campobello und Castelvetrano zu rekonstruieren», sagt Ingroia. «Außerdem lieferte Spatola Informationen über einen wichtigen Drogenschmuggelring mit Verzweigungen nach Spanien ... Spatola stand in der Hierarchie nicht besonders weit oben, aber dank seines einnehmenden Wesens und seiner Fähigkeit, Beziehungen zu Leuten aufzubauen, war es ihm gelungen, sich Zutritt zu den unterschiedlichsten Bereichen (der Mafia) zu verschaffen ... Er wußte eine Menge über die Palermoer Mafia, über die Beziehungen zwischen Mafia und Freimaurertum, über Kungeleien zwischen Mafia und Richtern und Politikern.»

Spatola enthüllte, daß es in Trapani eine Freimaurer-Geheimloge gab, in der führende Mafiosi den Kontakt zu örtlichen Politikern, Richtern und Geschäftsleuten pflegten. Er lieferte außerdem wichtige Hinweise zur Ermordung des Richters Giangiacomo Ciaccio Montalto im Jahr 1983. Montalto, Mafia-Ermittler in Trapani, sei, so ließ Spatola durchblicken, in erster Linie aus politischen Gründen getötet worden. «Das Motiv für diesen Mord lag darin, daß Ciaccio Montalto vorhatte, ... gegen bestimmte wichtige Leute vorzugehen, an deren Wohlergehen die Mafia großes Interesse hatte», sagte er. Er bestätigte ferner, daß ein anderer Strafverfolger aus Trapani, Antonio Costa, zum Zeitpunkt der Ermordung Ciaccio Montaltos auf der Lohnliste der Mafia gestanden hatte. «Ciaccio Montalto hatte seinem Kollegen Costa über seine Pläne berichtet, und dieser hatte die Informationen an Mafiamitglieder weitergegeben», sagte Spatola. Als Costa daraufhin festgenommen wurde, stieß die Polizei in seinem Haus auf einen großen Bargeldvorrat und ein Waffenlager. Spatola kannte die Mafiosi, die Costa korrumpiert hatten, persönlich und war einmal aufgefordert worden, einen Meineid zu schwören, um dem Ermittler ein Alibi zu verschaffen. «(Rocco) Curatolo (ein weiterer Mafioso) ... bat mich darum, im Costa-Prozeß auszusagen, daß die Frau von Costa meine Geliebte gewesen sei und daß ich ihr das Geld gegeben hätte, das dann im Haus Costas gefunden wurde. In Wirklichkeit kam das Geld von Girolamo Marino, der dann zur Strafe für seine Fahrlässigkeit bei der Bezahlung Costas ermordet wurde ... Seine Ermordung war sowohl eine Bestrafung als auch eine Warnung an Costa selbst, den Mund zu halten.[6]

Ein politisches Motiv stand möglicherweise auch hinter dem Mordversuch am Nachfolger Ciaccio Montaltos, Carlo Palermo, der die Schmiergeldzahlungen an die Sozialistische Partei im Zusammenhang mit Waffen- und Drogengeschäften erforscht hatte. Von dem Anwalt Antonio Messina, der in der Cosa-Nostra-Hierarchie direkt über ihm stand, hatte Spatola erfahren, daß Richter Palermo als eine Bedrohung nicht so sehr für die Mafia selbst, sondern für gewisse Politiker empfunden wurde. Messina hatte sich 1985 in den Wochen vor dem Bombenanschlag, bei dem der Richter nur knapp mit dem Leben davonkam, mehrmals zu Besprechungen mit Pippo Calò getroffen, jenem Kommissionsmitglied, das für die Cosa Nostra die wichtigsten politischen Kontakte in Rom pflegte.

Im Kielwasser der Enthüllungen Spatolas meldeten sich weitere bedeutsame Zeugen zu Wort. Am 8. Mai 1990 war Natale L'Ala ermordet worden, der Ex-Mafiaboß von Campobello, der ein Jahr vorher noch einen Mordversuch überlebt hatte. Kurz nach seinem Tod rang sich seine langjährige Lebensgefährtin Giacomina Filippello dazu durch, Borsellino all das zu erzählen, was L'Ala für sich behalten hatte. In der Cosa Nostra ist für Frauen, anders als in manchen anderen italienischen Verbrecherorganisationen, in der Regel kein Platz. Die Sizilianer nahmen es halb belustigt und halb verächtlich zur Kenntnis, daß ihre undisziplinierten Konsorten aus Neapel Frauen in die Ränge der Camorra aufnahmen – eine Frau namens Rosetta Cutolo hatte es sogar geschafft, sich an die Spitze einer der wichtigsten Verbrecherbanden Neapels zu setzen, als ihr Bruder Raffaele hinter Gitter kam. Vom sizilianischen «Ehrenmann» wird erwartet, daß er seiner Familie kein Sterbenswort über Cosa-Nostra-Dinge erzählt; doch wie so viele andere Vorschriften war auch diese in jüngerer Zeit immer brüchiger geworden. Sizilien blieb von den gesellschaftlichen Veränderungen nicht verschont, die sich im übrigen Italien vollzogen: Viele Frauen waren nicht mehr bereit, sich mit einer rein passiven Rolle abzufinden, sich in Schwarz zu kleiden und das Gesicht zu verhüllen und ein Leben zwischen Küche und Kirche zu fristen. Dazu kam, daß das immer gewaltätigere Klima innerhalb der Cosa Nostra die traditionelle Loyalität überstrapaziert hatte. Nachdem Natale L'Ala in die Isolation geraten war und sich immer mehr wie ein gejagtes Tier fühlte, hatte er in seinen letzten Lebensjahren seiner langjährigen Lebensgefährtin vieles anvertraut. Diese sah in der Kooperation mit Borsellino die einzige Möglichkeit, die Ermordung ihres Mannes zu rächen. Natale L'Ala hatte ihr die Namen der Männer genannt, die die beiden fehlgeschlagenen Mordanschläge auf ihn verübt hatten, und sie war sich ziemlich sicher, zu wissen, wer letztlich für seine Ermordung verantwortlich war. Sie kannte die Zusammensetzung der lokalen Mafiagruppen und die Hintergründe vieler Verbrechen.[7]

Das Phänomen der «Mafiafrauen» gewann 1991 weiter an Bedeutung, als sich zwei weitere Zeuginnen aus dem Mafiamilieu zu Wort meldeten. Piera Aiello nahm Kontakt zu den Behörden auf, nachdem ihr Mann Nicola Atria in der gemeinsam betriebenen Pizzeria vor ihren Augen erschossen worden war.

«Mein Name ist Piera Aiello, und mein Leben läßt sich in wenigen Worten zusammenfassen: Mit vierzehn wurde ich verlobt, mit achtzehn verheiratet, mit einundzwanzig Mutter, mit dreiundzwanzig Witwe», sagte sie. «Ich war mit achteinhalb Monaten eine Frühgeburt und von Anfang an in allem zu früh dran; ich hoffe nur, daß es mir mit dem Sterben nicht ebenso geht.»[8]

Ihr ermordeter Mann entstammte einer wichtigen Mafiafamilie aus der nahe gelegenen Stadt Partanna; sein Vater Vito Atria war 1984 ermordet worden; Nicola war zu der Zeit ein Jung-Mafioso mit Tätigkeitsschwerpunkt im Heroin- und Kokaingeschäft gewesen. Sehr wahrscheinlich wurde er vor allem deshalb ermordet, weil er Pläne schmiedete, die Ermordung seines Vaters zu rächen. Piera Aiello kam aus einem völlig anderen familiären Milieu, und es fiel ihr relativ leicht, mit der Tradition der *omertà* zu brechen und sich gleich nach der Ermordung ihres Mannes den Behörden zu offenbaren. Schwieriger und traumatischer war diese Entscheidung für ihre Schwägerin Rita Atria, die 17jährige Schwester des Ermordeten, die in einer der Mafiakultur verhafteten Familie aufgewachsen war. Erst nach schweren inneren Kämpfen und einige Monate nach dem Tod ihres Bruders meldete sie sich zu Wort. Obwohl zum Zeitpunkt der Ermordung ihres Vaters noch ein Kind, hatte Rita im Elternhaus sehr viel mitbekommen. Nach dem Tod des Vaters hatte ihr Bruder ihr viele Dinge anvertraut, und zudem hatte sie sich in einen Jungen verliebt, der ebenfalls in kriminellen Kreisen verkehrte.

Die beiden jungen Frauen lieferten einen reichen Schatz an Informationen über die Mafia von Partanna, in der seit einigen Jahren ein erbitterter Krieg im Gang war. Es war ein Glücksfall, daß ungefähr zur selben Zeit eine weitere Frau aus Partanna, Rosalba Triolo, die dem gegnerischen Lager im lokalen Mafiakonflikt nahestand, sich als Zeugin zur Verfügung stellte und vieles von dem, was Piera Aiello und Rita Atria bekundet hatten, aus ihrem entgegengesetzten Blickwinkel bestätigte. So konnten nicht nur Mörder und Drogenhändler identifiziert und dingfest gemacht werden, es kam auch Belastungsmaterial gegen den Bürgermeister von Partanna, Vincenzino Culicchia, zutage, der es inzwischen zum christdemokratischen Parlamentsabgeordneten gebracht hatte. Borsellino war natürlich voller Skepsis gegenüber den Aussagen eines 17jährigen Mädchens über einen mächtigen Politiker, doch dann bestätigten die Resultate polizeilicher Abhöraktionen und finanzieller Nachforschungen, daß *Onorevole* Culicchia als Bürgermeister und Vorstand der örtlichen Bank in der Tat äußerst enge wirtschaftliche und persönliche Beziehungen zu den größten Mafiosi der Region unterhielt. Einiges deutete sogar darauf hin, daß er

1983 die Ermordung eines Gegenkandidaten um das Bürgermeisteramt «bestellt» hatte, in der Befürchtung, dieser könnte, falls er gewählt würde, im Rathaus Belege für kriminelle Machenschaften finden.

Die Mutter von Rita Atria lieferte eine Demonstration der nach wie vor großen Macht, die die Kultur der *omertà* bei der älteren Generation besaß, indem sie ihre Tochter und ihre Schwiergertochter zu *infami* erklärte. Diese Beschimpfung ist in Sizilien für Leute reserviert, die das Schweigegebot mißachtet haben. Frau Atria stellte die Behauptung auf, Borsellino habe ihre Tochter entführen lassen, und ungeachtet der Ermordung ihres Mannes und ihres Sohnes verkündete sie, dieser ganze Unsinn über die Mafia sei ihrer Tochter von der bösen Schwiegertochter Piera Aiello in den Kopf gesetzt worden.

Von ihren Freunden und Angehörigen zu Aussätzigen gemacht, suchten Rita Atria und Piera Aiello verstärkt emotionalen Rückhalt bei Borsellino. Er pflegte Rita in die Wange zu kneifen und sie wegen ihres Straßenjungen-Outfits als «*mafiosa* im Rock» zu verspotten. Die beiden riefen bei ihm an, wenn sie sich etwas von der Seele reden wollten, und nannten ihn «Onkel Paolo». Auch nachdem ihre Vernehmung abgeschlossen war, traf er sich mit ihnen, so oft er nach Rom kam, wohin sie zu ihrem eigenen Schutz gebracht worden waren.

Somit befand sich wenigstens in einem Teil Siziliens die Anti-Mafia-Bewegung auf dem Vormarsch.

Überall sonst schien die organisierte Kriminalität nicht nur immer virulenter zu werden, sondern sich auch geographisch Richtung Norden auszubreiten. Im Juli 1990 erschreckte der Präsident der Handelskammer von Mailand die Öffentlichkeit mit der Feststellung, die Bankenmetropole Norditaliens sei dabei, zur wichtigsten Geldwäscherei der Mafia zu werden. «Durch Mailand fließt ein beständiger Geldstrom», sagte Piero Bassetti. «Nach meiner Meinung sind unter den größten Finanzgesellschaften mindestens zehn, ... die mit der Mafia unter einer Decke stecken oder zumindest wissen, daß sie mit schmutzigem Geld hantieren.»[9]

Drastische Zuwächse bei den beschlagnahmten Drogenmengen und in der Zahl der Mordfälle, Brandstiftungen und Entführungen machten es immer unübersehbarer, daß Gruppen des organisierten Verbrechens in Mailand zunehmend Fuß faßten. Mailänder Strafverfolger waren auf Hinweise gestoßen, daß Mafiosi bereits Mitarbeiter der öffentlichen Verwaltung korrumpiert hatten, um an staatliche Aufträge, Baugenehmigungen und ähnliches heranzukommen, und hatten daraufhin eine Reihe von Ermittlungsverfahren eröffnet, die unter dem Oberbegriff «Dom-Connection» geführt wurden (benannt nach dem Wahrzeichen von Mailand).

In der Liste der Städte mit den meisten Bluttaten war Mailand an Palermo vorbeigezogen und belegte jetzt den dritten Platz in Italien. Auf den beiden ersten Plätzen standen bezeichnenderweise Reggio Calabria und Neapel, ein Indiz dafür, daß das organisierte Verbrechen die Regionen Kalabrien und Campania inzwischen ebenso fest im Würgegriff hatte wie Sizilien.[10]

Was Giovanni Falcone schon zu Beginn der 80er Jahre in seinen ersten Ermittlungsverfahren bewiesen hatte, dämmerte jetzt der sich verwundert die Augen reibenden italienischen Öffentlichkeit: daß Mailand eine wichtige Drehscheibe des internationalen Drogenhandels war und daß drei große kriminelle Organisationen aus dem südlichen Italien in allen größeren norditalienischen Städten mit «Kolonien» vertreten waren. «Seit vielen Jahren behauptet Mailand eine führende Rolle . . . als Umschlagplatz für Heroin aus dem Nahen Osten und Kokain aus Südamerika», hieß es in einem um diese Zeit entstandenen Polizeibericht.

Der in der Öffentlichkeit entstandene Eindruck, die Gewaltkriminalität sprenge alle Fesseln, wurde von der Statistik bestätigt. Eine am 18. September 1990 veröffentlichte polizeiliche Übersicht zeigte eine verheerende Zunahme mafiabezogener Verbrechen auf der ganzen Linie: Kapitalverbrechen hatten um 11,5 Prozent zugenommen, Erpressungsfälle um 26,7 Prozent, Sprengstoffanschläge um 22,9 und Brandstiftungen um 38,2 Prozent.[11]

Wie um illustrieren zu wollen, welchen Blutzoll diese straflose Herrschaft des Verbrechens forderte, erschossen Mafiakiller nur drei Tage später, am 21. September 1990, in Sizilien den mutigen jungen Mafia-Ermittler Rosario Livatino, der jahrelang in extrem isolierter Position in Agrigent die Stellung gehalten hatte. Zehn Jahre lang hatte Livatino, der zum Zeitpunkt seines Todes noch keine vierzig war, in seinem winzigen Büro in der zentralsizilianischen Stadt an größeren Ermittlungsverfahren gegen die Mafia gearbeitet. Die Umstände seines Todes waren besonders haarsträubend. Ohne Polizeieskorte unterwegs, war er von seinen motorisierten Killern im Auto von der Straße gedrängt worden. Zunächst nur verwundet, hatte er einen verzweifelten Fluchtversuch zu Fuß unternommen, doch seine Jäger hatten ihn eingeholt und kaltblütig hingerichtet.[12]

Unter dem Eindruck des Mordes an Livatino und des herrschenden Klimas staatlicher Gleichgültigkeit begehrte die sizilianische Richterschaft auf und drohte mit Streik. Die Empörung war groß, daß ein an vorderster Front des Krieges gegen die Mafia kämpfender Untersuchungsrichter abgeschlachtet werden konnte wie ein wehrloses Tier, weil für ihn kein Schutz verfügbar war, während Dutzende von Politikern und Parteigrößen in Rom, die nicht der geringsten Gefahr ausgesetzt waren, über ganze Bataillone von Leibwächtern verfügten und rund um die Uhr einen kostenlosen Limousinenservice in Anspruch nehmen konnten, den sie nutzten, um Einkäufe für ihre Familien zu tätigen und in ihre Lieblingsrestaurants zu fahren.

«Die Mafia mordet weiter ungestört in Caltanissetta, in Agrigent, überall», sagte Falcone in einem Interview wenige Tage nach dem Tod Livatinos. «Auf der anderen Seite sehen wir eine erschöpfte, demoralisierte Richterschaft, erdrückt von der Last eines Gefühls der Vergeblichkeit. Ich sage: Genug von diesen Pseudo-Kontroversen, genug von diesen Debatten, bei denen die Mafia nur als Vorwand für das Begleichen privater Rechnungen zwischen dieser oder jener Gruppierung dient.»[13]

Am 1. November 1990 wurden zwei bekannte Unternehmer aus Catania erschossen, die sich offenbar gegen Erpressungsversuche zur Wehr gesetzt hatten. Die beiden Vorstände eines Stahlwerks, das zu den größten Arbeitgebern der Stadt gehörte, verwalteten ein Investitionsbudget in Höhe von rund 75 Millionen Mark für die Modernisierung des Werkes, Geld, über dessen Verwendung die Mafia von Catania offensichtlich mitbestimmen wollte. Im gleichen Zeitraum hatte die größte Kaufhauskette Italiens, Standa, in ihren Filialen in Catania eine Reihe von Bombenanschlägen und mutmaßlichen Brandstiftungen hinnehmen müssen. Die Handelskammer von Catania enthüllte die Tatsache, daß 90 Prozent aller Geschäftsleute in der Stadt laufend Schutzgelder bezahlten – rund 22.000 Personen in einer Stadt mit nur 372.000 Einwohnern. Dabei hatte in dieser Stadt nach Angaben des Mafia-Kronzeugen Antonino Calderone bis in die 70er Jahre hinein keine Schutzgeld-Kriminalität existiert, außer gegen die größten Unternehmen. Antonio Mauri, Präsident des Industriellenverbands von Catania, beschrieb die Arbeitsweise der Schutzgelderpresser im November 1990 so: «Erst fordern sie Geld ... manchmal Hunderttausende von Dollars ... dann bieten sie ihre Dienste an, dann empfehlen sie dir Lieferanten, drängen dir ihre Freunde auf, dann wollen sie deine Partner werden, und dann übernehmen sie alles ... Wer ist unter diesen Umständen bereit, im Süden zu investieren?»[14]

Später im selben Monat kamen in der sizilianischen Stadt Gela bei vier verschiedenen Mafia-Anschlägen, die sich innerhalb von 25 Minuten ereigneten, 8 Menschen ums Leben, 7 weitere wurden verwundet. Kriegerische Auseinandersetzungen zwischen örtlichen Sippen hatten in den drei Jahren davor allein in Gela mehr als 100 Todesopfer gefordert – eine eindrucksvolle Bilanz für eine Stadt mit nur 90.000 Einwohnern.[15]

Die zwischen Giovanni Falcone und dem neuen Chefermittler Pietro Giammanco abgesprochene Arbeitsteilung hatte sich mittlerweile vom Problemfall zum Ärgernis entwickelt. Giammanco dachte nicht nur nicht daran, Falcone in Mafiaverfahren freie Hand zu lassen, sondern enthielt seinem ersten Stellvertreter häufig auch Informationen über wichtige Fälle vor und schloß ihn damit aus manchen Verfahren aus oder erschwerte ihm zumindest die Arbeit. Manchmal erfuhr Falcone von wichtigen neuen Entwicklungen in von ihm eingeleiteten Verfahren nur durch Zufall; selbständige Initiativen wurden ihm verwehrt, Anträge auf Dienstreisen zur Erhebung von Beweismaterial abgelehnt. Wenn Falcone Zeugen vernahm, saßen stets andere Ermittler hinter ihm, die zum innersten Kreis der Getreuen Giammancos gehörten. Es kam so weit, daß Giammanco Falcone demonstrativ vor der Tür seines Büros warten ließ und ihn erst nach längerer Zeit hereinbat. «Dies mag nichtig erscheinen, aber an einem Ort, wo symbolische Dinge einen so hohen Stellenwert haben wie in Palermo, fallen solche Gesten schwer ins Gewicht», sagt Richter Salvatore Barresi.[16]

«Ich bin wie ein Bär im Käfig», erzählte Falcone seinem ehemaligen Chef Antonino Caponetto. Ende 1990 begann Falcone seine Gefühle einem Tagebuch anzuvertrauen, in später Befolgung des Rates, den Rocco Chinnici ihm einst gegeben hatte: «Führe ein Tagebuch, man weiß nie.»[17]

Zu den Komplexen, an deren Aufklärung Falcone von Giammanco systematisch gehindert wurde, gehörte die politisch brisante «Gladio»-Affäre. Premierminister Andreotti selbst hatte Ende 1990 berichtet, daß die italienische Regierung in der Zeit des kalten Krieges auf Veranlassung der USA eine aus Zivilisten rekrutierte Geheimmiliz aufgestellt hatte, die im Falle einer sowjetischen Invasion oder einer Machtübernahme der italienischen Kommunisten in Aktion treten sollte; «Gladio» war der Deckname für dieses Geheimunternehmen gewesen. Die Geheimtruppe hatte sich nach dem Ende der stalinistischen Epoche nicht etwa aufgelöst, sondern bis in die 80er Jahre hinein fortbestanden. Daß ausgerechnet in Italien, dessen Geschichte so reich an geheimen Freimaurerlogen, rechtsextremen Umsturzplänen, politischen Morden und verdächtigen neofaschistischen Bombenanschlägen war, eine antikommunistische Geheimarmee existiert und überall im Land Waffendepots unterhalten hatte, war eine Vorstellung, die gespenstische Assoziationen weckte. Während es für die Eingreiftruppe gegen potentielle Invasoren in den nordöstlichen Provinzen Italiens, die an das kommunistische Jugoslawien grenzten, immerhin noch eine gewisse Rechtfertigung geben konnte, mußte man sich fragen, weshalb es auch tief im Süden, auf Sizilien, «Gladio»-Einheiten gegeben hatte, wo die Demokratie aus einer ganz anderen Ecke heraus bedroht war. Gerüchte besagten, auf Sizilien sei «Gladio» als Waffe gegen die Mafia gedacht gewesen – eine höchst merkwürdige Abweichung von dem ursprünglichen Mandat dieser Geheimarmee und etwas, dem Giovanni Falcone gerne nachgegangen wäre.[18]

In Tagebucheinträgen zwischen Ende 1990 und dem Frühjahr 1991 machte Falcone seinem Frust über die täglichen Schikanen und Demütigungen Luft, wobei er von Giammanco meist als «*il capo*» («der Chef») und manchmal nur als «er» sprach.

10. 12. 1990 – Er hat darum gebeten, daß bestimmte Ermittlungen in Sachen der sizilianischen Regionalregierung zum Abschluß gebracht werden . . ., (mit der Begründung,) daß andernfalls der Region einige Zuschüsse gestrichen würden. Offenkundig hat irgendein Politiker ihm dies eingegeben, und es ist ebenso offensichtlich, daß er beabsichtigt, das Verfahren abzuschließen . . .

19. 12. 1990 – Er hat (Richter) Giudice Andrea nie angerufen, und somit werden wir keine Gelegenheit haben, uns mit unseren römischen Kollegen, die an Gladio arbeiten, zu treffen.

19. 12. 1990 – Durch Zufall habe ich erfahren, daß er vor einigen Tagen die Ermittlungen zu einem anonymen Brief aus Partinico, der unter anderem von dem ehrenwerten (Giuseppe) Avellone handelt (einem christdemokratischen Lokalpolitiker), an Pignatone, Teresi und Lo Voi vergeben hat. (Die beiden letzteren gehören nicht dem Anti-Mafia-Verbund an.)

17. 1. 1991 – Habe heute erfahren, daß während meiner Abwesenheit der Kollege (Maurizio) Moscati, stellvertretender Staatsanwalt in Spoleto, wegen eines Rauschgiftverfahrens bei mir angerufen hat und sich bemüht, seine Ermittlungen mit uns zu koordinieren. Da ich nicht zu erreichen war, sprach (Moscati) mit dem Chef, der den Fall natürlich an sich nahm und ihn an Principato verwies, natürlich ohne mir irgend etwas davon zu sagen. Ich erfuhr davon zufällig, als ich von mir aus bei Moscati anrief.

26. 1. 1991 – Wie ich heute bei der Ankunft im Büro von Pignatone erfuhr, waren er, der Chef und Lo Forte an diesem Morgen zu Kardinal Pappalardo gefahren, um ihn zum Fall Mattarella (des 1980 ermordeten sizilianischen Regionalpräsidenten) zu befragen . . . Ich beschwerte mich beim Chef darüber, nicht vorab informiert worden zu sein, und machte sehr deutlich, daß ich absolut bereit wäre, eine andere Aufgabe zu übernehmen, daß ich aber, wenn er mich als Koordinator für Anti-Mafia-Ermittlungen haben möchte, die Koordination auch wirklich ausüben können muß . . .[19]

Falcone führte sein Tagebuch für sich selbst, zeigte aber manche Eintragungen guten Freunden wie Paolo Borsellino. Vorsorglich leitete er einer Journalistin seines Vertrauens, Liana Milella von der Wirtschaftszeitung *Sole 24 Ore*, einige Seiten zu, mit der Bitte, in absehbarer Zeit nichts davon zu veröffentlichen. Es ist anzunehmen, daß Falcone dies tat, um sicherzustellen, daß im Falle seines Todes wenigstens eine Kopie seiner wichtigsten Tagebuchnotizen erhalten blieb – zu hartnäckig hielt sich das Gerücht, daß General Alberto Dalla Chiesa persönliche Aufzeichnungen geführt habe, die in der Nacht nach seiner Ermordung aus seinem Tresor verschwunden seien.

«Es war die vielleicht schlimmste Zeit seines Lebens», sagte Giuseppe Di Lello, sein Kollege aus den Zeiten des alten Anti-Mafia-Verbunds.[20]

Doch gerade weil sich die Situation so verschlimmert hatte, bekam das Thema Mafia allmählich wieder einen landesweit hohen Stellenwert. In den Jahrzehnten seit Kriegsende hatte der Kampf gegen die organisierte Kriminalität in Italien immer nach dem «Thermostat-Prinzip» funktioniert – auf eine Phase besonders empörender Mordanschläge oder ausufernder Kriminalität war jeweils ein schlagartiger Energieschub in der Verbrechensbekämpfung gefolgt. Der öffentliche Aufschrei über den Mafiakrieg von 1981–83 und die Morde an Pio La Torre, General Dalla Chiesa und Rocco Chinnici hatten die politische Schubkraft für die Vorbereitung und Durchführung des Maxi-Prozesses von 1986 geliefert. Nach vier Jahren eines relativen Stillstands schärfte sich nun in den Jahren 1990 und 1991 das Bewußtsein der Menschen für die drohende Gefahr wieder, weil ihnen klar wurde, daß das Mafiaproblem keineswegs gelöst war, sondern sich nachweislich wieder verstärkte.

Der «alarmierende» Anstieg der Kriminalität, den die italienischen Zeitungen in riesigen Lettern verkündeten, brachte das Thema Mafia nachhaltig auf die Titelseiten der nationalen Presse zurück und die Regierung Andreotti unter erheblichen Zugzwang. Im September versprach Andreotti, ein wirksames Gesetzespaket gegen das Verbrechen zu schnüren. Als sich freilich herausstellte, daß dessen Kernstück ein Verbot von Jagdflinten im Süden Italiens war, erntete der Regierungschef dafür Hohn und Spott.[21] Um diese Zeit wuchs der Druck auf Andreotti, sich von seinem vielgescholtenen Innenminister Antonio Gava zu trennen. Abgesehen davon, daß ihm Verbindungen zur neapoletanischen Camorra nachgesagt wurden, hatte er sein Amt in den zurückliegenden Monaten wegen einer langwierigen Krankheit kaum noch ausgeübt, was den in der Öffentlichkeit vorherrschenden Eindruck noch verstärkte, daß die Regierung vom Krieg gegen die Mafia gleichsam Urlaub genommen hatte. Im Oktober ersetzte Andreotti Gava endlich durch Vincenzo Scotti, einen anderen Christdemokraten aus Neapel, der jedoch wesentlich jünger und tatkräftiger war als sein Vorgänger.

Ein paar Monate später, nach einer umfassenden Kabinettsumbildung, erklärte Andreotti, er wolle den Kampf gegen das organisierte Verbrechen zu einem seiner wichtigsten politischen Programmpunkte machen. Im Februar ernannte er Claudio Martelli, den kommenden Mann der Sozialistischen Partei, zu seinem neuen Justizminister. In dem Bestreben, die schwachen Anti-Mafia-Referenzen der Regierung auszubügeln, rief Martelli umgehend Giovanni Falcone in Palermo an und bat ihn, in seinem Stab den Posten eines «Direktors für Strafsachen» zu übernehmen. Der von seinen in Palermo erlittenen Rückschlägen und Niederlagen demoralisierte Falcone beschloß, das Angebot anzunehmen und nach mehr als zwanzig Jahren Ermittlungstätigkeit Sizilien zu verlassen. Die meisten seiner Freunde und Kollegen versuchten ihn davon abzubringen. In Italien, wo die «Unabhängigkeit» der Richterschaft ein fast heiliger Grundsatz war, galt ein Wechsel von der rechtsprechenden zur vollziehenden Gewalt vielen als eine Art Verrat. Viele Strafverfolger hatten von einem «Direktor für Strafsachen» noch nie etwas gehört und konnten sich nichts darunter vorstellen. Wenn Falcone nun aus der Front des Anti-Mafia-Krieges ausscherte und einen undefinierten Schreibtischjob in Rom übernahm, sah das für viele nach einem Rückzug und einem Eingeständnis des Scheiterns aus. Nicht geheuer war ihnen auch der neue Arbeitgeber Falcones in Rom, Claudio Martelli, der Kronprinz des Sozialistenführers Bettino Craxi. Immerhin war Martelli 1987 der Wortführer der Kampagne gegen die Richterschaft gewesen, und seine Partei hatte in jenem Jahr den Dank der Mafia in Form erheblicher Stimmengewinne in Palermo geerntet. Martelli war derjenige gewesen, der ständig gegen Leoluca Orlando und seine Anti-Mafia-Koalition in Palermo gewettert und sie als eine «Schattenregierung von Jesuiten und Strafverfolgern» bezeichnet hatte. Viele von Falcones Freunden hegten die Befürchtung, Martelli gehe es nur darum, den berühmtesten Ermittlungsrichter Italiens als Galionsfigur für einen propagandistischen Pseudo-Feldzug gegen das organisierte Verbrechen zu gewinnen.[22]

Nach den niederschmetternden Erfahrungen, die Falcone in der jüngsten Vergangenheit hatte machen müssen – zuerst mit dem Leiter der Ermittlungsbehörde, Antonino Meli, dann mit dem neuen Chef der Strafverfolgung, Giammanco –, lag es nahe, seinen Wechsel nach Rom als ein weiteres Kapitel in der Reihe seiner fragwürdigen Kompromisse mit der politischen Macht zu deuten. Es kam darüber zu einem heftigen Streit zwischen Falcone und Giuseppe Ayala, einem seiner besten Freunde im Palermoer Justizpalast, mit der Folge, daß ihre Freundschaft mehrere Monate lang auf Eis lag. Die Freunde Falcones kannten seine politische Naivität und befürchteten, er werde beim Aushandeln eines Arrangements mit den eiskalten Taktikern der Macht, von denen er in Rom umgeben sein würde, den kürzeren ziehen. «Falcone war ein großartiger Ermittlungsrichter, aber politisch unbedarft, zugleich aber – und das machte die Sache noch schlimmer – überzeugt, politisch clever zu sein», sagte Richter Vito D'Ambrosio.[23]

Falcone hatte freilich lange genug die fast völlige Ohnmacht der Palermoer Justiz bei fehlender Unterstützung aus Rom erlebt, um überzeugt zu sein, daß der Krieg gegen die Mafia nur dann eine Wende zum Besseren nehmen konnte, wenn in Rom einige entscheidende Schalthebel umgelegt wurden. Falcone kannte nicht nur das Problem der organisierten Kriminalität in Italien, sondern war als einer der weitestgereisten Ermittlungsrichter des Landes auch mit den strafrechtlichen Verhältnissen, Fahndungs- und Justizsystemen sowie mit der Gesetzgebung und Rechtslage aller bedeutenden demokratischen Staaten vertraut. Er hatte Hunderte von Ideen und Vorschlägen, die er nur zu gerne in die Tat umgesetzt hätte.

Die Hauptschwäche des italienischen Systems war aus der Sicht Falcones die extreme Vereinzelung der Strafverfolgungsbehörden. Das Land war in 159 Gerichtsbezirke aufgeteilt, deren jeder eine eigene Ermittlungsbehörde und eine eigene Polizeitruppe unterhielt; oft kamen sich die Ermittlungsbehörden verschiedener Gerichtsbezirke ins Gehege, weil die einen nicht wußten, was die anderen machten. Dagegen agierte die Mafia wie selbstverständlich in einem zunehmend nationalen und internationalen Maßstab. Außerordentlich beeindruckt hatte Falcone der US-amerikanische Ansatz, Sonderkommissionen gegen die organisierte Kriminalität zu bilden, die zwar als selbständig operierende Einheiten in den wichtigsten Großstädten stationiert waren, aber die enormen Ressourcen und Machtmittel der zentralen Behörden hinter sich hatten. Mit Neid und Bewunderung blickte er auf die Organisationsstruktur und die Kompetenzen amerikanischer Bundesbehörden wie des FBI und der Drogenbehörde DEA, denen gegenüber sich die personelle und sachliche Ausstattung der italienischen Polizei und Justiz armselig ausnahmen. Falcone hatte ein ganzes Bündel von Ideen für die Zentralisierung und Straffung des Gesetzesvollzugs in Italien und fand dafür bei Martelli Unterstützung.

In der italienischen Richterschaft vertraten viele die Meinung, ein zentralisiertes System funktioniere zwar in einem Land wie den Vereinigten Staaten, wo es eine starke demokratische Tradition und ein bewährtes System von eingebauten Sicherungen und Gegengewichten gab, könne aber in einem kleinen und korrupten Land wie Italien dazu führen, daß die Justiz noch stärker als bisher unter die Kuratel des Staates geriet.

«Wir hatten Angst, Martelli würde Falcone für seine Kampagne einspannen, die Richterschaft nach seinem Gutdünken zurechtzustutzen», sagte Richter D'Ambrosio.

Wir stritten uns bis zwei Uhr morgens darüber, Giovanni, ich und (Mario) Almerighi (ein weiterer Ermittlungsrichter und enger Freund Falcones). Almerighi und ich fragten ihn: ‹Bist du wirklich überzeugt, daß Martelli auf deiner Seite steht?' Er sagte: ‹Nein, er steht auf meiner Seite, solange es ihm in den Kram paßt.› ‹Weshalb›, sagten wir, ‹stellst du dich dann auf seine Seite und verschaffst ihm Prestige und Legitimation?› Worauf Falcone erwiderte: ‹Weil ich ihn, solange er auf meiner Seite steht, ebenso benutzen kann, wie er mich benutzt, und in dieser Zeit Dinge bewerkstelligen kann, die sonst nicht möglich wären. . . . Martelli ist politisch stark und kann Dinge durchsetzen. Wir werden am Ende sehen müssen, wer wen verarscht hat.› So drückte er sich aus, fast wörtlich. Dieses Argument erschien uns nicht sehr überzeugend . . . ‹Martelli ist viel stärker als du, er wird dich an die Wand drücken›, sagten wir. ‹Du bist nur eine Feder an seinem Hut . . .› Das führte zu einer gewissen Abkühlung unserer Freundschaft. Giovanni fühlte sich durch unser Mißtrauen gekränkt, und wir fühlten uns von ihm auf ähnliche Weise im Stich gelassen.

Noch bevor Falcone im März 1991 seinen Posten in Rom antrat, warf sein Kommen Schatten voraus. Auf sein Anraten hin erließ Martelli eine Verordnung, die den Schaden, den der «Urteilskiller» am Obersten Gerichtshof Italiens, Corrado Carnevale, mit der jüngsten Serie seiner fatalen Urteile angerichtet hatte, begrenzen sollte. Einen Monat zuvor waren die meisten der noch verbliebenen Verurteilten des Maxi-Prozesses von Palermo fröhlich aus dem Ucciardone-Gefängnis in die Freiheit marschiert, darunter viele, die zu lebenslänglichen Gefängnisstrafen verurteilt worden waren und deren Strafen die erste Berufungsinstanz bestätigt hatte. In einer höchst fragwürdigen Entscheidung hatte Carnevale auf diese Häftlinge, die noch nach dem alten italienischen Strafrecht verurteilt worden waren, einen Paragraphen des neuen, reformierten Strafrechts angewandt, der besagte, ein Angeklagter dürfe, solange er noch nicht rechtskräftig verurteilt sei, vom Zeitpunkt seiner ersten Festnahme an nicht länger als ein Jahr in Haft gehalten werden. Auf die verurteilten Mafiosi angewandt, bedeutete dies, daß sie auf die Urteile der zweiten und letzten Berufungsinstanz (deren Anrufung in Italien grundsätzlich allen Straftätern erlaubt ist) in Freiheit warten durften – ungeachtet der Tatsache, daß unter ihnen viele waren, die wegen vielfachen Mordes verurteilt und vorher zum Teil jahrelang untergetaucht und von der Polizei gejagt worden waren. Seit Inkrafttreten des neuen Strafrechts vor eineinhalb Jahren waren aufgrund dieser Rechtsvorschrift 21.000 Verbrecher auf freien Fuß gekommen.[24] Der «Martelli-Erlaß» dekretierte eine Ausnahme von dieser Vorschrift für die Sträflinge der gefährlichsten Kategorie und zog die sofortige Wiederverhaftung der Mafiabosse von Palermo nach sich. Er setzte damit ein wichtiges Zeichen und sorgte dafür, daß das in Palermo herrschende Klima der Gleichgültigkeit und Resignation fast über Nacht umschlug. «Wenn das nicht gemacht worden wäre», sagte Richter Salvatore Barresi, «wären alle diese Leute untergetaucht, das steht fest. Das brachte die Bosse völlig aus der Fassung. Ich werde nie in meinem ganzen Leben das Gesicht von Michele Greco vergessen, als er erneut verhaftet wurde. Diese Leute, die es sich gerade zu Hause bequem gemacht hatten, sahen sich plötzlich ins Gefängnis zurückversetzt, weil Giovanni Falcone es wollte und veranlaßt hatte.»[25]

Falcone stürzte sich in eine penible Bestandsaufnahme der gesamten italienischen Rechtsprechung, indem er Gerichtsurteile aus dem ganzen Land studierte, die in Fällen mit Mafiabezug ergangen waren. Martelli und Falcone gingen daran, sich eine größere Mitsprache bei der Besetzung von Richterstellen zu sichern, und legten sich in diesem

Punkt mit Falcones altem Widerpart, dem Consiglio Superiore della Magistratura, an. Das Justizministerium war zwar bereit, dem CSM weiterhin die letztendliche Entscheidung zu überlassen, behielt sich aber vor, die Bewerber um wichtige Richterämter nach ihren bisherigen beruflichen Leistungen zu bewerten und danach eine Rangliste zu erstellen. Indem Falcone das CSM so gleichsam vorwarnte, konnte er einige der fragwürdigeren Kandidaten für wichtige Schaltstellen im italienischen Gesetzesvollzug aus dem Rennen boxen. Sich an die Empfehlungen des Ministeriums haltend, nahm das CSM davon Abstand, Richter Pasquale Barecca, dessen äußerst gnädige Urteile in Mafiaprozessen in Palermo seit Jahren für Stirnrunzeln sorgten, zum Gerneralstaatsanwalt von Palermo zu berufen. In vielen Fällen – unter anderem auch im Fall Bareccas – waren die von Falcone «aussortierten» Richter dieselben, die später wegen Kungelei mit der Mafia angeklagt wurden.[26]

Überall in Italien konnten Strafverfolger, die bis dahin weitgehend auf sich selbst gestellt gewesen waren, jetzt auf einen Ansprechpartner und Verbündeten in Rom zählen. Giacomo Travaglino, Ermittlungsrichter in Neapel, erinnert sich an eine Wallfahrt, die er und einige Kollegen zum Amtssitz Falcones in Rom unternahmen. Die Strafverfolger hatten immer dichtere Verdachtsmomente gegen einen Richter am Appellationsgerichtshof von Neapel, Alfonso Lamberti, zusammengetragen. «Er hatte eine Reihe von Entscheidungen gefällt, die uns vollkommen unsinnig erschienen», erzählt Travaglino. «Er hatte Urteile aufgehoben, die wohlbegründet erschienen, und inmitten eines unglaublich blutigen Sippenkrieges, der in Neapel tobte, äußerst gefährliche Kriminelle gegen Kaution auf freien Fuß gesetzt. Um Ihnen eine Vorstellung von den äußeren Umständen zu geben: Eine Mutter schickte ihren 13jährigen Sohn mit dem Auftrag weg, im Hof des Gerichtsgebäudes dem Mörder seines Vaters aufzulauern und ihn umzubringen, was Richter Lamberti nicht daran hinderte, mehrere andere Mitglieder derselben Sippe aus der Haft zu entlassen.»[27] Als sie Falcone ihren Verdacht vortrugen, bemerkten sie auf seinem Gesicht ein feines, ironisches Lächeln und verstanden, daß er über die Situation am Appellationsgericht von Neapel bereits orientiert und hinsichtlich des Richters Lamberti zur selben Schlußfolgerung gelangt war. Endlich gab es im Justizministerium jemanden, der ihre Probleme verstehen konnte, dessen Gedächtnis eine einzige riesige Datenbank der organisierten Kriminalität war und der die Dinge aus einer umfassenden Perspektive sah. (Der Verdacht gegen Lamberti erwies sich als begründet; Exmitglieder der neapolitanischen Camorra bezeugten später, daß der Richter auf der Lohnliste örtlicher Mafiasippen stand.)

Martelli machte sich praktisch alle Vorschläge Falcones zu eigen. Gemeinsam erarbeiteten sie Pläne für eine grundlegende Reorganisation im Bereich der Anti-Mafia-Ermittlungen; diese Pläne sahen die Schaffung von Bezirksbehörden vor, deren spezielle Aufgabe die Bearbeitung komplexer Mafiafälle sein sollte. An die Stelle der bisherigen zersplitterten, auf Dutzende winziger Regionalbüros aufgeteilten Ermittlungsarbeit sollte eine wesentlich konzentriertere und besser organisierte Verbrechensbekämpfung treten, getragen von einem Netz von Bezirksbehörden in insgesamt 26 größeren Städten in ganz Italien. Mit dieser Reform hoffte Falcone in einem einzigen Schritt die Rückschläge und Rückschritte wettmachen zu können, die in den Jahren 1988–90 eingetreten waren, als Chefermittler Antonino Meli die bis dahin beim Anti-Mafia-Verbund konzentrierten Verfahren in alle Winde Siziliens verstreut hatte. Der Anti-Mafia-Verbund, drei Jahre zuvor in Palermo auf das Abstellgleis gestellt, sollte nun gleichsam als vervielfältigtes Modell wiederauferstehen, und zwar gleich in 26 italienischen Städten.

Martelli machte sich auch für die Idee Falcones stark, ein italienisches FBI aufzubauen – zweitausend der besten Beamten aus den verschiedenen Zweigen des italienischen Polizei- und Justizwesens zusammenzuziehen, sie ausschließlich mit der Bekämpfung der organisierten Kriminalität zu betrauen und ihnen dabei Ressourcen und Techniken an die Hand zu geben, die sich mit dem besten internationalen Standard messen konnten. Ein Bestandteil dieses Bündels von Vorschlägen war die Schaffung eines nationalen, aus rund zwanzig Ermittlungsrichtern bestehenden Gremiums mit Sitz in Rom, das sämtliche Ermittlungsverfahren mit Bezug zur organisierten Kriminalität koordinieren würde – eine «Super-Procura», wie die italienische Presse dieses Zentralorgan der Verbrechensbekämpfung sogleich betitelte.[28]

«Ein paar Monate in Rom genügten (Falcone), um die Rolle der Exekutive im Kampf gegen die Mafia umzukrempeln», sagte Ignazio De Francisci vom alten Anti-Mafia-Verbund.[29]

ZWANZIGSTES KAPITEL

Der weitere Verlauf des Jahres 1991 schien zu zeigen, daß Falcone gut daran getan hatte, auf die römische Option zu setzen. Anders als die meisten es vorausgesagt hatten, hielt sein neuer Vorgesetzter, Justizminister Martelli, sein Wort und setzte sich mit viel Kampfgeist für die von Falcone angestrebten Strafrechtsänderungen ein. Aus einem der lautstärksten Kritiker des Anti-Mafia-Verbunds war ein Vorkämpfer im Krieg gegen die Mafia geworden. «Martelli erlebte sein Damaskus», sagt Leonardo Guarnotta, Falcones Ex-Kollege vom alten Anti-Mafia-Verbund.

«Meinem Eindruck nach gelang es Giovanni Falcone dank seiner grenzenlosen Fähigkeit, die Tragweite von Problemen zu verstehen und zu erklären und die zu ihrer Bewältigung erforderlichen Mittel zu benennen, Martelli auf seine Seite zu bringen», sagte Richter Salvatore Barresi.

So wahrscheinlich es ist, daß sich zwischen Martelli und Falcone eine aufrichtige Freundschaft entwickelte, so wenig ist auszuschließen, daß bei der Bekehrung des Ministers auch politische Berechnungen eine Rolle spielten. «Martelli ist ein äußerst intelligenter Mensch . . . und er erkannte, daß der Krieg gegen die Mafia in diesem geschichtlichen Augenblick sehr gute politische Zinsen tragen konnte», sagte Richter Vito D'Ambrosio.[1]

Was hatte jemanden, der bis dahin zu den politischen Gegnern der Anti-Mafia-Bewegung gehört hatte, dazu gebracht, diese plötzlich wie einen wiedergefunden alten Freund in die Arme zu schließen? Die plausibelste Antwort lautet, daß die neue Welle mafioser Gewalttaten einen lauten öffentlichen Aufschrei nach Gegenmaßnahmen ausgelöst hatte. Jenseits davon spielten jedoch tiefergreifende historische Faktoren eine Rolle, die die Regierung veranlaßten, über die gewohnten kosmetischen Korrekturen hinauszugehen. Ende 1989 war die Berliner Mauer gefallen, und mit ihr hatte sich das gesamte Gleichungssystem der italienischen Nachkriegspolitik in nichts aufgelöst.

Die Folgen, die sich aus dieser Umwälzung für die regierenden Parteien ergeben sollten, waren nicht unmittelbar ersichtlich – sie gehörten schließlich zu den Kräften, die aus dem kalten Krieg siegreich hervorgegangen waren. Es schien zunächst so, als würden vor allem die italienischen Kommunisten die Konsequenzen zu spüren bekommen. Schon um die Mitte der 80er Jahre, in der von Michail Gorbatschow ausgerufenen Ära der Perestroika, waren die italienischen Kommunisten von ihrem historischen Höchststand von 34 Prozent der Wählerstimmen (Mitte der 70er Jahre) auf nur noch rund 27 Prozent zurückgefallen. Im Mai 1990, nach dem Fall der Mauer, mußten sie einen weiteren Rückgang auf 23 Prozent hinnehmen. Im Herbst desselben Jahres gab der kommunistische Parteivorsitzende Achille Occhetto bekannt, daß seine Partei sich in Partito Democratico della Sinistra (PDS, «Demokratische Partei der Linken») umbenennen würde, ein traumatischer Einschnitt, der zur Spaltung der kommunistischen Anhängerschaft führte. Während die große Mehrheit die jetzt explizit gewordene sozialdemokratische Identität der Partei akzeptierte, weigerte sich immerhin ein Viertel ihrer bisherigen Gefolgsleute, die Namens- und Programmänderung mitzuvollziehen, und spaltete sich unter dem Namen Rifondazione Communista ab. Nach diesem Schisma stand die Linke schwächer und zerstrittener da als je zuvor.[2]

Für die Parteien, die die Regierung stellten, ergaben sich aus dem Niedergang des Kommunismus nach einem kurzen Höhenflug erhebliche Probleme, denn ihre politische Identität und Programmatik war weitgehend auf den Antikommunismus aufgebaut gewesen. Viele Italiener, die nun nicht mehr das Gefühl hatten, zwischen dem geringeren von zwei Übeln wählen zu müssen, stellten jetzt höhere Ansprüche an die Regierenden, waren nicht mehr bereit, großzügig über deren Korruptheit und Ineffizienz hinwegzusehen, und sahen sich auf beiden Seiten des politischen Spektrums nach neuen Optionen um. Viele, die die verbreitete Korruption zuvor zähneknirschend oder resignierend akzeptiert hatten, begannen das Ausmaß der herrschenden Vettern- und Patronagewirtschaft unerträglich zu finden.

Neue politische Kräfte traten auf den Plan und füllten das sich bildende Vakuum, allen voran die Lega Nord, eine Bewegung, die sich für eine autonome italienische Nordregion einsetzte. Sie bestand schon seit mehreren Jahren und hatte politisch kaum Fuß zu fassen vermocht. Viele ihrer Forderungen – die Beschriftung von Straßen- und Ortsschildern mit Dialektnamen oder die Entfernung süditalienischer

Beamter aus Verwaltungsbehörden im Norden – erschienen hoffnungslos vorgestrig und reaktionär. Mit ihrem von einem mittelalterlichen Militärbündnis übernommenen Namen und ihrem Parteiemblem, das einen gepanzerten Ritter mit gezücktem Schwert zeigte, schien diese Bewegung kaum ein Programm für eine verheißungsvolle Zukunft bieten zu können. Dennoch gelang es ihrem gewandten Gründer und Wortführer Umberto Bossi, durch eine systematische Propaganda gegen politische Korruption, hohe Steuern, schlecht funktionierende staatliche Dienstleistungen, die unfähige Schmarotzer-Regierung in Rom und die sich von Süditalien her auf den Norden zubewegende Epidemie mafioser Gewalt, die Anhänger- und Wählerbasis der Lega Nord zu verbreitern. Was als Splittergruppe politischer Spinner und Außenseiter begonnen hatte, begann am Anfang der 90er Jahre plötzlich zur wählbaren Alternative für Millionen von Norditalienern zu werden.[3]

Was die Lega Nord für Wähler vor allem attraktiv machte, war die Tatsache, daß er als einzige politische Gruppierung die zentrale Säule des politischen Lebens in Italien in Frage stellte: die sogenannte «Parteiokratie», das Vordringen und Eindringen der Parteien in alle Bereiche des gesellschaftlichen Lebens. Die jahrzehntelangen Inhaber der Oppositionsrolle, die Kommunisten, hatten, anstatt die Praxis des «Aufteilens der Beute» grundsätzlich abzulehnen, einfach den ihnen billigerweise zustehenden Anteil an den zu verteilenden staatlichen Ressourcen, Pfründen und Posten reklamiert. Weil Italien so lange in der Sackgasse des Ringens zwischen Kommunismus und Antikommunismus steckenblieb, erlebte das Land nie ein Pendant zur Reagan- oder Thatcher-Revolution. Das wiederum hatte zur Folge, daß in der Öffentlichkeit der Unmut über die explodierenden Kosten und fragwürdigen Segnungen des liberalen Wohlfahrtstaates sich im Verlauf der 80er Jahre immer weiter anstaute, bis er sich nun, nach Ende des Kalten Krieges, Bahn zu brechen begann. In Italien geschah das Aufbegehren gegen den Wohlfahrtsstaat freilich unter ganz spezifischen geographischen Vorzeichen: So stand für die Anhänger der Lega Nord fest, daß der industrialisierte Norden Italiens wie eine Zitrone ausgepreßt wurde, um das Patronagesystem des verlotterten Südens finanzieren zu können. Bei aller rhetorischen Überspitztheit barg dieses Argument einen bedeutsamen wahren Kern: Die wirtschaftliche Kluft zwischen Nord und Süd hatte sich im Verlauf der 80er Jahre tatsächlich verbreitert, nachdem sie in den voraufgegangenen drei Jahrzehnten kleiner geworden war. Zu Beginn der 90er Jahre herrschte in Norditalien ein Lebensstandard, der sich mit dem in der Schweiz vergleichen ließ, während das Niveau im Süden des Landes eher den Lebensverhältnissen in Griechenland oder Portugal entsprach.[4]

Eine andere bedeutsame geschichtliche Entwicklung lieferte der von der Lega Nord verkündeten Botschaft einen weiteren Resonanzboden: 1992 sollte mit der Bildung der EU der europäische Binnenmarkt endgültig Realität werden, und viele italienische Unternehmen – mit Sitz vorwiegend im Norden und in der Mitte des Landes – sorgten sich, als dieser Zeitpunkt näher rückte, mehr über den drohenden wirtschaftlichen Konkurrenzkampf als über eine kommunistische Gefahr, die nicht mehr bestand. Auch sie begannen nunmehr in der ungeheuer teuren, hochzentralisierten Bürokratie eine schwere, ihre wirtschaftliche Überlebensfähigkeit gefährdende Bürde zu sehen. In den 90er Jahren überholte die Staatsverschuldung Italiens das Bruttoinlandsprodukt, und es wurde klar, daß drastische Maßnahmen ergriffen werden mußten, wenn das Land in der Europäischen Union eine Rolle spielen wollte. Die Italiener gehörten zu den am höchsten besteuerten Einwohnern Europas, erhielten als Gegenleistung dafür jedoch staatliche Dienste, die eher dem Niveau der dritten Welt entsprachen. Christdemokraten und Sozialisten stritten sich um die Kontrolle über die staatliche Telefongesellschaft, doch weder die einen noch die anderen schien es zu bekümmern, daß die durchschnittliche Wartezeit auf einen Telefonanschluß knapp drei Monate betrug oder daß buchstäblich bei jedem zweiten in Italien getätigten Telefonat mitten im Gespräch die Verbindung abriß. In der Vergangenheit hatte die italienische Wirtschaft unter einer schützenden Haube des Protektionismus in bequemer Symbiose mit dem politischen System gelebt und dabei prosperiert. Jetzt, im Zeichen sich öffnender Märkte, empfand sie denselben Staat auf einmal als einen Mühlstein um ihren Hals. «Wenn wir die Probleme unseres Landes nicht anpacken – das Staatsdefizit, die Inflation, aber auch die politische Reform –, werden wir dem europäischen Markt in einer Position der Schwäche beitreten», sagte Sergio Pininfarina, damals Präsident des italienischen Industriellenverbandes. «Andere werden keinen Grund sehen, hier zu investieren, und unsere eigenen Investoren werden anderswo bessere Voraussetzungen finden ... Die Ent-Industrialisierung Italiens ist nicht bloß eine Parole, sondern eine reale Gefahr.»[5]

Es konnte nicht ausbleiben, daß an zentraler Stelle dieser neuen politischen Debatte auch das Mafiaproblem auftauchte. In einer Zeit, in der sich Europa auf die Öffnung der Binnengrenzen vorbereitete, konnte man es sich nicht mehr leisten, die ausufernde organisierte Kriminalität in Italien wie ein peinliches Familiengeheimnis zu behandeln, über das die anderen Länder sich taktvoll ausschweigen mußten. Im April 1991 äußerte der deutsche Bundeskanzler Helmut Kohl öffentlich seine Befürchtung, daß nach dem Wegfall der Grenzkontrollen Italien sein Mafiaproblem ins übrige Europa exportieren könnte. In den italienischen Gastarbeitergemeinden in Deutschland unterhielten etliche sizilianische Mafiasippen ohnehin schon aktive Kolonien.

Was würde in einem Europa ohne Binnengrenzen passieren? Der italienische Staatspräsident Francesco Cossiga äußerte sich unter dem Eindruck einer weiteren Serie brutaler Mafiamorde ohne jede diplomatische Zurückhaltung: «Wir dürfen diese Schande nicht nach Europa einschleppen.»[6]

Die Lega Nord brandmarkte die Christdemokraten als eine Partei der Mafia und der Alimentierung des Südens und erzielte immer stärkere Einbrüche in die DC-Wählerreservoire im nördlichen Italien. Vor wenigen Jahren noch eine Splittergruppe mit Stimmenanteilen unter einem Prozent, errang der Bund nunmehr in manchen Städten Norditaliens 20 Prozent und stand Anfang 1991 laut Umfragen im Begriff, zur führenden Partei des Nordens aufzusteigen. Auch in Süditalien mußten sich die etablierten Parteien mit einer Herausforderung auseinandersetzen: Leoluca Orlando, der frühere Bürgermeister von Palermo, hatte sich von den Christdemokraten losgesagt und unter dem Namen La Rete («Das Netzwerk») eine eigene Partei gegründet, deren Mobilisierungsparole der Anti-Mafia-Kampf war. Wie aus amtlichen italienischen Statistiken hervorging, liefen gegen rund 17.000 Beamte und öffentliche Amtsträger in allen Teilen Italiens strafrechtliche Ermittlungen dieser oder jener Art, und die politischen Parteien sahen sich mit der massiven Forderung konfrontiert, sich von den vielen zwielichtigen Charakteren in ihren eigenen Reihen zu trennen. Der neue Innenminister Vincenzo Scotti kündigte ein Gesetz an, das Personen, gegen die strafrechtlich ermittelt wurde oder die vorbestraft waren, die Kandidatur für öffentliche Ämter verbieten und der Regierung die Möglichkeit geben sollte, von der organisierten Kriminalität unterwanderte kommunale oder regionale Verwaltungen aufzulösen.

Eine weitere ernstzunehmende Herausforderung erwuchs den Christdemokraten innerhalb ihrer eigenen Reihen: Katholische Dissidenten sammelten zusammen mit Mitgliedern der Opposition Unterschriften für eine Reihe radikaler Wahlrechtsreformen, die darauf abzielten, die Macht der Parteiführungen zu schmälern und die Regierenden zu einer stärkeren Berücksichtigung des Wählerwillens zu zwingen. Zu dem Zeitpunkt, als die siebente Regierung Andreotti die Geschäfte aufnahm, im April 1991, erklärten 74 Prozent aller Italiener, sie würden dem geltenden Mehrheitswahlrecht ein Verhältniswahlrecht vorziehen.[7]

Die einsichtigeren unter den Politikern begriffen, daß sie, wenn sie nicht auf den Reformzug aufsprangen, von diesem möglicherweise überrollt würden. Einer dieser Politiker war Claudio Martelli. Äußerst intelligent und redegewandt, dazu jung, gutaussehend und telegen, hatte Martelli das Zeug, ein John F. Kennedy oder Bill Clinton der italienischen Politik zu werden. Es war das Pech Martellis (und vielleicht auch das Pech Italiens), daß die politische Heimat, in der er groß geworden war, die korrupte Sozialistische Partei Bettino Craxis war. (In den frühen 80er Jahren war die italienische Justiz im Rahmen von Ermittlungen zu einer Schmiergeldzahlung in Höhe von mehreren Millionen Dollar auf Spuren gestoßen, die in Martellis Richtung wiesen; das Geld war von der Mailänder Banco Ambrosiano auf ein Schweizer Bankkonto der Sozialistischen Partei geflossen, dessen treuhänderischer Verwalter kein anderer als Licio Gelli gewesen war, der berüchtigte Großmeister der geheimen Freimaurerloge P2. Das Ermittlungsverfahren war – natürlich – eingestellt worden, so daß dieser Schatten auf der Reputation Martellis seinen Aufstieg zum Justizminister nicht hatte verhindern können. Als jedoch 1993 weitere Beweise im Zusammenhang mit der Schmiergeldaffäre auftauchten, mußte er seinen Hut nehmen.)[8] Martelli begann sich, vielleicht weil er das Ausmaß seiner Korruption kannte, von seinem politischen Mentor Craxi zu distanzieren und sich eine eigene, neue politische Identität zuzulegen. «Martelli begriff, daß Erfolge im Kampf gegen die Mafia eine sehr gute politische Rendite versprachen, und so versteifte er sich darauf und holte das Maximum aus der großen einschlägigen Befähigung Falcones heraus», sagte Richter D'Ambrosio. «Ich glaube, daß Martelli hoffte, der ‹neue Mann› der italienischen Politik werden zu können.»[9]

In der Anfangsphase stießen Martelli und Falcone mit ihrem Programm auf erhebliche politische Gegenwehr, doch im Sommer 1991 passierten Dinge, die das widerstrebende Parlament plötzlich in hektische Betriebsamkeit versetzten.

Am 3. Mai erfuhr die schockierte italienische Öffentlichkeit von einem der haarsträubendsten Mafiaverbrechen der jüngeren Vergangenheit: Im kalabrischen Taurianova war ein Metzger vor der Tür seines in der Stadtmitte gelegenen Geschäfts von Killern aus den Reihen der lokalen 'Ndrangheta ermordet worden; sie hatten ihrem Opfer mit einem seiner eigenen Schlachtermesser den Kopf abgeschnitten und diesen dann noch zu einem Zielschießen auf der Piazza verwendet. Das Verbrechen elektrisierte die landesweite Öffentlichkeit nicht nur wegen der makaberen Details, sondern auch weil Taurianova sich als ein schockierendes Beispiel dafür entpuppte, wie unangefochten und unumschränkt die Machtfülle des organisierten Verbrechens in Teilen Süditaliens geworden war. Der Mord, die Enthauptung und das Zielschießen hatten sich bei hellichtem Tag auf einem der größten Plätze der Stadt ereignet, und trotzdem hatte kein Mensch etwas gesehen. Der Mord war einer von fünfen innerhalb von drei Tagen und der 32. Mafiamord in nur zwei Jahren, eine erstaunliche Zahl für eine Stadt von nur 17.000 Einwohnern. Dazu kam, daß die Hinrichtung des Metzgers eine unübersehbare politische Dimension hatte: Sie schloß sich nahtlos an die Ermordung Rocco Zagaris an (und war anscheinend eine Vergeltungsaktion dafür), eines christdemokratischen Mitglieds des Gemeinderats von Taurianova, dem nachgesagt wurde, er gehöre der 'Ndrangheta an.[10]

Den italienischen Journalisten, die scharenweise in Taurianova einfielen, enthüllte sich ein unglaubliches Bild vom Leben in dieser Stadt: Eine einzelne Familie hatte hier seit Ende des Zweiten Weltkriegs geherrscht wie ein mittelalterliches Fürstenhaus. Der Patriarch der Familie, Giuseppe Macri, war zugleich Bürgermeister und Ortsvorsitzender der Christdemokratischen Partei gewesen. Er hatte seinen Thron an seinen Sohn Francesco «Ciccio» Macri vererbt, der seine Dankbarkeit dadurch zum Ausdruck brachte, daß er den Platz, an dem die Familie wohnte, in Piazza Macri umtaufen und in der Platzmitte ein Denkmal für seinen Vater aufstellen ließ (natürlich auf Kosten der Stadt). Wenn Don Ciccio eine seiner politischen Reden hielt, tat er es vom Balkon des Palazzo Macri an der Piazza Macri, und das Volk versammelte sich dazu um die lebensgroße Statue des Giuseppe Macri. Die Hauptsäule, auf der die Macht von Don Ciccio beruhte, war sein Posten als Direktor des örtlichen Staatlichen Gesundheitsamts, der großen öffentlichen Pfründe, die einen nicht unerheblichen Teil der Einwohnerschaft von Taurianova ernährte. Während die Zahl derer, die die Dienste des Amtes in Anspruch nahmen, gering war, umfaßte die Gehaltsliste der Behörde nicht weniger als 1150 Namen, darunter die zahlreicher politischer Busenfreunde von Don Ciccio, die sich an ihrem Arbeitsplatz nie blicken ließen. Zu dieser Kategorie gehörte auch der ermordete Stadtrat Rocco Zagari. Marcri hatte sich seinen Spitznamen «Ciccio-Mazzetta» («Ciccio der Geschmierte») redlich verdient; seine Masche bestand darin, von den zahlreichen Angestellten des vom ihm geleiteten Amtes «Rückvergütungen» auf die ihnen gezahlten Gehälter zu kassieren, was erklären half, weshalb er sich trotz seines bescheidenen Beamtengehaltes einen Rolls-Royce leisten konnte. Das von Don Ciccio praktizierte System hatte sich so weit herumgesprochen, daß die Justiz darauf aufmerksam geworden war. Doch trotz einer ganzen Reihe gegen ihn ergangener Strafurteile und obwohl er ein polizeilich gesuchter Justizflüchtling war, hatte Don Ciccio bis 1988 als örtlicher Vorsitzender der Christdemokratischen Partei amtiert. Als er schließlich unter Druck zurückgetreten war, hatte seine Schwester Olga Macri den Parteivorsitz und gleich auch das Bürgermeisteramt übernommen. Nach wie vor aber zog Don Ciccio in seiner Eigenschaft als Direktor des Gesundheitsamts unangefochten die Fäden der politischen Macht. Auch wenn niemand den Macris unterstellte, sie seien selbst Mafiosi, stützte sich ihre Herrschaft doch auf die in der Gegend aktiven Mafiasippen, die über mehrere Sitze im Stadtrat geboten und sich ihre Unterstützung mit lukrativen Staatsaufträgen vergelten ließen.[11]

Im Visier der Ermittlungsbehörden hatte sich Taurianova schon seit einiger Zeit befunden, doch erst die Ermordung des Stadtrats und der

Vorfall mit dem abgetrennten Kopf zwangen die Regierung zum Handeln. Unter dem Eindruck der Morde vom Mai 1991 erklärte Innenminister Scotti die Verwaltungsspitze und den Gemeinderat von Taurianova (und den von zwei weiteren süditalienischen Städten) für aufgelöst, weil von einem beherrschenden Einfluß der Mafia auf die kommunalen Regierungsgeschäfte auszugehen sei. Ein vom Staat eingesetzter Verwalter würde bis zur Wahl eines neuen Stadtrats in spätestens achtzehn Monaten die Geschäfte führen.[12]

Einen Monat später, am 9. Juni 1991, wurde in Italien per Volksabstimmung eine der Eigenarten des italienischen Wahlrechts abgeschafft, die es Leuten wie Don Ciccio Macri ermöglicht hatten, Macht anzuhäufen: das System der «Präferenzen». Dieses hatte den Wählern die Möglichkeit gegeben, ihre Stimme nicht nur einer Partei zu geben, sondern bis zu vier einzelne für diese Partei kandidierende Bewerber hervorzuheben. Auf den ersten Blick schien dies eine demokratiedienliche Vorschrift zu sein, die sicherstellte, daß die Bürger selbst, und nicht irgendwelche Parteiführer, die Mandate verteilten; leider war jedoch ein notorischer Schwarzmarkt für den Handel mit «Präferenzen» entstanden. Politiker oder Mafiabosse, die Wählerstimmen en gros kontrollierten, konnten ihre Stimmenpakete vervierfachen, indem sie «Präferenzen» verkauften oder eintauschten. Wenn ein Politiker zum Beispiel tausend ihm ergebene Gefolgsleute hatte, konnte er deren «Präferenzen» drei anderen Politikern anbieten, die im Gegenzug ihre Anhänger veranlaßten, für ihn zu stimmen. Für Mafiasippen, die das Stimmverhalten bestimmter Gruppen mit hoher Präzision steuern konnten, hielt dieses System einzigartige Möglichkeiten bereit. Es überrascht nicht, daß von der Möglichkeit der «Präferenzwahl» besonders in Süditalien reger Gebrauch gemacht wurde – 70 Prozent aller Wähler nutzten es hier, während es in Norditalien nur halb so viele waren. (Am beliebtesten war das Präferieren bei den christdemokratischen Wählern auf Sizilien – 86 Prozent von ihnen machten Gebrauch davon.) Als das System jedoch am 9. Juni 1991 zur Abstimmung gestellt wurde, ergab sich überraschenderweise sowohl im Süden als auch im Norden des Landes eine überwältigende Mehrheit für seine Abschaffung. Dieses Ergebnis war eine deutliche Warnung an die Adresse der regierenden Parteien und gab den Reformkräften im Lande Auftrieb, die ein weiteres Referendum anstrebten und auf diese Weise eine völlige Neufassung des Wahlrechts durchsetzen wollten für den Fall, daß das Parlament nicht von sich aus entsprechende Schritte tat.[13]

Am 9. August 1991 wurde Antonio Scopelliti, Staatsanwalt am Obersten Gerichtshof Italiens, während eines Besuch bei seiner Familie in Kalabrien von Mafiakillern getötet. Scopelliti arbeitete zu der Zeit an den Plädoyers der Anklageseite für die letztinstanzliche Berufungsverhandlung zum ersten Maxi-Prozeß von Palermo, die für den Herbst anberaumt war. Scopelliti war schon der zweite Anklagevertreter, der im Verlauf des Berufungsverfahrens ermordet worden war: Zuvor war 1988 Antonio Saetta vom Palermoer Appellationsgerichtshof auf dieselbe Weise ausgeschaltet worden.[14]

Später im gleichen Monat, während Kabinett und Parlament noch über dem neuen Gesetzespaket zur Kriminalitätsbekämpfung brüteten, wurde im Palermo Libero Grassi, ein Geschäftsmann, der der Mafia Schutzgeldzahlungen verweigert hatte, vor seinem Haus ermordet. Während Mafiamorde dieser Kategorie ansonsten zum täglichen Brot der Sizilianer gehörten, traf der Tod Libero Grassis einen empfindlichen Nerv. In einer von Angst und feigem Schweigen beherrschten Welt war Grassi zu einer Symbolfigur für Courage und stolze Selbstbehauptung eines Bürgers geworden. Er hatte sich nicht nur dem Druck der Mafia nicht gebeugt, sondern hatte es sogar gewagt, über das Thema zu reden. Einige Monate zuvor hatte er, nachdem anonyme Anrufer ihn mehrmals bedroht hatten, im *Giornale di Sicilia* einen offenen Brief – beginnend mit der Anrede «Lieber Erpresser» – veröffentlicht und darin unmißverständlich zum Ausdruck gebracht, daß er nicht die Absicht hatte zu zahlen. Mit Hilfe Grassis konnte die Polizei in der Folge drei Männer festnehmen und wegen versuchter Erpressung anklagen, während Grassi weiterhin mit bemerkenswerter Offenheit über das Unwesen der Schutzgelderpressungen sprach: «Hier bezahlen alle, fast alle, von 200 Mark monatlich bis zu 300.000 Mark im Jahr», sagte er.

Läden, Handwerker, Freiberufler, Kleinbetriebe, Großunternehmen . . . Palermo ist eine Stadt der «bedingten Freiheit». Die freie Marktwirtschaft existiert hier nicht. Und weshalb existiert sie nicht? Weil die Opfer nicht den Mund aufmachen, weil der Industriellenverband stumm bleibt und der Verband der Ladeninhaber sich weigert, einen Finger zu rühren . . . Das Schweigen des Todes liegt über unserer Wirtschaft und nimmt ihr den Atem . . . Zu viele bezahlen, ohne je zu protestieren . . . Ich glaube langsam, daß auf einer bestimmten Ebene sogar ein Arrangement besteht . . . Ein Geschäftsmann ging so weit, daß er einem Freund von mir, der es auch ablehnte zu zahlen, sagte: «Wenn wir alle zahlen, werden wir weniger zahlen.› . . Erpresser und Erpreßte sitzen sogar bei einer Tasse Kaffee zusammen; so sind sie dabei, sich von Opfern zu Komplizen zu wandeln.[15]

In den Augen der meisten anderen Geschäftsleute Palermos war Grassi ein gefährlicher Verrückter, der mit seinen Verleumdungen den guten Namen der sizilianischen Unternehmerschaft befleckte. Doch von denen, die wußten, was lief, zweifelten nur wenige am Wahrheitsgehalt seiner Aussagen. Die Polizei hatte 1989 eines der Verstecke von Nino Madonia (einem Sohn des Kommissionsmitglieds Francesco Madonia) gefunden; dabei war ihr ein Kassenbuch in die Hand gefallen, in dem die Schutzgeldeinkünfte der Familie verzeichnet waren, komplett mit Namen und Beträgen. Von den 150 in der Liste aufgeführten örtlichen Geschäftsinhabern gaben nur vier zu, Schutzgelder bezahlt zu haben.[16]

In anderen Teilen Siziliens machte das Beispiel Libero Grassis jedoch Schule. In Capo d'Orlando, einer Kleinstadt unweit von Messina, gründeten rund 140 Geschäftsleute einen Verband und sperrten sich geschlossen gegen weitere Schutzgeldzahlungen. Ihre Anzeigen führten zur Verhaftung von rund zwanzig örtlichen Mafiosi, gegen die Anklage erhoben wurde. Für Sizilien war dies eine potentiell revolutionäre Entwicklung, für die Mafia ein unerträglicher Affront. Und nachdem Libero Grassi auch noch in einem landesweit ausgestrahlten Fernsehprogramm zum geschlossenen Widerstand gegen die Erpresser aufgefordert hatte, beschloß offenbar jemand, ihn zum Schweigen zu bringen. Am 29. August wurde er erschossen.[17]

Erst nach dem Tod Libero Grassis schienen die Menschen in Italien zu merken, wie bedeutsam sein Engagement gewesen war. Die Schutzgeldbranche erzielte in Italien nach Schätzungen einen Umsatz von bis zu 40 Milliarden Mark, ein Betrag, der einer illegal erhobenen Steuer gleichkam. Das bedeutete nicht nur eine schwere Kostenbelastung für die Wirtschaft Süditaliens, sondern zwang Hunderttausende Menschen zum Rückgriff auf illegale wirtschaftliche Praktiken: Um die Schutzgeldforderungen erfüllen zu können, reduzierten Geschäftsleute auf dem Papier ihre Einkünfte und hinterzogen auf diese Weise Steuern; sie trugen so zur Verbreitung einer allgemeinen Kultur der Korruption bei und entzogen dem italienischen Staat Einnahmen, die statt dessen in die Kassen der Cosa Nostra flossen. «Kein wirtschaftliches oder soziales Problem kann gelöst werden, solange der Staat nicht seiner obersten Pflicht nachkommt, gegen das Verbrechen vorzugehen», erklärte der italienische Industriellenverband in einer Verlautbarung zum Tod Grassis.[18] In den ersten sechs Monaten des Jahres 1991 war die Zahl der im Land verübten Mafiamorde gegenüber dem bereits hohen Niveau des Jahres 1990 um unglaubliche 73 Prozent gestiegen.[19]

In den zehn Tagen nach der Ermordung Grassis brachte das römische Kabinett mehr wichtige Anti-Mafia-Gesetze auf den Weg als in den acht Jahren zuvor. Die Vorschläge Falcones wurden praktisch vollständig in die Tat umgesetzt: das italienische FBI, die Anti-Mafia-Verbünde auf Bezirksebene, die «Super-Procura», die Schaffung von 23.000 neuen Planstellen bei Polizei und Carabinieri. Im Rahmen der gesetzlichen Maßnahmen gegen das Schutzgeld-Unwesen sollte ein Hilfsfonds für die Opfer von Schutzgelderpressungen eingerichtet werden. Das Kabinett verkündete darüber hinaus seine Absicht, der Drehtür-Justiz für Mafiabosse ein Ende zu setzen: Personen, die wegen mafioser Straftaten verurteilt waren, sollten bis zu sechs Jahre lang in Haft gehalten werden können, während sich ihre Verfahren durch die Berufungsinstanzen schleppten; eine Freilassung auf Kaution sollte ausgeschlossen sein.[20]

Wenige Wochen nach Verabschiedung des Gesetzespakets gab das Kabinett seine Zustimmung zur Suspendierung der Gemeinderäte und Verwaltungen von weiteren achtzehn mafiaverseuchten Kommunen.[21]

Martelli und Falcone wandten sich nun den verlotterten Verhältnissen in Palermo zu, die die Ermordung Libero Grassis mit möglich gemacht hatten. Den Mordbefehl hatte aller Wahrscheinlichkeit nach Francesco Madonia ausgegeben, der Mafiaboß des Stadtviertels, in dem sich Grassis Geschäft befand – das Kassenbuch seiner Sippe war der Polizei zwei Jahre zuvor in die Hände gefallen. Obwohl zu den Verurteilten des Maxi-Prozesses von Palermo gehörend, lebte Madonia im Kreise vieler anderer Bosse als Luxushäftling im Palermoer Ospedale Civico; sie konnten dort Besuche empfangen und Telefonate führen wie Gäste eines Hotels. In dem aufgefundenen Kassenbuch der Madonias hatte die Polizei unter anderem den Eintrag gefunden: «Schwestern: 11 Millionen Lire (DM 14.000)» – Madonia bezahlte also die Pflegekräfte des staatlichen Krankenhauses, als seien sie seine persönlichen Dienstboten.[22]

Obwohl die skandalöse Situation schon vor Jahren dokumentiert worden war, hatte sich daran nichts Wesentliches geändert. Martelli und Falcone versuchten nun, durch einen Erlaß gegenzusteuern, der die Überstellung verurteilter Mafiosi in Hausarrest verbot und festlegte, daß sie nur in Gefängniskrankenhäusern behandelt werden durften. Darauf Bezug nehmend, hatte die Strafverfolgungsbehörde von Palermo beim Appellationsgerichtshof den Antrag gestellt, 22 namhafte Mafiabosse, die sich entweder im Krankenhaus oder unter Hausarrest befanden, in ihre Gefängniszellen zurückzuschicken. Der Präsident des Gerichtshofs, Pasquale Barecca, lehnte den Antrag mit dem Argument ab, das Gesetz dürfe nicht rückwirkend, sondern nur auf künftige Fälle angewendet werden. (Es ist nicht uninteressant daran zu erinnern, daß italienische Richter Vorschriften des neuen italienischen Straf- und Prozeßrechts durchaus rückwirkend angewandt hatten, wenn es für verurteilte Mafiosi von Vorteil gewesen war. Jetzt wurde die gegenteilige Logik angewandt, doch das Ergebnis blieb dasselbe: Verurteilte Mafiabosse kamen oder blieben in Freiheit.) Im Lichte der Ermordung des Richters Antonio Scopelliti erhielt der Urteilsspruch Bareccas einen besonders grotesken Anstrich: Die verurteilten Mafiosi konnten ihre Freiheit genießen, solange das Oberste Gericht Italiens noch nicht über ihre Berufungsanträge entschieden hatte, doch durch die Ermordung von Richtern, die mit dem Verfahren befaßt waren, wurde die Entscheidungsfindung hinausgezögert. Die Begründungen, mit denen das Gericht Verlegungen ins Krankenhaus guthieß, waren in vielen Fällen hanebüchen: Einer der Verurteilten, Agostino Badalamenti, ein Neffe von Gaetano Badalamenti, war achtzehn Monate lang wegen «Verdachts auf Hepatitis» unter Beobachtung gehalten worden, obgleich die Krankheit nie diagnostiziert worden war. Während die Regierung noch überlegte, welche neuen Maßnahmen zu treffen waren, marschierte einer der einundzwanzig Bosse, deren Wiedereinweisung ins Gefängnis Barecca verhindert hatte, Pietro Vernengo, unbehelligt aus dem Ospedale Civico und tauchte zusammen mit seinem Sohn und seinem Schwiegersohn, die ebenfalls verurteilte Mafiosi waren, spurlos unter.[23]

Martelli forderte daraufhin die sofortige Versetzung Bareccas, mit der Begründung, dieser habe wissentlich den Willen der Regierung mißachtet. Zwei Tage nach dem Verschwinden Vernengos aus dem Krankenhaus leitete Falcone in Palermo eine Polizeirazzia, in deren Verlauf Dutzende verurteilter Mafiosi in die Gefängniszellen zurückgebracht wurden, in die sie kraft Regierungsbeschluß gehörten.

Die Entscheidung der Regierung, sich den Richter Barecca vorzuknöpfen, brachte in direkter Folge auch den «Urteilskiller» Corrado Carnevale vom Obersten Gericht Italiens ins Gerede. «Warum werden nicht dieselben Maßstäbe, die an Dr. Barecca angelegt wurden, auch an Dr. Carnevale angelegt?» fragte Luciano Violante, ein ehemaliger Richter und jetziger Parlamentsabgeordneter. Violante und andere Mitglieder der Anti-Mafia-Kommission des italienischen Parlaments hatten die Urteile Carnevales in Mafiafällen überprüft und eine lange Liste juristischer und sachlicher Fehler zusammengestellt, aus der sich kritische Fragen zur Kompetenz und zur Unvoreingenommenheit dieses Richters ergaben.[24]

Da im Herbst 1991 der Maxi-Prozeß vor das Oberste Gericht kommen sollte, war die Debatte über Carnevale von besonderer Dringlichkeit. 1989 hatte schon die erste Berufungsinstanz in Palermo das rechtliche Fundament, auf dem die Verurteilungen im Maxi-Prozeß ruhten, ein Stück weit ausgehöhlt. Während das Appellationsgericht viele individuelle Verurteilungen bestätigt hatte, hatte es die sogenannte Buscetta-Theorie verworfen, dergemäß Bosse der Cosa Nostra für hochrangige Mafia-Mordanschläge dann verantwortlich gemacht werden konnten, wenn aus Zeugenaussagen hervorging, daß sie zu dem betreffenden Zeitpunkt eine aktive Rolle in der «Kommission» gespielt hatten. Diese zwiespältige Bewertung eröffnete Carnevale unter Umständen eine perfekte Handhabe, um den Maxi-Prozeß aus den Angeln zu heben.

Unter wachsenden politischen Druck gesetzt, bequemte sich das Oberste Gericht Italiens zu einer Änderung seiner bizarren Geschäftsordnung, die bislang dafür gesorgt hatte, daß der «Urteilskiller» Carnevale praktisch sämtliche im Bereich der organisierten Kriminalität angesiedelte Fälle auf den Tisch bekommen hatte. Künftig würden die Fälle, anstatt automatisch der Ersten Kammer zugewiesen zu werden, nach dem Zufallsprinzip auf die sieben Kammern des Gerichts verteilt.

Auf dem Papier der Verfassung ist die italienische Justiz vollkommen unabhängig, in der Praxis reagiert sie jedoch auf politischen Druck seit jeher höchst empfindlich, im guten wie im schlechten Sinn. Jahrelang hatten die regierenden Parteien Carnevale als einen «peniblen» Juristen verteidigt; jetzt ließen dieselben politischen Kräfte kein gutes Haar an ihm.

Der konservative Journalist Indro Montanelli, dessen Zeitung *Il Giornale* den Anti-Mafia-Verbund von Palermo als eine kommunistische Kaderschmiede attackiert hatte, richtete sein Zielfernrohr jetzt auf den «Urteilskiller» und nannte dessen Urteile «widerwärtig». Unter dem Eindruck eines neuen Carnevale-Urteils, das sechs zu lebenslangem Gefängnis verurteilten Gangstern aus Neapel die Entlassung in die Freiheit beschert hatte, schrieb Montanelli: «Ist es möglich, daß das Recht immer, immer auf der Seite der Verbrecher ist und nie, solange es nach Carnevale geht, auf der Seite der verurteilenden Gerichte?»[25]

Bei der Überprüfung der Fälle, an denen Carnevale mitgewirkt hatte, stieß das Justizministerium auf Belege dafür, daß er sich eines schwerwiegenden Verstoßes gegen die Standesethik schuldig gemacht hatte, indem er es in einem Fall, in dem sein eigenes wirtschaftliches Interesse erheblich tangiert war, versäumt hatte, sich für befangen zu erklären. Mit der Drohung eines Disziplinarverfahrens konfrontiert, bat Carnevale um seine Abberufung aus dem Richterkollegium, das über die Berufungsanträge zum Maxi-Prozeß entscheiden würde.

Als der Oberste Gerichtshof am 31. Januar 1992 seine Beschlüsse verkündete, konnte sich die Anklageseite auf der ganzen Linie bestätigt fühlen. Das Hohe Gericht hielt nicht nur die ursprünglichen Urteile aufrecht, sondern akzeptierte auch die sogenannte Buscetta-Theorie. Zum ersten Mal in der Geschichte sahen sich die führenden Männer der Cosa Nostra mit nicht mehr revidierbaren lebenslänglichen Gefängnisstrafen konfrontiert. Abgesehen davon, daß Dutzende hochrangiger Bosse jetzt kaum noch eine andere Perspektive hatten als ein Leben hinter Gittern, konnten die Strafverfolger weiterhin dieselben Mittel anwenden, um den Rest der Organisation in die Enge zu treiben. Das Urteil war ein klares Signal dafür, daß die Zeit der Unantastbarkeit, die 45 Jahre gedauert hatte, vorüber war.[26]

«Das war ein Ergebnis, das sich in Palermo nicht einmal die optimistischsten Staatsanwälte hätten vorstellen können», sagte Richter Salvatore Barresi. «Auch das war das Werk von Giovanni Falcone, und daß es gelang, war nicht zuletzt der Tatsache zu verdanken, daß er es geschafft hatte, Martelli für das Mafiaproblem zu sensibilisieren.»[27]

Zur Überraschung vieler Freunde und Kollegen schien Falcones strategischer Umzug nach Rom sich aufs Beste auszuzahlen. «Ich muß zugeben, daß ich mich in diesem Fall vollständig getäuscht hatte», sagt Richter Barresi, der die Entscheidung Falcones, zu Martelli zu gehen, damals kritisiert hatte. «Während es uns erst langsam dämmerte, begriff die Mafia sogleich, daß (Falcone) in Rom sehr viel gefährlicher war, als wenn er in Palermo geblieben wäre.» In nur zehn Monaten – angefangen mit dem Erlaß vom März 1991, mit dem er die Verhaftung Michele Grecos und der anderen Palermoer Bosse erzwungen hatte, über die Gründung eines italienischen FBI, den Aufbau der Bezirksbehörden, das Gesetz gegen Schutzgelderpressung, die Abschaffung des Hausarrests für verurteilte Mafiosi bis hin zu dem historischen Urteil des Obersten Gerichts zum Maxi-Prozeß – hatte Falcone für eine regelrechte Revolution in der italienischen Strafverfolgung gesorgt. «Er hatte den gesamten Einsatz staatlicher Mittel gegen die Mafia auf Trab gebracht, der bis dahin unkoordiniert, inkonsequent und uneffektiv, wenn nicht Schlimmeres, gewesen war», sagt Richter Barresi.

Am Abend des Tages, an dem das Oberste Gericht seine Entscheidung im Berufungsverfahren zum Maxi-Prozeß bekanntgab, veranstalteten Falcone und seine Kollegen im Justizministerium in Rom eine stille, kleine Feier. Zuerst riefen sie die Leute an, die an dem Prozeß maßgeblich mitgewirkt hatten, wie Antonino Caponetto, Paolo Borsellino, die anderen Kollegen von der ehemaligen Palermoer Ermittlungsbehörde und die Minister Oscar Luigi Scalfaro, Mino Martinazzoli und Virginio Rognoni, die den Prozeß möglich gemacht hatten. «Um etwa Viertel nach acht Uhr ließ Falcone eine Flasche Champagner besorgen, die wir öffneten», erinnert sich Liliana Ferraro. «Es war jedoch kein unbeschwerter Abend. Wir wußten, daß etwas Schwerwiegendes geschehen war und daß wir in irgendeiner Form die Rechnung dafür erhalten würden. Wir empfanden große Genugtuung, aber es war ein sehr nüchternes Gefühl.»[28]

Ungeachtet seiner epochalen Bedeutung ging das Urteil des Obersten Gerichts in Sachen Maxi-Prozeß in dem Wirbel traumatischer Ereignisse und Entwicklungen unter, der in den ersten Monaten des Jahres 1992 über Italien hinwegfegte.

Nur zwei Wochen nach der Verkündung des Urteils, am 17. Februar 1992, verhaftete die Polizei Mario Chiesa, einen mittleren Funktionär der Mailänder Sozialisten, auf frischer Tat, als er ein Schmiergeld in Höhe von rund 10.000 Mark einsteckte. Als die Ermittler Belege für Guthaben von insgesamt rund 15 Millionen Mark fanden, die Chiesa bei Schweizer Banken unterhielt, begann er zu reden. Die weitreichenden Implikationen dieses Skandals lagen auf der Hand. Mailand war das persönliche Herrschaftsgebiet des Sozialistenführers Bettino Craxi; dieser hatte seinen Schwager Paolo Pillitteri zum Mailänder Bürgermeister und seinen 28jährigen Sohn Bobo Craxi zum Vorsitzenden der örtlichen Parteiorganisation gemacht. Die kürzliche Wahl Bobo Craxis in den Stadtrat hatte Mario Chiesa finanziert. Gerüchte begannen die Runde zu machen, die Ermittler seien dabei, sich bis in die höchsten Etagen der politischen Macht in Mailand vorzuarbeiten, und Ermittlungsverfahren und Anklagen gegen Dutzende führender Wirtschaftsvertreter, Stadträte, Parteikassierer, Parlamentsabgeordnete und den Bürgermeister selbst würden vorbereitet. Es handelte sich hier eindeutig nicht um die individuellen Verfehlungen einiger schwarzer Schafe. Was hier aufgedeckt worden war, war ein regelrechtes, sorgfältig durchorganisiertes System der Korruption, dessen Drahtzieher die höchsten Funktionäre der regierenden Parteien waren, vor allem der Sozialisten und Christdemokraten.[29]

Anfang März erklärte Premierminister Giulio Andreotti seinen Rücktritt. Anstatt eine neue Koalition zu zimmern, lösten die Regierungsparteien – ein Zugeständnis an die Schwere der politischen Krise – das Parlament auf und setzten für den Folgemonat eine landesweite Neuwahl an. Am 12. März, gerade als der Wahlkampf anzulaufen begann, erschoß ein Killerteam der Mafia Salvatore Lima in der Nähe seiner Villa in Mondello, einem Badeort unweit von Palermo. Zum Zeitpunkt seines Todes war Lima gerade mit der organisatorischen Vorbereitung einer Kundgebung beschäftigt, mit der sein Mentor Andreotti am folgenden Tag seinen Wahlkampf auf Sizilien eröffnen wollte.

Auch wenn Italien gegen politische Morde noch so abgehärtet war: Die Erschießung Limas schockierte das Land zutiefst. In den voraufgegangenen Jahren hatte die Mafia Dutzende von Politikern und Strafverfolgern liquidiert, doch so prominent wie Lima war, abgesehen vielleicht von General Dalla Chiesa, noch keines ihrer Opfer gewesen. Dazu kam, daß es sich bei ermordeten Politikern bis dahin stets um ausgesprochene Mafiagegner gehandelt hatte, Lima jedoch als einer der mächtigsten Freunde der Mafia im politischen Bereich galt. Die Tatsache, daß seine Parteifreunde nach seinem Tod die gewagte Behauptung aufstellten, er sei im stillen ein entschiedener Gegner der Cosa Nostra gewesen, änderte nichts daran, daß dieser Mord eine große Peinlichkeit für die Christdemokratische Partei war, denn angesichts der Nähe Limas zu Andreotti deutete alles darauf hin, daß die Mafia dem Premierminister zur Warnung eine Leiche vor die Tür gelegt hatte.[30]

Auch wenn niemand die Botschaft dieses Mordes genau entschlüsseln konnte, war doch klar, daß in dem traditionell so dichten Gewebe zwischen Mafia und politischer Macht ein Riß entstanden sein mußte. «Das Verhältnis hat sich umgekehrt: Jetzt ist es die Mafia, die die Befehle erteilen möchte», sagte Giovanni Falcone laut Pressemeldungen. «Und wenn die Politiker nicht gehorchen, handelt die Mafia auf eigene Faust.»[31]

Die Parlamentswahl vom 5. April 1992 stand im Schatten der Aufregung um die beiden Vorfälle, das Attentat auf Lima und die Mailänder Schmiergeldaffäre. Kein Wunder, daß die Wahl zu einer fast totalen Katastrophe für die regierenden Parteien geriet. Die Christdemokraten erreichten einen historischen Tiefstand von nur noch 26 Prozent aller Stimmen, die Sozialisten fielen auf 12 Prozent zurück. Die Lega Nord wurde in Norditalien zur stärksten Partei und kam landesweit auf immerhin rund 10 Prozent, ein kleines Wunder für eine Partei, die 1987 erst 0,4 Prozent errungen hatte. Weil aber die oppositionellen Stimmen sich auf mehr als ein Dutzend Parteien aus allen Teilen des ideologischen Spektrums verteilten, konnte die Regierungskoalition im Parlament doch noch eine, wenn auch hauchdünne Mehrheit behaupten. Die Parteiführer selbst räumten ein, dieses Votum sei ein Fanfarenstoß für eine Reform gewesen. «Entweder wir ändern uns oder wir sterben», sagte Innenminister Vincenzo Scotti.[32]

Staatspräsident Francesco Cossiga trat nach der Wahl zurück und erklärte, das neue Parlament solle einen neuen Präsidenten wählen. (In Italien wird der Staatspräsident vom Parlament für eine siebenjährige Amtszeit gewählt. Im allgemeinen auf zeremonielle Aufgaben beschränkt, hat der Staatspräsident das Recht, den Premierminister zu ernennen und mit der Regierungsbildung zu beauftragen.) Der Rücktritt Cossigas stürzte die Parteien in ein noch tieferes Dilemma: In einem elektrisierten politischen Klima, in dem jeder bei jedem die Schuld für das katastrophale Wahlergebnis suchte, sahen sie sich gezwungen, sich erst einmal auf einen neuen Präsidenten zu einigen, bevor sie an die Bildung einer neuen Regierung gehen konnten. Während draußen im Land der Ruf nach überfälligen politischen Reformen erschallte, tobten innerhalb der Parteien Stellungskämpfe um die besten Ausgangspositionen; man verhandelte und kämpfte miteinander um den Hauptgewinn. Dem Vernehmen nach hatten Sozialisten und Christdemokraten am Vorabend der Wahl einen niedlichen politischen Pakt ausgehandelt: Andreotti würde dem Sozialistenführer Bettino Craxi das Premierministeramt überlassen, die Sozialisten würden im Gegenzug mithelfen, Andreotti zum Staatspräsidenten zu machen. Für Ciriaco De Mita, dem Vorsitzenden der DC, war diesem Plan zufolge das Außenministerium reserviert. Das Wahlergebnis stellte die Umsetzbarkeit dieses Szenarios in Frage, verkörperte es doch ein klares Votum genau gegen diese Art der Hinterzimmer-Politik. Craxi zuckte unter den fast täglichen Donnerschlägen zusammen, die aus den Büros der Mailänder Staatsanwaltschaft erdröhnten, und über Andreotti schwebte drohend und unsichtbar die Figur des Salvatore Lima – wie der Geist Banquos über Macbeth. Bis weit in den Mai hinein laborierte das neue italienische Parlament an einem totalen Getriebeschaden – mehrmals ging der Versuch schief, in geheimer Abstimmung einen neuen Staatspräsidenten zu wählen. In den ersten Runden hatten alle Parteien «Sparrings»-Kandidaten ohne jede Siegchance aufgeboten und hinter den Kulissen fieberhaft darüber verhandelt, welche «echten» Bewerber sie später gemeinsam ins Rennen schicken würden. Als Mitte Mai der christdemokratische Parteisekretär Arnoldo Forlani antrat und scheiterte, glaubten viele, nun sei der Zeitpunkt für den großen Auftritt Giulio Andreottis gekommen.[33]

Während der Dauer dieser politischen Krise lag auch das Anti-Mafia-Programm der Regierung auf Eis. Das Parlament hatte den Antrag des Kabinetts auf Berufung eines «Super-Ermittlers» für die Koordinierung aller Anti-Mafia-Verfahren gebilligt, woraufhin Justizminister Claudio Martelli vorgeschlagen hatte, Giovanni Falcone mit diesem Amt zu betrauen. Allein, wieder einmal hatten Falcones alte Widersacher vom Consiglio Superiore della Magistratura (CSM) ihm einen Strich durch die Rechnung gemacht, indem sie in einem vorläufigen Votum einem anderen Bewerber den Vorzug vor Falcone gegeben hatten. Agostino Cordova war oberster Strafverfolger im kalabrischen Palmi, galt als unermüdlicher Spürhund und hatte einen ausgezeichneten Ruf; er hatte bisher jedoch ausschließlich in Kalabrien gearbeitet und verfügte nicht über das umfassende Wissen Falcones im Bereich der nationalen und internationalen Verflechtungen der Mafia. Cordova hatte sich nicht gescheut, Verbindungen zwischen kalabrischen Funktionären der Sozialistischen Partei und örtlichen Größen des organisierten Verbrechens aufzudecken – und sich damit bei Martelli ins Abseits manövriert. Das CSM war sich des engen Verhältnisses zwischen Falcone und Martelli bewußt, und seine Entscheidung für Cordova war nicht zuletzt auch als Ohrfeige für den sozialistischen Minister gedacht. Doch Martelli gab sich nicht ohne weiteres geschlagen und zog weiterhin alle politischen Register, um die Kandidatur Falcones voranzutreiben. Doch das Tauziehen hielt den ganzen April und Mai hindurch an.[34]

Als ein Reporter der römischen Tageszeitung *La Repubblica* am 19. Mai 1992 Falcone aufsuchte, schien dieser ob der anhaltenden Lähmung des politischen Systems in etwas defätistischer Stimmung zu sein. «Die Cosa Nostra vergißt nie», sagte er. «Der Feind ist immer da und bereit, zuzuschlagen . . . Aus diesem Grund müssen wir das Amt des Super-Ermittlers schnell einrichten . . . Doch wir sind nicht einmal in der Lage, bei der Wahl des Staatspräsidenten zu einem Ergebnis zu kommen.»[35]

Am nachfolgenden Wochenende, am Samstag, dem 23. Mai, konferierten die Spitzenleute der großen Parteien noch immer, in dem Bemühen, den festgefahrenen politischen Karren aus dem Dreck zu ziehen. Nach Beendigung seines morgendlichen Arbeitspensums machte Givoanni Falcone sich auf den Weg von Rom nach Palermo, wo er jedes

Wochenende verbrachte. Seine Frau Francesca hatte ihre Arbeitsstelle auf Sizilien behalten, wartete allerdings auf ihre Versetzung nach Rom. Da Francesca in dieser Woche in Rom zu tun hatte, verschob Falcone, der sonst immer am Freitagabend abreiste, seinen Abflug auf Samstagnachmittag, um mit ihr zusammen reisen zu können. Das Regierungsflugzeug, das sie nach Sizilien bringen sollte, startete um 16.40 Uhr auf dem Militärflughafen von Ciampino bei Rom und landete eine gute Stunde später auf dem Punta-Raisi-Flughafen von Palermo. Eine aus sieben Leibwächtern in drei Polizeiautos bestehende Leibwache erwartete die Ehepaar. Die Sicherheitsvorkehrungen waren in den zurückliegenden Jahren etwas zurückgeschraubt worden, und so flog an diesem Tag kein Hubschrauber die Route zwischen Flughafen und Innenstadt ab. Niemandem war somit aufgefallen, daß an diesem Vormittag wenige Kilometer vom Flughafen entfernt, unweit des Städtchens Capaci, direkt neben der Autobahn eine ungewöhnliche Betriebsamkeit geherrscht hatte. Eine Mannschaft aus «Ehrenmännern», als Bauarbeiter verkleidet, hatte letzte Hand an eine gigantische, 500 Kilo schwere Sprengladung gelegt, mit der sie eine der unter der Autobahn hindurchführenden großen metallenen Drainageröhren gefüllt hatten. Gegen Abend versammelte sich eine Gruppe von Männern um eine kleine Bauhütte 100 Meter von der Autobahn und richtete aufmerksame Blicke auf den Strom der vom Flughafen kommenden Fahrzeuge; in der Hütte war eine Funkfernsteuerung für den Bombenzünder installiert.[36]

Es war ein kleiner Verstoß gegen die Sicherheitsbestimmungen, daß Falcone sich ans Steuer seines kugelsicheren Fiat Croma setzte – ein kleines Stück Freiheit in einem sonst so hochgradig regulierten Leben. Francesca nahm auf dem Beifahrersitz Platz, während ihr Chauffeur Giuseppe Costanza hinten einstieg. Als der Konvoi Capaci passierte, riß eine ungeheure Explosion mit der Kraft eines ausbrechenden Vulkans die Erde auf. Alle drei Autos wurden von der Wucht der Detonation, die einen riesigen Krater aushob und die Fahrbahn auf 400 Metern Länge aufplatzen ließ, hochgeschleudert, zusammengepreßt und zerknüllt. «Von einer Sekunde zur anderen war es, als öffnete sich vor uns die Hölle», berichtete ein Augenzeuge, der unmittelbar hinter dem Konvoi fuhr. «Eine furchterregende Explosion ... eine Szene aus der Apokalypse, Schreckensschreie und dann eine unwirkliche Stille ... Man hörte Menschen stöhnen, andere waren ohnmächtig. Ich sah, daß Falcone sich bewegte, sein Gesicht eine Maske aus Blut. Sein Kopf bewegte sich vor und zurück, aber er war eingeklemmt ... Ich weiß nicht, ob er bei Bewußtsein war ... Seine Frau war ohnmächtig, ihre offenen Augen blickten nach oben.»[37]

Die Spitze des Konvois hatte die Hauptwucht der Explosion abbekommen; alle drei Insassen des Führungsautos waren sofort tot: Antonio Montinaro, Rocco Di Cillo und Vito Schifani. Die drei Leibwächter im hinteren Auto kamen mit vergleichsweise leichten Verletzungen davon; Falcone, Francesca und ihr Chauffeur waren schwer verletzt, aber noch am Leben, als die Notarztwagen eintrafen. Während der Chauffeur überlebte, wurde Falcone kurz nach der Ankunft im Krankenhaus für tot erklärt. Hätte er nicht darauf bestanden, selbst zu fahren, er könnte vielleicht noch leben. Er war 53 Jahre alt. Francesca Morvillo schien eine Überlebenschance zu haben; sie kam für kurze Zeit zu Bewußtsein und fragte: «Wo ist Giovanni?» Doch nach zwei Operationen starb sie noch am selben Abend. Sie war 46 Jahre alt.[38]

EINUNDZWANZIGSTES KAPITEL

Als die Nachricht von dem Bombenanschlag auf Giovanni Falcone und seinen Konvoi die Runde machte, glichen die Reaktionen denen auf die Ermordung eines Staatsoberhaupts. Alle größeren Fernsehsender unterbrachen ihr laufendes Programm, um die Meldung zu verbreiten. «Als meine Kinder, die zu dem Zeitpunkt zufällig vor dem Fernseher saßen, die Nachricht hörten, schrien sie ‹nein!›, als habe es einen plötzlichen Todesfall in der Familie gegeben», schrieb Claudio Magris, ein Literaturkritiker aus Triest. Millionen Italiener harrten vor den Fernsehgeräten aus und mußten erleben, wie die Meldungen immer düsterer wurden.[1]

Jubel und Beifall brandeten hingegen im Ucciardone-Gefängnis von Palermo auf. Bei der Palermoer Tageszeitung *Giornale di Sicilia* meldete sich ein anonymer Anrufer und übernahm die Verantwortung für die Bombe: «Ein Hochzeitsgeschenk für Nino Madonia.» Der älteste Sohn der mächtigen Madonia-Dynastie war an diesem Tag in der Gefängniskapelle getraut worden.[2]

Das italienische Parlament verfügte einen Tag der Trauer und vertagte sich bis nach der Beerdigung Falcones am Montag. In Sizilien wurde ein Generalstreik ausgerufen – alle Geschäfte und Firmen sollten einen Tag lang zumachen. Die geschlossenen Särge mit den fünf Todesopfern des Bombenanschlags wurden am Sonntag in der riesigen, mamorverkleideten Eingangshalle des Justizpalasts von Palermo aufgestellt, am Schauplatz von Falcones größten Triumphen und bittersten Niederlagen, dem Ort, von dem er sich vor etwas mehr als einem Jahr voller Frustration verabschiedet hatte. Außer den Angehörigen, Freunden und Kollegen der Opfer fanden sich zur Überraschung mancher Beobachter Tausende normaler Bürger von Palermo an den Särgen ein, Männer und Frauen aus den Reihen der schweigenden Mehrheit, die, wie Falcone es mehrere Jahre vorher ausgedrückt hatte, «am Fenster steht und abwartet, wer die Arena als Sieger verläßt».

Als das Defilee der Minister und sonstiger Politiker begann, flogen aus der Menge Münzen und Schmährufe: «Mörder! Hampelmänner! Mittäter! Geht nach Hause. Geht zurück zu euren Schmiergeldern!»[3]

Die Stadt Palermo, die so oft Gleichgültigkeit und manchmal Unmut gegen die Unruhestifter vom Anti-Mafia-Verbund an den Tag gelegt hatte, schien unter Schock zu stehen. Solange Falcone am Leben gewesen war, hatten viele sich darin gefallen, ihn zu kritisieren, sich über die Sirenen seiner Polizeieskorte zu beschweren und Gerüchte über die Kabalen hinter den Mauern des Justizpalastes weiterzutratschen; andererseits jedoch war es für die Bürger Palermos beruhigend gewesen zu wissen, daß Falcone Tag für Tag von frühmorgens bis spätabends zur Stelle war, in seinem bombensicheren Bunker sitzend, sich durch Dokumente wühlend, Zeugen vernehmend, finanziellen Transaktionen nachspürend und Anklagen am laufenden Band produzierend. Jetzt, da er plötzlich nicht mehr da war, fühlten sie sich schrecklich allein und verwundbar. «Falcone erschien uns immer als ein Unbesiegbarer, auch wenn ich nicht immer mit ihm einig war», sagte jemand aus der Menge einem Reporter des *Corriere della Sera.* «Ich hätte nie gedacht, daß sie ihn kriegen. Irgendwie war ich überzeugt, er würde sich aus dem Bombenschutt erheben, mit seinem Lächeln, seiner Zigarre ... Sogar jetzt noch wartet ein Teil von mir darauf, daß er zurückkehrt. In Wirklichkeit werden wir ihn morgen begraben, und er wird nie mehr zurückkommen.»[4]

An vielen Stellen der Stadt konnte man etwas Neues beobachten: daß Leute Parolen des Protests oder der Trauer auf Bettlaken pinselten und diese vor ihre Fenster hängten. «Palermo fordert Gerechtigkeit», stand da zu lesen oder «Genug!», «Holt die Mafiosi aus der Regierung!», «Falcone, du bleibst in unseren Herzen!», «Falcone lebt!»[5]

Die Bestattung Falcones war ein nationales Schauspiel, das live im Fernsehen übertragen wurde. Viele weinten, als Rosaria Schifani, die 23jährige Witwe des getöteten Leibwächters Vito Schifani, mit leidenschaftlicher Inbrunst rief: «Männer von der Mafia, ich will euch vergeben, aber ihr müßt in die Knie gehen!» Große Teile der Bevölkerung harrten trotz des Regens stundenlang auf den Straßen um die Kirche San Domenico aus.[6]

Viele Kommentatoren sahen in der Ermordung Falcones ein Gleichnis für den Tod des italienischen Staates. «Falcone hätte wirksamer geschützt werden müssen als irgendeine andere Person in unserem Land, weil niemand so wie er den Staat verkörperte», schrieb Claudio

Magris im *Corriere della Sera*. «Die Tatsache, daß wir nicht fähig oder nicht willens waren, ihn zu schützen, bedeutet, daß der Staat nicht existiert.»[7]

Norberto Bobbio, einer der führenden Philosophen Italiens, erklärte, unter dem Eindruck der Ermordung Falcones habe er sich «geschämt, Italiener zu sein».[8]

Der Soziologe Pino Arlacchi, ein Freund Falcones, schrieb: «Mit dem Tod Falcones schließt sich ein historischer Kreis, und zwar auf die denkbar schlimmste Weise: mit dem offenkundigen und unzweideutigen Untergang des Staates ... Die Männer der Cosa Nostra sind stark, weil sie mit anderen, noch gefährlicheren Personen verbündet sind, die in unseren Institutionen sitzen, mitten unter uns.»[9]

Die Mordtat schien die politische Welt Italiens aus ihrer Lethargie zu reißen. Nach fünfzehn fruchtlosen Wahlgängen wählte das Parlament am Tag der Bestattung Falcones Oscar Luigi Scalfaro zum neunten Präsidenten der italienischen Republik. Der 76jährige galt zwar als konservativer Christdemokrat, hatte aber stets Distanz zum Parteiapparat gehalten und sich den Ruf moralischer Lauterkeit erworben. Er konnte überdies handfeste Anti-Mafia-Referenzen vorweisen: Als Innenminister hatte er Mitte der 80er Jahre dafür gesorgt, daß die mit der Vorbereitung des Maxi-Prozesses von Palermo befaßten Strafverfolger, die für den Erfolg des Unternehmens grundlegend wichtige logistische Unterstützung erhielten.

Während politische Analytiker in der Ermordung Falcones den Tod des italienischen Staates symbolisiert sahen, gelangten diejenigen, die mit der Welt der Cosa Nostra vertraut waren, zu ganz anderen Schlüssen. «Ein so spektakulärer öffentlicher Bombenanschlag liegt nie im Interesse der Mafia ... Er ist ein Zeichen von Schwäche», erklärte Calderone Ende Mai in einem Zeitungsinterview, dem nicht die ihm gebührende Aufmerksamkeit zuteil wurde. Der Mord sei zu einer dringlichen Angelegenheit geworden, meinte Calderone, weil die Mafia zuvor eine Reihe bedeutsamer Niederlagen habe einstecken müssen. «Giovanni Falcone war schon sehr lange zum Tode verurteilt, doch jetzt konnte die Urteilsvollstreckung aus zwei Gründen nicht mehr hinausgeschoben werden: Das Oberste Gericht hatte die lebenslangen Freiheitsstrafen für die Bosse aus der Kommission bestätigt ... und die Gewißheit nahm zu, daß Falcone zum obersten Ermittlungsrichter gemacht werden würde. Solange Urteile in Rom aufgehoben werden konnten, bestand keine Notwendigkeit zu handeln. Doch ein unwiderrufliches Lebenslänglich löste eine Wutreaktion aus. Die Corleoneser und die siegreichen Sippen verloren den Kopf.» Die Zunahme terroristischer Gewalttaten sei eine Folge der Tatsache, daß die Regierung nunmehr mit dem Kampf gegen die Mafia ernst mache. «Das Kapitel der Pax Mafiosa ist jetzt beendet», sagte Calderone. Und dann prophezeite er weitere Morde in naher Zukunft: «Ich habe keinen Zweifel: ein Ermittlungsrichter, ein Minister, ein Polizeifahnder. Die Cosa Nostra hat ein kleines Buch, und für jeden Namen kommt die Zeit.»[10]

Als Paolo Borsellino erfuhr, daß eine Bombe das Auto von Giovanni Falcone zerrissen hatte, raste er zu dem Krankenhaus, in das sein Freund eingeliefert worden war. Er gehörte zum kleinen Kreis derer, die in die Intensivstation eingelassen wurden, und er kam gerade noch rechtzeitig, um Falcone sterben zu sehen. Als er wieder herauskam, wartete seine älteste Tochter Lucia, damals Studentin, auf ihn. «Plötzlich erblickte ich ihn ... mit einem zusammengefallenen, erschütterten Gesicht, innerhalb weniger Minuten sichtbar gealtert», erinnerte sie sich später. Als sie in Tränen ausbrach, bat er sie, keine Szene zu machen, aber in der nächsten Sekunde brach es auch aus ihm heraus, und sie weinten in bitterer Umarmung. Ihre Tränen galten an diesem Tag jedoch nicht nur Giovanne Falcone. «Jetzt war auch mein Vater dem Tod nähergerückt», sagte sie. «‹Giovanni ist mein Schutzschild gegen die Cosa Nostra›, hatte ich meinen Vater tausendmal sagen hören. ‹Sie werden erst ihn umbringen, dann mich.›»[11]

Borsellino beteiligte sich an allen Bestattungsriten für Falcone, half mit, den Sarg zu tragen, und ergriff bei der Trauerfeier in der Kirche San Domenico das Wort. Mit der für ihn so typischen Fürsorglichkeit kümmerte er sich sogar im strömenden Regen um eine Fahrgelegenheit für Francesca Morvillos Mutter und wurde dabei klatschnaß. Gleichwohl befand er sich in den ersten Tagen nach dem Anschlag in einem Zustand des hochgradigen Schocks und der Depression. Fast völlig verstummt saß er zu Hause und grübelte, während Kollegen, Bekannte und selbst Gegner Falcones Schlange standen, um vor laufenden Kameras im Widerschein des von ihrem «Freund» Giovanni verströmten Glanzes zu baden.

Als das Parlament am Nachmittag des Begräbnistages wieder zusammentrat, gaben die 47 Mitglieder der Fraktion des neofaschistischen Movimento Sociale Italiano ihre Stimme für Paolo Borsellino als neuen Staatspräsidenten ab. Als Borsellino davon erfuhr, war er außer sich vor Wut und protestierte telefonisch bei Freunden aus den Reihen der Partei, die er noch aus gemeinsamen Studienzeiten an der Universität von Palermo kannte. Niemand hatte seine Zustimmung eingeholt, er gehörte keiner politischen Partei an, hatte sich dreißig Jahre lang nicht politisch betätigt und hatte nicht die geringste Absicht, sich um ein höheres Amt zu bewerben.

Einige Tage später wurde ihm im Verlauf einer Podiumsdiskussion in Rom, deren Thema die veröffentlichten Memoiren des Mafia-Überläufers Antonino Calderone war und für die er schon vor Wochen zugesagt hatte, eine weitere unwillkommene Kandidatur angetragen. So kurz nach dem Bombenanschlag von Capaci entwickelte sich die Diskussion zu einer gefühlsgeladenen Gedenkstunde für Falcone, und plötzlich machte Innenminister Vincenzo Scotti, der als ein Teilnehmer auf dem Podium saß, den Vorschlag, den neugeschaffenen Posten des obersten Ermittlungsrichters mit Borsellino zu besetzen. Nach dem Tod Falcones solle das CSM, so Scotti, neue Bewerber für das Amt zulassen. Justizminister Martelli unterstützte den Vorschlag.[12] Dieser spontane, unerwartete Antrag brachte Borsellino in eine äußerst unbequeme Lage. Einerseits wollte er niemanden kränken, doch andererseits mißfiel ihm der Gedanke, vom Tod seines Freundes zu profitieren. Statt ausgenblicklich Stellung zu nehmen, zog er es vor, zu schweigen und unmittelbar nach Ende der Veranstaltung in einem persönlichen Schreiben seine Kandidatur auszuschließen. Ihn erschreckte die Unbekümmertheit, mit der die Politiker in Rom zu solchen theatralischen Gesten griffen, die in Rom vielleicht gut ankamen, in einer Stadt wie Palermo jedoch tödliche Folgen nach sich ziehen konnten. Viele brachten den Tod Falcones mit seiner festgefahrenen Kandidatur als oberster Ermittler in Verbindung, durch die er für die Mafia zu einem erstrangigen Ziel geworden war, ohne jedoch bereits über die Machtmittel für ein offensives Vorgehen zu verfügen.

Als der italienischen Öffentlichkeit klar wurde, was sie an Falcone verloren hatte, verlagerten die Medien das ungeheure Gewicht ihrer Aufmersamkeit auf Borsellino. Während Falcone zum Märtyrer verklärt wurde, jubelten sie Borsellino zum neuen Erlöser hoch – eine gefährliche Simplifizierung des Kampfes gegen die Mafia, die bewirkte, daß alle Augen sich auf Borsellino richteten. «Um ihr beflecktes Image aufzubessern, legte die Regierung es darauf an, meinen Vater zum natürlichen ‹Erben› Falcones zu stilisieren», sagt Manfredi Borsellino. «Tag für Tag nannten sie seinen Namen im Zusammenhang mit Falcone oder mit dem Amt des ‹Super-Ermittlers›.»[13]

Borsellino zum «Erben» Falcones zu erklären, war in einem gewissen Sinn naheliegend. Nicht nur daß die beiden gemeinsam im Anti-Mafia-Verbund gedient hatten, Borsellino hatte Ende 1991 auch den von Falcone geräumten Posten des stellvertretenden Chefermittlers von Palermo übernommen. Nach der Schaffung der «Bezirksbehörden» im Herbst 1991 hatte Borsellino um seine Versetzung aus Marsala in die Hauptstadt ersucht, wo künftig die zentrale Zuständigkeit für die meisten das westliche Sizilien betreffenden Anti-Mafia-Ermittlungen liegen würde. Nach fünf Jahren in der Provinz hatte Borsellino also den Talar Falcones als oberster Mafia-Ermittler in Palermo übergezogen; sein Chef war derselbe Pietro Giammanco, unter dem auch schon Falcone gearbeitet und gelitten hatte. Da die Behörde gemäß der neuen Gesetzeslage über weitgehende Zuständigkeiten verfügte, würde Borsellino die Verantwortung für sämtliche die südwestlichen Provinzen Siziliens betreffenden Ermittlungsverfahren tragen, von Trapani und Marsala bis hinunter nach Agrigent und Palma di Montechiaro.

Während die Ermittlungen gegen die Mafia von Palermo noch ziemlich auf der Stelle traten, trug die Arbeit, die Borsellino in Marsala geleistet hatte, weiterhin gute Früchte. Kurz vor seiner Rückkehr nach Palermo, im Dezember 1991, gelang es ihm, einen weiteren wichtigen Zeugen zum Reden zu bringen: Vincenzo Calcara, einen auf der Insel Favignana inhaftierten Mafioso. (Die Mafia machte Calcara für den Verlust einer Drogenlieferung verantwortlich; dem sicheren Tod, der ihm daraufhin drohte, zog er das Risiko vor, das er als Überläufer einging.) Im Verlauf einer ihrer ersten Verhörsitzungen enthüllte Calcara, daß er einmal den Auftrag erhalten hatte, Borsellino zu ermorden; der Plan sei jedoch fallengelassen worden, nachdem die Kommission in Palermo keine Zustimmung dazu erteilt habe. Zum Beweis für seine Darstellung legte Calcara die verschlüsselt aufgeschriebenen Namen von «Ehrenmännern» in Australien vor, bei denen er nach der Ausführung des Mordauftrags Zuflucht hätte suchen sollen. Die Reue Calcaras war so groß, daß er jedes Mal, wenn er dem Mann, den er hätte ermorden sollen, gegenüberstand, darauf beharrte, ihn zu umarmen. Anfang Mai 1992 ordnete Borsellino die Verhaftung von rund vierzig Verdächtigen in Sizilien, Rom, Norditalien und Deutschland an, deren Namen Calcara genannt hatte. Zur Zeit von Falcones Tod war Borsellino gerade dabei, der nach den Plänen Falcones errichteten «Bezirksbehörde» Leben einzuhauchen, und so kam es, daß die beiden, die schon im alten Anti-Mafia-Verbund so eng zusammengearbeitet hatten, sich anschickten, erneut Hand in Hand zu arbeiten. Für den Fall, daß Falcone zum «Super-Ermittler» berufen worden wäre, hatte er sich Borsellino als Leiter des Palermoer Büros dieser neuen Instanz gewünscht, so daß die beiden erneut ein Gespann gebildet hätten.[14]

Den Kollegen Borsellinos fiel auf, daß mit ihm eine sichtbare Veränderung vorgegangen war, als er Ende Mai ins Büro zurückkehrte. «Nach dem Bombenattentat von Capaci wirkte er sehr, sehr gezeichnet von dem, was passiert war», sagte Richter Salvatore Barresi. «Es war eine schreckliche Traurigkeit an ihm. Vielen von uns schien es, daß in seinen Augen der Tod zu wohnen schien.»[15]

Wenn er auf dem Weg zu seinem Büro durch die Eingangshalle des Justizpalastes ging, wurde er oft von Fremden angesprochen, die ihm einen Gruß, ein Gebet oder einen Zettel mit einem Hinweis oder einer Theorie zum Attentat von Capaci mit auf den Weg gaben. «Sie scheinen mich für einen Heiligen zu halten», sagte Borsellino seiner Familie, beeindruckt von den offenbar grenzenlosen Erwartungen, die an ihn gerichtet wurden.[16]

«Nach dieser ersten Phase der Verunsicherung krempelte er die Ärmel hoch und stürzte sich wieder in die Arbeit wie ein Berserker», erinnert sich sein Sohn Manfredi. «Er setzte nun seine ganze Energie daran, den Mord an Falcone aufzuklären.»[17]

Da für alle Strafrechtsfälle, die Angehörige der Palermoer Justiz betrafen, die Ermittlungsbehörde von Caltanissetta zuständig war, hatte Borsellino keinen Ermittlungsauftrag für das Attentat von Capaci; er hoffte jedoch, im Zuge seiner eigenen Mafia-Ermittlungen auf Spuren und Indizien zu stoßen, die ihn zu den Mördern Falcones führen würden.

Schon seit einiger Zeit war Borsellino der Ermittlungsrichter, an den Mafiosi sich wandten, wenn sie beschlossen hatten, sich den Behörden zu offenbaren. Falcone war seit seinem Wechsel ins Justizministerium formell kein Ermittlungsrichter mehr und hatte die Befugnis, Zeugen zu verhören, verloren. So hatte etwa Gaspare Mutolo, ein großer Mafiafisch, nachdem er sich Anfang Mai 1992 zum Reden entschlossen und erfahren hatte, daß Falcone nicht mehr zur Verfügung stand, darauf bestanden, mit Paolo Borsellino zu sprechen. Dies waren die beiden Personen, zu denen Mutolo Vertrauen hatte, weil er aus eigenem Erleben wußte, welche Schwerstarbeit sie im Maxi-Prozeß geleistet hatten, der für ihn mit einer hohen Freiheitsstrafe geendet hatte. Mutolo war der zentrale Drahtzieher des weitläufigen Heroinrings gewesen, den Falcone gesprengt hatte, unter anderem durch die spektakuläre Beschlagnahmung von mehreren hundert Kilogramm Rauschgift auf einem griechischen Schiff im Jahr 1983.

Borsellino brannte darauf, das Gesprächsangebot Mutolos wahrzunehmen, doch sein neuer Chef, Pietro Giammanco, der Leiter der Procura della Repubblica von Palermo, machte ihm einen Strich durch die Rechnung. Es ging wieder einmal um bürokratische Zuständigkeitsregeln: Mutolo war ein Mafioso aus Palermo, und daher mußte nach Meinung Giammancos korrekterweise ein für den Ermittlungsbezirk Palermo zuständiger Untersuchungsrichter mit dem Fall betraut werden und nicht Borsellino, dessen Zuständigkeitsbereich das südwestliche Sizilien war. Es bestand die Gefahr, daß diese bürokratischen Regeln Mutolo nicht interessierten und daß er die Zusammenarbeit mit einem anderen Ermittler als Borsellino verweigern würde. Es ging um viel, denn mit Mutolo winkte ein Haupttreffer; er war der vermutlich höchstrangige Mafiazeuge seit Francesco Marino Mannoia im Jahr 1989. In den 60er Jahren hatte er mit Totò Riina im Gefängnis gesessen und mit ihm sogar eine Zelle geteilt – eine potentiell unschätzbare Quelle von Informationen über den unsichtbaren Boß der Bosse.

Die Verärgerung Borsellinos steigerte sich, als er durch puren Zufall erfuhr, daß die italienische Polizei Kenntnis von einem Mordkomplott gegen ihn erlangt hatte – Giammanco hatte es nicht für nötig befunden, ihn darüber zu informieren. Borsellino legte zwar keinen Wert darauf, bis ins Detail in die für ihn ergriffenen Sicherheitsmaßnahmen eingeweiht zu werden, aber wenn eine akute Bedrohung vorlag, so wollte er dies erfahren.[18]

Daß die Ermordung Falcones die Mafia-Überläufer vorübergehend verunsicherte, war nicht verwunderlich. Einige Zeugen verstummten nach dem Anschlag von Capaci für eine gewisse Zeit. Borsellinos neuer Zeuge, Vincenzo Calcara, drohte in einer Panikreaktion damit, seine Aussage im Prozeß zu widerrufen. Der Leiter von Borsellinos polizeilicher Fahndungstruppe, Carmelo Canale, mußte in dem Polizeitransporter mitfahren, in dem Calcara nach Palermo gebracht wurde. Der Zeuge hatte sich in ein paranoides Delirium hineingesteigert und war überzeugt, der Tod werde ihn jeden Augenblick ereilen. «Kennen Sie die Fahrer dieses Transporters?» wollte er von Canale wissen – er vermutete, sie könnten etwas gegen ihn im Schild führen. Nach seiner Ankunft in Palermo hielt Borsellino ihm einen strengen Vortrag: «Vincenzo, wo ist deine Würde geblieben? Habe ich dir nicht bei unserer ersten Begegnung gesagt, daß es gut ist, für etwas zu sterben, woran man glaubt?» Calcara erwachte aus seinem Alptraum und hielt an seiner Aussage fest.[19]

Noch während Borsellino sich bemühte, die bürokratischen Hürden im Fall Mutolo aus dem Weg zu räumen, gelang ihm ein wichtiger Durchbruch an einer anderen Front: Er konnte Leonardo Messina, einen Mafia-Unterboß aus Caltanissetta, zur Kooperation bewegen. Obwohl Caltanissetta eine Region mit starker mafioser Tradition war, hatten die Ermittlungen der verflossenen zehn Jahre kaum Auswirkungen auf die dortige Situation gezeitigt. Messina war Ende Dreißig und Sproß einer Familie, die schon seit mehreren Generationen Mafiosi hervorgebracht hatte. «Ich bin voll von Geschichte», sagte er den Ermittlern.

Wie bei vielen anderen Zeugen zuvor, gelang es Borsellino auch bei Messina dank seines Humors und seiner menschlichen Wärme rasch eine enge Beziehung aufzubauen. Als Borsellino dem Zeugen einmal sehr intensiv zuhörte, hielt dieser inne und fragte: «Weshalb starren Sie mich so an?» – «Weil man mir 10.000 Mark im Monat dafür bezahlt, Sie anzustarren», erwiderte er, und die nervöse Spannung löste sich in Gelächter auf. Später bat Messina Borsellino sogar um ein Autogramm für seine Kinder, die den legendären Strafverfolger bewunderten.[20]

Messina lotste Borsellino durch die noch weitgehend unvermessenen Gewässer des Mafiamilieus im sizilianischen Binnenland, und er erwies sich als eine regelrechte Goldgrube für neue Erkenntnisse. Seine Enthüllungen bildeten die Grundlage für die Ausstellung von letztlich an die 200 Haftbefehlen – die vermutlich größte Einzelernte seit den Offenbarungen Buscettas im Herbst 1984. Messina konnte nicht nur tagesaktuelle Informationen über die Zusammensetzung von Killerkommandos und Mafiasippen liefern, er äußerte sich auch mit ungewohnter Offenheit zu den Verflechtungen zwischen dem militärischen Arm der Cosa Nostra und der gepflegten Welt mafiaverbundener Anwälte, Ärzte, Geschäftsleute, Bürokraten und Politiker. In der stagnierenden Wirtschaft des sizilianischen Binnenlandes waren Staatsaufträge die wichtigste Geldquelle überhaupt, und so gut wie nichts konnte dort gebaut werden, ohne daß die Mafia ihre Zustimmung gab und dafür ihren Anteil am Umsatz erhielt. Als Unterboß einer von einem betagten Boß geführten Sippe hatte Messina die Verhandlungen über zahlreiche Auftragsvergaben persönlich geführt, als «Makler» zwischen den interessierten Unternehmern und den entscheidenden sizilianischen Politikern.

Von Messina erfuhr Borsellino, wie ein Parlamentsabgeordneter aus Sizilien, Gianfranco Occhipinti, einen Staatsauftrag für die Mafia «klargemacht» hatte. Der originelle Aspekt an diesem Fallbeispiel war der angewendete Kunstgriff: Der ehrenwerte Abgeordnete Occhipinti ließ aus den Unterlagen der Firma, die das aussichtsreichste Gebot abgegeben hatte, das «Anti-Mafia-Zertifikat» entfernen und stellte so sicher, daß eine mafiaverbundene Firma den Zuschlag erhielt. Italienische Firmen müssen laut Gesetz ein «Anti-Mafia-Zertifikat» vorweisen, wenn sie sich um öffentliche Aufträge bewerben; Mafiafirmen erschleichen sich dieses Zertifikat oft durch Verschleierung der wirklichen Besitzverhältnisse. Nun enthüllte Messina eine unverfrorene neue Variante der Kunst, dieses System zu korrumpieren: Eine Mafiafirma hatte sich einen Staatsauftrag dadurch gesichert, daß sie einem legitimen Mitbewerber mit Hilfe eines Parlamentsabgeordneten das «Anti-Mafia-Zertifikat» gestohlen hatte. Messina konnte diese scheinbar unglaubliche Geschichte dadurch untermauern, daß er das gestohlene Zertifikat vorlegte, das er sorgsam aufbewahrt hatte. Von dem Moment an, da in ihm der Entschluß zu reifen begann, mit der Cosa Nostra zu brechen, hatte er klammheimlich Belege für die von ihm und anderen begangenen Verbrechen gesammelt, um sich als glaubwürdiger Zeuge ausweisen zu können, wenn der Augenblick der Wahrheit kam.[21]

Messina enthüllte die Identität von Totò Riinas «Minister für öffentliche Arbeiten»: Es war ein sizilianischer Unternehmer namens Angelo Siino, und seine Tätigkeit bestand darin, die Oberaufsicht über alle mit Staatsaufträgen zusammenhängenden Cosa-Nostra-Geschäfte zu führen, Schmiergelder zu zahlen und zu kassieren, Gespräche mit Unternehmern zu führen, Drohungen auszusprechen und, wenn nötig, Mordanschläge zu befehlen. Die systematische Korruption, wie Messina sie beschrieb, hatte große Ähnlichkeit mit den in Mailand aufgedeckten Zuständen: Es gab Politiker, die Staatsaufträge solchen Firmen zuschanzten, die bereit waren, sich mit großzügigen Provisionen erkenntlich zu zeigen. Der Unterschied bestand darin, daß in Sizilien ein zusätzlicher Mitspieler am Verhandlungstisch saß: die Mafia. Die Tatsache, daß in Mailand die Justiz rücksichtslos gegen die dortige Korruption vorging, mochte Messina in seinem Entschluß bestärkt haben, sein Wissen um die Praktiken bei der Vergabe von Staatsaufträgen auf Sizilien preiszugeben. Was er darüber zu Protokoll gab, bestätigte die Einschätzung Falcones und Borsellinos, daß die Cosa Nostra sich zu einer immer stärker zentralisierten, einheitlich strukturierten Organisation entwickelt hatte: Der örtliche Mafiaboß war verpflichtet, von allen aus Staatsaufträgen gezogenen Gewinnen einen Prozentsatz an die Dachorganisation in Palermo abzuführen. Totò Riina übte eine wirksame Kontrolle über die verschiedenen Sippen aus, indem er die Aktivitäten der örtlichen Bosse durch von ihm selbst ernannte «Botschafter» überwachen ließ.

Aus Drogengeschäften und Staatsaufträgen bezog die Cosa Nostra im wahrsten Wortsinn mehr Geld, als sie sinnvoll unterbringen konnte. Borsellino staunte, als Messina ihm etwas beschrieb, das er als das «Haus des Geldes» bezeichnete, eine Wohnung, in der sich die Geldscheinbündel bis an die Decke stapelten. Die Gewinne der Cosa Nostra waren so enorm angewachsen, daß es ihr einfach nicht möglich war, das ganze Geld zu waschen; so war man auf die Idee verfallen, eine Wohnung zu mieten, die als Zwischenlager diente.[24]

So sehr Messina auf der einen Seite eine kriminelle Welt schilderte, die ein unerhörtes Maß an Reichtum und Macht angehäuft hatte, so deutlich wurde aus seinen Aussagen auch, daß die Cosa Nostra in eine tiefe innere Krise geraten war. Das von den Corleonesern errichtete Schreckensregiment hatte das Leben in der Organisation zu einem unerträglichen Alptraum gemacht. «Eine fortwährende Tragödie», wie Messina es ausdrückte. Blutvergießen hatte zwar schon immer zur Cosa Nostra gehört, doch in der Vergangenheit war vom Mittel des Tötens ein sparsamerer und rationalerer Gebrauch gemacht worden, als *ultima ratio* bei der Lösung eines Konflikts oder bei der Bestrafung eines Regelverstoßes. Inzwischen waren Morde alltäglich geworden und wurden aus so willkürlichen Gründen verübt, daß die totale Verunsicherung um sich gegriffen hatte und alle in beständiger Furcht lebten. «(Die Corleoneser) haben in allen Sippen Tragödien angerichtet», sagte Messina. «Sie sind an die Macht gekommen, indem sie langsam, langsam alle umgebracht haben . . . und oft uns dafür eingesetzt haben . . . Wir waren von ihnen irgendwie angetan, weil wir glaubten, wenn die alten Bosse aus dem Weg geräumt wären, würden wir die neuen Bosse sein. Es gab welche, die haben ihren eigenen Bruder umgebracht, andere ihren eigenen Vetter usw., weil sie dessen Stelle einnehmen wollten. In Wirklichkeit zogen (die Corleoneser) langsam die Herrschaft über das ganze System an sich.»

Anders als alle anderen, die vor ihm übergelaufen waren, gehörte Messina keiner der Sippen an, die im großen Mafiakrieg auf der Verliererseite gestanden hatten, und er schwebte auch nicht in unmittelbarer Lebensgefahr, weil er etwa Drogen oder Gelder der Cosa Nostra unterschlagen hatte. Er gehörte vielmehr zu den Vorzeige-Bossen der neuen Mafiageneration. Doch er hatte erkannt, daß er, wenn sich seine Karriere so fortsetzte wie bisher, irgendwann in einen tödlichen Konflikt mit den Oberbossen geraten würde, wie so viele vor ihm. «Erst haben sie uns benutzt, um sich all der alten Bosse zu entledigen, dann kamen alle die von uns an die Reihe, die das Haupt erhoben, wie Giuseppe Greco, «der Schuh», Mario Prestifilippo und (Vincenzo) Puccio . . . Übriggeblieben sind nur Männer ohne Charakter, die ihre Marionetten sind,» meinte Messina.

Messina war zwar verheiratet, hatte sich aber auf eine Liebschaft mit einer attraktiven jungen Frau aus wohlhabender Familie eingelassen, die ihm gezeigt hatte, was sich außerhalb der abgeschlossenen Welt der Cosa Nostra abspielte. Nach und nach hatte er Gefallen an einem Leben gefunden, in dem das Erschießen oder Erdrosseln von Menschen nicht zum Pflichtrepertoire gehörte und wo man sich nicht fragen mußte, ob die besten Freunde einem nach dem Leben trachteten.

Messina erzählte, daß der Wunsch, sich von der Cosa Nostra loszusagen, über eine Reihe von Jahren hinweg in ihm gereift sei, daß den letzten Anstoß dazu aber die Ermordung Falcones und der herzerweichende Appell von Rosaria Schifani, der Witwe eines der bei dem Anschlag getöteten Leibwächters, geliefert hätten. «Meine Entscheidung ist die Folge einer moralischen Krise», ließ er Borsellino bei ihrer ersten Unterredung wissen. «Auch wenn mein Großvater und viele meiner Verwandten ‹Ehrenmänner› waren, kann ich mich mit der Organisation nicht mehr identifizieren. Und als ich die Ansprache der Witwe von (Vito) Schifani hörte . . ., trafen mich ihre Worte wie schwere Felsbrocken, und ich beschloß, die Organisation auf die einzig mögliche Weise zu verlassen, durch Zusammenarbeit mit der Justiz.»[23]

Die Cosa Nostra steckte nicht nur in einer inneren Krise, sondern sah sich auch mit einer gefährlichen Herausforderung von außen konfrontiert. Messina war der erste Überläufer, der ein Phänomen, das schon andere kurz erwähnt hatten, eingehender beschrieb: den Aufstieg einer kriminellen Konkurrenz-Organisation, die sich *Stidda* (sizilianisch für «Stern») nannte, weil sich manche ihrer Mitglieder einen Stern auf die Haut tätowieren ließen. Gegründet von ehemaligen «Ehrenmännern», die im Verlauf des großen Mafiakrieges der frühen 80er Jahre der Cosa Nostra den Rücken gekehrt hatten, hatte die neue Gruppierung ihre Hochburgen im südlichen Sizilien, in der Umgebung der Städte Agrigent, Caltanissetta und Gela. Viele *stiddari* der ersten Stunde waren Gefolgsleute von Giuseppe Di Cristina gewesen, dem früheren Mafiaboß von Riesi, der 1978 die Polizei vor dem Aufstieg der Corleoneser gewarnt hatte und kurz darauf ermordet worden war. Der in seiner Tasche gefundene Scheck hatte es Giovanni Falcone ermöglicht, die finanziellen Kreisläufe im Zusammenhang mit den Heroingeschäften des Spatola-Inzerillo-Rings aufzuklären. Vierzehn Jahre später schloß sich somit ein weiterer Kreis.

Die *Stidda* war nicht so gut organisiert und nicht so tief verwurzelt wie die Cosa Nostra, aber in punkto Gewalttätigkeit brauchte sie keinen Vergleich zu scheuen. Mit Messinas Hilfe lernte Borsellino verstehen, daß die erschreckende Zunahme der Mordtaten in vielen südsizilianischen Städten auf das Konto eines erbitterten Krieges zwischen der Cosa Nostra und ihrer neuen Rivalin ging.

Auch wenn der Anschlag auf Falcone scheinbar ein Beweis für die Omnipotenz der Mafia war, äußerte Messina die Überzeugung, die Cosa Nostra stehe mit dem Rücken zur Wand. «Es gibt Leute, die glauben, die Cosa Nostra werde im Zeitraum des nächsten Jahrzehnts untergehen, zerstört von der Maßlosigkeit des Salvatore Riina und dem Krieg gegen die *Stidda*», sagte er.

Die Aussagen Messinas zur *Stidda* fügten sich perfekt ins Bild eines anderen Falles, in dem Borsellino seit einiger Zeit ermittelte: Es ging um einen ganzen Reigen von Morden in dem Städtchen Palma di Montechiaro und seiner Umgebung. Wie Borsellino und seine Ermittler durch die Überwachung der Aktivitäten und Telefonate eines Verdächtigen, der aus Palma di Montechiaro stammte, aber in Marsala lebte, herausgefunden hatte, gab es in Mannheim eine größere Kolonie von *stiddari*. Als die deutsche Polizei ihre Erkenntnisse über eine Schießerei in Mannheim, an der mehrere Männer aus Palma beteiligt gewesen waren, nach Palermo übermittelte, konnte Borsellino Bezüge zu dem im sizilianischen Binnenland tobenden Machtkampf herstellen und eine Reihe von Haftbefehlen erwirken. Unter den Männern, die daraufhin ins Netz gingen, war ein junger *stiddaro* namens Giacchino Schembri, den Borsellino in seiner deutschen Gefängniszelle aufsuchte. Am 10. Juli, kurz nachdem Messina zu reden begonnen hatte, konnte Borsellino den jungen Schembri zur Zusammenarbeit überreden. Schon im Verlauf ihres ersten, noch informellen Gesprächs identifizierte Schembri die Mörder von Rosario Livatino, des im September 1991 bei Agrigent ermordeten Strafverfolgers. Es war nicht, wie bisher angenommen, die Cosa Nostra gewesen, die Livatino exekutiert hatte, sondern die *Stidda*, die offenbar glaubte, sie müßte eine eigene «erstklassige Leiche» vorweisen, um sich als die neue Kraft im Lande zu profilieren. Kurz bevor Borsellino seinen Besuch im Mannheimer Gefängnis beendete, schob er Schembri eine Packung seiner Dunhill-Zigaretten zu, die der junge Häftling an sich nahm und als Erinnerungsstück hütete. Borsellino versprach, noch im selben Monat, am 20. Juli, nach Deutschland zurückzukehren; zwischendurch mußte er jedoch nach Italien zurück, wo dringende Arbeiten warteten.[24]

Mitte Juli 1992 befand sich Borsellino in der außergewöhnlichen Situtation, gleichzeitig mit drei wichtigen neuen Zeugen zu jonglieren: Messina, Schembri und Mutolo. Nach einem Monat war endlich ein Kompromiß zustande gekommen, der wieder Bewegung in den Fall Mutolo bringen würde: Borsellino durfte an den Vernehmungen Mutolos teilnehmen, doch Herr des Ermittlungsverfahrens würde ein anderer, von Chefermittler Giammanco bestimmter Untersuchungsrichter sein. Zum Glück erklärte sich Mutolo in einer ersten Unterredung, die Anfang Juli stattfand, mit dieser Konstellation einverstanden; eine erste ausführliche Verhörsitzung wurde für den 16. Juli anberaumt.

Die Familie Borsellinos konnte sich nicht erinnern, ihn jemals mit so fanatischer Intensität arbeiten gesehen zu haben wie in den beiden Monaten nach der Ermordung Falcones, nicht einmal in den Tagen des Maxi-Prozesses. Während er früher immer, auch unter der Woche, ein paar Stunden für die Familie abgezweigt hatte, verließ er jetzt das Haus, bevor sie aufstanden, und kehrte oft erst zurück, nachdem sie schlafen gegangen waren. Obwohl er an Flugangst litt, war er ständig auf Reisen, flog hierhin und dorthin, um Zeugen zu vernehmen und Beweismaterial zu sichten.

Obwohl die Familie so wenig von ihm sah, reagierte Borsellino unwirsch, als seine jüngere Tochter Fiammetta ihm von ihrem Plan erzählte, im Sommer mit Freunden eine Reise durch afrikanische Naturlandschaften zu machen. «Wie soll ich dich benachrichtigen, wenn sie mich umgebracht haben?» fragte er halb im Scherz.[25]

Als Zugeständnis an die Bedenken ihres Vaters änderte Fiammetta ihre Reisepläne und peilte jetzt Asien an, wo es leichter sein würde, telefonischen Kontakt zu halten. Der Umstand, daß die Medien neue Geschichten über ihren Vater in die Welt setzten, belastete die Familie zunehmend. In einem Artikel nach dem anderen wurde er als der neue «Super-Ermittler» apostrophiert; wenn Fotos und Filmausschnitte gezeigt wurden, dann fast immer solche, die ihn zusammen mit Falcone zeigten, als sei es ihnen bestimmt, ihr Schicksal miteinander zu teilen.

«Es war fast so, daß der Tod meines Vaters im voraus angekündigt wurde», sagt Manfredi Borsellino.

In seinen letzten Lebenstagen gab es eine Desinformationskampagne – von wem auch immer inszeniert – über die Lebensgefahr, in der (Exbürgermeister) Leoluca Orlando angeblich schwebte ... Die Zeitungen vom 17. und 18. Juli brachten lange Reportagen über die ausgeklügelten Maßnahmen zum Schutz Orlandos. Da

Orlando in unserer Nähe wohnt, gab es große Aufregung, als jemand in der Umgebung ein parkendes Auto entdeckte, das gestohlen war. «Fehlgeschlagener Mordversuch an Orlando», hieß es. Tatsächlich stand das Auto näher bei unserem als bei seinem Haus . . . Dies alles erzeugte eine unerträgliche Atmosphäre für uns in der Familie.[26]

«Ich bin überzeugt, daß er den Tod sehr dicht im Nacken spürte», sagt Antonio Ingroia, der in Marsala sein Assistent gewesen und ihm 1992 nach Palermo gefolgt war.

(Carmelo) Canale (von den Carabinieri), der ihn sehr gut kannte, ist vom Gegenteil überzeugt: Es sei unvorstellbar, daß jemand, der so voller Leben steckte, den eigenen Tod vor Augen haben konnte. Doch seine Arbeitsweise in dieser Phase war die eines Mannes, der es furchtbar eilig hat, der weiß, daß seine Stunden gezählt sind. Wenn ich die Klingel an seiner Bürotür drückte, sagte er jetzt immer: «Ich bin zu beschäftigt, ich habe keine Zeit», etwas, das es früher nie gegeben hatte.

Bei aller engen Freundschaft reagierte Borsellino höchst ungehalten, als Ingroia ihm sagte, er werde Mitte Juli mit seiner Familie in Ferien fahren. «Das ist nicht der richtige Zeitpunkt für Urlaub», sagte Borsellino. «Wir haben eine Menge Arbeit.» Als Ingroia erklärte, er habe schon ein Ferienhaus gemietet und könne nicht mehr zurück, verfiel Borsellino in ein für ihn untypisches, eisiges Schweigen. «Bevor ich am 15. Juli das Büro verließ, schaute ich um etwa 13.30 Uhr in seinem Büro vorbei, um mich zu verabschieden», erinnert sich Ingroia.

Er würdigte mich kaum eines Blickes. Er sagte nur: «Schön, du hast mir jetzt drei Tage wegen dieses Urlaubs in den Ohren gelegen. Fahr in Urlaub, fahr in Urlaub!» Er sagte nicht einmal auf Wiedersehen. Es tat weh. Später am Nachmittag, auf dem Weg aus der Stadt, fuhr ich noch einmal im Büro vorbei, in der Annahme, daß er, obwohl wir einen Feiertag hatten, den Namenstag der Schutzheiligen von Palermo, Santa Rosalia, noch über seiner Arbeit sitzen würde. Dieses Mal verabschiedete er mich mit einer freundschaftlichen Umarmung, vielleicht weil ihm klar wurde, daß unser vorheriges Gespräch mich verletzt hatte, und wir einigten uns darauf, daß ich nach nur zehn Tagen zurückkehren und weiterarbeiten würde, anstatt, wie geplant, einen ganzen Monat wegzubleiben . . . Ich hatte an diesem Tag den Eindruck, daß er glaubte, nicht mehr genug Zeit zu haben.[27]

Während Borsellino mit seinen neuen Mafia-Zeugen lautlose Durchbrüche erzielte, platzte im Schmiergeldskandal von Mailand vor den Augen einer ungläubigen Öffentlichkeit eine Bombe nach der anderen. Gegen Hunderte führender Politiker und Wirtschaftsvertreter wurde ermittelt. Im Juni wurde Carlo Bernini, christdemokratischer Verkehrsminister, unter dem Vorwurf angeklagt, für die von seinem Ministerium vergebenen Bauaufträge in Milliardenhöhe Provisionen eingestrichen zu haben. Am 14. Juli kam die Reihe an Außenminister Gianni De Michelis. Da beide Männer aus Venedig stammten, nannte man sie die «zwei Dogen» und vermutete, daß sie alle in der Region Veneto eingesammelten Schmiergelder zwischen sich aufgeteilt hatten. De Michelis hatte als Außenminister offenbar einen weiterreichenden Zugriff, denn es tauchten Belege auf, aus denen hervorging, daß seine Partei von den Geldern, die Italien als «humanitäre Hilfe» in die dritte Welt pumpte, regelmäßig einen Prozentsatz für sich abgezweigt hatte. Genau an dem Tag, an dem die Anklage gegen De Michelis erhoben wurde, fungierten er und der US-Botschafter in Italien, Peter Secchia, gemeinsam als Gastgeber einer schon seit vielen Wochen geplanten, riesigen Abschiedsparty: Secchia würde nach vier Jahren in Rom in die USA zurückkehren, De Michelis gleichzeitig als Außenminister zurücktreten. Das Einladungsschreiben für die Party zierte eine Karikatur, die De Michelis und Secchia zusammen bei einer Fahrt in einer venezianischen Gondel zeigte. Jetzt, da es den Anschein hatte, als sei die Gondel des «Dogen» in Richtung Gefängnis unterwegs, erhielt das gemeinsame Fest einen höchst peinlichen Anstrich – irgendwie sinnbildlich jedoch für die innigen Beziehungen der US-Regierung zu einigen der korruptesten italienischen Spitzenpolitiker. Zwei Tage nach der Anklageerhebung gegen De Michelis verhaftete die Polizei in Mailand Salvatore Ligresti, den größten Grundstücksspekulanten und Bauunternehmer in der Stadt, der zu den reichsten Männern Italiens gehörte und dem Sozialistenchef Bettino Craxi sehr nahe stand.

«16. Juli, Ende eines Regimes», verkündete das Nachrichtenmagazin *L'Espresso* auf seiner Titelseite. «Es ist das Debakel eines ganzen Systems», hieß es in dem dazugehörigen Artikel, in dem die jüngsten Weiterungen des Skandals beleuchtet wurden, «die Abservierung eines großen Teils unserer regierenden Klasse.»[28] Der sich mit zunehmenden Rücktrittsforderungen konfrontiert sehende Sozialistenführer Bettino Craxi, der bis dahin jede Kenntnis von dem verbreiteten Korruptionsunwesen bestritten hatte, vollzog plötzlich eine Wende um 180 Grad und erklärte nun, es handle sich um eine so allgemein übliche Praxis, daß man sie nicht kriminalisieren könne. «Alle Welt weiß, daß die Finanzierung der Parteien und des politischen Systems zum großen Teil irregulär oder illegal erfolgt», sagte er im Parlament. «Und wenn dieses Material als kriminell erachtet wird, wäre unser System in weiten Teilen ein kriminelles System.»[29]

Am gleichen Tag, an dem Ligresti verhaftet wurde, flog Paolo Borsellino nach Rom, um mit der Vernehmung von Gaspare Mutolo fortzufahren. Da Mutolo mehr als zwanzig Jahre Mafiageschichte im Tornister hatte, durchwanderten er und Borsellino in den ersten paar Sitzungen das vertraute Terrain der 70er und 80er Jahre. Mutolo sah die Ereignisse dieser Zeit aus der faszinierenden Warte einer Mafiasippe, die im Krieg zwischen den Corleonesern und den etablierten Palermoer Bossen neutral zu bleiben versucht hatte. Gegen Ende der Verhörsitzung vom Freitag, dem 17. Juli, betrat Mutolo das brisante und noch weitgehend unvermessene Gebiet der Kungelei zwischen Cosa Nostra und hochrangigen Staatsdienern. Obwohl Mutolo zu diesem Thema vorläufig noch nichts zu Protokoll geben wollte, nannte er die Namen zweier wichtiger Personen, die seiner Kenntnis nach von der Mafia korrumpiert waren: Bruno Contrada – der ehemalige Polizeifahnder aus Palermo, der im italienischen Geheimdienst Karriere gemacht hatte – und Domenico Signorino, Ermittler beim Anti-Mafia-Verbund, der Procura della Repubblica von Palermo. Um die Person Contradas hatte es seit Jahren Spekulationen gegeben – Buscetta hatte seinen Namen erstmals 1984 genannt, und Falcone hatte ihn sogar unter den Drahtziehern des gescheiterten Mordanschlags auf ihn im Jahr 1989 vermutet. Daß jedoch der Name Signorino fiel, schockierte Borsellino zutiefst. Er war ein Freund und enger Mitarbeiter gewesen. Zusammen mit Giuseppe Ayala hatte Signorino im ersten Maxi-Prozeß die Anklageplädoyers gehalten. Als Borsellino und Mutolo sich an diesem Tag verabschiedeten, verabredeten sie, bei ihrem nächsten Treffen in der Folgewoche das Thema der Kungelei wiederaufzunehmen. Am Montag hatte Borsellino einen Verhörtermin mit Schembri in Deutschland; danach wollte er nach Rom zurückfliegen und Mutolo weiter vernehmen.[30]

Als Borsellino an diesem Wochendende nach Palermo flog, beschäftigten ihn vor allem zwei wichtige angefangene Projekte: die Offenbarungen Mutolos und die Hinweise Schembris auf die Mörder des Richters Livatino – weder die einen noch die anderen waren bis jetzt schwarz auf weiß festgehalten. Agnese Borsellino spürte, als ihr Mann am Samstag, den 19. Juli, nach Hause kam, daß ihn etwas umtrieb. Schließlich, nachdem sie ihn zu einer Ausfahrt überredet hatte, warf er etwas Ballast ab. Ohne Namen zu nennen, erzählte er, er habe belastende Informationen über einen Polizeifahnder und einen Strafverfolger erhalten.[31]

Am nächsten Morgen wurde Borsellino um 5 Uhr durch einen Anruf seiner Tochter Fiammetta aus Thailand geweckt. Ohnehin ein Frühaufsteher, ging er danach nicht mehr ins Bett, sondern begab sich ins Arbeitszimmer, um einer Lehrerin aus Norditalien, die ihm zu einen Vortrag an ihrer Schule eingeladen hatte, einen Antwortbrief zu schreiben. Obwohl er die Einladung nicht annehmen konnte, verfaßte er einen mehrseitigen Brief, in dem er auf eine lange Reihe von Fragen, die sie gestellt hatte, antwortete. An einer Stelle erklärte er, wie er dazu gekommen war, sich dem Kampf gegen die Mafia zu verschreiben:

Ich wurde Richter, weil ich ein brennendes Interesse für bürgerliches Recht hatte ... bis 1980 bearbeitete ich überwiegend zivilrechtliche Verfahren ... Am 4. Mai wurde Hauptmann Emanuele Basile ermordet, und Chefermittler Chinnici bat mich, den Fall zu übernehmen. Unterdessen hatte mein Jugendfreund Giovanni Falcone in derselben Behörde zu arbeiten begonnen, und von diesem Augenblick an wußte ich, daß meine Arbeit eine andere geworden war. Ich hatte beschlossen, in Sizilien zu bleiben, und mußte dieser Entscheidung einen Sinn geben. Unsere Probleme waren genau die, mit denen ich mich zu befassen begonnen hatte, wenn auch fast zufällig, und wenn ich dieses Land liebte, mußte ich mich um es kümmern. Von dem Tag an habe ich nie wieder etwas anderes gemacht als diese Arbeit ... Und ich bin optimistisch, weil ich sehe, daß junge Leute, in Sizilien oder anderswo, eine viel schärfere Wahrnehmung haben als die verwerfliche Gleichgültigkeit, in der ich lebte, bis ich vierzig Jahre alt war. Wenn diese jungen Menschen erwachsen sind, werden sie mit viel größerer Kraft reagieren, als ich und meine Generation es getan haben.[32]

Um 7 Uhr wurde Borsellino durch einen Anruf beim Schreiben gestört; am Apparat war sein Chef Pietro Giammanco, der nicht schlafen konnte, weil er sich den Kopf über den Unfrieden zerbrach, den er im Fall Mutolo gestiftet hatte. Er habe, so sagte er Borsellino jetzt, seine Meinung geändert, und werde Borsellino gleich nach seiner Rückkehr ins Büro am nächsten Tag den Fall übertragen.

Am späteren Vormittag fuhren Borsellino und seine Frau zu ihrem Landhäuschen in Villagrazia di Carini hinaus, einem Küstenstädtchen eine halbe Stunde von Palermo. Borsellino drehte ein paar Runden im Motorboot eines Freundes und Nachbarn. Am frühen Nachmittag aßen die Borsellinos bei einem anderen Freund, der in der Nähe wohnte, zu Mittag. Danach kehrte Borsellino in das Landhaus zurück, um sich kurz hinzulegen, doch er fand offensichtlich keinen Schlaf, denn in dem Aschenbecher neben seinem Bett fanden sich später fünf Zigarettenkippen. Anschließend fuhr Borsellino in Begleitung seiner sechs Leibwächter nach Palermo zurück, um seiner Mutter einen Besuch abzustatten. Maria Pia Lepanto Borsellino lebte mit ihrer Tochter Rita zusammen, die über das Wochenende verreist war. Daß seine Mutter den ganzen Tag alleine war, bereitete Borsellino Kopfzerbrechen, und er hatte die Absicht, mit ihr einen Arzt aufzusuchen und ihn ihr schwaches Herz begutachten zu lassen. Nachdem Borsellino im Alter von 22 seinen Vater verloren hatte, war er als der älteste Sohn noch jung zum Haushaltsvorstand aufgerückt und fühlte sich von daher seiner Mutter nicht nur gefühlsmäßig zutiefst verbunden, sondern auch für sie verantwortlich. Auch wenn es die oberste Regel eines guten Personenschutzes ist, regelmäßig wiederkehrende Verhaltensweisen zu vermeiden, war Borsellino nicht willens, auf die Wochenend-Besuche bei seiner Mutter zu verzichten. «Paolo brauchte den regelmäßigen Kontakt mit ihr, um zu wissen, wie es ihr ging und was sie tat», sagte seine Schwester Rita. «Er konnte sich das nicht verbieten. Das war es, was Paolo so menschlich machte. Er versuchte immer, ein normales Leben weiterzuführen ... Die Arbeit war Paolo äußerst wichtig, aber seine Familie stand an erster Stelle ... Er interessierte sich immer für unser Leben, hielt sich über alles auf dem laufenden. Er nahm am Familienleben sehr intensiv teil ... Ich weigere mich, das zu bedauern.»[33]

Vor dem Apartmenthaus in der Via D'Amelio, in dem Borsellinos Mutter wohnte, standen geparkte Autos, als der aus drei Wagen bestehende Konvoi kurz nach 5 Uhr nachmittags eintraf. Vor einigen Tagen hatte Borsellinos Personenschutz-Einheit um die Ausweisung einer Parkverbotszone vor dem Haus gebeten, als Vorkehrung gegen Autobomben, doch der Ausschuß, der über Sicherungsmaßnahmen für Politiker und Beamte in Palermo entschied, hatte sich mit dem Antrag noch nicht befaßt. Borsellino stieg aus seinem Auto, umringt von fünf Polizeibeamten – Walter Cusina, Claudio Traina, Vincenzo Li Muli, Agostino Catalano und Emanuela Loi –, die alle mit Pistolen und Maschinengewehren bewaffnet waren. Ein sechster Beamter blieb, wie er es in der Ausbildung gelernt hatte, am Steuer des Führungsautos sitzen. Als Borsellino auf den Eingang des Gebäudes zuging, um bei seiner Mutter zu klingeln, wurden er und die fünf ihn begleitenden Leibwächter von einer Explosion, die noch in vielen Kilometern Entfernung zu hören war, emporgeschleudert. Obwohl die Distanz zwischen dem Tor zum Grundstück und dem Eingang zum Gebäude rund 10 Meter betrug, ließ die Detonation bis hinauf zum 11. Stock sämtliche Fensterscheiben zu Bruch gehen. Die zur Straße gelegenen Wohnungen in den vier untersten Stockwerken wurden völlig zerstört. «Da standen keine Wände mehr, keine Möbel», sagte Rita Borsellino. «Der Vordereingang war nur noch eine Schuttwüste.»

ZWEIUNDZWANZIGSTES KAPITEL

Es ist vorbei, es ist alles vorbei», sagte Antonino Caponetto, als er in der Via D'Amelio eintraf, um mit eigenen Augen zu sehen, welches Blutbad die Bombe vom 19. Juli 1992 angerichtet hatte. Der Anblick des zerbrechlich wirkenden 73jährigen, der viele Jahre lang den Anti-Mafia-Verbund geleitet hatte und der jetzt weinend und gramgebeugt dastand, schien sinnbildlich für die fast totale Hoffnungslosigkeit zu stehen, die der Tod Paolo Borsellinos und seiner fünf Leibwächter hinterlassen hatte.[1]

Voller Groll auf den Staat, dessen Aufgabe es gewesen wäre, ihren Mann zu schützen, lehnte Agnese Borsellino das Angebot eines Staatsbegräbnisses ab und setzte durch, daß die Trauerfeier im Gotteshaus des örtlichen Kirchenbezirks im engsten Familien- und Freundeskreis begangen wurde; Politiker hatten keinen Zutritt. In der Kathedrale von Palermo kam es beim öffentlichen Begräbnisgottesdienst für die getöteten Leibwächter Borsellinos zu Tumulten. Als der Troß der aus Rom entsandten Regierungsvertreter eintraf, brannten bei der Menge die Sicherungen durch, und sie durchbrach den von 4000 Polizisten gebildeten Sicherungskordon. Schmährufe ausstoßend, Wurfgeschosse schleudernd, kreischend und nach allen Seiten ausschlagend, ging der wütende Mob auf den ranghöchsten Polizeibeamten Italiens, Vincenzo Parisi, und auf Staatspräsident Oscar Luigi Scalfaro los; beide mußten regelrecht gerettet werden. In den vordersten Reihen der Randalierer fanden sich Hunderte wutentbrannter Leibwächter in Polizeiuniform, die gekommen waren, um ihre getöteten Kollegen zu ehren und gegen den Staat zu protestieren, von dem sie sich als Kanonenfutter mißbraucht fühlten.[2]

Einen Tag später stellten die meisten der ranghöheren Ermittlungsrichter von der Palermoer «Bezirksbehörde» geschlossen ihr Amt zur Verfügung; sie forderten die Abberufung ihres Chefs Pietro Giammanco, der ihrer Überzeugung nach die Arbeit Falcones und Borsellinos sabotiert hatte.[3]

Rita Atria, die 17jährige Sizilianerin, um die sich Borsellino kümmerte, seit die Mafia ihren Vater und ihren Bruder ermordet hatte, sprang vom Balkon der Wohnung in Rom, in der sie inkognito lebte, in den Tod. «Es ist niemand mehr da, mich zu schützen», schrieb sie in ihrem Abschiedsbrief.[4]

Einer der Wortführer der Lega Nord, Gianfranco Miglio, vertrat die Auffassung, der Krieg gegen die Mafia sei ein aussichtsloses Unterfangen, und schlug vor, Sizilien als eigenständigen Staat in die Unabhängigkeit zu entlassen, um das übrige Italien besser gegen die offenbar unausrottbare Seuche namens Cosa Nostra schützen zu können.[5]

Die erst seit kurzem amtierende Regierung des Sozialisten Giuliano Amato, durch das Borsellino-Attentat angeschlagen, sah sich an allen Fronten in schwerer Bedrängnis: Noch in derselben Woche mußte Italien die Lira aus dem europäischen Währungsverbund zurückziehen, ein Eingeständnis der Tatsache, daß sie wegen der enormen Verschuldung des italienischen Staates in keinem reellen Tauschverhältnis mehr zu der mächtigen Deutschen Mark stand. Der Bestechungsskandal von Mailand lieferte derweil immer neue anschauliche Beispiele dafür, wie Italien es angestellt hatte, sich aus der Währungsunion hinauszukatapultieren. Für die Finanzmärkte war dies zuviel der schlechten Nachrichten: Die Kurse italienischer Wertpapiere fielen ins Bodenlose.

«Dies sind verworrene Zeiten, unterbrochen von schrecklichen Ereignissen», formulierte der Leitartikler der Mailänder Tageszeitung *Corriere della Sera*, am 26. Juli.

Wir haben den Tod eines weiteren Richters erlebt. Wir haben gesehen, wie eine wütende Menge den Staat bespuckte. Wir haben die Lira und die Börse baden gehen sehen. Vor allem aber haben wir in dieser letzten Woche – diesen sieben unglaublichen Tagen – den wachsenden Unmut der Öffentlichkeit körperlich zu spüren bekommen. Die Bürger verlangen Taten von einem Staat, der sich bislang gegenüber dem organisierten Verbrechen ohnmächtig erwiesen hat. Doch eigentlich zweifeln sie, daß eine Gegenoffensive ... unter der Führung einer politischen Klasse, die durch ihr eigenes Handeln ... durch Korruption, Hehlerei, durch das ganze von den Ermittlungsrichtern zutage geförderte Ausmaß an Unmoral jede Legitimation verspielt hat, möglich ist.[6]

Premierminister Amato pflichtete dieser Bestandsaufnahme in überraschender Offenheit bei: «Dieser Staat ist nicht vollkommen unschuldig, und wir wissen es», erklärte er und stellte im Anschluß daran eine

Reihe bohrender Fragen, die Millionen seiner Landsleute auf der Seele brannten: «Wie viele und welche Glieder des Staates haben sich der Komplizenschaft schuldig gemacht, haben zugelassen, daß bestimmte Dinge passiert sind, haben nicht eingegriffen, wo sie die Chance dazu gehabt hätten? Das sind Fragen zu unserer jüngeren Geschichte, auf die Antworten gegeben werden müssen.»[7]

Die um ihr politisches Überleben kämpfende Regierung ergriff, um ihre Glaubwürdigkeit wiederherzustellen, eine Reihe drastischer Maßnahmen. Sie brauchte nur wenige Tage, um das erste umfassende Zeugenschutzprogramm in der Geschichte Italiens zu beschließen, einschließlich des Angebots großzügiger Strafminderungen und Hilfen für Mafia-Mitglieder, die sich den Behörden offenbarten – genau die Regelung, die die Strafverfolger von Palermo seit fast zehn Jahren forderten. Gleichzeitig ordnete die Regierung die Verlegung der führenden Cosa-Nostra-Bosse auf Gefängnisinseln vor der italienischen Küste an, wo es für sie weit schwieriger sein würde, mit ihren Organisationen in Verbindung zu bleiben. Die dramatischste Geste, zu der sich Premierminister Amato entschloß, war die Entsendung von 7000 Soldaten nach Sizilien – praktisch ein Eingeständnis der Tatsache, daß die Regierung die Kontrolle über die Insel verloren hatte. Auch wenn diese Soldaten in ihrer Mehrzahl junge, kaum ausgebildete Wehrpflichtige waren, hatte ihre Entsendung eine wichtige positive Konsequenz: Indem sie die Bewachung von Ermittlungsrichtern und Politikern sowie von deren Wohnungen und Büros übernahmen, erlösten sie Hunderte ausgebildeter Polizeibeamten von diesen Aufgaben, so daß diese sich ihrer eigentlichen polizeilichen Ermittlungs- und Fahndungsarbeit widmen konnten.[8]

Pietro Giammanco beugte sich dem überwältigenden öffentlichen Druck und trat von seinem Amt als Chefermittler der Procura von Palermo zurück – er bat um Versetzung nach Rom. Zu seinem Nachfolger wurde Giancarlo Caselli bestimmt, ein hoch angesehener Untersuchungsrichter, dessen Mut und Integrität außer Zweifel standen. Als Strafverfolger in Turin hatte Caselli den Kampf gegen den Terrorismus an vorderster Front mitgeführt und eine Schlüsselrolle bei der Zerschlagung der Roten Brigaden gespielt. Als Mitglied des Consiglio Superiore della Magistratura zwischen 1986 und 1990 hatte Caselli zu den leidenschaftlichsten und wirksamsten Verteidigern Giovanni Falcones und des Palermoer Anti-Mafia-Verbunds gehört. Auch wenn sich Caselli politisch zur Linken bekannte, hatte er schon häufig seine geistige Unabhängigkeit dadurch bewiesen, daß er Positionen vertreten hatte, die von denen der Magistratura Democratica, dem Sammelbekken der Linken innerhalb der Richterschaft, abwichen.

Wenn die Regierung nun konsequent das Thema Mafia auf ihre Tagesordnung setzte, lag das nicht zuletzt an dem anhaltenden Druck, den die Öffentlichkeit durch Demonstrationen in Sizilien und im übrigen Italien entfaltete. Palermo blieb in einem Zustand beständiger Unruhe: Aufmärsche, Mahnwachen, Sit-ins, Prozessionen, Spruchband-Aktionen, all dies ging mit nicht nachlassender Regelmäßigkeit weiter. Die Anti-Mafia-Parolen, die erstmals nach der Ermordung Falcones aufgetaucht waren, damals noch auf Bettücher gepinselt, die aus den Fenstern vieler Palermoer Häuser hingen, wurden zur Dauereinrichtung. Jeweils zwischen dem 19. und dem 23. Tag jeden Monats wurden sie zum Gedenken an die beiden Mordanschläge hervorgeholt. Anders als in früheren Zeiten, in denen es in Palermo nur eine kleine Minderheit politisch aktiver Menschen gegeben hatte, ruhten diese neuen Demonstrationen auf einer sehr viel breiteren Basis; Hausfrauen, Büroangestellte und Ladeninhaber machten gemeinsame Sache mit Studenten und religiösen Gruppierungen. Palermo machte nicht den Eindruck, durch den Schock der beiden Mordanschläge demoralisiert worden zu sein, im Gegenteil: Es schien, als hätten die Attentate schlummernde Kräfte freigesetzt: «Nach dem Tod des Generals Dalla Chiesa im Jahr 1982 hängte jemand ein Spruchband auf, das lautete: ‹Hier wird die Hoffnung jedes anständigen Bürgers begraben›», erinnerte sich Marta Cimino, eine der Aktivistinnen des Komitees, das die Bettlaken-Parolen koordinierte. «Nach dem Tod Falcones trug jemand ein Schild mit der Aufschrift: ‹Heute geht ein Licht auf, das nie mehr untergehen wird.› Diese beiden Parolen illustrieren ziemlich gut das, was sich in den letzten zehn Jahren verändert hat.»[9]

Der Straßenbaum vor dem Haus, das Falcone in Palermo bewohnte, wurde zu einem öffentlichen Schrein; wie in einem frühchristlichen Märtyrerkult begannen die Menschen hier Blumen und schriftliche Botschaften abzulegen. «Falcone lebt!» – «Lieber einen Tag Borsellino sein als hundert Tage ein Mafioso!» – «Sie haben deine Augen geschlossen, doch du hast die unseren geöffnet.»[10]

Eine Fotografie, die Falcone und Borsellino in fröhlich lachendem Gespräch miteinander zeigte, grüßte von jeder Wand und jedem Spruchband in der Stadt und verlieh ihnen eine Art Unsterblichkeit. «Menschen kommen und gehen, Ideen bleiben, sie gehen ihren Weg auf den Beinen anderer», hatte Falcone 1985 gesagt. Die produktive Unruhe, die sein Tod ausgelöst hatte, schien diese Aussage zu bestätigen.[11] Auch eine Gedenkplakette vor dem Wohnhaus Borsellinos in der Via Cilea lockte Tag für Tag Pilger an, die frische Blumen, Botschaften und Fotografien niederlegten. Auf der Plakette war ein Ausspruch Borsellinos zu lesen: «Ich mochte diese Stadt nie, also lernte ich sie zu lieben. Weil wirkliche Liebe bedeutet, etwas zu lieben, was man nicht mag, in der Absicht, es zu verändern.»

Endlich schienen die Taten der Regierung einmal mit ihren Worten übereinzustimmen. Plötzlich wurden Polizeibeamte, die sich im Kampf gegen die Mafia bewährt hatten, auf verantwortliche Posten befördert und erhielten die Mittel, die sie brauchten, um ihre Arbeit wirksam zu tun. Gianni De Gennaro, der, angefangen von Tommaso Buscetta, an der Abschöpfung vieler wichtiger Mafiazeugen beteiligt gewesen war, wurde mit der Leitung des neuen italienischen FBI, der Direzione Investigativa Anti-Mafia (DIA), betraut. Antonio Manganelli, der einer der Vernehmer von Antonino Calderone gewesen war, wurde zum Chef des Servizio Centrale Operativo (SCO) berufen. Und Oberst Mario Mori, ein ehemaliger Mitarbeiter des Generals Dalla Chiesa, der von 1988 bis 1991 in Palermo gearbeitet hatte, erhielt das Kommando über das Anti-Mafia-Kontingent der Carabinieri. Alle drei Männer hatten Hand in Hand mit Falcone gearbeitet, teilten seine globale Sicht der Mafia und verfügten jetzt über landesweit operierende polizeiliche Kräfte und Ressourcen, wie sie Falcone stets gefordert hatte. Plötzlich rückten die richtigen Leute in die richtigen Positionen wie die Stifte eines Zylinderschlosses, wenn der richtige Schlüssel hineingesteckt wird.

Ergebnisse ließen nicht lang auf sich warten. Im Herbst 1992 konnten Polizei und Justiz Italiens eine eindrucksvolle Serie von Erfolgen verbuchen. Anfang September spürten sie Giuseppe Madonia auf, der als der zweitmächtigste Mann in der Kommission nach Riina galt. Die Regierung von Venezuela brachten sie dazu, Pasquale, Paolo und Gaspare Cuntrera zu verhaften und auszuliefern, drei sizilianische Brüder, die zu den größten Drogenhändlern und Geldwäschern der Cosa Nostra in Südamerika gehörten. Am 11. September verhaftete die italienische Polizei Carmine Alfieri, der als Oberhaupt der neapolitanischen Camorra galt und sich jahrelang den Fängen der Justiz entzogen hatte. Eine Woche später wurden in Kalabrien 23 Männer festgenommen, die im Verdacht standen, führende Köpfe der aktivsten Entführerbande im südlichen Italien zu sein. Ende September stellten die italienische und die amerikanische Polizei in einer konzertierten Aktion 201 Haftbefehle auf drei Kontinenten aus – im Rahmen der Operation Green Ice, der, wie es hieß, größten verdeckten Ermittlungsoperation, die je auf internationaler Ebene durchgeführt wurde. «Green Ice» war eine Metapher für die Millionen Dollars aus Drogengeschäften, die im Zuge dieser Operation beschlagnahmt, also «eingefroren» wurden. Einher damit ging die Zerschlagung eines großangelegten Geldwäscherings, den die Cosa Nostra in Italien und den USA aufgezogen hatte, in Partnerschaft mit dem kolumbianischen Medellin-Drogenkartell.[12]

Im November ergingen im sizilianischen Binnenland rund 200 Haftbefehle; sie beruhten auf dem Belastungsmaterial, das Borsellino aufgrund der Aussagen Leonardo Messinas gesammelt hatte.[13]

Die Morde an Falcone und Borsellino hatten den Mafia-Überläufern nicht etwa die Lippen verschlossen, sondern schienen eher den gegenteiligen Effekt zu zeitigen. Der Bann schien plötzlich gebrochen, und die Polizei sah sich mit mehr Zeugen konfrontiert, als sie auf Anhieb verarbeiten konnte. Ebenso wichtig war, daß diejenigen, die bereits kooperierten, jetzt rückhaltloser auspackten und bereit waren, über brisante und schwierige Themen zu reden, die sie bis dahin gescheut hatten.

«Ich war zutiefst erschüttert über die schrecklichen Taten, die gegen die Richter Falcone und Borsellino verübt wurden», erklärte Gaspare Mutolo im Oktober 1992. «Diese und andere Ereignisse aus jüngerer Zeit ... haben mich zu der Überzeugung gebracht, daß die Cosa Nostra sich unwiderruflich auf eine Strategie des Todes festgelegt hat, deren Ende wir nach meiner Meinung noch lange nicht erlebt haben ... Ich erkenne jetzt, daß meine Entscheidung – für den Staat und gegen die Cosa Nostra – keine Beschränkungen haben darf und absolut konsequent sein muß, gleich, welche Risiken und Folgen sich für mich daraus ergeben.»[14]

Zum Zeichen seines guten Willens gestand Mutolo spontan zwei Morde, derer ihn bislang niemand verdächtigt hatte; er tat dies, obwohl er nur noch wenige Jahre im Gefängnis abzusitzen gehabt hätte. Im Anschluß ging er daran, den Schleier von jenem Thema wegzuziehen, das Tommaso Buscetta den «gordischen Knoten» des Mafiaproblems in Italien genannt hatte: den Beziehungen zwischen Mafia und Politik. Er begann damit, daß er erklärte, es habe bis vor kurzem «in der Cosa Nostra als völlig klar gegolten, daß wir bei Wahlen die DC (die Christdemokraten) unterstützen, denn sie galt als die Partei, die die Interessen der Organisation am besten schützen konnte».

Der Maxi-Prozeß von Palermo habe zu Spannungen in dieser Beziehung geführt. Als der Oberste Gerichtshof Italiens die in diesem Prozeß erfolgten Verurteilungen bestätigt hatte, war dies, wie Antonino Calderone richtig vermutet hatte, das auslösende Moment für die jüngste Schockwelle an Gewalt gewesen. Allein, was Calderone aufgrund seiner früheren Erfahrungen lediglich vermutet hatte, wußte Mutolo aus erster Hand, war er doch in die Gedankengänge mehrerer Kommissionsmitglieder eingeweiht, mit denen er bis zum Frühjahr 1992 das Gefängnis geteilt hatte.

«Als der Prozeß anfing, war es allen ‹Ehrenmännern› klar, daß dies ein ‹politischer› Prozeß war, über dessen Ausgang die Regierung in Rom entscheiden würde», sagte Mutolo. «Wir waren alle der einhelligen Meinung, daß der Prozeß selbst auf jeden Fall mit Verurteilungen enden würde, weil die Regierung gegenüber der öffentlichen Meinung – in Italien und im Ausland – demonstrieren mußte, ... daß sie der Cosa Nostra einen schweren Schlag versetzen konnte.» Doch nach den

1987 gefällten Schuldsprüchen versicherte die Organisation ihren Leuten, die Urteile würden mit Hilfe ihrer politischen Freunde in den Berufungsinstanzen still und heimlich reduziert werden, sobald die öffentliche Aufmerksamkeit abgeebbt sei. Um sicherzustellen, daß dies auch so kommen würde, richtete die Cosa Nostra an die Christdemokraten eine unmißverständliche Warnung, indem sie ihnen 1987 ihre Wahlunterstützung entzog und ihre Gunst den Sozialisten schenkte. Die Entwicklung, die sich zwischen 1988 und 1991 vollzog, flößte der Cosa Nostra dann große Zuversicht ein.

Als besonders positiv empfand sie das Urteil des Appellationsgerichts in der Berufung zum Maxi-Prozeß: die Aufhebung einiger Urteile und die Infragestellung des Buscetta-Theorems, das es den Gerichten ermöglichte, für die größeren Verbrechen der Mafia die Mitglieder der Kommission pauschal verantwortlich zu machen. Damit schien der Boden vorbereitet für Richter Corrado Carnevale, den Mutolo als «die beste Versicherung für die Cosa Nostra» bezeichnete. «Innerhalb der Cosa Nostra herrschte, beruhend auf den Zusicherungen unserer Anwälte, die mathematische Gewißheit, daß der Oberste Gerichtshof die ursprünglichen, von Falcone bewerkstelligten Urteile aufheben würde», erklärte er. «Das hätte ein zweifaches Ergebnis gehabt: ... Freiheit für die Angeklagten sowie, endlich, Ruinierung des professionellen Rufs von Giovanni Falcone, der danach als einer dagestanden hätte, der unschuldige Opfer verfolgt. Das wäre der endgültige Triumph der Cosa Nostra über ihn gewesen.»

Das Todesurteil gegen Falcone sei, so sagte Mutolo, schon zu Anfang der 80er Jahre gefällt worden, doch wenn die Justiz ihn zum Verlierer gestempelt hätte, wäre die Vollstreckung des Urteils vielleicht auf unbestimmte Zeit ausgesetzt worden. «Das Klima gegenüber Falcone wechselte, seine Gefährlichkeit ließ nach oder nahm zu, je nachdem, welchen Bestand die Urteile im Maxi-Prozeß in den diversen Instanzen hatten», erklärte er. «Das Klima entspannte sich, als der Anti-Mafia-Verbund in der Ermittlungsbehörde zu bestehen aufhörte und das neue italienische Strafrecht in Kraft trat, das als Cosa-Nostra-freundlich galt, und schließlich auch bei der Versetzung Falcones nach Rom.»

Die Tragweite der neuen Tätigkeit Falcones im römischen Justizministerium war von der Mafia unterschätzt worden. «Er galt nun als weniger gefährlich für die Organisation», sagte Mutolo. «Ich weiß noch, wie wir Witze darüber machten, daß er einmal als Botschafter in einem südamerikanischen Land enden würde ... Doch nach und nach dämmerte uns, daß Dr. Falcone uns in Rom noch gefährlicher wurde, als er es in Palermo gewesen war. Uns wurde klar, daß der Posten eines Generalbevollmächtigten für Strafrechts-Angelegenheiten im Justizministerium – von dem bis dahin niemand etwas gehört hatte – in den Händen Falcones zu einer mächtigen Waffe gegen die Cosa Nostra geworden war. Es wurde deutlich, daß die diversen Verordnungen der Regierung, für die die Minister Martelli und Scotti verantwortlich zeichneten, von Falcone inspiriert waren.» Im Gefängnis von Spoleto hatte Mutolo Gelegenheit gehabt, mit Giuseppe Giacomo Gambino zu sprechen, dem *capo-mandamento* und Kommissionsmitglied, von dem plötzlich unerwartet pessemistische Töne kamen: «Er sagte mir, daß alles schieflaufen würde, anders als wir alle es bis vor kurzem geglaubt hätten . . . Tatsächlich sagte Gambino voraus, daß Präsident Carnevale, der unsere sicherste Garantie war, die Zuständigkeit für den Maxi-Prozeß würde abgeben müssen . . . vor allem auf Drängen von Dr. Falcone, der ‹seinen› Fall retten wollte und der dabei die Unterstützung von Minister Martelli hatte.»

Als diese Prophezeiung sich bewahrheitete, traf dies die Cosa Nostra wie ein Keulenschlag. «Das Urteil (des Obersten Gerichts) im Maxi-Prozeß war ein echter Schock, nicht nur weil dadurch so viele Verurteilungen endgültig wurden, sondern vor allem weil es eine historische Niederlage für die Cosa Nostra war, deren Existenz und deren innere Strukturen zum ersten Mal identifiziert, offengelegt und bestraft wurden . . . Dieser unerwartete Kurswechsel durch den Obersten Gerichtshof führte die Cosa Nostra hundertprozentig auf das Wirken des Giovanni Falcone zurück . . . Die Zeit der ‹sicheren Bank› war zu Ende.»

Das Urteil des Obersten Gerichts zum Maxi-Prozeß war nicht nur für die inhaftierten Bosse eine Katastrophe, sondern auch für die sich noch in Freiheit befindlichen Mafiaführer. Es besiegelte das endgültige Scheitern der militärisch ausgerichteten Strategie Totò Riinas und der Corleoneser. Riina hatte alles auf die Karte seiner Überzeugung gesetzt, er könne die Regierung, wenn er es auf die direkte Konfrontation mit dem Staat ankommen ließ, in die Defensive drängen und dazu bringen, das Ruder im letzten Moment herumzureißen. Hunderte von Mafiosi, darunter etliche aus der obersten Führungsriege der Cosa Nostra, hatten geduldig im Gefängnis ausgeharrt und darauf gewartet, daß ihre Verurteilungen aufgehoben würden. Jetzt, da sich diese Hoffnung vollständig zerschlagen hatte und viele Mafiosi damit rechnen mußten, nie wieder auf freien Fuß zu kommen, wurde ihnen klar, daß die Strategie Riinas katastrophal danebengegangen war. Die bedenkenlose Gewalttätigkeit der Cosa Nostra hatte die öffentliche Meinung so sehr gegen die Organisation aufgebracht, daß der Regierung nichts anderes übrigblieb, als zu außerordentlichen Maßnahmen – einschließlich der Absetzung Carnevales – zu greifen, um den Bestand der Urteile aus dem Maxi-Prozeß zu sichern. Der große Frust, den das Urteil auslöste, beschwor schwere interne Probleme für Riina herauf, der ein dramatisches Zeichen setzen mußte, wenn er eine durchaus mögliche Rebellion in den eigenen Reihen im Keim ersticken wollte. Anstatt klein beizugeben, mußte Riina, ob es ihm lieb war oder nicht, die Gewaltdosis noch einmal um das Mehrfache erhöhen, mußte demonstrieren, daß er zum totalen Krieg gegen den Staat bereit war, um die Zementierung der Urteile gegen seine im Gefängnis sitzenden Freunde zu rächen.

«Es war Zeit für eine neue Strategie, eine Strategie der frontalen Konfrontation», sagte Mutolo. «Der Satz, den man zu hören bekam, lautete: ‹Ora ci rumpemu i corna a tutti.› – ‹Jetzt werden wir ihnen allen den Schädel einschlagen.›»

Welche Schläge die Cosa Nostra zu führen plante und gegen wen, wußte Mutolo zwar nicht, aber daß Anfang 1992 etwas Großes vorbereitet wurde, war ihm klar. «Zu diesem Zeitpunkt geschah etwas, das sehr außergewöhnlich war für jemanden, der die Mentalität der Mitglieder der Cosa Nostra kennt», erzählte er. «Verschiedene Ehrenmänner, Flüchtige, darunter einige, die mit ziemlich schweren Strafen rechnen mußten, stellten sich spontan und aus eigenem Willen der Polizei. Das war seltsam, weil ein Mitglied der Cosa Nostra sich bekanntlich nie freiwillig stellt, auch wenn er nur einen Monat Gefängnis abzusitzen hätte.» Während dieses Signal außerhalb der Mafia nicht erkannt wurde, besaß es für diejenigen, die im Buch der Mafia zu lesen verstanden, eine klare Bedeutung. «Es mußte sich innerhalb der Cosa Nostra etwas sehr Schwerwiegendes ereignet haben, und alle Ehrenmänner waren vor die freie Entscheidung gestellt, sich entweder zu stellen oder draußen zu bleiben, dann aber auch das volle Risiko zu tragen, in die Sache verwickelt zu werden, die im Gang war.»

Die Ermordung Salvatore Limas war die erste Antwort der Mafia auf das Urteil des Obersten Gerichtshofs. «*Onorevole* Lima wurde getötet, weil er die wichtigste Symbolfigur für den Teil der politischen Welt war, der zuvor eine Politik der friedlichen Koexistenz mit der Mafia betrieben, der Cosa Nostra Dienste erwiesen und dafür deren Stimmen erhalten hatte, der aber jetzt nicht mehr in der Lage war, die Interessen der Organisation zu schützen – ausgerechnet in dem Moment, wo ihr wichtigster Prozeß lief», analysierte Mutolo. Inhaftierte Ehrenmänner sprachen zwar so wenig wie möglich über Geschäfte, weil sie fürchteten, abgehört zu werden, dennoch hatten mehrere der Kommission angehörende Bosse – Giuseppe Calò, Salvatore Montalto und Giuseppe Giacomo Gambino – keinen Hehl aus ihrer Genugtuung darüber gemacht, daß die Mafia es einem der Politiker, die sich von ihr abgewandt hatten, heimgezahlt hatte. «Als ich einmal auf dem Gang Montalto begegnete», erzählte Mutolo, «rief er mit sichtbarer Befriedigung: ‹Accuminciaru finalmente!› – ‹Endlich haben sie angefangen!›»

Leonardo Messina, der andere wichtige neue Zeuge, bestätigte zum einen, was Mutolo über Lima und den Maxi-Prozeß gesagt hatte, und steuerte zum anderen neue Erkenntnisse über den Obersten Richter Corrado Carnevale bei.

Alle versprachen uns, daß das Verfahren der Ersten Kammer zugewiesen werden würde und ihrem Präsidenten Carnevale, der eine Bank für uns war – und bestimmt nicht nur wegen seine Vorstellungen von korrekter Rechtsprechung – es ging vielmehr die Formel um, er sei ‹formbar› . . . Was die Morde an Falcone und Borsellino betrifft, so spielte dabei zweifellos der Ausgang des Maxi-Prozesses eine entscheidende Rolle . . . Eine Reaktion war absolut notwendig, um die Moral zu stärken und die ungebrochene Macht der Cosa Nostra zu demonstrieren. Diese Reaktion mußte gegen die Ermittlungsrichter erfolgen, die den Fall vorangetrieben hatten, und gegen die Politiker, die es versäumt hatten, für einen positiven Ausgang des Prozesses zu sorgen, indem sie zugelassen hatten, daß der Fall (dem Richter) Carnevale entzogen worden war, ja die sogar Gesetze verabschiedet hatten, die den Angeklagten im Maxi-Prozeß zum Nachteil gereichten. Es bestand eine weitverbreitete Verbitterung gegenüber der Andreotti-Fraktion der Christlichen Demokraten und der Craxi-Gruppierung in der Sozialistischen Partei, die sich von jüngeren, emporstrebenden Figuren in ihren Parteien, wie Justizminister Martelli, hatten beeinflussen lassen.[15]

Anfang September offenbarte sich Giuseppe Marchese, ein Mitglied des inneren Zirkels um Totò Riina, den Behörden. Er gehörte jener Generation von Mafia-Novizen an, aus deren Mitgliedschaft die Corleoneser sogar innerhalb der Cosa Nostra ein Geheimnis machten. Er war ein persönlicher Günstling Riinas und war in dessen Familie aufgenommen worden, als seine Schwester Leoluca Bagarella, den Schwager Riinas, geheiratet hatte. Riina betonte immer wieder gern, wie sehr der junge Marchese, ein Neffe des Bosses Filippo Marchese, «in seinem Herzen» sei. Im Dezember 1981 hatte Giuseppe Marchese, damals noch im jugendlichen Alter, an dem berüchtigten Weihnachsmassaker von Bagheria mitgewirkt. Zum Zeitpunkt des Attentats auf Borsellino hatte er von seinen 28 Lebensjahren nicht weniger als 10 im Gefängnis verbracht und besaß dank Riina gute Aussichten, auch den Rest seines Lebens dort verbringen zu müssen. 1989 hatte Marchese getreulich den Befehl Riinas befolgt, seinem Zellengenossen Vincenzo Puccio den Schädel einzuschlagen, dem Mafiaboß, der sich gegen die Corleoneser hatte erheben wollen; Marcheses Rechtfertigung, er habe Puccio in Notwehr erschlagen, hatte Riina ad absurdum geführt, indem er den Bruder Puccios am gleichen Tag ermorden ließ.

Die Cosa Nostra hatte Marchese verboten, seine Verlobte zu heiraten. Weil der Vater des Mädchens seine Frau verlassen und sich mit einer anderen Frau zusammengetan hatte, hätte diese Ehe als «unehrenhaft» gegolten. Wenn er das Mädchen heiraten wolle, so sagten dem jungen Mafioso sowohl sein Bruder als auch sein Schwager Leoluca Bagarella, gebe es nur einen Weg: er müsse zuerst ihren Vater umbringen. Einmal gaben sie ihm zu verstehen, falls er diesen Mord nicht beginge, würden sie es selbst tun. «Im Endeffekt», berichtete Marchese, «war das einzige Mittel, wie ich seine Ermordung verhindern konnte, die Auflösung meiner Verlobung mit dem Mädchen, das ich liebte, mit der vorgeschobenen Begründung, ich mache mir nichts mehr aus ihr. Dies war natürlich eine sehr schmerzhafte Entscheidung, und mein Verhältnis zu meinem Bruder und zu Bagarella war danach nicht mehr dasselbe.» Es gab nun für Giuseppe Marchese niemanden mehr, der draußen auf ihn gewartet hätte, wenn er jemals wieder freigekommen wäre, und so entschloß er sich zu kooperieren, auch weil er begriff, daß Riina ihn nur benutzt und dann weggeworfen hatte. «Für Riina sind wir nur totes Fleisch», sagte er.[16]

Dank seiner Vertrautheit mit den Corleonesern wußte Marchese eine ganze Menge über die Mafia-Beziehungen zahlreicher Staatsdiener und Politiker. Er leistete auch einen wichtigen Detailbeitrag zur Aufklärung des Mordes an Salvatore Lima: Wie er von Giuseppe Madonia, dem Sohn des Kommissionsmitglieds Francesco Madonia (und einem der Mörder des Hauptmanns Emanuele Basile), erfahren hatte, war Lima ultimativ aufgefordert worden, den Maxi-Prozeß in Ordnung zu bringen. «Madonia sagte mir, daß sie ihn vor die Wahl gestellt hätten: ‹Entweder du tust, was du versprochen hast, oder wir bringen dich und deine Familie um.›»

Diese Information versetzte die Ermittler, zusammen mit früheren Zeugenaussagen, in die Lage, überzeugend nachzuweisen, daß Salvatore Lima in der Tat der «Botschafter» der Mafia in Rom gewesen war. Nach der Vernehmung Marcheses Anfang September flogen Vertreter der Palermoer Ermittlungsbehörde in die Vereinigten Staaten, um mit Tommaso Buscetta zu sprechen. Betroffen über den Tod Falcones und Borsellinos und des neuen Klimas gewahr, das in Italien herrschte, entschloß sich Buscetta, sein jahrelanges Schweigen zum Thema Cosa Nostra und Politik zu beenden. Aus dem reichen Schatz seines Wissens über die Mafia, das bis in die 40er Jahre zurückreichte, offenbarte Buscetta nun, daß bereits der Vater von Salvatore Lima ein «Ehrenmann» gewesen war und daß Buscetta selbst seit Anfang der 60er Jahre, als Lima Bürgermeister von Palermo gewesen war, ausgiebige Kontakte mit ihm gepflegt hatte. «Salvo Lima war der Politiker, an den sich die Cosa Nostra in den meisten Fällen wandte, wenn die Organisation Probleme hatte, die nur in Rom gelöst werden konnten», sagte Buscetta aus. Wie Falcone vermutet hatte, war tatsächlich Lima der Parlamentsabgeordnete, mit dem sich Buscetta 1980 in einem Hotel in Rom getroffen hatten. «Lima hatte mich von sich aus durch Nino Salvo um dieses Treffen gebeten», sagte Buscetta. «Im Verlauf der Unterredung kam er auf die politischen Zusammenhänge in Palermo zu sprechen . . . In dieser Zeit stand Lima in besonders engem Kontakt zu Stefano Bontate, während er sich politisch mit Vito Ciancimino entzweit hatte, der mit Totò Riina und den Corleonesern verbandelt war.» Die Fronten, die sich innerhalb der Cosa Nostra gebildet hatten, schlugen sich also auch als Antagonismen in der politischen Welt nieder. Lima und die Vettern Salvo wollten Buscetta überreden, in Palermo zu bleiben und Stefano Bontate und der gemäßigten Fraktion innerhalb der Mafia den Rücken zu stärken.[17]

In den vergangenen fünfzehn Jahren hatten sich die Kräfteverhältnisse zwischen Mafia und Politik ebenso verschoben wie alles andere in der Cosa Nostra. In der Ära der «gemäßigten» Bosse war das Verhältnis von Verhandlungs- und Kompromißbereitschaft geprägt gewesen. Aber in dem Maß, wie die Mafia dank des Drogengeschäfts reicher und mächtiger wurde, traten ihre neuen Führer zunehmend fordernder und konfrontationsbereiter auf. Zugleich wurde es in einer Zeit, in der das Mafiaproblem in der Öffentlichkeit zunehmend wahrgenommen und diskutiert wurde, für Politiker immer schwerer, Beziehungen zu Mafiosi aufrechtzuerhalten und ihnen Dienste zu erweisen. Nach der Ermordung Bontates blieb Lima und den Vettern Salvo keine andere Wahl, als sich mit der Hegemonie der Corleoneser abzufinden. «Lima wurde zum Gefangenen eines Systems», sagte Leonardo Messina. «Vor dieser neuesten Generation war es für niemanden ein Problem gewesen, mit Mafiosi befreundet zu sein ... Es war für einen Mafioso eine große Ehre, bei einer Hochzeit oder Taufe einen Parlamentsabgeordneten als Gast zu haben ... Wenn ein Mafioso einen Abgeordneten traf, nahm er den Hut ab und bot ihm seinen Platz an ... Heute wird im Befehlston geredet: Mach dies und das, sonst wehe dir.»[18]

Die Ausweitung der Drogengeschäfte und die ständig wachsende Zahl der auf das Konto der Corleoneser gehenden Morde führten dazu, daß die Regierung sich mit der immer nachdrücklicheren Forderung konfrontiert sah, endlich hart gegen die Mafia durchzugreifen; dadurch gerieten Männer wie Lima zunehmend mit dem Rücken an die Wand. Seine endgültige Bewährungsprobe kam mit der Entscheidung des Obersten Gerichts über die Urteile im Maxi-Prozeß, und als Lima hier nichts für die Mafia ausrichten konnte, mußte er eben getötet werden. Das war praktisch der Schlußpunkt unter die unheilige Allianz zwischen Teilen der Christdemokratischen Partei Siziliens und der Mafia, einer Allianz, die seit der Parlamentswahl von 1948 bestanden hatte.

Dank der Flut neuer Zeugen konnten die Ermittler auch ein anderes Verbrechen aufklären, das sie lange Zeit vor ein Rätsel gestellt hatte. Am 8. September 1992 hatten Mafiakiller Ignazio Salvo erschossen, den wohlhabenden sizilianischen Geschäftsmann, der im Maxi-Prozeß wegen Zugehörigkeit zur Mafia verurteilt worden war. Salvo galt als der Mittelsmann der Cosa Nostra für Kontakte zu Salvatore Lima und anderen Politikern. Wie sich nun zeigte, waren die Morde an Salvo und Lima, ebenso wie die an Falcone und Borsellino, Elemente ein und derselben Strategie. Die Cosa Nostra hatte diejenigen liquidiert, die in ihren Augen die Hauptschuld am fatalen Ausgang des Maxi-Prozesses trugen: die beiden Gegenspieler, die den Prozeß vorangetrieben hatten, und die beiden politischen Freunde, die für die Aufhebung der Urteile in den Berufungsinstanzen hätten sorgen müssen.

Als die Procura della Repubblica von Palermo im Oktober 1992 24 Personen wegen des Mordes an Salvatore Lima anklagte, hinterließ dies aus mehreren Gründen in der öffentlichen Meinung einen tiefen Eindruck. Obwohl sich unter den Beschuldigten kein Politiker befand, war noch nie zuvor in einem Strafverfahren das Thema der Komplizenschaft zwischen Verbrechen und Politik mit solcher Offenheit behandelt worden. Indem das Verfahren darüber hinaus Aufschluß über die große Zahl wichtiger neuer Mafiazeugen gab, demonstrierte es den Menschen, daß der Kampf gegen die Mafia durch die Morde an Falcone und Borsellino keineswegs ins Stocken geraten war, sondern mit voller Kraft weiterging. Nach dem Rücktritt Giammancos war in der Procura von Palermo wieder ein Geist kollegialer Zusammenarbeit eingekehrt, der sich in spürbaren Erfolgen niederschlug. Es war unübersehbar, daß die Mafia ums Überleben kämpfte und aus zahlreichen Wunden blutete. Bis Ende 1992 offenbarten sich über zweihundert Mafiosi den Behörden – ein regelrechter Exodus aus den Zitadellen der Kriminalität hatte eingesetzt.[19]

Die Anklageerhebung im Mordfall Lima versetzte dem Ansehen des früheren Premierministers Giulio Andreotti und seiner Christdemokratischen Partei, wie nicht anders zu erwarten, einen schweren Schlag. Andreotti zog sich als «Senator auf Lebenszeit» in einen Quasi-Ruhestand zurück – in Italien ist es Usus, eine bestimmte Anzahl von Sitzen im Senat, dem Oberhaus des Parlaments, an verdiente Staatsmänner zu vergeben. Bald machten Gerüchte die Runde, daß auch gegen Andreotti wegen Komplizenschaft mit der Mafia ermittelt werden könnte. Dazu kam, daß die sich immer mehr ausweitenden Ermittlungen zum Bestechungsskandal von Mailand, für die sich der Begriff «Operation saubere Hände» eingebürgert hatte, mittlerweile die Christdemokraten ebenso schwer in Mitleidenschaft gezogen hatten wie die Sozialisten.

Der Schatzmeister der Democrazia Cristiana, Senator Severino Citaristi, befand sich auf dem besten Weg, unter allen von dem Skandal Betroffenen der Mann mit den meisten Strafverfahren am Hals zu werden, denn in allen Ecken Italiens wurden analoge Korruptionssysteme aufgedeckt. Ende September 1992 wurde die Regierung der Provinz Abruzzi fast vollzählig verhaftet, unter dem Vorwurf der mißbräuchlichen Verwendung von rund 436 Milliarden Lire (über 500 Millionen Mark) aus Geldern der Europäischen Union.[20] Am 1. Oktober wurden im norditalienischen Vercelli der Bürgermeister und sechs Stadtratsmitglieder durch das Spalier einer johlenden Menge, die sie in Sprechchören als «Diebe» beschimpfte, ins Gefängnis geführt.[22] Antonio Di Pietro, der federführende Ermittlungsrichter im Mailänder Bestechungsskandal, war auf dem Weg, ein neuer italienischer Nationalheld zu werden. T-Shirts mit seinem Namen darauf verkauften sich wie warme Semmeln, und überall im Land tauchten an Mauern und Wänden aufgesprühte Anti-Korruptions-Parolen auf: FORZA DI PIETRO! (Vorwärts, Di Pietro!), GRAZIE, DI PIETRO! (Danke, Di Pietro!). Die Ermittlungen hatten eine fieberhafte Phase erreicht, die manche Beobachter zu einem Vergleich mit den Frühstadien der Französischen Revolution animierte.

Im November gestand Salvatore Ligresti, ein Craxi nahestehender wohlhabender Geschäftsmann, Zahlungen in Höhe von insgesamt 16 Milliarden Lire (rund 20 Millionen Mark) an die Sozialisten und die Christdemokraten geleistet zu haben. Innerhalb der Sozialistischen Partei wurden immer mehr Stimmen laut – auch so gewichtige wie die von Justizminister Claudio Martelli –, die forderten, Craxi solle den Parteivorsitz niederlegen. Bald darauf verkündete die Mailänder Staatsanwaltschaft die lange erwartete Anklageerhebung gegen Bettino Craxi. Ihm wurde vorgeworfen, sich in vierzig Fällen der Korruption oder der illegalen Wahlkampffinanzierung schuldig gemacht und dabei insgesamt 36 Milliarden Lire (rund 45 Millionen Mark) mißbräuchlich verwendet zu haben. Es nützte Craxi nichts, daß er fortfuhr, seine Kritiker und Gegner mit der Wut eines in die Enge getriebenen Raubtiers zu attackieren. Allen außer ihm war klar, daß seine Zeit nach fünfzehn Jahren abgelaufen war.[22]

Die Aufklärung der Bestechungskomplexe in Norditalien und die Mafia-Ermittlungen im Süden nahmen ihren unaufhaltsamen Lauf, ähnlich den Zangenbewegungen einer Armee, die einen Feind einkreist und von zwei Seiten gleichzeitig angreift. Am 1. Dezember sikkerte die Nachricht durch, daß Richter Domenico Signorino und vier andere Justizbeamte aus Palermo wegen Komplizenschaft mit der Mafia angeklagt würden.[23] Zwei Tage später platzte eine noch größere Bombe: Die ranghöchsten und mächtigsten Politiker von Reggio Calabria – darunter zwei Exbürgermeister und ein Parlamentsabgeordneter – wurden verdächtigt, die Mafia zur Ermordung eines anderen führenden kalabrischen Politikers angestiftet zu haben. Der Anklageschrift zufolge war der Mann nicht deshalb ermordet worden, weil er etwas gegen die Korruption in der Stadt unternehmen wollte, sondern weil er von den Provisionen, die für die Vergabe öffentlicher Aufträge im Wert von eineinhalb Milliarden Mark an die Politiker zurückflossen, einen Anteil beansprucht hatte. Es schien, als seien in Kalabrien politische Korruption und organisierte Kriminalität zu einer neuen tödlichen Apotheose zusammengewachsen. Politiker ließen hier Politiker ermorden, sich offenbar ein Beispiel an Mafiabossen nehmend.[24]

Am Heiligabend 1992 verhaftete die italienische Polizei Bruno Contrada, den früheren Polizeifahnder aus Palermo, vor dem Buscetta Falcone 1984 gewarnt hatte und der danach zum italienischen Geheimdienst gewechselt war.[25] Gaspare Mutolo hatte Borsellino drei Tage vor dessen Ermordung einige Dinge über Contrada erzählt, und nun hatte Giuseppe Marchese drei konkrete Fälle beschrieben, in denen Contrada Mafiabosse vor bevorstehenden Polizeiaktionen gewarnt hatte. Wie Marchese behauptete, hatte Contrada in einem Fall auf diese Weise die Festnahme von Totò Riina verhindert. «Zum ersten Mal hörte ich den Namen Contradas im Jahr 1981 ... Mein Onkel Filippo wies mich an, unverzüglich zu Salvatore Riina zu gehen, weil Dr. Contrada uns informiert hatte, daß die Polizei herausgefunden hatte, wo Riina wohnte, und am nächsten Morgen eine Razzia durchführen wollte ... Ich ging sofort zu Riina ..., der auf der Stelle ein paar Kleidungsstücke einpackte und mit seiner Familie in einen weißen Mercedes stieg.»[26]

Am 15. Januar 1993 folgte dann der endgültige Durchbruch: In Palermo verhaftete eine Carabinieri-Einheit Totò Riina – er war unbewaffnet in einer unscheinbaren Citroën-Limousine in der Innenstadt von Palermo unterwegs, genau dort, wo er sich in den 23 Jahren seines Daseins als Justizflüchtling die meiste Zeit aufgehalten hatte. Keine neun Monate nach den verheerenden Bombenattentaten von Capaci und der Via D'Amelio verdichtete sich der Krieg gegen die Mafia zu einem neuen und, so schien es, vollkommen überraschenden Bild: dem des kleinen, wohlbeleibten 63jährigen Totò Riina, der mit gesenktem Haupt und gefesselten Händen für einen Polizeifotografen posierte. Er stand dabei vor einer Wand, an der ein Foto des Generals Carlo Alberto Dalla Chiesa hing, der zehn Jahre zuvor durch ein von Riina abgesegnetes Attentat ums Leben gekommen war. Endlich waren die Rollen von Jägern und Gejagten vertauscht.[27]

Als die Fotografien des verhafteten Riina veröffentlicht wurden, reichten die Reaktionen von Schock über Ungläubigkeit bis zu Enttäuschung. Mit seiner billigen, schlecht sitzenden Garderobe, seiner ungepflegten Kurzhaarfrisur und seinen dicken Stummelfingern entsprach Riina äußerlich dem, was er laut seinem gefälschten Personalausweis war: ein sizilianischer Tagelöhner auf Besuch in der Großstadt. Der Mann, den sie *la belva*, «die Bestie», nannten, gab sich als Ausbund an leiser, vornehmer Höflichkeit; er beteuerte, nicht mehr als «ein armer, kranker alter Mann» zu sein und nichts über die Cosa Nostra zu wissen, sprach Polizeibeamte in ehrfürchtigem Tonfall an und stand jedesmal auf, wenn einer von ihnen ins Zimmer kam. Konnte dies, so begannen die Leute sich zu fragen, der Mann sein, der jahrelang die führende verbrecherische Organisation der Welt dirigiert hatte? Bei aller zur Schau getragenen Demut zeigte Riina freilich ein brennendes Interesse an einem Aspekt, mit dem er sich bestens auskannte: den Machtverhältnissen. «Er versuchte offensichtlich herauszufinden, welchen Rang jeder von uns innehatte», sagte Oberst Mario Mori, der mit der Leitung der Operation betraute Offizier. «Er wollte wissen, ob ich wirklich das Sagen hatte oder ob es noch einen über mir gab.»[28]

In einem Europa, das sich durch Maastricht, Hochgeschwindigkeitszüge und den GATT-Vertrag definierte, wirkte Riina wie ein fremdartiges, fast unwirkliches Wesen, ähnlich vielleicht den japanischen Soldaten, die in den 60er Jahren aus den Urwäldern der philippinischen Inseln auftauchten und nicht wußten, daß der Zweite Weltkrieg schon zu Ende war. Die Gefangennahme Riinas war ein Zeichen dafür, daß Italien sich zu verändern begonnen hatte, wenn auch langsam und unter Schmerzen. «Mit der Verhaftung Riinas tritt Italien ins europäische Haus ein», schrieb ein Kommentator.[29]

Die Hintergründe der Verhaftung Riinas kamen nach und nach ans Tageslicht.

Am 8. Januar 1993 war in Novara in Norditalien ein sizilianischer Gangster namens Baldassare «Balduccio» Di Maggio festgenommen worden. Obwohl er nur wegen kleinerer Vergehen gesucht wurde, gestand er sofort, ein «Ehrenmann» zu sein, und erbot sich, der Polizei beim Aufstöbern Riinas zu helfen. Di Maggio war ein typischer Vertreter jener neuen Mafiosi-Generation, die keinen Gefallen mehr an der Vorherrschaft der Corleoneser fand. Seinen Aufstieg innerhalb der Organisation verdankte er der Tatsache, daß er sowohl für Riina als auch für die Mafia von San Giuseppe Jato (einer zwischen Palermo und Corleone gelegenen Stadt), deren Bosse zu den engsten Verbündeten Riinas zählten, zahllose Morde begangen hatte. Als der *capo-famiglia* von San Giuseppe Jato, Bernardo Brusca (ein Mitglied der Kommission), und sein Sohn Giovanni eine Gefängnisstrafe antreten mußten, bestellten sie Di Maggio zum geschäftsführenden Sippenoberhaupt. Als Giovanni Brusca wieder auf freien Fuß kam, wurde Di Maggio zu einem störenden Element, das ausgeschaltet werden mußte. Riina berief eine Zusammenkunft ein, deren vorgeblicher Zweck darin bestand, einen friedlichen *modus vivendi* zwischen Di Maggio und der Familie Brusca auszuhandeln, doch Di Maggio durchschaute diese Inzenierung. Zwar versuchte Riina ihn mit allen Mitteln zu beruhigen – «Balduccio non e' un' arancia buttata via!» versicherte der Boß ihm in seinem rustikalen sizilianischen Dialekt –, aber die Bruscas waren nun einmal seine Partner. Di Maggio hatte Riina schon genug Mordbefehle erteilen sehen, um zu wissen, daß er am heimtückischsten war, wenn er leise und einschmeichelnd sprach. Di Maggio suchte sein Heil in der Flucht aus Sizilien und zögerte nicht zu reden, als die Polizei ihn in Novara schnappte.[30]

Di Maggio wurde nach Palermo überführt, wo eine Carabinieri-Sonderkommission ins Leben gerufen worden war, deren ausschließlicher Auftrag darin bestand, Riina zu fassen. Die Kommission hatte Personen beschattet, von denen sie glaubte, sie gehörten zum innersten Kreis um den Boß der Bosse, und hatte Tausende von Stunden Videoaufnahmen von ihnen im Kasten. «Das ist Riinas Chauffeur!» rief Di Maggio aus, als ihm eine der Kassetten vorgeführt wurde. Di Maggio half der Polizei nicht nur, den Aufenthaltsort Riinas zu ermitteln, sondern auch das gesamte Abschirmsystem zu entblättern, das der Boß der Bosse in Palermo zu seinem Schutz aufgebaut hatte; dabei wurde eine hoch konspirativ arbeitende Gruppe vermeintlich ehrbarer Bürger enttarnt, von denen die meisten der Polizei bis dahin noch gar nicht aufgefallen waren.[31]

Die kaum begreifliche Erfolgsserie der Justizbehörden, die in der Verhaftung Riinas gipfelte, warf eine beunruhigende Frage auf: Warum erst jetzt und nicht schon vor Jahren? «Sie bekamen Riina zu fassen, weil sie beschlossen, es zu wollen», sagte Giuseppe Di Lello, Kollege von Falcone und Borsellino im ursprünglichen Anti-Mafia-Verbund. Schließlich war Riina in den Straßen Palermos festgenommen worden, wo er sich offenbar über viele Jahre hinweg unbehelligt aufgehalten hatte.[32]

DREIUNDZWANZIGSTES KAPITEL

Nach der Festnahme Totò Riinas begann sich das Dickicht der Kungeleien und Seilschaften zwischen Mafia und Politik mit noch größerer Geschwindigkeit zu lichten. Ermutigt von dem jetzt um sich greifenden Gefühl, der Staat mache mit der Bekämpfung der Mafia ernst, schüttelten immer mehr Zeugen die Ängste ab, die sie bisher daran gehindert hatten, ihr ganzes Wissen über die politischen Freundeskreise der Cosa Nostra preiszugeben. Noch im Herbst 1992 hatten Gaspare Mutolo und Tommaso Buscetta zwar Salvatore Lima belastet, jedoch die Frage nicht beantwortet, wer der Ansprechpartner Limas in der Regierung war, wenn es um das Erwirken von Gefälligkeiten für Mafiabosse ging. Als einziger hatte Leonardo Messina rundheraus erklärt: «*Onorevole* Lima ... fungierte als Verbindungsmann zu *Onorevole* Andreotti in allen Belangen der sizilianischen Mafia.»[1]

Im März 1993, nachdem Totò Riina seinen ersten, ziemlich aggressiven Auftritt vor Gericht absolviert hatte – mit landesweiter Übertragung im Fernsehen –, besann Mutolo sich eines anderen. «Ich bin überzeugt, daß wir eine sehr gefährliche Periode durchmachen und daß ... die mit der Cosa Nostra verbundenen Politiker alles in ihrer Macht Stehende tun werden, um die wirksamen Schritte, die die Justiz mit Hilfe von Zeugen in den letzten Monaten unternommen hat, abzublocken», sagte er. «Ich bin daher zu der Einsicht gekommen, daß ich ein für allemal alle Befürchtungen ablegen muß, die ... mich bisher davon abgehalten haben, alles zu offenbaren, was ich über dieses Thema weiß, angefangen beim wichtigsten Problem, ... dem mächtigsten politischen Freund der Cosa Nostra: Senator Giulio Andreotti.»

Mutolo berichtete über eine Zusammenkunft im Jahr 1981, bei der Rosario Riccobono, der Boß seiner Mafiasippe, Ignazio Salvo gebeten hatte, seinen Einfluß geltend zu machen, um einen Prozeß «in Ordnung zu bringen». «Ignazio Salvo sagte, er würde mit *Onorevole* Salvo Lima reden, der die Sache persönlich mit Senator Andreotti besprechen würde ... Nach der Ermordung von Stefano Bontate ... war der ‹normale Dienstweg› für alle, die in Rom bearbeitet werden mußten: Ignazio Salvo, *Onorevole* Salvo Lima, Senator Giulio Andreotti.»[2]

Um diesen Vorwürfen nachgehen zu können, mußten die Strafverfolger aus Palermo in einem ausführlich begründeten Antrag das italienische Parlament um die Aufhebung der Immunität Andreottis ersuchen. Das umfangreiche Dokument, in dem sämtliche vorläufigen Verdachtsmomente gegen Andreotti und die Mitglieder seiner politischen Gruppierung in Sizilien aufgeführt waren, schlug, als es bekannt wurde, wie eine politische Bombe ein. Obwohl die vermuteten Beziehungen Andreottis zur Cosa Nostra seit fast zwei Jahrzehnten Gegenstand von Gerüchten, Spekulationen und sogar offenen politischen Protesten gewesen waren, hatte nie zuvor ein offizielles Dokument solche schweren Vorwürfe gegen ihn enthalten.

Nur wenige Tage später kamen noch schockierendere Dinge ans Licht, nachdem ein Ermittlerteam in die Vereinigten Staaten geflogen war, um Francesco Marino Mannoia zu vernehmen, der in den Genuß des amerikanischen Zeugenschutzprogramms gekommen war. Marino Mannoia lieferte den ersten Augenzeugenbericht über einen direkten persönlichen Kontakt Andreottis zu Mafiabossen. Er beschrieb eine «Gipfelkonferenz», zu der sich 1980 die Bosse Salvatore Inzerillo und Stefano Bontate getroffen hatten und zu der angeblich Andreotti und Lima hinzukamen, chauffiert in einem kugelsicheren Alfa Romeo, der den Vettern Salvo gehörte. Zwar durfte Marino Mannoia an der vertraulichen Unterredung nicht teilnehmen, doch sein Boß, Stefano Bontate, erzählte ihm nachher, worum es gegangen war. Andreotti war offenbar gekommen, um gegen die Ermordung des Vorsitzender der sizilianischen Christdemokraten, Piersanti Mattarella, zu protestieren, der am 6. Januar 1980 liquidiert worden war, und er hatte von Bontate zur Antwort erhalten: «Hier auf Sizilien haben wir die Befehlsgewalt, und wenn Sie die DC nicht zerstören wollen, tun Sie, was wir sagen. Andernfalls nehmen wir Ihnen unsere Stimmen weg, nicht bloß hier, sondern ... im ganzen südlichen Italien. Dann bleiben Ihnen nur noch die Wähler im Norden übrig, wo alle Welt kommunistisch wählt.»[3]

Auf derselben USA-Reise suchte das Ermittlerteam auch Tommaso Buscetta auf, der den vielleicht schwersten Vorwurf erhob: daß Andreotti einen Mafiamord in Auftrag gegeben habe. Das Opfer war Carmine «Mino» Pecorelli, ein Sensationsjournalist und Erpresser, der im

März 1979 in Rom erschossen worden war. «Der Mord an Pecorelli war ein politisches Verbrechen, das die Vettern Salvo auf Bitten von *Onorevole* Andreotti in Auftrag gaben», sagte Buscetta im Gespräch mit Giancarlo Caselli, dem obersten Strafverfolger von Palermo. Die Quellen, auf die sich Buscetta berief, waren Stefano Bontate und Gaetano Badalamenti, die ihm anvertraut hatten, daß sie persönlich an der Planung des Mordes beteiligt gewesen waren. Badalamenti hatte Buscetta außerdem erzählt, er sei persönlich mit Andreotti in dessen privatem Büro in Rom zusammengetroffen und habe ihn gebeten, seinem Schwager Filippo Rimi zu helfen – dessen Verurteilung wegen Mafiakriminalität später tatsächlich aufgehoben wurde.[4]

Als Caselli und seine Mitarbeiter nach Italien zurückkehrten, wartete dort schon die nächste Sensation auf sie. Baldassare Di Maggio, der Mafioso, der bei der Aufspürung Totò Riinas behilflich gewesen war, behauptete, an einem Mafia-Gipfeltreffen mit Andreotti teilgenommen zu haben, das 1987, während des Maxi-Prozesses von Palermo, stattgefunden habe. «Salvatore Riina bat mich, (Ignazio) Salvo aufzusuchen; ich sollte ihn bitten, Kontakt mit Salvatore Lima aufzunehmen und ein Treffen mit unserem ‹gemeinsamen Freund› wegen des Maxi-Prozesses zu arrangieren. Bei dem ‹gemeinsamen Freund› handelte es sich um *Onorevole* Giulio Andreotti.» Di Maggio erhielt Anweisung, sich so gut wie möglich anzuziehen, und gehörte zu der Delegation, die mit Riina zu dem Treffen in der Wohnung von Ignazio Salvo fuhr. «Dort angekommen, erkannte ich unter den Anwesenden mit zweifelsfreier Sicherheit Giulio Andreotti und Salvo Lima, die aufstanden und uns begrüßten . . . Ich schüttelte den beiden Abgeordneten die Hände und gab Ignazio Salvo einen Kuß . . . Riina begrüßte alle drei Männer, Andreotti, Lima und Salvo, mit einem Kuß . . .»[5]

Andreotti wies die gegen ihn vorgebrachten Anschuldigungen als «Lügen und Verleumdungen» zurück. Der Begrüßungskuß von Riina, das Mafia-Gipfeltreffen, all dies seien «Szenen aus einem komischen Horrorfilm», erklärte er. Er bezeichnete die Angriffe auf ihn als eine Vergeltungsaktion für das harte Durchgreifen seiner Regierung gegen die Cosa Nostra. «Es hat etwas Ungeheuerliches und Paradoxes, daß ich als der Premierminister, dessen Regierung dem organisierten Verbrechen die entscheidenden Schläge versetzt hat, als Freund der Mafia hingestellt werde . . . Ich bin verbittert, aber nicht überrascht.»[6]

Diese jüngste Enthüllungsgeschichte übertraf die kühnsten Phantasien all derer, die nicht eingefleischte Verschwörungstheoretiker waren. Die letzteren, die in Andreotti ohnehin schon immer die graue Eminenz hinter allen unaufgeklärten Verbrechen der jüngeren italienischen Geschichte gesehen hatten, sahen nun endlich den Beweis erbracht, auf den sie immer gewartet hatten. Den anderen, und selbst einigen von Andreottis schärfsten Kritikern, erschien es unvorstellbar, daß ein Mann von seiner Intelligenz sich die Blöße gegeben hätte, persönlichen Umgang mit Mafiabossen zu pflegen. Es fiel schwer, sich einen Mann, der mit den großen historischen Persönlichkeiten des späten 20. Jahrhunderts verkehrt hatte – von De Gaulle, Eisenhower und Adenauer bis zu Reagan, Thatcher und Gorbatschow –, bei einem heimlichen Rendezvous mit Gangstern und Killern vorzustellen. Es fiel ebenso schwer zu glauben, daß ein Mensch von so steifer und eisiger Unnahbarkeit wie Andreotti mit Totò Riina, der «Bestie», Küsse getauscht haben sollte.

Die gegen Andreotti erhobenen Vorwürfe lassen sich gleichwohl nicht ohne weiteres von der Hand weisen. Selbst die unglaublichste aller erhobenen Anschuldigungen – daß Andreotti die Ermordung des Journalisten Nino Pecorelli veranlaßte – ist nicht so sehr an den Haaren herbeigezogen, wie es auf den ersten Blick scheinen mag. Der Fall Pecorelli zeigt zumindest, daß ein äußerst beunruhigendes Ausmaß an illegalen Aktivitäten zur Normalität des Lebens innerhalb der politischen Gruppierung Andreottis gehörte.

Als Herausgeber eines Skandalblättchens mit dem Titel *OP* verdiente Pecorelli sein Geld mit der Kunst der politischen Erpressung, indem er mit der Veröffentlichung belastenden Materials über die korrupte politische und wirtschaftliche Elite Italiens drohte. Seine Artikel enthielten vielsagende Andeutungen über brisante Informationen, deren Veröffentlichung er späteren Ausgaben vorbehielt; in der Regel verstanden die Betroffenen diese an sie gerichteten, verklausulierten Botschaften. In manchen Fällen ging er einen Schritt weiter, ließ ein Andruckexemplar mit einer Enthüllungsgeschichte herstellen und machte den Betroffenen das Angebot, die Ausgabe gegen eine angemessene Entschädigung einzustampfen. Auch wenn Pecorelli ein Schmierenjournalist war – seine Informationen waren nicht von Pappe. Als Mitglied von Licio Gellis geheimer Freimaurerloge P2 hatte er Zugang zu zahlreichen Gewährsleuten in den italienischen Nachrichtendiensten, und viele seiner Kontakte nutzten sein Blättchen, um Informationen aus Geheimdokumenten durchsickern zu lassen, giftige Geschichten in die Welt zu setzen oder Rechnungen mit politischen Widersachern zu begleichen. Als Pecorelli im März 1979 erschossen aufgefunden wurde, war klar, daß er den Bogen überspannt haben mußte und daß jemand – mit großer Wahrscheinlichkeit jemand aus der politischen Sphäre – beschlossen hatte, ihn ein für allemal zum Schweigen zu bringen. Dennoch traten die Ermittlungen zu diesem Mordfall, was niemanden überraschte, auf der Stelle. Geführt wurden sie von der römischen Procura, einem schwarzen Loch, in das viele Untersuchungsverfahren mit politischen Aspekten eingespeist wurden und aus dem kaum je etwas Erhellendes herauskam.

Die Ermittlungen erwachten im November 1992 aus dem Dornröschenschlaf, als Tommaso Buscetta erzählte, was Stefano Bontate ihm 1980 berichtet hatte: «Wir übernahmen die Ermordung Pecorellis, weil die Vettern Salvo uns darum baten.» In einem späteren Gespräch mit Buscetta soll Gaetano Badalamenti diese Aussage Bontates bestätigt haben. Im April 1993 bereicherte Buscetta seine Darstellung um ein weiteres Detail: Badalamenti habe ihm erzählt, daß «Andreotti beunruhigt (sei), weil der Journalist eine Menge Dreck gegen ihn zusammentrage, daß der Journalist Andreotti darüber in Kenntnis gesetzt habe und daß Andreotti fürchte, dieses Material könne ihm, wenn es veröffentlicht würde, politisch schaden».[7]

Die mit dem Verfahren befaßten Ermittler trugen Ende 1992 und Anfang 1993 Indizien zusammen, die zu dem von Buscetta skizzierten Szenario paßten. Pecorelli hatte kurz vor seinem Tod im März 1979 an einer Enthüllungsgeschichte mit dem Titel «Alle Schecks des Präsidenten» gearbeitet, in der es um die angebliche Verstrickung Andreottis in einen großen Bestechungsskandal ging. Anfang 1979 hatte Pecorelli sich in einem römischen Restaurant mit Andreottis «Rechtsberater» Claudio Vitalone getroffen und daraufhin die Geschichte über Andreotti zurückgezogen. (Es sei an dieser Stelle bemerkt, daß Vitalone zu der Zeit als Ermittlungsbeamter an der römischen Procura tätig war, also der Behörde, zu deren Aufgaben die strafrechtliche Verfolgung von Bestechungsfällen gehörte und die später auch mit den Ermittlungen zur Ermordung Pecorellis befaßt war.) Vitalone räumte zwar das Treffen mit Pecorelli ein, bestritt aber, mit ihm über ein Schweigegeld verhandelt zu haben. Dies steht im krassen Widerspruch zu einer unter Eid gemachten Aussage der damaligen rechten Hand Andreottis, Franco Evangelisti; dieser gab zu, an Pecorelli 30 Millionen Lire (rund 100.000 Mark) dafür gezahlt zu haben, daß er die Geschichte über Andreotti nicht veröffentlichte. «*Onorevole* Evangelisti brachte die 30 Millionen Lire persönlich und in bar in den grafischen Betrieb, in dem *OP* gedruckt wurde», hielten die römischen Ermittler hierzu im Juni 1993 fest. «Evangelisti erklärt, das Geld von Gaetano Caltagirone erhalten zu haben, der ihm berichtete, daß er selbst bereits weitere 15 Millionen Lire an Pecorelli bezahlt hatte.»

Von Evangelisti und Caltagirone war bereits bekannt, daß sie für die Andreotti-Fraktion über die Jahre hinweg eine Menge schmutziger Arbeit erledigt hatten. Der Abgeordnete Evangelisti hatte sich 1978 mit Michele Sindona getroffen, zu einer Zeit, als der sizilianische Bankier sich auf der Flucht vor der italienischen Justiz befand. Gaetano Caltagirone hatte hohe illegale Wahlkampfzuschüsse an die Andreotti-Gruppierung gezahlt und im Gegenzug von Italcasse, einer in Staatsbesitz befindlichen Bank, hohe Kredite erhalten.[8]

Nach dem Tod Pecorellis fand die Polizei unter seinen persönlichen Hinterlassenschaften die folgende Notiz: «Es ist eine Bombe! Der Italcasse-Skandal ist noch nicht vorbei. Er hat gerade erst angefangen. Anfang des Jahres wird herauskommen, wer die Schecks in Empfang genommen hat.» Die Informationen Pecorellis sollten sich als äußerst zuverlässig erweisen. Anfang 1980 ging das Finanzimperium von Caltagirone in Konkurs; Italcasse (und mit ihr der italienische Steuerzahler) standen mit offenen Krediten in Höhe von über 500 Millionen Mark im Regen.[9] Wenig später räumte Evangelisti in einem berühmt gewordenen Interview offen ein, von Caltagirone mehrfach erhebliche schwarze Wahlkampfzuschüsse entgegengenommen zu haben. «Wir kennen uns seit zwanzig Jahren, und jedesmal, wenn wir uns trafen, fragte er mich: ‹Franco, wieviel brauchst du?›», erzählte Evangelisti dem Journalisten Paolo Guzzanti mit der für ihn typischen entwaffnenden Offenheit. «Wer konnte da irgendeinen Skandal vermuten? Wer hätte je gedacht, daß hier etwas nicht mit rechten Dingen zuging?» Auf die Frage, wofür das Geld verwendet wurde, antwortete Evangelisti: «Zur Finanzierung unserer ‹Fraktion›. Zur Finanzierung meines Wahlkampfes, zur Finanzierung der Partei.»[10]

Obwohl das italienische Parlament 1977 ein strenges Gesetz über die Parteien- und Wahlkampffinanzierung verabschiedet hatte, wurde Caltagirone für seine illegalen Zuschüsse nie strafrechtlich belangt. Evangelisti war zu der Zeit Minister für die Handelsmarine; während er sich in der Folge gezwungen sah, von diesem Amt zurückzutreten, konnte er seinen Parlamentssitz behalten und blieb Andreottis Stabschef.

Die Geschichte, die Pecorelli in «Alle Schecks des Präsidenten» erzählte, war gleichsam ein Zwilling der Caltagirone-Affäre. Auch hier ging es um Gelder in sechsstelliger Millionenhöhe, die von Italcasse als ungesicherte Kredite an eine zwielichtige Firma namens SIR geflossen waren – Teile dieses Geldes fanden in der Folge ihren Weg zurück in die Kassen der Andreotti-Fraktion. SIR stellte eine Reihe von Schecks auf diverse nicht existierende Personen aus, Schecks, die dann von einigen engen Mitarbeitern Andreottis (Evangelisti, Giuseppe Ciarrapico) eingelöst wurden. Wie Caltagirone, ging auch die Firma SIR bankrott und hinterließ bei den staatlichen Banken Italiens Kreditschulden in Höhe von 218 Milliarden Lire (damals rund 750 Millionen Mark). «Es konnte nachgewiesen werden, daß rund 1,4 Milliarden Lire (knapp 5 Millionen Mark) in von SIR ausgestellten Bankschecks Senator Andreotti zur Verfügung gestellt wurden», schrieben die römischen Ermittler im Juni 1993 in ihrem Anklagedossier.[11]

Ezio Radaelli, ebenfalls einer von Andreottis politischen Maschinisten, gab zu, direkt aus den Händen Andreottis einige der illegalen SIR-Bankschecks in Höhe von insgesamt 170 Millionen Lire (rund 500.000 Mark) erhalten zu haben; das Geld war für die Durchführung von Wahlkampfkundgebungen bestimmt. Wie Radaelli darüber hinaus bekundete, wurde er bei zwei verschiedenen Gelegenheiten unter Druck gesetzt, bei der Befragung durch Ermittler, die dem Skandal auf die Spur gekommen waren, den Namen Andreotti nicht zu nennen. Der Mann, der diesen Druck ausübte, räumte wenig später den Vorgang ein. «Ich habe tatsächlich Radaelli gebeten – auf Bitten von Präsident Andreotti –, dessen Namen im Zusammenhang mit der Scheckgeschichte nicht zu erwähnen», erklärte Carlo Zaccaria, ein Adjutant Andreottis, den Ermittlern.

Andreotti selbst versuchte in der für ihn typischen Manier, seine Kontakte zu Pecorelli mit einer humorigen Anekdote zu verniedlichen, aus der dennoch deutlich wird, daß er genau wußte, was es mit den Drohungen Pecorellis auf sich hatte. «Von *Onorevole* Evangelisti erfuhr ich, daß Pecorelli die Absicht hatte, einen gegen mich gerichteten Artikel über gewisse Schecks zu veröffentlichen . . . Ich legte der Sache kein Gewicht bei, unter anderem wegen des Rufs der Zeitschrift *OP*. Evangelisti erzählte mir, er habe Pecorelli unter fürchterlichen Kopfschmerzen leidend angetroffen, die ihn periodisch befielen und für die er – vielleicht im Scherz – die Härte verantwortlich machte, mit der er manche seiner journalistischen Attacken ritt. Da ich selbst seit vielen Jahren unter Migräne leide, schickte ich ihm eine Arznei, mit der ich sehr gute Erfahrungen gemacht habe, und dazu eine Notiz mit herzlichen Erholungswünschen.» Während Andreotti einerseits beteuerte, er habe viel zuviel zu tun, um sich mit den Finanzen seiner Fraktion zu befassen, präsentierte er sich in seiner Anekdote als einer, der sich zu dem Thema eingehend und bis in unwichtigste Details hinein informieren ließ. Mit seinem Eingehen auf die Migränekopfschmerzen Pecorellis demonstrierte er sowohl seine legendäre Aufmerksamkeit in kleinen Dingen als auch sein feines Gespür für Ironie: Wie subtil, eine Arznei gegen Kopfschmerzen einem politischen Gegner zu schicken, der sich anschickte, einem selbst eine politische Migräne zu bereiten!

Trotz der wiederholten Dementis, die Andreotti abgab, ließ sich anhand des vorläufigen Belastungsmaterials zeigen, daß er Mitwisser und Mitakteur in einem System der illegalen Parteienfinanzierung war und kriminelle Machenschaften wie die Anstiftung zum Meineid oder Schweigegeldzahlungen an einen Erpresser deckte. Das beweist natürlich nicht, daß er den Mord an Pecorelli in Auftrag gab. Der Skandal um die SIR-Schecks weist indes noch einen anderen Aspekt auf, der in die Welt des organisierten Verbrechens zurückführt. «Einige dieser Schecks, im Gesamtbetrag von 55 Millionen Lire (rund 180.000 Mark), wurden von einer Firma eingelöst, deren Hintermänner die Finanziers Ley Ravello und Domenico Balducci waren; letzterer – er starb 1982 eines gewaltsamen Todes – war Mitglied der sogenannten Magliana-Bande», schrieben die römischen Ermittler im Juni 1993 in ihrem Antrag auf Aufhebung der Immunität Andreottis. Die Magliana-

Bande war in den 70er und 80er Jahren eine der führenden Verbrecherorganisationen Roms, Domenico Balducci einer ihrer Anführer. Er war außerdem Geschäftspartner und enger Freund von Giuseppe «Pippo» Calò, dem Boß von Buscettas Mafiasippe, der als untergetauchter Justizflüchtling (aber trotzdem in Saus und Braus) in Rom lebte, bis er 1985 verhaftet wurde. Balducci war einer der Leute, die Buscetta kennenlernte, als er 1980 seinen Freigang zur Flucht nutzte und für ein paar Wochen im römischen Refugium Calòs Unterschlupf fand. Die Polizei geht davon aus, daß die Magliana-Bande ein Juniorpartner der Cosa Nostra war und in deren Auftrag auf dem Festland Drogen vertrieb, Geld wusch und manchmal auch Morde beging. Mitglieder der Magliana-Bande waren, Hand in Hand mit Rechtsterroristen, an dem Bombenanschlag auf den Zug 904 im Dezember 1984 beteiligt, einem Verbrechen, als dessen Drahtzieher Pippo Calò verurteilt wurde. (Er hatte damit das Ziel verfolgt, die italienische Öffentlichkeit von den Enthüllungen Buscettas im Herbst 1984 abzulenken.) Die nachgewiesenen finanziellen und kriminellen Verbindungen zwischen Calò und Balducci sowie zwischen Balducci und dem SIR-Italcasse-Skandal legen den Gedanken nahe, daß Calò – bekannt als der «Schatzmeister» der Mafia – SIR und Italcasse benutzt haben könnte, um Gelder aus den profitablen Drogengeschäften der Cosa Nostra zu waschen. Das ist keine aus der Luft gegriffene Hypothese – einer der vielen von SIR ausgestellten Bankschecks fand sich 1978 in der Tasche des in Palermo ermordeten Mafiabosses von Riesi, Giuseppe Di Cristina. Dieser Scheck lieferte – wie mehrfach erwähnt – eine der Spuren, die Giovanni Falcone in seinem ersten großen Mafia-Ermittlungsverfahren verfolgte, und war einer der Bausteine, aus denen er die Heroingeschäfte und die Geldwäschepraktiken des Spatola-Inzerillo-Rings rekonstruierte. Ein Jahr nach seinem Tod war deutlicher denn je geworden, wie genau Falcone mit seinen Vermutungen und Schlußfolgerungen schon damals ins Schwarze getroffen hatte.

Wenn die Firma SIR sowohl als Geldwäscherei benutzt wurde als auch als Geldquelle für schwarze Zahlungen an Parteifreunde, dann mußten sich von der Drohung Pecorellis, den Skandal zu enthüllen, einige mächtige Gruppen betroffen fühlen. Sowohl die Bosse der Mafia als auch die betroffenen Politiker hatten Anlaß, sich Pecorelli vom Hals zu wünschen – genau die Art von Interessenkonvergenz, die das Klima für «erstklassige Leichen» zu schaffen pflegte.

Die Möglichkeit, daß die Mafia in einem politisch heiklen Fall wie diesem auf eigene Faust gehandelt haben könnte, schloß Buscetta aus. «Die Vettern Salvo hätten einen politischen Mord mit so unberechenbaren Konsequenzen niemals in Auftrag gegeben, ohne sich zuerst mit dem interessierten Partner zu beraten», sagte er am 2. Juni 1993 bei einer Vernehmung.

Dieses Szenario würde ein triftiges Motiv für einen von Andreotti erteilten Auftrag zur Ausschaltung Pecorellis liefern, aber eine überzeugende und lückenlose Indizienkette läge erst dann vor, wenn ein direkter Kontakt Andreottis zu Bossen der Cosa Nostra zweifelsfrei nachgewiesen werden könnte.

Andreotti und viele seiner hochrangigen Gefolgsleute behaupten, er sei als Opfer einer sorgfältig inszenierten Verschwörung auserkoren. Sie finden es verdächtig, daß mit jeder neuen Serie von Vernehmungen neue Vorwürfe gegen den oftmaligen Premierminister laut werden, daß Zeugen, die seinen Namen früher nie genannt hatten, plötzlich schwerstes Geschütz gegen Andreotti auffahren. Sie sehen im Fall Andreotti einen Teilaspekt einer von den Feinden der Democrazia Cristiana verfolgten Strategie, deren Ziel es ist, der Partei im Augenblick ihrer schwersten Krise vollends den Garaus zu machen. Während Andreotti zu klug ist, um konkret zu sagen, wer seiner Ansicht nach hinter dieser Verschwörung steckt, haben einige Offiziere seiner inzwischen arg zerzausten Armee diverse Theorien darüber angeboten.

Die verbreitetste besagt, die Cosa Nostra habe falsche Zeugen ins Rennen geschickt, um Andreotti für seinen aufrechten Kampf gegen die Mafia zu bestrafen. Allein, diese These hält der näheren Prüfung nicht stand. Zwar leistete die siebente Regierung Andreotti (1991–92) in der Tat einen erheblichen Beitrag zur Bekämpfung der Mafia, doch davor hatte sich Andreotti in den 45 Jahren seiner politischen Karriere nie einschlägig hervorgetan – man erinnere sich an die übereinstimmende Aussage mehrerer Mafia-Überläufer, die Ermordung Limas sei eine «Strafe» für die plötzliche Kehrtwende Andreottis in der Mafiapolitik gewesen. Eine von Mafia-Regisseuren inszenierte Verschwörung gegen Andreotti kann man schon aus praktischen Gründen weitgehend ausschließen. Die Mafia-Überläufer, die Andreotti belasteten, saßen in unterschiedlichen Gefängnissen – manche außerhalb Italiens – und hatten wenig oder gar keine Gelegenheit, miteinander zu kommunizieren. Die neueren Zeugen wie Messina, Marchese und Di Maggio gehörten einer anderen Generation an und kannten ältere Mafiosi wie Buscetta, Contorno, Balderone, Marino Mannoia oder Mutolo nicht. Schwerer noch wiegt ein anderes Argument: Weshalb sollten sich Leute, die schon vor zehn Jahren mit der Mafia gebrochen hatten, deren Familien gejagt und zur Strecke gebracht wurden und die ihrerseits der Cosa Nostra vernichtende Schläge versetzt hatten, plötzlich für ein Mafia-Komplott zur Vernichtung Andreottis zur Verfügung stellen?

Eine zweite oft vertretene Theorie ist die, daß Giancarlo Caselli, der neue Leiter der Procura von Palermo, die Zeugen mit manipulativen Techniken dazu gebracht habe, Andreotti zu belasten, und daß dies Bestandteil eines Fahrplans für die Machtübernahme der Linken sei.

Einmal ganz abgesehen davon, daß Caselli untadelige berufliche Referenzen als ein Mann von unbefleckter Integrität aufweisen kann, weist diese Theorie viele weitere Schwächen auf. Caselli arbeitet nicht alleine. Am Verfahren gegen Andreotti wirkte eine ganze Anzahl von Ermittlungsrichtern mit, die man kaum als linke Eiferer einstufen kann; viele arbeiteten schon zu einer Zeit an der Procura von Palermo, als dieser vorgeworfen wurde, sie gehe mit Angehörigen der Andreotti-Fraktion zu nachsichtig um. Dazu kommt, daß das Belastungsmaterial gegen Andreotti in Umrissen schon in der Anklageschrift zum Mordfall Salvatore Lima enthalten war, die im Oktober 1992 erstellt wurde, drei Monate vor dem Amtsantritt Casellis in Palermo. Schließlich sind die Ermittlungsrichter auch keineswegs in der Lage, die Mafia-Überläufer nach Belieben zu indoktrinieren, denn diese befinden sich primär in der Obhut von Polizeibeamten, die für ihre Sicherheit verantwortlich sind und allen Vernehmungssitzungen beiwohnen. Eine Verschwörung gegen Andreotti würde die Beteiligung von mindestens drei Zweigen des italienischen Polizei- und Justizapparats voraussetzen, gar nicht zu reden von den Agenten des US-amerikanischen Marshals Service, des FBI und der DEA, die sich um Buscetta und Marino Mannoia kümmern.

Die Tatsache, daß viele Zeugen ihre Andreotti belastenden Aussagen erst spät und zögernd offenbarten, läßt sich aus ihrer – explizit eingestandenen – Scheu vor der Brisanz des Themas «Mafia und Politik» erklären. Wie Buscetta gegenüber Falcone mehr als einmal betonte: «Es wäre töricht von uns, dieses Thema, das der gordische Knoten des Mafiaproblems ist, zu berühren, solange viele der Personen, über die ich dann reden müßte, noch nicht von der politischen Bühne abgetreten sind.» Inoffiziell hatte Buscetta schon 1985 im Gespräch mit US-Staatsanwalt Richard Martin den Namen Andreotti genannt.[12]

Wenn eine organisierte Verschwörung gegen Andreotti ausgeschlossen werden kann, müssen die Aussagen der ihn belastenden Zeugen sorgfältig auseinandergenommen werden, eine nach der anderen.

Die Zeugen Leonardo Messina, Gaspare Mutolo und Tommaso Buscetta haben zwar ausgezeichnete Referenzen, was ihre Zuverlässigkeit angeht, doch was sie zum Thema aussagten, waren durchweg Dinge, die sie von anderen gehört hatten. So sehr sie betonten, daß «Ehrenmänner» nie lügen, wenn sie Mafiageschäfte besprechen, so undenkbar wäre es, einen ehemaligen Premierminister nur aufgrund blinden Vertrauens in die Unverletzlichkeit des mafiösen Ehrenkodex verurteilen zu wollen. Man kann schlechterdings nicht ausschließen, daß ihre Gewährsleute – Mafiabosse wie Stefano Bontate, Gaetano Badalamenti und Rosario Riccobono – womöglich das Ausmaß ihres politischen Einflusses bewußt überzeichneten, um ihr Ansehen innerhalb der Cosa Nostra aufzupolieren. Im übrigen war Badalementi der einzige der drei, der Buscetta von einer persönlichen Begegnung mit Andreotti erzählte. Bontate und Riccobono könnten die Einschaltung Andreottis einfach als selbstverständlich unterstellt haben.

Wegen dieser möglichen Einwände ruht die Last der Anklagevorwürfe gegen Andreotti überwiegend auf den Aussagen der beiden einzigen Zeugen, die über direkte persönliche Kontakte des Expremiers zu Mafiabossen berichteten – Baldassare Di Maggio und Francesco Marino Mannoia. Von Di Maggio stammt die scheinbar unglaubliche Geschichte mit dem Begrüßungskuß zwischen Andreotti und Riina; er war aber auch derjenige, dessen Hinweise der Polizei halfen, Riina zu fassen, womit er den denkbar besten Beweis dafür lieferte, wirklich dem innersten Kreis um den Boß der Bosse angehört zu haben. Was Marino Mannoia betrifft, so war er ein Zeuge, dessen Ernsthaftigkeit und Zuverlässigkeit seinen Vernehmern außerordentlich imponierte. «Es mag unvorstellbar erscheinen, daß Andreotti sich mit Stefano Bontate traf, aber es wäre für mich mindestens ebenso unvorstellbar, daß Francesco Marino Mannoia so etwas erfinden würde», sagt Antonio Manganelli, Direktor des Servizio Centrale Operativo, einer der wichtigsten Anti-Mafia-Einheiten der italienischen Polizei. Während andere Zeugen – Buscetta und Calderone – Interviews gaben und als Co-Autoren von Büchern über ihre Mafia-Erfahrungen in Erscheinung traten, hat Marino Mannoia stets das Scheinwerferlicht gemieden und alles dafür getan, seine alte Identität gegen eine Inkognito-Existenz unter den Fittichen des amerikanischen Zeugenschutzprogramms einzutauschen. «Mannoia hat absolut kein Interesse daran, eine Kontroverse aufzurühren», meint Manganelli. «Wenn er in seinem Leben nie wieder etwas von Italien hören würde, wäre er der glücklichste Mensch.»[13]

Dagegen ist die Glaubwürdigkeit Andreottis, auch unter Eid, nicht über jeden Zweifel erhaben. Schon einmal mußte er eine frühere Aussage widerrufen und zugeben, daß er seinem Adjutanten Ezio Radaelli doch Bankschecks in Höhe von 170 Millionen Lire, ausgestellt von der Firma SIR, übergeben und ihn gebeten hatte, seinen Namen nicht zu erwähnen. Auch seine heftige Beteuerung, den Vettern Salvo nie persönlich begegnet zu sein, scheint nicht der Wahrheit zu entsprechen. Die Fotografin Letizia Battaglia aus Palermo entdeckte 1994 ein altes Bild, das sie vor Jahren gemacht hatte und das Andreotti bei einer christdemokratischen Wahlveranstaltung in dem den Salvos gehörenden Zagarella-Hotelkomplex zeigt. Auf dem Foto ist deutlich zu erkennen, wie Nino Salvo Andreotti begrüßt. Es erscheint nicht sehr plausibel, daß ein Mensch sich zwar 14 Jahre nach dem Ereignis noch daran erinnert, dem ihm persönlich nicht bekannten Mino Pecorelli ein Medikament gegen Migräne geschickt zu haben, aber seine Begegnung mit einem der reichsten Männer Siziliens und einem der wichtigsten Geldgeber der Democrazia Cristiana vergessen hat.

Inzwischen sind den Ermittlern weitere fünf Fotos in die Hände gefallen, die Nino Salvo und Giulio Andreotti als gemeinsame Teilnehmer an öffentlichen Veranstaltungen zeigen. Vito Ciancimino, der frühere Bürgermeister von Palermo, meint dazu: «Es steht außer Frage, daß Andreotti und die Salvos einander kannten; es war eine wohlbekannte Tatsache.» Andreotti hat unter beträchtlichen Verrenkungen versucht, seine ursprüngliche Aussage zu retten: «Ich beharre darauf, daß ich diese Person nie gesehen habe . . . oder vielmehr, daß ich, falls ich sie gesehen habe, nicht wußte, daß es sich um Nino Salvo handelte.»[14]

Jüngste Ermittlungen haben belastendes Material gegen Richter Carnevale, den «Urteilskiller», zutage gefördert, der mehrere Jahre lang ein faktisches Monopol auf die höchstrichterliche Begutachtung aller wichtigen Mafiaprozesse in Italien innehatte. 1994 wurde ein Telefonat abgehört, in dem er mit dem Verteidiger eines Mafia-Angeklagten ein Urteil absprach. Obwohl Carnevale seines Amtes enthoben worden war, hatte er weiterhin täglich das Gerichtsgebäude aufgesucht und war mit seinen Kollegen in Fühlung geblieben. Ein wichtiger neuer Mafia-Überläufer, Salvatore Cancemi, hat unterdessen bezeugt, daß er seinem Anwalt 100 Millionen Lire (damals rund 120.000 Mark) übergab, als Bestechungsgeld für Carnevale – eine Behauptung, für die ein weiteres abgehörtes Telefonat die Bestätigung zu liefern scheint. In diesem erwähnt Carnevale die 100 Millionen Lire gegenüber seinem Schwiegersohn, den man daraufhin sagen hört: «Hoffen wir, daß diese Sache mit Cancemi nicht herauskommt.» Zwar besteht hier kein direkter Bezug zu Andreotti, doch bestätigen die Verdachtsmomente gegen Richter Carnevale die Aussagen der Mafiazeugen über Kungeleien auf höchster Regierungs- und Staatsebene.

Trotz dieser sich verdichtenden Beweislage könnte das Gericht sich scheuen, einen ehemaligen Premierminister aufgrund der Aussagen von verurteilten Mördern schuldig zu sprechen. Hinter der Frage nach der strafrechtlichen Schuld Andreottis steht jedoch (und läuft Gefahr, von ersterer verdeckt zu werden) ein Problem von vielleicht noch größerer Tragweite: die politische und moralische Verantwortung Andreottis für die wohldokumentierte Komplizenschaft seiner politischen Statthalter auf Sizilien mit der Mafia. Andreotti war ein wichtiger Akteur – vielleicht der wichtigste – in den Reihen einer politischen Klasse, die eine Kultur der Illegalität akzeptierte und mit der Mafia, die im südlichen Italien eine Macht war, zu gegenseitigem Nutzen und Vorteil paktierte.

Mehrere Tatsachen im Zusammenhang mit Andreotti sind unbestreitbar. Als Salvatore Lima sich 1968 der Andreotti-Fraktion anschloß, war er bereits eine Zielscheibe hartnäckiger Gerüchte und staatsanwaltschaftlicher Ermittlungen. Andreotti hat sich stets hinter dem Argument verschanzt, Lima sei nie irgendeines Verbrechens überführt worden, und somit müsse für ihn die Unschuldsvermutung gelten. Für die politische Arena sollten indes etwas weniger strenge Beweisregeln gelten als für einen Strafprozeß. In der Amtszeit Limas als Bürgermeister von Palermo landeten praktisch alle Baugenehmigungen, die in der Stadt erteilt wurden, in den Händen der Mafia. Und als Zeuge in einem Prozeß mußte Lima damals, in den 60er Jahren, zugeben, Angelo La Barbera persönlich zu kennen, einen der mächtigsten Bosse jener Zeit. Lima war eng mit Nino und Ignazio Salvo befreundet, den beiden Vettern, die Falcone 1984 verhaften ließ und die im Maxi-Prozeß wegen nachgewiesener Zugehörigkeit zur Mafia verurteilt wurden. Nichts von alledem, auch nicht die wachsende Zahl der Zeugen, die in den 80er Jahren von direkten Mafiakontakten Limas berichteten, bewog Andreotti dazu, sich zu überlegen, ob ein Mann von so dubiosem Ruf in den innersten Kreis eines Premierministers gehörte. Die Anti-Mafia-Kommission des italienischen Parlaments sah sich 1993 zu der einmütigen (auch von den christdemokratischen Mitgliedern gebilligten) Feststellung bemüßigt, Salvatore Lima sei mit der Mafia im Bunde gewesen.

Jahrelang hatte sich Andreotti auch die Unterstützung Vito Cianciminos gefallen lassen, dessen Mafiaverbindungen noch offenkundiger waren als die von Lima. Schon zu Beginn der 70er Jahre war Ciancimino öffentlich beschuldigt worden, zu den Stützen der Mafiamacht in Palermo zu gehören. Das hatte die Andreotti-Fraktion nicht daran gehindert, in eine strategische Allianz einzuwilligen, die vorsah, daß Ciancimino auf den Parteitagen der Democrazia Cristiana Andreotti unterstützte. Die Dienste eines Mannes vom Schlage Cianciminos anzunehmen, war gleichbedeutend mit der wissentlichen Billigung eines auf Korruption und Gewalt beruhenden Systems.

Andreotti hat bislang jede Kritik mit zynischer und verächtlicher Rhetorik gekontert. «Ihr sizilianischen Christdemokraten seid stark, deshalb sagt alle Welt euch Schlechtes nach», sagte er bei einer Wahlkampfkundgebung in Palermo, die anberaumt worden war, um seine Gefolgsleute angesichts der Protestwelle, die die Ermordung des Generals Dalla Chiesa Ende 1980 ausgelöst hatte, wieder moralisch aufzurichten. «Wir weisen die doppelte Moral dieser Kritiker zurück, die Schaum vor dem Mund haben, während ihr von Wahl zu Wahl stärker werdet», fügte er hinzu – zur sichtlichen Freude einer Zuhörerschaft, unter der sich auch Lima und Ciancimino befanden.[15]

In der Person Andreottis bündeln sich die Widersprüche der heutigen italienischen Realität; er verkehrt mit Päpsten und mit Kriminellen, verkörpert eine bizarre Mischung aus Heiligem und Realpolitiker. Einerseits ein zutiefst gläubiger Katholik, der jeden Morgen um sechs die Messe besucht, ist er berühmt für seinen messerscharfen Zynismus.

«Andreotti schien einen heftigen Widerwillen gegen Prinzipien zu hegen, ja schien überzeugt, ein Mensch mit Prinzipien sei dazu bestimmt, als Lachnummer zu enden», schrieb die ehemalige britische Premierministerin Margaret Thatcher in ihren Memoiren. «(Er) gehört einer bestimmten jesuitischen, klerikalen Tradition an, in der man akzeptiert, daß man in einer sündigen Welt mit dem Material auskommen muß, das da ist», sagt Gerardo Bianco, langjähriger Weggefährte Andreottis in der DC. «Er ist ein aufrichtig religiöser, ja wohltätiger Mensch, aber er hat ein pessimistisches Bild vom Wesen des Menschen und von der Erbsünde, das ihn befähigt, den Umgang mit Personen von zweifelhaftem Ruf zu ertragen.»[16]

Giulio Andreotti ist nur der bekannteste Vertreter eines Politikertyps, der zwischen der unmittelbaren Nachkriegszeit und der Gegenwart in zahlreichen Exemplaren die italienische Bühne bevölkert hat. Es gab und gibt Hunderte kleinerer und größerer politischer Fische mit Mafiaverbindungen, die von aktiver Komplizenschaft bis zu passiver Koexistenz reichen. Die Verstrickungen von Andreottis zeitweiligem Innenminister und christdemokratischem Parteifreund Antonio Gava sind in mancher Hinsicht beunruhigender und viel ausführlicher dokumentiert. Die Strafverfolger in Neapel können nicht nur Aussagen übergelaufener Mafiazeugen ins Feld führen, sondern auch die Protokolle von Dutzenden abgehörter Telefonate zwischen Figuren der organisierten Kriminalität und Mitgliedern von Gavas politischem Apparat. Eine der Zentralfiguren ist Francesco Alfieri, Besitzer eines großen Bauunternehmens und Vetter ersten Grades von Carmine Alfieri, dem mächtigsten Boß der Camorra, der neapoletanischen Version der Mafia. Solange die Polizei das Haus Alfieris observierte, konnte sie einen kontinuierlichen Strom von Bittstellern registrieren, die kamen, um bei Alfieri um Unterstützung für ihren Wahlkampf zu buhlen. In einem von der Polizei mitgehörten Telefonat sagte der Bürgermeister eines nahe gelegenen Städtchens zu Alfieri: «Voi siete il mio padrone» – «Sie sind mein Chef». Zur Erklärung für seine Kontakte zu so vielen gewählten Volksvertretern gab Alfieri den Ermittlern zu verstehen: «Ich lade die Politiker nicht ein; sie laden sich in Wahlkampfzeiten von sich aus ein. Sie sind es, die mich brauchen.» Auf die Frage, wofür sie ihn brauchten, antwortete er: «Ich bin in der Gegend hier beliebt, weil ich eine treue Seele bin. Ich empfehle Leute, auch Politiker, anderen Leuten, die mich mögen. Hin und wieder bitte ich die Politiker um eine kleine Gefälligkeit, aber nicht für mich selbst.» Die Ermittler machten sich die Mühe, eine Liste all der «kleinen Gefälligkeiten» zusammenzustellen, die Alfieri in Form lukrativer öffentlicher Bauaufträge von den Politikern empfangen hatte.[17]

Nach der Verhaftung Carmine Alfieris im Herbst 1992 stellten sich er und sein früherer Unterboß Pasquale Galasso den Behörden als

Kronzeugen zur Verfügung. Beide haben Gava und Dutzende weitere Politiker schwer belastet. Ihrer Darstellung nach trafen sie nicht nur mit dem damaligen Innenminister zusammen, sondern konnten ihn auch dazu bewegen, die vorzeitige Freilassung mehrerer verurteilter Camorra-Mitglieder zu erwirken.

Auch wenn die gegen Gava erhobenen Beschuldigungen noch nicht erwiesen sind, fällt es doch auf, daß so viele vorher «unfaßbare» Justizflüchtlinge wie die Mafiabosse Alfieri und Riina sehr schnell verhaftet werden konnten, nachdem Männer wie Gava erst einmal aus ihren politischen Stellungen vertrieben waren.

Ein weiteres gutes Zeichen dafür, daß Italien eine bedeutsame Weichenstellung im Kampf gegen die Mafia vollzogen hat, sind die Fortschritte der Ermittler bei der Aufklärung der Morde an Falcone und Borsellino. Anders als bei fast allen anderen politischen Morden der letzten 15 Jahre, die ungesühnt blieben, sind die Strafverfolger von Caltanissetta überzeugt, die Tatbeteiligten an den beiden Bombenanschlägen fast vollzählig identifiziert zu haben – sowohl die Männer, die die Bomben zündeten, als auch die Bosse, auf deren Geheiß sie es taten. Die Behörden haben bereits Anklage gegen einen Mann erhoben, der beschuldigt wird, den für die Autobombe von der Via D'Amelia benutzten Wagen gestohlen zu haben, und einen Telefontechniker inhaftiert, der verdächtigt wird, das Telefon von Borsellinos Mutter angezapft zu haben, so daß die Täter den genauen Zeitpunkt erfahren konnten, an dem Borsellino an jenem Nachmittag des 19. Juli 1992 vor dem Haus vorfahren würde.

Diese Erfolge sind das Resultat neuer Zeugenaussagen und einer erstklassigen Detektivarbeit. Der erste Verdächtige, den die Polizei im Fall Falcone unter die Lupe nahm und monatelang aufmerksam beschattete, war der Mafiakiller Antonino Gioè. Nachdem es gelungen war, Abhöreinrichtungen in seiner Wohnung zu installieren und sein Telefon anzuzapfen, hörten die Ermittler Gespräche mit, in denen Gioè sich zum Falcone-Attentat äußerte und unverblümte Kritik an einigen ranghohen Mafiabossen übte. Als sie ihn über ein neues Attentatsvorhaben reden hörten, sahen sie sich gezwungen, ihn in Haft zu nehmen.

Überwältigt von Schuldgefühlen und Todesangst, weil er unabsichtlich sich und seine Mitverschwörer verraten hatte, erhängte sich Gioè mit seinen Schnürsenkeln am Fenstergitter seiner Zelle. Seine unfreiwilligen Geständnisse lieferten der Polizei gleichwohl ein erstes grobes Bild vom Ablauf des Mordkomplotts. Detailreicher wurde das Bild, als drei weitere an dem Attentat beteiligte Mafiosi Geständnisse ablegten. Einer von ihnen, Salvatore Cancemi, Mitglied der Mafia-Kommission, kam eines Tages in ein Polizeirevier im Zentrum von Palermo marschiert und stellte sich freiwillig – auch dies ein Symptom für die tiefe innere Krise der Organisation. Cancemi behauptete, der grenzenlosen Gewalttätigkeit der Corleoneser überdrüssig zu sein, die mit ihrer terroristischen Strategie die Cosa Nostra zugrunde gerichtet hätten. Cacemi gab an, an der Planung des Attentats mitgewirkt zu haben; er sei an der Auswahl des geeignetsten Straßenstücks beteiligt gewesen und habe ein sicheres Versteck auf einem nahe gelegenen Hügel – auf dem Grundstück eines Freundes der Cosa Nostra – besorgt, in dem der Sprengstoff zwischengelagert werden konnte. Der zweite der drei neuen Zeugen war Santino Di Matteo; er hatte dem Fünf-Mann-Team angehört, das die Sprengladung in das Drainagerohr unter der Fahrbahn gepackt hatte, und hatte zahlreiche Test-Vorbeifahrten gemacht, bei denen der richtige Auslösezeitpunkt für die Bomben-Fernzündung, in Abhängigkeit vom Tempo des Zielfahrzeugs, ermittelt worden war. Der dritte Zeuge, Gioacchino La Barbera, hatte am Flughafen gewartet und die Killer verständigt, als Falcones Flugzeug landete.[18]

Dank der Aussagen der drei Zeugen konnten die Ermittler das Attentat, zerlegt in alle seine Phasen, auf die Minute genau rekonstruieren. Die Entscheidung, Falcone zu ermorden, traf ihren Erkenntnissen zufolge Totò Riina; mit der Durchführung beauftragte er Salvatore Biondino, den Mann, der auch bei seiner Verhaftung im Januar 1993 an seiner Seite war. Insgesamt wirkten offenbar 18 Personen an den Vorbereitungen und an der Durchführung des Anschlags mit. Ein «Ehrenmann», der in der Nähe von Falcones Haus einen Metzgerladen betrieb, erhielt die Aufgabe, immer dann Nachricht zu geben, wenn die Leibwächter Falcones kamen, um sein kugelsicheres Auto abzuholen – ein sicheres Zeichen, daß Falcone bald darauf in Palermo landen würde. Ein weiterer Uhu war in Rom stationiert; sein Auftrag lautete, sich Falcone an die Fersen zu heften und in Palermo Bescheid zu geben, wenn er das Justizministerium verließ und zum Flughafen fuhr. Ein dritter war auf dem Flughafen Punta Raisi postiert und sollte den Anflug von Falcones Maschine melden. Zwei weitere Beobachter hatten ihren Standort zwischen dem Flughafen und der Sprengstelle und waren angewiesen, den Männern auf dem Hügel ein Zeichen zu geben, sobald der Falcone-Konvoi in Sicht kam. Der Mann, der die Zündung auslöste, war Giovanni Brusca, Sohn des Mafiabosses von San Giuseppe Jato. Das Kommando vor Ort führte Leoloca Bagarella, Riinas Schwager. Cancemi und Di Matteo beschrieben die Siegesfeier nach dem Bombenattentat von Capaci, für die Riina eigens französischen Champagner bestellte. Als alle sich zuprosteten, tauschten die beiden späteren Überläufer einen Blick aus und raunten sich fast lautlos ihre düstere Einschätzung Totò Riinas und ihrer eigenen Zukunft zu: «Stu cornutu ni consumo' a tutti!» («Dieser Hahnrei wird uns alle zugrunde richten!»)[19]

In diese von den Ermittlern gelieferte Rekonstruktion fügten sich objektive Erkenntnisse, die die Polizei durch superbe detektivische Kleinarbeit gewonnen hatte, nahtlos ein. Nachdem es gelungen war, die Funktelefon-Nummern aller Beteiligten zu identifizieren, konnte der rege Telefonverkehr im Vorfeld des Anschlags analysiert und dokumentiert werden. Dabei stellte sich heraus, daß der Kontaktmann in Rom tatsächlich den Uhu auf dem Palermoer Flughafen angerufen hatte, als Falcones Flugzeug gestartet war, und daß hektische Telefonate zwischen den verschiedenen Beobachtungsposten und der Gruppe an der Zündvorrichtung hin und her gingen, deren Intensität sich in den entscheidenden Minuten steigerte und die mit der Explosion um 17.56 Uhr aufhörten.

Diese unabhängig gewonnenen Erkenntnisse beweisen in Verbindung mit den im ursprünglichen Wortlaut belassenen Aussagen Gioès, daß die Behauptungen der neuen Zeugen alles andere sind als Ausgeburten einer böswilligen Phantasie.

Eine Frage, die noch offen ist und der Klärung bedarf, lautet: Handelte die Mafia auf eigene Faust, als sie Falcone und Borsellino aus dem Weg räumte, oder waren die Attentate mit irgendwelchen Kräften im Staatsapparat oder in den Geheimdiensten koordiniert? «Die Mafia war es nicht alleine», betont Richter Vito D'Ambrosio.[20]

Bis zur Stunde sind indes noch keine konkreten Belege aufgetaucht, die diese Behauptung stützen würden. Im Zuge ihrer Ermittlungen zum Falcone-Attentat fanden die Ermittler von Caltanissetta heraus, daß Rudi Maira, Abgeordneter im italienischen Parlament, von Rom aus ein Funktelefonat mit einem Kriminellen in Sizilien führte – genau zu der Zeit, als die Bombe detonierte. Ihr Gespräch wurde vom Explosionsgeräusch unterbrochen, was darauf schließen ließ, daß der Mafioso sich in der Nähe des Tatorts befand. Die Ermittler gehen nicht davon aus, daß Maira irgend etwas mit dem Attentat auf Falcone zu tun hat, doch das Zusammentreffen der beiden Vorgänge wirft ein bezeichnendes Schlaglicht auf den Zustand der italienischen Republik an jenem 23. Mai 1992 um 17.56 Uhr: Während fünf loyale Staatsdiener von einer Mafiabande in die Luft gejagt werden, plaudert ein Mitglied des Parlaments angeregt mit einem Gesinnungsgenossen der Täter.[21]

Die Tatsache, daß die italienischen Polizeibehörden heute in der Lage sind, schwere Verbrechen innerhalb von Monaten aufzuklären und weitere drohende Verbrechen zu antizipieren und zu verhindern, zeugt davon, welch weiten Weg sie seit den späten 70er Jahren zurückgelegt haben, als die Cosa Nostra für sie eine unbekannte, undurchdringliche Welt war, an deren reale Existenz manche schon gar nicht mehr glaubten.

«Früher wäre das alles undenkbar gewesen», sagte Alfredo Morvillo, Mafiaermittler in Palermo und Falcones Schwager, in einem Interview kurz nach der Ausstellung der Haftbefehle zum Anschlag von Capaci. «Die Zeiten haben sich geändert; jetzt ist ein Apparat da, der von sich aus tätig wird ... Wir verdanken diese Arbeitsmethode vor allem Rocco Chinnici, Giovanni Falcone und Paolo Borsellino.»[22]

Italienische Mafiaermittler nennen die 20 Monate zwischen dem Tod Borsellinos im Juli 1992 und dem Frühjahr 1994 eine «magische Zeit»: Die italienischen Strafverfolgungsbehörden zerschlugen in dieser Phase ganze kriminelle Organisationen und Strukturen, verhafteten Mafiosi, die sich zuvor jahrzehntelang der Festnahme entzogen hatten, sprengten Geldwäsche-Systeme, vereitelten geplante Mordanschläge, beschlagnahmten illegal erworbene Vermögenswerte in Milliardenhöhe und erhoben Anklage gegen Dutzende von Geschäftsleuten, Politikern, Richtern und Polizeibeamten, die im Verdacht standen, wissentlich Mafiamitglieder begünstigt zu haben. Die Ermittler wußten, daß die öffentliche Meinung dabei ebenso hinter ihnen stand wie die Zentralregierung in Rom. Zum ersten Mal standen den Strafverfolgern die Ressourcen, Instrumente und organisatorischen Strukturen zur Verfügung, die sie brauchten, um koordiniert und global gegen die Mafia vorgehen zu können. An der Spitze der Ermittlungsbehörde in Palermo stand nun ein Mann von unzweifelhaftem Engagement und Können, und seine Mannschaft arbeitete nach Jahren voller Konflikte und Kontroversen endlich wieder harmonisch und eng zusammen. Die besten Nachwuchs-Ermittler der 80er Jahre rückten in den 90er Jahren in wichtige Schaltstellen auf. Über 600 Personen stellten sich den Behörden als Zeugen zur Verfügung – ein Exodus von fast biblischen Ausmaßen aus den Reihen des organisierten Verbrechens.[23]

Und auch in der normalen Bevölkerung verlor das Gebot der *omertà*, so schien es, zunehmend an Boden.

Statistisch betrachtet, waren die Früchte dieser Entwicklung wirklich verblüffend: Binnen zwei Jahren nahm die Zahl der Verhaftungen im südlichen Italien um 46 Prozent zu, im ganzen Land ging die Zahl der Morde um 42 Prozent zurück. Daß die Zahl der Gewaltverbrechen in einem Land so drastisch zurückgehen kann, nur weil die Polizei konsequent zugreift, zeigt, daß die Gewaltkriminalität in Italien weniger ein allgemeines gesellschaftliches Phänomen ist als eine Sache der organisierten Kriminalität.[24]

Diejenigen Mafia-Ermittler, die ihre berufliche Taufe in den 80er Jahren erlebten, sind sich sehr genau dessen bewußt, daß die erzielten Erfolge kurzlebiger Natur sein könnten. Wenn es eine philosophische Erkenntnis gab, die sich wie ein roter Faden durch die Karriere von Giovanni Falcone und Paolo Borsellino zog, dann war es die Einsicht in die grundlegende Bedeutung der politischen Gezeiten für den Kampf gegen die Mafia in Italien. Dieser Kampf wurde lange Zeit auf eine schizophrene Art und Weise geführt: lange Perioden der Untätigkeit wurden unterbrochen von plötzlichen Energieschüben als Reaktion auf öffentliche Proteste gegen ein besonders abscheuliches Verbrechen. Immer wenn die Ermittler die amtierende Regierung auf ihrer Seite wußten, waren sie erfolgreich. Nach dem ersten Mafiakrieg in den frühen 60er Jahren mußte die Cosa Nostra sich für mehrere Jahre auflösen, doch stärker als je erstand sie wieder, als die Regierung im Verlauf der 70er Jahre das Interesse an dem Problem verlor. Der zweite Mafiakrieg und die Erschießung des Generals Alberto Dalla Chiesa führten zum ersten Maxi-Prozeß von Palermo. Doch der Anti-Mafia-Verbund sah sich von politischen Kräften, die sich eine bravere, zahnlose Justiz wünschten, aus den Angeln gehoben.

Die politische Rückendeckung für die jüngste Welle des tatkräftigen Durchgreifens speiste sich aus der gesellschaftlichen Empörung über die Morde an Falcone und Borsellino. Der Einfluß politischer Parameter auf die Kriminalität und ihre Bekämpfung läßt sich mit mathematischer Genauigkeit aufzeigen. Immer wenn die Regierung durchgriff, schnellte die Zahl der Verhaftungen und Verurteilungen in die Höhe, während die Zahl der Morde und der Drogentoten nach unten ging. Wenn der politische Wille zum Durchgreifen fehlte, zeigte sich die umgekehrte Tendenz.

Die Erfahrungen der letzten vierzig Jahre haben deutlich gemacht, was von Anfang an hätte klar sein müssen: eine politische Klasse, die in ihrem Umkreis Strukturen der Illegalität duldet und es sich darin bequem macht, wird nicht in der Lage sein, ernsthaft und durchgreifend gegen die organisierte Kriminalität vorzugehen. Die verblüffenden Erfolge der Strafverfolgungsbehörden seit 1992 gingen Hand in Hand mit dem breit angelegten Bemühen, den flächendeckenden Sumpf staatlicher Korruption im Land auszutrocknen. Den politischen Rükkenwind, den Polizei und Justiz bei ihrer jüngsten Offensive hatten, verdankten sie zumindest teilweise der durch die Operation saubere Hände, die Aufdeckung verbreiteter korrupter Strukturen, geschaffenen Atmosphäre. In einer Situation, in der gegen ein Drittel aller italienischen Parlamentarier strafrechtliche Ermittlungen im Gang waren, wurde die Justiz vorübergehend zur dominierenden Gewalt im italienischen Staat. Das Parlament war gezwungen, so etwas wie kollektiven Selbstmord zu begehen: Es verabschiedete eine seit langem erwartete Wahlrechtsreform, mit einem neuen Modus der Verhältniswahl als Kernstück, und löste sich dann auf, womit es den Weg für die Wahl eines neuen Parlaments am 27. März 1994 frei machte.

Das triumphale Abschneiden Silvio Berlusconis bei dieser Wahl läutete das Ende des «Interregnums der Justiz» ein. Nachdem sich das neue Parlament konstituiert hatte, gingen Exekutive und Legislative daran, das Gesetz des Handelns wieder an sich zu nehmen, das sie zeitweise an die Justiz abgetreten hatten. Auch wenn die neue Regierung ihre Entschlossenheit beteuerte, sowohl die Anti-Korruptions-Ermittlungen als auch den Kampf gegen die Mafia fortzuführen, herrschte bei den Strafverfolgungsbehörden eine ziemliche Verunsicherung. Schon bevor Berlusconi die politische Bühne betrat, war im Rahmen des Mailänder Schmiergeldskandals gegen viele leitende Mitarbeiter seines Finanzimperiums Fininvest ermittelt worden, unter anderem gegen seinen Bruder Paolo. Dazu kommt, daß Premierminister Berlusconi äußerst enge Beziehungen zu vielen Vertretern der alten politischen Parteien Italiens pflegt, die von dem Skandal am stärksten betroffen waren. Bettino Craxi, der gestürzte Exchef der Sozialistischen Partei, der sich auf der Flucht vor der Justiz nach Tunesien abgesetzt hat, war Trauzeuge bei der Hochzeit Berlusconis. Berlusconis oberster Repräsentant auf Sizilien, Marcello Dell'Utri, unterhält nachweislich Beziehungen zu Figuren des organisierten Verbrechens, auch wenn ihm bislang noch keine Gesetzesverstöße vorgeworfen worden sind. Während des Wahlkampfes wurden Gerüchte laut, die besagten, gegen Dell'Utri werde eine Anklageerhebung erwogen; dadurch entstand der Eindruck einer Voreingenommenheit der Anti-Mafia-Ermittler gegen den künftigen Premierminister.[25]

Während des Wahlkampfes im Frühjahr 1994 erklärte Giuseppe Piromalli, einer der Anführer der kalabrischen Mafia, in öffentlicher Gerichtsverhandlung: «Wir werden für Berlusconi stimmen.» Nach der Wahl kam es auf Sizilien zu einer Serie von Bombenanschlägen und Brandstiftungen, die gegen Angehörige der politischen Opposition gerichtet waren – ein Anzeichen dafür, daß die Mafia Morgenluft witterte.

«Wir wissen von mehreren Zeugen, daß die Mafia von dieser Regierung viel erwartet», sagt Vincenzo Macri, Ermittler bei der Direzione Nazionale Anti-Mafia in Rom, der Koordinationsstelle für die Mafia-Ermittlungen im ganzen Land. «Wir wissen nicht, ob das auf konkreten Zusagen beruht, die gemacht wurden, oder nur auf Hoffnungen seitens der Mafia.»[26]

Solche Hoffnungen müssen sich nicht notwendigerweise aus direkten Kontakten der Mafia zur Forza Italia, der Partei Berlusconis, speisen; sie beruhen möglicherweise auf der wiederholt erklärten Absicht dieser Partei, die Macht der Justiz zu beschneiden. Es ist aber auf jeden Fall ein Alarmzeichen, daß mehrere Abgeordnete des neu gewählten italienischen Parlaments drastische Änderungen am italienischen Zeugenschutzprogramm sowie die Schließung der Inselgefängnisse gefordert haben, daß es also Politiker gibt, die zwei der wirksamsten Waffen gegen die Mafia entschärft sehen wollen.

In den Jahren 1993 und 1994 stieg die Arbeitslosenquote im Landesdurchschnitt auf 10 Prozent; damit war klar, daß die Arbeitsmarktpolitik für die Regierung den Vorrang vor der Austrocknung des Korruptionssumpfes erhalten würde. Die Ermittlungen im Zuge der Operation saubere Hände hatten zur Einstellung der Arbeiten an vielen staatlichen Projekten geführt, woraus manche den Schluß zogen, die Säuberung wirke sich wirtschaftlich negativ aus. Berlusconi bekam nicht zuletzt deshalb so viele Stimmen, weil er versprach, eine Million neue Arbeitsplätze zu schaffen; er verbürgte sich aber auch dafür, im Fall seiner Wahl die staatlichen Konzerne zu entflechten und zu privatisieren, die die zentralen Brutstätten und Werkzeuge der politischen Patronage, Korruption und mafiosen Durchdringung gewesen sind.

Die einjährigen Regierungszeit Berlusconis verlief wenig verheißungsvoll. Der Konflikt zwischen dem Premierminister und der Mailänder Justiz verschärfte sich. Im Sommer 1994 – die Behörden bereiteten gerade die Verhaftung mehrerer leitender Mitarbeiter von Berlusconis Fininvest-Konzern vor – setzte das Kabinett Berlusconi in aller Eile eine Verordnung in Kraft, die für eine bestimmte Kategorie von Wirtschaftsvergehen das Verhängen von Untersuchungshaft ausschloß. Obwohl mafiose Straftaten ausdrücklich von dieser Regelung ausgenommen waren, steckte in einer wenig beachteten Klausel der Verordnung ein Geschenk des Himmels für organisierte Kriminelle: Es hieß darin, künftig müßten Personen, die Gegenstand eines Ermittlungsverfahrens seien, innerhalb von drei Monaten nach Verfahrenseröffnung über den gegen sie bestehenden Verdacht informiert werden. Diese Klausel wäre das Todesurteil für jedes komplexere Verfahren im Bereich der organisierten Kriminalität gewesen. Mafiaverdächtige, gegen die ermittelt wird, müßten zum Beispiel davon in Kenntnis gesetzt werden, daß ihr Telefon abgehört wird. Glücklicherweise wurde die Verordnung zurückgezogen, als die Koalitionspartner Berlusconis – die Lega Nord und die neofaschistische Nationale Allianz – ihre Unterstützung dafür verweigerten.[27]

Mit der Anklageerhebung gegen Berlusconi selbst wegen Bestechung erreichte der Konflikt zwischen Regierung und Justiz im November 1994 den Gipfel. Der Justizminister der Regierung Berlusconi forderte eine Untersuchung der Praktiken der Mailänder Strafverfolgungsbehörden und erhob beim Consiglio Superiore della Magistratura Klage gegen den Chefermittler. Der Oberste Gerichtshof Italiens intervenierte, entzog den Mailändern das Verfahren und verwies es an die wesentlich kleinere Ermittlungsbehörde von Brescia. Mitten in der Hitze dieser häßlichen Schlacht erklärte Richter Antonio Di Pietro, der Initiator der Operation saubere Hände, seinen Rücktritt, mit der Begründung, er sei es leid, von der Politik zum Spielball gemacht zu werden. Sein Rückzug stellte den Fortgang der Anti-Korruptions-Ermittlungen in Frage. Die große Frage lautete, ob die Kampagne der Regierung gegen die Richterschaft, wie schon einmal, den Kampf der Justiz gegen die Mafia behindern würde.[28]

Die Zukunft der Mafia hängt aber nicht nur vom Ausgang dieses Konflikts ab, sondern auch von wirtschaftlichen Faktoren. Die allgegenwärtige Forderung, die Wirtschaft anzukurbeln, stellt die Regierung vor große Versuchungen. Das scheinbar probateste und einfachste Mittel bestünde darin, die staatlichen Geldhähne wieder aufzudrehen und nicht allzu genau hinzusehen, welche Firmen in den Genuß der Zuschüsse und subventionierten Aufträge kommen. Die Erfahrungen der letzten 45 Jahre haben jedoch gezeigt, daß dieser Weg geradewegs in den Sumpf führt. Die Regierung müßte aus diesen Erfahrungen gelernt haben, daß Mafiaherrschaft und eine gesunde Wirtschaft zwei einander ausschließende Dinge sind.

Das südliche Italien befindet sich in einer ähnlichen Zwickmühle wie die Länder des ehemaligen Ostblocks nach dem Fall der Berliner Mauer. Wie Bulgarien oder die Tschechische Republik dümpelte auch Sizilien jahrzehntelang unter einem korrupten und wirtschaftlich ineffizienten System vor sich hin, das jetzt plötzlich der ganzen Härte des wirtschaftlichen Wettbewerbs ausgesetzt ist. Auf ganz Sizilien mit seinen fünf Millionen Einwohnern gibt es nur 110.000 industrielle Arbeitsplätze, davon viele in staatlichen Unternehmen, die aus politischen Gründen mit Zuschüssen am Leben gehalten werden. Viele von ihnen werden in naher Zukunft verschwinden, wenn der Staat seine Beteiligungen abstößt. Polizei und Justiz können sich nur um die Probleme der Strafverfolgung und Prävention kümmern; einen umfassenden Plan für die wirtschaftliche Entwicklung des südlichen Italien zu erarbeiten, ist Sache der Regierung. Es geht darum, die Wirtschaft von ihrer starken Staatsabhängigkeit zu entwöhnen und gleichzeitig, damit es nicht zu Entzugserscheinungen in Form eines weiteren Arbeitsplatzabbaus kommt, einen gesunden privatwirtschaftlichen Sektor aufzubauen.[29]

Das Verhalten der italienischen Regierung in der nächsten Zeit wird darüber entscheiden, ob das Großreinemachen der letzten Jahre nur ein weiteres Intermezzo in der langen Geschichte der Cosa-Nostra-Herrschaft in Sizilien war oder aber der Anfang vom Ende der Mafia.

Die Cosa Nostra hat verheerende Schläge hinnehmen müssen, aber ganz besiegt ist sie noch nicht. Totò Riina sitzt zwar in Haft, aber es scheint nach wie vor eine intakte und unangefochtene Führung der Mafia von Corleone zu geben. Riinas wichtigste Unterhäuptlinge, sein Schwager Leoluca Bagarella und Bernardo Provenzano, sind noch auf freiem Fuß, und man nimmt an, daß sie das Kommando übernommen haben. Die neuerdings relativ geringe Zahl von Mafiamorden ist ein Indiz dafür, daß sich die internen Machtkämpfe auf ein kontrollierbares Maß beschränken.

Während es in Sizilien sicher viele gibt, die gerne die alten Zustände wiederherstellen würden, spricht einiges dafür, daß sich auf der Insel in den letzten zehn bis fünfzehn Jahren grundlegende Dinge verändert haben. Der gesellschaftliche Konsens, auf den die Mafia sich einst stützen konnte, ist ein großes Stück weit weggebrochen. «Die Mafia ist nicht im Begriff zu verschwinden, aber die Leute, die früher zu uns aufgeschaut und sich mit der Mafia identifiziert haben, ertragen uns heute nur noch, weil sie Angst vor uns haben», sagte Leonardo Messina vor dem italienischen Parlament aus. «Die Menschen auf Sizilien fangen an, an den Staat zu glauben, weil heute sogar der Sohn eines Straßenkehrers oder Schuhmachers an der Universität studieren kann und nicht mehr von der Mafia herumkommandiert werden möchte», sagte er.[30]

Falcone und Borsellino hatten einen großen Anteil an diesem gesellschaftlichen Veränderungsprozeß. Die Anti-Mafia-Kämpfer früherer Zeiten waren, wie Mussolinis «Eiserner Präfekt» Cesare Mori oder General Dalla Chiesa, Norditaliener gewesen, die gleichsam als Missionare der Zivilisation auf die Insel gekommen waren wie einst Garibaldi mit seiner Invasionstruppe. Falcone und Borsellino waren Sizilianer, aber gleichzeitig verkörperten sie den italienischen Staat. Mit ihren Tugenden der Ernsthaftigkeit und der kompromißlosen Ehrlichkeit adelten sie auch das Image dieses Staates. Indem sie der Mafia den Prozeß machten, zeigten sie, daß diese finstere Macht nicht unbesiegbar war. Und sie schafften all dies mit streng rechtsstaatlichen Mitteln. «Das revolutionärste, was man in Sizilien überhaupt nur tun konnte», sagte Falcone einmal, «war, einfach die Gesetze anzuwenden und die Schuldigen zu bestrafen.»[31]

Kriminalität wird es natürlich auf Sizilien weiterhin geben, wie im übrigen Italien und wie in fast allen modernen Demokratien. Doch die außerordentliche Macht, die die Cosa Nostra bis vor kurzem in allen Bereichen des Lebens ausübte, beruhte in erster Linie auf ihrer Fähigkeit, sich im politischen System einzunisten. Wenn die heimlichen Partnerschaften und Seilschaften in diesem Bereich gesprengt werden können, läßt sich die Mafia leichter isolieren, und ihre «Macht» reduziert sich dann auf das Niveau anderer Gruppen organisierter Verbrecher, die außerhalb oder am Rand der Gesellschaft operieren statt in ihrem Zentrum.

Berlusconi dürfte es mit seiner erklärten Absicht, die Mafia zu bekämpfen, durchaus ernst gemeint haben, doch es gibt Anzeichen dafür, daß das organisierte Verbrechen mindestens auf lokaler Ebene koordinierte Schritte unternommen hat, um seine Partei zu infiltrieren. Am 29. März 1994, zwei Tage nachdem die Regierungskoalition 54 der 62 sizilianischen Parlamentsmandate erobert hatte, gab Giuseppe Mandalari, der Buchhalter Totò Riinas, in einem von der Polizei abgehörten Telefonat den folgenden Kommentar zum Wahlergebnis ab: «Sehr schön, alle Kandidaten sind Freunde von mir, alle sind gewählt worden.»[32]

Berlusconi trat im Dezember 1994 zurück. Seinen Platz hat sein früherer Finanzminister Lamberto Dini eingenommen, als Chef eines neuen, «unpolitischen» Kabinetts. Dies mag eine gute Voraussetzung für einen Waffenstillstand zwischen Regierung und Richterschaft sein. Die Frage ist jedoch, ob die neuen politischen Parteien, die aus der Asche der alten erstanden sind, die Kraft besitzen werden, die ihnen von den Vertrauensleuten des organisierten Verbrechens angebotene «Hilfe» auszuschlagen.

«Es steht außer Frage, daß die Mafia sich nach neuen Bündnispartnern im Regierungslager umsieht», sagt Giuseppe Tricoli, enger persönlicher Freund des ermordeten Paolo Borsellino und Mitglied der rechten Nationalen Allianz, die der Regierungskoalition angehört. «Und es ist nur logisch, daß sie versuchen wird, die Forza Italia zu infiltrieren, die viele Figuren aus den alten politischen Parteien der politischen Wiederverwertung zugeführt hat. Es ist unsere Aufgabe innerhalb der Regierung, zu verhindern, daß sich eine neue Allianz zwischen Mafia und Politik entwickelt. Der Ausgang dieses Ringens wird über den weiteren Verlauf des Spiels entscheiden.»[33]

EPILOG

Seit Fertigstellung des Manuskripts zu diesem Buch Anfang 1995 hat sich in Italien wenig getan, das mich zu nennenswerten Änderungen an dem hier gezeichneten Bild zwingen würde. Meine zentralen Einschätzungen, Deutungen und Prognosen sind, so meine ich, durch die Ereignisse der beiden zurückliegenden Jahre bestätigt worden.

Wenn das Buch eine Grundthese aufstellt, dann diese: daß die Politik im Krieg gegen die Mafia eine wesentliche Rolle gespielt hat, weil die Mafia in der Politik eine wichtige Rolle gespielt hat. Wie führende italienische Christdemokraten selbst eingeräumt haben, akzeptierte ihre Partei in den spannungsreichen frühen Jahren des kalten Krieges die Unterstützung der Mafia, um die italienischen Kommunisten niederzuhalten. Als die Wählerbasis der Christdemokraten im Norden Italiens immer weiter abbröckelte, begannen sie sich, um an der Macht zu bleiben, immer stärker auf ihre Bastionen im Süden zu stützen und übersahen dabei geflissentlich die deutlichen Anzeichen für das massive Ausmaß an politischer Korruption und Kungelei mit dem organisierten Verbrechen. Die diesem unseligen Kompromiß innewohnenden Widersprüche unter der Decke zu halten, wurde zunehmend schwieriger, vor allem als die Mafia groß in das internationale Heroingeschäft einstieg und gleichzeitig die kommunistische Bedrohung immer irrealer wurde. Nach dem endgültigen Ende des kalten Krieges 1989 zerfiel die Democrazia Cristiana erstaunlich schnell – und mit ihr die anderen größeren Regierungsparteien. Die wirtschaftliche Integration in die Europäische Gemeinschaft wurde für Italien zur vorrangigen Aufgabe, und das bedeutete zwangsläufig, daß das Land versuchen mußte, sich wenigstens der unappetitlichsten und kostspieligsten Auswüchse eines korrupten politischen Systems zu entledigen. Da das Mafiaproblem in einen bestimmten geschichtlichen Horizont eingebettet war und dieser Horizont sich radikal verändert hatte, war mein Eindruck, daß das Großreinemachen, das 1992 einsetzte, weit mehr als nur eine Episode sein würde.

Die abenteuerliche politische Karriere des Fernsehmagnaten Silvio Berlusconi bestätigte zwar meine politische Deutung des Mafiaphänomens, stellte aber meine optimistischen Voraussagen auf die Probe. Obwohl Berlusconi durch zahlreiche Fäden mit dem alten System und mit einigen der korruptesten Politiker des Landes verknüpft war, verstand er es, sich als Neuerer und Reformer zu verkaufen, während er zugleich ungeniert die Zeiger der geschichtlichen Uhr zurückzudrehen versuchte. Er, der zahlreiche Male selbst ins Visier der Justiz geraten war, verwendete einen Gutteil seiner politischen Energie darauf, die Anti-Korruptions-Teams der Mailänder Justiz unter Beschuß zu nehmen. Damit nicht genug, erhoben Mitglieder seiner Forza Italia wiederholt die Forderung, die beiden gesetzlichen Hauptstützen des Kampfes gegen die Mafia zu eliminieren: das Zeugenschutzprogramm für Mafia-Überläufer und die Isolierung der wichtigsten Mafia-Bosse durch Verfrachtung in abgelegene Inselgefängnisse. Ich wies aus diesem Anlaß auf den denkbaren Zusammenhang hin zwischen der plötzlich erwachten Sorge um die Wahrung der Menschenrechte von verurteilten Verbrechern und den Verbindungen, die Mitglieder von Berlusconis innerem Führungszirkel zur Cosa Nostra unterhielten. Mein Argwohn hat sich leider nur allzu gründlich bestätigt. Der ranghöchste Funktionär der Forza Italia in der Region Palermo wurde 1995 verhaftet, nachdem beobachtet worden war, daß polizeilich gesuchte Mafiosi den Landsitz seiner Familie frequentierten. Ebenfalls noch 1995 wurde gegen Marcello Dell'Utri – Direktor der Berlusconi-Firma Publitalia, Parlamentsabgeordneter für die Forza Italia und einer der wenigen Auserwählten, für die Berlusconi einen Platz in dem Mausoleum auf seinem Landgut bei Arcore reserviert hat – der Vorwurf laut, er sei einer der wichtigsten Verbindungsleute der Mafia zur Mailänder Finanzwelt. Die Anschuldigung, Dall'Utri habe für die Mafia Gelder gewaschen, ist zwar nicht bewiesen worden, aber er mußte inzwischen zugeben, mit mindestens einem hochkarätigen Mafiaboß eng befreundet zu sein und mehrere andere persönlich zu kennen (darunter einige von denen, die ihn belastet haben).

Glücklicherweise fand Berlusconi selbst auf dem Höhepunkt seiner Popularität in der Öffentlichkeit wenig Rückhalt für die Forderungen seiner Parteifreunde nach einer Verwässerung der Anti-Mafia-Gesetze. Dies zeigte, daß die Italiener ihre Schlüsse aus dem tragischen Blutvergießen der Jahre 1980 bis 1992 in Sizilien gezogen haben. Die Koalitionsregierung Berlusconis begann sich schon nach wenigen Monaten in ihre Bestandteile aufzulösen, zermürbt durch die endlosen Interessenkonflikte eines Mannes, der nichts dabei fand, gleichzeitig Premierminister und Beschuldigter in mehreren Gerichtsverfahren, Eigentümer des zweitgrößten Privatkonzerns in Italien und Gebieter über das riesige Geflecht italienischer Staatsunternehmen zu sein. Im April 1996 verfehlte Berlusconi seinen zweiten Anlauf zur Macht; die Italiener wählten eine Mitte-Links-Regierung unter Romano Prodi. Mit welchen Makeln und Widersprüchen diese heterogene Koalition auch immer leben muß, die neue Regierung hat sich jedenfalls unmißverständlich zum Krieg gegen die Mafia bekannt.

In der Gewißheit, weiterhin sowohl die gesetzlichen Instrumente als auch die nötige politische Unterstützung auf ihrer Seite zu haben, fügten und fügen die italienische Polizei und Justiz dem organisierten Verbrechen weiterhin empfindliche Schläge zu. Zum Zeitpunkt der Morde an Falcone und Borsellino im Sommer 1992 gab es etwa zwanzig aussagebereite Mafia-Überläufer. Als ich die Arbeit an diesem Buch beendete, waren es rund achthundert. Heute sind es über zwölfhundert. Früher wurde der Mangel an Zeugen beklagt, heute entstehen Probleme daraus, daß es so viele sind. Weil Falcone und Borsellino am Anfang ganz ohne Überläufer auskommen mußten, entwickelten sie mit riesigem Arbeitsaufwand andere Formen der Beweisführung – Ermittlungen zu finanziellen Transaktionen und konventionelle kriminalistische Detektivarbeit. Das führte dazu, daß sie eine riesige Menge an objektiven Daten zusammentrugen, anhand derer die Aussagen von Mafiazeugen – in dem Augenblick, wo sie sich zu Wort meldeten – überprüft werden konnten. Diese dichte und breite Beweislage half mit, die großen gerichtlichen Triumphe sicherzustellen, die in ihrer Summe einer neuen Ära in der Rechtsprechung zur organisierten Kriminalität gleichkamen. «Jedes Verfahren, das wir durchführen, beruht direkt auf der Arbeit Falcones», sagte mir ein Palermoer Strafverfolger im Sommer 1996. Doch im Gegensatz zu Falcone und Borsellino, die unter den Bedingungen einer fast völligen Isoliertheit arbeiteten, treiben heute Dutzende junger Ermittlungsrichter an vielen Orten gleichartige Verfahren voran. In einer Situation, in der sich die Mafiosi, die im Tausch gegen einen Strafnachlaß ihre Geschichten erzählen wollen, die Klinke in die Hand geben, müssen diese Ermittler sehr aufpassen, sich nicht ausschließlich auf die Aussagen geständiger Verbrecher zu verlassen; sie liefen sonst Gefahr, ein Instrument zu diskreditieren, das sich als epochemachend erwiesen hat.

Daß die Strafverfolgungsbehörden von vielen ihrer Zeugen weiterhin wertvolle Informationen erhalten, läßt sich an der großen Zahl untergetauchter Mafiosi ablesen, die in jüngster Zeit aufgespürt worden sind. 23 Jahre und die Mordanschläge auf Falcone und Borsellino waren nötig, ehe die Polizei Totò Riina dingfest machte. Danach gingen ihr binnen kurzer Zeit viele seiner mutmaßlichen Statthalter ins Netz. 1994 verhaftete sie Nitto Santapaola, den berüchtigten Mafiaboß von Catania. 1995 folgte die Festnahme von Riinas Schwager Leoluca Bagarella; bei ihm fand sich ein kleines militärisches Waffendepot, ein Hinweis darauf, daß er ein weiteres größeres Attentat plante. 1996 entdeckte die italienische Polizei endlich das Versteck von Giovanni Brusca, dem Mann, von dem man annimmt, daß er auf den Auslöser der Bombe drückte, die Falcone, seine Frau und drei seiner Leibwächter tötete. Brusca zeigte schon wenige Monate nach seiner Festnahme Anzeichen von Kooperationsbereitschaft – etwas, das ein paar Jahre früher noch undenkbar gewesen wäre. Einer der Faktoren, die Brusca nach eigenem Bekenntnis bewogen, sich «umdrehen» zu lassen, war die Reaktion der sizilianischen Öffentlichkeit auf seine Verhaftung. Er sei, so erzählte er, zutiefst erschrocken über den Jubel der Menschenmenge, die die Polizisten begrüßte, als sie Brusca in die Haftzelle überführten, und über die Beschimpfungen, mit denen er von den Leuten überschüttet wurde. In alten Zeiten hätten sie seiner Überzeugung nach ihre Läden für einen Tag geschlossen und wären zu Hause geblieben, aus Angst oder zur Bekundung ihrer Solidarität mit dem Verhafteten. Brusca mußte erkennen, daß sich in den langen Jahren, in denen er in der geschlossenen Welt der Mafia gelebt hatte, die Welt draußen verändert hatte.

Die Sizilianer der jüngeren Generation, die dieselben Schulen besucht, dieselben Bücher gelesen, dieselben Filme und Fernsehprogramme gesehen haben wie ihre Altersgenossen im übrigen Italien, die studiert haben und ins Ausland gereist sind, haben Lebensziele und Vorstellungen, die denen der übrigen Europäer von heute näher sind als der semifeudalen Welt ihrer Eltern und Großeltern.

Das bedeutet nicht, daß die Mafia am Boden zerstört ist und sich nie wieder erheben wird. Organisierte Kriminalität existiert in vielen entwickelten Ländern und wird zweifellos auch in Italien weiterhin existieren. Doch die spezifische Eigenart der sizilianischen Mafia – ihre Fähigkeit, in jede Phase und Sphäre des Lebens bestimmend einzugreifen, von der niedrigsten bis zur höchsten Ebene der Gesellschaft –, könnte ein Auslaufmodell ohne Zukunft sein. Das gilt allerdings nur, wenn Staat und Gesellschaft Italiens den Druck, den sie in den letzten fünf Jahren auf die Mafia ausgeübt haben, für weitere zwanzig oder dreißig Jahre aufrechterhalten.

Es gibt indes eine Front, an der kaum spürbare Fortschritte erzielt worden sind: Die wirtschaftliche Reorganisation und Entwicklung in Süditalien kommt kaum voran. In vieler Hinsicht ähneln die Probleme des italienischen Südens denen des deutschen Ostens. In beiden Fällen sehen sich wohlhabende Länder vor die Aufgabe gestellt, eine Region zu revitalisieren, deren Wirtschaft hochgradig unproduktiv, von äußerer Konkurrenz abgeschirmt und weitgehend von staatlichen Subventionen abhängig war. Im Unterschied zu Deutschland ist Italien allerdings seit nunmehr 135 Jahren mit seinem Vereinigungsproblem und mit seinem Sorgenkind im Süden befaßt. Die italienische Öffentlichkeit, die vor Überdruß und Ungeduld dazu neigt, die beträchtlichen Fortschritte, die in diesen 135 Jahren erzielt worden sind, zu übersehen, ist verständlicherweise enttäuscht darüber, daß die Kluft zwischen Nord und Süd in den letzten 20 Jahren breiter geworden ist. Viele ärgern sich über die hohen Steuern, die der italienische Staat ihnen abverlangt, und über die armseligen Dienstleistungen, die er dafür bietet; sie sind es leid, Sozialleistungen und Subventionen für den Süden zu finanzieren, die eher der Korruption Vorschub geleistet haben, als Entwicklung und Wohlstand zu bringen. Rund zwanzig Prozent der Wähler in Norditalien unterstützen die separatistische Lega del Norte, die für die Sezession des Nordens vom Rest Italiens eintritt – eine demagogische und simplifizierende Lösung angesichts der Tatsache, daß es der Norden war, der in der Periode der nationalen Einigung Italiens den Süden annektiert hat und damit für das staatliche Gebilde, das die Lega del Norte jetzt zerschlagen möchte, mitverantwortlich ist. Auch wenn der Ruf nach Abspaltung keine Aussicht auf Erfolg hat, ein bloßes Weiterbetreiben der bisherigen Politik der Subventionen ist auf längere Sicht keine gesunde Perspektive. Während die Arbeitslosenquote im Norden bei lediglich 5 Prozent liegt, beträgt sie im Süden 21 Prozent – eine äußerst ungute Situation für beide Landesteile. Diese Diskrepanz schürt nicht nur regionale Ressentiments, sondern bietet auch der Mafia die besten Chancen für ein Comeback.

Anhang

DANKSAGUNG

Mein größter Dank geht an die vielen Menschen, die sich für dieses Buch von mir haben interviewen lassen. Viele von ihnen werden im Text erwähnt und zitiert, doch auch diejenigen, die nicht zu Wort kommen, haben wertvolle Beiträge geleistet. Meine besondere Dankbarkeit gilt Maria Falcone, Agnese Borsellino, Manfredi Borsellino, Rita Fiore Borsellino und Maria Pia Lepanto Borsellino, bei denen während der Interviews zwangsläufig schmerzliche Erinnerungen wach werden mußten.

Zutiefst verpflichtet bin ich den Mitarbeitern der Anti-Mafia-Kommission des italienischen Parlaments, die mir bei der Aufbereitung einer großen Menge Aktenmaterials behilflich waren – insbesonders Enzo Montecchiarini und Piera Amendola sowie Luciano Violante, der in der Zeit meiner Recherchen Präsident der Kommission war. Ebenso wertvoll war die reichhaltige Dokumentensammlung, die das Consiglio Superiore della Magistrature mir zur Verfügung gestellt hat, wobei mein Dank an Richter Vincenzo Maccarone für seine Betreuung geht. Das Personal des «Giunte per Autorizzazione per Procedere» des italienischen Senats und Abgeordnetenhauses war ebenfalls äußerst hilfsbereit und freigiebig mit seiner Zeit. Dasselbe gilt für die Pressestellen diverser Ministerien, insbesondere des Innen-, Justiz- und Verteidigungsministeriums. Die Mitarbeiter des neuen Palermoer Gerichtsgebäudes (des «Prozeß-Bunkers») waren Musterbeispiele an Effizienz und Zuvorkommenheit, wenn es galt, enorme Mengen von Vernehmungs- und Verhandlungesprotokollen zu lokalisieren und zu kopieren.

Danken möchte ich auch den vielen Freunden, die ich in Palermo gefunden habe und die sowohl von unerschöpflicher Großzügigkeit und

Gastfreundschaft waren als auch voller Klugheit und Verständnis. Besonders erwähnen möchte ich Marta Cimino, Giuliana Saladino, Paolo Viola, Beatrice Monroi und Marco Anzaldi.

Eine große Dankesschuld habe ich ferner bei zahlreichen Freunden in Rom abzutragen, insbesondere bei Vittorio Foa und Sesa Tatò für ihren von Herzen kommenden Zuspruch und ihre klugen Einsichten; des weiteren bei den vielen Menschen, die ich an der American Academy in Rom traf, wo ich drei Jahre wohnen durfte: dem Direktor Joseph Connors, seiner Stellvertreterin Pina Pasquantonio und der Präsidentin der Akademie, Adele Chatfield Taylor. Die größte Ermutigung und Kraft, dieses Thema für eine Buchveröffentlichung aufzuarbeiten, gab mir meine Frau Sarah McPhee; sie unterzog sich auch der undankbaren, aber entscheidend wichtigen Aufgabe, die ersten und gröbsten Entwürfe des Manuskripts zu lesen. Jenny, Martha und Laura McPhee halfen mir sehr, indem sie sich die Zeit nahmen, das Manuskript in verschiedenen Entwicklungsstadien mit Argusaugen zu lesen. Meine Literaturagentin Sallie Gouverneur gab mir vom ersten Exposé bis zum fertigen Buch große Unterstützung. Dan Frank beim Verlag Pantheon Books erfüllte alles, was ich mir von einem Lektor hätte erträumen können. Er war engagiert, interessiert und enthusiastisch, erreichbar, wenn er gebraucht wurde, ohne den nötigen Respekt vor der Autonomie des Autors vermissen zu lassen. Seine Assistentin Claudine O'Hearn hat sich große Verdienste bei der Begleitung des Buches durch alle Stadien der Redaktion und Korrektur erworben.

ANMERKUNGEN

Prolog

1 Leopoldo Franchetti, *Condizioni politiche e amministrative della Sicilia,* S. 5f.
2 Der erste Bericht über die Vorwürfe gegen Signorino erschien im *Giornale di Sicilia* vom 1. Dezember 1992. Die Reportagen über seinen Selbstmord erschienen im *Giornale di Sicilia,* im *Corriere della Sera* und in *La Stampa,* jeweils vom 4. Dezember 1992.
3 Der Mafioso, der die Vorwürfe gegen Signorino erhob, war Gaspare Mutolo. Siehe dazu auch die Vernehmung Mutolos.
4 Der Polizeichef (questore) von Palermo war Matteo Cinque. Über die gegen ihn gerichteten Anschuldigngen berichtete der *Corriere della Sera* am 29. Mai 1993.
5 Diese Charakterisierung Palermos beruht auf den Reportagen aus der Stadt, die der Autor im November und Dezember 1992 schrieb. Das Comitato delle Lenzuola hat eine Dokumentation seiner Aktivitäten in dem Jahr nach der Ermordung Falcones und Borsellinos veröffentlicht: Robert Alajmo, *Un Lenzuolo contro la mafia,* Palermo 1993.
6 Zu den «cadaveri eccellenti» von Palermo siehe Saverio Lodato, *Quindici anni di mafia,* Mailand (1990), 1994, sowie Lucio Galluzzo, Franco Nicastro und Vincenzo Vasile, *Obiettivo Falcone,* Neapel (1989), 1992.
7 Giovanni Falcone (mit Marcelle Padovani), *Cose di Cosa Nostra,* S. 49.
8 Diese Aussage Buscettas fiel in einem Fernseh-Interview; abgedruckt in *Panorama,* 2. August 1992.
9 Zu der Entscheidung, Truppen nach Sizilien zu schicken, siehe *Corriere della Sera* und *La Stampa,* 20.–25. Juli 1992.
10 Die statistischen Angaben über die Zahl der Mafiazeugen und der verhafteten Flüchtigen in den Jahren 1992 und 1993 stammen vom italienischen Innenministerium.
11 Die wichtigste Informationsquelle zur Ermordung Limas ist der von der Procura di Palermo am 11. Oktober 1992 ausgefertigte Atto di accusa, in Pamphletform veröffentlicht unter dem Titel *Delitto Lima,* Agrigent 1992.
12 Interview des Autors mit Vittorio Foa.

13 Interview des Autors mit Pietro Scopolla.
14 Paul Ginsborg, *A History of Contemporary Italy*, New York 1990, S. 375.
15 *The New Yorker*, 1. März 1993.
16 Daten zur Wirtschaftsentwicklung Italiens und Süditaliens: Stefano Micossi und Giuseppe Tullio, Bericht des Centro Studi Confindustria, *Squillibri di bilancio, distrosioni economiche dell'economia italiana*, Oktober 1991; siehe auch Centro Studi Confindustria, *L'industria in Sicilia*, September 1992.
17 Leonardo Messina, Aussage vor der Anti-Mafia-Kommission, 4. Dezember 1992.
18 Über illegales Bauen in Agrigent und anderswo auf Sizilien siehe die Bericht der Legambiente, *L'ambiente illegale*, Rom 1993, S. 31.
19 Siehe Dacia Maraini, *Bagheria*, Mailand 1993.
20 Die Zahlen betreffend die Anzahl aufgelöster Ratsgremien stammen vom italienischen Innenministerium. Zu Plaì siehe *La Repubblica*, 22. September 1992.
21 Enrico Deaglio, *Raccolto Rosso*, Mailand 1993, S. 9.
22 Leonardo Sciascia, *La Sicilia come metafora: Intervista di Mercelle Padovani*, Mailand 1979.

Erstes Kapitel

1 Zur Frühgeschichte der Mafia siehe Salvatore Lupo, *Storia della mafia*, Rom 1993; Francesco Renda, *Storia della Sicilia*, Bd. I, Palermo 1984; Christopher Duggan, *Fascism and the Mafia*, New Haven 1989; sowie Gaetano Falzone, *Storia della mafia*, Palermo (1973), 1987; Henner Hess, *Mafia*, Rom/Bari 1984.
2 Francesco Petruzzella, *Sulla pelle dello stato*, S. 163.
3 Franchetti, *Condizioni politiche e amministrative della Sicilia*, S. 19–21.
4 Cesare Mori, *Con la mafia ai ferri corti*, Palermo (1932), 1993, S. 228.
5 Duggan, S. 195–199.
6 Ein farbiges Gemälde von Lucianos angeblicher Beteiligung an der Landung auf Sizilien malt Michele Pantaleone, *Mafia e politica*, Turin 1960, S. 48–63. Eine nüchternere und gewissenhaftere Rekonstruktion der Fakten findet sich bei Lupo, S. 159.
7 Zur Deportierung italo-amerikanischer Gangster siehe den Bericht der Anti-Mafia-Kommission über Mafia und Politik, *Relazione sui rapporti tra mafia e politica*, verabschiedet am 6. April 1993.
8 Zu Vito Genovese und Charles Poletti siehe Claire Sterling, *Octopus*, New York 1990, S. 56f.
9 Zur Ermordung von Sozialisten und Kommunisten siehe Renda, *Storia della Sicilia*, Bd. III, S. 276–282.
10 Renda, Bd. III, S. 278.
11 Ebd., S. 285f.
12 Interview des Autors mit Renda.
13 Zur Ermordung Giulianos und zum Prozeß gegen Gaspare Pisciotta siehe den Bericht der Anti-Mafia-Kommission über Mafia und Politik, 6. April 1993.
14 Lo Schiavo zitiert nach Pino Arlacchi, *La mafia imprenditrice*, Bologna 1983. S. 59.
15 Brief von Palazzolo, zitiert nach Giorgio Chinnici und Umberto Santino, *La Violenza Programmata*, Mailand 1989, S. 272.
16 Antonio Maria Di Fresco, *Sicilia: 30 anni di regione*, Palermo 1976, S. 15.
17 Zum «Sacco di Palermo» und zur Rolle Limas und Cianciminos siehe Orazio Cancilla, *Palermo* Rom/Bari 1988, S. 525–542, sowie Bericht der Anti-Mafia-Kommission, *Relazione conclusiva*, 4. Februar 1976, VI. Legislaturperiode, Dok. XXIII, Nr. 2, S. 214–237, nachgedruckt in Nicola Tranfaglia, *Mafia, politica e affari*, Rom/

Bari 1992, S. 72–108. Das Zitat über verdächtige Baugenehmigungen stammt aus Tranfaglia, S. 94.

18 Zur Verödung der Innenstadt von Palermo siehe Cancilla, S. 532.

19 Johann Wolfgang von Goethe, Italienische Reise.

20 Zum familiären Hintergrund von Falcone und Borsellino siehe die Interviews des Autors mit Maria Falcone, Rita Borsellino Fiore und Maria Pia Lepanto Borsellino. Siehe auch Umberto Lucentini, *Paolo Borsellino: Il valore di una vita*, Mailand 1994, und Francesco La Licata, *Storia di Giovanni Falcone*, Mailand 1993.

21 Falcone, *Cose di Cosa Nostra*, S. 14.

22 Ebd., S. 39.

23 Interview des Autors mit Giuseppe Tricoli.

24 Beispiele für diesen psychologisierenden Ansatz finden sich in den Schriften von Hess, Duggan und in Arlacchis älterem Buch *La mafia imprenditrice*. Eine kritische Auseinandersetzungen mit diesem Mafia-Verständnis liefern Lupo und Sterling, S. 41.

25 Zur Situation der italienischen Politik im Jahr 1978, zum Aufstieg der Kommunisten und zur Moro-Entführung siehe Ginsborg, *A History of Contemporary Italy*, S. 374–387.

26 Aus einer Reportage über das Begräbnis Di Cristinas, *L'Unit*, 3. Juni 1978.

27 Vollständig nachzulesen ist die «Beichte» Di Cristinas im Bericht der Legione Carabinierei di Palermo vom 25. August 1978. Breite Auszüge daraus wurden in der Anklageschrift zum Maxi-Prozeß von Palermo zitiert: *Ordinanza Sentenza contro Abbate + 706*, zu den Akten gegeben am 8. November 1985 in Palermo. Großzügig bemessene Teile des 8706 Seiten umfassenden Dokuments finden sich abgedruckt in Corrado Stajano (Hrsg.), *Mafia: L'atto di accusa dei giudici di Palermo*, Rom 1986. Die «Beichte» Di Cristinas wird darin auf S. 18–37 abgehandelt.

28 Eine ausführliche Schilderung des Mordes an Boris Giuliano wurde am 16. Dezember 1979 von der Questura di Palermo zu den Akten gegeben. Berichte über die Tötung Giulianos und Terranovas finden sich bei Lodato, *Quindici anni di mafia*, S. 13–20; zur Ermordung Mattarellas ebd., S. 35. Zum Tod Terranovas siehe auch Galluzzo, S. 125.

29 Für eine Darstellung des Todes von Basile und der Haftbefehle gegen Inzerillo siehe *La Repubblica*, 6. Mai 1980, und Lodato, S. 40ff. Zur Diskussion innerhalb der Procura della Repubblica siehe Galluzzo, S. 132–143. Siehe auch Interview des Autors mit Vincenzo Geraci.

Zweites Kapitel

1 Lucio Galluzzo, Francesco La Licata und Saverio Lodato (Hrsg.), *Falcone vive*, Palermo (1986), 1992, S. 37.

2 Zur Haftentlassung der Verdächtigen und zu allen weiteren Details des Ermittlungsverfahrens siehe *Requisitoria, Rosario Spatola + 84*, Akte bearbeitet von Giusto Sciacchitano von der Procura della Repubblica di Palermo, 7. Dezember 1981, sowie *Sentenza istrutoria del processo contro Rosario Spatola + 119*, Akte angelegt von Giovanni Falcone, Palermo 1982. Lodato, S. 44–50, hat das Verfahren teilweise rekonstruiert. Siehe auch Interviews des Autors mit Sciacchitano und Francesco Lo Voi.

3 Zur Karriere und zum Tod Costas siehe Galluzzo, *Obiettivo Falcone*, S. 126–143, sowie Lodato, *Quindici anni di Mafia*, S. 54. Siehe auch Interview des Autors mit Rita Bartoli Costa.

4 Interview des Autors mit Maria Falcone.

5 Interview des Autors mit Giusto Sciacchitano.
6 Zur Aushebung der Heroinlabors, zur Verhaftung Albertis und zur Ermordung Jannis siehe *Requisitoria, Rosario Spatola + 84*; Lodato, S. 44–50 sowie *La Repubblica*, 28. August 1980.
7 *Falcone vive*, S. 47
8 Sterling, *Octopus*, S. 199; Cancilla, S. 541.
9 Zu dem Darlehen Sindonas an Fanfani und zu seinen Beziehungen zu anderen christdemokratischen Politikern siehe *Commissione parlamentare d'inchiesta sul caso Sindona; Relazione conclusiva, VIII Legislatura, doc. XXIII, n. 2-sexies*, Rom, 1982, S. 161–178, abgedruckt in Tranfaglia, *Mafia, politica e affari, S.* 203–220. Siehe auch *L'Espresso*, 25. Oktober 1981 und 1. November 1981.
10 Zum Tode Ambrosolis siehe *Sindona: gli atti d'accusa dei giudici di Milano*, Rom, 1986, S. 47–52; Stajano, *Un eroe borghese*, Turin, 1991; Sterling, S. 192–194.
11 *Falcone vive*, S. 44f.
12 Interview des Autors mit Giuliano Turone.
13 Interview des Autors mit Elio Pizzuti.
14 Tranfaglia, S. 203–220.
15 *Relazione della commissione parlamentare d'inchiesta sulla loggia massonica P2, OX Legislatura, doc. XXIII, n.* 2, 12. Juli 1984. Zur Mitgliedschaft Berlusconis in der P2 siehe Giovanni Ruggeri und Mario Guarino, *Berlusconi: Inchiesta sul Signor TV*, Mailand, 1994.
16 Interview des Autors mit Turone.
17 Siehe *Sindona* und Stajano.
18 *Corriere della Sera*, 20. Mai 1984.
19 Der Andreotti-Vertraute, der sich mit Sindona traf, war Franco Evangelisti. Das Treffen und die Verbindungen zwischen Sindona und Andreotti werden im parlamentarischen Untersuchungsbericht zur Affäre Sindona beschrieben, abgedruckt bei Tranfaglia, S. 260–267.
20 *L'Unità*, 26. Mai 1981.
21 *L'Unità*, 29. Mai 1981.
22 *Falcone vive*, S. 55.
23 Interview des Autors mit Leonardo Guarnotta.
24 Interview des Autors mit Turone.
25 Lodato, S. 39.
26 Interview des Autors mit Pizzuti.
27 Interviews des Autors mit Guarnotta, Ignazio De Francisci, Giovanni Paparcuri, Barbara Sanzo und Vincenzo Geraci.
28 Interview des Autors mit Pizzuti.
29 Zur Zahl der Verurteilungen siehe *L'Espresso*, 22. April 1984.

Drittes Kapitel

1 *La Repubblica*, 6. Mai 1980, und *Lodato, Quindici anni di mafia*, S. 40ff.
2 Interviews des Autors mit Maria Pia Lepanto Borsellino, Rita Borsellino Fiore, Agnese Borsellino und Manfredi Borsellino.
3 *Ordinanza Sentenza contro Abbate + 706*, Bd. 17, zu den Akten genommen am 8. November 1985 in Palermo.
4 *La Repubblica*, 6. Mai 1980, und Lodato, S. 40ff.
5 Dieses Zitat und die gesamte Darstellung der von Borsellino angestellten Ermittlungen zum Tode Basiles ist dem von Borsellino verfaßten Bd. 17 der *Ordinanza Sentenza contro Abbate + 706*, entnommen.

6 Siehe die Berichte über die Ermordung von Fra Giacinto (Stefano Castronovo) in: *La Repubblica,* 9. September 1980; *L'Espresso,* 21. September 1980; sowie in Lodato, S. 63–66.
7 Zum Verhältnis zwischen Paolo Bontate und Raytheon siehe *La Repubblica,* 25. April 1981, sowie Lupo, *Storia della Mafia,* S. 189.
8 Zum Tode Stefano Bontates siehe den Bericht in *La Repubblica,* 25. April 1981; siehe auch Lodato, S. 66ff. Der Tathergang, wie von Falcone rekonstruiert, ist nachzulesen in Bd. 13 der *Ordinanza Sentenza* des Maxi-Prozesses, S. 2516–2541.
9 *L'Espresso,* 4. Mai 1981.
10 Zum Tod Inzerillos siehe *La Repubblica,* 12. Mai 1981, und die Erörterung bei Lodato, S. 68. Falcones Rekonstruktion des Tathergangs findet sich in Bd. 13 der *Ordinanza Sentenza* zum Maxi-Prozeß, S. 2542–2567.
11 Pino Arlacchi, *La mafia imprenditrice,* Bologna 1983, S. 153.
12 Das Grundgerüst zu einer ausführlichen Darstellung des wirtschaftlichen Imperiums der Salvo-Familie und ihrer kriminellen Verbindungen findet sich in Falcones Anklageschrift zum Maxi-Prozeß von Palermo, nachgedruckt in Stajano (Hrsg.), *Mafia: L'atto di accusa dei giudici di Palermo,* S. 313–358.
13 Interview des Autors mit Elio Pizzuti.
14 Niederschriften der abgehörten Telefonate zwischen Lo Presti und Buscetta finden sich in *Mafia: L'‚atto di accusa dei giudici di Palermo,* S. 320–325.
15 Galluzzo, La Licata und Lodato (Hrsg.), *Falcone vive,* S. 59.
16 Interview mit Nino Salvo in *L'Espresso,* 4. Juli 1982.
17 Interview des Autors mit Pizzuti.

Viertes Kapitel

1 Im ersten Quartal 1982 ereigneten sich nach Schätzungen 30 Mafiamorde. Nando Dalla Chiesa, *Delitto imperfetto,* Mailand, 1984, S. 61.
2 Ausführlich dargestellt werden die Jagd auf Contorno und andere schwere Verbrechen im Zuge des Mafiakrieges von Palermo 1981–82 im *Rapporto giudiziario di denuncia a carico di Greco, Michele + 161 persone,* verfaßt von Antonino Cassarà, gemeinsam eingebracht von Polizei und Carabineri von Palermo am 13. Juli 1982. Eine zweite, noch eingehendere Darstellung (beruhend auf Contornos eigener Aussage) ist enthalten in der Anklageschrift zum Maxi-Prozeß (Bd. 13, S. 2603-2631), verfaßt von Falcone. Eine Schilderung des Verbrechens findet sich auch bei Lodato, *Quindici anni di mafia,* S. 74ff.
3 Cassarà-Bericht, *Michele Greco + 161.*
4 Giacomo Conte vom Ufficio Istruzione di Palermo reichte am 1. März 1988 eine ausführliche Anklageschrift zur widerrechtlichen privaten Wasserentnahme in Palermo ein: *Sentenza contro Ciacciofera, Michele + 88.* Er zitierte darin ausführlich aus mehreren früher erschienenen Untersuchungen zu den städtischen Trinkwasserbrunnen. Einer der Beschuldigten war Michele Greco, auf dessen Brunnen ausführlich eingegangen wird.
5 *L'Espresso,* 29. Mai 1983.
6 Die neueste und vielleicht definitive Chronik des Geschehens ist enthalten in: *Richiesta di custodia cautelare nei confronti di Agate, Mariano + 57,* einer Darstellung der wichtigsten Mafiamorde in Palermo im Verlauf des vergangenen Jahrzehnts, eingereicht von der Procura della Repubblica di Palermo am 20. Februar 1993.
7 Borsellinos Schilderung des Mordes an Giaccone findet sich in der Anklageschrift zum Maxi-Prozeß, Bd. 17, S. 3428–3451.

8 Die Zahlen über den Heroinkonsum in Italien stammen aus den Jahresberichten der Direzione Centrale per i Servizi Antidroga im römischen Innenminsterium.
9 Zur Berufung Dalla Chiesas siehe Stajano (Hrsg.), *Mafia: L'atto di accusa dei giudici di Palermo*, S. 221–227.
10 Zur Karriere und Ermordung La Torres siehe Lodato, S. 81–91.
11 Interview des Autors mit Giuseppe Ayala.
12 Zur Pressekampagne gegen Dalla Chiesa siehe die Darstellung Falcones in Stajano, Hrsg., *Mafia*, S. 227–40.
13 *La Repubblica*, 10. August 1982. Siehe auch *Delitto imperfetto*, S. 247–252, wo das Interview vollständig abgedruckt ist.
14 Ein vollständiger Nachdruck der Rekonstruktion Falcones findet sich in *Mafia*, S. 221–311. Die Tagebuch-Einträge finden sich auf S. 225–240 *passim*.
15 Dalla Chiesa, S. 52.
16 Brief von Dalla Chiesa an Spadolini, abgedruckt in *Mafia*, S. 232.
17 *L'Espresso*, 9. Mai 1982.
18 *Mafia*, S. 230.
19 *Mafia*, S. 291f.
20 *Wall Street Journal*, 12. Februar 1985, teilweise wiederabgedruckt in *Mafia*, S. 240.
21 Falcones Rekonstruktion der Ermittlungen gegen Graci und die «Ritter der Arbeit» aus Catania findet sich in *Mafia*, S. 254–266. Siehe auch das Interview des Autors mit Elio Pizzuti.
22 *Mafia*, S. 255ff.
23 *Mafia*, S. 240–288.
24 *Mafia*, S. 293.
25 *Mafia*, S. 298.

Fünftes Kapitel

1 Lodato, *Quindici anni di mafia*, S. 122.
2 *L'Espresso*, 14. April 1985.
3 Ebd., 6. Februar 1983.
4 Die Meldung über die Heirat Cutolos erschien in *L'Espresso*, 1. Mai 1983.
5 Ebd., 15. Mai 1983.
6 Den Verlauf des Prozesses um den Basile-Mord schildert Borsellino in Bd. 17 seiner Anklageschrift zum Maxi-Prozeß, S. 3361–3378.
7 Interview des Autors mit Manfredi Borsellino.
8 Interviews des Autors mit Agnese Borsellino, Rita Borsellino Fiore und Maria Pia Lepanto Borsellino. Die Äußerung Borsellinos entstammt einem Interview mit dem Schweizer Fernsehen, das auf Videokassette veröffentlicht wurde: *Intervista a Paolo Borsellino*, ©1992, RTSI.
9 Wie sich die Aussagebereitschaft Gasparinis entwickelte, schildert Falcone in der Anklageschrift zum Maxi-Prozeß, abgedruckt bei Stajano (Hrsg.), *Mafia*, S. 105–113.
10 *Mafia*, S. 122–129.
11 Ebd., S. 296.
12 Ebd., S. 139–147.
13 Interview des Autors mit Gianni De Gennaro.
14 Interview des Autors mit Elio Pizzuti.
15 Interview des Autors mit Domenico Signorino.
16 Lodato, S. 130ff, Interview des Autors mit Giovanni Paparcuri.
17 *Mafia*, S. 293–296.

18 Die ersten Auszüge aus dem Tagebuch Chinnicis publizierte *L'Espresso* am 18. September 1983. Analysiert wird das Chinnici-Tagebuch bei Lodato, S. 137–142 und bei Galluzo, *Obiettivo Falcone*, S. 151–163.
19 Eine noch größere Auswahl aus den Chinnici-Tagebüchern findet sich in *Antimafia*, Bd. I, 1991, hrsg. vom *Coordinmento Antimafia di Palermo*. Der zitierte Satz ist dieser Quelle entnommen.
20 *L'Espresso*, 23. Oktober 1983.
21 *Antimafia*, Bd. I, 1991.
22 Galluzzo, La Licato und Lodato (Hrsg.), *Falcone vive*, S. 37.
23 *Antimafia*, Bd. I, 1991.
24 *Falcone vive*, S. 37.
25 Der Consiglio Superiore della Magistratura behandelte die Chinnici-Tagebücher in seiner Sitzung vom 28. September 1983.

Sechstes Kapitel

1 Antonino Caponetto, *I miei giorni a Palermo*, Mailand, 1992, S. 31.
2 Ebd., S. 37.
3 Ebd., S. 31.
4 Ebd., S. 40.
5 Interview des Autors mit Antonino Caponetto.
6 Caponetto, S. 37.
7 Interview des Autors mit Barbara Sanzo.
8 Caponetto, S. 38.
9 Interview des Autors mit Leonardo Guarnotta.
10 Interview des Autors mit Liliana Ferraro.
11 Stajano (Hrsg.), *Mafia*, S. 15.
12 Eine Erörterung der von diesem Zeugen geleisteten Beiträge findet sich in *Mafia*: zu Gasparini siehe Seite 105–123, zu Totta siehe S. 289, zu Calzetta siehe S. 180, zu Sinagra siehe S. 47 und Marsala siehe S. 63–69. Siehe auch die Protokolle der Verhöre Sinagras und Marsalas im Archiv des Tribunale di Palermo.
13 Vernehmungsprotokolle Salvatore Contorno.
14 Sterling, *Octopus*, S. 75.
15 Fabrizio Calvi, *Vita quotidiana della mafia*, Mailand, 1986, S. 98.
16 Sterling, S. 114f.
17 *Mafia*, S. 115.
18 Sterling, S. 267.
19 Sterling, S. 266.
20 *L'Espresso*, 16. Januar 1983.
21 *L'Espresso*, 30. Januar 1983.
22 Sterling, S. 272f.
23 Interview des Autors mit Vincenzo Geraci; siehe auch Lodato, S. 145f.

Siebtes Kapitel

1 Falcone, *Cose di Cosa Nostra*, S. 49f.
2 Ebd., S. 44.
3 Protokoll der Vernehmung von Tommaso Buscetta.
4 Ebd.
5 Interview des Autors mit Antonino Caponetto.
6 Protokoll der Vernehmung von Tommaso Buscetta.

7 Das Organisationsschema der Cosa Nostra, wie von Buscetta dargelegt, skizziert Falcone in seiner Anklageschrift zum Maxi-Prozeß. Siehe auch Stajano (Hrsg.), *Mafia: L'atto di accusa dei giudici di Palermo*, S. 38–55.
8 Protokoll der Vernehmung von Tommaso Buscetta.
9 Interview des Autors mit Richard Martin.
10 Interview des Autors mit Antonio Manganelli.
11 Ausführlich dargestellt werden die Konferenzen von Palermo und Apalachin bei Sterling, *Octopus*, S. 82–92.
12 Ebd., S. 103.
13 Ebd., S. 111.
14 Protokoll der Vernehmung von Tommaso Buscetta.
15 Ebd.
16 Die «Beichte» Di Cristinas findet sich im Report der Legione Carabinieri di Palermo vom 25. August 1978 sowie als auszugsweiser Nachdruck in *Mafia*, S. 18–37.
17 Das Zitat stammt, wie die nachfolgenden, aus dem Protokoll der Vernehmung Tommaso Buscettas.
18 Diese Schilderung des Todes von Rosario Riccobono findet sich in *Richiesta di custodia cautelare nei confronti di Agate, Mariano + 57*, Procura della Repubblica di Palermo, 20. Februar 1993.
19 Das Zitat stammt, wie die nachfolgenden, aus dem Protokoll der Vernehmung Tommaso Buscettas.
20 Galluzzo, La Licata und Lodato (Hrsg.), *Falcone vive*, S. 61.
21 Das Zitat stammt, wie die nachfolgenden, aus dem Protokoll der Vernehmung Tommaso Buscettas.
22 *La Stampa*, 22. November 1992.
23 Falcone, S. 51.
24 Ebd., S. 52.
25 *La Stampa*, 22. November 1992.
26 Interview des Autors mit Antonino Caponetto.
27 Zum Einnicken Gerascis siehe die Aussage von Alberto di Pisa vor dem Consiglio Superiore della Magistratura am 21. September 1989. Die Äußerungen Buscettas gegenüber Falcone zitiere ich nach der Erinnerung von Antonino Caponetto, der an der Verhörsitzung vom 18. Dezember 1984 teilnahm, bei der Geraci nicht anwesend war.
28 Falcone, S. 87.
29 Protokoll der Vernehmung von Tommaso Buscetta.
30 Falcone, S. 82.
31 Interview des Autors mit Leonardo Guarnotta.
32 Falcone, S. 72.
33 Ebd., S. 70.

Achtes Kapitel

1 Falcone, *Cose di Cosa Nostra*, S. 41.
2 Protokoll der Vernehmung von Tommaso Buscetta.
3 Ausführliche Auszüge aus den Enthüllungen Marsalas finden sich bei Stajano (Hrsg.) *Mafia: L'atto di accusa dei giudici di Palermo*, S. 63–72.
4 Die Abhörprotokolle der Gespräche zwischen Violi und Cuffaro sind abgedruckt in *Mafia*, S. 55–63.
5 Interview des Autors mit Richard Martin.

6 Die Darstellung der Arbeitsteilung im Anti-Mafia-Verbund beruht auf mir mündlich erteilten Auskünften von Antonino Caponetto, Giuseppe Di Lello und Leonardo Guarnotta.
7 Interview des Autors mit Giuseppe Ayala. Siehe auch Giuseppe Ayala, *La Guerra dei giusti*, Mailand 1993, S. 83ff.
8 *Corriere della Sera*, 31. September 1984; *La Stampa*, 1. Oktober 1984.
9 Interview des Autors mit Richard Martin. Der RICO (Racketeer-Influenced and Corrupt Organizations) Act ermöglicht eine Strafverfolgung wegen der bloßen Zugehörigkeit zur Mafia oder zu anderen kriminellen Organisationen.
10 Protokoll der Vernehmung von Tommaso Buscetta.
11 Eine ausführlichere Darstellung dieser sogenannten Pizza-Connection gibt Sterling, *Octopus*, S. 180–189 und 249–264. Siehe auch Alexander Shana, *The Pizza Connection*, New York 1988, und Ralph Blumenthal, *The Last Days of the Sicilians*, New York 1988. Die Angabe über die Zahl der John Gambino gehörenden Pizzerias stammt aus *L'Espresso*, 22. April 1984.
12 Sterling, S. 242.
13 Ebd., S. 244.
14 Protokoll der Vernehmung von Tommaso Buscetta.
15 *Ordinanza Sentenza* des Maxi-Prozesses, Bd. 11, S. 2139–2171.
16 Sterling, S. 54. Siehe auch *L'Espresso*, 22. April 1984 und 18. November 1984.
17 Interview des Autors mit Richard Martin.
18 *La Repubblica*, 4. Oktober 1984.
19 Lodato, *Quindici anni di mafia*, S. 154.
20 Protokoll der Vernehmung von Salvatore Contorno.
21 Interview des Autors mit Antonio Manganelli.
22 Protokoll der Vernehmung von Salvatore Contorno. Falcones Rekonstruktion des Mordanschlags auf Contorno findet sich ebenfalls in der Anklageschrift zum Maxi-Prozeß, *Ordinanza Sentenza*, Bd. 13, S. 2603–2631.
23 Lodato, S. 154.
24 Protokoll der Vernehmung von Salvatore Contorno.
25 Interview des Autors mit Richard Martin.

Neuntes Kapitel

1 Wortlaut des Telegramms zitiert nach *Europeo*, 2. Juli 1993.
2 Ein Abriß der Laufbahn Cianciminos findet sich im Abschlußbericht der Anti-Mafia-Kommission des italienischen Parlaments, *Relazione conclusiva*, 4. Februar 1976, VI. Legislatura, Dok. XXIII, n.2, S. 214–237, nachgedruckt bei Tranfaglia, *Mafia, politica e affari*, S. 72–108. Siehe auch die Anklageschrift gegen Ciancimino, *Procedimento penale contro Vito Ciancimino + 4*, n.411/90 sowie das schriftliche Urteil: *Sentenza contro Vito Ciancimino*, beides Tribunale di Palermo, 17. Januar 1992. Zur Rolle Cianciminos im System der Wasserversorgung Palermos siehe *Sentenza contro Ciacciofera, Michele + 88* zu den Akten gegeben vom Ufficio Istruzione di Palermo am 1. März 1988.
3 Siehe den von Vincenzo Vasile stammenden Beitrag über Lima in Nicola Tranfaglia (Hrsg.), *Cirillo, Ligato e Lima*, Rom und Bari 1994; siehe auch den *Atto di accusa*, zu den Akten gegeben von der Procura di Palermo, am 11. Oktober 1992, sowie den Bericht der Anti-Mafia-Kommission: *Relazione conclusiva*, 4. Februar 1976, VI. Legislatura, Dok. XXIII, n.2, S. 214–237, abgedruckt bei Tranfaglia, S. 72–108.
4 Giorgio Galli, *Storia della Democrazia Cristiana*, Mailand, 1993 und *Storia dei partiti politici italiani*, Mailand, 1991. Siehe auch Interview des Autors mit Galli.

5 *La Repubblica,* 23. Oktober 1992.
6 Ebd.
7 Sterling, *Octopus,* S. 229.
8 Interview des Autors mit Galli.
9 Galuzzo, *Obiettivo Falcone,* S. 172.
10 Interview mit Elda Pucci in *L'Espresso,* 29. Juli 1984.
11 Nino Rocca und Umberto Santino (Hrsg.), *Le tasche di Palermo,* Palermo, 1992, S. 22.
12 Leoluca Orlando, *Palermo,* Mailand, 1990, S. 42f.
13 Interview mit Elda Pucci in *L'Espresso,* 29. Juli 1984.
14 Orlando, S. 50f.
15 Protokoll des Verhörs von Tommaso Buscetta, *Sentenza contro Vito Ciancimino,* Tribunale di Palermo, 17. Januar 1992.
16 *La Repubblica,* 4. Oktober 1984.
17 Alfredo Galasso, *Mafia e Politica,* Mailand, 1993, S. 33.
18 Interview mit Elda Pucci in *L'Espresso,* 29. Juli 1984.
19 *La Repubblica,* 3. Oktober 1984.
20 Ebd., 5. Oktober 1984.
21 Giuseppe di Lampedusa, *Il Gattopardo,* Mailand 1958.
22 Ginsborg, *History of Contemporary Italy,* S. 375.
23 Centro Studi Confindustria, *Squilibri di bilancio, distorsioni economiche dell'economia italiana,* Oktober 1991, verfaßt von Stefano Micossi und Giuseppe Tullio.
24 Zur Ära des «historischen Kompromisses» siehe Ginsborg, S. 375–402.
25 Giulio Andreotti, *Il Potere Logora,* Mailand, 1990, S. 34.
26 Enzo Biagi, *Il Boss solo,* Mailand, 1986, S. 181, zitiert nach Sterling, S. 74.
27 Protokoll der Vernehmung Buscettas.
28 Sterling, S. 272ff.
29 Interview des Autors mit Gianni De Gennaro.
30 Protokolle der Vernehmungen von Tommaso Buscetta und Francesco Marino Mannoia.
31 Lodato, *Quindici anni di mafia,* S. 154.
32 Protokoll der Vernehmung von Tommaso Buscetta. Siehe auch Stajano (Hrsg.), *Mafia: L'atto di accusa dei giudici di Palermo,* S. 326–329; Caponetto, *I miei giorni a Palermo,* S. 54ff.
33 *La Repubblica,* 19. Oktober 1984.
34 Lodato, S. 158.
35 Protokoll der Vernehmung von Vincenzo Marsala.
36 Interview des Autors mit Antonino Caponetto.
37 Protokoll der Vernehmung von Tommaso Buscetta.
38 Caponetto, S. 54ff.
39 Alessandro Silj, *Il Malpaese,* Rom 1994, S. 257f.

Zehntes Kapitel

1 Siehe *Processo alla mafia,* Dokumentarfilm des staatlichen italienischen Fernsehsenders RAI, 1986. Lodato, *Quindici anni di mafia,* S. 189–192; Sterling, S. 277–281. Interview des Autors mit Liliana Ferraro.
2 Lodato, S. 155.
3 Galluzzo, *Obiettivo Falcone,* S. 175.
4 Lodato, S. 209-212 und Orlando, *Palermo.*
5 Caponetto, *I miei giorni a Palermo,* S. 50.

6 Die Schätzung über die Zahl der von der mafiosen Schattenwirtschaft abhängigen sizilianischen Familien stammt aus einem Gespräch mit Francesco Misiani, einem früheren Mitarbeiter der Hohen Kommission für Anti-Mafia-Maßnahmen. Angaben über Einkommensverhältnisse und Kaufkraft finden sich in den Jahrbüchern des italienischen Statistikamtes ISTAT, zitiert im Bericht der parlamentarischen Anti-Mafia-Kommission, *Relazione di Minoranza*, 24. Januar 1990, *X. Legislatura*, Dok. XXIII, n. 12–bis/I.
7 *Giornale di Sicilia*, 14. April 1985, zitiert nach Galluzzo, S. 190.
8 Interview des Autors mit Antonino Caponetto.
9 Interview des Autors mit Domenico Signorino.
10 Interview des Autors mit Gianni De Gennaro.
11 Interview des Autors mit Antonino Caponetto.
12 Interview des Autors mit Ignazio De Francisci.
13 Interview des Autors mit Leonardo Guarnotta.
14 Interview des Autors mit Giuseppe Ayala.
15 Falcone, *Cose di Cosa Nostra*, S. 15.
16 Interview des Autors mit Stefano Racheli.
17 Interview des Autors mit John Costanzo.
18 Luca Rossi, *I disarmati*, Mailand 1992, S. 267.
19 Interview des Autors mit Diego Cavalliero.
20 Protokoll der Vernehmung von Vincenzo Sinagra.
21 Chinnici und Santino, *La Violenza Programmata*, S. 213.
22 Protokoll der Vernehmung von Vincenzo Sinagra.
23 Interview des Autors mit Vincenzo Sinagra.
24 Protokoll der Vernehmung von Vincenzo Sinagra.
25 Borsellinos Rekonstruktion des Giaccone-Mordes findet sich in der Anklageschrift zum Maxi-Prozeß, Bd. 17, S. 3428–3451.
26 *L'Espresso*, 25. August 1985.
27 Zur Karriere Montanas siehe Lodato, S. 159ff.
28 Petruzzella (Hrsg.), *Sulla pelle dello stato*, S. 111.
29 Lodato, S. 162.
30 *Sulla pelle dello stato*, S. 112.
31 Lodato, S. 168f.
32 Zeugenaussage von Vincenzo Pajno, Procuratore della Repubblica, vor dem Consiglio Superiore della Magistratura, 30. Juli 1988.
33 Lodato, S. 169; *L'Espresso*, 20. Oktober 1985.
34 Galluzzo, *Obiettivo Falcone*, S. 191f.; Lodato, S. 170ff.
35 Lodato, S. 174.
36 *Sulla pelle dello stato*, S. 113.
37 Caponetto, S. 68f.

Elftes Kapitel

1 Interview des Autors mit Rita Borsellino Fiore.
2 Stajano (Hrsg.), *Mafia: L'atto di accusa dei giudici di Palermo*, S. VIII.
3 Ebd., S. 5.
4 Ebd., S. 84–88.
5 Ebd., S. 14.
6 *Ordinanza Sentenza contro Abbate + 706*, Bd. 17.
7 *Mafia*, S. 2.
8 Ebd., S. 244f.

9 Ebd., S. VII.
10 Interviews des Autors mit Maria Pia Lepanto Borsellino und Rita Borsellino Fiore.
11 Caponetto, *I miei giorni a Palermo*, S. 70.
12 Aurelio Angelini u.a., *Uno Sguardo dal bunker: croniche del maxi-processo di Palermo*, Siracusa 1987, S. 17–31.
13 Lodato, *Quindici anni di mafia*, S. 182.
14 Orlando, *Palermo*, S. 102; Lodato, S. 179.
15 Lodato, S. 178f.
16 Angelini, S. 18.
17 Ebd., S. 21.
18 Ebd., S. 18ff.
19 Sterling, *Octopus*, S. 280.
20 *Processo alla mafia*, Film von 1986.
21 Interview des Autors mit Giuseppe Ayala.
22 Leonardo Sciascia, *A futura memoria*, Mailand 1989, S. 116.
23 Die vollständigen Verhandlungsprotokolle des Maxi-Prozesses druckte das *Giornale di Sicilia* zwischen Februar 1986 und Dezember 1987 ab. Wesentliche Auszüge finden sich zusammengefaßt in Lino Jannuzzi (Hrsg.), *Cosi parl Buscetta*, Mailand 1986. Die hier zitierte Passage findet sich auf S. 115 dieser Quelle.
24 Jannuzzi, S. 135.
25 Ebd., S. 140.
26 Ebd., S. 144f.
27 Ebd., S. 137.
28 Ebd., S. 148.
29 Ebd., S. 194f.
30 Ebd., S. 203.
31 Ebd., S. 197–201.
32 Caponetto, S. 55.
33 Jannuzzi, S. 207f.
34 Ebd., S. 220–225.
35 Ebd., S. 91f.
36 Ebd., S. 169.
37 Sterling, S. 284.
38 Jannuzzi, S. 158.
39 Sterlin, S. 285.
40 Angelini, S. 117.
41 *Mafia*, S. 328.

Zwölftes Kapitel

1 Lodato, *Quindici anni di mafia*, S. 186f.
2 Protokoll der Vernehmung von Vincenzo Marsala.
3 Meine Darstellung der Heirat Falcones stützt sich auf meine Interviews mit Barbara Sanzo, Rita Fiore Borsellino, Pasqua Seminara und Francesco Lo Voi.
4 Interview des Autors mit Giuseppe Ayala.
5 *Corriere della Sera*, 10. Januar 1987, wieder abgedruckt in Sciascia, *A futura memoria*, S. 128ff.
6 *A futura memoria*, S. 130.
7 Interview des Autors mit Rita Borsellino Fiore.
8 Orlando, *Palermo*, S. 71.
9 Lodato, S. 208.

10 *Giornale di Sicilia,* 14. Januar 1987, zitiert nach Lodato, S. 207.
11 Rossi, *I disarmati,* S. 211.
12 Galluzzo, *Obiettivo Falcone,* S. 189.
13 Die Diskussion über die Amtsführung Vitalones als Untersuchungsrichter und die Gründe für seine Nichtberufung an das Kassationsgericht finden sich im Protokoll der Sitzungen des Consiglio Superiore della Magistratura vom 6. Mai 1982 und 28. November 1985. Siehe auch *L'Espresso,* 18. Mai 1986.
14 Chinnici und Santino, *La Violenza Programmata,* S. 126.
15 Lodato, S. 214; Procura della Repubblica di Palermo, *Richiesta di custodia cautelare nei confronti di Agate, Mariano + 57,* 20. Februar 1993.
16 Protokoll der Vernehmung Tommaso Buscettas.
17 Arlacchi, *Gli Uomini del disonore,* S. 28.
18 Zum Aufstieg Craxis in der Sozialistischen Partei siehe Ginsborg, *A History of Contemporary Italy,* S. 377f.
19 Aus dem Protokoll der Aussage Bitettos, Procura della Repubblica di Milano. In Auszügen nachgedruckt in *Tangentopoli,* Panorama-Verlag, Mailand 1993, S. 50–62.
20 Zur Laufbahn Carlo Palermos siehe *L'Espresso,* 14. April und 19. Mai 1985 sowie 29. Juli 1984; siehe auch sein eigenes Buch *Attentato,* Trento 1992.
21 Zur «schwarzen Kasse» bei der IRI siehe *L'Espresso,* 13. Januar 1984, *Panorama,* 10. Februar 1985, *L'Espresso,* 17. Februar 1987, *L'Espresso,* 3. Mai 1987, *L'Espresso,* 16. August 1987. Zur Protesterklärung der Jungstaatsanwälte in Rom siehe *L'Espresso,* 16. Juni 1985.
22 *Panorama,* 27. September 1987.
23 Zu den Ergebnissen der Wahl von 1987 siehe Massimo Morisi u. a., *Far Politica in Sicilia,* Mailand 1993, S. 156.
24 Orlando, *Palermo,* S. 74–79.
25 Morisi, S. 144. Interview mit Claudio Martelli, *Panorama,* 6. September 1987.
26 Interview des Autors mit Antonino Caponetto.
27 Interview des Autors mit Ignazio De Francisci.
28 Rossi, *I disarmati,* S. 269.
29 Lodato, S. 220–223.

Dreizehntes Kapitel

1 Caponetto, *I miei giorni a Palermo,* S. 90.
2 *Corriere della Sera,* 13. Januar 1988; Lodato, *Quindici anni di mafia,* S. 230ff.
3 Lodato, S. 235.
4 Ebd., S. 234f.; Galasso, *Mafia e Politica,* S. 32–40. Die vollständigste Fassung des von Insalaco hinterlassenen «Vermächtnisses» findet sich in *Antimafia,* Bd. 2, 1990.
5 Caponetto, S. 89.
6 Ebd., S. 88.
7 Ebd., S. 87.
8 *Corriere della Sera,* 20. Januar 1988.
9 Caponetto. S. 89.
10 Interview des Autors mit Giuseppe Di Lello.
11 Rossi, *I disarmati,* S. 268.
12 Interview des Autors mit Vito D'Ambrosio.
13 Interview des Autors mit Ignazio De Francisci.
14 Interview des Autors mit Stefano Racheli.

15 Interview des Autors mit Giuseppe Di Lello.
16 Sämtliche Zitate aus der Kandidatendiskussion sind dem Protokoll der Sitzung des Consiglio Superiore della Magistratura vom 18. Januar 1988 entnommen.
17 Caponetto, S. 82.
18 Dieses Zitat und die nachfolgenden entstammen den Interviews des Autors mit Vincenzo Geraci, Leonardo Guarnotta, Giuseppe Ayala und Ignazio De Francisci.

Vierzehntes Kapitel

1 Die nachfolgenden Ausführungen zu Calderone stützen sich hauptsächlich auf die Protokolle seiner Verhörsitzungen mit Falcone. Pino Arlacchi verarbeitete dieses Geständnis zu seinem Buch *Gli Uomini del disonore*. Verwendet wurde hier allerdings die englische Ausgabe dieses Buches, *Men of Dishonor*.
2 Arlacchi, *Men of Dishonor*, S. 75.
3 Ebd., S. 22.
4 Ebd. S. 172.
5 Ebd.
6 Ebd., S. 93.
7 Ebd., S. 183.
8 Wahlergebnisse werden vom italienischen Innenministerium festgestellt und nach jeder Wahl vom italienischen Parlament veröffentlicht.
9 Arlacchi, S. 184f.
10 Ebd., S. 184.
11 Ebd., S. 177.
12 Interview des Autors mit Antonio Manganelli.
13 Protokoll der Vernehmung von Tommaso Buscetta; Passagen daraus finden sich auch in den Unterlagen zum Ermittlungsverfahren um den Tod Salvatore Limas, *Il delitto Lima*.
14 Protokoll der Sitzung des Consiglio Superiore della Magistratura (CSM), 31. Juli 1988, Aussage Falcone.
15 CSM, 30. Juli 1988, Aussage Palmieri.
16 Caponetto, *I miei giorni a Palermo*, S. 91.
17 CSM, 30. Juli 1988, Aussage Meli.
18 Lodato, *Quindici anni di mafia*, und CSM, 30. Juli 1988, Aussage Meli.
19 CSM, 31. Juli 1988, Aussagen Borsellino und Falcone.
20 CSM, 30. Juli 1988, Aussage Palmieri.
21 CSM, 30. Juli 1988, Aussage Meli.
22 CSM, 31. Juli 1988, Aussage Falcone.
23 Interview des Autors mit Giuseppe Di Lello.
24 CSM, 31. Juli 1988, Aussage Borsellino.
25 CSM, 30. Juli 1988, Aussagen Palmieri und Meli.
26 CSM, 31. Juli 1988, Aussage Giaocchino Natoli.

Fünfzehntes Kapitel

1 Interview des Autors mit Diego Cavalliero.
2 Interview des Autors mit Calogero Germanà.
3 Interview des Autors mit Diego Cavalliero.
4 Interview des Autors mit Calogero Germanà.
5 Consiglio Superiore della Magistratura (CSM), Protokoll der Sitzung vom 31. Juli 1988, Aussage Paolo Borsellino.

6 *Domanda di autorizzazione a procedere contro il Senatore Antonio Gava, XI Legislatura, Dokument IV, Nr. 113*, 7. April 1993.
7 Sterling, *Octopus*, S. 292–296.
8 Ebd., S. 293.
9 Ebd., S. 292. Zu Carnevale siehe Sterling, S. 294, sowie den Bericht der Anti-Mafia-Kommission: *Relazione di minoranza, X Legislatura, Dokument XXIII, Nr. 12*/bis I, 24. Januar 1990.
10 Caponetto, *I miei giorni a Palermo*, S. 85.
11 Ebd., S. 84f.
12 CSM, 30. Juli 1988, Aussage Meli.
13 Interview des Autors mit Liliana Ferraro.
14 Der Wortlaut des Falcone-Briefes erschien am 31. Juli 1988 im *Corriere della Sera* und in anderen italienischen Zeitungen. Er wird in zahlreichen Büchern in voller Länge zitiert, unter anderem bei Galuzzo, *Obiettivo Falcone*, und Rossi, *I disarmati*.
15 CSM, 30. Juli 1988, Aussagen Carmelo Conti und Antonio Palmieri.
16 CSM, 30. Juli 1988, Aussage Meli.
17 CSM, 31. Juli 1988, Aussage Falcone.
18 CSM, 31. Juli 1988, Aussage Borsellino.
19 Interview des Autors mit Vito D'Ambrosio.
20 *Giornale*, 31. Juli 1988 und 1. August 1988.
21 Interview des Autors mit Vito D'Ambrosio.
22 Interview des Autors mit Vincenzo Geraci.
23 Interview des Autors mit Vito D'Ambrosio.

Sechzehntes Kapitel

1 *Il Giornale*, 10. September 1988.
2 *L'Espresso*, 11. Dezember 1988.
3 Galluzzo, *Obiettivo Falcone*, S. 280f.
4 *L'Espresso*, 16. April 1989.
5 Schreiben vom 5. September 1988, abgedruckt bei Galluzzo, S. 282f.
6 Lodato, *Quindici anni di mafia*, S. 261ff.
7 Die Meldungen über diese Mordfälle sind, ebenso wie die nachfolgenden Zitate, dem *Corriere della Sera* entnommen, 29. September 1988.
8 *Europeo*, 18. November 1988.
9 *Corriere della Sera*, 16. November 1988.
10 Galluzzo, S. 284.
11 *Corriere della Sera*, 14. November 1988.
12 *Corriere della Sera*, 18. November 1988. Einer der Wortführer, die sich für eine Versetzung Falcones und Melis aussprachen, war Erminio Pennachini, der für die Christdemokraten im Consiglio saß.
13 Interview des Autors mit Ignazio De Francisci.
14 *Europeo*, 25. November 1988.
15 Interview des Autors mit Vito D'Ambrosio.
16 Sterling, *Octopus*, S. 294; Galluzzo, S. 283.
17 Interview des Autors mit Giuseppe Ayala.
18 *L'Espresso*, 16. April 1989.
19 Galluzzo, S. 283; Sterling, S. 295.
20 Interview des Autors mit Giuseppe Ayala.
21 Interview des Autors mit John Costanzo.
22 Galluzzo, S. 285.

23 *L'Espresso,* 18. Dezember 1988.
24 Sterling, S. 307.
25 *Corriere della Sera,* 2. Dezember 1988.
26 Diese Darstellung der Operation «Eiserner Turm» beruht auf Unterredungen mit Gianni De Gennaro und Antonio Manganelli sowie auf den Berichten in Sterling, S. 305ff., *Corriere della Sera,* 2. Dezember 1988, und *L'Espresso,* 11. und 18. Dezember 1988.

Siebzehntes Kapitel

1 Interview des Autors mit Giuseppe Di Lello.
2 Interview des Autors mit Vito D'Ambrosio.
3 Sterling, *Octopus,* S. 296.
4 Interviews des Autors mit Vito D'Ambrosio, Giuseppe Di Lello und Ignazio De Francisci.
5 *Relazione di Minoranza* vom 24. Januar 1990, X Legislatura, Dok. XXIII, n. 12-bis/I, Kap. III.
6 Sterling, S. 291.
7 *L'Espresso,* 19. Februar 1989.
8 Einen Überblick über den Zustand des Gesundheitswesens in Palermo, unter besonderer Berücksichtigung des Ospedale Civico, gibt das kürzlich erschienene Buch von Riccardo Arena, *Sanità alla sbarra,* Palermo 1994, S. 60 und S. 205–18.
9 *L'Espresso,* 16. April 1989.
10 Ebd.
11 *Corriere della Sera,* 25. Januar 1989.
12 *L'Espresso,* 25. Juni 1989.
13 Ebd., 11. Juni 1989.
14 Salvatore Parlagreco, *Il mistero del corvo,* Mailand 1990, S. 66.
15 *Il Sabato,* 11. Februar 1989.
16 *L'Espresso,* 28. Mai 1989.
17 Ebd., 2. Juli 1989.
18 Falcone, *Cose di Cosa Nostra,* S. 55f.
19 CSM, 13. Juli 1989, Aussage Falcone.
20 Interview des Autors mit Vito D'Ambrosio.
21 Galluzzo, *Obiettivo Falcone,* S. 304.
22 Lodato, *Quindici anni di mafia,* S. 276.
23 Galluzzo, S. 311ff.
24 Interview des Autors mit Antonio Manganelli.
25 Galluzzo, S. 299.
26 Interview des Autors mit Ignazio De Francisci.
27 In diesem Sinn äußerte sich Frau Del Ponte 1994. Siehe *Corriere,* 28. Juni 1994.
28 Ebd., S. 61.
29 Ebd., S. 66. Unterschiedliche Interpretationen des «Raben»-Falles finden sich bei Parlagreco, *Il mistero del corvo* (einer Verteidigungsschrift für Di Pisa); siehe auch Parlagreco und Di Pisa, *L'intrigo.* Eine andere Sichtweise bietet Francesco Misiani, *Per fatti di mafia,* Rom 1991, S. 55–112; (Misiani war in der fraglichen Zeit ein enger Mitarbeiter des Hohen Kommissars für die Bekämpfung der Mafia.) Bei der sachlichen Rekonstruktion der Geschehnisse habe ich mich auf die Zeugenaussagen vor dem Consiglio Superiore della Magistratura (CSM) sowie auf dessen Schlußbericht vom 6. November 1989 gestützt, ferner auf das Urteil des Bezirksgerichts von Caltanissetta, *Sentenza contro Di Pisa,* Alberto, 22. Februar 1990.

30 Galluzzo, S. 316.
31 Interview des Autors mit Vito D'Ambrosio.
32 CSM, 22. Juli 1989, Aussage Vincenzo Pajno.
33 CSM, 12. Oktober 1989, Aussage Falcone.
34 Tribunale di Caltanissetta, *Sentenza contro Di Pisa, Alberto*, 22. Februar 1990.
35 CSM, 24. Juli 1989, Aussage Di Pisa.
36 Ebd.
37 *La Repubblica*, 6. Oktober 1989.
38 CSM, 21. September 1989, Aussage Di Pisa.
39 CSM, 12. Oktober 1989, Aussage Falcone.
40 CSM, 28. September 1989, Aussage Ayala.
41 Interview des Autors mit Vito D'Ambrosio.
42 *L'Espresso*, 4. März 1990.
43 Interview des Autors mit Stefano Racheli.
44 *La Repubblica*, 28. Juli 1988, zitiert nach Parlagreco, *Il mistero del corvo*, S. 71.

Achtzehntes Kapitel

1 Interview des Autors mit Giuseppe Ayala. Siehe auch *Corriere della Sera*, 11. Oktober und 13. Oktober 1989.
2 Interview des Autors mit Vito D'Ambrosio.
3 Consiglio Superiore della Magistratura, 12. Oktober 1989, Aussage Falcone.
4 Interviews des Autors mit Salvatore Barresi und Vito D'Ambrosio.
5 CSM, Anhörungen zur Person von Claudio Vitalone.
6 Interview des Autors mit Vito D'Ambrosio.
7 Protokoll der Vernehmung von Marino Mannoia.
8 Interview des Autors mit Antonio Manganelli.
9 Ausführlich beschrieben wird die kriminelle Karriere Marino Mannoias, beruhend auf seinen eigenen Aussagen bei der Vernehmung durch Falcone, in *Richiesta di custodia cautelare nei confronti di Agate, Mariano* + 57, Procura della Repubblica di Palermo, 20. Februar 1993.
10 *Corriere della Sera*, 25. November 1989, 5. und 6. Dezember 1989.
11 Falcone, *Cose di Cosa Nostra*, S. 27 und 59.
12 Protokoll der Vernehmung von Marino Mannoia.
13 Interviews des Autors mit Salvatore Barresi, Vito D'Ambrosio, Ignazio De Francisci, Stefano Racheli und Giuseppe Di Lello.
14 *Corriere della Sera*, 24. Januar 1990.
15 Ebd., 11. Februar 1990.
16 Ebd., 10. Mai 1990.
17 Ebd., 19. Mai 1990. Die Sendung hieß *Samarcanda*.
18 Ebd.
19 Interviews des Autors mit Pietro Grasso und Francesco Misiani. Die Resultate der Untersuchung zur Kommunalwahl finden sich in einem Bericht der Anti-Mafia-Kommission mit dem Titel *Relazione sulle risultanze dell ‹attività› del gruppo di lavoro della Commissione incaricato di indagare sulla recrudescenza di episodi criminali durante il periodo elettorale. X Legislatura, Dok. XXIII, n. 20*, 25. Juli 1990.
20 Zu den Ereignissen und Gioia Tauro siehe Misiani, *Per fatti di mafia*, S. 113–152.
21 *Corriere della Sera*, 29. Juni 1990.
22 Interviews des Autors mit Salvatore Barresi, Vito D'Ambrosio und Francesco Lo Voi.
23 Interviews des Autors mit Giacomo Conte und Giovanni Falcone.

Neunzehntes Kapitel

1 Die Darstellung dieser Phase im Berufsleben Borsellinos beruht auf Interviews des Autors mit Diego Cavalliero und Antonio Ingroia. Siehe auch Lucentini, *Paolo Borsellino: Il valore di una vita.*
2 Protokoll der Vernehmung von Giacomina Filipello, Archiv des Gerichtshofs von Marsala. Frau Filipello war die langjährige Lebensgefährtin von Natale L'Ala. Zur Geschichte ihrer Zusammenarbeit mit Borsellino siehe Liliana Madeo, *Donne di mafia,* Mailand 1994, S. 49–59, und Lucentini, S. 177–180.
3 Lucentini, S. 165ff.
4 Protokoll der Vernehmung Rosario Spatola.
5 Interview des Autors mit Antonio Ingroia.
6 Protokoll der Vernehmung von Rosario Spatola.
7 Lucentini, S. 176.
8 Sandra Rizza, *Una ragazza contro la mafia,* Palermo 1993, S. 61. Siehe zu diesem Komplex auch Madeo, S. 185–211, und Lucentini, S. 181–201.
9 *Corriere della Sera,* 7. Juli 1990.
10 Anti-Mafia-Kommission des italienischen Parlaments, *Relazione di Minoranza,* 24. Januar 1990, X Legislatura, Dok. XXIII, n.12–bis/I.
11 *L'Espresso,* 30. September 1990.
12 Zur Laufbahn Livatinos und zu seinem Tod siehe Nando Dalla Chiesa, *Il giudice ragazzino,* Turin 1992, sowie Lucentini, S. 184ff.
13 *La Repubblica,* 26. September 1990.
14 *La Repubblica* und *Corriere della Sera,* 2. November 1990.
15 *La Repubblica, Corriere* und *L'Unit*, 29. November 1990.
16 Interview des Autors mit Salvatore Barresi.
17 Interview des Autors mit Antonino Caponetto.
18 *L'Espresso,* 11. und 18. November 1990. Siehe Silj, *Il Malpaese,* S. 42–49.
19 Giovanni Falcone, Tagebucheintragungen, Archiv der Anti-Mafia-Kommission des italienischen Parlaments; siehe auch *Il Sole 24 Ore,* 24. Juni 1992.
20 Interview des Autors mit Giuseppe Di Lello.
21 *La Repubblica,* 26. September 1990.
22 Morisi, *Far Politica in Sicilia,* S. 144.
23 Interview des Autors mit Vito D'Ambrosio.
24 *La Repubblica,* 23. Mai 1991.
25 Interview des Autors mit Salvatore Barresi. Zur Freilassung und Wiederverhaftung Michele Grecos siehe *Corriere,* 26. Februar 1991, und *L'Unità* , 27. Februar 1991.
26 *Il Messaggero,* 4. Oktober 1991; *Corriere,* 13. November 1991. Interviews des Autors mit Liliana Ferraro und Ignazio De Francisci.
27 Interview des Autors mit Giacomo Travaglino.
28 *Corriere della Sera,* 25. Oktober 1991; *La Repubblica,* 27. Oktober 1991.
29 Interview des Autors mit Ignazio De Francisci.

Zwanzigstes Kapitel

1 Interviews des Autors mit Leonardo Guarnotta, Salvatore Barresi und Vito D'Ambrosio.
2 Zur Krise der italienischen KP siehe *L'Unità* ; zwischen dem Herbst 1989, als Parteisekretär Achille Occhetto zum ersten Mal die Namensänderung vorschlug, und dem 10. Oktober 1990, als der neue Name endgültig beschlossen wurde,

erschienen zahlreiche Beiträge zu diesem Thema. Siehe auch Paolo Flores D'Arcais, *Oltre il PCI*, Mailand 1990.

3 Eine gute Analyse des politischen Spannungsbogens, der zum Aufstieg der Lega Nord führte, liefert Giorgio Cocca, *La Disunità d'Italia*, Mailand 1990.

4 *The International Economy*, September/Oktober 1991. *Corriere della Sera*, 9. Mai 1991.

5 *Corriere della Sera*, 10. April und 1. September 1991.

6 *La Repubblica*, 8., 25. und 27. November 1990; *Corriere della Sera*, 20. November 1990.

7 *La Repubblica*, 21. April 1991.

8 Die Vorwürfe gegen Martelli wegen seiner Rolle in der Affäre *conto protezione* gelangten am 10. Februar 1993 an die Öffentlichkeit und führten zu seinem sofortigen Rücktritt. *Corriere della Sera*, 11. Februar 1993; *L'Espresso*, 21. Februar 1993. Eine Zusammenfassung der Vorwürfe findet sich in dem Antrag der Mailänder Staatsanwaltschaft auf Aufhebung der parlamentarischen Immunität Martellis: *Domanda di autorizzazione a procedere nei confronti dei deputati Craxi e Martelli, XI Legislatura, Dok. IV, n.*225, 11. März 1993.

9 Interview des Autors mit Vito D'Ambrosio.

10 *L'Unità*, 10. Mai 1991; *Europeo*, 17. Mai 1991; *Panorama*, 9. Juni 1991, *La Repubblica*, 5. Juni 1991.

11 Misiani, *Per fatti di mafia*, S. 155–95.

12 *Europeo*, 17. Mai 1991; *Panorama*, 9. Juni 1991.

13 Morisi, *Far Politica in Sicilia*, S. 275–278.

14 *La Stampa*, 10. August 1991.

15 *Corriere della Sera*, 30. August 1991. Mehr über das Leben Grassis und seinem Tod bei Saverio Lodato, *I Potenti*, Mailand 1992, S. 37–54.

16 *Corriere della Sera*, 2. Oktober 1991.

17 Die Schutzgelderpresser von Capo d'Orlando wurden verurteilt; siehe dazu *La Stampa*, 27. November 1991. Einen breiteren Überblick gibt Tano Grasso, der Vorsitzende des aufbegehrenden Einzelhändlerverbandes, in seinem Buch *Contro il racket*, Rom/Bari 1992.

18 *Corriere della Sera*, 30. August 1991.

19 Ebd., 10. September 1991.

20 Ebd., 1. September 1991.

21 *La Repubblica*, 1. Oktober 1991.

22 *Corriere della Sera*, 2. Oktober 1991.

23 Ebd., 17. Oktober 1991; *La Repubblica*, 17. Oktober 1991.

24 *L'Unità*, 18. Oktober 1991.

25 *Giornale*, 31. Oktober 1991.

26 *Il delitto Lima.*

27 Interview des Autors mit Salvatore Barresi.

28 Interview des Autors mit Liliana Ferraro.

29 Zur Frühphase des Mailänder Skandals und seiner Aufdeckung siehe Enrico Nascimbeni und Andrea Pamparana, *Le mani pulite*, Mailand 1992; Giuseppe Turani und Cinzia Sasso, *I Saccheggiatori*, Mailand 1992, und Antonio Carlucci, *Tangentomani*, Mailand 1992.

30 *Corriere della Sera*, 13., 14., 15. März; *Il delitto Lima.*

31 *La Stampa*, 24. Mai 1992.

32 *L'Espresso*, 22. März 1992; *Panorama*, 22. März 1992; *The New Yorker*, 1. März 1993.

33 *Corriere della Sera*, 24. Mai 1992.

34 *L'Espresso*, 5. April 1992.

35 *La Repubblica*, 24. Mai 1992.

36 Die vollständigste und detailreichste Rekonstruktion des Attentats findet sich in den Akten der *Procura distrettuale anti-mafia* von Caltanissetta, die die Ermittlungen in dieser Sache durchführte: *Richiesta per l'applicazione di misure cautelari*, 1. November 1993: *Richiesta per l'applicazione di misure cautelari*, 10. November 1993; *Ordinanza di custodia cautelare in carcere*, 11. November 1993: *Richiesta di rinvio a giudizio contro Agliere, Pietro + 36*, 30. April 1994.

37 *La Repubblica*, 25. Mai 1992.

38 *Corriere della Sera*, 24. Mai 1992.

Einundzwanzigstes Kapitel

1 *Corriere della Sera*, 25. Mai 1992.

2 Ebd., 29. Mai 1992. *Giornale di Sicilia*, 24. Mai 1992.

3 *La Repubblica*, 25. Mai 1992.

4 *Corriere della Sera*, 25. Mai 1992.

5 Ebd., 27. Mai 1992.

6 *La Repubblica*, 26. Mai 1992.

7 *Corriere della Sera*, 25. Mai 1992.

8 *La Repubblica*, 25. Mai 1992.

9 Ebd.

10 Ebd., 30. Mai 1992.

11 Lucentini, *Paolo Borsellino*, S. 238.

12 *Corriere della Sera*, 29. Mai 1992.

13 Interview des Autors mit Manfredi Borsellino.

14 Protokoll der Vernehmung von Vincenzo Calcara; siehe auch Lucentini, S. 231–234.

15 Interview des Autors mit Salvatore Barresi.

16 Lucentini, S. 250.

17 Interview des Autors mit Manfredi Borsellino.

18 Lucentini, S. 254.

19 Ebd., S. 252.

20 Interview des Autors mit Antonio Manganelli.

21 Protokoll der Vernehmung von Leonardo Messina. Die Occhipinti betreffenden Teile seiner Aussage finden sich in *Domanda di autorizzazione a procedere in giudizio contro il deputato Occhipinti*, Dossier für das italienische Parlament, *XI Legislatura, Dok. IV, n. 149*, 28. Dezember 1992.

22 Dieser Hinweis und die beiden nachfolgenden Zitate entstammen der Aussage Leonardo Messinas vor der Anti-Mafia-Kommission des italienischen Parlaments, *XI Legislatura*, 4. Dezember 1993.

23 Protokoll der Vernehmung von Leonardo Messina.

24 Lucentini, S. 275–278.

25 Ebd., S. 296.

26 Interview des Autors mit Manfredi Borsellino.

27 Interview des Autors mit Antonio Ingroia.

28 *L'Espresso*, 26. Juli 1992.

29 *Corriere della Sera*, 4. Juli 1992.

30 Die Aussagen über Contrada und Signorino machte Mutolo zunächst bei seiner Vernehmung durch Borsellino am 17. Juli 1992; zu Protokoll gab er sie jedoch erst bei seiner Vernehmung durch Giacchino Natoli am 23. Oktober 1992.

31 Lucentini, S. 287.

32 Ebd., S. 289.
33 Interview des Autors mit Rita Borsellino Fiore.

Zweiundzwanzigstes Kapitel

1 Caponetto, *I miei giorni al Palermo*, S. 18.
2 *La Repubblica*, 22. Juli 1992.
3 Eine Kopie ihres Schreibens vom 23. Juli 1992 erhielt der Autor von Giuseppe Di Lello. Di Lello erläuterte auch die Motive für seinen Schritt in einem Beitrag, den die Zeitschrift *Il Manifesto* am 28. Juli 1992 veröffentlichte.
4 *Corriere della Sera*, 28. Juli 1992.
5 *La Stampa*, 27. Juli 1992.
6 *Corriere della Sera*, 26. Juli 1992.
7 Ebd., 29. Juli 1992.
8 *L'Unità*, 25. Juli 1992.
9 Interview des Autors mit Marta Cimino; siehe auch Alajmo, *Un lenzuolo contro la mafia*, Palermo 1993.
10 *The New Yorker*, 1. März 1993.
11 Galluzzo, La Licata und Lodato (Hrsg.), *Falcone vive*, S. 81.
12 Zur Verhaftung Carmine Alfieris siehe *Corriere della Sera*, 12. September 1992; zur Auslieferung der Brüder Cuntrera siehe *Panorama*, 27. September und 4. Oktober 1992; zur Operation Green Ice siehe *La Repubblica*, 28., 29. und 30. September 1992, und *Panorama*, 11. Oktober 1992. Zur Verhaftung von Giuseppe Madonia siehe *Panorama*, 24. Januar 1993.
13 Die Verhaftungaktion aufgrund der Offenbarungen Leonardo Messinas fand am 17. November 1992 statt und wurde einen Tag später von allen größeren italienischen Zeitungen gemeldet.
14 Protokoll der Vernehmung von Gaspare Mutolo.
15 Protokoll der Vernehmung von Leonardo Messina.
16 Protokoll der Vernehmung von Giuseppe Marchese.
17 Protokoll der Vernehmung von Tommaso Buscetta, zitiert auch in *Domanda di autorizzazione a procedere contro il Senatore Giulio Andreotti*, Antrag an das italienische Parlament, 27. März 1992.
18 Anti-Mafia-Kommission des italienischen Parlaments, XI Legislatura, 4. Dezember 1993, Aussage von Leonardo Messina.
19 Die Angabe über die Zahl der Mafiazeugen ist der Veröffentlichung *Direzione investigativa anti-mafia* entnommen.
20 *La Stampa*, 1. Oktober 1992.
21 *Corriere della Sera*, 2. Oktober 1992.
22 *Panorama*, 6. Dezember 1992.
23 *Giornale di Sicilia*, 1. Dezember 1992. Über den Tod von Signorino berichteten alle größeren italienischen Tageszeitungen am 4. Dezember 1992.
24 *La Stampa*, 3. Dezember 1992.
25 Ein vollständiges Anklagedossier über Contrada findet sich in *Ordinanza di custodia cautelare in carcere*, Tribunale di Palermo, 23. Dezember 1992.
26 Protokoll der Vernehmung von Giuseppe Marchese.
27 *Corriere della Sera*, 16. Janaur 1993.
28 Interview des Autors mit Mario Mori.
29 *La Stampa*, 16. Januar 1993.
30 Die biographischen Angaben über Di Maggio beruhen in erster Linie auf einem Interview des Autors mit Oberrichter Giovanni Tinebra. Zur Rolle Di Maggios

siehe *La Stampa* und *La Repubblica*, 16. und 17. Januar 1992. Siehe auch Pino Buongiorno, *Totò Riina: La sua storia*, Mailand 1993, S. 3–20.

31 Interview des Autors mit Giovanni Tinebra.

32 *La Stampa*, 16. Januar 1992.

Dreiundzwanzigstes Kapitel

1 Protokoll der Vernehmung von Leonardo Messina. Dieses Protokoll und das übrige relevante Belastungsmaterial zu den Mafiaverbindungen Andreottis findet sich in dem ausführlichen Antrag der Procura della Repubblica von Palermo auf Aufhebung der parlamentarischen Immunität Andreottis: *Domanda di autorizzazione a procedere contro il Senatore Giulio Andreotti*, XI Legislatura, Dok. IV, n.102, 27. März 1993. Die Protokolle späterer Vernehmungen wurden diesem Antrag als Anlagen beigefügt und sind unter demselben Aktenzeichen abgelegt.

2 Protokoll der Vernehmung Gaspare Mutolo.

3 Protokoll der Vernehmung von Marino Mannoia. Diese Aussage Mutolos findet sich einer Anlage zur *Domanda di autorizzazione* vom 14. April 1993.

4 Protokoll der Vernehmung von Tommaso Buscetta, Anlage zur *Domanda di autorizzazione*, 14. April 1993; siehe auch *L'Unità*, 15. April 1993. Die späteren Offenbarungen Buscettas finden sich auch in dem autobiographischen Buch, das er gemeinsam mit Pino Arlacchi verfaßt hat: *Addio Cosa Nostra*. Mailand 1994.

5 *Corriere della Sera*, 21. April 1993.

6 *La Stampa*, 28. April 1993.

7 Diese Darstellung des Falles Pecorelli stützt sich auf den ausführlich begründeten Antrag der römischen Procura della Repubblica auf Aufhebung der parlamentarischen Immunität Andreottis: *Domanda die autorizzazione a procedere contro il Senatore Giulio Andreotti*, XI Legislatura, Dok. IV, n.169, 9. Juni 1993.

8 Angaben über das Treffen zwischen Evangelisti und Sindona finden sich in dem parlamentarischen Untersuchungsbericht zur Sindona-Affäre; siehe auch Tranfaglia, *Mafia, politica e affari*, S. 260–267.

9 *Domanda di autorizzazione*, 9. Juni 1993.

10 *La Repubblica*, 28. Februar 1980.

11 Diese Darstellung und die nachfolgenden Absätze stützen sich auf die *Domanda di autorizzazione*, 9. Juni 1993.

12 Das Zitat stammt aus dem Protokoll der Vernehmung von Tommaso Buscetta. Es findet sich auch in *Domanda di autorizzazione*, 27. März 1993.

13 Interview des Autors mit Antonio Manganelli.

14 *La Stampa* und *La Repubblica*, 22. September 1993.

15 *L'Espresso*, 18. November 1984.

16 Interview des Autors mit Gerardo Bianco.

17 *Domanda di autorizzazione*, 7. April 1993.

18 Procura distrettuale anti-mafia di Caltanissetta, *Richiesta per l'applicazione di misure cautelari*, 1. November 1993; *Richiesta per l'applicazione di misure cautelari*, 10. November 1993; *Ordinanza di custodia cautelare in carcere*, 11. November 1993; *Richiesta di rinvio a giudizio contro Aglieri, Pietro* + 36, 30. April 1994. Zum Borsellino-Attentat siehe *La Stampa*, 10. Oktober 1993, und *Corriere della Sera*, 4. Januar 1994. Zum Selbstmord Gioès siehe *Corriere della Sera*, 1. August 1993.

19 *Corriere della Sera*, 13. November 1993.

20 Interview des Autors mit Vito D'Ambrosio.

21 *Domanda di autorizzazione*, 28. Dezember 1992.

22 *Corriere della Sera,* 13. November 1993.

23 Die Zahl beruht auf Angaben des italienischen Innenministeriums.

24 Die Zahlen über die Kriminalitätsentwicklung in den Jahren 1992 und 1993 sind dem Jahresbericht der Anti-Mafia-Kommission des italienischen Parlaments entnommen: *Relazione conclusiva, XI Legislatura, Doc. XXIII n. 14,* 18. Februar 1994.

25 Die Zentrale des Fininvest-Konzerns wurde am 9. März 1994 durchsucht, am selben Tag wurde Dell'Utri vernommen. Siehe *Corriere della Sera,* 10. März 1994. Ein Telefonat Dell'Utris mit Vittorio Mangano war abgehört worden. Mangano, ein Heroinhändler größeren Kalibers, gehörte zu den Verurteilten des ersten Maxi-Prozesses. Der Wortlaut des abgehörten Gesprächs findet sich in Ruggeri und Guarino, *Berlusconi: Inchiesta sul Signor TV,* S. 129f. Zu den Indiskretionen über die mögliche Anklageerhebung gegen Dell'Utri siehe *Corriere della Sera,* 23. März 1994.

26 Interview des Autors mit Vincenzo Macri.

27 Zu der Verordnung siehe *La Stampa, La Repubblica* und *Corriere della Sera,* 14.–20. Juli 1994.

28 Zum Rücktritt Di Pietros siehe *La Stampa* und *Corriere della Sera,* 7. Dezember 1994.

29 *Sole 24* Ore, 2. Dezember 1992. Interview mit Salvatore Butera von der Banco di Sicilia.

30 Anti-Mafia-Kommission des italienischen Parlaments, Aussage Leonardo Messina, XI Legislatura, 4. Dezember 1993.

31 *L'Espresso,* 28. Mai 1989.

32 Zur Abhöraktion gegen Mandalari und zu seiner Verhaftung siehe *Corriere della Sera,* 14. Dezember 1994 und 6. Januar 1995.

33 Interview des Autors mit Giuseppe Tricoli.

Ausgewählte Literatur

Allgemein zu Sizilien und der Mafia:

Arlacchi, Pino. *La mafia imprenditrice.* Bologna 1983. Dtsch. Ausgabe: Mafiose Ethik und der Geist des Kapitalismus. Die unternehmerische Mafia, aus dem Ital. von Norbert Neumann, Frankfurt 1989.

Cancilla, Orazio. *Palermo.* Rom-Bari 1988.

Catanzaro, Raimondo. *Il delitto come impresa.* Milano 1988.

Colajanni, Napoleone. *Nel regno della mafia* (1900). Catanzaro 1984.

Dalla Chiesa, Carlo Alberto. *Michele Navarra e la mafia del corleonese.* Palermo 1990.

Di Fresco, Antonio Maria. *Sicilia: 30 anni di regione.* Palermo 1976

Duggan, Christopher. *Fascism and the Mafia.* New Haven 1989.

Falzone, Gaetano. *Storia della mafia.* Palermo (1973), 1987.

Fentress, James, and Chris Wickham. *Social Memory.* Oxford 1992.

Franchetti, Leopoldo. *Condizioni politiche e amministrative della Sicilia* (1877). Rom 1992.

Gambetta, Diego. *La mafia siciliana,* Turin 1992. Englische Ausgabe: The Sicilian Mafia. Cambridge 1993. Dtsch. Ausgabe: Die Firma des Paten. Die sizilianische Mafia und ihre Geschäftspraktiken, aus dem Ital. und Engl. Werner Raith, München 1994.

Gatto, Simone. *Lo stato brigante.* Palermo 1978.

Genah, Raffaela, und Valter Vecellio. *Storie di ordinaria ingiustizia.* Milano 1987.

Hess, Henner, *Mafia.* Rom-Bari 1984. Dtsch. Ausgabe: Mafia, Ursprung, Macht und Mythos, Freiburg 1993.

Lupo, Salvatore. *Storia della mafia siciliana.* Rom 1993.

Maraini, Dacia, *Bagheria.* Milano 1993. Dtsch. Ausgabe: Bagheria. Eine Kindheit auf Sizilien. Aus dem Ital. von Sabina Kienlechner, München 1997.

Mori, Cesare. *Con la mafia ai ferri corti* (1932). Palermo 1993.

Morisi, Massimo, et al. *Far politica in Sicilia.* Milano 1993.

Nicolosi, Salvatore. *Il bandito Giuliano.* Milano 1977.

Pantaleone, Michele. *Mafia e politica.* Turin 1960.

–, *Anti-mafia occasione peduta.* Turin 1969.

–, *A cavallo della tigre.* Palermo 1984.
Paternostro, Dino. *A pugni nudi: Placido Rizzotto e le lotte popolari a Corleone nel secondo dopoguerra.* Palermo 1992.
Poma, Rosario. *Onorevole Alzatevi.* Florenz 1976.
Renda, Francesco. *Storia della Sicilia.* Palermo: vol. I, 1984; vol. 2, 1985; vol. 3, 1987.
–, *I beati Paoli.* Palermo 1989.
Riolo, Claudio. *L'identità debole: il PCI in Sicilia tra gli anni 70 e '80.* Palermo 1989.
Sciascia, Leonardo. *Il giorno della civetta.* Turin 1961.
Dtsch. Ausgabe: Der Tag der Eule, Freiburg 1964.
–, *A ciascuno il suo.* Turin 1966.
–, *A futura memoria.* Milano 1989.
–, *Una storia semplice.* Milano 1989.
–, zus. mit Marcelle Padovani. *La Sicilia come metafora,* Milano 1979.
Smith, Dennis Mack. *Storia della Sicilia medievale e moderna.* Rom-Bari 1983.
Tajani, Diego. *Mafia e potere: Requisitoria,* 1871. Pisa 1993.

Literatur zur jüngsten Geschichte der sizilianischen Mafia:

Alajmo, Roberto. *Un lenzuolo contro la mafia.* Palermo 1994.
Alexander, Shana. *The Pizza Connection.* New York 1988. Dtsch. Ausgabe: Pizza Connection. Der Prozeß gegen die Drogenmafia. Aus dem Amerik. von Bernhard Schmid, München 1992.
Arena, Riccardo. *Sanità alla sbarra.* Palermo 1994.
Ayala, Giuseppe. *La guerra dei giusti.* Milano 1993.
Blumenthal, Ralph. *The Last Days of the Sicilians.* New York 1988.
Buongiorno, Pino. *Totò Riina.* Milano 1993.
Calvi, Fabrizio. *La vita quotidiana della mafia.* Milano 1986.
–, *Figure di una battaglia,* Bari 1992.
–, *L'Europe dei parrains,* Paris 1993. Dtsch. Ausgabe: Jenseits von Palermo. Gehört Europa der Mafia?, aus dem Franz. von Maria Buchwald, München 1993.
Caponetto, Antonio, zus. mit Saverio Lodato. *I miei giorni a Palermo.* Milano 1992. Dtsch. Ausgabe: Caponetto, Antonio, Lodato, Saverio, Die Antimafia. Wie dem organisierten Verbrechen der Prozeß gemacht werden kann, aus dem Ital. von Sabine Prößl, München 1993.
Dalla Chiesa, Nando. *Delitto imperfetto.* Milano 1984.
–, *Storie.* Turin 1990.
–, *Il guidice ragazzino.* Turin 1992.
Deaglio, Enrico. *Raccolto Rosso.* Milano, 1993.
Di Lello, Giuseppe. *Giudici.* Palermo, 1994.
Di Pisa, Alberto, and Salvatore Parlagreco. *Il grande intrigo.* Rom 1993.
Fava, Claudio. *La mafia comanda a Catania:* 1960–1991. Rom-Bari 1991.
–, *Cinque delitti imperfetti.* Milano 1994.
Galasso, Alfredo. *La mafia politica.* Milano 1993.
Galluzzo, Lucio, Franco Nicastro, Vincenzo Vasile. *Obiettivo Falcone.* Neapel (1989) 1992.
Grasso, Tano. *Contro il racket.* Rom-Bari 1992.
Lodato, Saverio. *Diece anni di mafia.* Milano 1990. Neue Auflage unter dem Titel: *Quindici anni di mafia.* Milano 1994.
–, *I potenti.* Milano 1992.
Misiani, Francesco. *Per fatti di mafia.* Rom 1991.
Orlando, Leoluca. *Palermo.* Milano 1990.

Palermo, Carlo. *Attentato.* Trient 1992.
Parlagreco, Salvatore. *Il mistero del corvo,* Milano 1990.
Provisionato, Sandro, *Segreti di mafia.* Rom-Bari 1994.
Rossi, Luca. *I disarmati.* Milano 1992.
Sterling, Claire. *Octopus.* New York 1990. Dtsch. Ausgabe: Die Mafia. Der Griff nach der Macht. Aus d. Amerik. von Michael Martin, Bern, München, Wien 1990.
Tranfaglia, Nicola (Hg.). *Cirillo, Ligato e Lima.* Rom-Bari 1994.

Bücher von oder über Giovanni Falcone und Paolo Borsellino:

Falcone gab ein längeres Interview 1985, das zusammen mit einer Sammlung von Fotografien in dem Band *Falcone vive* (Palermo [1986] 1992) publiziert wurde.
Falcones autobiographische Aufzeichnungen zur Mafia erschienen in einem Buch, das er zusammen mit Marcelle Padovani, *Cose di Cosa Nostra,* Milano 1991, herausbrachte. Deutsche Ausgabe: Mafia intern. München 1993.
Storia di Giovanni Falcone, von Francesca Licata, Milano 1993, mit seinen Schwestern zusammen verfaßt.
Paolo Borsellino: Il valore di una vita, von Umberto Lucentini, Milano 1994.
Der Band *Sulla Pelle dello Stato* (Palermo 1991) enthält Reden von Borsellino, Falcone und anderen Strafverfolgern. *Magistrati in Sicilia* (Palermo 1992) enthält die Protokolle der letzten öffentlichen Debatten, an denen Falcone und Borsellino teilnahmen.
Eine Sammlung der Reden Falcones ist in dem Werk *Discorsi di Giovanni* (Palermo 1994) abgedruckt.
Die vielleicht eindrucksvollste Dokumentation des Werkes von Giovanni Falcone und Paolo Borsellino ist in den 8 607 Seiten der Anklageschrift des Maxi-Prozesses von Palermo enthalten, mit dem offiziellen Namen *Ordinanza Sentenza contro Abbate + 706,* Palermo 8. November 1985. Die grundlegenden Kapitel der *Ordinanza* sind in dem Band *Mafia: L'atto di accusa dei giudici di Palermo,* herausgegeben von Corrado Stajano, Rom 1986, abgedruckt.
Von ebenfalls grundlegender Bedeutung sind Falcones *Sentenza istruttoria del processo contro Rosario Spatola + 119, Tribunale di Palermo, 1982.* Die *Requisitoria, Rosario Spatola + 84, zusammengetragen von Giusto Sciacchitano an der Procura della Repubblica,* Palermo 7. Dezember 1981, enthält eine Zusammenfassung der Untersuchung. Ein interessanter Parallelfall zu Spatola war die von den Mailänder Strafverfolgern untersuchte Karriere von Michele Sindona, deren Ergebnisse teilweise in dem Band *Sindona: gli atti d'accusa dei giudici di Milano* (Rom 1986) abgedruckt wurden. Einen hervorragenden Zugang zu Sidonas Mord an Giorgio Ambrosoli gibt *Un eroe borghese* von Corrado Stajano (Turin 1991). Ebenso: *Il Crack: Sindona, La DC, il Vaticano e gli altri amici* von Paolo Panerai und Maurizio De Luca (Milano 1991), *Il Caso Marcinkus* von Leonardo Coen und Leo Sisti (Milano 1991); *L'Italia della P2* von Andrea Barberi u. a. (Milano 1982); *St. Peter's Banker Michele Sindona* von Luigi di Fonzo (New York 1983).
Eine andere grundlegende Dokumentation ihrer Arbeit ist in den Niederschriften der Vernehmungen namhafter Mafia-Zeugen enthalten.
Diese Protokolle sind in Palermo unter dem Namen des Zeugen abgelegt:
Die Befragung von Tommaso Buscetta.
Die Befragung von Salvatore Contorno.
Die Befragung von Vincenzo Marsala.
Die Befragung von Vincenzo Sinagra.
Die Befragung von Antonino Calderone.

Die Befragung von Francesco Marino Mannoia.
Die Befragung von Rosario Spatola.
Die Befragung von Giacomina Filipello.
Die Befragung von Rita Atria.
Die Befragung von Piera Aiello.
Die Befragung von Vincenzo Calcara.
Die Befragung von Leonardo Messina.
Die Befragung von Gaspare Mutolo.
Die Befragung von Giaocchino Schembri.
Die Befragung von Giuseppe Marchese.

Die vollständige Mitschrift des Maxi-Prozesses ist zwischen Februar und Dezember 1987 im *Giornale di Sicilia* erschienen. Grundlegende Auszüge finden sich in dem von Lino Jannuzzi herausgegebenen Werk *Cosi Parlò Buscetta* (Milano 1986). Ein anderes Buch, das den Maxi-Prozeß behandelt, stammt von Aurelio Angelini u. a., *Uno Sguardo dal bunker: cronache del maxi-processo di Palermo* (Siracusa 1987).

Auszüge aus Buscettas Geständnissen sind in den Bänden *Il boss è solo* von Enzo Biagi (Milano 1986) erschienen. Eine neuere Version ist in dem Band *Addio Cosa Nostra* von Pino Arlacchi (Milano 1994) abgedruckt. Die Geständnisse von Antonino Calderone finden sich in dem Buch *Uomini del disonore* (Milano 1992), deutsche Ausgabe: Mafia von Innen. Das Leben des Don Antonio Calderone, übersetzt von Werner Raith, Frankfurt 1993.

Das Leben der Mafia-Zeuginnen Filipello, Atria und Aiello wird in dem Buch *Donne di mafia* von Liliana Madeo (Milano 1994) dokumentiert.

Das beste einbändige Werk zur Nachkriegsgeschichte Italiens ist das Werk von Paul Ginzborg: *A History of Contemporary Italy* (New York 1990). Einen guten Überblick zur Korruption in der Politik und zum organisierten Verbrechen in Italien gibt Alessandro Silj: *Il Malpaese* (Rom 1994). Ebenso Sergio Turone: *Corrotti e corruttori dall'Unità d'Italia alla P2* (Rom-Bari 1984). Zu den in Mailand laufenden Untersuchungen zur politischen Korruption siehe Barbacetto Veltri: *Milano degli scandali* (Rom-Bari 1991); Enrico Nascimbeni und Andrea Pamparana: *Le mani pulite* (Milano 1992); Giuseppe Turani und Cinzia Sasso: *I saccheggiatori* (Milano 1992); Antonio Carlucci: *Tangentomani* (Milano 1992).

Das *Centro siciliano di documentazione Giuseppe Impasttato* hat wichtige Statistiken zur Mafia und zu Palermo veröffentlicht: *La violenza programmata* von Giorgio Chinnici und Umberto Santino (Milano 1989); *L'impresa mafiosa* von Umberto Santino und Giovanni La Fiura (Milano 1990); *La città spugna* von Amelia Cristantino (Palermo 1990): *Le tasche di Palermo*, herausgegeben von Nino Rocca und Umberto Santino (Palermo 1992); *Gabbie vuote: processi per omicidio a Palermo dal 1983 al maxiprocesso* von Giorgio Chinnici u. a. (Milano 1992).

Eine ganz wichtige Quelle waren ferner die Protokolle des Consiglio Superiore della Magistratura, der obersten italienischen Justizbehörde mit Disziplinargewalt.

Extrem aussagekräftig waren ferner die Berichte der Anti-Mafia-Kommission des italienischen Parlaments. Eine hervorragende Auswahl der wichtigsten Berichte von den 60er Jahren bis heute kann man in dem Band *Mafia, politica e affari*, hg. von Nicola Tranfaglia (Rom-Bari 1992), finden. Besonders interessant sind die öffentlichen Anhörungen von Tommaso Buscetta, Leonardo Messina und Gaspare Mutolo sowie die *Relazione sui rapporti tra mafia e politica*, datiert 6. April 1993; ebenso die *Relazione di Minoranza*, X Legislatura, Doc. XXIII, n.12-bis/1, 24. Januar 1990; *Relazione* sulle risultanze dell'attivita' del gruppo di lavoro della Commissione incaricato di indagare sulla recrudescenza di epsodi criminali durante il periodo elettorale, X Legislatura, Doc. XXIII, n.20, 25. Juli 1990.

Zu den wichtigsten Dokumenten für das Verständnis der Mafia rechnen die Untersuchungen des italienischen Parlaments hinsichtlich der Aufhebung der Immunität einzelner Abgeordneter. Im einzelnen:

Domanda di autorizzazione contro il deputato Gunella, VII Legislatura, Doc. IV, n. 120, 22. November 1978.

Domanda di autorizzazione a procedere conto il senatore Antonio Natali, X Legislatura, Doc. IV, n. 82, 18. Januar 1990.

Domanda di autorizzazione a procedere conto il deputato Gunella, X Legislatura, Doc. IV, n. 225-A and A-bis, 23. Oktober 1991.

Domanda di autorizzazione a procedera conto il senatore Sisinio Zito, X Legislatura, Doc. IV, n. 105, 13. Januar 1992.

Domanda di autorizzazione a procedere contro il deputato Principe, X Legislatura, Doc. IV, n. 244, 23. Januar 1992.

Domanda di autorizzazione a procedere contro il deputato Culicchia, XI Legislatura, Doc. IV, n. 1, 11. Mai 1992.

Domanda di autorizzazione a procedere contro il deputato Principe, XI Legislatura, Doc. IV, n. 49, 3. Juli 1992.

Domanda di autorizzazione a procedere contro il senatore Sisinio Zito, XI Legislatura, Doc. IV, n. 30, 2. September 1992.

Domanda di autorizzazione a procedere nei confronti dei deputati Craxi e Martelli, XI Legislatura, Doc. IV, n. 225, 11. März 1993.

Domanda di autorizzazione a procedere in giudizio contro il deputato Occhipinti, XI Legislatura, Doc. IV, n. 149, 28. Dezember 1992.

Domanda di autorizzazione a procedere contro il senatore Giulio Andreotti, XI Legislatura, Doc. IV, n. 102, 27. März 1993.

Domanda di autorizzazione a procedere contro il senatore Guilio Andreotti, XI Legislatura, Doc. IV, n. 161, 31. Mai 1993.

Domanda di autorizzazione a procedere contro il senatore Giulio Andreotti, XI Legislatura, Doc. IV, n. 169, 9. Juni 1993.

Domanda di autorizzazione a procedere contro il senatore Giulio Andreotti, XI Legislatura, Doc. IV, n. 196, 21. Juli 1993.

Domanda di autorizzazione a procedere il senatore Antonio Gava, XI Legislatura, Doc IV, n. 113, /7. April 1993.

Domanda di autorizzazione a procedere contro il deputato Cirino Pomicino, XI Legislatura, Doc. IV, n. 258, 8. April 1993.

Domanda di autorizzazione a procedere contro il deputato Mastrantuono, XI Legislatura, Doc. IV, n. 259, 8. April 1993.

Domanda di autorizzazione a procedere contro il deputato Rudi Maira, XI Legislatura, Doc. IV, n. 143, 28. Dezember 1993.

Register

Accordino, Francesco, 260
Agate, Mariano, 177, 255, 256
Aiello, Carlo, 85
Aiello, Piera, 333, 334
Alberti, Gherlando, 43
Alessi, Giuseppe, 26
Alfieri, Carmine, 386, 412
Alfieri, Francesco, 412–413
Allierte Besatzungsherrschaft, 25
Almerighi, Mario, 341
Amato, Baldo, 134, 135
Amato, Giuliano, 383–384
Ambrosoli, Giorgio, 45, 49
Amerikanische Mafia, 17, 109, 279
  Aufnahme von Sizilianern in, 130
  Mafia-Zeugen, 98–99
  Machtkampf innerhalb, 135–136
  Operation «Eiserner Turm», 279–281
  Pizza-Connection, 131, 132–136, 139, 218, 257
  Sizilianische Mafia, Arbeitsteilung zwischen, 132
  Spatola-Inzerillo-Heroin-Fall, 43, 44
  Zweiter Weltkrieg, 24
Amoralischer Familismus, 18
Andreotti, Giulio, 36, 48, 140, 149, 151, 206, 221, 233, 360, 394, 407
  Dalla Chiesa und, 75–76, 195
  Finanzskandale, 403–407
  «Gladio»-Affäre, 337
  Kampf gegen die Mafia, Anti-Mafia-Politik, 339
  Lima und, 14, 142–143
  Orlando und, 322
  Regierung und Mafia, 399–412
  Sindona und, 45, 49, 148
  Strafverfahren gegen Pellegriti wegen Verleumdung, 308, 309
  Sturz von, 14–15, 358–359
  «Verschwörung» gegen, 407–409
  versuchter Mordanschlag auf Falcone und, 291
  Zeugenaussage im Maxi-Prozeß ,195
  Zynismus von, 411
«Anti-Mafia-Netzwerk», 162
Anti-Mafia-Verbund:
  anonyme Briefe an, 245
  «Anti-Mafia-Front», 12
  Arbeitsteilung, 131
  Aufbau, 96
  Borsellinos Ausscheiden, 199–202, 216, 266
  Kontext der Mafiaermittlungen, 256
  Leistungsstärke des, 251
  Melis Amtsübernahme, 244–245
  Melis Führungsstil, 246–251
  Melis Konflikte mit den Ermittlern, 262–264, 271–274, 276–278, 282–283
  Personalwechsel, 200
  politische Neutralität, 216–217

Sicherheit für, 161
Zerfall des, 256, 266
Zuweisungen von Fällen, 248–251, 271–272, 276
Antiochia, Roberto, 175, 313
Arico, William, 49
Arlacchi, Pino, 206, 365
Arnone, Giuseppe, 260
Atria, Nicola, 333
Atria, Rita, 333–334, 383
Atria, Vito, 333
Avellone, Giuseppe, 337
Ayala, Giuseppe, 73, 188, 201, 233, 277, 278, 285, 293, 323, 340, 379
Schuldenproblem, 303, 305–306

Badalamenti, Agostino, 355
Badalamenti, Gaetano, 37, 62, 111–114, 119, 129, 135, 138, 153, 158, 191, 192, 297, 401–403, 408
Bagarella, Antonietta, 111, 208
Bagarella, Calogero, 111, 208
Bagarella, Leoluca, 57, 58, 111, 113, 208, 315, 391, 414, 420, 426
Balducci, Domenico, 405, 406
Barbaccia, Francesco, 101
Bardellino, Antonio, 152
Barecca, Pasquale, 343, 355
Barresi, Salvatore, 309, 319, 325, 337, 342, 345, 357, 369
Basile, Barbara, 55
Basile, Emanuele, 39, 55–59, 73, 85, 117, 182, 202
Basile, Ernesto, 29
Basile, Silvana, 55
Bassetti, Piero, 334
Battaglia, Letizia, 409
Bekämpfung der Mafia, 10, 13–14, 38–39, 386
Bedeutung der politischen Unterstützung, 417
Berlusconi und, 418, 419, 420–421
Borsellinos Arbeit in Marsala, 254–256, 328–329
Borsellino und die Untersuchung seiner Ermordung, 413, 414
Caponettos Ernennung zum Chefermittler, 94–95
Casellis Ernennung zum Chefermittler, 384
Dalla Chiesas Strategie, 72, 74–77, 78, 80–81
Demonstrationen, 384–385
gezielte Desinformation durch «falsche» Zeugen, 307–308,
unbestreitbare Erfolge der, 284, 416–417
Falcone und die Untersuchung seiner Ermordung, 413–415
faschistische Kampagne der 20 er Jahre, 24
Gesetzgebung, 72, 83, 128, 354, 384
Giammancos Ernennung zum Chefermittler, 325
Haftbedingungen der Verurteilten, 285, 355–356
Hoher Kommissar für Mafia-Ermittlungen, 83, 267–268
freiwillige Kooperation von Mafiosi bei der, 390
Kontenüberprüfungen, 286
Mafia und Anti-Mafiakrieg in den 60er Jahren, 35, 50, 110–111
«magische Zeit» 1992–94, 386, 416
Martelli-Erlaß, 342
Melis Ernennung zum Chefermittler, 219–220, 222–224
Militärentsendung nach Sizilien, 384
Modernisierung der, 97–98
Montaltos Untersuchungsergebnisse, 84
Operation «Eiserner Turm», 278–281, 283–284, 288
Reformen des Corte Suprema, 355–357
Riinas Verhaftung, 14, 396–398, 399
Schaffung von Bezirksbehörden, 343–344
Schwächung des Anti-Mafia-Kampfes, 205–207, 215–216, 256–268, 284–287
Antwort der Mafia, 270-271
«Super-procura», 344, 354, 360–361, 368
Unterschlupf für Kriminelle, 85
Vergeltungmaßregeln gegen Zeugen, 155–156, 159
Verstärkung 1990–91, 339–344, 345
Widerstand von einigen Beamten in Palermo, 89–91

Zentralisierung der Strafverfolgungsbehörden, 341, 344, 354, 385–386
Zeugen für die, 98–101
Zeugenschutzprogramm, 99–100, 286-287, 301, 304, 384, 418
Zeuginnen, 332–334
Zurückhaltung der Regierung hinsichtlich der Untersuchungen zum Heroinmarkt, 83–84, 86–88, 278–281, 284, 288–290
Bekämpfung des Terrorismus, 71
Berlusconi, Paolo, 417
Berlusconi, Silvio, 48, 417–419, 421, 424
Bernini, Carlo, 377
Beziehungsgeflecht Regierung–Mafia, 240–242, 243–244, 318–319
Andreotti und, 399–412
Ausschluß von Mafiosi aus öffentlichen Ämtern, 349
Borghese-Putsch, 157–159, 192–193
DC-Allianz mit der Mafia, 14, 25, 26–27, 142, 145, 147, 241, 387, 393, 400
«Dritte-Ebene»-Konzept und, 147–148
Falcones Ermordung und, 292–293, 415–416
Falcones unterlassene Nachforschungen, 318–321
Gava und, 412
Geschichte des, 23, 26–28
Korruption der Polizei, 379–380, 395–396
Lima als «Botschafter» der Mafia, 36, 141–143, 318, 392–393, 410–411
Machtbalance zwischen Politikern und Mafiosi, 358–359, 393
Mafiaregeln für politisches Verhalten, 156–157
Mafias Übernahme von politischen Ämtern, 323
Maxi-Prozeß und, 140, 147–148, 196, 387–389, 390–391, 393–394
Mordaufträge von Politikern, 395, 401, 402–406
Orlandos Beschuldigungen, 322–323
Palermos Stadtverwaltung, 140–141, 144–147, 154, 322
Radikale Partei und, 214, 318
«Ritter der Arbeit» und, 80–81
Sozialistische Partei und, 214–215
Spatola und, 44
System der Preferenzwahl, 352
Zukunftsaussichten, 421
Bianco, Gerardo, 412
Biondino, Salvatore, 414
Bitetto, Valerio, 210, 211
Bobbio, Noberto, 365
Bocca, Giorgio, 74
Bolzoni, Attilio, 245, 246, 247, 260
Bonajuto, Antonio, 229
Bonnano, Armando, 56–58, 85
Bonnano, Joe, 98
Bonnici, Rita, 35
Bono, Giuseppe, 135
Bonsignore, Giovanni, 322
Bontate, Giovanni, 61, 69, 272
Bontate, Margherita, 60
Bontate, Paolino «Little Paul», 60, 61, 64, 191, 193
Bontate, Stefano, 37, 60, 64, 103, 110, 153–155, 191, 193, 237, 295, 312
Andreotti und, 400, 408
Buscetta und, 115–116
der Kampf der Corleoneser um die Macht , 111–113, 115, 117–119
Ermordung von, 61, 62, 112, 113, 126, 313, 314
Ermordung von Pecorelli, 401, 402
Lima und, 318, 392, 393
Sindona und, 189
Bonventre, Cesare, 134, 135
Borghese, Junio Valerio, 157–159, 192
Borghese-Putsch, 157–159, 192–193
Borrè, Giuseppe, 223
Borsellino, Agnese, 56, 379, 382
Borsellino, Fiammetta, 179, 376, 379
Borsellino, Francesco, 32
Borsellino, Lucia, 179, 200, 367
Borsellino, Manfredi, 86, 179, 368, 370, 376
Borsellino, Maria Pia Lepanto, 32, 56, 380
Borsellino, Paolo, 22, 84, 130, 131, 225, 231, 250, 272, 273, 338, 358
Anfänge der Anti-Mafia-Arbeit, 38, 69
Ankündigung der Ermordung, 367, 369, 376, 377
der Mordfall Basile, 55–59
Begräbnis von, 382

Beziehungsgeflecht Regierung–Mafia, 320, 379–380
die Bildung des Anti-Mafia-Verbunds, 96
Büro von, 98
der Calderone-Fall, 246
öffentliches Denkmal für, 385
Ermordung von, 11, 12, 13, 380, 381, 413
Falcones Ermordung, 367
familiärer Hintergrund, 30–34
über Giuliano, 57–58
als Hauptankläger der Mafia, 368–369
Kandidatur zur Präsidentschaft, 367
Kompensation der Anti-Mafia-Arbeit, 162
Mafia-Kriege, 70–71
Mafia-Maulwurf, 176
in Marsala, 199–202, 204, 252 -256, 328, 334, 369
das Massaker der Piazza Scaffa, 155–156
Maxi-Prozeß von Palermo:
Anklageschrift, 180, 182
die Bedeutung der öffentlichen Meinung, 197–198
die Einstellung der Öffentlichkeit, 163, 177, 205–206
Verhaftungsaktion, 131
die Vorbereitungen der Anklage, 165, 166
Zeugenaussagen, 154, 170, 171, 173
Messinas Aussagen, 371–375
Montana und, 173, 174
Mordpläne, 369, 371
Mutolos Aussagen, 370, 376, 378–379
Persönlichkeit, 51, 96–97
Posten des obersten Ermittlungsrichters, 368
Proteste gegen die Schwächung der Anti-Mafia-Arbeit, 260–262, 264–266
Rückzug von Mafia-Fällen, 86
Sciascias Angriff auf, 202–205
Schutz im Gefängnis, 178, 179
seine Sichtweise der Anti-Mafia-Aktivitäten, 380
Stidda-Untersuchung, 374–376
Umgang mit Zeugen, 330
Unfall mit Schulkindern, 183–184
Verhörmethode, 55, 168
Vermächtnis, 421
Borsellino, Rita, 32, 56, 179, 184, 199, 204, 381
Bossi, Umberto, 347
Bousquet, André, 42
Brusca, Bernardo, 285, 313, 397
Brusca, Giovanni, 397, 414, 426
Brutti, Massimo, 230
Bürgerbewegung nach dem Tod der Richter, 385
Buffa, Vincenzo, 195
Buscetta, Antonio, 103
Buscetta, Benedetto, 103
Buscetta, Tommaso, 13, 14, 130–131, 146, 170, 207, 236, 387, 405
Aussagen, 104–127, 129, 151–155, 157, 159, 222, 243, 392–393, 399–401, 403, 406, 408
Bontate und, 115–116
Borghese-Putsch, 192
Contorno und, 137, 138
Falcones Beziehung mit, 122–124
familiärer Hintergrund, 101–103
Intelligenz von, 109
Mafia-Kriege, 64–65, 68
Maxi-Prozeß von Palermo:
Bedeutung für, 128–129
Zeugenaussagen, 188–191
Pizza Connection, 132–133, 135, 136
Status innerhalb der Mafia, 151–153
im U.S. Zeugenschutz-Programm, 136
Verurteilung, 217

«cadaveri eccellenti» (Erklärung), 12
Calcara, Vincenzo, 369, 371
Calderone, Antonino, 271, 273, 275, 311, 365, 366, 387
Aussagen, 236–242, 318, 336
Calderone, Giuseppe «Pippo», 114–115, 130, 158–159, 193, 236, 237, 238, 239, 242
Calderone-Fall:
Calderones Aussage, 236–242
Durchsickern des, 245, 246
Verhaftungen, 244
Zerstückelung der Akten des, 271–272, 276

Calò, Giuseppe «Pippo», 115–117, 118, 137, 146, 153, 159, 173, 177, 189–190, 194, 218, 285, 318, 332, 390, 405–406
Caltagirone, Gaetano, 403–404
Calvi, Roberto, 48, 153
Calzetta, Stefano, 287
Camorra, 41, 85, 332
Canale, Carmelo, 329, 371, 377
Cancemi, Salvatore, 413–414
Canella, Tommaso, 174
Caponetto, Antonino, 98, 107, 137, 157, 159, 163, 165, 166, 184, 193, 206, 216, 247, 337, 358, 382
  Ernennung zum Chef der Ermittlungsbehörde, 94–95
  Falcones Beziehung zu, 95–96
  Versetzung aus Palermo, 219–220, 223–224, 234, 244–245
Capuzzo, Umberto, 73
Carnevale, Corrado, 258–259, 272, 276, 342, 356–357, 388–389, 390–391
Carollo, Vincenzo, 157
Caselli, Giancarlo, 228–230, 384, 401, 407–408
Cassarà, Antonio «Ninni», 68, 132, 136–137, 162, 173–174, 302
  Ermordung von, 12, 175–177, 313
Cassarà, Laura, 175
Cassina, Arturo, 36, 111, 144, 221
Castellano, Paul, 136
Catalano, Agostino, 381
Catalano, Salvatore, 134–135, 136, 139
Catania, Mafia in, 237–242, 336
Cavalliero, Diego, 252–255
Cavataio, Michele, 110, 111
Chiesa, Mario, 359
Chinnici, Rocco, 39, 51, 68, 84, 86, 88, 182, 244, 245, 275, 302
  Ermordung von, 12, 88–89, 125
  Falcones Verhältnis zu, 91, 92
  Verdächtigungen von Richtern und Strafverfolgern, 89–92
Ciaccio Montalto, Giangiacomo, 84, 212, 292, 331
Ciancimino, Vito, 29, 36, 116, 140–141, 143, 144, 146, 154, 155, 156, 185, 287, 322, 392, 411
Ciarrapico, Giuseppe, 404
Cicciolina, 214
Cimino, Marta, 385
Cipolla, Francesco, 242
Cirillo, Ciro, 85, 257
Citaristi, Severino, 394
Ciulla, Antonio, 218
Colajanni, Luigi, 148
Consiglio Superiore della Magistratura (CSM), 50, 94, 201, 274, 290, 319, 325, 343
  anonyme Briefe an, 300, 302–306
  Falcones Kandidatur, 325–327
  Melis Ernennung zum Chef der Ermittlungsbehörde, 219–220, 222–235
  beruflicher Neid im, 226
  Stelle des Super-Ermittler, 361
  Untersuchung gegen Falcone wegen Fehlverhaltens, 92, 93
  Untersuchung zur Schwächung des Anti-Mafia-Verbundes, 261–268
  Vitalone und, 206, 310
Conte, Giacomo, 199, 217, 282, 283, 319, 325
Conte, Carmelo, 263, 273, 278, 305
Contorno, Salvatore «Totuccio», 67, 70, 100–101, 118, 170–171, 273, 301
  Aussage, 68, 137–139
  Aussagen im Maxi-Prozeß, 193–194
  Rückkehr nach Italien, 287, 293
  Urteilsspruch, 217
Contrada, Bruno, 176, 222, 294–295, 379, 396
Coppola, Agostino, 208
Coppola, Frankie «Dreifinger», 28, 106, 208
Cordova, Agostino, 361
Corleo, Luigi, 112
Corleone, Mafia in, 68, 108, 238–239, 311
  Falcones Ermordung, 366, 413
  Heroin-Handel, 279, 280
  interne Konflikte, 314–316
  Machtkampf, 103, 111–115, 117–120, 127, 373
  Mazarese-Mafia und, 255
  Offensive der späten 70er Jahre, 36–38
  Strategie der direkten Konfrontation, 389–391, 393–394
Corriere della Sera (Zeitung), 202, 383
Corte Suprema di Cassazione (oberstes italienisches Gericht), 50, 213

Aufhebung von Mafia-Urteilen, 258–259
Berufungsinstanz des Maxi-Prozesses, 357, 388–389
Calderone-Fall, 272, 276
Reformen, 355–357
Cosa Nostra, 107 ; siehe auch Mafia
Cossiga, Francesco, 209, 261, 349, 360
Costa, Antonio, 84, 331
Costa, Gaetano, 51, 73
Ermordung von, 12, 41, 75, 117
Spatola-Inzerillo Heroin-Fall, 39
Costanza, Giuseppe, 362
Costanzo, Carmelo, 78, 79, 273–276
Costanzo-Familie, 239–240
Costanzo, Gino, 239–240
Costanzo, John, 167, 277
Costanzo, Pasquale, 273–276
Craxi, Bettino, 48, 204, 209, 340, 360
Berlusconi und, 418
Korruptionsskandale, 212, 358, 378
Patronage-System, 210–211
Sturz von, 14–15, 395
Wahl zum Premierminister, 97
Craxi, Bobo, 358
Cuccia, Enrico, 49
Cuffaro, Carmelo, 130
Culicchia, Vincenzino, 333–334
Cuntrera-Brüder, 386
Curatolo, Rocco, 331
Curti Giardina, Salvatore, 245, 246, 287
Cusina, Walter, 381
Cutolo, Raffaele, 84–85, 332
Cutolo, Rosetta, 332

D'Acquisto, Mario, 143, 144, 157, 205, 325
D'Agostino, Emanuele, 118–119, 139
Dalla Chiesa, Carlo Alberto, 71, 72, 195, 302, 338–339
Anti-Mafia-Kampagne, 73, 74–77, 78, 81
Ermordung, 12, 72–74, 77, 81–82, 87, 129, 153, 171, 239–240, 292, 314
D'Ambrosio, Vito, 227–228, 233, 265–266, 267, 275, 283, 297, 305, 308–310, 326, 340, 341–342, 345, 350, 415
Darida, Clelio, 83
Debaq, Michel, 237
De Francisci, Ignazio, 51–52, 166, 167, 199–200, 217, 226, 227, 233–234, 274, 284, 295, 320–321, 344
De Gennaro, Gianni, 87, 107, 137, 152–153, 165–166, 280, 281, 289, 293–294, 301, 386
Dell'Utri, Marcello, 418, 424
Del Ponte, Carla, 289, 295
De Michelis, Gianni, 217, 378
De Mita, Ciriaco, 360
Democrazia Cristiana, 214, 215, 348, 349, 352, 423
Bündnis der Mafia mit 14, 25–27, 142–144, 146, 241, 387, 388, 393, 400
Cutolo und, 84–85
im Kalten Krieg, 27
Korruptionsskandale, 80, 377–378, 394–395
Krise von 1992, 359–360, 366
Limas Ermordung, 359
Macht der, 15
Macrí und, 351
Orlando und, 162, 322
Parteibildungen innerhalb, 142
Salvo-Familie und, 64, 66
Sindona und, 45
Zusammenarbeit mit Gegnern, 36–37, 148–151, 209
Zusammenbruch der, 16
Deutschland, 375
Di Cillo, Rocco, 363
Di Cristina, Giuseppe, 41, 64, 108, 110, 111, 158, 182, 193, 237, 374–375, 406
Aussage, 37–38, 62, 99, 113
DC und, 241
Ermordung, 37, 38, 114
Di Lello, Giuseppe, 96, 131, 132, 225, 228, 250, 282, 283, 319, 321, 323, 338, 398
Di Maggio, Baldassare, 397–398, 401, 409
Di Matteo, Santino, 414
Di Pietro, Antonio, 395, 419
Di Pisa, Alberto, 233, 286
anonyme Briefe, 297–306
Di Pisa, Calcedonia, 100
Direzione Investigativa Anti-mafia (DIA), 386
Drug Enforcement Agency, U.S., 135, 341

ENEL (nationale Elektrizitätsgesellschaft), 210–211
Enthauptung in Taurianova, 350
Europäische Union (EU), 69
Europäische Währungsunion, 383
Evangelisti, Franco, 142, 403, 404, 405

Falcone, Giovanni, 12–13, 61, 84, 90, 99, 101, 102, 205, 216, 354
  Amt des Hohen Kommissars, 267–268
  Amt des stellvertretenden Chefermittlers, 288, 292, 324–325, 337–338
  Anfänge seiner Anti-Mafia-Arbeit, 38–39, 69
  anonyme Briefkampagne gegen, 287, 292–294, 297–306
  Arbeitskraft, 165
  Begräbnis von, 364–365, 367
  als Berühmtheit, 167
  Beziehungen zu *mafiosi*, 125–126
  Beziehung zu Mitarbeitern, 51–52
  Beziehungsgeflecht Regierung–Mafia, 318-321, 359
  Bildung des Anti-Mafia-Verbunds, 96
  Büro von, 98
  Buscettas Aussage, 106–127, 151–155, 157–159, 222
  Buscettas Verhältnis zu, 122–124
  Calderone, 236–242, 246
  Caponettos Verhältnis zu, 95–97
  Cassaràs Ermordung, 176–177
  Chinnicis Verhältnis zu, 91–92
  Costanzo-Fall, 273–276
  CSM-Kandidatur, 325–327
  Dalla–Chiesa–Mordfall, 72–74, 76, 77, 78, 80–82, 87
  «Dritte Ebene» der Mafia, 147
  Einstellung zum Tod, 42
  Ermordung von, 11, 13, 362–363
    Gründe für, 366
    öffentliche Reaktion, 11–12, 364–366
  familiärer Hintergrund, 30–32, 32–35
  Gedenken an, 385
  Geraci und, 201
  «Gladio»-Affäre, 337
  Heirat mit Francesca Morvillo, 198–199
  Humor von, 166
  internationale Unterstützung, 42, 43–44
  Kompensation zur Anti-Mafia-Arbeit, 161, 198
  Livatinos Ermordung, 336
  Mafia-Kriege, 61, 63, 65, 69
  Marino Mannoias Aussage, 311–319
  Maulwurf der Mafia, 177
  Maxi-Prozeß von Palermo:
    Anklageschrift, 179, 182–183
    Berufungsprozeß, 388–389
    Buscettas Bedeutung für, 128
    öffentliche Meinung, 167
    Verhaftungsaktion, 131, 132
    Zeugenaussagen, 104–105, 106–127, 129, 130–131, 137–138, 151–155, 157–159
  Maxi-Zwei, 198
  Meli und, 247, 249–250
  Melis Ernennung zum Chefermittler, 219–220, 222–235
  Melis Konflikte mit dem Anti-Mafia-Verbund, 261–263, 264, 271–272, 273–274, 276–278, 282–283
  Mordpläne gegen, 91, 171, 388
  Mordversuche gegen, 65, 290–293, 294–295, 319–320
  Operation «Eiserner Turm», 281
  Persönlichkeit, 51–52, 97, 166, 223–224, 244
  politische Einflußlosigkeit, 243, 309–310
  «Ritter der Arbeit», 78–80
  Rolle als Beamter und, 277
  Rücktrittsangebot, 262, 264, 266, 269
  Rufmordkampagne gegen, 292–295
  Schutz im Gefängnis, 178, 179
  Spatola-Inzerillo Heroin-Fall, 39, 40–46, 50–51, 53, 406
  Stelle des Justizministers:
    Ernennung zum, 340–342
    Leistungen, 357
  Stelle des Super-Ermittlers, 361
  Tagebuch von, 337, 337–338
  Untersuchung wegen Fehlverhaltens, 92-93
  Untersuchung zum Heroin-Handel, 86–88, 278, 280, 288–289, 295
  Verfahren bei Verhaftungen, 274–275

als Verfechter bürgerlicher Freiheitsrechte, 40
Verhörmethode, 166–167
der Verleumdungsfall Pellegriti, 307–309
Vermächtnis, 421
Vorahnung der Ermordung, 234–235
Vorbereitungen der Ankläger, 165, 166
Vorschläge zur Justizreform, 326, 341, 342–344
Falcone, Maria, 31, 42
Falkland-Krieg, 212
Fanfani, Amintore, 45, 141, 149, 209, 215
Faschistische Partei, 24
Fatta, Diego, 172
Federal Bureau of Investigation (FBI), 135, 341
Ferlito, Alfio, 82, 87, 129, 240
Ferraro, Liliana, 97–98, 160, 165, 262, 358
Filippello, Giacoma, 332
Fininvest, 417, 418
Foa, Vittorio, 15
Forlani, Arnaldo, 50, 322, 360
Formica, Rino, 66, 79–80
Forza Italia, 418, 421–422, 424
Franchetti, Leopoldo, 9–10, 21, 22
Freeh, Louis, 132, 281, 283
Freimaurertum, 47–48, 49–50
French Connection, 42

Galante, Carmine «Lilo», 134, 136
Galasso, Alfredo, 308
Galasso, Pasquale, 412
Galli, Giorgio, 142, 143
Gambino, Giuseppe Giacomo, 313, 389, 390
Gambino, Joe, 44, 139, 269–270, 281, 312
Gambino, John, 44, 45, 47, 134, 278–279, 281, 312
Gambino, Rosario, 139
Ganci, Giuseppe, 135, 136, 139
Garibaldi, Giuseppe, 21
Gasparini, Francesco, 86–87, 102
Gava, Antonio, 257, 273, 339, 414
Gela, Morde in, 336
Geldwäsche, 295, 406
Gelli, Licio, 48, 49, 350
Genovese, Vito, 25
Geraci, Vincenzo, 52, 104, 105, 123, 157, 265–266, 267
Borsellinos Stelle in Marsala, 200, 201–202
Melis Ernennung zum Chefermittler, 225, 226–228, 231–233
Gerichtswesen in Italien:
Ernennungen, 342–343
Falcones Reformvorschläge, 326–327, 341, 342–344
Rolle als Beamte, 276–277
Sozialistische Reformversuche, 204–205, 209–210, 211, 213–214, 216–217
Struktur, 200–202
Germanà, Calogero, 254, 255
Ghassan, Bou Ghebel, 89, 259
Giaccone, Paolo, 71, 100, 173
Giacinto, Franziskaner 59–60
Giacomelli, Alberto, 272
Giammanco, Pietro, 293, 325, 337, 338, 368, 370, 371, 376, 380, 383, 384
Gillet, Albert, 42
Gioè, Antonino, 413, 415
Gioia, Giovanni, 221
Gioia, Luigi, 181, 221
Giordano, Alfonso, 187, 190, 193, 195, 217, 218
Giornale di Sicilia (Zeitung), 165, 184–185, 186, 205
Giuliani, Rudolph, 223, 280
Giuliano, Boris, 36, 38, 43, 57–58, 73, 115, 182
Giuliano, Salvatore, 26, 27
«Gladio»-Affäre, 337
Goethe, J. W. von, 30
Graci, Gaetano, 47, 79, 90
Grado, Gaetano, 287
Grado, Nino, 138
Grassi, Libero, 353–354
Grasso, Pietro, 323
Grauzone der Gesellschaft, 164
Greco, Leonardo, 295
Greco, Michele «der Papst», 34, 87, 89, 141, 174, 207, 208, 245, 259, 303, 314, 342
Aussage im Maxi-Prozeß, 193
Corleoneser Machtkampf, 115, 117, 119
Finanzholdings, 69

Immobilienerwerb, 180–181
lebenslänglich, 217
Mafia-Kriege, 69, 70
Vernehmung von, 167
Greco, Pino «der Schuh», 70, 85, 115, 119, 138, 171, 181, 207, 218
Ermordung von, 315, 317
Führungsrolle, 314
Lebenslauf als Mörder, 313
Greco, Salvatore «Cichiteddu», 110, 158, 191, 192, 193
Greco, Salvatore «der Senator», 87
Guarnotta, Leonardo, 50, 51, 96, 97, 125, 131, 166, 232, 234, 251, 293, 345
Guimaraes, Maria Cristina, 101, 104
Gunnella, Aristide, 221, 241–242, 246
Guzzanti, Paolo, 404

Heroin-Handel, 41, 42–43, 61, 126, 312
Geldwäsche, 295, 406
internationale Bekämpfung, 288–289
Mailand, 335
Operation «Eiserner Turm», 278–281, 284, 288
Pizza Connection, 131, 132–136, 138–139, 218, 257
Raffinerien, 194
Thai connection, 86–88
Zunahme des Drogenkonsums in Italien, 72, 284
Hoher Kommissar zur Bekämpfung der Mafia, 83, 267–268, 296

Il Corriere della Sera (Zeitung), 48
Il Giornale (Zeitung), 266, 269
Imposimato, Ferdinando, 306
Ingroia, Antonio, 329, 330, 331, 377
Insalaco, Giuseppe, 145, 146, 147, 220–222
Inzerillo, Francesco, 280
Inzerillo, Pietro, 76, 279
Inzerillo, Salvatore, 37, 103, 114, 115, 117–118, 139, 237, 400
Ermordung, 61–62, 82, 117–118, 126, 314
Spatola-Inzerillo Heroin-Fall, 44
Inzerillo, Santo, 118
Inzerillo, Tommaso, 280
Italcasse, Skandal, 404, 406
italienische Regierung:
Berlusconis Regierung, 417–418, 421–422
Borghese-Putsch, 157–159, 192–193
Gruppenbildung, Fraktionskungelei und Kuhhandel, 142
parlamentarische Immunität, 211, 212
Ende des Kalten Krieges und, 346
Politik im Kalten Krieg, 15, 16, 26–27
Krise von1992, 359–360, 366
Korruption als Tradition, 15
Korruptionsskandale, 14–16, 80, 211–212, 213, 358, 373, 377–378, 383–384, 394–395, 403–406, 416–417
öffentliche Bewegung gegen die Korruption des Wohlfahrtstaates, 346–349, 359
Steuererhebung, 63–64
USA und, 16, 26–27, 337
Verhältniswahlrecht, 241
Vermischung von Links und Rechts, 148–151
Wahlrechtsreformen, 349, 351–352, 417
Zentralisierung des Gesetzesvollzugs, 341, 354, 385–386
Izzo, Angelo, 308

Janní, Carmelo, 43
Jones, Ralph, 78, 140

Kalabrien, Mafia in, 41, 324, 350
Kalter Krieg, 15, 16, 26–27, 337, 346
Katholische Kirche, 162, 185–186
Ko Bak Kin, 87, 153, 195
Kohl, Helmut, 348
Kokain-Handel, 104, 280
Kommission (oberstes Mafia-Gremium), 38, 107, 108, 109, 110, 112, 114, 115, 117, 176, 193, 238
Kommunistische Partei, 15, 16, 32, 72, 148, 210, 214, 217, 347
Auflösung der, 346
Koalition mit Christdemokraten, 36, 151
Politik im Kalten Krieg, 26, 27

La Barbera, Angelo, 101, 110, 191, 411
La Barbera, Gioacchino, 414
La Barbera, Salvatore, 101, 110

L'Ala, Natale, 329, 332
La Licata, Francesco, 185
Lallicata, Giannuzzu, 190
La Malfa, Ugo, 242
Lamberti, Alfonso, 343
Lampedusa, Giuseppe di, 149, 180
Lansky, Meyer, 99
La Rete, 349
La Rosa, Filippo, 314
La Torre, Pio, 12, 16, 72, 73, 76, 83, 145
La Zagarella (Hotel), 66
Leggio, Giuseppe, 58
Leggio, Luciano, 46, 102, 108, 110, 111, 112, 113, 207, 208, 214, 218
  Borghese-Putsch, 192
  blutrünstige Persönlichkeit, 238
  Maxi-Prozeß von Palermo, 187, 189, 190–193
  Weg zur Macht, 37
Lehman, Claudio, 289
Lercara, Giovanni, 176
Letizia, Sergio, 229, 265
Ligresti, Salvatore, 378, 395
Lima, Giuseppe, 285
Lima, Salvatore, 28, 64, 144, 145, 156, 204, 221, 242, 243, 320
Beziehungsgeflecht Regierung–Mafia, 36, 141–143, 318, 392–393, 400, 401, 410
  Ermordung von, 14, 359, 390, 392, 393, 394, 407
  Pellegriti, 307–309
Li Muli, Vincenzo, 381
Livatino, Rosario, 335–336, 375
Lodato, Saverio, 205, 245, 260, 292
Lo Forte, Guido, 338
Loi, Emanuela, 381
Lega Nord, 346–347, 348–349, 360, 419
Lombardo, Giuseppe, 272
Lo Presti, Ignazio, 63, 64–65
Lo Schiavo, Giuseppe Guido, 27
Lo Turco, Salvatore, 183
Lo Verso, Pietra, 168
Lo Voi, Francesco, 41, 199, 291, 326, 327, 338
Lucchese, Giuseppe, 315
Luciano, Lucky, 25, 28, 98–99, 109
Lupis, Giuseppe, 240–241
Lupara bianca, 58
Macrì, Francesco «Ciccio», 351
Macrì, Giuseppe, 351
Macrì, Olga, 351
Macrì, Vincenzo, 418
Maddalena, Marcello, 227
Madonia, Francesco, 56, 202, 217, 285, 313, 355
Madonia, Giuseppe, 56, 58, 85, 202, 386, 392
Madonia, Nino, 353, 364
Mafia:
  als anthropologisches Phänomen, 35–36
  Aufrichtigkeit der Mafiosi, 120, 121, 126
  Baugewerbe und, 29
  Bedeutung von Machtpositionen, 152
  in Catania, 237–238, 239–242, 336
  Disziplin der Mafiosi, 124
  Einschüchterung der Richter, 286
  Falcones Ermordung, 12, 13, 361–363, 366–367, 413–416
  Frauen und, 280, 332–334
  Freimaurertum und, 47–48, 49–50
  frühe Zeugnisse von, 9–10
  Geschichte der, 21–29
  Gegnerschaft zur Linken, 26
  Gesten und indirekte Botschaften, 12–13, 122–123
  Gewinne der, 373
  Gipfeltreffen, 109
  Haltung zum Tod, 63
  veränderte Haltung gegenüber 421
  Initiation, 121
  in Kalabrien, 41, 324, 350
  Kokain-Handel 104, 280
  Kommission, 38, 107, 108, 109, 110, 112, 114, 115, 117, 176, 193, 238
  Kontrolle des Alltagslebens auf Sizilien, 16–18
  gewöhnliche Kriminelle, 85
  Lebensskepsis der *mafiosi*, 125
  Loyalität untereinander, 124
  Machtzuwachs in den späten 80er Jahren, 284–285
  in Mailand, 334–335
  in Marsala, 254, 329–331
  in Mazara, 254–256
  Mitgliedschaft in einer bestimmten Familie, 115–116
  Mordbeschluß, 108, 124–125

Nachwuchs, 121
ökonomische Bedeutung auf Sizilien, 163–164
in Partanna, 333–334
Pax Mafiosa in den 60 er Jahren, 35–36
politische/terroristische Strategie von 1992, 12–14, 389–391, 393–394
Prestigegewinn für den Mörder, 57
Problem der Verbreitung in Europa, 348
Sacco di Palermo und, 28
Schutzgelderpressung, 336, 352–354
Staatsaufträge und , 323–324, 372–373, 419
Stidda und, 374–376
Territorien, 107–108
Tötungsverlauf, 169–171
Verhaltenskodex, 22, 116, 120–127, 130
zentralisierte Struktur, 373
Zukunftsaussichten, 419–422
Mafia-Kriege:
Corleoneser auf dem Weg zur Macht, 103, 111–115, 117–120, 126–127, 373
erster Mafia-Krieg in Palermo, 109–110
zweiter Mafia-Krieg in Palermo, 59–65, 67–68, 69–71, 98, 170
als ständiges Phänomen, 373–374
Mafia-Kronzeugen, 98–101
Magistratura Democratica, 200
Magistratura Indipendente, 200
Magliana-Gang, 405–406
Magris, Claudio, 364, 366
Maira, Rudi, 415
Mandalari, Giuseppe, 91, 421–422
Manganelli, Antonio, 109, 138, 237, 238, 242, 243, 289, 294, 312, 386, 409
Mannheim (Schießerei), 375
Marchese, Antonino, 315–316
Marchese, Filippo, 70, 85, 100, 155, 168, 169, 170, 171, 173, 207, 218, 396
Ermordung, 314, 317
Marchese, Giuseppe, 70–71, 172, 315–316
Aussage, 391, 392
Marchese, Vincenza, 315
Marconi, Umberto, 227–228, 229
Marino, Girolamo, 331
Marino, Salvatore, 174–175, 176, 312
Marino Mannoia, Agostino, 311, 312–313, 314, 315
Marino Mannoia, Francesco, 311–318, 400, 408, 409
Marsala, Mafia in, 254, 329–332
Marsala (Stadt), 252–253
Marsala, Peppe, 157
Marsala, Vincenzo, 100, 130, 156–157, 198
Marshall, George, 26
Martelli, Claudio, 214, 215, 355, 356, 360, 361, 368, 389, 395
Ernennung zum Justizminister, 340
Justizreformen, 341–342, 343–344, 345
Verwicklung in Straffälle, 350
Martelli-Erlaß, 342
Martellucci, Nello, 76, 143, 144, 146, 155
Martin, Richard, 109, 130–131, 132, 133, 135–136, 139, 280
Martinazzoli, Mino, 97, 98, 165, 358
Massaker der Piazza Scaffa 155–156
Mattarella, Piersanti, 12, 38, 44, 73, 90, 146, 307, 338, 400
Mauri, Antonio, 336
Maxi-Prozeß in Palermo, 10, 69
Anklageschrift, 180–183
Aussage der Angeklagten, 191–196
Aussagen der Kronzeugen, 104–105, 106 –127, 128–131, 137–139, 151–155, 156–159, 168–173
Aussage der Zeugen, 188–191
Bedeutung für die Mafiagewaltausübung, 206–207
Berichterstattung in den Medien, 186, 187, 188
Berufungsverfahren, 308, 352, 356, 357–358, 387–389, 390–391
Buscettas Bedeutung für, 128–129
Eröffnung des, 187
Freilassung der Verurteilten, 342
Gegenoffensive der Mafia, 173–178
Gerichtsgebäude für, 160–161
Hinrichtung freigesprochener Angeklagter durch die Mafia, 218

Korruptionsverdacht der Strafverfolger, 10
Haltung der Öffentlichkeit, 162–165, 177, 205–206
Wirkung auf die öffentliche Meinung, 197–198
politische Bedeutung, 140, 147–148, 195–196, 387–389, 390–391, 393–394
Richter für, 187
Schachzug der Verteidigung, 214
Sicherheitsvorkehrungen, 161
Streit der Journalisten, 184–186
symbolische Bedeutung, 232
Urteile, 217–218
Verhaftungen, 131–132, 153, 155
Vorbereitung der Strafverfolger, 165–166
Zirkusatmosphäre, 187
Maxi-Drei, 216, 232
Maxi-Zwei, 232
Mazara del Vallo, 252, 254
Mazarese-Mafia, 254–256
Mazzara, Gaetano, 135
Mazzini, Giuseppe, 31
Meli, Antonio:
anonymer Brief an, 245
Calderone-Fall, 246, 271–272, 276
Ernennung zum Chefermittler, 219–220, 222–235
Falcone und, 247, 249–250
Führungsstil, 246–251
guter Wille von, 276
Konflikte mit den Ermittlern des Anti-Mafia-Verbundes, 261–264, 271–272, 273–274, 276–278, 282–283
Mazarese-Mafia, 255
Rolle als Beamter und, 276–277
Übernahme des Anti-Mafia-Verbundes, 244–245
Verringerung der Kampfes gegen die Mafia, 261, 262, 264–265, 266–267
Messina, Antonio, 332
Messina, Leonardo, 17, 386, 421
Aussage, 371–375, 390–391, 393, 395–396, 399, 408
Miceli, Crimi, Joseph, 47
Miglio, Gianfranco, 383
Mignosi, Raimondo, 90–91
Mailand:
Eindringen der Mafia in die öffentliche Verwaltung, 334–335
Korruptionsskandale, 359, 373, 377–378, 383
Milella, Liana, 338
Minna, Rosario, 84
Misiani, Francesco, 299, 323
Mondo, Natale, 176, 177, 220 , 260
Monreale, 55–56
Montalto, Salvatore, 85, 285, 390
Montana, Giuseppe «Beppe», 173–175, 313
Montanelli, Indro, 15, 357
Montesano, Giuseppe, 176
Montinaro, Antonio, 362
Mori, Cesare, 24, 237
Moro, Aldo, 36, 71
Morvillo, Alfredo, 415
Morvillo, Francesca, 73, 88, 178, 198–199, 291, 362–363
Moscati, Maurizio, 338
Motisi, Marcantonio, 95, 220, 244, 246
Movimento Sociale Italiano, 367
Mussolini, Benito, 23, 24
Mutolo, Gaspare, 80, 87, 88
Aussage, 370–371, 376, 378–379, 387–390, 396, 399–400, 408

Nationale Allianz, 419, 422
Nationale Einheit 18–19
Natoli, Giaocchino, 199, 217
'Ndrangheta (Mafia in Kalabrien), 41, 324, 351
Nuvoletta, Lorenzo, 58

Occhetto, Achille, 346
Occhipinti, Gianfranco, 372
Ocelli, Aurelio, 156
OP (Magazin), 402
Operation «Saubere Hände», 14, 80, 394, 417
Operation «Green Ice», 386
Operation «Eiserner Turm», 278–281, 284, 288
Orden der Ritter vom Heiligen Grab, 221
Orlando, Leoluca, 146, 164, 198, 349, 376–377
Anti-Mafia-Haltung von, 162–163

Beziehungsgeflecht Regierung–Mafia, 322–323
Pellegriti, 308, 309
Regierungsmehrheit auf Grundlage einer «Fusion», 215
Rücktritt als Bürgermeister, 322
Sciascias Angriff auf, 202, 203–204, 205

Pajno, Vincenzo, 51, 222, 298
Palazzolo, Giovanni, 28
Palermo, 9
Anti-Mafia-Demonstrationen, 384–385
Einstellung der Öffentlichkeit gegenüber dem Maxi-Prozeß, 162–165
Leistungen der Krankenhäuser, 285
Polizeibehörde, 173–177, 259–260
Regierungsmehrheit auf Grundlage einer «Fusion», 215
Stadtregierung, 140–141, 144–147, 154–155, 322
Verwandlung in der Nachkriegszeit «Sacco di Palermo» 28–29, 30
Wasserversorgung, 69, 144
Palermo, Carlo, 212–213, 275, 332
Palma di Montechiaro, 375
Palmieri, Antonio, 244–245, 246–247, 263, 286
Palumbo, Vincenzo, 304
Pannella, Marco, 213, 214
Pansa, Giampaolo, 296
Paparcuri, Giovanni, 52, 88
Pappalardo, Salvatore, 73, 85, 185–186, 338
Parisi, Vincenzo, 382
Partanna, Mafia in, 333–334
PDS, 346
Pecorelli, Carmine «Mino», 401, 402–407
Pellegrino, Francesco, 175–176
Pellegriti, Giuseppe, 307–309
Perón, Juan, 48
Pignatone, Giuseppe, 338
Pili, Emanuele, 358
Pininfarina, Sergio, 348
Piromalli, Giuseppe, 418
Pisciotta, Gaspare, 27
Pistone, Joe, 134
Pizza Connection, 131, 132–136, 138–139, 218, 257
Pizzillo, Giovanni, 90
Pizzuti, Elio, 47, 51, 53, 64, 65, 66, 79–80, 88
Poletti, Charles, 25
«Präferenz»-System, 352
Prestifilippo, Mario, 70, 207, 208, 218
Principato, Teresa, 338
Procura della Repubblica, 38–39
Prodi, Romano, 425
Propaganda 2 (P2) Organisation, 48–49, 49–50, 402
Provenzano, Bernardo, 37, 87, 108, 113, 177, 217, 420
blutrünstige Persönlichkeit, 238
Pucci, Elda, 144, 145, 146, 147
Puccio, Pietro, 316
Puccio, Vincenzo, 56, 57, 58, 70, 85, 202, 314, 315–316, 391

Rabito, Vincenzo, 89
Racheli, Stefano, 167, 227, 229–230, 234, 305–306, 321
Radaelli, Ezio, 404, 409
Radikale Partei, 204, 209, 214, 318
Ravello, Ley, 405
Raytheon-Konzern, 60–61
Rote Brigaden, 36, 71, 85
Reina, Michele, 73, 114
Renda, Francesco, 26–27
Rendo, Mario, 79–80, 91
Rendo, Ugo, 80
Republikanische Partei, 72, 209, 241–242
Riccobono, Rosario, 86, 115, 118–119, 218, 295, 400, 408
Ermordung von, 103, 119
Rifondazione Communista, 346
Riggio, Gianfranco, 286
Riina, Gaetano, 255
Riina, Giacomo, 58, 59
Riina, Salvatore (Totò), 37, 87, 99, 100, 102, 108, 110–111, 116, 117, 124, 177, 191, 208, 237, 225, 280, 293, 312, 373
Beziehungsgeflecht Regierung-Mafia, 401
Corleoneser auf dem Weg zur Macht, 111–113, 114–115, 117, 118, 119, 126–127
De Cristinas Ermordung, 38
Falcones Ermordung, 413, 414

Festnahme von, 14, 396–398, 399
Flucht vor dem Zugriff der Polizei, 208
Konflikte innerhalb der Corleoneser Mafia, 313–316
lebenslänglich, 217
Marchese und, 391, 392
Mutolo und, 370–371, 379
Persönlichkeit, 238–239
Strategie der direkten Konfrontation, 389–381, 393–394
Riccobonos Ermordung, 103
Rimi, Filippo, 401
Ripa di Meana, 211
«Ritter der Arbeit», 47, 78–81, 239, 240, 273–274
Rognoni, Virginio, 75, 97, 165, 358
Rognoni-La Torre-Gesetz, 128
Rossi, Luca, 206
Rossi, Ugo, 322
Rostagno, Mauro, 272
Rotolo, Salvatore, 173, 218
Ruffino, Attilio, 44
Rugnetta, Antonio, 170–171
Russo, Giuseppe, 38, 114, 115

Saetta, Antonio, 272, 353
Salamone, Antonio, 118, 119, 124, 138, 259
Salvo Familie, 36
Steuerfahndung durch die Finanzpolizei, 65–66
Salvo, Ignazio, 37, 81, 242, 393
Beziehungsgeflecht Regierung–Mafia, 154–155, 400, 401, 402, 406, 410
Ermordung von, 393–394
Reichtum und Macht, 63–64
Zeuge im Maxi-Prozeß, 196
Salvo, Nino, 37, 65, 81, 112, 154, 195, 242, 393
Beziehungsgeflecht Regierung–Mafia, 154–155, 242, 401, 402, 406, 409, 410
Reichtum und Macht, 63–64
Sanfilippo, Salvatore, 65
Santapaola, Nitto, 78, 79, 81, 86–87, 114–115, 129, 183, 237–238, 239, 240, 307, 426
Santoro, Patrizia, 164
Sanzo, Barbara, 52, 96–97, 198
Scalfaro, Oscar Luigi, 136, 165, 175, 176, 358, 366, 382
Schembri, Giacchino, 375
Schiebung mit Staatsaufträgen, 323–324, 372–373, 419
Schifani, Rosaria, 365, 374
Schifani, Vito, 362–363
Schutzgelderpressung, 336, 353–354
Schweiz, 289
Sciacchitano, Giusto, 42, 233
Sciascia, Leonardo, 18, 74, 188, 194, 229
Kritik der Art und Weise der Mafiaverfolgung, 202–205
Scopelliti, Antonio, 352
Scoppola, Pietro, 15
Scotti, Vincenzo, 15–16, 339, 349, 352, 359, 368
Scozzari, Francesco «Ciccio», 89–90
Secchia, Peter, 378
Seminara, Paolo, 89
Seminara, Pasqua, 199
Servizio Centrale Operativo (SCO), 386
Sica, Domenico, 267–268, 273, 293, 296–297
anonyme Briefe, 296–300, 304, 305–306
Siegel, Bugsy, 99
Signorino, Domenico, 10–11, 88, 165, 379, 395
Siino, Angelo, 372
Sinagra, Antonio, 218
Sinagra, Vincenzo, 100, 195, 218, 313
Aussage, 168–173, 176
Sinagra, Vincenzo «Sturm», 169, 171, 172, 187–188, 218–219
Sindona, Michele, 79, 148, 153, 189, 403
Spatola-Inzerillo Heroin-Fall, 44–49
SIR (Firma), 404, 405, 406, 409
Sizilien, Vorschlag für einen eigenständigen Staat, 383
Smith, William French, 136
Smuraglia, Carlo, 304
Sozialdemokratische Partei, 241
Sozialistische Partei, 26, 268, 318, 348, 388
Justiz-Reformversuche, 204–205, 209–210, 211, 213–214, 217
Hofieren der Mafia, 215
Koalition mit DC, 150, 209

Korruptionsskandale, 80, 212, 358, 377–378, 394–395
Krise von 1992, 359–360
Patronage, 210–211
Sorrentino, Melchiorre, 58
Spadaro, Tommaso, 33, 173
Spadolini, Giovanni, 72, 76, 209
Spatola, Rosario (Heroin-Händler), 44, 62, 278–279
Spatola, Vincenzo, 46
Spatola-Inzerillo Heroin-Fall, 406
Anfänge des Rauschgiftfalls, 39
Durchsickern von Informationen, 51
Gegenschlag der Mafia, 41–42, 43
politische Bedeutung, 44
Prozeß und Verurteilung, 53–54
Sindona-Verbindung, 44–49
Untersuchungsphase, 40–51
Stajano, Corrado, 183
Sterling, Claire, 258
Steuererhebung in Sizilien, 63–64
Stidda (kriminelle Konkurrenzorganisation zur Mafia), 374–375
«Super-Procura», 344, 354, 360–361, 368
Suraci, Sebastiano, 229

Tasca, Lucio, 69
Taurianova, 350–351
Teresi, Vittorio, 337
Termini-Imerese-Fall 271
Terranova, Cesare, 12, 35, 39, 50, 73, 115
Thailand, 86–88
Thatcher, Margaret, 411
Tognoli, Oliviero, 295
Torretta, 280
Tortora, Enzo, 203, 209
Traina, Claudio, 381
Travaglino, Giacomo, 343
Tricoli, Giuseppe, 34, 422
Triolo, Rosalba, 333
Turone, Giuliano, 46, 48, 50, 147

Ufficio Istruzione, Aufgaben, 38–39
USA, 378
Falcones U.S.-Verbindungen, 44
italienische Regierung und, 16, 26, 337
Sonderkommissionen gegen die organisierte Kriminalität, 341

Valachi, Joe, 98
Vassalli, Giuliano, 216–217, 257, 270
Vernengo, Pietro, 131, 171, 318, 356
«Verziegung» (rätselhafte Leichenfunde), 170
Viola, Ugo, 90–91
Violante, Luciano, 356
Violi, Paul, 130
Vitale, Leonardo, 99, 156, 182
Vitalone, Claudio, 206, 212, 310, 403

Weihnachtsmassaker in Bagheria, 70

Zaccaria, Carlo, 405
Zagari, Rocco, 350–351
Zeuginnen, 332–334
Zucchetto, Calogero, 85–86, 182
Zunahme des Drogenkonsums in Italien, 72, 284
Zweiter Weltkrieg, 24

Anzeigen

Zeitzeugen des 20. Jahrhunderts

Christabel Bielenberg
Als ich Deutsche war
1934–1945. Eine Engländerin erzählt
Autorisierte deutsche Fassung von Christian Spiel.
Nachdruck der 5., unveränderten Auflage. 1996.
320 Seiten. Paperback
Beck'sche Reihe Band 326

Ruth-Alice von Bismarck/Ulrich Kabitz (Hrsg.)
Brautbriefe Zelle 92
Dietrich Bonhoeffer – Maria von Wedemeyer 1943–1945
Mit einem Nachwort von Eberhard Bethge.
41. Tausend. 1995. XIV, 308 Seiten mit 28 Abbildungen
und 2 Faksimiles im Text. Leinen

Adam Czerniaków
Im Warschauer Getto
Das Tagebuch des Adam Czerniaków 1939–1942
Aus dem Polnischen von Silke Lent. Übertragung des Vorworts
aus dem Hebräischen von Wolfgang Lotz.
Mit einem Vorwort von Israel Guzman.
1986. XXVI, 303 Seiten mit 19 Abbildungen. Gebunden

Niza Ganor
Wer bist du, Anuschka?
Die Überlebensgeschichte eines jüdischen Mädchens
Aus dem Hebräischen übertragen von Wolfgang Jeremias
1996. 123 Seiten. Klappenbroschur

Ursula von Kardorff
Berliner Aufzeichnungen 1942–1945
Unter Verwendung der Original-Tagebücher
Herausgegeben und kommentiert von Peter Hartl.
1992. 413 Seiten mit 21 Abbildungen. Gebunden

Helmuth James von Moltke
Briefe an Freya 1939–1945
Herausgegeben von Beate Ruhm von Oppen.
2., durchgesehene und erweiterte Auflage. 1991. 683 Seiten
mit 10 Abbildungen und 1 Faksimile. Leinen

Verlag C.H. Beck München

Ústica
Tyrrhenisches Meer
Kap Gallo
Palermo
Ciaculli
S I
S.Vito
Cinisi
Ägadische Inseln
Erice
Trapani
Monreale
Bagheria
Termini Imerese
Partinico
Alcamo
Favignana
Villagrazia
Palermo
Trapani
Corleone
Lercara Friddi
Marsala
Salemi
Mazara d.Vallo
Castelvetrano
Campobello
Agrigent
Sciacca
Ribera
San Cata
Agrigent
Porto Empédocle
Mittelmeer
Straße von
1 Gaetano Badalamenti
2 Bernardo Brusca und Söhne
3 Stefano Bontate
4 Michele, Salvatore und Pino Greco
5 Leonardo Greco
6 Familie Salvo
7 Luciano Leggio, Salvatore Riina, Bernardo Provenzano
8 Guiseppe DiCristina
9 Guiseppe Calderone, Nitto Santapaola
10 Mariano Agate
0